中华经典名著

全本全注全译丛书

朱惠荣　李兴和◎译注

徐霞客游记 二

中华书局

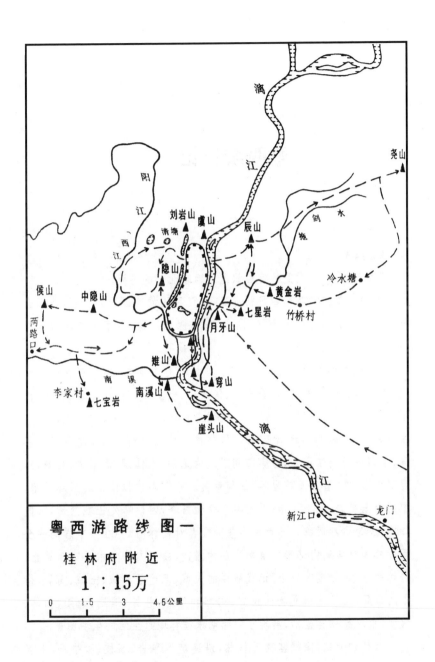

粤西游路线图一

桂林府附近

1 : 15万

0 1.5 3 4.5公里

粤西游日记一①

【题解】

《粤西游日记一》是徐霞客旅游广西东北部的游记。

崇祯十年(1637)闰四月初八日,徐霞客从黄沙铺向西南行,途经全州、兴安县,游柳山和湘山寺,登金宝鼎,探湘江源,考察灵渠运河和严关。二十八日至桂林府。

"桂林山水甲天下"。徐霞客在桂林近一个半月,徜徉在青山绿水间,游遍桂林四周的虞山、叠彩山、伏波山、七星岩、隐山、雉岩、南溪山、崖头山、荷叶山、刘岩山、象鼻山、穿山、龙隐岩、屏风岩、中隐山、侯山、牛角岩、狮子岩等。远者又东北攀登桂林的最高峰尧山,过靖江王墓群;东南畅游漓江山水,考察阳朔附近的龙洞、来仙洞、读书岩、白鹤山,登富教山,对"碧莲玉笋世界"倍加赞美。霞客游桂林诸山的兴趣甚浓,曾两探七星岩、三上雉山;多次要求登独秀峰,因该峰处王城禁地,未能如愿,成为终身遗憾。三百多年前徐霞客对桂林附近60多个岩洞的全面考察和对各洞内部形态准确生动的描述,被国内外学术界叹为观止。桂林是今本《徐霞客游记》记载最详的大城,记述了府城、王城、衙署、街市的布局,大量碑刻文物的位置、内容和作者,礼忏、演剧、端阳、拓碑、饮食、水灾等社会生活,展现了一幅明末桂林城市生活的生动图景。

六月初十,徐霞客离开桂林,沿途游琴潭岩、荔枝岩、牛洞、上岩等。十一日到苏桥，"遂与桂山别"。

丁丑闰四月初八日② 夜雨霏霏，四山叆叇，昧爽放舟。西行三十里，午后，分顾仆舟抵桂林，予同静闻从湘江南岸登涯，舟从北来，反曲而南，故岸在北。是为山角驿，地名黄沙③。西南行，大松夹道，五里，黄沙铺。东面大岭曰紫云岩，西面大岭曰白云岩。湘江在路东紫云岩西。又南三里，双桥④。有水自西大岭注于湘。又七里，石月铺，其西岭曰黄花大岭。又西南五里，出山陇行平畴间。又五里，深溪铺。过铺一里，有溪自西大山东注，小石梁跨之，当即深溪也。又一里，上小岭，舍官道，深溪一十里官道至太平铺，又十里至全。右入山。西向大山行，二里，直抵山下，又二里，宿于牛头冈蒋姓家。夜大雨。

【注释】

①粤（yuè）西：广西的别称。"粤"同"越"，广东、广西本古百越族地，故别称"粤"。广东称粤东，广西称粤西，又合称两粤。粤西今为广西壮族自治区。《粤西游日记一》在乾隆刻本第三册上。自闰四月初八至七月十七日，在季抄本《徐霞客西游记》第三册，原题"粤西"，有提纲云："入全州，过兴安县，抵桂林府，至阳朔县，仍返桂林。自桂林起，过洛容县，抵柳州府，过柳城县，至融县，仍返柳州。"

②丁丑闰四月初八日：乾隆本分系该日于两处。《楚游日记》尚有初八日日记一则，云："放舟南行三十里，为黄沙铺，粤舟可直抵桂林。予欲尽全州诸山，遂止此从陆，为粤游始。"丁丑，崇祯十年（1637）。

③黄沙：今称黄沙河，在全州东北隅，湘江东岸。

④双桥：今名同，在全州东北境，湘江稍西。

【译文】

丁丑年闰四月初八日　夜雨霏霏，四围群山浓雾笼罩，黎明开船。往西行船三十里，午后分道走，顾仆乘船到桂林，我同静闻从湘江的南岸登上岸，船从北边来，反向弯向南，所以江岸在北面。这里是山角驿，地名叫黄沙。往西南行，高大的松树夹道而立，五里，到黄沙铺。东面的高大山岭叫紫云岩，西面高大的山岭叫白云岩。湘江在道路的东边紫云岩的西面。又向南三里，到双桥。有水流自西面高大的山岭注入湘江。又行七里，到石月铺，它西面的山岭叫黄花大岭。又向西南五里，走出山陇行走在平旷的田野间。又行五里，到深溪铺。走过深溪铺后一里，有条溪水自西面的大山往东流淌，小石桥跨在溪流上，应当就是深溪了。又是一里，登上一座小岭，离开了官道，从深溪铺走官道十里到太平铺，再走十里到全州。从右侧进山。向西朝着大山走，二里，直达山下，又行二里，住宿在牛头冈姓蒋的人家。夜里下大雨。

初九日　冒雨西行五里，至砉岩普润寺。寺有宋守赵彦晖诗碑，宋李时亮记。岩洞前门东向如桥，出水约三十丈；后门北向，入水约十五丈。泉自山后破石窟三级下，故曰"砉"。西入甚奥，中有立笋垂柱。出岩，西三里，有小石山兀立路旁。又西三里，张家村，村后大山曰回龙岩。南五里，冈岭高下，出平坞中西行一里，上大冲，西行半里，为福寿庵，饭于庵。又西半里，西北上柳山，有阁，曹学佺额，为柳仲涂书院。又上为寸月亭，亦曹书。亭前为清湘书院。有魏了翁碑。此山为郡守柳开讲道处。院为林蚪所建，与睢、岳、嵩、庐四书院共著①。其南有泉一方，中有石，题曰"虎踞石"。由此蹑岭，逾而西，一里，为慈慧庵。转北一里，为狮子岩，岩僧见性。宿狮子岩南清泉庵。

【注释】

①"院为"句：书院盛于宋代，有私人办的，也有官府办的，选择山林名胜为院址，作为藏书与讲学之所，不少著名学者讲学其间。明代书院仍盛，很多府州都设有书院，成为准备科举考试的场所。睢即睢阳书院，在今河南商丘；岳即岳麓书院，在今湖南长沙；嵩即嵩山的嵩阳书院；庐即庐山的白鹿洞书院。

【译文】

初九日　冒雨往西行五里，到了沓岩普润寺。寺中有宋代知州赵彦晖题诗的石碑，宋代李时亮的记文。岩洞的前洞口面向东，像桥一样，高出水面约有三十丈；后洞口朝向北，浸入水中约有十五丈。泉水从山后冲出石窟分三级流下来，所以叫做"沓"。向西进去十分深邃，洞中有竖立的石笋和下垂的石柱。出了岩洞，向西三里，有座小石山突兀地矗立在路旁。又向西三里，到张家村，村子后面的大山叫做回龙岩。向南五里，冈峦山岭高低不一，走到平坦的山坞中往西行一里，登上大冲，往西行半里，是福寿庵，在庵中吃饭。又向西半里，往西北登上柳山，有座楼阁，曹学佺题写的匾额，这是柳仲涂书院。又上去是寸月亭，也是曹学佺题写的。亭子前方是清湘书院。有块魏了翁碑，此山是州官柳开讲学的场所。书院是林虳建立的，与睢阳、岳麓、嵩山、庐山四大书院一样著名。书院的南边有一池泉水，水中有块岩石，题为"虎踞石"。由此登岭，翻越到西面，一里，是慈慧庵。转向北一里，是狮子岩，岩洞中的僧人叫见性。住宿在狮子岩南边的清泉庵中。

初十日　由狮子岩南下，二里，至湘山寺①。由寺东侧入,登大殿,寄行李。东半里,入全州西门②。过州前,出大南门,罗江在前。东至小南门,三江合处。约舟待于兴安。复入城,出西门至寺,登大殿,拜无量寿佛塔。无量寿佛成果于唐咸通间,《传灯录》未载,号全真,故州以全名。肉身自万历初毁,丙戌又毁,后又毁。塔后有飞来石。从塔东上长廊,西有观音阁。下寺,由寺西溯罗江一里,上卷云阁,绝壁临江。阁西为盘石,半嵌江中。绝壁有莲花一瓣,凹入壁间,白瓣黑崖,有无量指甲印石,作细点字六个。又西,一洞临江,泉由洞东裂石出,名玉龙泉。又西,有一石峰高竖如当关者,上大书"无量寿佛"四大字。共五里,又西为断桥。又西十里,度石蚬冈。石蚬,《志》作石燕。南为龙隐洞,小山独立江上,洞门西向。出洞而西,即为杪木渡桥③,宿。桥度水东自龙水出口,山耸秀夹立。

【注释】

①湘山寺:俗称寿佛寺,在全州城西郊。寺已圮。寺后有无量寿佛塔,高七层。山顶有飞来石,传为自罗浮山飞来。

②全州:隶桂林府,即今全州县。

③杪木渡桥:乾隆本、"四库"本作"桥度",今仍称桥渡,在全州西北境。

【译文】

初十日　由狮子岩往南下行,二里,到达湘山寺。由寺东侧进去,登上大殿,寄放了行李。向东半里,进入全州城西门。经过州衙前,出了大南门,罗江在城门前。向东来到小南门,三条江流的汇合处。约定船在兴安县城等候。再次进城,出了西门来到寺中,登上大殿,祭拜了无量寿佛塔。无量寿佛在唐代咸通年间(860—873)修成正果,《传灯录》没有记载,法号叫全真,所以州用"全"来起名。肉身在万历初年毁坏,丙戌年(万历十四年,1586)又被毁,后来又一次被毁。塔后面有块飞来石。从塔的东边走上长廊,西边有座观音阁。下到寺中,由寺西溯罗江前行一里,登上卷云阁,绝壁下临江流。卷云阁西边是一块磐石,一半嵌入江中。绝壁上有一朵莲花,凹进石壁间,白色的花瓣黑色的石崖,有块上边留有无量寿佛指甲印的岩石,刻有六个细点组成的字。再往西,一个山洞面临江流,泉水从洞东侧裂开的石头中流出来,名叫玉龙泉。再往西,有一座石峰高高竖立,如同把守关口的人一样,上面写着"无量寿佛"四个大字。共五里,又往西走是断桥。又向西十里,越过石蚬冈。石蚬,《一统志》写作石燕。南面是龙隐洞,一座小山独立在江上,洞口面向西。出洞后往西走,就是杪木渡桥,住下。桥横跨的水流往东从龙水流出河口,山峰耸秀,夹立在河口。

　　十一日　由渡桥西北行,五里为石鼓村,又三里为白沃村,过七里冈为寨墟①。有大溪自四川岭出。北入峡为山川口,十里为阁家村。又五里为白竹江②,饭于李念嵩家。云开日丽,望见西北有山甚屼突,问之为钩挂山,其上又有金宝顶,甚奇异。始问一僧,曰:"去金宝有六十里。"复问一人,曰:"由四川岭只三十里。"时已西南向宝顶,遂还白竹桥边,溯西北江而上。五里,进峡口,两山壁立夹溪,甚峭。路沿溪西北崖上行③,缘崖高下屈曲,十里出峡,为南峒。闻南峒北五里洞尽,可由四川岭达宝顶。有一僧同行,曰:"四川路已没,须从打狗岭上,至大竹坪而登,始有路。"遂随之行。由溪桥度而西上岭,有瀑布在其左腋,其上峻极。共三十里至打狗凹,已暮,宿于兴龙庵,庵北高岭即金宝顶也。

【注释】

①寨墟：今仍作"寨墟"，在今州西境，山川河南岸。此从四川岭出的大溪，今称山川河。

②白竹江：今名同，在全州西北境。

③路沿溪西北崖上行："西北"，乾隆本、"四库"本作"东北"。

【译文】

十一日　由渡桥往西北行，五里是石鼓村，又走三里是白沃村，越过七里冈是寨墟。有条大溪从四川岭中流出来。往北进入峡中是山川口，十里是阎家村。又走五里是白竹江，在李念嵩家吃饭。云开日丽，望见西北方有座山十分突兀，问知是钩挂山，山上又有个金宝顶，非常奇异。最初是问一个僧人，他说："距离金宝顶有六十里路。"又问了一个人，这人说："由四川岭走只有三十里路。"此时我已经往西南走向金宝顶，便返回到白竹桥边，溯西北流来的江水往上走。五里，进入峡口，两面的山墙壁一样夹住溪流矗立着，非常陡峭。道路沿着溪流往西北在山崖上行走，随着山崖的高低起伏曲曲折折的，十里走出峡谷，是南峒。听说南峒中往北走五里洞就到了尽头，可以经由四川岭到达金宝顶。有一个僧人和我同行，说："四川岭的路已经埋没，必须从打狗岭上走，到大竹坪后登山，这才有路。"于是跟随他前行。由溪上的桥过去往西上岭，有条瀑布在山岭的左侧，那上走的路陡峻极了。共三十里后来到打狗凹，已经是傍晚，住在兴龙庵，兴龙庵北面高高的山岭就是金宝顶了。

十二日　由兴龙庵西上，始沿崖北转，钩挂山在其北，为本山隐而不见。三下三上，三度坳曲，共三里，逾土地坳，西望新宁江已在山麓①。下山五里，为大竹坪。由坪右觅导登金宝者，一人方插秧，送余二里，逾一岭，又下一里，至大鼻山。余因寄行李于山下刘秦川家。兄弟二人俱望八②，妻寿同。其家惟老者在③，少者已出。余置行李，由村后渡溪，溯而上二里，当逾岭西登大道，误随溪直东上，二里路穷。还至中道，觅岐草中，西二里，逾岭上，得南来大道，乃从之。北二里，又登岭，又北上一里，为旧角庵基。由基后丛木中上六七里，不得道，还宿刘家。刘后有涧，其上一里，悬峡飞瀑，宛转而下，修竹回岩，更相掩映。归途采笋竹中，闻声寻壑，踏月乃返。

【注释】

①新宁江：明称夫夷水，为资水南源，1936 年在这里析置资源县。因此江从广西境北流经过湖南新宁，故称新宁江。

②望八：将八十岁。

③老者：至今云贵一些地方仍称男性老年人为"老者"。

【译文】

十二日　由兴龙庵往西上走，开始沿着溪岸向北转，钩挂山在这里的北边，被自己所在的这座山挡住了看不见。三次下走三次上走，三次越过山坳中的山弯，共三里，穿过土地坳，向西远望，新宁江已经在山麓下。下山五里，是大竹坪。在大竹坪右边去找领路登金宝顶的人，一个人正在插秧，送了我二里路，越过一座岭，又下走一里，来到大鼻山。我于是把行李寄放在山下刘秦川家中。兄弟二人都年近八十，妻子的寿命相同。他家只有老年人在家，年轻人已经出门。我安置了行李，由村后渡过溪水，溯溪流往上走二里，本应该越岭向西走上大道，错误地顺着溪流一直往东上走，二里后路断了。返回到半路上，在草丛中找到岔路，向西二里，翻越到岭上，遇到南边来的大道，于是顺着大道走。向北二里，又登岭，又往北上登一里，是旧角庵的废址。从废址后面的丛林中上走六七里，找不到路，回到刘秦川家住下。刘家屋后有条山涧，这里的上游一里处，飞瀑高悬在峡谷中，蜿蜒而下，翠竹修长，石崖回绕，互相掩映。归途中在竹林里采竹笋，循着水声找到壑谷，踏着月光才返回来。

十三日　早饭于刘，倩刘孙为导，乃腰镰裹餐①，仍从村后夹涧上。一里，中道至飞瀑处，即西攀岭，路比前上更小。一里，至南来大道，乃从南大源上此者。三里，逾岭隘，一里，至角庵基。复从庵后丛中伏身蛇行入，约四里，穿丛棘如故，已乃从右崖丛中蛇行上。盖前乃从东峡直上，故不得道，然路虽异，丛棘相同。由岐又二里，从观音竹丛中行。其竹即余乡盆景中竹，但此处大如管，金宝顶上更大，而笋甚肥美。一路采笋，盈握则置路隅，以识来径。已而又见竹上多竹实，大如莲肉，小如大豆。初连枝折袖中，及返，俱脱落矣。从观音竹中上，又二里，至宝顶殿基，则石墙如环，半圮半立，而栋梁颓腐横地，止有大圣像首存石垆中②。时日色甫中，四山俱出。南峰之近者为钩挂山，石崖峭立，东北向若削；再南即打狗岭，再南为大帽，再南宝顶，而宝顶最高，与北相颉颃，仰望基后绝顶更高。复从丛竹中东北上，其观音竹更大而笋多，又采而携之。前采置路侧者较细，不能尽肩，弃之。又上一里至绝顶③。丛密中无由四望，登树践枝，终不畅目。已而望竹浪中出一大石如台，乃梯跻其上，则群山历历。遂取饭，与静闻就裹巾中以丛竹枝拨而餐之。既而导者益从林中采笋，而静闻采得竹菰数枚④，玉菌一颗，黄白俱可爱，余亦采菌数枚。从旧路下山，抵刘已昏黑，乃瀹菌煨笋而餐之。

【注释】

①镖(biāo)：同"镖"，为形如矛头的兵器，可遥掷以击人，作保卫行旅之用。

②垆：通"炉"，此处指烧香化纸的石香炉。

③绝顶：指金宝顶。今作"真宝顶"，为五岭最西一个岭越城岭的绝顶，海拔2123米，在全州、资源两县界上。闰四月十四日记区别为"北宝顶"。

④竹菰(gū)：亦称竹肉、竹蓐，为生在朽竹根节上的菌类，状如木耳，红色。

【译文】

十三日　在刘家吃早饭，请刘秦川的孙子当向导，于腰间插上飞镖裹上午饭，仍然从村后狭窄的山涧上走。一里，中途到了瀑布飞流之处，立即向西登岭，路比前边上走时更小。一里，来到南边来的大道上，这是从南面的大源上通到此地的路。三里，穿过岭上的隘口，一里，来到角庵废址。再次从角庵后面的丛林中卧下身子像蛇一样爬行进去，约有四里，像上次一样穿过丛生的荆棘，不久就从右侧山崖上的丛林中像蛇一样爬行上去。原来前次是从东面的峡谷中一直上走，所以找不到路，然而路线虽然不同，丛林荆棘却相同。由岔路又走二里，从观音竹丛中前行。这种竹子就是我家乡栽在盆景中的竹子，但此处的大如箫管，金宝顶上的更大，而且竹笋十分肥美。一路上采摘竹笋，采满一把便放在路旁，以便识别来时的路径。继而又看见竹子上有许多竹实，大的如莲子，小的如大豆。最初连枝带叶地折下藏在袖子中，到返回来时，全都脱落了。从观音竹丛中上山，又走二里，到了宝顶殿的废址，只见石墙像一个玉环，一半倒塌了，一半直立着，而且栋梁倒塌腐朽横在地上，只有佛像的头部存留在石头香炉中。此时天色刚到中午，四面群山都显露出来。南面的山峰近处的是钩挂山，石崖峭立，朝向东北的一面像是用刀削出来的一样；再往南就是打狗岭，再往南是大帽山，再往南是金宝顶，而金宝顶最高,与北面的山峰不相上下,仰面远望,殿基后面的绝顶更高。再从竹丛中往东北上登,这里的观音竹更大而且竹笋很多,又采了一些带在身边。前边采下放在路边的较细,不能全部扛着走,把它们扔了。又上登一里到达绝顶。在浓密的树丛中无法四处眺望,爬上树踩着树枝看,始终不能畅快观看。随即望见竹浪中现出一块大石头如平台,便攀登到岩石上,只见群山历历在目。于是取出饭来,与静闻就着裹饭的方巾用竹丛中的细竹枝拨着饭吃。随后向导又到竹林中去采摘竹笋,静闻采到了几个竹菰,一朵玉菌,笋黄菌白,都很可爱,我也采了几朵菌子。从原路下山,抵达刘家天已经昏黑,于是煮菌烤笋吃了饭。

十四日　别刘而行。随溪西下一里,得大竹坪来道。又三里为大源,则大鼻西峡水与村后东峡水会,置桥其上,有亭随桥数楹,桥曰潮桥。由桥以西为大源村。予往南顶,则从桥东随涧南行。里许,渡木桥,涧忽东折入山,路南出山隘。涧复坠路东破峡出,连捣三潭:上方,瀑长如布;中凹,瀑转如倾;下圆整,瀑匀成帘。下二潭俱有圆石中立承水,水坠潭作势潆回尤异。又三里,度桥为桐初①,有水南自打狗岭来会,亦桥其上。二水合而西南,则又观音桥跨之。大道从观音桥西逾岭出,予从桥下随溪南。一里,水从西峡出。逾一岭出西堰,又西四里为陈墓源②,有瀑自东山峡中涌跃而出,与东岭溪合,有桥跨其会处,大道与水俱南。余渡桥,东跻岭而上,即涌瀑南岭也。二里,平行岭脊,北望北宝顶岧然,峡中水近自打狗南崖直逼其下。南望新宁江流,远从巾子岭横界南宝顶之西。其西南有峰尖突,正当陈墓水口,已而路渐出其下。二里,南下岭从坳中行。又二里,逾一小岭，一里至苏家大坪，聚居甚盛，皆苏姓也。饭于苏怀江家。下午大雨，怀江坚留，遂止其处。

【注释】

①桐初：今作"铜座"。

②陈墓源：今作"陈木源"。皆在资源县东北境，越城岭西坡。

【译文】

十四日　告别刘秦川后动身。随着溪流往西下行一里，遇到从大竹坪过来的路。又走三里是大源，就见大鼻山西面峡谷中的水与村后东面峡谷中的水汇合，溪水上建有桥，顺着桥身有座几开间的亭子，桥名叫潮桥。在桥以西是大源村。我要前往南宝顶，便从桥东顺着山涧往南行。一里左右，越过木桥，山涧忽然向东折进山中去，道路往南走出山隘。山涧再次下坠到路东冲破山峡流出来，一连下捣三个深潭：上面的呈方形，瀑布长得如布匹；中间的下凹，瀑布旋转如同倾泻出来一般；下面的又圆又平整，瀑布均匀地下流形成门帘。下面的两个深潭中都有圆圆的石头竖立在中央承接着水流，水坠入深潭中作出潆洄旋转的姿态，尤为奇异。又行三里，过桥后是桐初，有水流自南面的打狗岭流来汇合，也在溪水上架了桥。两条溪水合流后流向西南方，便又有一座观音桥跨在溪流上。大道从观音桥西行越岭出去，我从桥下顺着溪流往南行。一里，溪水从西面的山峡中流出去。越过一座岭来到西堰，又向西四里是陈墓源，有瀑布从东面的山峡中奔涌跳跃地流出来，与东岭流来的溪水合流，有座桥跨在两条溪水的交汇处，大道与溪流都往南去。我走过桥，向东往上登岭，这就是奔涌的瀑布南面的山岭了。二里，平缓行走在岭脊上，向北望去，北宝顶岿然屹立，近处峡谷中的水从打狗岭南面的山崖直逼到山下。向南望去，新宁江的江流，从远处的巾子岭横隔在南宝顶的西面。岭脊西南方有座山峰尖尖地突起，正位于陈墓源的水口，不久路渐渐通到山峰的下面。二里，往南下岭，从山坳中前行。又行二里，越过一座小岭，一里来到苏家大坪，聚落居民十分兴盛，都是姓苏的人家。在苏怀江家中吃饭。下午下大雨，苏怀江坚决挽留，便住在他这里。

　　十五日　过山路。坪侧大瀑破山西向出，势甚雄伟；下为大溪，西北合陈墓源出口。下午，东南上一岭，误东往大帽岭道。乃西南转六里，出南宝顶，道桃子坪。问上梁宿处，四里而是。逾岭东至新开田所，有路南下伏草中。复误出其东，历险陂三里，不辨所向。已忽得一龛，地名挂幡，去上梁五里矣。其处五里至快乐庵，又十里乃至南顶。以暮雨，遂歇龛①。

【注释】

①"坪侧大瀑"以下句：此段乾隆本、"四库"本置于十四日"至苏家大坪"以下，但与宿苏怀江家，显系两日行踪。此段为错简，应系于十五日，为"过山路"的具体内容。上梁，今名同，在资源县东境，越城岭西侧。

【译文】

　　十五日　走过山路。苏家大坪侧边有大瀑布冲破山体向西流出来，气势非常雄伟；下面是条大溪，流向西北在陈墓源的出口处合流。下午，往东南登上一座岭，错往东走上去大帽岭的路。于是向西南方转了六里路，出了南宝顶，取道去桃子坪。打听到上梁投宿的地方，四里后便是。越岭往东来到一处新开垦的田地，有条路向南下行隐伏在草丛中。再次错走到路的东边，经过三里险峻的山坡，辨不清方向。不久忽然遇见一个佛龛，地名叫挂幡，距离上梁五里路了。此处五里路到快乐庵，再走十里才到南宝顶。因为天晚下雨,便停歇在佛龛中。

十六日　雨不止,滞龛中①。(仅五里,)快乐庵。

【注释】

①雨不止,滞龛中:乾隆本置于十五日,亦系错简,应系于十六日。
该日因雨滞龛中。上日记:从挂幡"其处五里至快乐庵"。本日
仅行五里,至快乐庵宿。

【译文】

十六日　雨不停,滞留在佛龛中。仅走了五里路,来到快乐庵。

十七日　从定心桥下过脊处,觅莲瓣隙痕,削崖密附,
旁无余径。乃从脊东隔峡望之,痕虽岈然,然上垂下削,非
托庐架道处也。乃上定心石,过圣水涯,再由舍身崖登飞锡
绝顶,返白云庵。宿白云庵,晤相宗师。

【译文】

十七日　从定心桥下行到山脊延伸而过之处,寻找莲花瓣裂隙的
痕迹,陡削的山崖紧靠在一起,四旁没有别的小径。只得从山脊东面隔
着峡谷远望它,裂痕虽然十分深邃,然而上边下垂下面陡削,不是房舍
依托架设道路的去处。于是登上定心石,经过圣水的水边,再经由舍身
崖登上飞锡峰的绝顶,返回白云庵。住在白云庵,会见了相宗法师。

十八日　晨餐后,别相宗,由东路下山。一里余,则路
旁峭石分列,置悬级出其间,是为天门。门外有耸石立路
右,名金刚石,上大书"白云洞天"。从此历磴而下,危峭逾

于西路。西庵之名"快乐"，岂亦以路之坦耶！又四里，过显龙庵①，庵北向。先是，从观音静室遥见两人入箐棘中，问云知为掘青薯者，而不辨其为何。过显龙庵，又见两人以线络负四枚，形如小猪而肥甚，当即竹豚也。笋根稚子，今始见之矣。大者斤许，小者半斤，索价每头二分，但活而有声，不便筐负，乃听而去。盖山中三小珍：黄鼠、柿狐、竹豚，惟竹豚未尝，而无奈其活不能携，况此时笋过而肥，且地有观音美笋，其味未必他所能及。东下里许，南望那叉山飞瀑悬空而坠。先从宝顶即窥见，至此始睹崇隆若九天也。又东下五里，左渡小溪，深竹中有寺寂然，则苦炼庵②。庵南向，左右各一溪自后来绕，而右溪较大，桥横其上，水从西南山脓透壁下。从庵前东南渡桥南上岭，其地竹甚大，路始分东西岐。从西岐下，始见那叉瀑北挂层崖，苦炼溪亦透空悬壑，与那叉大小高下势相颉颃。然苦炼近在对山，路沿之同下，朗朗见其捣壑势；其下山环成城，瀑垂其中，出西壁，与那叉东大溪合而东南去。见西峡中又一瀑如线，透山而下，连泄九层，虽细而甚长。路乃转东，共三里，又一溪自西北来。渡而随之，始觉甚微，渐下渐大，遂成轰雷涌雪观。路应从溪右下，而误从溪右③。又二里，是为大坪。渡溪而右，入一村家问之，则在莲塘庵之下矣④，竹色丛郁。村妪出所炊粥羹饷，余以炙笋酬之，余自大鼻山刘家炙得观音笋，即觅一山篮背负之。路拾蕨芽、萱菌可食之物，辄投其中，抵逆旅，即煮以供焉。于是西南渡那叉大溪，溪东北出白沙江。又西上岭，三里，饭于村家，其处乃大坪之极南也。又西南逾岭而上，二里，是为半山岭。屡渡溪，逾岭而上，八里，入望江岭。逾岭溯溪，又十里，为桐源山。南下山二里，为韭菜园。东过坳下山三里，又循一水，为小车江。随江南下四里，有桐源大溪自西来，即桐源、韭菜溪，有大路亦自西来，南与小车江合而南去。路渡小车江口桥，从水右上山一里，随江而东南，路行夹江山上，极险峻。有小石山，北面平剖，纹如哥窑，而薄若片板。江绕其南，路绕其北。东北又有小溪，破峡成瀑。又东南二里始下，又一里下至江涯。稍上为木皮口，有溪自东北来入。其北峰曰不住岭。乃宿。

【注释】

①显龙庵：原作"题龙庵"，据乾隆本、"四库"本改。下同。

②苦炼庵：原作"若冻庵"，据乾隆本、"四库"本改。

③路应从溪右下，而误从溪右：依前后文，后一"溪右"应为"溪左"。乾隆本、"四库"本作"路循溪北"。

④莲塘庵：乾隆本、"四库"本作"莲花庵"。

【译文】

十八日　早餐后，告别了相宗，由东边的路下山。一里多，就见路旁峭拔的石崖分列在两旁，安置了高悬的台阶通过其间，这里是天门。天门外有高耸的岩石矗立在道路右边，名叫金刚石，上面写着"白云洞天"几个大字。从此处经过石阶往下走，危险陡峭超过西面的路。西面的寺庵起名叫做快乐，莫非也是因为道路平坦起的名吗？又走四里，路过显龙庵，寺庵朝向北。这之前，从观音静室远远望见两个人进入竹丛荆棘中，问知是去挖掘青薯的人，却分辨不出那是什么东西。路过显龙庵时，又看见两个人用线织成的网背着四只，形状像小猪而且十分肥壮，应该就是竹㹠了。吃笋根的小子，今天才见到你了。大的有一斤左右，小的有半斤，要价每头二分银子，但是活的而且有叫声，不方便用筐子背着走，便听任他们离开了。大体上，山中有三种小型山珍：黄鼠、柿狐、竹豚，唯有竹豚我没有尝过，可无奈那东西是活的不能携带，何况这个时节竹笋发过竹豚长肥了，并且此地有美味的观音竹笋，它的滋味未必是其他地方所能赶得上的。向东下走一里左右,望见南面那叉山飞流的瀑布悬空而坠。先前我从金宝顶就窥见到了,来到此地才看清它高高的好像在九天之上。又往东下行五里,从左边渡过小溪,深深的竹林中有座寺院寂静无声,那是苦炼庵。庵门面向南,左右各有一条溪水从庵后绕流过来,而右边的溪流较大,桥横架在溪流上,溪水从西南方的山侧透过石壁流下去。从庵前往东南过桥后向南上岭,此地的竹子非常大,路开始分为东西两条岔道。我从西面的岔道下走,这才看见那叉山的瀑布挂在北面的层层山崖上,苦炼庵的溪水也穿过高空悬在壑谷上,与那叉山的瀑布大小高矮的气势不相上下。不过苦炼庵的溪水近在对面的山上,道路沿着溪水一同下山,清清楚楚地看见它冲捣壑谷的威力;瀑布下面的山环绕成城墙一样,瀑布垂落到其中,从西边的崖壁下流出去,与那叉山东面的大溪合流后往东南流去。望见西面的峡谷中又有一条瀑布像线一样,穿山而下,一连下泄九层,水流虽然细小却非常长。路于是转向东走,共三里,又有一条溪流自西北流来。渡过溪流后顺流前行,起初觉得溪流很小,慢慢下走渐渐大起来,终于变成轰鸣雷响雪花翻涌的景观。路应该从溪流右边下走,可我误从溪流左边走。又行二里,这是大坪。渡过溪流往右走,进入一户农家问路,原来已在莲塘庵的下边了,竹丛翠色葱郁。村妇拿出她煮好的稀粥和菜汤款待我,我用烤竹笋来酬谢她。我自从在大鼻山刘家烤了一些观音笋,马上找来一个山里人用的竹篮背着它。路上拾到的蕨菜芽、萱菌之类可以食用的东西,便投进竹篮中,抵达旅店后,就煮来供餐。于是向西南渡过那叉大溪,溪水向东北方流入白沙江。又向西上岭,三里,在农户家吃饭,此处是大坪极南之处了。又往西南越岭上走,二里,这是半山岭。多次渡过溪流,越岭上走,八里,走入望江岭。翻过山岭后溯溪流前行,又行十里,是桐源山。往南下山二里,是韭菜园。向东经过山坳下山三里,又沿着一条河走,是小车江。顺着江流南下四里,有条桐源大溪自西面流来,这就是从桐源山、韭菜园流来的溪流,有条大路也是从西面过来,溪水向南流与小车江合流后往南流去。道路渡过小车江江口的桥,从江水右边上山一里，顺着江流往东南走，道路前行在夹住江流的山上，极为险峻。有座小石山，北面平直剖开，纹路像哥窑的瓷器，而且薄得像一片木板。江流绕过这座小石山的南面，道路绕过它的北面。东北方又有一条小溪，冲破山峡形成瀑布。又向东南二里开始下山，又走一里下到江边。略微上走一点是木皮口，有条溪流自东北方流来汇入江中。这里北面的山峰叫不住岭。于是住下。

十九日　晨餐后，东南上岭。随江左行四里，下涉跳石江。又上岭，过车湾台。盘石共三里，出两山峡口，有坝堰水甚巨，曰上官坝。坝外一望平畴，直南抵里山隁。出峡，水东南入湘，路随峡右西南下。行平畴中又一里，抵赵塘①。其聚族俱赵，巨姓也。村后一石山特立，曰西钟山②，下俱青石峭削，上有平窝，土人方斥石叠路，建五谷大仙殿。其东峭崖上有洞可深入。时以开道伐木，反隘其路，不得攀缘而渡。又西南渡一溪桥，共四里，过弃鸡岭。又四里，出咸水，而山枣驿在焉，则官道也。咸水之南，大山横亘，曰里山隁；咸水之北，崇岭重叠，曰三清界：此咸水南北之界也。咸水溪自三清界发源③，流为焦川，自南宅出山④，至此透桥东南罗江口入湘。渡桥西南行，长松合道，夹径蔽天，极似道州永明道。十里，板山铺。又十里，石子铺。从小路折而东南，五里抵界首⑤，乃千家之市，南半属兴安，东半属全州。至界首才下午，大雨忽至，遂止不前。是日共行五十里。

【注释】

①赵塘：乾隆本、“四库”本作“白塘村”。今仍称白塘，在全州西境。

②西钟山：乾隆本、"四库"本作"金钟山"。

③咸水溪：今仍称"咸水"。

④南宅、咸水：今名同，皆在全州西境，咸水南岸。南宅在西，咸水在东。

⑤界首：今名同，在兴安县东北隅，湘江西岸。

【译文】

十九日　早餐后，向东南上岭。顺着江流的左岸前行四里，下水涉过跳石江。又上岭，路过车湾台。绕着石山共走三里，走出两山间的峡口，有道堤坝积水非常宽广，叫做上官坝。堤坝外是一望无际的平旷田野，一直向南抵达里山隈。出了峡口，水流往东南汇入湘江中，道路顺着峡谷的右侧往西南下走。前行在平旷的田野中又是一里，抵达赵塘。这里聚族而居的全是姓赵的，是个大姓。村后一座独立的石山，叫西钟山，下部全是峭拔陡削的青石，上面有个平缓的山窝，当地人正在采石筑路，修建五谷大仙殿。山窝东面陡峭的山崖上有个山洞可以深入。此时因为开路砍伐树木，反而阻塞了去那里的路，不能攀援过去。又往西南走过一座溪流上的桥，共四里，过了弃鸡岭。又行四里，到了咸水，而山夹驿就在这里，是官修的大道。咸水的南面，大山横亘着，叫做里山隈；咸水的北面，崇山峻岭层层叠叠的，叫做三清界；这是咸水南北两面的情况了。咸水溪从三清界发源，流下去叫焦川，自南宅流出山，流到此地穿过桥下流向东南在罗江口汇入湘江。过桥后往西南行，沿路是高大的松树，夹在路旁遮天蔽日，极像从道州到永明县城的路上。十里，到板山铺。又行十里，到石子铺。从小路折向东南，五里抵达界首，是个有千户人家的市镇，南半边属于兴安县，东半边属于全州。到界首时才是下午，大雨忽然来临，便停下来不再前走。这一天共走了五十里路。

二十日　平明饭。溯湘江而西，五里，北向入塔儿铺，始离湘岸，已入桂林界矣。有古塔，倾圮垂尽，有光华馆，则兴安之传舍也①。入兴安界,古松时断时续,不若全州之连云接嶂矣。十里,东桥铺。五里,小宅,复与湘江遇。又五里,瓦子铺②,又十里,至兴安万里桥③。桥下水绕北城西去,两岸甃石,中流平而不广,即灵渠也④,已为漓江,其分水处尚在东三里。过桥入北门,城墙环堵,县治寂若空门,市蔬市米,唯万里桥边数家。炊饭于塔寺。饭后,由桥北溯灵渠北岸东行,已折而稍北渡大溪,则湘水之本流也,上流已堰不通舟。既渡,又东有小溪,疏流若带,舟道从之。盖堰湘分水,既西注为漓,又东浚湘支以通舟楫,稍下复与江身合矣。支流之上,石桥曰接龙桥,桥南水湾为观音阁,已离城二里矣。又东南五里,则湘水自南来,直逼石崖下。其崖突立南向,曰狮子寨。路循寨脚东溯溪入,已东北入山七里,逾羊牯岭,抵状元峰下,内有邓家村⑤,俱邓丞相之遗也。村南有静室名回龙庵,遂托宿于其中。僧之号曰悟禅。

【注释】

①传舍:供来往行人停住的旅舍。

②瓦子铺:今名同,在兴安县治稍北的铁路边。

③兴安:明为县,隶桂林府,即今兴安县。万里桥:在兴安县城东门外灵渠上,唐代建,是广西最古的一座石桥。桥上有亭,现已不存。

④灵渠:秦始皇为进一步统一祖国南疆,命史禄率工兴修的运河,沟通湘、漓二水,联系长江与珠江两大水系。秦汉以后,中原与岭南的交通多取道于此。初名秦凿渠,后因漓水上游为零水,亦称零渠,唐以后又称灵渠。它用分水铧嘴分湘江水入漓,分为南

北两渠，南渠注漓江，占水量十分之三，北渠注湘江，占水量十分之七。全长33公里，筑有很多斗门，顺次启门，增高水位，使船只能越过高地，既便舟楫，又利灌溉。因其技术特点，又被称为"陡河""堘江"。秦以后，历代共整修灵渠二十六次。现已成为以灌溉为主的河渠，灌溉面积达三万二千亩。

⑤邓家村：今仍名邓家，在兴安县东境。

【译文】

二十日　天明吃饭。溯湘江往西行，五里，向北进入塔儿铺，开始离开湘江沿岸，已经进入桂林府境内了。有座古塔，将要全部倒塌了，有个光华馆，就是兴安县的驿站客舍了。进入兴安县境内，古松时断时续，不像全州境内的古松那样一山接一山连接到云天了。十里，到东桥铺。五里，到小宅，再次与湘江相遇。又行五里，到瓦子铺，又行十里，到兴安县城的万里桥。桥下的水绕过县城北面向西流去，两岸砌有石块，河中的水流平缓却不宽，这里是灵渠了，已经是漓江，湘江与漓江的分水处还在城东三里处。过桥后进入北门，城墙四面环绕，县衙寂静得像佛寺，卖菜买米的，仅有万里桥边的几家店铺。在塔寺做饭。饭后，由桥北溯灵渠的北岸往东行，不久稍折向北渡过一条大溪，这是湘江本来的水流了，上游已经筑有堤坝不通船。渡过大溪后，又在东面有条小溪，稀疏的水流好像衣带一样，船走的通道顺着这条小溪走。原来是，筑起堤坝使湘江分流，既让分流的水往西流成为漓江，又在东面疏通了湘江的支流以便船只通行，稍往下行又与湘江的主流会合了。支流的上面，有座石桥叫做接龙桥，桥南的水湾处是观音阁，已经离开县城二里路了。又往东南行五里，就见湘江从南面流来，直逼到石崖下。这座石崖突兀而立，面向南，叫做狮子寨。道路沿着狮子寨脚下往东溯溪流进去，随即向东北进山七里，越过羊牯岭，抵达状元峰下，里面有个邓家村，全是邓丞相的后人。村南有个静室名叫回龙庵，便投宿在庵中。僧人的法号叫悟禅。

二十一日　从庵右逾小山南一里,至长冲,东逼状元峰之麓。又一里,至一尼庵,有尼焉。其夫方出耕,问登山道。先是,路人俱言,上茅塞,决不可登,独此有盲僧,反询客欲登大金峰、小金峰?盖此处山之杰出者,俱以"金峰"名之。而状元峰之左,有一峰片插,曰小金峰,亚于状元,而峭削过之。盖状元高而尖圆,此峰薄而嶙峋,故有大、小之称。二峰各有路,而草翳之。余从庵后登溪塅,直东而上,二里抵状元、翠微之间,山削草合,蛇路伏深莽中。渐转东北三里,直上逾其东北岭坳,望见其东大山层叠,其下溪盘谷阒,即为麻川①;其南层山,当是海阳东渡之脊;其北大山即里山隈矣;其西即县治,而西南海阳坪,其处山反藏伏也。坳北峰之下,即入九龙殿之峡。地名峡口,又曰锦霄。从坳南直跻峰顶,其峰甚狭而峭,凡七起伏,共南一里而至状元峰,则亭亭独上矣。自其上西瞰湘源,东瞰麻川,俱在足底;南俯小金峰,北俯锦霄坳岭,俱为儿孙行。但北面九峰相连,而南与小金尚隔二峰,俱峭若中断,不能飞渡,故路由其麓另上耳。闻此山为邓丞相升云处。其人不知何处,想是马殷等(僭)窃之佐②。土人言,其去朝数百里,夜归家而早入朝,皆在此顶。登云山下即其家,至今犹俱邓姓后。一疑其神异,遂诛而及其孥焉③。顶北第三峰,有方石台如舟舡首,飞突凌空。旧传有竹自崖端下垂拂拭,此旁箐亦有之,未见有独长而异者。坐峰顶久之,以携饭就筐分啖。已闻东南有雷声,乃下,返回龙庵。

【注释】

①麻川:今作"漠川",在兴安县东境,从南往北流入湘江。

②马殷(852—930)：唐末许州鄢陵人，少为木工，应募当兵，升为裨
　　将，随军到湖南。896年自立，907年被后梁封为楚王，成为五代
　　十国时期南方割据政权之一，主要地域在今湖南省。

③孥(nú)：妻子儿女。

【译文】

二十一日　从回龙庵右边翻越小山向南走一里，来到长冲，往东逼近状元峰的山麓。又行一里，来到一座尼姑庵，有个尼姑在庵中。她丈夫正好外出耕地，向她询问登山的路。这之前，路上的人都说，山上茅草阻塞，决然不能上登，唯独此处有个瞎眼和尚，反而问客人需要登大金峰还是小金峰？原来此处的山凡是特异出众的，全都用"金峰"来起名。而状元峰的左侧，有一座山峰呈片状高插着，叫小金峰，比状元峰小，然而峭拔陡峻超过状元峰。大体上，状元峰高些而且又尖又圆，这座山峰薄一些却石骨嶙峋，故而有大、小的不同称呼。两座山峰各有路可通，不过被草遮住了道路。我从庵后登上溪旁的土垅，一直向东上登，二里后抵达状元峰、翠微峰之间，山势陡峭荒草闭合，蛇形小路隐伏在深深的草丛中。逐渐转向东北走三里，一直向上越过状元峰东北方山岭上的山坳，望见这里东面的大山层层叠叠的，山下的溪流盘绕在幽深的山谷中，那就是麻川；这里南面的层层山峦，应当就是海阳山向东延伸的山脊；这里北面的大山就是里山隈了；这里的西面就是县城，而西南方的海阳坪，那里的山反而低伏隐藏着了。山坳北面的山峰下，就是进入九龙殿的峡谷。地名叫峡口，又叫锦霄。从山坳南边直接上登峰顶，这座山峰非常狭窄而且很陡峭，总计上下起伏了七次，共往南走一里后到达状元峰，便独自亭亭玉立在上了。从峰顶上向西俯瞰湘江的源头，向东俯瞰麻川，全在脚底下；往南俯视小金峰，往北俯视锦霄坳岭，全都是些儿孙辈。但北面的九座山峰相连，而南面与小金峰还隔着两座山峰，都很陡峭，好像从中断开一样，不能飞渡过去，所以路要从小金峰的山麓另外登上去。听说这座山是邓丞相升天之处。这个人不知是什么地

方的，猜想是马殷等人窃据帝位时辅佐的官员。当地人说，他家离朝廷有几百里路，夜里回家而早晨入朝，都是在这个山顶。登云山下就是他的家，至今还全是姓邓的后人。有一个人怀疑他的神异，便被诛杀并殃及他的妻儿。峰顶北面的第三座山峰，有个方形石台如船头，飞突凌空。旧时传说有竹子从石崖顶端垂下来拂拭着石台，此地四旁的山箐中也有竹子，没见有这种特别修长而不同的竹子。在峰顶坐了很久，把带来的饭就着竹筐分了吃下。不久听见东南方有雷声，这才下山，返回回龙庵。

二十二日　东行二里，过九宫桥，逾小岭，共二里至锦霄，是为峡口。麻川江自南来，北出界首，截江以渡，江深没股。麻川至此破山出，名七里峡；下又破山出，名五里峡。锦霄在其中，为陆行口。过江，溯东夹之溪入。三里，登山脊，至九龙庙，南北东皆崇山逼夹，南麓即所溯溪之北麓，溪声甚厉。遂下山，过观音阁，支流分环阁四面，惟南面石堰仅通水，东西北则舟上下俱绕之，惜阁小不称。阁东度石桥，循分支西岸，溯流一里，至分水塘。塘以巨石横绝中流，南北连亘以断江身，只以小穴泄余波，由塘南分湘入漓；塘之北，即潇湘为支，以通湘舟于观音阁前者也。遂刺舟南渡分漓口，入分水庙。西二里，抵兴安南门。出城，西三里，抵三里桥。桥跨灵渠，渠至此细流成涓，石底嶙峋。时巨舫鳞次，以箔阻水，俟水稍厚，则去箔放舟焉[1]。宿隐山寺。

【注释】

[1]"桥跨灵渠"数句：这里说的是灵渠的斗门，又称陡门。塞陡工具有陡杠（大木杠）、陡脚（三根木头捆成三脚状）、陡编（用竹片交

又编成）、陡筻（dá，用竹篾编成，长约五尺，宽约三尺）。在陡门的石穴上架起陡杠，放一排陡脚，再搁上陡编和陡筻，即可拦住水流，提高水位，船即可节节前进。箔（bó），通常指用芦苇和秫秸编成的帘子，这里专指陡编和陡筻。

【译文】

二十二日　往东行二里，走过九宫桥，越过一座小岭，共二里路来到锦霄，这是峡口。麻川江自南面流来，往北流出界首，横截江流而渡，江水深到淹没了大腿。麻川江流到此地冲破山峡流出去，名叫七里峡；下游又冲破山峡流出去，名叫五里峡。锦霄在两条峡谷的中间，是走陆路的通道口。渡过江后，湖东面夹谷的溪流进去。三里，登上山脊，到达九龙庙，南、北、东三面都是高山紧逼相夹，南麓就是我所溯溪流北面的山麓，溪水声十分凶猛。于是下山，路过观音阁，湘江的支流分别环绕在观音阁的四面，只有南面的石坝仅能通过流水，东、西、北三面则是上下来往的船只都绕着观音阁走，可惜楼阁太小不相称。从观音阁东边走过石桥，沿着分出的支流的西岸，溯流前行一里，来到分水塘。分水塘是用巨石横堵在江流中间，南北绵亘相连用来截断江流，只用一个小洞来让多余的塘水外泄，在水塘南面把湘江分流引入漓江；水塘的北面，就疏挖湘江成为支流，以便让湘江中的船只通到观音阁前的河道中。于是撑着船向南渡过分漓口，进入分水庙。向西行二里，抵达兴安县城的南门。出城后，向西三里，抵达三里桥。桥跨在灵渠上，渠水到了此地变成涓涓细流，渠底巨石鳞峋。此时大船鳞次栉比，用竹箔拦水，等渠水稍深一些，便去掉竹箔放船通行了。住宿在隐山寺。

二十三日　晨起大雨，饭后少歇。桥西有金鼎山。山为老龙脊，由此至兴安，南转海阳，虽为史禄凿山分漓水，而桥下有石底，水不满尺，终不能损其大脊也。上一里至顶，顶大止丈许；惟南面群峦纷丛岚雾中，若聚米，若流火，俯瞰其出没甚近。下至三里桥西，随灵渠西南去。已而渠渐直南，路益西，路右石山丛立。雨中回眺，共十里，已透金鼎所望乱山堆叠中，穿根盘礐，多回曲，无升降。又三里为苏一坪，东有岐可达乳洞。予先西趋严关①，共二里而出隘口。东西两石山骈峙，路出其下，若门中辟，傍裂穴如圭，梯崖入其中，不甚敞，空合如莲瓣。坐观行旅，纷纷沓沓。返由苏一坪东南行一里，溯灵渠东北上，一溪东自乳洞夹注，为清水，乃东渡灵渠。四里，过大岩堰。渡堰东石桥，转入山南，小石山分岐立路口，洞岈然南向。遂西向随溪入，二里至董田，巨村。洞即在其北一里，日暮不及登，乃趋东山入隐山寺。出步寺后，见南向有洞，其门高悬，水由下出，西与乳洞北流之水合，从西北山腋破壁而出大岩堰焉。时日色尚高，亟缚炬从寺右入洞。攀石崖而上，其石峭削，圮侧下垂，渊壁若裂，水不甚涌而浑，探其暗处，水石粗混，无可着足。出而返寺，濯足于崖外合流处，晚餐而卧。

【注释】

①严关：今名同，在兴安县西 7.5 公里，灵渠边上。处于狮子、凤凰两山间，西南向，有石砌城垣一道，长 43 米，关门亦存。《明史·地理志》作"岩关"，疑误。

【译文】

二十三日　早晨起床下大雨，饭后稍作休息。桥西有座金鼎山。这座山是主脉的山脊，由此地延伸到兴安县城，向南转到海阳山，虽然被史禄凿山分流到漓江，但桥下有石头的渠底，渠水不满一尺，始终没能损伤山脉的主脊了。上走一里来到山顶,山顶大处只有一丈左右;唯有南面成群的山峦和纷杂的丛林显现在山间的晨雾中,如聚在一起的米粒,似流动的火光,俯瞰它们出没在很近的地方。下到三里桥的西边,顺着灵渠向西南去。继而灵渠渐渐转向正南,路越来越向西走,路右边的石山成丛矗立着。雨中回头眺望,共走了十里路,已经在金鼎山望见的杂乱堆叠的群山中穿行,穿过山脚,盘绕在壑谷中,曲曲折折很多,没有上下。又行三里是苏一坪,东面有岔道可以到达乳洞。我先要向西赶到严关去,共二里后走出隘口。东西两面的石山并排对峙,路从山下出去,好像中间敞开的门,两旁裂开的洞穴如玉圭,踏着山崖进入洞中,洞中不怎么宽敞,在空中合拢如莲花的花瓣。坐在洞中观看过往的旅客,纷至沓来。返回来经由苏一坪往东南行一里,溯灵渠往东北上走,一条溪水从东边的乳洞流来与灵渠相夹,这是清水溪。于是向东渡过灵渠,四里,经过大岩堰。走过大岩堰东边的石桥,转进山的南麓,有座小石山矗立在分岔的路口,有个洞口深邃地面向南。于是向西顺着溪流进去,二里到董田,是个巨大的村子。山洞就在村北一里处,天晚了来不及去登,便赶到东山进入隐山寺。出来在寺后散步,看见南面有个洞,洞口高悬,水从下面流出来,向西流与乳洞向北流的水合流,从西北方的山侧冲破崖壁流到大岩堰中。此时天色还早,急忙捆好火把从寺右进洞去。攀着石崖往上登,崖石峭拔陡削,倒斜下垂,石壁下的深渊好像一条裂缝,水势不怎么汹涌却很浑浊,探了探水中的昏暗处,水中的石块粗大混杂,无处可以落脚。出来后返回寺中,在山崖外溪水的合流处洗脚,晚餐后睡下了。

二十四日　晨起雨不止,饭后以火炬数枚,僧负而导之。一里至董田,又北一里,至乳岩下洞、中洞、上洞[①]。雨中返寺午饭。雨愈大,遂止不行。

【注释】

①乳岩:在今兴安县城西南6公里茅坪村,共三洞,下洞称喷雷洞,
　　中洞称驻云洞,上洞称飞霞洞。

【译文】

二十四日　早晨起床时雨没停,饭后拿了几个火把,由僧人背着为
我领路。一里到董田,又向北一里,到了乳洞的下洞、中洞、上洞。雨中
返回寺中吃午饭。雨更大了,就住下来不走了。

二十五日　天色霁甚,晨餐后仍向东行。一里,出山口,
支峰兀立处,其上有庵,草翳无人,非观音岩也。从庵左先循
其上崖而东,崖危草没,静闻不能从,令守行囊于石畔。余攀
隙披薆而入①,转崖之东,则两壁裂而成门,内裁一线剖,宛转
嵌漏。其内上夹参九天,或合或离,俱不过咫尺;下夹坠九渊,
或干或水,俱凭临数丈。夹半两崖俱有痕,践足而入,肩倚隔
崖,足践线痕,手攀石窍,无陨坠之虑。直进五六丈②,夹转而
东,由支峰坳脊北望,见观音岩在对崖,亦幽峭可喜。昨来时
从其前盘山而转,惜未一入,今不能愈北也。下山,东南行田
塍间,水漫没岸。三里,有南而北小水,急脱下衣,涉其东,溯
之南。又二里,为秀塘,转而西南行,复涉溪而北,循山麓行。
二里,又一涧自北山夹中出,涉其南,又循一溪西来入,即西岭
之溪也。三里,越溪南登,下西岭,入口甚隘,而内有平畴,西
村落焉。西南上岭,又二里而逾上西岭,岭东复得坪焉。有数
家在深竹中,饭于村姬。又西南平上二里,乃东逾一坳,始东
下二里,为开洲,则湘之西岸也。溯湘南行五里,复入冈陀,为
东刘村。又五里为西刘村③,有水自西谷东入湘。又西南三

里为土桥,又二里大丰桥,俱有水东注于湘。又逾岭二里,宿
于唐汇田④。东有大山岜然出东界上者,曰赤耳山。

【注释】

①窾(kuǎn):空处。

②直进五六丈:"丈"原作"里",据乾隆本、"四库"本改。

③东刘村、西刘村:今作"东流"、"西流",在海洋河边。

④唐汇田:今作"谭美田",在兴安县南境,湘江源海洋河西岸。

【译文】

　　二十五日　天色十分晴朗,早餐后仍然向东行。一里,走出山口,一座支峰兀立之处,山上有座寺庵,深草密蔽,无人居住,不是观音岩。从庵左先沿着寺庵上方的石崖往东走,石崖高险,深草隐没了道路,静闻不能跟随,命令他在石崖旁看守行李。我攀着石缝钻过空处进去,转到石崖的东面,就见两面的石壁裂成门,里面只剖开一线宽,曲折通透。石门里面的夹谷上参九天云霄,有的地方闭合在一起,有的地方分开来,都不超过一尺来宽;下边夹谷坠入九重深渊,有的地方干燥,有的地方有水,全都凭临几丈高的深谷。夹谷半中腰两侧的崖壁上都有裂痕,把脚踩进裂痕,双肩紧靠分开的崖壁,脚踏着线一样的裂痕,手拉住石窍,没有坠落下去的忧虑。一直进去五六丈,夹谷转向东,由支峰山坳的背上向北望去,看见观音崖在对面的山崖上,也是幽深陡峭让人喜爱。昨天来的时候从它的前边绕着山转,可惜未能进去一次,今天不能再向北走了。下山后,往东南前行在田野间,溪水漫出来淹没了堤岸。三里,有条由南往北流的小溪,急忙脱下裤子,涉到小溪的东岸,溯溪流往南行。又行二里,是秀塘,转向西南行,再次涉过溪水往北行,沿着山麓前行。二里,又有一条山涧从北山的夹谷中流出来,涉到山涧南面,又沿着一条西面流来的溪流进去,这就是源于西岭的溪流了。三里,越过溪流向南上登,走下西岭,入口处非常狭窄,可里面有平旷的田野,西

边有村落在里面。向西南上岭，又走二里后越过上西岭，岭东又见到一片平地。有几户人家在幽深的竹丛中，在村妇家中吃饭。又往西南平缓地上行二里，便向东越过一个山坳，这才向东下行二里，是开洲，这就是湘江的西岸了。溯湘江往南行五里，再次走入山冈山坡之间，是东刘村。又走五里是西刘村，有水流自西面的山谷中往东汇入湘江。又往西南行三里是土桥，又走二里到大丰桥，两处都有水流向东流入湘江。又越岭二里，住宿在唐汇田。东面有座大山岿然出现在东境上的，叫赤耳山。

二十六日　晨餐后，日色霁甚。南溯湘流二里，渡一溪为太平堡，有堡、有营兵焉。东西山至是开而成巨坞，小石峰一带，骈立湘水东。又南二里，曰刘田①。又南二里，曰白龙桥②。又三里，逾一小岭，曰牛栏③。二里，张村。又一里至庙角④，饭于双泉寺，其南即灵川界⑤。又南二里，东南歧路入山，其东高峰片耸，曰白面山。又南二里，渡一桥，湘水之有桥自此。循左山行，南二里，为田心寺。又南一里，古龙王庙。又南一里，有一石峰特立东西两界之中，曰海阳山。有海龙庵，在峰南石崖之半。海龙庵已为临桂界⑥。海龙堡在西南一里⑦，东入山五里为季陵⑧，西十五里，过西岭背为龙口桥⑨，东北五里读书岩、白面山⑩，西北十五里庙角，南五里江汇⑪。先是，望白面山南诸峭峰甚奇，问知其下有读书岩，而急于海阳，遂南入古殿，以瓦磨墨录其碑。抵海龙庵，日已薄崦嵫，急卸行李于中。乃下山，自东麓二洞门绕北至西，入龙母庙，已圮。即从流水中行，转南，水遂成汇，深者没股。庵下石崖壁立，下临深塘。由塘南水中行，转东登山。入庵，衣裈俱湿⑫，急晚餐而卧以亵衣⑬。是庵始有佛灯。

【注释】

①刘田：今作"刘家"。

②白龙桥：今名同。

③牛栏：今作"流兰"。

④庙角：今作"庙脚"。以上皆在兴安县南境，从北往南，顺序排列在公路沿线。

⑤灵川：明为县，隶桂林府，治今灵川县三街镇。

⑥临桂：桂林府附郭县，治今桂林城区。现仍有临桂区，辖境在桂林市区西部。

⑦海龙堡：应即今海洋，在灵川县东隅。二十七日记作"海阳堡"，此处"龙"字疑误。

⑧季陵：今作"岐岭"，在灵川县东隅，海洋稍东。

⑨西岭背：今名同，在兴安县南隅，庙角稍西。

⑩白面山：今作"白面"，在灵川县东隅，岐岭稍北。

⑪江汇：应即今江尾，在灵川县东境，海洋稍南。

⑫裈(kūn)：有裆的裤子。

⑬亵(xiè)衣：内衣。

【译文】

二十六日　早餐后，天色晴朗极了。向南溯湘江的江流走二里，渡过一条溪流到太平堡，有城堡，有营兵驻守在这里。东西两面的山到了这里开阔起来，变成巨大的山坞，一列小石峰像带子一样，并排矗立在湘江的东岸。又向南二里，叫刘田。又向南二里，叫白龙桥。又行三里，越过一座小岭，叫牛栏。二里，到张村。又走一里到庙角，在双泉寺中吃饭，寺南就是灵川县的县界。又向南二里，从东南方的岔路进山，这里东面的高峰呈片状耸立着,叫做白面山。又向南二里,走过一座桥,湘江上有桥从此地开始。沿着左边的山前行,向南二里,是田心寺。又向南一里,到古龙王庙。又向南一里,有一座石峰独立在东西两列山的中间,叫做海阳山。有座海龙庵,在石峰南面石崖的半中腰。海龙庵已经是临桂县的地界。海龙堡在西南方一里处,向东进山五里是季陵,向西十五里,越过西岭的山背是龙口桥,往东北行五里是读书岩、白面山,向西北十五里是庙角,向南五里是江汇。这之前,望见白面山南面峭拔的群峰非常奇特,问知山下有个读书岩,可急于去海阳山,便向南进入古殿中,用瓦片磨墨抄录殿中的碑文。抵达海龙庵时,落日已逼近西山,急忙把行李放在庵中。于是下山,从东麓的两个洞口绕过北麓来到西麓,进入龙母庙,已经倒塌了。立即从流水中前行,转向南,流水于是汇成一条,深的地方淹没了大腿。寺庵下方的石崖墙壁样矗立着,下临深塘。由水塘南边的水中前行,转向东登山。进入庵中,衣裤都湿透了,急忙吃了晚餐便穿着内衣睡下。这座寺庵才开始有佛灯。

　　海阳山俱崆峒贮水①。水门二:南平,西出甚急。东旱门二,下一二尺,即水汇其中,深者五六尺。山南水塘有细流,东源季陵亦下此。则此山尚在过脊北,水俱北流,惟为湘源也。漓源尚在海阳西西岭角②。

【注释】
①崆峒:通"空洞",山里空如大洞。
②"漓源"句:按,近代地理考察证明,漓江源在兴安县北隅的苗儿山。
【译文】
　　海阳山山腹中全是空洞贮满了水。水洞口有两个:南面的水势平缓,西面的水流出来十分湍急。东面有两个旱洞口,下去一二尺,就有水汇积在洞中,深处有五六尺。山南面的水塘有条细细的水流，源于东面的季陵，也下流到此地。那么此山还在主脉延伸而过的山脊的北面，水全向北流，成为湘江的源头。漓江的源头还在海阳山西面的西岭角。

二十七日　晓起，天色仍霁，亟饭。从东北二里，田心寺，又一里，东入山，又一里，渡双溪桥。又东一里，望一尖峰而登。其峰在白面之西，高不及白面，而耸立如建标累塔，途人俱指读书岩在其半，竟望之而趋。及登岭北坳，望山下水反自北而南，其北皆山冈缭绕，疑无容留处，意水必出洞间。时锐于登山，第望高而趋，已而路断，攀崖挽棘而上。一里，透石崖之巅，心知已误，而贪于陟巅，反自快也。振衣出棘刺中，又扪崖直上，遂出其巅。东望白面，可与平揖；南揽巾子，如为对谈。久之，仍下北岭之坳，由棘中循崖南转，扪隙践块而上，得峰腰一洞，南向岈然，其内又西裂天窟，吐纳日月，荡漾云霞，以为读书之岩必此无疑；但其内平入三四丈，辄渐隘渐不容身，而其下路复蔽塞，心以为疑。出洞门，望洞左削崖万丈，插霄临渊，上有一石飞突垂空，极似一巨鼠飞空下腾，首背宛然，然无路可扪。遂下南麓。回眺巨鼠之下，其崖悬亘，古溜间驳，疑读书岩尚当在彼，复强静闻缘旧路再登。至洞门，觅路无从，乃裂棘攀条，梯悬石而登，直至巨鼠崖之下。仰望崖下，又有二小鼠下垂，其巨鼠自下望之，睁目张牙，变成狞面，又如猫之腾空逐前二小鼠者。崖腰有一线微痕可以着足，而下仍峭壁。又东有巨擘一双作接引状①，手背拇指，分合都辨。至其处，山腰痕绝不可前。乃从旧路下至南麓，夸耕者已得读书岩之胜。耕

者云："岩尚在岭坳之西,当从岭西下,不当从岭东上也。"乃
从麓西溯涧而北,则前所涉溪果从洞中出,而非从涧来者。
望读书岩在水洞上,急登之。其洞西向,高而不广,其内垂
柱擎盖,骈笋悬莲,分门列户,颇幻而巧。三丈之内,即转而
北下,坠深墨黑,不可俯视,岂与下水洞通耶?洞内左壁,有
宋人马姓为秦景光大书"读书岩"三隶字。其下又有一洞,
门张而中浅,又非出水者。水从读书岩下石穴涌出,水与口
平,第见急流涌溪,不见洞门也。时已薄午,欲登白面,望之
已得其梗概,恐日暮途穷,不遑升堂入室,遂遵白面西麓而
南。二里,过白源山,又二里过季陵路口,始转而西。一里,
随山脉登海阳庵,饭而后行,已下午矣。

【注释】

①巨擘(bò):大手。

【译文】

二十七日　拂晓起床,天色仍然很晴朗,急忙吃饭。从东北方前行
二里,到田心寺,又走一里,向东进山,又行一里,越过双溪桥。又向东
一里,望着一座尖峰上登。这座山峰在白面山的西面,高处赶不上白面
山,可耸立着如同竖起的标杆和层层累起的高塔,路上的人都指点我读
书岩在这座山峰的半中腰,竟然望着它赶过去。到登上岭北的山坳上
时,望见山下的水反而是自北往南流,这里的北面都是缭绕的山冈,怀
疑没有水容留的地方,意料水必定是从洞中流出来的。当时急切地想
登山,只管望着高处赶过去,不久路断了,攀着山崖抓住荆棘往上爬。
一里,钻到石崖的顶上,心知已经走错路了,但贪念于爬上峰顶,自己反
而感到很痛快。从荆棘刺丛中出来抖了抖衣服,又抓住石崖一直上登,
终于到达峰顶。向东望白面山,可以和它平对着作揖;向南观览巾子

岭，如同对面交谈。很久之后，仍然下到岭北的山坳上，由荆棘丛中顺着山崖向南转，摸着石缝踏着石块往上爬，在山峰的半中腰找到一个洞，洞口向南，十分深邃，洞内又在西边裂开一个露出天空的窟窿，吞吐日月，云霞荡漾，我以为读书岩必定是这里无疑了；但洞内平缓地进去三四丈，便逐渐狭窄起来，渐渐容不下身子，而且那下边的路又被遮蔽阻塞了，心里感到很疑惑。出了洞口，望见洞左边陡削的悬崖有万丈高，高插云霄，下临深渊。上面有一块岩石飞突出来垂在空中，极像一只巨大的老鼠飞在空中向下跳，头和背部都很逼真，然而没有路可以摸过去。于是下到南麓。回头眺望，巨大老鼠的下面，那里的石崖悬空横亘着，石壁上陈旧的水迹斑斑驳驳，怀疑读书岩还是应当在那里，又强迫静闻顺着原路再次上登。来到洞口，无法找到路，便分开荆棘抓住枝条，踩着悬空的岩石往上登，一直来到巨鼠状的悬崖之下。仰面望见悬崖的下面，又有两只小老鼠下垂着，那只大老鼠从下面望着它们，睁大眼睛，张着牙齿，变成狰狞的面孔，又像是猫在腾空追逐前边的两只小老鼠的样子。崖壁半中腰有一条线一样的微小裂痕可以落脚，而下面仍然是峭壁。东边又有一块岩石像一双巨手一样作出指路的姿态，手背和大拇指，分开合拢的样子都可以分辨出来。到了那个地方，山腰上的裂痕断了不能前行。于是从原路下到南麓，向耕地的人夸耀已找到读书岩的胜景了。耕地的人说："读书岩还在山岭上的山坳西边，应当从岭西下走，不应当是从岭东上去的。"于是从山麓西面溯山涧往北走，就见先前涉过的溪流果然是从洞中流出来的，而不是从山涧中流来的。望见读书岩在水洞的上方，急忙登上洞。这个山洞面向西，很高却不宽，洞内下垂的石柱如高擎的伞盖，石笋并列，莲花悬垂，分门列户，十分奇幻精巧。三丈之内，立即转向北下走，深坠下去，像墨一样黑，不可俯视，莫非这里与下面的水洞相通吗？洞内左边的洞壁上，有个姓马的宋代人为秦景光用隶书写了"读书岩"三个大字。字的下边又有一个洞，洞口大张，可洞内很浅，又不是出水的洞。水从读书岩下边的石穴中涌出来，水与洞口平齐，只见急流涌入溪中，看不见洞口。此时已经接近中午，本想去登白面山，远望它已得知它的大体情况，担心天黑找不到路，顾不上登堂入室了，便沿着白面山的西麓往南行。二里，路过白源山，又行二里经过去季陵的路口，开始转向西行。一里，顺着山脉登上海阳庵，吃饭后便上路，已经是下午了。

　　由海阳山东南过季陵东下，入堂溪桥，遂由塘南循过脊西行，一里，为海阳堡。由堡西南行，则堡前又分山一支南下，与西山夹而成两界，水俱淙淙南下矣。随下一里，则西谷中裂，水破峡而出，又罗姑与西岭夹而成流者①，皆为漓水源矣。越之，循水西南下三里，为江汇。于是水注而南，路转而西，遂西逾一岭，一里，登岭坳。三里，西循岭上行，忽有水自东南下捣成涧，路随之下。又一里，直坠涧底。越桥南，其水自桥下复捣峡中，路不能随。复逾岭一里，乃出山口，又西南行平畴中，二里，抵涧上。西有银烛山，尖削特耸，东南则石崖正扼水口也。乃止宿于黄姓家。

【注释】

　　①罗姑：原作"罗始"，据乾隆本、"四库"本改。即今罗鼓山，在兴安、灵川两县界上。

【译文】

　　由海阳山往东南路过季陵向东下走，走到堂溪桥，于是由水塘南边沿着延伸而过的山脊往西行，一里，是海阳堡。由海阳堡往西南行，就见海阳堡前方的山又分出一条支脉往南下延，与西面的山相夹形成两面的分界，水流全都淙淙地向南下流了。顺着水流下行一里，就见西面的山谷从中裂开，水流冲破山峡流出去，又有罗姑山与西岭相夹形成的水流，这都是漓江的水源。越过溪流，沿着流水往西南下行三里，是江汇。到了这里水往南流淌，路转向西走，于是向西越过一座岭，一里，登上岭上的山坳。三里，向西沿着岭上前行，忽然有流水自东南方下捣形成山涧，路顺着山涧下走。又行一里，一直下坠到山涧底下。过到桥南，那条涧水从桥下又一次下捣到峡谷中，路不能再沿着山涧走。又翻越山岭一里，这才走出山口，又往西南行走在平旷的田野中，二里，抵达涧上。西边有座银烛山，又尖又陡削，独自耸立，东南方则有座石崖正好扼住水口。于是停下住在姓黄的人家中。

　　二十八日　平明，饭而行。二里，西南出涧口，渡水，逾一小岭，又三里得平畴，则白爽村也。由白爽村之西复上岭，是为长冲。五里，转北坳，望西北五峰高突，顶若平台，可夺五台之名。又西五里，直抵五峰之南，乱尖叠出，十百为群，横见侧出，不可指屈。其阳即为熔村①，墟上聚落甚盛，不特山谷所无，亦南中所（少）见者②。市多鬻面、打胡麻为油者，因市面为餐，以代午饭焉。东南三十里，有灵襟洞；南二里，有阳流岩云。又西五里为上桥③，有水自东北丛尖山之南，西过桥下，即分为二。一南去，一西去。又西南穿石山腋，共三里，过廖村④。其西北有山危峙，又有尖丛亭亭，更觉层叠。问之，谓危峙者为金山，而其东尖丛者不能名焉⑤。又二里，有水自金山东腋出，堰为大塘。历堰而西，又三里，复穿石山峡而西，则诸危峰分峙叠出于前，愈离立献奇，联翩角胜矣。石峰之下，俱水汇不流，深者尺许，浅仅半尺。诸峰倒插于中，如出水青莲，亭亭直上。初二大峰夹道，后又二尖峰夹道，道俱叠水中，取径峰隙，令人应接不暇。但石俱廉厉凿足，不免目有余而足不及耳。其峰曰雷劈山，以其全半也；曰万岁山，以尖圆特耸也。其间不可名者甚多。共五里，始舍水磴而就坦坡。又五里，始得平畴，为河塘村，乃就村家瀹茗避日，下舂而后行。河塘西筑塘为道，南为平畴，秧绿云铺，北为汇水，直浸北界丛山之麓，蜚晶漾碧，令人尘胃一洗。过塘，循山南麓而西，五里，渡一石梁，遂登冈陀行。又五里，直抵两山峡中，其山南北对峙如门。北山之东垂，有石峰分岐而起，尖峭如削，其岐峰尤亭亭作搔首态，土人呼为妇女娘峰。崖半有裂隙透明，惟从正南眺之，有光一缴⑥，少转步即不可窥矣。南山之首，又有石突缀，人行其下，左右交盼，亦复应接不暇。时日色已暮，且不知顾仆下落，亟问浮桥而趋。西过大石梁，再西即浮桥矣。漓水至是已极汪洋，北自皇泽湾即虞山下。转而南，桂林省城东临其上⑦。城东北隅为驿，在皇泽湾转南之冲，其南即城也。城之临水者，东北为东镇门，南过木龙洞为就日门，再南出伏波山下为桂水门⑧，又南为行春门，又南为浮桥门。此东面临流者，自北隅南至浮桥共五门。北门在宝积、华景二山。浮桥贯江而渡，觅顾仆寓不得，遂入城，循城南去，宿于逆旅。

【注释】

①熔村：五月二十一日记作"榕村"，今作"雄村"，在灵川县南境。

②南中：泛指我国南部地区。

③上桥：今名同。在灵川县西南境。

④廖村：今称"廖家"。在灵川县西南境。

⑤而其东尖丛者不能名焉：此句乾隆本为"东丛角亭亭，更觉层叠

者,龙潭山也"。

⑥缴:通"闪",今云贵方言仍有称缴者,形容光线一闪而过。

⑦桂林:明置桂林府,为广西布政司治,即今桂林市。洪武八年(1375)新修的桂林府城,不仅比宋元城扩大了近一半,而且奠定了现在桂林市的基础。东面濒临漓江,南抵象鼻山脚,至今阳江北岸,西至西濠东缘,北至鹦鹉山、铁封山,因山为城。全城略呈长方形,共十二门。东面滨江五门。最南的浮桥门,又称东江门,在今解放桥西。南面两门:文昌门,宁远门。宁远门又称南门,在今中山路上,南门桥北。西面四门:武胜门,《游记》多作"振武门",又称西门,在今西城路西端;丽泽门在今丽君路东端;还有宝贤门、西清门。北面一门即安定门,又称北门,在今中山北路上,鹦鹉山和铁封山间。

⑧桂水门:原作"桂林门",据下一日记及乾隆本、"四库"本改。

【译文】

二十八日　天明时,吃饭后上路。二里,向西南走出山涧口,渡过涧水,越过一座小岭,又走三里就到平旷的田野,那是白爽村了。由白爽村的西边又上岭,这是长冲。五里,转入北边的山坳,望见西北方有五座山峰高高突起,峰顶就像是平台,可以夺走五台山的名字。又向西五里,直达五座山峰的南面,杂乱尖峰层层叠叠显现出来,十座百座成群,横着侧着地显露出来,不能屈指计算。山的南面就是熔村,集市上聚落十分兴盛,不仅是山谷中所没有的,也是南方地区少见的地方。市场上有很多卖面、榨芝麻油的人,因而买面来吃,用来代替午饭。东南方三十里处,有个灵襟洞;南面二里处,有个阳流岩。又向西走五里是上桥,有水流源自东北方成丛的尖山南麓,向西流过桥下,马上分为两条。一条向南流去,一条向西流去。又往西南穿过石山的侧面,共三里,路过廖村。廖村西北有座高险的山耸峙着,又有成群的尖峰亭亭玉立着,更觉得层层叠叠的。打听地名,说是高高耸峙的山是金山,可金山东面成群的尖峰叫不出名字来。又行二里，有条水流从金山的东侧流出来，筑有堤坝成为一个大水塘。经过堤坝往西行，又行三里，再穿过石山山峡往西行，就见众多高险的山峰重重叠叠地分别耸峙出现在前方，并排矗立，愈加呈现出奇观，险峰连绵，争奇斗艳。石峰之下，都有水汇积着不流动，深的有一尺左右，浅的仅有半尺。群峰倒插在水中，如出水的青莲，亭亭玉立，笔直向上。最初有两座大石峰夹住道路，后面又有两座尖峰夹住道路，道路全是垒砌在水中，取道石峰间的空隙，令人应接不暇。但是铺路的石头全都棱角锋利直刺脚底，不免眼睛看见的有余可脚下来不及避开了。这些石峰中有叫雷劈山的，因为它全然是半座山；有叫万岁山的，是由于它又尖又圆独自耸立着。这中间不能叫出名字的山峰很多。共五里，这才离开水中的石磴走上了平坦的山坡。又行五里，开始走到平旷的田野，是河塘村，于是到庄户人家去煮茶喝躲避烈日，落日西下才动身上路。河塘村西边筑有堤坝作为道路，南面是平旷的田野，绿色的稻秧像云彩一样铺开，北边是积水的水塘，一直浸泡到北面一列群山的山麓，飞动着晶莹的波光，碧波荡漾，让人尘心一洗而空。走过水塘，沿着山的南麓往西行，五里，走过一座石桥，便上登行走在山冈山坡间。又行五里，径直抵达两山间峡谷中，这里的山南北对峙像门一样。北山的东垂，有座石峰分岔耸起，又尖又陡像刀削出来一般，那分岔的支峰尤其亭亭玉立，作出搔首弄姿的姿态，当地人称为妇女娘峰。山崖半中腰有条透出亮光的缝隙，唯有从正南方眺望那里，才有光线一闪而过，稍微移动几步马上就看不见了。南山的山头上，又有块岩石突起点缀着，人行走在山下，左顾右盼，也再一次应接不暇了。此时天色已晚，并且不知道顾仆的下落，急忙打听到去浮桥的路赶过去。向西走过大石桥，再向西走就是浮桥了。漓江流到这里水势已极为浩大，从北边的黄泽湾就在虞山下。转向南，省城桂林在东面下临着江上。省城的东北角是驿站，在黄泽湾转向南去的冲要处，驿站南边就是省城了。城墙面临江水的地方，东北是东镇门，往南过了木龙洞是就日门，再往南到伏波山下是桂水门，再往南是行春门，再往南是浮桥门。这是东边面临江流的城门，从城北隅往南到浮桥共有五道城门。北门在宝积、华景二山之间。浮桥横贯江流而过，寻找顾仆居住的寓所找不到，便进城来，沿着城墙向南去，住宿在旅店中。

二十九日　从逆旅不待餐而行。遂西过都司署前①，又西，则靖江王府之前甬也②。又西，则大街自北而南，乃饭于市肆。此处肉馒以韭为和，不用盐而用糖，晨粥俱以鸡肉和食，亦一奇也。又南登一楼。其楼三层，前有石梁，梁东西大水汇成大沼。自楼上俯眺，朱门粉堞，参差绿树中，湖水中涵，群峰外绕，尽括一城之胜。中层供真武像。时亟于觅顾仆，遂转遵大街北行，东过按察司前③，遂东出就日门。计顾仆舟自北来，当先从城北濒江觅，而南从城下北行。已而城上一山当面而起，石脚下插江中，路之在城外者，忽穿山而透其跨下，南北岈然，真天辟关津也。西则因山为城，城以内即叠彩东隅。穿洞出，下临江潭，上盘山壁，又透腋而入，是为木龙洞。其洞亦自南穿北，高二丈，南北透门约十余里④。其东开窗剖隙，屡逗天光，其外濒江有路，行者或内自洞行，或外由江岸，俱可北达。出洞，有片石夹峙，上架一穹石，其形屈曲，其色青红间错，宛具鳞鬣⑤，似非本山之石，不知何处移架于此。洞北辟而成崖，缀以飞廊，前临大江，后倚悬壁，憩眺之胜，无以逾此。廊上以木雕二龙插崖间，北压江水。廊北有庵、有院。又循城溯江北一里，过东镇门。又北过城东北隅，为东江驿。驿东向，当皇泽湾南下冲。入驿，问顾仆所附江舟，知舟泊浮桥北。出驿，北望皇泽湾，有二江舟泊山下，疑顾仆或在此舟，因令静闻往视，余暂憩路口。见城北隅，俱因山为城，因从环堵之隙，逼视其下，有一大洞北向穹然，内深邃而外旁穿。有童子方以梯探历其上，盖其附近诸户积薪贮器，俱于是托也。恐静闻返，急出待路口。久之不至，乃溯江北行觅之，直抵泊舟之山，则静闻从松阴中呼曰："山下有洞，其前有亭，其上有庵，可急往游。"余从之。先沿江登山，是为薰风亭。曹学佺附书。亭四旁多镌石留题，拂而读之，始知是为虞山，乃帝舜南游之地。其下大殿为舜祠，祠后即韶音洞，其东临江即薰风亭。亭临皇湾之上，后倚虞山之崖。刻诗甚多，惟正统藩桌王骥《与同僚九日登虞山》一律颇可观⑥。诗曰："帝德重华亘古今，虞山好景乐登临。峰连五岭芙蓉秀，水接三湘苦竹深⑦。雨过殊方沾圣泽，风来古洞想《韶》音。同游正值清秋节，更把茱萸酒满斟⑧。"由亭下，西抵祠后，入韶音洞。其洞西向，高二丈，东透而出约十丈。洞东高崖崭绝，有小水汇其前，幽泽嵌壁，恍非尘世。其水自北坞南来，石梁当洞架其上，曰接龙桥。坐桥上，还眺洞门崖壁，更尽峥嵘之势。洞门左崖张西铭栻刻《韶音洞记》，字尚可摹。仍从洞内西出，乃缘磴东上，有磨崖碑⑨，刻朱紫阳所撰《舜祠记》，为张栻建祠作。乃吕好问所书，亦尚可摹，第崖高不便耳。从此上跻，有新叠石为级者，宛转石隙间，将至山顶，置静室焉，亦新构，而其僧已去。窗楞西向，户榻洒然，室不大而洁。乃与静闻解衣凭几，啖胡饼而指点西山，甚适也。久之，舜殿僧见客久上不下，乃登顶招下山待茶。余急于觅顾仆，下山竟南，循旧路，二里入就日门。从门内循城南行半里，由伏波山下出桂水门，门以内为伏波祠，门以外为玩珠洞。由城外南行又半里，为行春门，又南半里，为浮桥门,始遇顾仆于门外肆中。时已过午,还炊饭于城内所宿逆旅。下午,大雨大至,既霁,乃迁寓于都司前赵姓家,以其处颇宽洁也。

【注释】

①都司署:明代各省皆设有都指挥使司,简称都司,管理一省的军事。都司署即都司衙门。

②靖江王:南宋时今桂林置为静江府,元代设静江路,但明代封在桂林的藩王作"靖江王",芦笛岩内保留至今的"靖江王府"采山队题名可以为证。原皆作"静江王府",从乾隆本、"四库"本改。下同。甬(yǒng):犹"通",即甬道,官府衙门前面居中的大道。

③按察司:明代各省设有提巡按察使司,简称按察司,管理一省的司法刑狱。

④南北透门约十余里:"里"疑为"丈"之讹。

⑤鬘(sāi):通"腮"。

⑥正统:原作"正德"。王骥生于洪武十一年(1378),终于天顺四年(1460),与正德无涉,据改。藩(fān):即藩台,明清时布政使的别称。臬(niè):即臬台,明清时按察使的别称。

⑦三湘:一说指湘水的三段,湘水发源与漓水合流后称漓湘,中游与潇水合流后称潇湘,下游与蒸水合流后称蒸湘。近代多用作湘东、湘西、湘南三部分的总称,泛指湖南全省。

⑧茱萸(zhū yú):植物名,有浓烈的香味,可入药。古人风俗,中历九月九日重阳节登高,将茱萸作囊系在身上或遍插茱萸,表示去邪辟恶。

⑨磨崖:即摩崖。在名山胜景,将天然岩石加以打磨,依山崖石壁镌刻佛经、题赞等文字,称为磨崖。

【译文】

二十九日　从旅店中没等到吃早饭就出发。于是向西经过都司衙门前,再往西走,就是靖江王府门前的甬道了。又往西走,便有条大街自北通向南,于是在集市上的店铺中吃饭。此处的肉包子用韭菜拌和,不是用盐而是用糖,早晨的稀粥都是用鸡肉和着吃,也是一种奇特的习俗。又向南登上一座楼。这座楼有三层,前方有座石桥,桥的东西两面有大河汇积成大水池。从楼上俯瞰,朱红的大门和粉白的城墙,参差不齐地隐现在绿树丛中,城中蓄着湖水,群峰环绕在城外,把全城的胜景全部囊括在其中。中层供奉着真武大帝的塑像。此时我急于去找顾仆,便转向东顺着大街往北行,向东路过按察使司衙门前,就向东出了就日门。估计顾仆乘坐的船是从北边来,应该先从城北的濒江处找起,就自南边从城墙下往北行。不久城墙上一座山迎面耸起,石峰的山脚下插到江中,在城墙外的道路,忽然穿过横跨的山脚下,呈南北向,十分深邃,真是天然开辟出来的关口呀!西边则是就着山势筑城墙,城墙以内就是叠彩山的东隅。穿过山洞出来,下临深深的江水,上面盘亘着山的石壁,又穿过山侧进去,这就是木龙洞。这个洞也是自南边穿透到北边,高二丈,穿过南北两个洞口之间约有十多里。洞壁的东面剖开一些窗口和裂隙,屡屡透进天光来,洞外的濒江处有路,走路的人或者从洞内走,或者在外面从江岸上走,都可以达到北边。出洞后,有片状的岩石夹峙在两旁,上面架着一块穹隆的岩石,石头的形状弯弯曲曲的,石头的颜色是青红相间交错,宛如具有鳞甲和腮,似乎不是这座山原有的石头,不知是从何处移来架在这里的。洞的北面辟成山崖,用飞空的长廊连接着,前临大江,后面紧靠高悬的绝壁,休息和凭眺景色,没有能超过这里的。长廊上方用木头雕成两条龙插在崖壁上,伸向北边压在江水上。长廊北面有寺庵,有禅院。又沿着城墙溯江流向北一里,走过东镇门。又往北经过城的东北角,是东江驿。驿站面向东,位于皇泽湾南下冲要处。进入驿站,打听顾仆搭乘的江船,了解到船停泊在浮桥北边。出了驿站,向北远望皇泽湾,有两条江船停泊在山下,疑心顾仆或许就在这两条船上,因而要静闻前去察看,我暂时在路口休息。看见城墙的北隅,全是依山建城,于是从环绕的城墙空隙中,逼视城下,有一个大山洞面向北高高拱起,洞内深邃而外面四旁穿通。有个儿童正在用梯子爬到洞上去探看,大概这附近的住户堆积柴火贮藏器物,全都寄放在洞里了。担心静闻返回来,急忙出到路口等他。等了很长时间没有来,于是沿着江边往北行去找他,直达停船的山下,就听到静闻在松树林荫中呼喊:"山下有个洞,洞前有座亭子,亭子上面有寺庵,值得赶快前去游一游。"我听从了他的话。先沿着江岸登山,这是薰风亭。曹学佺附和题写的。亭子四旁有很多石刻题记,拂拭后读了碑文,才知道这里是虞山,是大舜帝南游之地。山下的大殿是舜祠,舜祠后面就是韶音洞,韶音洞东边的临江处就是薰风亭。亭子前临皇泽湾之上,后靠虞山的山崖。刻写的题诗非常多,只有正统年间(1436—1449)藩台、枭台王骥与同僚九月九日登虞山的一首律诗很值得观赏。诗中写道:"舜帝的恩德重放光华纵贯古今,虞山美好的风景乐意登临。山峰连着五岭芙蓉般秀丽,江水接着湘江苦竹幽深。春雨洒过异域沾上皇帝的恩泽,清风吹来古洞想起《韶》乐的声音。同游正遇清秋节,更插茱萸斟满酒。"从亭子上下来,向西来到舜祠后面,进入韶音洞。这个山洞面向西,高二丈,往东钻出去大约有十丈。洞东边高高的悬崖极为险峻,有条小溪汇积在悬崖前,幽深的溪水,下嵌的石壁,恍惚不再是尘世。这条溪水自北面的山坞中往南流来,石桥正对着洞口架在溪水上,叫接龙桥。坐在桥上,回头眺望洞口的崖壁,更是全部显现出峥嵘的气势来。洞口左边的崖壁上有张西铭张栻刻写的《韶音洞记》,字还值得临摹。仍然从洞内向西出来,便沿着石阶往东上登,有摩崖碑刻,刻有朱紫阳撰写的《舜祠记》,是为张栻建舜祠而写作的。是吕好问书写的,也还值得临摹,只是崖壁太高不方便罢了。从此处上登,有新近垒石砌成的石阶,曲曲折折地在石缝间,将要到山顶之处,建了一间静室,也是新建的,然而静室中的僧人已经离开。窗户面向西,门户卧床都自然脱俗,屋子不大却很整洁。于是与静闻脱下外衣靠着茶几,吃着烧饼指点着西面的山川,真是惬意呀。很久之后,舜殿的僧人见客人上去很久不下来,就登上山顶招呼我们下山款待茶水。我急于去找顾仆,下山后就往南走,沿着原路,二里后进入就日门。从城门内沿着城墙往南行半里,由伏波山下出了桂水门,桂水门以内是伏波祠,门以外是玩珠洞。由城外又往南行半里,是行春门,又向南半里,是浮桥门,这才在城门外的店铺中遇见了顾仆。此时已经过了正午,返回到城内我住宿的旅店中烧火做饭吃。下午,大雨猛烈来临,转晴之后,便搬到都司衙门前姓赵的人家中去住,这是因为他那里十分宽敞整洁。

　　五月初一日　晨餐后,留顾仆浣衣涤被于寓。余与静闻乃北一里,抵靖江王府东华门外。其东为伏波山,其西为独秀峰。峰在藩府内,不易入也。循王城北行,又一里,登叠彩山①。山踞省城东北隅,山门当两峰间,乱石层叠错立,如浪痕腾涌,花萼攒簇,令人目眩,所谓"叠彩"也。门额书"北牖洞天",亦为曹能始书②。按北牖为隐山六洞之名,今借以颜此,以此山在城北,且两洞俱透空成牖也③。其上为佛殿,殿后一洞屈曲穿山之背,其门南向,高二丈,深五丈。北透小门,忽转而东辟。前架华轩④,后叠层台,上塑大士像。洞前下瞰城东,江水下绕,直漱其足。洞内石门转透处,风从前洞扇入,至此愈觉凉飕逼人⑤,土人称为风洞。石门北向,当东转之上,有一石刻卧像横置窦间,迦风曲肱,偃石鼓腹,其容若笑,使人见之亦欲笑。因见其上有石板平庋,又有圆窦上透,若楼阁之层架,若窗楞之裂。急与静闻择道分趋,余从卧像上转攀石脊,静闻从观音座左伏穿旁窍,俱会于层楼之上。其处东忽开隙,远引天光,西多垂乳,近穿地肺。余复与静闻披乳房而穿肺叶,北出而瞰观音之座,已在足下。以衣置层楼隙畔，乃复还其处，从圆窦中坠下。于是东出前轩，由洞左跻磴，循垣而上，则拱极亭旧址也。由址南越洞顶，攀石磴，半里，遂登绝顶，则越王坛也，是为桂山，又名北山。其上石萼骈发，顶侧有平板二方，岂即所谓"石坛"耶？《志》云五代时马殷所筑，有岩桂生其巅，今已无。其前一石峰支起，或谓之四望山，当即叠彩岩。其西一石峰高与此峰并，峰半有洞高悬，望之岈然中空。亟下，仍从风洞出，寺左有轩三楹，为官府燕之所⑥。前临四望，后倚绝顶，余时倦甚，遂憩卧一觉，去羲皇真不远⑦。由寺中右坳复登西峰，一名于越山⑧。上登峰半，其洞穹然东向，透峰腰而西，径十余丈，高四丈余。由其中望之，东西洞然，洞西坠壑而下，甚险而峻。其环砖为门，上若门限，下若关隘，瞰之似非通人行者。

【注释】

①叠彩山：又称桂山、北山、风洞山，位于桂林城北，漓江西岸，有于越、四望两山，明月、仙鹤两峰，还有风洞甚奇。今存山崖上的题刻两百多件，有诗文、题名、榜书、图画等多种形式，而且桂树成林，秋香四溢。

②曹能始：即曹学佺(1574—1646)，字能始，福建侯官人，万历二十三年(1595)进士，授户部主事，累迁南京户部郎中，四川右参政、按察使等。天启二年(1622)为广西右参议，崇祯初起广西副使，力辞不就。家居二十年，著书立说，诗文颇富，著有《石仓集》、《蜀中广记》等。后曾参加南明唐王政权，抗清失败后，入山上吊自杀。曾为霞客《秋圃晨机图》题过诗。

③牖(yǒu)：窗。

④轩(xuān)：殿堂前的平台，前檐特起，曲椽无中梁者，称轩。

⑤飔(sī)：凉风。

⑥燕：通"宴"，安燕，休息。

⑦羲(xī)皇：指伏羲氏。古人想象伏羲以前的人，无忧无虑，生活闲适，因称太古的人为羲皇上人。

⑧于越山：今仍称于越山。季抄本作"千越山"，乾隆本、"四库"本作"干越山"，皆有误。

【译文】

五月初一日　早餐后，留下顾仆在寓所中洗衣被。我与静闻就向北走一里，抵达靖江王府东华门外。城门东边是伏波山，城门西边是独秀峰。独秀峰在王府内，不容易进去。沿着王城往北行，又走一里，登上叠彩山。叠彩山雄踞在省城的东北角，山门位于两座山峰间，乱石层叠，错杂矗立，如浪涛般腾涌，像花萼一样成簇攒聚，让人眼花缭乱，这就是所谓的"叠彩"了。山门上的匾额写着"北牖洞天"，也是曹能始书写的。据考察，"北牖"是隐山六洞的名字，如今借用来题写此处的匾额，是因为这座山在城的北边，并且两个山洞都露出天空形成窗牖。山门上边是佛殿，佛殿后面一个山洞弯弯曲曲地穿到山的背面，洞口面向南，高二丈，深五丈。向北穿过一道小门，忽然转向东开阔起来。前边架着华美的轩廊，后面叠着层层高台，上面塑有观音大士的像。洞的前方下瞰着城东，江水在下面绕过，直接冲刷着山脚。洞内石门转弯通过之处，风从前洞吹进来，来到这里越发觉得凉风逼人，当地人称为风洞。石门面向北，位于向东转的上面，有一尊石刻的卧像横放在石洞中，袈裟飘逸，曲着手臂鼓着肚子仰卧在石头上，那容貌似乎在笑，使人见到他也想笑。随即看见卧像上方有石板平架着，又有圆圆的孔洞通到上面，好像一层层架着的楼阁，有如窗户一样裂开。急忙与静闻找路分头赶过去，我从卧像上方转过去攀登石脊，静闻从观音坐像左边趴着穿过旁洞，都在层楼之上相会。此处的东面忽然裂开一条缝隙，引进远处的天光来，西面有许多下垂的石钟乳，贴近钻出地面的肺叶状的石笋。我又与静闻分开乳房样的钟乳石穿过肺叶状的石笋，向北出来，俯瞰观音坐像，已经在脚下。由于衣服放在层楼上的裂隙旁，只得又返回到那里，从圆圆的孔洞中坠落下去。于是往东出到前边的轩廊处，由洞左上登石阶，顺着城墙往上走，便到拱极亭的旧址了。由亭址往南越过洞顶，攀登石阶，半里，便登上了绝顶，便是越王坛了，这就是桂山，又叫北山。山顶上岩石像花萼般绽放，山顶的侧面有两块平整的石板，莫非这就是所谓的"石坛"吗？《一统志》上说，是五代时期马殷修筑的，有岩桂生长在山顶，今天已经没有了。山前有一座石峰分支耸起，有人把它称为四望山，应该就是叠彩岩了。它西面的一座石峰高处与这座山峰相同，山峰半中腰有个洞高悬着，望过去洞中空空的，十分深邃。急忙下山，仍然从风洞出来，寺左边有三间轩廊，是官府宴饮的场所。前方面临四望山，后方紧靠绝顶，我此时疲倦极了，便歇下来睡了一觉，觉得离伏羲皇帝的时代真的不远。由寺中经过右侧的山坳再上登西峰，又叫于越山。上登到山峰半中腰，那里的山洞穹然隆起，面向东方，往西穿透山峰腰部，长十多丈，高四丈多。从洞中往两头望去，东西两面都是空荡荡的，山洞向西下坠到壑谷中，非常险峻。洞口用砖砌成环形的门，从上面看就像门槛，从下面看如同关隘，俯瞰那里似乎不是人通行的地方。

　　乃仍东下至寺右，有大路北透两峰之间。下至其麓，出一关门，其东可趋东镇，其北径达北门。乃循山西行，一里，仰见一洞倚山向北，遂拾级而登。其下先有一洞，高可丈五，而高广盘曲，亦多垂柱，界窈分岐，而土人以为马房，数马散卧于其中，令人气阻。由其左跻级更上，透洞门而入，其洞北向，以峰顶平贯为奇。而是山之洞，西又以山腰叠透为胜，外裂重门，内驾层洞，各标一异，直无穷之幻矣。既下，又西行，始见峰顶洞门西坠处，第觉危峡空悬，仰眺不得端倪①，其下有遥墙环之②，则藩府之别圃也。又西出大街，有大碑在侧，大书"桂岭"二字。转北行一里，则两山耸峡，其中雉堞为关③，而通启闭焉，是为北门。门在两山耸夹中，门外两旁，山俱峭拔，即为华景、宝积众胜云。出门有路，静闻前觅素食焉。

【注释】

①端倪(ní)：边际。

②遥墙：很长的墙。乾隆本、"四库"本作"长垣"。

③雉堞(zhì dié)：城上排列如齿状的矮墙。

【译文】

于是仍然往东下到寺右，有条大路向北穿过两座山峰之间。下到山麓，走出一处关门，关门的东面可以通到东镇门，关门北边的小径通到北门。于是沿着山往西行，一里，仰面看见一个山洞背靠山面向北，于是沿着石阶逐级上登。洞下面先有一个洞，高处大约一丈五尺，可高处宽处都弯弯曲曲的，也有很多下垂的石柱，隔在洞中分出岔洞，但当地人用来作为马厩，几匹马散卧在洞中，让人气喘不上来。由洞左踏着台阶再上登，穿过洞口进去，这个山洞面向北，以平直地贯通峰顶是它的奇特之处。而这座山的洞穴，西面的又是以在山腰上重叠着穿透山体作为它的优美之处，外面裂开重重洞口，洞内架起层层洞穴，各自显现出一种特异景致，简直是变幻无穷了。下山后，又向西行，这才看见峰顶洞口向西下坠之处，只觉得高险的峡谷悬在高空，仰面眺望看不出端倪，山下有远远的墙垣围绕着山，原来这是王府的别墅。又向西出到大街上，有块大碑在街边，写着"桂岭"两个大字。转向北行一里，只见两面的山耸峙成峡谷，峡谷中修建了城墙作为关口，以供过往出入，这是北门。城门在两山高耸夹峙之中，门外两旁的山，全都陡峭挺拔，那就是华景山、宝积山等众多的胜景了。出门后有路，静闻走在前去找素食。

既而又南一里，过按察司，觅静闻不得。乃东从分巡司经靖藩后宰门，又东共一里，至王城东北隅，转而西向后宰门内。靖藩方结坛礼《梁皇忏》①，置栏演《木兰传奇》，市酒传餐者，夹道云集，静闻果在焉。余拉之东半里，出癸水门②，仍抵庆真观下，觅小舟一叶，北渡入玩珠岩。岩即伏波之东麓③，石壁下临重江，裂隙两层，一横者下卧波上，一竖者上穿山巅。卧波上者，下石浮敞为台，上石斜骞覆之。一石柱下垂覆崖外，直抵下石，如莲萼倒挂，不属于下者，仅寸有余焉。是名"伏波试剑石"，盖其剑非竖劈，向横披者也。后壁上双纹若缕，红白灿然，蜿蜒相向。有圆岩三晕，恰当其首，如二龙戏珠，故旧名"玩珠"，宋张维易曰"还珠"。双纹之后，有隙内裂，直抵竖峡下岩；嵌梯悬级，可直蹑竖峡而上垂柱之西。石台中坼，横石以渡，更北穿小窦，下瞰重江，渊碧无底，所云伏波沉薏苡处也④。更南入山腹，穹然中虚，有光西转，北透前门，是其奥矣。但石色波光，俱不若外岩玲珑映彻也。徘徊久之，渡子候归再三，乃舍之登舟。鼓枻回樯⑤，濯空明而凌返照，不意身世之间有此异境也。登涯，由浮桥门入城，共里余，返赵寓。静闻取伞往观《木兰》之剧。余憩寓中，取《图》、《志》以披桂林诸可游者⑥。

【注释】

①《梁皇忏》：佛教书名。相传梁武帝初为雍州刺史时，夫人郗氏性嫉妒，后病死。武帝梦见她变为蟒蛇，特集录佛经语句，作成忏法十卷，为她忏悔罪孽，称《慈悲道场忏法》，世称《梁皇忏》。

②癸水门：即桂水门。

③伏波：即伏波山。系一孤峰，耸立在漓江西岸，山顶远眺，山腰游洞，山麓临潭，景色各异。唐时伏波山为桂林佛教胜地，至今还保存唐代摩崖造像二百多尊，和唐宋以来游人题刻一百多件。

④伏波：即马援（前14—49），字文渊，陕西茂陵人，被封为伏波将军。征交趾，常煮薏苡以避瘴气。南方薏苡粒大，传说马援回军时运了一车回来做种，遭人诽谤，诬他载回的是明珠。薏苡（yì yǐ）：俗称"药玉米"、"回回米"、"六谷米"等，为一年生或多年生草本。颖果椭圆形，淡褐色，有光泽。种仁可以煮吃，亦可酿酒，入药称苡仁。

⑤栧（yì）：短桨。樯（qiáng）：桅杆，引申为帆。

⑥披（pī）：翻阅。

【译文】

随后又向南一里，路过按察使司，找不到静闻。于是向东从分巡道衙门经过靖江王府的后宰门，又向东共一里，来到王府城墙的东北角，转向西走进后宰门内。靖江王府正搭起高台礼佛念诵《梁皇忏》经文，安设了围栏上演《木兰传奇》，卖酒和传递饭食的人，夹住道路，像云一样聚集在一起，静闻果然在人群中。我拉住静闻往东走了半里，出了癸水门，仍然抵达庆真观下，找到一条小船，向北渡江进入玩珠岩。玩珠岩就在伏波山的东麓，石壁下临重重江流，有两层裂隙，一层横着的裂隙在山下横卧在水波上，一层竖直的裂隙向上隆起直到山顶。横卧在水波上的，下面的岩石浮出水面成为宽敞的平台，上方的岩石斜举着覆盖着平台。一根石柱下垂在下覆石崖的外边，直达下面的石台上，如同莲花倒挂着，与下面不相连接之处，仅有一寸多一点。这里名叫"伏波试剑石"，原来那一剑不是竖直劈的，而是横向劈开的。后面的石壁上有两条石纹如丝带，红白相间，鲜明耀眼，蜿蜒相对。岩石上有三个模糊的圆圈，恰好位于它们的头顶，如二龙戏珠，所以它原来的名字叫"玩珠洞"，宋代张维把它改名为"还珠洞"。两条石纹的后边，有条缝隙向洞内裂进去，直达竖直峡谷下面的岩石；如果嵌入了石阶或悬架了梯子，就可以踩着竖直的峡谷上登到下垂石柱的西边。石台从中间裂开，横放了石板渡过去，再向北穿过一个小洞，下瞰着重重江流，渊深碧绿看不见底，这就是所说的伏波将军马援沉薏苡的地方了。再往南进入山腹中，穹隆中空，有光线从西边反射进来，向北钻到北洞口，这里是洞中最幽深的地方了。但是这里石头的颜色和水上的风光，都不如外边的岩洞那样玲珑剔透、映照清澈了。徘徊了很久，渡船的船夫等候我们回去再三催促，这才离开洞中登上船。摇桨回帆，洗濯着明澈的江水，乘着落日的余晖，意想不到人世之间有如此奇异的胜景！登上岸后，经由浮桥门进城，共走一里多，返回赵家寓所。静闻取了一把伞前去观看《木兰传奇》的戏剧。我在寓所中休息，取出地图、志书来翻阅桂林府各地值得游览的地方。

初二日　晨餐后，与静闻、顾仆裹蔬粮，携卧具，东出浮桥门。渡浮桥，又东渡花桥①，从桥东即北转循山。花桥东涯有小石突临桥端，修溪缀村，东往殊逗人心目。山崎花桥东北，其嵯峨之势，反不若东南夹道之峰，而七星岩即崎焉②，其去浮桥共里余耳。岩西向，其下有寿佛寺，即从寺左登山。先有亭翼然迎客，名曰摘星，则曹能始所构而书之。其上有崖横骞，仅可置足，然俯瞰城堞西山，则甚畅也。其左即为佛庐，当岩之口，入其内不知其为岩也。询寺僧岩所何在③，僧推后扉导余入。历级而上约三丈，洞口为庐掩黑暗；忽转而西北，豁然中开，上穹下平，中多列笋悬柱，爽朗通漏，此上洞也，是为七星岩。从其右历级下，又入下洞，是为栖霞洞。其洞宏朗雄拓，门亦西北向，仰眺崇赫。洞顶横裂一隙，有石鲤鱼从隙悬跃下向，首尾鳞鬐，使琢石为之，不能酷肖乃尔。其旁盘结蟠盖，五色灿烂。西北层台高叠，缘级而上，是为老君台。由台北向，洞若两界，西行高台之上，东循深壑之中。由台上行，入一门，直北至黑暗处，上穹无际，下陷成潭，颓洞峭裂④，忽变夷为险。时余先觅导者，燃松明于洞底以入洞，不由台上，故不及从，而不知其处之亦不可明也。乃下台，仍至洞底。导者携灯前趋，循台东壑中行，始见台壁攒裂绣错，备诸灵幻，更记身之自上来也。直北入一天门，石楹垂立，仅度单人。既入，则复穹然高远，其左有石栏横列，下陷深黑，杳不见底，是为獭子潭。导者言其渊深通海，未必然也。盖即老君台北向下坠处，至此则高深易位，丛辟交关，又成一境矣。其内又连进两天门，路渐转而东北，内有"花瓶插竹"、"撒网"、"弈棋"、"八仙"、"馒头"诸石，两旁善才童子，中有观音诸像。导者行急，强留谛视，顾此失彼。然余所欲观者，不在此也。又逾崖而上，其右有潭，渊黑一如獭子潭，而宏广更过之，是名龙江⑤，其盖与獭子相通焉。又北行东转，过红毡、白毡，委裘垂毹，纹缕若织。又东过凤凰戏水，始穿一门，阴风飕飚，卷灯冽肌，盖风自洞外入，至此则逼聚而势愈大也。叠彩风洞亦然。然叠彩昔无"风洞"之名，而今人称之；此中昔有风洞，今无知者。出此，忽见白光一圆，内映深壑，空濛若天之欲曙。遂东出后洞，有水自洞北环流，南入洞中，想下为龙江者，小石梁跨其上，则宋相曾公布所为也⑥。度桥，拂洞口右崖，则曾公之记在焉。始知是洞昔名冷水岩，曾公帅桂⑦，搜奇置桥，始易名曾公岩，与栖霞盖一洞潜通⑧，两门各擅耳。

【注释】

①花桥：今名同，跨小东江上，水洞四孔，西端连接旱桥七孔，上有长屋，可避风雨，形式美观，现为广西壮族自治区重点文物保护单位。

②七星岩：在桂林城东郊，漓江东岸。有七个排列得像北斗七星的残峰，总称为七星山。北面的天枢、天璇、天玑、天权四峰组成普陀山，形如斗魁；南面的玉衡、开阳、瑶光三峰组成月牙山，形如斗柄。七星山主峰高出地面 130 米，其中已查明的岩洞多达 15 个。七星岩即在普陀山内，有八个厅堂似的石灰岩溶洞，由一条长 814 米的狭窄甬道连为一体，最宽处 43 米，最高处 27 米，洞内温度常在 20℃左右，冬暖夏凉。依石景特点配上不同的彩色灯光，犹如缥缈的仙景。

③“询寺僧”句：《游记》中的七星岩是现在碧虚亭洞和七星岩洞的总称，入洞后有上下两层洞穴，当时上洞称七星岩，高出游览洞道十多米，下洞称栖霞洞，即今游览洞道。今七星岩有大小五个洞口，即七星岩、豆芽洞、曾公岩、上洞、交洞。曾公岩即今马平街洞口。上洞和交洞洞口系抗日战争时开凿，明代尚无。霞客从七星岩北口即今入口处入洞，向南入三天门，即今白玉长廊一带，所经獭（tǎ）子潭即今癞（lài）子潭，红毡、白毡即今金纱、银纱，再到曾公岩。又从曾公岩入洞，向东经大教场至无底深潭附近，再返从曾公岩出。

④澒（hòng）洞：弥漫无际。澒，原作“倾”，乾隆本同，从“四库”本、丁本改。

⑤龙江：指七星岩内的地下河。

⑥曾公布：即曾布（1035—1107），字子宣，南丰人，官至翰林学士兼三司使，元丰初，以龙图阁待制知桂州。

⑦桂：即桂州。北宋置桂州，治临桂，即今桂林市。

⑧栖霞:原作"飞霞",据乾隆本、"四库"本改。

【译文】

初二日　早餐后,与静闻、顾仆裹上蔬菜粮食,带上铺盖,往东出了浮桥门。走过浮桥,又往东走过花桥,从桥东马上转向北沿着山走。花桥的东岸有座小石峰突立着下临桥头,悠长的溪水点缀着村庄,向东流去,十分逗引人的心目。石山屹立在花桥的东北方,它那巍峨的气势,反而不如东南方夹住道路的山峰,然而七星岩就耸立在那里,那里距离浮桥共有一里多路而已。岩洞面向西,岩洞下有座寿佛寺,即刻从寺左登山。首先有座亭子像翅膀一样张开手臂迎客,名叫摘星亭,是曹能始修建并题写了亭名。亭子上方有石崖横向高举着,仅能放下脚,然而俯瞰城池和西山,却十分畅达。亭子左边就是佛寺,正好位于岩洞的入口处,进入寺内不知道里面已经是岩洞了。询问寺中的僧人七星岩在何处,僧人推开后门领我进去。经过石阶往上走了大约三丈,洞口被佛寺的房屋遮住了很黑暗;忽然转向西北,洞中豁然开阔起来,顶上穹隆下面平坦,洞中排列着很多石笋和悬垂的石柱,清爽明朗,通风透亮,这是上洞,这就是七星岩。从洞的右侧沿着石阶下走,又进入下洞,这是栖霞洞。这个洞宏大明朗,雄壮开阔,洞口也是面向西北,仰面眺望高得吓人。洞顶横着裂开一条缝隙,有条石鲤鱼从裂缝中悬空向下跃,首尾和鳞甲鱼鳃很像,即使是用石头雕凿成的,也不能如此酷似。石鲤鱼的旁边盘结着蟠龙样的伞盖,五色灿烂。西北面层层平台高高地叠累着,沿着石阶上去,这是老君台。由老君台向北上去,洞很像被分为两半,向西是行走在高台之上,向东是顺着幽深的壑谷之中走去。我从高台上前行,进入一个石门,一直往北来到黑暗处,上方穹隆无边,下面陷成深潭,弥漫无际,陡峭深裂,平坦忽然变为险阻。当时我事先找到一个向导,在洞底点燃松明以便进洞,向导没从高台上走,所以我来不及跟随他,却不知道此处也是不能用松明照亮的。于是走下高台,仍然来到洞底。向导带着灯走在前面,沿着高台东面的壑谷中走,这才看见高台的石壁上攒聚的裂隙像锦绣一样错杂交织,具备了各种灵异的变幻,更让人记住自己是从那上面来的了。一直向北进入一道天门,两旁石柱垂立,仅能通过一个人。进去之后,就见山洞更加穹隆高远,洞的左边有石栏杆横向排列着,下边陷入深黑之中,杳然看不见底,这里是獭子潭。向导说这里的水极为渊深,通着大海,未必是这样的了。大概就是老君台向北下坠之处,到了这里就高深变换位置,繁空互相交换,又自成一种境界了。这以内又一连进入两道天门,路渐渐转向东北,里面有"花瓶插竹"、"撒网"、"弈棋"、"八仙"、"馒头"各种名称的石头,两旁有善财童子,中间有观音菩萨等神像。向导走得急,强行留住他仔细观看,顾此失彼。不过我想要观看的东西,不在这里。又翻越石崖往上走,石崖右边有个深潭,渊深漆黑完全像獭子潭,但大处宽处更超过獭子潭,这里名叫龙江,它大概与獭子潭是相通的。又向北走后转向东,经过"红毡"、"白毡",像悬挂的皮衣和下垂的毛毯,一缕缕纹理像是织出来的。又向东经过"凤凰戏水",这才穿过一道石门,阴风飕飕,吹卷灯火,刺入肌肤,大概风是从洞外进来的,到了这狭窄之处聚在一起风势就更大了。叠彩山的风洞也是这样。不过叠彩山过去没有"风洞"的名称,而是现在的人这样称呼;此洞之中从前有风洞的名称,今天没有知道的人了。出了这里,忽然看见一道圆圆的白光,映照到洞内幽深的壑谷中,迷茫一片就像天上将要露出的曙光。于是向东走出后洞,有水流在洞北环流,往南流入洞中,猜想下游就是龙江了,一座小石桥跨在水流上,是宋朝丞相曾布公修建的。过桥后,拂拭洞口右侧的崖壁,就见曾布公所作的碑记在石壁上。这才知道这个洞从前名叫冷水岩,曾公任桂州知州时,搜寻奇景建了这座桥,这才改名叫曾公岩,与栖霞洞原来是一个山洞暗中相通,两个洞口各自具有特点罢了。

　　余伫立桥上,见洞中有浣而汲者,余询:"此水从东北来[①],可溯之以入否?"其人言:"由水穴之上可深入数里,其中名胜,较之外洞,路倍而奇亦倍之。若水穴则深浅莫测,

惟冬月可涉,此非其时也。"余即觅其人为导。其人乃归取
松明,余随之出洞而右,得庆林观焉。以所负囊裹寄之,且
托其炊黄粱以待。遂同导者入,仍由隘口东门,过凤凰戏
水,抵红、白二毡,始由岐北向行。其中有弄球之狮,卷鼻之
象,长颈盎背之骆驼;有土冢之祭,则猪鬣鹅掌罗列于前;有
罗汉之燕②,则金盏银台排列于下。其高处有山神,长尺许,
飞坐悬崖;其深处有佛像,仅七寸,端居半壁;菩萨之侧,禅
榻一龛,正可趺跏而坐;观音座之前,法藏一轮,若欲圆转而
行。深处复有渊黑,当桥涧上流。至此导者亦不敢入,曰:
"挑灯引炬,即数日不能竟,但此从无入者,况当水涨之后,
其可尝不测乎?"乃返,循红白二毡、凤凰戏水而出。计前自
栖霞达曾公岩,约径过者共二里,后自曾公岩入而出,约盘
旋者共三里,然二洞之胜,几一网无遗矣。

【注释】

①此水从东北来:"东北",乾隆本、"四库"本作"西北"。

②燕:通"宴",宴饮。

【译文】

　　我伫立在桥上,看见山涧中有个洗衣服汲水的人,我向他询问:"这
条涧水从东北方流来,可不可以溯流进洞去?"这人说:"由水洞的上面
可以深入进去几里,洞中的名胜,与外洞相比较,路远一倍但奇特的景
致也多一倍。至于水洞,则是深浅莫测,只有冬季的几个月可以涉水进
去,此时不是适当的季节。"我马上找这个人做向导。这个人于是回家
取来松明,我跟随他出洞后往右走,来到庆林观。把身上背着的行包寄
放在道观中,并且拜托道观中的人做好饭等着。于是同向导进洞去,仍
然经由隘口东边的石门,经过凤凰戏水,抵达红、白二毡,这才由岔道往

北行。其中有舞球的狮子，卷鼻子的大象，长颈凸背的骆驼；有土坟堆前的祭坛，而猪鬃鹅掌罗列在前边；有罗汉的宴饮，而金杯银台排列在下方。那高处有山神，身高一尺左右，飞坐在悬崖上；那深处有佛像，仅七寸高，端坐在石壁半中腰；菩萨的侧边，一个石龛中有坐禅的禅床，正可以盘腿合十而坐；观音宝座的前边，有一个圆形的法轮，就像要圆圆转动的样子。深处又有漆黑的深渊，位于那条有桥的山洞的上游。到了此处向导也不敢深入了，说："挑着灯笼火把引路，即使是几天也不能走到头，只是此处从来没有人进去过，何况正是水涨之后，怎么可以去尝试这不测之渊呢？"只得返回来，沿着红白二毡、凤凰戏水出了洞来。计算了一下，先前从栖霞洞到曾公岩，大约直线走过的路共二里，后来从曾公岩进去又出来，大约绕来绕去的路共三里，然而两个洞中的美景，几乎一网打尽没有遗漏了。

　　出洞，饭于庆林观。望来时所见娘媳妇峰即在其东[①]，从间道趋其下，则峰下西开一窍，种圃灌园者而聚庐焉。种金系草，为吃烟药者。其北复有岩洞种种，盖曾公岩之上下左右，不一而足也。于是循七星山之南麓，北向草莽中，连入三洞。计省春当在其北，可逾岭而达，遂北望岭坳行。始有微路，里半至山顶，石骨崚嶒，不容着足，而石隙少开处，则棘刺丛翳愈难跻；然石片之奇，峰瓣之异，远望则掩映，而愈披愈出，令人心目俱眩。又里半，逾岭而下，复得凿石之级，下级而省春岩在矣。

【注释】

①娘媳妇峰：乾隆本、"四库"本作"搔首峰"，即四月二十八日记的"妇女娘峰"，六月初五日记作"媳妇娘峰"。

【译文】

出洞后，在庆林观吃饭。望见来时见到的娘媳妇峰就在庆林观的东边，从便道赶到山峰下面，就见山峰下面向西裂开一个洞，种苗圃灌菜园的人家聚居在这里。种植金系草，是吃烟人的药。这里的北边又有种种形态的岩洞，原来曾公岩的上下左右都是岩洞，不一而足了。于是沿着七星山的南麓，向北走入草莽之中，一连进了三个岩洞。估计省春岩应该在山的北面，可以翻越山岭走到，便向北望着岭上的山坳前行。开始时有条毛毛路，一里半后上到山顶，石骨嶙峋，不容落脚，而且石缝稍微分开一些的地方，便是荆棘刺丛密蔽，更难上登；然而石片的奇姿，花瓣状石峰的异态，远望过去则互相掩映，而且越往前钻进去越是层出不穷，让人的心目都眩晕了。又是一里半，越过岭头下走，又找到石头上开凿出来的台阶，走下台阶后省春岩在了。

其岩三洞排列，俱东北向。最西者骞云上飞，内深入，有石如垂肺中悬。西入南转，其洞渐黑，惜无居人，不能索炬以入，然闻内亦无奇，不必入也。洞右旁通一窍，以达中洞。居中者外深而中不能远入，洞前亦有垂槎倒龙之石。洞右又透一门以达东洞。最东者垂石愈繁，洞亦旁裂，中有清泉下注成潭，寒碧可鉴。余令顾仆守己行囊于中洞，与静闻由洞前循崖东行。洞上耸石如人，蹲石如兽。洞东则危石亘空，仰望如劈。其下清流漱之，曰拖剑江，即癸水也。源发尧山，自东北而抵山之北麓，乃西出葛老桥而西入漓水焉。时余转至山之东隅，仰见崖半裂窍层叠，若云嘘绡幕，连过三窍，意谓若窍内旁通，连三为一，正如叠蕊阁于中天，透琼楞于云表，此一奇也。然而未必可达，乃徘徊其下，披莽隙，梯悬崖，层累而上。既达一窍，则窍内果通中窍。第中窍卑伏，不能昂首，须从窍外横度，若台榭然，不由中奥也。既达第三窍，穿隙而入，从后有一龛，前辟一窗，窗中有玉柱中悬。柱左又有龛一圆，上有圆顶，下有平座，结跏而坐，四体恰适，即刮琢不能若此之妙。其前正对玉柱，有小乳下垂，珠泉时时一滴。余与静闻分踞柱前窗隙，下临危崖。行道者望之，无不回旋其下，有再三不能去者。已而有二村樵，仰眺久之，亦攀跻而登，谓余："此处结庐甚便，余村近此，可以不时瞻仰也。"余谓："此空中楼阁，第恨略浅而隘，若少宏深，便可停栖耳。"其人曰："中窍之上，尚有一洞甚宏。"欲为余攀跻而上，久之不能达。余乃下倚松阴，从二樵仰眺处，反眺二樵在上，攀枝觅级，终阻悬崖，无从上跻也。久之，仍西行入省春东洞内，穿入中洞，又从其西腋穿入西洞。洞多今人磨崖之刻。

【译文】

　　省春岩三个岩洞排列，都是面向东北方。最西边的一个洞前飞云漫卷，洞内深入进去，有块岩石如下垂的肺叶悬在中央。向西进去转向南，这个洞渐渐黑下来，可惜附近没有居民，不能找来火把进去，不过听说里面也没有奇特之处，不必深入了。洞右侧通有一个旁洞，可以到达中洞。位于中间的岩洞从外面看很深，可洞中不能深入进去，洞口前方也有一些如下垂的木筏和倒卷的龙一样的岩石。洞右侧又通有一个洞口可以到达东洞。最东边的一个岩洞下垂的石柱愈加繁多，洞内也有裂开的旁洞，中间有清泉下流汇成深潭，清凉碧绿可以照见人影。我命令顾仆在中洞守护我自己的行李，我与静闻由洞前沿着山崖往东行。洞上方耸立的岩石像人一样，蹲着的岩石如野兽一般。洞的东面就是高险的石崖横亘在高空，仰面望去像是刀劈出来的。石崖下面清流潆绕着它，叫拖剑江，_{就是癸水了}。发源于尧山，自东北方流到七星山的北麓，于是向西流出葛老桥下后向西流入漓江。此时我转到山的东隅，仰面看见崖壁的半中腰上裂开的石窍层层叠叠的，像是喷出的云雾和薄纱做成的帷幕，一连走过三个石窍，心里认为如果石窍内四通八达，三个石窍连为一体，正好像仙人住的楼阁叠架在半空中，玉圭刺穿云天之外，这是一处奇观了。然而未必能够到达，于是徘徊在石窍的下面，分开草丛中的缝隙，攀着悬崖，逐层往上爬。到达一个石窍后，就见石窍内果然通中间的石窍。只是中间的石窍低伏着，不能抬头，必须从石窍外面横着走过去，好像台榭一样，不经由洞中的深处走。到达第三个石窍后，穿过缝隙进去，在后面有一个石龛，前边开有一个石窗，窗洞中有根玉柱悬在中间。石柱左边又有一个圆形的石龛，上边有圆顶，下面有平滑的座位，盘腿而坐，四体恰好合适，即使是刀凿刮削出来的也不能如此巧妙。石龛的前方正对着玉柱，有个小钟乳石下垂着，珍珠般的泉水不时滴下一滴。我与我静闻分别坐在玉柱前的窗缝间，下临危崖。走在路上的人望见我们，无不在山下绕来绕去地看，有再三徘徊不肯离去的人。不久有两个村子中的樵夫，抬头眺望了很久，也攀登上来，对我说："此处盖房子居住十分方便，我们村子靠近这里，可以不时过来瞻仰。"我对他们说："这里是空中楼阁，只是遗憾略微浅了点，窄了一些，如果再稍微宽深一些，便可以停下来栖身在此了。"那两人说："中间的石窍上面，还有一个洞十分宽敞。"想要为我攀登上去，花了很长时间没能到达。我于是下山靠在松荫下，从两个樵夫抬头眺望的地方，反过来眺望两个在上面的樵夫，抓住树枝寻找台阶，始终被悬崖阻住了，无处可以上登。很久之后，仍然往西行进入省春岩的东洞内，钻进中洞，又从东洞的西侧钻进西洞。洞中有很多当代人的摩崖石刻。

　　出洞而西，又得一洞，洞门北向，约高五丈，内稍下，西转虽渐昏黑，而崇宏之势愈甚，以无炬莫入，此古洞也。左崖大书"五美四恶"章^①，乃张南轩笔，遒劲完美，惜无知者，并洞亦莫辨其名，或以为会仙岩，或以为弹丸岩。拂岩壁，宋莆田陈矑题，则渚岩洞也^②，岂以洞在癸水之渚耶？洞西拖涧水自东北直逼崖下^③，崖愈穿削，高插霄而深嵌渊，甚雄壮也。石梁跨水西度，于是崖与水俱在路南矣。盖七星山之东北隅也^④，是名弹丸山，自省春来共一里矣。

【注释】

①"五美四恶"章：即《论语》子张问政一章："子张问于孔子曰：'何如斯可以从政矣？'子曰：'尊五美，屏四恶，斯可以从政矣。'子张曰：'何谓五美？'子曰：'君子惠而不费，劳而不怨，欲而不贪，泰而不骄，威而不猛。'"

②渚岩洞："渚"原作"诸"，但下文有"岂以洞在癸水之渚耶？"乾隆本、"四库"本亦作"渚"，据改。

③拖涧水：乾隆本、"四库"本作"拖剑水"，即前拖剑江，今称灵剑溪。

④东北隅：乾隆本、"四库"本作"西北隅"。

【译文】

出洞后向西走，又见到一个洞，洞口向北，大约高五丈，洞内稍下洼，向西转虽然逐渐昏黑下来，可高大的气势愈加厉害了，因为没有火把无法深入，这是一个古老的岩洞。左边的崖壁上用大字刻写着"五美四恶"的一段文章，是张南轩的手笔，遒劲完美，可惜没有知道的人，就连山洞也无人能辨清它的名字，有人认为是会仙岩，有人认为是弹丸岩。拂拭洞壁，宋代莆田人陈矑的题记，却是叫渚岩洞，难道是因为岩洞在癸水的水边起的名吗？岩洞西面的拖剑水自东北方流来直逼到山崖下，山崖愈加显得穹隆陡削，高插云霄并深嵌在深渊之中，非常雄壮。

从石桥上跨过江水往西走，到这里山崖与江水都在道路的南边了。大概这里是七星岩的东北隅，名叫弹丸山，从省春岩过来共一里路了。

由其西南渡各老桥^①，以各乡之老所建，故以为名。望崖巅有洞高悬穹，上下俱极峭削，以为即栖霞洞口也。而细谛其左，又有一崖展云架庐，与七星洞后门有异，亟东向登山。山下先有一刹，盖与寿佛寺、七星观南北鼎峙山前者也。南为七星观，东上即七星洞；中为寿佛寺，东上即栖霞洞；北为此刹，东上即朝云岩也。仰面局膝攀磴，直上者数百级，遂入朝云岩。其岩西向，在栖霞之北，从各老桥又一里矣。洞口高悬，其内北转，高穹愈甚，徽僧太虚叠磴驾阁于洞口，飞临绝壁，下瞰江城，远挹西山^②，甚畅。第时当返照入壁，竭蹶而登^③，喘汗交迫。甫投体叩佛，忽一僧前呼，则融止也。先是，与融止一遇于衡山太古坪^④，再遇于衡州绿竹庵，融止先归桂林，相期会丁七星。比余至，逢人辄问，并无识者。过七星，谓已无从物色。至此忽外遇之^⑤，遂停宿其岩。因问其北上高岩之道，融止曰："此岩虽高耸，虽近崖右，曾无可登之级。约其洞之南壁，与此洞之北底，相隔只丈许，若从洞内可凿窦以通，洞以外更无悬杙梯之处也。"凭栏北眺，洞为石掩，反不能近瞩，惟洒发向西山^⑥，历数其诸峰耳。西山自北而南：极北为虞山，再南为东镇门山，再南为木龙、风洞山，即桂山也，再南为伏波山。此城东一支也。虞山之西，极北为华景山，再南为马留山，再南为隐山，再南为侯山、广福王山。此城西一支也。伏波、隐山之中为独秀，其南对而踞于水口者，为漓山、穿山。皆漓江以西，故曰西山云。

【注释】

①各老桥：即前"葛老桥"，今作国老桥，跨在灵剑溪上。

②挹(yì)：通"揖"，即拱手作揖。

③竭蹶(jué)：力竭而颠蹶。

④太古坪：《楚游日记》一月二十九日作"古太坪"。

⑤至此忽外遇之：依文意，疑脱"意"字，作"至此忽意外遇之"。

⑥洒发：抬头远望，头发散落的样子。

【译文】

　　由这里往西南走过各老桥，以为是各乡父老修建的桥，所以用来作为桥的名字。望见崖顶上有个山洞高悬穹隆，上下都极其峭拔陡削，我以为那就是栖霞洞口了。然而仔细审视洞的左边，又有一座山崖像云层一样展开，上面建有房屋，与七星洞的后洞口相较有不同之处，急忙向东登山。山下先有一座寺庙，大概是与寿佛寺、七星观呈南北之势鼎立在山前的寺院。南面是七星观，向东上去就是七星洞；中间是寿佛寺，向东上去就是栖霞洞；北面就是这座寺院，向东上去就是朝云岩了。仰面屈膝攀登石阶，一直上登了几百级，终于进入了朝云岩。这个岩洞面向西，在栖霞洞的北面，从各老桥又是一里路了。洞口高悬，洞内向北转，愈加高大穹隆，徽州僧人太虚垒砌了台阶在洞口建了佛阁，飞临绝壁，下瞰江流和城池，远远地面对西山作揖，视野非常畅达。只是此时正当落日余晖射进绝壁上，竭力跌跌撞撞地上登，喘息汗水交加。刚刚倒下身子拜佛，忽然一个僧人在跟前叫我，原来是融止。这之前，我与融止第一次相遇是在衡山的太古坪，再次相遇是在衡州府的绿竹庵，融止先一步回到桂林，相约在七星岩会面。等我到七星岩时，逢人就问，并没有认识他的人。过了七星岩，认为已经无法找到他了。到了此地忽然在洞外遇见他，于是停下来住在他的岩洞中。于是向融止打听向北上登高处岩洞的路，融止说："这个岩洞虽然高高耸立，虽然近在山崖右侧，从来没有可以上登的石阶。大约那个岩洞南边的洞壁，与这个岩洞北边的洞底,相隔只有一丈左右,如果从洞内凿个孔洞可以通过去,洞以外再没有能悬挂梯子的地方了。"凭栏向北眺望,洞口被石崖遮住了,反而不能从近处观察,唯有抬头远望西山,历数西山的群峰而已。西山自北往南延伸:最北边的是虞山,再往南是东镇门所在的山,再往南是木龙洞、风洞所在的山,即桂山了,再往南是伏波山。这是城东的一条支脉了。虞山的西面,最北边的是华景山,再往南是马留山,再往南是隐山,再往南是侯山、广福王山。这是城西的一条支脉了。伏波山、隐山的中间是独秀峰,独秀峰南面雄踞在江口互相对峙的山,是漓山、穿山。这些山都在漓江以西,所以称为西山。

初三日　留朝云岩阁上,对西追录数日游记。薄暮乃别融止下山,南过寿佛寺[①]、七星观,共一里,西渡花桥,又西一里,渡浮桥,入东江门,南半里,至赵寓宿焉。

【注释】

①寿佛寺:原误倒为"佛寿寺",参照五月初二、十一日日记及乾隆本改。下同。

【译文】

初三日　停留在朝云岩的佛阁上,面对着西山补记几天来的游记。傍晚时分才辞别融止下山,往南路过寿佛寺、七星观,共一里,向西走过花桥,又向西一里,走过浮桥,进入东江门,往南半里,来到赵家寓所住下。

初四日　晨餐后,北一里,过靖江府东门,从东北角又一里,绕至北门。礼忏坛僧灵室,乃永州茶庵会源徒孙也,引余辈入藩城北门[①]。门内即池水一湾,南绕独秀山之北麓,是为月牙池。由池西南经独秀西麓,有碑夹道。西为《太平岩记》,东为《大悲尊胜》两咒。又南,独秀之西,有洞曰西岩。

即太平洞。对岩有重门东向，乃佛庐也。方扃诸优于内②，出入甚严，盖落场时恐其不净耳。寺内为灵室师绀谷所主。有须，即永州茶庵会源之徒，藩府之礼忏局优皆俾主之。灵室敲门引客入，即出赴忏坛。绀谷瀹茗献客，为余言："君欲登独秀，须先启王③，幸俟忏完，王撤宫后启之。"时王登峰时看忏坛戏台，诸官人随之，故不便登。盖静闻先求之灵室，而灵室转言师者。期以十一日启，十二日登。乃复启重门④，送客出。出门即独秀岩，乃西入岩焉。其岩南向，不甚高，岩内刻诗缕画甚多。其西裂一隙，下坠有圆洼，亦不甚深，分两重而已。岩左崖镌《西岩记》，乃元至顺间记顺帝潜邸于此⑤。手刻佛像，缕石布崖，俱极精巧，时字为苔掩，不能认也。洞上篆方石，大书"太平岩"三字。夹道西碑言：西岩自元顺帝刻像，其内官镌记，后即为本朝藩封。其洞久塞，重垣闭之。嘉靖间，王见兽入其隙，逐而开之，始抉其闭而表扬焉，命曰太平岩⑥。岩右有路，可盘崖而登，时无导者，姑听之异日。

【注释】

①藩城：靖江王府始建于洪武五年（1372），严格按照明王朝对藩王府的规制建造，是一庞大的建筑群。王城为长方形，形制规整，全用青石修砌，周围约 1.5 公里，每方各有一门，共四门。城址在桂林市中心，城墙及城门至今保存完好。王府的主要建筑承运殿早毁，但殿前的云阶玉陛和勾栏望柱保存至今。独秀峰位于王府后花园，山麓的月牙池就是当时开凿的。

②扃（jiōng）：关锁。

③启：陈述，禀告。

④启：打开。

⑤至顺：元代文宗年号，时在1330—1332年，共三年。顺帝潜邸：
　　元代曾于独秀峰建大园寺。元顺帝即位前曾居住过这里，后来
　　他当了皇帝，便将大园寺改为万寿殿。

⑥太平岩：原作"太后岩"，据上文改。

【译文】

初四日　早餐后，向北一里，经过靖江王府的东门，从王城的东北
角又走一里，绕到北门。礼佛坛的僧人灵室，是永州府茶庵会源的徒
孙，领着我们几个人进入王城的北门。门内就是一片池水，南边绕到独
秀山的北麓，这是月牙池。由水池西南岸经过独秀峰的西麓，有石碑夹
住道路。西边的是《太平岩记》，东边的是《大悲尊胜经》的两段经咒。又向南，独秀
峰的西面，有个岩洞叫西岩。即太平洞。面对岩洞有重重大门面向东，是
佛寺。正把几位演戏的艺人锁在寺内，出入十分严格，大概是担心收场
时这些人手脚不干净罢了。寺内是灵室的师傅绀谷任住持。留有胡须，就
是永州府茶庵会源的徒弟，王府的礼佛、关锁艺人都让他主管。灵室敲开门带领客
人进去后，立即出门赶到礼佛坛去。绀谷沏了茶水献给客人，对我说：
"您想去登独秀峰，必须事先启奏王爷，希望能等到忏礼完毕，王爷撤回
王宫后向他启奏。"当时靖江王不时登上独秀峰去观看礼佛坛和戏台，众多宫女跟随
着他，所以我们登峰不方便。大概是静闻先向灵室央求登峰的事，而后灵室又转告他师
傅。约定在十一日启奏，十二日登峰。于是重新打开层层大门，送客人
出寺来。出门就是独秀岩，便向西进入岩洞中。这个岩洞面向南，不怎
么高，岩洞内的刻诗雕画非常多。岩洞西边裂开一条缝隙，下坠之处有
个圆形的洼坑，也不十分深，分为两层而已。岩洞左边的洞壁上刻有
《西岩记》，是元朝至顺年间（1330—1332）刻写记载顺帝秘密居住于此
地的事。顺帝亲手刻的佛像，一条条石纹分布在崖壁上，都极为精巧，
此时字被苔藓遮住了，不能认读。洞的上方雕出一块方石，刻有"太平
岩"三个大字。夹在道路西边的石碑说：西岩自从元顺帝刻了佛像，顺帝的宦官刻有碑

记,后来就成为本朝藩王的封地。这个岩洞很早以前就堵塞起来了,用层层墙垣封闭了洞口。嘉靖年间(1522—1566),靖江王看见有野兽进入墙缝中,为追逐野兽才打开了墙壁,这才挖开洞口的堵塞物进而宣扬它,命名为太平岩。**岩洞右边有条路,可以绕着山崖登上去,此时没有向导,姑且听信绀谷的话改日再登。**

乃仍从月池西而北,出藩城。于是又西半里,过分巡。其西有宗藩,收罗诸巧石,环置户内外。余入观之,择其小者以定五枚,俟后日来取。乃从后按察司前南行大街一里,至樵楼①。从楼北西向行半里,穿榕树门②。其门北向,大树正跨其巅,巨本盘耸而上,虬根分跨而下,昔为唐、宋南门,元时拓城于外③,其门久塞,嘉靖乙卯,总阃周于德抶壅闭而通焉。由门南出,前即有水汇为大池。后即门顶,以巨石叠级分东西上,亦有两大榕南向,东西夹之。上建关帝殿,南面临池,甚为雄畅。殿西下,总阃建牙④。路从总阃西循城而南,一里,西出武胜门,乃北溯西江行⑤,一里而达隐山。

【注释】

①樵(qiáo)楼:古时建筑在城门上用以瞭望的高楼。樵,同"谯"。

②榕树门:为宋代古城南门,今仍称古南门。在榕湖北岸,过去因有古榕树盘生,故此门称榕树门,桂林也因此被称为榕城。其南的大池,明时称为"莲荡"、"阳塘",即今榕湖和杉湖,现为桂林市内的风景区。

③元时拓城于外:"外"原作"内",据乾隆本、"四库"本改。

④总阃(kǔn):乾隆本作"大将军"。阃,特指郭门的门槛,亦以指阃外负军事专责的人,《游记》中称阃帅。牙:通"衙",即衙门。

⑤西江:即今阳江,又称桃花江。

【译文】

于是仍然从月牙池西岸往北走,出了王城。从这里又往西行半里,路过分巡道衙门。衙门西侧有一家王府的族人,收罗了各种各样精巧的石头,环绕放置在门内外。我进去观赏石头,选择其中小一点的讲定了五块石头,等后天来取。于是从他家后门走到按察使司衙门前,经由大街往南行一里,来到谯楼。从谯楼北边向西行半里,穿过榕树门。城门面向北,一棵大榕树正好跨在城门顶上,巨大的树干盘曲地向上耸起,拳曲的树根分别跨向下方,从前是唐、宋时期的南门,元代向外扩城,这座城门长期被阻塞起来,嘉靖乙卯年(嘉靖三十四年,1555),总兵周于德挖开堵塞的封墙才能通行。从榕树门向南出来,门前就有水汇积成一个大水池。后面就是城门顶,用巨石分在东西两边砌成台阶通上去,也有两棵大榕树面向南,分在东西两边夹住城门。城门顶上建有关帝殿,面向南,下临池水,极为雄壮舒展。关帝殿西侧的城墙下,总兵建了衙门。路从总兵府西面沿着城墙往南走,一里,向西出了武胜门,于是向北溯西江前行,一里后到达隐山。

其山北倚马留诸岫,西接侯山诸峰[①],东带城垣,南临西江,独峙坞中,不高而中空,故曰隐山。山四面有六洞环列:东为朝阳洞,寺在其下。洞口东向,下层通水,上层北辟一门,就石刻老君像,今称老君洞。山北麓下为北牖洞。洞东石池一方,水溢麓下,汇而不流,外窦卑伏,而内甚宏深。前有庵,由庵后披隙入,洞圆整危朗,后复上盘一龛,左有一窗西辟,石柱旁列,不通水窦。其北崖之上为白雀洞,在朝阳后洞西。门北向,入甚隘,前有线隙横列,上彻天光,渐南渐下,直通水。又西为嘉莲洞,亦北向,与白雀并列。洞分东西两隙,俱南向下坠,洞内时开小穴,彼此相望,数丈辄合,内坠渊黑,亦抵水。又西过一石隙,西北有石,平庋错萼中,绝胜琼台。乃南转为夕阳。洞西向,洞口飞石,中门为两。门左一侧墼汇水,由水窦东通于内,右有曲穴北转,内甚凄暗,下坠深潭,盖南北皆与水会焉。又南转西南山麓,为南华洞。洞南向,势渐下,汇水当门,可厉入。深入则六洞同流。五洞之底,皆交连中络,惟北牖则另辟一水窦,初不由洞中通云。闻昔唐宋时,西江之水东漾榕树门,其山汇于巨浸中,是名西湖②,其诸纪游者,俱云"乘舟载酒而入"。今则西江南下,湖变成田,沧桑之感有余,荡漾之观不足矣。

【注释】

①其山北倚马留诸岫,西接侯山诸峰:"马留",今作"骝马山",下同。侯山距隐山甚远,应是"西接西山诸峰"。

②西湖:到元代,西湖已废为田。西湖的残迹在今桂林城西郊,隐山附近一带。

【译文】

隐山北面紧靠马留山等山峦,西面连接着侯山等山峰,东面有城墙像衣带一样围绕着,南边面临西江,独自屹立在山坞中,不高但中间是空的,所以叫做隐山。隐山四面有六个洞环绕排列着:东面是朝阳洞,朝阳寺在洞下方。洞口面向东,下层通水,上层北边开有一个洞口,就着石壁刻有老君像,今天称为老君洞。隐山的北麓下是北牖洞。洞东边有一个方形石头水池,池水溢出流到山麓下,汇积着却不流动,外洞低伏着,可内洞十分宏大深远。前方有座寺庵,由庵后钻过缝隙进去,山洞圆整,高险明朗,洞后的上方又盘踞着一个石龛,左边有一个石窗开向西边,石柱排列在四旁,不通到水洞。隐山北面的山崖上是白雀洞,在朝阳洞后洞的西边。洞口向北,进去非常狭窄,前边有一线缝隙横向裂开，顶上射入天光来，逐渐往南走渐渐斜下去，一直通到水。再往西走是嘉莲洞，也是面向北，与白雀洞并列。山洞分为东西两条裂隙，都是向南下坠，洞内不时开有小石穴，彼此相望，几丈之后就合在一起，向洞内坠入漆黑的深渊之中，也是通到水。又往西经过一条石缝，西北边有块岩石，平架在错杂的花萼状的岩石中，绝对胜过琼玉般的楼台。于是转向南是夕阳洞。山洞面向西，洞口有块飞空的岩石，从中把洞口分为两半。洞口左边一侧的壑谷中积着水，经由水洞往东通到里面，右边有个弯弯的洞穴向北转去，里边非常寒冷黑暗，下坠到深潭中，大概南北两面都与水相通。又向南转到西南方的山麓，是南华洞。洞向南，地势逐渐低下去，积水挡在洞口，可以涉水进去。深入进去则六个山洞是同一条水流。五个山洞的底部，都有网络状的水流在洞中互相连接在一起，唯有北牖洞则是另外辟有一个水洞，本来就不从洞中相通。听说过去唐宋时期，西江的江水在东面潆绕着榕树门，这座隐山浸泡在巨大的湖泊中间，这里名叫西湖。那些写游记的人，都说"乘船载着酒进去"。今天则是西江往南下移，湖泊变成了农田，沧桑巨变的感慨有余，碧波荡漾的景观不足了。

　　余初至朝阳寺，为东洞僧月印导，由殿后入洞，穿老君之侧上，出山北，乃西过白雀、嘉莲，皆北隅之洞也。西南转平石台，是日甫照不能停，乃南过夕阳，此西隅之洞也。又南转而东，过南华，则南隅之洞云。余欲从此涉水而入，月印言："秋冬水涸虫蛰，方可内涉；今水大，深处莫测，而蛇龙居焉，老僧不能导。请北游北牖，可炊焉。兹已逾午矣。"余从之，乃东过西湖神庙，又北转过朝阳，别月印，逾隐山东北隅。其处石片分裂，薄若裂绡，耸若伸掌，石质之异，不可名言。有一石峰，即石池一方，下浸北麓，其内水时滴沥，声如宏钟。西入北牖庵，令顾仆就炊于庵内，余与静闻分踞北牖洞西窗上，外揽群峰，内阚洞府。久之出，饭庵前松荫下。复由老君洞入，仍次第探焉。

【译文】

我初到朝阳寺时，是东洞的僧人月印导游，由殿后进洞，穿过老君洞的侧边上去，出到隐山的北面，于是向西经过白雀洞、嘉莲洞，都是隐山北隅的岩洞。向西南转到平坦的石台上，这时烈日正好照射不能停步，便向南经过夕阳洞，这是隐山西隅的岩洞了。又由南转向东，经过南华洞，这是隐山南隅的岩洞。我想从此处涉水进洞，月印说："秋冬时节水干涸虫子冬眠时，才能涉水进入洞内；现在水大，深处深不可测，而龙蛇居住在水中，老和尚我不能领路了。请到北边去游览北牖洞，可在洞中做饭吃。现在已经过了中午了。"我听从了他的话，于是向东走过西湖神庙，又向北转路过朝阳洞，辞别了月印，越过隐山的东北隅。此处的石片分裂开来，薄如裂开的薄纱，耸立着好像伸直的手掌，石头质地的特异之处，无法说出名字来。有一座石峰，靠近一个方形的石头水池，下边浸泡着石峰的北麓，池内的水滴时常滴落下来，声音如洪亮的钟声。向西进入北牖庵，命令顾仆在庵中做饭，我与静闻分别坐在北牖洞西面的石窗上，向外观览群峰，向洞内窥视神仙洞府。很久后出洞来，在庵前的松荫下吃饭。再次由老君洞进去，仍然依次去探各个岩洞。

南抵南华，遇一老叟曰："此内水窦旁通，虽浅深不测，而余独熟经其内。君欲入，明当引炬以佐前驱。"余欲强其即入，曰："此时不及，且未松明。"及以诘旦为期①。余乃南随西江之东涯，仍一里，过武胜门，_{西门。}又南循城西一里，过宁远门。南门。由正街南渡桥，行半里，复东入岐。路循西江南分之派，行一里，抵漓山。山之东即漓江也，南有千手观音庵。从山之西麓转其北，则漓水自北，西江自西，俱直捣山下，山怒崖鹏骞，上腾下裂，以厄其冲，置磴上盘山腰，得姥岩寺②。时已薄暮，遂停囊岩寺。遇庠友杨子正，方读书其间，遂从其后跻石峡，同蹑青萝阁，谒玉皇像。余与子正倚阁暮谈至昏黑，乃饭岩寺而就枕焉。

【注释】

①诘（jié）旦：又作"诘朝"，意即明早。

②姥岩：姥山在今桂林城南郊，桃花江南支西岸，有洞称姥岩。姥岩寺、青萝阁等今已不存。

【译文】

往南抵达南华洞，遇见一个老头说："此洞里边的水洞四通八达，虽然深浅不可测，可唯独我熟悉洞内的路径。您想进洞，明天我将举着火把在前边帮您领路。"我想强逼他当即进洞，他说："此时来不及了，况且没有松明。"马上与他约定明早进洞。我于是向南顺着西江的东岸前行，仍是一里，经过武胜门，西门。又往南沿着城墙的西面前行一里，经过宁远门。南门。经由正街向南过桥，前行半里，再向东走上岔路。路沿着西江往南分出的支流走，前行一里，抵达漓山。漓山的东面就是漓江了，南麓有座千手观音庵。从漓山的西麓转到山北，就见漓江来自北边，西江来自西面，都是直接冲捣到山下，山峰狂怒，崖壁像大鹏鸟样飞举而起，上面腾空，下面迸裂，扼住两条江流的冲要处，设置有石阶上绕到山腰上，见到姥岩寺。此时已近傍晚，便停歇在姥岩寺中。遇见学友杨子正，正在寺中读书，于是从寺后登上石峡，一同登上青萝阁，拜谒了玉皇大帝像。我与杨子正凭靠在青萝阁中在暮色中交谈到昏黑时，这才到雉岩寺中吃饭，而后上床睡下了。

初五日　是为端阳节。晨起，雨大注，念令节名山①，何不暂憩，乃令顾仆入城市蔬酒。余方凭槛看山，忽杨君之窗友郑君子英、朱君兄弟超凡、涤凡俱至②，盖俱读书青萝阁。上午雨止，下雉岩寺，略纪连日游辙；而携饮者至，余让之，出坐雉岩寺亭，杨、郑四君复以柬来订。当午，余就亭中，以蒲酒、雄黄自酬节意。下午，四君携酒至，复就青萝饮之。朱君有家乐，效吴腔，以为此中盛事，不知余之厌闻也。时方禁龙舟，舟人各以小艇私棹于山下，鼍鼓雷殷③，回波雪涌，殊方同俗，聊资凭吊，不觉再热。既暮，复下山，西入一洞。洞在山足，门西向，高穹而中平，上镌"乐盛洞"三字，古甚，不知何人题。前有道宫，亦就荒圮。出洞，复东循雉岩崖麓，沿江而东。其东隅有石，上自山巅，下插江中，中剜而透明，深二丈，高三丈，若辟而成户，江流自北汇其中。涉其南透崖以上，即为千手大士庵。余因濯足弄水，抵暮乃上宿雉岩。

【注释】

①令节：佳节。名山：著称于世的山。

②窗友：同窗学习的朋友，即同学。涤凡：原脱"凡"字，据本月十九日记补。

③鼍(tuó)鼓：用鼍皮蒙的鼓。鼍，亦称扬子鳄，皮可张鼓。

【译文】

初五日　今天是端阳节。早晨起床，大雨如注，心里想，当此佳节名山，为何不暂时休息一下，便命令顾仆进城去买菜买酒。我正靠着栏杆观看山景，忽然杨君的同窗好友郑子英先生和朱超凡、朱涤凡兄弟二位都一起来到，原来他们全都是在青萝阁读书的。上午雨停了，下到雉岩寺，简略记下了几天来的游踪；然而来了些带着酒来喝的人，我把这地方让给了他们，出来坐在雉岩寺的亭子中，杨、郑四位先生又送请柬来事先约定。当天中午，我到亭子中，自己用菖蒲酒、雄黄抚慰过节的心情。下午，四位先生带着酒过来，再次到青萝阁中饮酒。朱君有自家的乐师，仿效吴地的唱腔，自以为是此地的盛事，却不知我讨厌听到这种腔调。当时正禁止赛龙舟，赛龙舟的人各自用小艇私下在山下划，鼍皮鼓敲得雷鸣般响，回旋的波涛像雪花一样翻涌，地方不同风俗却相同，姑且借以抚慰我的思乡之情，不知不觉心头再次热起来。黄昏以后，再次下山，向西进入一个山洞。洞在山脚，洞口向西，高大穹隆但洞中平坦，上面刻有"乐盛洞"三个字，非常古朴，不知是什么人题写的。洞前有个道观，也是将近荒芜倒塌。出洞后，又往东顺着雉岩的山麓，沿着江流向东走。雉岩的东隅有块岩石，上边起自山顶，下插到江中，中间是挖空的，透出亮光来，深二丈，高三丈，好像是被劈成门的样子，江流从北边流来汇积在石门中。涉水到石门的南边穿过石崖上去，就是千手观音庵。我于是洗脚戏水，到天黑才上到雉岩寺住下。

雉岩，《一统志》以为即漓山，在城南三里。阳水南支经其北，漓水南下经其东；东有石门嵌江，西有穹洞深入，南有千手大士庵，俱列其足。雉岩寺高悬山半，北迎两江颓浪，飞槛缀崖，倒影澄碧。寺西为雉山亭，南为雉山洞。洞外即飞崖斗发，裂隙逬峡，直自巅下彻，旁有悬龙矫变，石色都异。前大石平涌为莲台。台右根与后峡相接处，下透小穴入，西向台隙，摩崖登台，则悬龙架峡，正出其上。昔有阁曰青萝,今移置台端,登之不知其为台也。然胜概麇集,不以阁掩。是山正对城南,为城外第二重案山。北一里曰象鼻山水月洞,南三里曰崖头净瓶山荷叶洞,俱东逼漓江,而是山在中较高,《志》遂以此为漓山。范成大又以象鼻山水月洞为漓山,后人漫无适从。然二山形象颇相似。但雉岩石门,不若水月扩然巨观,故游者舍彼趋此①。然以予权之,濒江午向三山②,不特此二山相匹,崖头西北山脚,石亦剜空嵌水,跨成小门,其离立江水冲合中,三山俱可名漓也。

【注释】

①故游者舍彼趋此:此句语意相左。"四库"本作"故游者拾级趋此",当因形近而误。

②午向:南向。

【译文】

　　雉岩,《一统志》认为就是漓山,在城南三里处。阳江往南的支流流经雉岩的北面,漓江南下流经雉岩的东面;东面有石门嵌入江中,西边有穹隆的山洞深入进去,南面有千手观音庵,都排列在山脚。雉岩寺高悬在半山腰,面向北迎着两条江流向下奔流的激浪,飞空的栏杆点缀在崖壁上,倒影澄澈碧绿。寺西是雉山亭,南边是雉山洞。洞外是飞崖竞放,裂隙迸裂成峡谷,一直从山顶下插到底,旁边高悬着天矫变化的石龙,石头的颜色都很奇异。前方的巨石平地涌起成为莲台。莲台右侧的根部与后面的峡谷相连之处,往下穿过一个小洞进去,向西经过莲台旁的缝隙,摸着石崖登上莲台,就见高悬的石龙架在峡谷上,正好出现在莲台上方。从前有座楼阁叫青萝阁,今天移到石台的前端,登上这里却不知道这里是高台。然而优美的景致聚集在一起，不会被楼阁遮挡住。这座山正对着城南，是城外的第二重案山。北面一里处是象鼻山水月洞，南面三里处叫做崖头净瓶山荷叶洞，全都面向东逼近漓江，而这座山在中间较高，《一统志》便把这座山当做漓山。范成大又把象鼻山水月洞当做漓山，后代人茫然无所适从。不过，两座山的形象十分相似。但雉岩的石门，不如水月洞那样宽阔壮观，所以游玩的人都放弃那里趋向这里。然而以我的意思来权衡二者，滨江向南的三座山，不仅这两座山互相匹敌，崖头西北面的山脚下，石山也是剜空嵌入水中，跨在江中形成小石门，它们独自并立于江水冲激的波涛中，三座山都可以起名叫漓山。

初六日　　晨餐后，作二诗别郑、杨诸君。郑君复强少留，以一诗酬赠焉。遂下山，西南一里入大道，东南一里过南溪桥。南溪之山高峙桥东，有水自西南直上逼西麓，绕山东北入漓去，石梁跨其上，即所谓南溪也。白龙洞在山椒。累级而上，洞门高张，西向临溪，两石倒悬洞口，岂即所谓白龙者耶？洞下广列崇殿，仰望不知为洞。由殿左透级上，得璇室如层楼[1]，内有自然之龛，置千手观音。前临殿室之上，环瞻洞顶，为此洞最胜处。从此北向东转，遂成昏黑。先是，买炬山僧，僧言由洞内竟可达刘仙岩，不必仍由此洞出。及征钱篝火入，中颇宽宏多歧。先极其东隅，上跻一隙，余以为刘仙道也，竟途穷莫进。又南下一洼，则支窦傍午，上下交错，余又以为刘仙道也。山僧言：“此乃护珠岩道，崄巇莫逾[2]。与其踯躅于杳黑，不若出洞平行为便。”时所赍茅炬已浪爇垂尽，乃随僧仍出白龙。下山至桥，望白龙之右复有洞盘空，而急于刘岩，遂从桥东循山南东转，则南面一崖，层突弥耸，下亦有窍旁错，时交臂而过。忽山雨复来，乃奔憩崖下，跻隙坐飞石上，出胡饼啖之。雨帘外窥，内映乳幕，仙仙乎有凌云餐霞之想。久之雨止，下岩，转岩之东，则刘仙岩在是矣。岩与白龙洞东西分向，由山南盘麓而行，相去不过一里，而避雨之岩正界其中，有观在岩下。先入觅道士炊饭，而道枕未醒，有童子师导从观右登级。先穿门西入，旋转逾门上，复透门出，又得一岩，东南向，中置三仙焉，则刘仙与其师张平叔辈也。又左由透门之上，再度而北，又开一岩，中置仙妃。岩前悬石甚巨，当洞门，若树屏，若垂帘。刘仙篆雷符于上岩右壁，又有寇忠愍准大书，俱余所（欲）得者。予至岩，即周览各窦。询与白龙潜通处，竟不可得。乃知白龙所通，即避雨岩下窦，导僧所云护珠岩是也。时雨复连绵不止，余乃令顾仆随童子师下观③，觅米自炊。余出匣中手摹雷符及寇书，而石崖欹侧，石雨淋漓，抵暮而所摹无几。又令静闻抄录张、刘二仙《金丹歌》，亦未竟。又崖间镌刘仙《养气汤方》及唐少卿《遇仙记》未录，遂宿观。道士出粥以饷。中夜大雨，势若倒峡。

【注释】

①璇（xuán）室：雕饰华丽的宫室。

②崄巇（xiǎn xī）：艰险崎岖。崄，同“险”。《游记》“险”亦作“崄”。

③童子师：粗悉法事的道童。

【译文】

初六日　早餐后，作了两首诗辞别郑、杨诸位先生，郑君又强逼我稍作停留，用一首诗回赠我。于是下山，向西南一里走上大道，向东南一里走过南溪桥。南溪的山高高耸立在桥东，有水流自西南方流来一直向上逼近山的西麓，绕到山的东北面汇入漓江流去，石桥跨在水流上，这就是所谓的南溪了。白龙洞在山顶。沿着层层台阶上去，洞口高高张开，面向西，下临溪流，两块岩石倒悬在洞口，莫非这里是所谓的白龙吗？洞下方很大一片地方排列着高大的殿宇，仰面望去不知道是山洞。由殿宇左边通过石阶上去，见到一处华丽的殿堂，如层层高楼，里面有自然形成的石龛，安放着千手观音。站在前方面临殿堂的上边，环顾洞顶，是这个山洞最优美之处。从此处的北边向东转，就变得昏黑下来。这之前，向山中的和尚买火把时，和尚说由洞内可以到达刘仙岩，不必仍旧从此洞出来。到拿钱买来火把点燃进洞后，洞中很宽大，有很多岔洞。先穷尽了洞中的东隅，上登一条裂隙，我以为是去刘仙岩的路了，路竟然断了无法前进。又向南下到一个洼坑中，只见旁洞四通八达，上下交错，我又以为是去刘仙岩的路了。山上的和尚说："这是去护珠岩的路，艰险崎岖无法通过。与其徘徊在幽暗漆黑之中，不如出洞去从平地上走更方便一些。"此时随身带着的茅草火把已经即将白白地烧完了，只好跟随这个和尚仍然出了白龙洞。下山走到桥边，望见白龙洞的右侧又有一个山洞盘在高空，但急于去刘仙岩，便从桥东沿着山的南麓向东转，看见南面的一座石崖，层层突起更加高耸，下面也有石窍四处交错，不时擦肩而过。忽然山雨再次来临，便跑到石崖下休息，从石缝中登到飞突的岩石上坐下，拿出烧饼来吃。向外看去是一层雨帘，里边如同映照着乳白色的帷幕，仙仙然让人有腾云驾雾吞吐云霞的想法。很久后雨停了，走下石岩，转到石岩的东边，就见刘仙岩在眼前了。刘仙岩与白龙洞分在东西两个方向，由山的南面绕着山麓走，相距不超过一里路，而我躲雨的石岩正好隔在两者的中间，有个道观在岩洞下面。先进去找道士做饭，可道士睡在枕头上没睡醒，有个道童领路从道观右侧的台阶上登。先穿过洞口向西进去，随即转来转去翻越到洞口上方，又钻过洞口出来，又见到一个岩洞，面向东南方，洞中放置着三位神仙的像，这便是刘仙人和他的师傅张平叔等人了。又从左边经由钻出来的那个洞口的上方，再翻越到北边，又张开一个岩洞，洞中放置着仙妃像。岩洞前方悬垂的岩石非常巨大，挡在洞口，好像竖直的屏风，又像下垂的门帘。刘仙人在上洞右侧的石壁上用篆字刻有雷符，又有寇忠愍公寇准。写的大字，都是我所想要得到的东西。我来到刘仙岩时，立即遍览了各个洞穴。打听与白龙洞暗中相通的地方，始终找不到。这才知道与白龙洞相通的，就是我躲雨的石岩下面的洞穴，也就是指路的僧人所说的护珠岩了。这时候雨又连绵不断地下起来，我于是命令顾仆跟随道童下到道观中，找米来自己做饭。我拿出匣子中的纸笔亲手临摹雷符和寇准的字，但石崖倾斜，石壁上雨水湿淋淋的，到天黑时都没有摹好多少。又命令静闻抄录张、刘二位仙人的《金丹歌》，也没有抄完。另外，崖壁上刻有刘仙人的《养气汤方》以及唐少卿的《遇仙记》没有抄录，便住在道观中。道士拿出稀粥来款待我们。半夜下大雨，雨势如山峡崩塌下来。

　　刘仙名景，字仲远，乃平叔弟子，各有《金丹秘歌》镌崖内①，又有《佘真人歌》在洞门崖上②，半已剥落，而《养气汤方》甚妙，唐少卿书奇，俱附镌焉。

【注释】

①镌（juān）：凿刻。

②佘真人歌："佘"原作"俞"，据摩崖校改。

【译文】

　　刘仙人名叫刘景，字仲远，是张平叔的弟子，各人都有《金丹秘歌》刻写在崖壁上，又有《佘真人歌》在洞口的崖壁上，一半已经剥落，而《养气汤方》非常好，唐少卿的字很奇特，都附带镌刻在崖壁上。

初七日　雨滂沱不止。令顾仆炊饭观中。余与静闻冒雨登岩,各完未完之摹录。遂由玉皇祠后,寻草中伏级,向东北登山。草深雨湿,里衣沾透,而瞻顾岩石,层层犹不能已。而童子师追寻至岩中,顾不见客,高声招餐,余乃还饭寺中。饭后,道士童师导由观左登穿云岩①。其岩在上岩东南绝壁下,洞口亦东南向。其洞高穹爽朗,后与左右分穿三窍,左窍旁透洞前,后与右其窍小而暗,不暗行也。洞内镌《桂林十二岩十二洞歌》,乃宋人笔。余喜其名,欲录之,而高不可及。道士取二梯倚崖间,缘缘分录,录完出洞。洞右有文昌祠,由其前东过仙人足迹。迹在石上,比余足更长其半,而阔亦如之,深及五寸,指印分明,乃左足也。其侧石上书"仙迹"二字,"迹"字乃手指所画,而"仙"字乃凿镌成之者。由迹北上,即为仙迹岩。岩在穿云东北崖之上,在上岩东隅,洞口亦东南向,外亦高朗,置老君像焉。其内乳柱倒垂,界为两重,若堂皇之后,屏列窗棂,分内外室者。洞岩穿窦两岐,俱不深,而玲珑有余。

【注释】

①道士童师导由观左登穿云岩:据下文,此"由"疑为"游"。

【译文】

初七日　大雨滂沱下个不停。命令顾仆在道观中煮饭。我与静闻冒雨登上岩洞,各人去完成没有摹完抄完的碑刻。于是在玉皇祠后面,找到草丛中隐伏着的石阶,向东北登山。草深雨湿,内衣湿透了,然而环顾四面的岩石,一层层的仍然看不到头。而道童寻找我们追到岩洞中,四顾不见客人,高声召唤我们去吃饭,我于是返回寺中吃饭。饭后,道士与道童领路经由道观左边登上穿云岩。这个岩洞在上岩东南方的绝壁下，洞口也是朝向东南方。这个洞高大穹隆，清爽明朗，洞后面与左右两边分别通有一个石窍，共三个，左边的石窍从旁边通到岩洞的前边，后面与右边的石窍又小又黑暗，不能在黑暗中前行。洞内刻有《桂林十二岩十二洞歌》，是宋代人的手笔。我喜欢它的名字，想要抄录它，可是太高够不到。道士取来两把梯子斜靠在崖壁上，分头顺着逐一抄录，抄完出洞。岩洞右边有座文昌祠，由祠庙前边往东经过仙人足迹。脚印在岩石上，比我的脚掌还长那么一半，而且宽处也如此，深达五寸，指头印清清楚楚，是左脚的脚印。仙人足迹侧面的石头上写着"仙迹"二字，"迹"字是用手指画出来的，而"仙"字是凿刻成的。由脚印往北上走，就是仙迹岩。岩洞在穿云岩东北方的山崖之上，在上岩的东隅，洞口也是朝向东南方，外边也很高大明朗，洞中放置了老君像。洞内的钟乳石柱倒垂着，把山洞分隔为两层，就好像衙门大堂的后面，陈列着窗格状的屏风，分隔成内、外室的样子。洞中岩石上通有两个岔洞，都不深，可小巧玲珑有余。

　　徘徊久之，雨霏不止，仍从仙迹石一里，抵观前。别道士童师，遂南行二里，出十里铺。铺在斗鸡西，郡往平乐大道[1]。由铺南进灵懿石坊，东向歧路，入一里，北望穿山，隔江高悬目窦，昔从北顾，今转作南瞻，空漾雨色中，得此圆明，疑是中秋半晴半雨也。再前，望崖头北隅梳妆台下[2]，飞石嵌江，剜成门阙，远望之，较水月似小，而与雉山石门，其势相似。然急流涌其中，荡漾尤异，倏忽之间，上见圆明达云，下睹方渚嵌水，瞻顾之间，奇绝未有。共一里，东至崖头庙。其山在雉山之南，乃城南第三重当午之案也。漓江西合阳江于雉山，又东会拖剑水及漓江支水于穿山[3]，奔流南下,此山当其冲。山不甚高,而屹立扼流,有当熊之势。西向祀嘉应妃,甚灵,即灵懿庙。宋嘉定间加封嘉应善利妃。其北崖有亭,为梳妆台,下即飞崖悬嵌,中剜成门处,而崖突波倾,不能下瞰,但见回浪跃澜,漩石而出,时跫然有声耳④。坐久之,返庙中。由其后入一洞,其门西向。穿门历级下,其后岈然通望,有石肺垂洞中,其色正绿,叠覆田田⑤,是为荷叶洞。穿叶底透山东北,即通明之口也,漓江复漱其下。由叶前左下,东转深黑中,其势穸然,不及索炬而入。初,余自雉山僧闻荷叶洞之名,问之不得其处,至是拭崖题知之,得于意外,洞亦灵幻,不负雨中踯躅。庙中无居人,赛神携火就崖而炊⑥,前后不绝。其东北隅石崖插江,山名"净瓶"以此,须泛舟沿流观之,其上莫窥也。

【注释】

①平乐:明置平乐府,即今平乐县。

②崖头:即净瓶山,在桂林城南郊,南溪山以南的漓江边。山有荷叶洞,亦称莲叶洞。

③又东会拖剑水及漓江支水于穿山:原作"又东会湘水于穿山",据乾隆本、"四库"本改。

④跫(qióng):脚步声。

⑤田田:形容荷叶相连的样子。

⑥赛神:俗用仪仗、鼓乐、杂戏迎神出庙,周游街巷,称迎神赛会,简称赛神。

【译文】

徘徊了很久,细雨霏霏不止,仍然从仙迹石前行一里,到达道观前。辞别了道士和道童,便往南行二里,出到十里铺。十里铺在斗鸡山西面，在府城通往平乐府的大道上。由铺南走进灵懿石坊，向东走上岔路，进去一里，远望北边的穿山，隔着江流高悬着一个眼睛一样的洞穴，从前我从北面回头看，今天转到南边观看，在这空濛的雨色中，见到这明亮的圆洞，怀疑是在中秋半晴半雨的时节了。再往前走，望见崖头北隅的梳妆台下，飞石嵌入江中，剜空形成门阙，远望它，比水月洞似乎小一些，但与雉山的石门相比，两者的气势相似。然而急流奔涌在石洞中，水波荡漾之状尤为奇异，倏忽之间，往上看见明亮的圆洞直达云霄，向下看见一片小洲嵌入水中，顾盼之间，奇绝的景致从来没有过。共一里，往东来到崖头庙。这座山在雉山的南面，是城南第三重位于正南方的案山。漓江向西流与阳江在雉山合流，又往东流在穿山与拖剑水和漓江的支流汇流后，向南奔流而下，这座山正当江流的冲要处。山不怎么高，可屹立在此地扼住江流，有迎面挡熊的气势。有座祠庙面向西，祭祀嘉应妃，十分灵验，这就是灵懿庙。宋代嘉定年间（1208—1224）加封为嘉应善利妃。庙北的山崖上有座亭子，是梳妆台，下面就是飞崖悬空下嵌，中间剜空形成石门的地方，然而悬崖前突波涛倾泻，不能往下俯瞰，只见波浪回旋腾涌，回旋的激流从石门中流出来，不时发出脚步声一样的声音而已。坐了很长时间，返回庙中。由庙后进入一个山洞，洞口向西。穿过洞口沿石阶逐级下走，洞的后面十分深远，通明透亮，有肺叶状的岩石垂在洞中，石头的颜色是纯绿色的，覆盖着层层叠叠荷叶状的岩石，这是荷叶洞。穿过荷叶底下钻到山的东北面，就是透进亮光的洞口了，漓江又萦绕在洞口下方。由荷叶前边向左下走，向东转入幽深漆黑之中，洞中的地势穹然隆起，来不及找来火把进去。当初，我从雉山的僧人那里听到荷叶洞的名字，询问他又不知道洞的位置，来到这里拂拭崖壁上的题记才知道是这里，得之于意料之外，山洞也有灵性，不辜负我在雨中来回走了一趟。庙中无人居住，参加赛神的人带着火种来就着石崖烧火做饭，前后络绎不绝。祠庙东北角的石崖插入江中，山名叫"净瓶山"就是因为这座石崖，必须乘船沿着江流观览它，在它上面无法窥视到。

　　仍二里出大道，傍十里铺，经白龙洞，北随溪探前所望白龙左洞，则玄岩也[1]。岩东向，洞门高耸。下峡，由南腋东入上洞；东登必由北奥，俱崇深幽邃，无炬不能遐历[2]。洞前乳柱缤纷，不减白龙。上镌"玄岩"，字甚古。出洞，饭而雨霁。五里入宁远门，_{南门。}返寓，易衣浣污焉。

【注释】

　　①玄岩：也称元岩、观音岩。南溪山白龙洞在山腰不在山顶。白龙洞与刘仙岩不通，但与玄岩、龙脊洞却是相通的。

　　②遐（xiá）历：远游。

【译文】

　　仍然二里出到大道上，从十里铺旁边走过，途经白龙洞，向北顺着溪流去探先前我看见的白龙洞左边的洞，就是玄岩了。岩洞面向东，洞口高耸。下到峡谷中，由南麓的侧旁向东进入上洞；向东上登必定要经由北边的深处，全都高深幽远，没有火把不能远游。洞前边的钟乳石柱缤纷交呈，不比白龙洞差。上面刻有"玄岩"二字，字迹十分古朴。出洞后，吃过饭后雨停了。前行五里进入宁远门，_{南门。}返回寓所，换衣服洗去污垢。

　　初八日　晨餐后，市石于按察司东初旸王孙家，令顾仆先携三小者返寓，以三大者留为包夹焉。余遂同静闻里半出北门，转而东半里，北入支径，过一塘，遂登刘岩山。先有庵在山麓，洞当其后，为刘岩洞。洞门西向，东下渊黑，外置门为藏篓之所。此岩以刘姓者名[1]，与城南刘仙同名实异也。由洞右跻危级而上，是为明月洞。其洞高缀危崖之半，上削千尺，下临重壑，洞门亦西向。僧白云架佛阁于洞门之上，层叠倚岩，有飞云缀空之势。洞在阁下，东入岈然，然昏黑莫辨，无甚奇。出洞，觅所谓望夫山。山在其北，犹掩不可睹。乃饭而下，崖半见北有支径，遂循崖少北，复见一洞西向，其门高悬，为僧伐木倒架，纵横洞前，无由上跻。方徘徊间，而白云自上望之，亟趋而下，怂恿引登。梯叠门而上，一石当门树屏；由其左透隙，则宛转玲珑；逾石脊东下，穿然直透山腹；辟门东出，外临层崖，内列堂奥，凭空下瞰，如置身云端也。洞门乳柱纵横，径窦逆裂，北有一径高穹下坠，东转昏黑，亦有门东出，暗不复下。复与白云分踞石脊之中，谈此洞灵异。昔其徒有不逞者，入洞迷昧，不知所往。白云遍觅无可得，哀求佛前。五日，复自洞侧出，言为神所缚，将置之海，以师乞免贳之②。然先是觅洞中数遍，不知从何出也。此间东西透豁，而有脊有门中界之。不若穿山、叠彩、中隐、南峰诸洞，扩然平通，下望明皎，内无余奥也。

【注释】

①"此岩以刘姓者名"句：即刘岩山，俗称看牛山。其上刘岩洞，俗称牛洞。

②贳：通"赦"，赦免。

【译文】

初八日　早餐后，到按察使司衙门东侧的王孙朱初旸家买石头，命令顾仆先带着三块小的返回寓所，把三块大的留下用用夹板包装好。我于是同静闻前行一里半出了北门，转向东走半里，向北走上岔开的小径,路过一个水塘,于是上登刘岩山。先有座寺庵在山麓,岩洞位于庵后,是刘岩洞。洞口面向西,往东下去是漆黑的深渊,外边装有门作为收藏蒌蒿的场所。这个岩洞是用刘姓人的姓来起名,与城南的刘仙岩同名可实际上是不同的。由洞右边踏着高险的石阶往上走,这是明月洞。这个洞高高悬缀在危崖的半中腰,上面陡削有千尺高,下临重重壑谷,洞口也是面向西。僧人白云在洞口的上方架设了佛阁,层层叠叠地紧靠着石岩,有飞在云上悬缀在空中的气势。洞在佛阁下面,向东进去十分深邃,然而昏黑一片无法辨清东西,没什么奇特之处。出洞来,去找所谓的望夫山。望夫山在洞的北面,仍然被挡住看不见。于是吃饭后下山,走到山崖半中腰看见北边有条岔开的小径,便沿着石崖稍向北走,又看见一个洞面向西,洞口高悬,被僧人砍伐树木,纵横交错地倒架在洞前,无从上登。正在徘徊之间,白云从上边望见这种情况,急忙赶下来,鼓励并带领我们上登。用梯子一层层上到洞口,一块岩石像竖直的屏风挡在洞口;从岩石左边穿过石缝,则弯弯转转玲珑小巧;翻越石脊往东下走,穹然隆起,直通到山肚子中;从张开的洞口向东出来,外边下临层层山崖,洞内罗列着幽深的殿堂,凭临高空下瞰,如置身于云头上了。洞口石钟乳纵横排列,竖直的洞穴逆向裂开,北边有一条小径从高大穹隆的岩石上深坠下去,转向东就昏黑下来,也有洞口向东出去,因为黑暗不再下走。又与白云分别坐在石脊的中间,谈论此洞的灵异之处。从前他的徒弟中有个不得志的人,进洞后神志迷乱,不知到什么地方去了。白云四处寻找无法找到,在佛前哀求。五天后,那人又从洞的侧边出来,说是被神捆了起来,即将投入苦海,因为师傅求佛免罪才赦免了他。然而这之前在洞中找了几遍,不知他是从何处出来的。这个洞中东西透亮开阔,有条石脊有个石门隔在洞中。不像穿山、叠彩山、中隐山、南峰各山的岩洞,十分空阔,平敞通达,在下面望过去,明亮皎洁,洞内没有其他隐秘之处了。

下洞，别白云。仍一里，西过北门，门西峰当面起，削山为城。循其北麓转西北城角，下盘层石，上削危城。其西正马留山东度之脉；其南濒城为池，南汇与凉水洞桥新西门外。而南入阳江；其北则洼汇山塘，而东浅于虞山接龙桥下者。《志》所称始安峤当在其处也。志又有冷水洞，在城东，而曾公岩亦名冷水，而此又有冷水焉。凉水洞桥北，满堂皆莲花，香艳远暨，亦胜地。凉水洞在新西门外。北门在两山夹中，东西二峰峭竖而起，东峰俗呼为马鞍，西峰俗呼为真武。东峰疑即镇南峰，《志》言有唐人勒石，尚未觅得。西峰南麓，王阳明祠。因之为城，锁钥甚壮。然北城随山南转，故北隅甚狭，渐迤而南，则东西开扩矣。

【译文】

从洞中下来，告别了白云。仍是一里，往西经过北门，城门西边的山峰迎面耸起，劈山筑起城墙。沿着山峰的北麓转到城墙的西北角，下面盘结着层层岩石，上面是陡削高险的城墙。山峰的西面正好是马留山往东延伸的山脉；山峰的南面濒临城墙处是护城河，往南与凉水洞桥在新西门外。下的水汇流后向南流入阳江；山峰的北面则是一片洼地积水成为群山环绕的水塘，但比东边虞山接龙桥下的水塘浅些。《一统志》所称的始安峤应当就在那个地方了。志书上又有个冷水洞，在城东，可曾公岩也叫冷水洞，然而此处又有个冷水洞。凉水洞桥北边，满塘都是莲花，香艳远播，也是一处景色优美的地方。凉水洞在新西门外。北门在两山相夹之中，东西两座山峰陡峭地直竖而起，东峰俗称为马鞍山，西峰俗称为真武岩。我怀疑东峰就是镇南峰，《一统志》说山上有唐代人刻的石碑，我还没有找到。西峰的南麓，有王明阳祠。顺着山势筑城，锁钥之地，极为雄壮。不过北面的城墙顺着山势向南转，所以城的北隅十分狭窄，城墙渐渐逶迤向南去，东西方向就开阔起来了。

余少憩城外西北角盘崖之上，旋入北门，西谒阳明祠。复东由大街南行，则望洞西岩之穴正当明处，若皎月高悬焉。又南，共一里，至《桂岭碑》侧①，西向瀕城，复得一山，则华景洞在焉②。洞门东向，前有大池，后倚山，则亦因为西城者。洞前岩平朗，上覆外敞，其南昔有楼阁，今俱倾圮莫支，僧移就岩栖焉。岩后穿穴为门，其内峥岈，分而为三：南入者，洼暗而邃；西透者，昔穿城外，因为城门，后甃石塞而断焉；北转者，上出岩前，下覆飞石，东临岩上。崖有旧镌一，为开庆元年手敕，乃畀其镇将者。开庆不知是何年号③，其词翰俱为可观。而下有谢表并跋，则渺不能读矣。已复出至前岩，僧言由洞左攀城而上，山之绝顶有《诸葛碑》。余从闻异之，亟西登城陴，乃循而南登，已从石萼丛错中攀跻山顶。此顶当是宝积山④。《志》言宝积与华景相连，上多危石怪木，当今又为卧龙山，想一山而南北异名耳。顶南荒草中有两碑，一为成化间开府孔镛撰文，一为嘉靖间阃帅俞大猷修记⑤。皆言此山昔名卧龙，故因而祀公，以公德业在天下，非以地拘也。今顶祠已废，更创山麓。从其上东俯宫衢，晚烟历历，西瞰濛渚，荷叶田田，近则马留山倒影，远则侯山诸峰列翠，虽无诸葛遗踪，亦为八桂胜地⑥。其侧崖棘中，有百合花一枝，五萼，甚钜，因连根折之，肩而下山，即为按察司后矣。薄暮，共二里，抵寓。

【注释】
①《桂岭碑》：原作"桂林碑"，据乾隆本、"四库"本改。
②华景洞：在宝积山北，洞前有铁佛寺。

③开庆：南宋理宗年号之一，时在 1259 年，仅一年。

④宝积山：在桂林市中山北路西侧，与叠彩山的四望山东西对峙。山南有诸葛武侯祠，俗称孔明台，故又名卧龙山。

⑤俞大猷（？—1580）：字志辅，号虚江，福建晋江人。负责广东地区的抗倭斗争，为抗倭名将。嘉靖二十八年（1549），又打退了安南对钦、廉等州的侵犯。后为广西总兵官，带兵镇压了韦银豹领导的农民起义，分兵七路，斩获达八千四百多人。

⑥八桂：源自《山海经》：“桂林八树，在番隅东。”宋代以后，八桂所指范围逐步集中到广西，成为桂林府的别称，但也泛称广西为八桂。《明一统志》：“八桂，广西桂林府郡名。”“八桂堂，在桂林府治，宋范成大建。”

【译文】

我在城外西北角盘结的石崖之上稍作休息，随即进入北门，向西去拜谒了王明阳祠。再向东经由大街往南行，就望见洞西岩的石穴正位于透出亮光的地方，就好像皎洁的明月高悬在那里。又向南走，共一里，来到《桂岭碑》侧边，向西靠近城墙的地方，又见到一座山，华景洞就在山上。洞口向东，前方有个大水池，后面靠着山，原来也是就着山势建起了西面的城墙。华景洞前面部分的岩洞平敞明亮，上面下覆，外边宽敞，岩洞南边从前有楼阁，今天全部倒塌了，没有任何支撑物，僧人们搬到岩洞中来栖身。岩洞的后部穿过石穴作为洞口，洞内十分幽深，又分为三个洞：向南进去的，低洼黑暗却很深邃；向西钻进去的，从前通到城外，因为修筑了城门，后来用石块砌起来阻断了；向北转的，上走出到岩洞前边，下覆着飞空的岩石，东边下临岩洞的上方。崖壁上有旧时的一块刻石，是开庆元年皇帝的亲笔敕令，是赐给当时镇守边地的将领的。开庆不知是什么年号，敕令的辞章文采都值得观赏。而下面有这位将领谢恩的奏表和跋文，却剥落得不能读了。不久又出到前边的岩洞来，和尚说从洞左顺着城墙攀登上去，山的绝顶之上有块《诸葛碑》。

我从他那里听到这话很惊奇,急忙向西登上城墙上的女墙,于是沿着城墙往南上登,不久就从成丛错杂的花萼般的岩石中攀登到山顶。此处山顶应该是宝积山。《一统志》说,宝积山与华景山相连,山上有很多高险的石崖和怪异的树木,当今又称为卧龙山。我想是同一座山而南北两面的名称不同而已。山顶上南边的荒草中有两块石碑,一块是成化年间(1465—1487)开府孔镛撰写的碑文,一块是嘉靖年间(1522—1565)总兵俞大猷撰修的碑记。都是说,这座山从前叫卧龙山,所以就在此地祭祀诸葛亮先生,因为先生的功德勋业遍天下,不能拘泥于地区。今天山顶上的祠堂已经废弃了,重新建在山麓。从山顶上向东俯瞰宫室街道,傍晚的炊烟历历在目,向西鸟瞰空濠中的小洲,荷叶一片片,近处是马留山的倒影,远处则是侯山等一列青翠的山峰,虽然没有诸葛亮的遗迹,也算是桂林府的一处胜地。山顶侧面山崖上的荆棘丛中,有一枝百合花,有五瓣花萼,很大,因而连根折下它,扛在肩上下山来,马上就到按察使司衙门后面了。傍晚,共走二里,抵达寓所。

初九日　余少憩寓中。上午,南自大街一里过樵楼,市扇欲书《登秀诗》赠绀谷、灵室二僧,扇无佳者。乃从县后街西入宗室廉泉园。廉泉丰仪修整,礼度谦厚,令童导游内园甚遍。园在居右,后临大塘,远山近水,映带颇盛,果树峰石,杂植其中,而亭榭则雕镂缋饰,板而无纹也。停憩久之。东南一里,过五岳观。又一里,出文昌门,乃东南门也,南溪山正对其前。转若一指,直上南过石梁,梁下即阳江北分派①。即东转而行,半里,过桂林会馆,又半里,抵石山南麓②,则三教庵在焉。庵后为右军崖③,即方信孺结轩处④。方诗刻庵后石崖上,犹完好可拓。其山亦为漓山,今人呼为象鼻山,与雉山之漓,或彼或此,未知祖当谁左。山东南隅,亦有洞南向,即在庵旁而置栅锁,则因土人藏蒌其中也⑤。洞不甚宽广,昔直透东北隅,今其后窍已叠石掩塞。循石崖东北,遂抵漓江。乃盘山溯行,从石崖危嵌中又得一洞,北向,名南极洞。其中不甚深。出其前,直盘至西北隅,是为象鼻岩,而水月洞现焉。盖一山而皆以形象异名也。飞崖自山顶飞跨,北插中流,东西俱高剜成门,阳江从城南来,流贯而合于漓。上既空明如月,下复内外潆波,"水月"之称以此。而插江之涯,下跨于水,上属于山,中垂外掀,有卷鼻之势,"象鼻"之称又以此。水洞之南,崖半又辟陆洞。其崖亦自山顶东跨江畔,中剜圆窍,长若行廊,直透水洞之上,北踞窍口,下瞰水洞,东西交穿互映之景,真为胜绝。宋范石湖作铭勒窍壁以存⑥。字大小不一,半已湮泐⑦,此断文蚀柬,真可与范铭同珍,当觅工拓之,不可失也。时有渔舟泊洞口崖石间,因令棹余绕出洞外,复穿入洞中,兼尽水陆之观。

【注释】

①"梁下"句:明初将桂林府城往南扩展,同时引阳江水由象鼻山下出口,凿通南门桥至象鼻山脚一段水道,使它成为城壕。自此阳江始有南北两派,且北派成为阳江主流。

②抵石山南麓:"南"后衍"行"字,据乾隆本、"四库"本删。

③右军崖:乾隆本、"四库"本作"古云崖"。

④方信孺(1177—1222):字孚若,福建莆田人。曾被遣三次使金,"以口舌折强敌,金人计屈情见",信孺坚持不屈。嘉定间任广西转运使,在桂数年。著有《南海百咏集》。

⑤则因土人藏蒌其中也:"则因",原误倒为"因则"。

⑥范石湖(1126—1193)：即范成大，字致能，自号石湖居士，谥"文
　　穆"，吴县人。曾知静江府兼广南西路安抚使，在广西有德政。
　　工于诗文，主要著作有《石湖集》、《揽辔录》、《桂海虞衡志》等。

⑦湮泐(yān lè)：裂坏磨灭。泐，石依其纹理而裂开。

【译文】

　　初九日　我在寓所中稍作休息。上午，向南从大街上前行一里路
过樵楼，买扇子打算题写《登秀诗》赠给绀谷、灵室两位僧人，没有好扇
子。于是从临桂县衙的后街向西进入皇族廉泉的花园。廉泉的体态丰满，
容貌英俊整洁，礼貌气度谦虚忠厚，命令书童领路游览内园极为周遍。园子在居室的
右边，后面临近一个大水塘，远山近水互相映衬，十分优美，果树和山峰
状的岩石，杂乱地种植在园子中，然而亭台楼榭却雕刻绘饰，呆板又没
有文采。停下休息了很久。往东南行一里，路过五岳观。又行一里，走
出文昌门，就是东南方的城门了，南溪山正对着城门前。转过好像一指
宽的地方，一直上走向南走过石桥，桥下就是阳江在北面分出的支流。
马上转向东行，半里，经过桂林会馆，又行半里，抵达石山的南麓，就见
三教庵在眼前了。三教庵后面是右军崖，就是方信孺建盖书斋的地方。
方信孺的诗刻在庵后的石崖上，还保存完好可以摹拓。这座山也是漓
山，现在的人称为象鼻山，与雉山的漓山，一座在那里一座在这里，不知
应该偏袒谁贬低谁。山的东南隅，也有个山洞面向南，就在三教庵旁
边，但设置了栅栏加了锁，原来是因为当地人把蒌蒿收藏在洞中了。山
洞不怎么宽广，从前一直通到山的东北隅，如今山洞的后洞口已经垒砌
石块堵住了。沿着石崖往东北走，便到达漓江边。于是绕着山湖江流
前行，在高高嵌入江中的石崖上又见到一个洞，面向北，名叫南极洞。
洞中不怎么深。出到洞前，一直绕到山的西北隅，这里是象鼻岩，而水
月洞出现在这里。原来一座山都是因为形状相像而起了不同的名字。
飞空的石崖从山顶飞跨下来，向北插在江流中间，东西两面都高高地剜
空成石门，阳江从城南流来，从石门中穿流而过后又与阳江合流。上

边既中空明亮如月亮,下面又内外潆绕着波涛,"水月"的名称就是因此得来的。而插入江中的石崖,下边跨在水中,上面连着山,垂在中间向外翻卷,有一种卷起鼻子的姿势,"象鼻"的称呼又是因此得来的了。水洞的南边,石崖半中腰又开有一个陆洞。这里的石崖也是从山顶向东跨到江边,中间剜成圆洞,长长的好像走廊,一直通到水洞的上面,面向北坐在圆洞口,下瞰水洞,东西两面相通互相掩映的景色,真是绝顶优美。宋代的范石湖作有铭文刻在洞壁上以便存世。字的大小不一致,一半已经磨灭脱落,这一处断缺磨蚀的残简,真可以和范成大的铭文同样珍贵,应当找工匠来把它摹拓下来,不可错过了。此时有条渔船停泊在洞口的崖石中,就叫他载着我绕到洞外,再穿进洞中,兼带把水陆的景观都看完了。

乃南行一里,渡漓江东岸,又二里抵穿山下。其山西与斗鸡山相对。斗鸡在刘仙岩南,崖头山北,漓江西岸濒江之山也。东西夹漓,怒冠鼓距,两山当合名斗鸡,特东山透明如圆镜,故更以穿山名之。山之西又有一峰危立,初望之为一,抵其下,始见竖石下剖,直抵山之根,若岐若合,亭亭夹立。盖山以脆薄飞扬见奇也,土人名为荷叶山①,殊得之也。穿山北麓,嘉熙拖剑之水直漱崖根,循山而南,遂与漓合。余始至其北,隔溪不得渡。望崖壁危悬,洞门或明或暗,纷纷错列,即渡亦不得上。乃随溪南行,隔水东眺,则穿岩已转,不睹空明,而山侧成峰,尖若竖指矣。又以小舟东渡,出穿山南麓,北面而登。拨草寻磴,登一岩,高而倚山半,其门南向,疑即穿岩矣。而其内乳柱中悬,琼楞层叠,殊有曲折之致。由其左深入,则渐洼而黑,水汇于中。知非穿岩,乃出。由其右复攀跻而上，则崇岩旷然，平透山腹，径山十余丈，高阔俱五六丈，上若卷桥，下如甬道②，中无悬列之石，故一望通明，洞北崖右有镌为"空明"者。由其外攀崖东转，又开一洞，北向与穿岩并列，而后不中通，内分层窦，若以穿岩为皇堂，则此为奥室矣。其东尚有三洞门，下可望见，至此则峭削绝径。穿岩之南，其上复悬一洞，南向与穿岩叠起，而后不北透，内列重帏，若以穿岩为平台，则此为架阁矣。凭眺久之，仍由旧路东下汇水岩。将南抵山麓，复见一洞，门亦南向，而列于汇水之东。其内亦有支窍，西入而隘黑无奇。时将薄暮，遂仍西渡荷叶山下。北二里，过河舶所，溯漓江东岸，又东北行三里，渡浮桥而返寓③。

【注释】

①荷叶山：山上建有七级六角实心塔，今名塔山。远看如一只溯江而上的军舰，又称军舰山。

②甬道：此处为两旁有墙的通道。"甬"原作"周"，从沪本改。

③"时将薄暮"数句：此句乾隆本、"四库"本作："西渡荷叶山下，北过訾(zī)家洲，度浮桥而返"。訾家洲，今名同，在象鼻山对岸漓江中，明代河舶所可能设在訾家洲上。

【译文】

于是往南行船一里，渡到漓江东岸，又步行二里抵达穿山下。这座山西面与斗鸡山相对。斗鸡山在刘仙岩南面，崖头山的北边，是漓江西岸滨江处的山。两座山在东西两面夹住漓江，鸡冠怒张，鸡爪凸起，两座山应当合起来起名叫斗鸡山，只不过东面的山中空透明如圆圆的镜子，所以另外用穿山来给它起名。穿山的西面又有一座危峰矗立着，乍一看以为是一座山，到达山下，才看见竖直的石峰向下剖开，直达石山的根部，似分似合，高高地相对夹立。原来这座山是以脆薄飞扬见奇的，当地人起名叫荷叶山，这是非常贴切的。穿山的北麓，嘉熙桥下流来的拖剑水的江水直接冲刷着石崖的根部，沿着山往南流，于是与漓江合流。我最初来到江北，隔着溪流不能渡过去。望见崖壁高悬着，洞口或明或暗，纷纷交错排列着，即便渡过去也不能上去。只好顺着溪流往南行，隔着溪水向东眺望，就见穿岩已经转换了方位，看不见中空明亮之处，而山的侧面形成山峰，尖尖的好像是竖起来的手指头了。又乘小船渡到东岸，出到穿山的南麓，面向北登山。拨开草丛找到石阶，登上一个岩洞，高高地紧靠在山的半中腰，洞口向南，怀疑这就是穿岩了。而洞内钟乳石柱悬垂在洞中，琼玉般的石棱条层层叠叠，很有一些曲曲折折的景致。由洞内的左侧深入进去，便渐渐下洼并黑暗下来，有水汇积在洞中。心知这不是穿岩，于是出来。由洞右侧再次攀登上去，就见一个高大的岩洞十分空旷，平直地穿透山腹，径直穿过山腹之处有十多丈，高处宽处都是五六丈，上方像卷起的桥拱，下边像甬道，中间没有悬垂罗列的石头，所以一眼望去通明透亮，洞北边右侧的崖壁上凿有"空明"二字。由洞外攀着石崖向东转，又开有一个洞，面向北，与穿岩并列，然而后面不通到山腹中，洞内分出层层洞穴，如果把穿岩比喻为宽敞的殿堂，那么这个洞就是幽深的内室了。它的东边还有三个洞口，在山下可以望见，来到这里却是峭拔陡削没有路走。穿岩的南边，山上又高悬着一个洞，面向南，与穿岩重叠在一起，可后面不通到北边，洞内罗列着重重石幔，如果把穿岩比喻为平台，那么这个洞就是高架的楼阁了。凭眺了很久，仍然经由原路往东下到积水的岩洞。即将向南抵达山麓时，又看见一个洞，洞口也是向南，但位于积水岩洞的东面。洞内也有旁洞，向西进去后又窄又黑，没有奇特之处。此时将近傍晚，于是仍然向西渡到荷叶山下。向北二里，路过河泊所，溯漓江的东岸，又往东北行三里，走过浮桥后返回寓所。

初十日　余憩寓中。上午，令取前留初旸所裹石，内一黑峰，多斧接痕。下午，复亲携往换，而初旸观戏王城后门，姑以石留其家。遂同静闻以所书诗扇及岳茗赍送绀谷。比抵王城后门，时方演剧，观者拥列门阑，不得入。静闻袖扇、茗登忏坛。适绀谷在坛，更为订期十三日。余时暴日中暑甚，不欲观戏，急托阑内僧促静闻返，乃憩寓中。

【译文】

初十日　我在寓所中休息。上午，命令顾仆去取前天留在朱初旸那里包裹好的石头，其中有一块黑峰石，有许多斧凿粘接的痕迹。下午，又亲自带着这块石头前去调换，可朱初旸到王城后门看戏去了，暂且把这块石头留在他家。于是同静闻拿着题好诗的扇子以及岳麓山的茶叶去送给绀谷。等来到王城后门时，正在演戏，看戏的人拥堵在门前的栅栏前，不允许进去。静闻把扇子、茶叶装在袖子中登上礼佛坛。恰好绀谷在坛上，重新约定在十三日去登独秀峰。我此时在暴热的烈日下中暑十分严重，不想看戏，急忙托付栅栏里面的僧人去催促静闻回来，便歇息在寓所中。

十一日　饭后出东江门，渡浮桥，共一里，过嘉熙桥①，问龙隐路。龙隐岩即在桥东之南崖，乃来时所过。夹路两山，北为七星，南为龙隐，其岩洞俱西向临江。七星之后穿山而东者，为曾公岩②，其前有峰分岐，植立路北。龙隐之后逾岭而南者，为隐真岩，其北有石端拱，俯瞰路南。此来时初入之隘，至是始得其详也。从桥上南眺，龙隐与月牙并列东崖，第月牙稍北，度桥循山，有路可通；而龙隐稍南，须从桥下涉江而上；其大道则自端拱之石南逾岭坳，循隐真而西，又从怡云北转始达，其间又迂回里余矣。余欲并眺端拱石人，遂由桥东直趋岭下，乃南上平瞻石人。又南下，即得一大塘。由塘北循山西转，其崖石俱盘削飞突。崖有隐真岩，建阁祠。共里余，抵山之西南隅。其峰益嵯峨层叠，中空外耸，上若鹊桥悬空，心异之，知龙隐在下，始攀隙而登，上有台址，拂崖读记，则怡云亭之废迹也。由其上转罅梯空，穿石锷上跻，其石片片悬缀，侧者透峡，平者架桥，无不嵌空玲珑。既而踞坐桥下，则上覆为龛，攀历桥上，则下悬成阁，此真龙角之宫，蟾（口）之窟也。下至怡云，其右即龙隐在焉。洞门西向，高穹广衍，无奥隔之窍，而顶石平覆，若施幔布幄，有纹二缕，蜿蜒若龙，萃而为头，则悬石下垂，水滴其端，若骊珠焉③。此龙隐之所由其名也。其洞昔为释迦寺，僧庐甚盛，宋人之刻多萃其间④，后有《元祐党人碑》，则其尤著者也⑤。今已废弃，寂无人居。岂释教之盛衰，抑世变之沧桑也！洞右近口，复绾台垂柱，环为层龛，内瞩重洞，外瞰深流，此为最胜。出岩，已过午矣。

【注释】

①嘉熙桥：乾隆本、"四库"本作"花桥"，应即花桥。《嘉庆重修一统志》桂林府津梁载：天柱桥"旧名花桥，又名嘉熙"。桥东侧有石笋耸立如柱，故又名天柱桥。

②七星之后穿山而东者，为曾公岩："七星"原作"七里"，有误，此不从。

③骊（lí）珠：一种珍贵的珠，传说出自深海中骊龙颔下，因称骊珠。

④萃（cuì）：聚集。

⑤"后有"二句：桂林文物甚多，保存至今的摩崖碑刻约有两千多件，有诗文、题名、书札、佛经、规约、告示、图画等，内容涉及唐宋以来历代的政治、军事、经济、文化、阶级斗争、民族关系等各方面，还保存了很多著名历史人物的事迹，有较高的史料价值。其中宋代碑刻特多，约占总数的四分之一。南宋时重刻的《元祐党籍碑》，至今仍保存在龙隐岩。新中国建立后，在龙隐岩建立了桂海碑林石刻馆。

【译文】

十一日　饭后走出东江门，走过浮桥，共一里，过了嘉熙桥，打听去龙隐岩的路。龙隐岩就在桥东边南面的山崖上，是来桂林时路过的地方。夹住道路的两座山，北面的是七星山，南面的是龙隐山，山上的岩洞都是面向西下临江流。七星岩的后面穿过山往东去的，是曾公岩，岩洞前方有座分岔的山峰，矗立在道路北边。龙隐岩的后面翻越山岭往南去的，是隐真岩，岩洞北边有个正身拱手的石人，俯瞰着道路南边。这是最初来桂林时走入的隘口，到这时才得以了解到它的详情了。从桥上向南眺望，龙隐岩与与月牙岩并列在东面的山崖上，只是月牙岩稍偏北些，过桥后顺着山走，有路可以通行；而龙隐岩稍偏南些，必须从桥下涉水过江爬上去；通往那里的大道则是从正身拱手的石人旁往南越过山岭上的山坳，沿着隐真岩向西走，再从怡云亭转向北才能到达，这中间又迂回了一里多路了。我想要一并眺望正身拱手的石人，便由桥东直接赶到岭下，于是向南上岭平视石人。又向南下走，马上就到一个大水塘。由水塘北岸沿着山向西转，这里的崖石全都盘绕陡削，飞突而起。石崖上有隐真岩，建有楼阁祠庙。共一里多路，到达山的西南隅。此处的山峰更加巍峨，层层叠叠的，山腹中空，外形高耸，上面好像是鹊桥悬在空中，心里很奇怪，心知龙隐岩就在下面，开始攀着石缝上登，上面有高台的基址，拂拭崖壁读了碑记，原来这是怡云亭的废址。由亭址上方转到裂缝处，踏着高空，穿过刀刃般的岩石上登，这些岩石一片片地悬缀着，侧立着的形成峡谷，平躺着的架为桥梁，无不下嵌中空，玲珑剔透。既而盘腿坐在桥下，则上面下覆着成为石龛，攀援跋涉到桥上，则下边悬空成为楼阁，这真是龙角星君的宫殿，月宫中的窟穴呀！下走来到怡云亭废址，废址右侧便是龙隐岩在那里。洞口面向西，高大穹隆，宽广平坦，没有幽深隔绝的洞穴，但洞顶的岩石平滑下覆，像铺展开来布做的帷幔，有两条石纹，蜿蜒游动像龙一样，聚在一起成为龙头，而悬空的石钟乳下垂着，水滴从石钟乳顶端滴下来，好像骊珠一样。这是龙隐岩之所以得名的由来了。这个洞从前是释迦寺，僧人和寺舍十分兴盛，宋代人的石刻大多聚集在洞中，后面有《元祐党人碑》，则是其中特别著名的碑刻了。今天寺院已经废弃，空寂没有人居住。难道佛教的盛衰，也和人世的变化一样沧桑巨变啊！洞右边靠近洞口之处，又盘结为石台，垂挂着石柱，环绕成层层石龛，向洞内看去是一重重洞穴，向外俯瞰是深深的江流，这是最优美的景致。出岩洞时，已经过了中午了。

　　仍从怡云南麓，东北逾岭，过"端拱石人"处[①]。乃西转循街共里余，将至花桥，令顾仆北炊于朝云岩。即融止所栖处。共里余，余与静闻南沿西麓，随流历磴半里，入月牙岩[②]。其岩西向，与龙岩比肩而立，第此则叠石通磴，彼则断壁削崖，路分通塞耳。其岩上环如玦而西缺其口[③]，内不甚深而半圆半豁，形如上弦之状[④]，钩帘垂幌，下映清泠[⑤]，亦幽境也。既而仍由街北过七星，入寿佛寺。寺在七星观北，其后即栖霞大洞。僧空生颇雅饬，因留客。时余急于朝云之餐，遂辞。乃从其北而东蹑磴，则朝云之餐已熟，亟餐之，下午矣。

【注释】

①东北逾岭,过"端拱石人"处:原误倒为"东北逾端岭,过拱石人处"。本日上文累云"端拱石人",据改。

②月牙岩:在桂林城东郊,前临小东江。近年新建了月牙楼,月牙岩内外又建了小广寒与襟江阁,颇便眺览。端拱石人在月牙山北,一石端直峭立,高数丈,形似剑柄,今称剑柄石。

③玦(jué):古代的一种玉器,环形而有缺口。

④上弦:此处系指月相。中历每月初八、九,从地球上可以看见月球西边的半圆,这时月相如弓,因称上弦。

⑤清泠(líng):清爽寒凉之意。

【译文】

仍然从怡云亭废址南面的山麓,往东北越岭,经过"端拱石人"之处。于是转向西顺着街道共走一里多,将到花桥时,命令顾仆往北走到朝云岩去做饭。就是融止栖身的地方。共一里多,我与静闻向南沿着山的西麓走,顺着江流经过石阶走半里,进入月牙岩。这个岩洞面向西,与龙隐岩并肩而立,只是这里砌通了石阶路,那里却是断壁削崖,道路分为通与不通罢了。这个岩洞上面呈环状,在西边缺了一个口子,像玉玦一样。洞内不怎么深,而且一半是圆的一半缺开了口子,形状如同上弦月的样子,似钩子挂着的布帘和下垂的帷幔,下边映衬着清泠泠的水,也是一处幽静的胜景。继而仍然经由街道往北经过七星观,进入寿佛寺。寿佛寺在七星观北面,寺后就是栖霞大洞。僧人空生十分风雅谨慎,因而挽留客人。此时我急于到朝云岩去吃饭,便辞谢了。于是从寺北往东上登台阶,朝云岩的饭已经熟了,连忙吃饭,已是下午了。

下山,北过葛老桥,东入一王孙之苑,中多果木,方建亭饬庑焉。地幽而制板,非余所欲观也。时余欲觅屏风,而遍询莫识,或有以黄金岩告者,谓去城东北五里,其道路吻合,疑即此山。及询黄金，又多指朝云下佛庐当之，谓内阉王公所建，此乃王公，非黄金也。求屏风而不得，并黄金而莫从，乃贸贸焉望东北而趋①。约三里，遇负担而询之，其指村北山曰："此即是矣。"此中土人鲜知其名，乃从村右北趋，问之村人，仍不知也。中犹疑信参半，及抵山东麓，则削崖平展，列嶂危悬，所云屏风，庶几不远②。已转北麓，则洞门如峡，自下高穹，山顶两崖，阔五丈，高十余丈。初向南平入，十丈之内，忽少转东南向，忽明穴天开，自下望之，层楼结蜃，高镜悬空，即非屏风岩，亦异境也。从此遂高跻也，又十余丈而出明穴之口。先，余一入洞，即采嫩松拭两崖，开藓剔翳，而古刻露焉。字尽得松膏之润③，如摹拓者然，虽蚀亦渐可辨。右崖镌"程公岩"三大字。西有记文一通，则是岩为鄱阳程公崇宁帅桂时所开④，而程子邻嗣为桂帅，大观四年⑤。属侯彭老为记，梵仙赵岍书之者也。《志》言屏风岩一名程公，至此乃憬然无疑⑥，而转讶负担指点之人所遇之奇也。乃更拭，其西又镌《壶天观铭序》，有"石湖居士名之曰空明之洞"之文⑦，而后不著撰名，第复草书二行于后曰："淳熙乙未廿八日⑧，酌别碧虚七人复过壶天观。"姓字在栖霞，必即范公无疑，又不可无栖霞一番详证矣。左崖镌张安国诗题，其字甚放逸。其西又镌《大宋磨崖碑》，为李彦弼大书深刻者。其书甚大而高，不及尽拭而读之。遂西向登级，上登穴口，其内岩顶之石，层层下垂，若云翼势空⑨，极其雄峻。将至穴口，其处少平。北奥有大石幢，盘叠至顶，圆若转轮，累若覆莲，色碧形幻，何造物之设奇若此也！是处当壶天观故址,劫尘荡尽,灵穴当悬,更觉空明不夹。出穴而西,其外山回崖转,石骨森森,下即盘峰成窝。窝底有洞北向,心颇异之。遂不及返观前洞,竟从明穴之后觅径西南下,及抵窝入洞,洞不甚深。乃即逾窝而西,有石峰骈枝并起,一为石工锤凿垂尽,一犹亭亭独立。从其东更南三里,已出葛老桥之西,于是循朝云、七星西麓,西度花桥。时方日落,市人纷言流贼薄永城,省城戒严,城门已闭。亟驰一里,过浮桥,而门犹半启,得返寓焉。

【注释】

①贸贸(mào):蒙昧不明的样子。

②庶几(shù jī):也许可以。

③松膏:即松烟墨。墨按其原料不同分为松烟墨与油烟墨。用松煤制的称松烟墨,深重而不姿媚;用油烟制的称油烟墨,则姿媚而不深重。

④崇宁:北宋徽宗年号,时在1102—1106年,共五年。

⑤大观四年:1110年。大观,北宋徽宗年号,时在1107—1110年,共四年。

⑥憬(jǐng)然:觉悟。

⑦有石湖居士名之曰空明之洞之文:原作"有石湖居士命曰空之文",据《广西通志》载《壶天观铭序》改。

⑧淳熙乙未:淳熙二年,1175年。

⑨云翼势空:下一日记有"云翼劈空",疑此处"势"应作"劈"。

【译文】

下山后,往北走过葛老桥,向东进入一家王孙的园子,园中果树很多,正在建造亭子修整廊庑。地方幽静可形制呆板,不是我想要看的东西。此时我打算去找屏风岩，可四处打听无人知道，有人告诉我是黄金岩，说是在离城东北五里处，他说的路线吻合，怀疑就是这座山。到打听黄金岩时，又有很多人指认为是朝云岩下的佛寺，说是宦官王公修建的。这是王公岩，不是黄金岩了。寻找屏风岩却找不到，连同黄金岩也无从寻找，只好茫然地望着东北方赶过去。大约走了三里，遇见一个挑担子的人便向他打听，他指着村北的山说："这就是了。"这一带的本地人极少有人知道它的名字，于是从村子右边向北赶过去，向村里人打听屏风岩，仍旧不知道。途中还半信半疑，等来到山的东麓时，就见陡削的石崖平平地展开，排列着屏风样的山峰，高险悬绝，所说的屏风岩，大概不远了。随即转到山的北麓，就见洞口像条峡谷，从下面高高地穹隆而起，山顶两侧的崖壁，宽五丈，高十多丈。最初向南平缓地进去，十丈之内，忽然稍稍转向东南方，突然一个明亮洞穴在天上张开，从下面望它，层层高楼结成海市蜃楼，如明镜高悬在空中，即便不是屏风岩，也算是一处奇异的胜景了。从此处便向高处攀登了，又走十多丈后便到了明亮洞穴的洞口。之前，我一进入洞中，马上采来嫩松枝擦拭两侧的崖壁，剥开苔藓剔除蒙在上面的污物，于是古代的碑刻便露了出来。字全被松烟墨浸润过，像摹拓过一样，虽然剥蚀了也慢慢可以辨认出来。右边的崖壁上刻着"程公岩"三个大字。西边有一块记文，原来这个岩洞是鄱阳人程公在崇宁年间出任桂林地方长官时开辟出来的，而后程子邻继任桂林长官，大观四年。属官侯彭老作了记文，僧人赵岍书写的碑文。《一统志》说屏风岩又叫程公岩，到此时才醒悟过来不再疑惑，转而惊讶遇见挑担子指点的人，真是神奇。于是再擦拭崖壁，这块记文的西边又刻有《壶天观铭序》，有"石湖居士把它起名叫空明之洞"的碑文，可后面没有署明撰写人的名字，只是用草书在后面写了两行字，说："淳熙乙未年二十八日，设宴辞别碧虚等七人再次路过壶天观。"姓名留在栖霞洞，必定就是范成大先生无疑了，这又不能不到栖霞洞去做一番详细的考证了。左边的崖壁上刻有张安国的题诗，他的字十分奔放飘逸。

它的西边又刻有块《大宋磨崖碑》，是李彦弼用大字书写深深地刻在崖壁上的。他的字非常大而且很高，来不及全部擦拭出来读它。于是向西上登石阶，上登到洞口，洞内岩洞顶上的岩石，一层层垂下来，好像云中的飞鸟劈空而来，极其雄壮险峻。将要到洞口之处，那地方稍微平缓些。北边的幽深处有个大石幢，盘绕重叠直到洞顶，圆得好像转动的车轮，叠累起来好像下覆的莲花，颜色碧绿，形态奇幻，造物主是如何创造出如此奇妙的东西来的呢！此处应当是壶天观的旧址，尘世的劫难把它涤荡干净，灵异的洞穴当空高悬，更觉得空旷明亮不狭窄。出洞后往西行，洞外山回崖转，骨状的岩石森森而立，下面就是山峰盘绕成山窝。山窝底部有个洞面向北，心里感到很是奇异。便来不及返回去观看前洞，径直从明亮洞穴的后面找到小径往西南下去，到抵达山窝进洞后，洞不怎么深。于是立即穿过山窝往西行，有座石峰像骈拇枝指一样并排耸起，一座快被采石工用锤子凿子开采完了，一座仍然独自亭亭玉立。从石峰的东边再往南走三里，已经出到葛老桥的西面，于是沿着朝云岩、七星岩的西麓，向西走过花桥。此时刚刚日落，市上的人纷纷传言流寇逼近永州府城，省城戒严，城门已经关闭。急忙快跑了一里路，走过浮桥，而城门还半开着，得以返回寓所中。

　　十二日　复二里，过初旸宗室，换得一石，令顾仆肩之，欲寄于都府街东裱工胡姓家。适大雨如注，共里余抵胡。胡巫来接，入手而石尖砉然中断[①]，余无如之奈何，姑置其家。候雨少止，遂西过都府前，又西径学宫，乃南行，共二里而出丽泽门。门外有巨塘汇水，水自西北城角马留过脊处，南抵振武门北，入阳江，自北而南，有石梁跨之，曰凉水洞桥。其梁北塘中，莲花盛开，幽香艳色，坐梁端树下眺之，令人不能去。又西南行一里，已出隐山之外。从其西度西湖桥,溯阳江北岸而西,通侯山背;而大道犹在西南,当自振武门西度定西桥。时余欲觅中隐山,久询不得,《志》言在城西南十里,乃转而南向行。又一里抵振武门,于是越桥西行,一里,忽见路右有山森然,有洞岈然,即北趋其下。前有古寺,拭碑读之,则西山也。

【注释】

①硁(kēng):打击石头的声音。

【译文】

十二日　又是二里路,去拜访皇族朱初旸,换到一块石头,命令顾仆用肩头扛着它,打算寄放在都府街东头姓胡的裱工家中。恰逢大雨如注,共走一里多来到胡家。姓胡的慌忙来接石头,刚到手中石尖就硁的一声断了,我拿它不知怎么办,姑且放在他家。等雨稍停下后,就往西走过都指挥使司府衙前,又向西途经学宫,于是往南行,共二里后出了丽泽门。城门外有个巨大的水塘积着水,塘中的水从城的西北角马留山的山脊延过之处,向南流到振武门的北边,流入阳江,自北往南流,有座石桥跨在水流上,叫做凉水洞桥。这座桥北边的池塘中,莲花盛开,一派幽香艳色,坐在桥头的树下眺望这种美景,让人不能离去。又往西南行一里,已经出到隐山的外面。从这里向西走过西湖桥,溯阳江北岸往西行,通到侯山的背面;然而大道还在西南方,应该从振武门向西越过定西桥。这时候我想去找中隐山,打听了很久找不到,《一统志》说在府城西南十里处,于是转向南走。又走一路到达振武门,从这里过桥往西行,一里,忽然看见道路右边有座山森然矗立着,有个山洞十分深邃,立即向北赶到山下。山前有座古寺,擦拭石碑读了碑文,原来就是西山了。

西山之胜①，余以为与隐山、西湖相近，先是数询之不获，然亦不知有洞也。亟舍寺趋洞，洞门南向。其东又有裂石，自峰顶下跨成门。复舍洞趋之，则其门南北豁然，亦如雉山、象鼻之中空外跨，但彼则急流中贯，此则澄潭外绕耳。然其外跨之石，其上欹叠交错，尤露奇炫异放。亦未遽入门中，先绕其东，遂抵山北，则北向亦有洞岈然。穿洞而南，横透山腹，竟与南洞南北贯彻，第中有夹门，有垂柱，不若穿山中洞、风洞西岩一望皎然耳。然其内平整曲折，以小巧见奇，固居然一胜也。出南洞，望洞左有礧叠嵯峨中。循之北跻峰顶，则怪异之石，锷簇锋攒，中旋为平凹，长若沟洫，光滑特异。既下至南洞前，始东入石门。其门乃片石下攒，垂石上覆，中门高辟，众窍旁通，内穹一室，外启八窗，亦以小巧见奇，又一胜也。停憩久之，望其西峰，石亦耸列。从寺后西历其上，由峰崿中历级南下，出庆元伯祠。乃弘治时孝穆皇太后祠其父者。

【注释】

①西山：从记叙内容及方位看，本日所游西山系今牯牛山，与现在通常所称的西山不同。六月五日记有西峰，则指今西山的西峰。

【译文】

西山的胜景，我以为与隐山、西湖相接近，在此之前几次打听它都没有找到，这样也就不知道有洞了。急忙放弃古寺赶到山洞去，洞口向南。山洞东边又有迸裂的岩石，从峰顶下跨形成石门。急忙放弃山洞向石门赶过去，就见这座石门南北豁然裂开，也是像雉山、象鼻山一样中间是空洞外面跨出去，但那两处是急流从石门中穿流而过，这里却是澄碧的水潭环绕在外面罢了。然而石门向外跨的岩石，在洞的上方倾斜重叠地交错在一起，尤其显露出奇特的光芒，放出异彩。我也没有马上进入石门中，先绕到石门的东边，便来到山的北面，就见北面也有个山洞十分深邃。穿过山洞往南走，横穿山腹，竟然与南面的山洞是南北贯通的，只是中间有道狭窄的石门，有下垂的石柱，不像穿山的中洞、凤洞西面的岩洞那样一眼望去皎洁明亮罢了。不过洞内平整曲折，以小巧见奇，当然算是一处胜景了。出了南洞，望见洞左有台阶垒砌在巍峨的山间。顺着台阶往北登上峰顶，只见怪异的石头，像刀刃剑锋一样成簇攒聚在一起，中间下旋的成为平滑的凹地，长长的好像沟洫，特别光滑怪异。下到南洞前，这才向东进入石门。这座石门是石片在下面聚集，下垂的岩石覆盖在上面，中间门洞高高敞开，旁边通着众多的石窍，里面穹隆成为一个石室，外边开有八个石窗，也是以小巧见奇，又是一处胜景了。停下休息了很久，望见这里的西峰，岩石也是高耸排列着。从寺后向西跋涉到峰顶上，由峰峦石崖中顺着台阶往南下山，出到庆元伯祠。是弘治时期(1488—1505)孝穆皇太后祭祀她父亲的祠庙。

　　西循大道行，又三里，由岐径北趋木陵村①。先是，求中隐不(得)，至此有居人朱姓者，告余曰："中隐、吕公，余俱未之闻，惟木陵村有佛子岩，其洞三层，道里相(同)，或即此岩未可知。"余颔之，遂从此岐入。西北二里，望见石峰在侯山东麓，洞门高悬。乃令顾仆就炊村氓家，余同静闻北抵岩下。其岩之东，先有二洞南向，余先入最东者，则洞敞而不深。稍西，则洞门侧裂，外垂列乳，中横一屏。屏后深峡下坠，屏东西俱有门可瞰而下。由峡中北入，其窍旁裂，渐隘而黑。乃复出，又西上入大洞。其洞南下北上，穹然高透，颇如程公岩。瞻右崖有题，亟以松枝磨拭之，则宋绍兴甲戌七月望吕愿中题中隐山《吕公洞诗》也②。后署云："假守洛阳吕叔恭游中隐山无名洞，客有言：'此洞自君题，当以吕公名之。'余未敢。披襟在坐者皆曰：'当甚。'因书五十六字镌于壁③。"余见之，更憬然喜，始知佛子岩之即吕公，吕公岩之即中隐也。于是北跻后穴，其内云翼劈空，叠层倒骞，与洞俱上，不作逼隘之观。而穴口高朗，更大于程公岩之后穴也。出口而北，有石磴二道，一东北下山麓，一西北跻山顶。余先从其下者，则北向之麓，皆岈岣如云嘘幔覆，外有倒石，界而为门，列而为窗，而内蜿蜒旁通，绕若行廊复道，此下洞之最幽奇者也。既而复上中洞后穴，从其左西北跻级而上，忽复得一洞。其洞北入南穹，扩然平朗，南向之中一石耸立如台，上有石佛，不知其自来，洞右有记，言此洞从前路塞莫上，一日有樵者入憩，忽睹此像，异而建之，此宋初也。佛子洞之名所由也。其前有巨石柱，如屏中峙，东西界为两门：西窍大而正，自下远眺，从窍直透北山，而东则隐焉；东窍狭而偏，其窍内东旋一龛，中圆覆而外夹如门，门上龙虎交两旁，有因而雕缋之者④，反失天真，则真之宫也⑤。窍外循崖东转，又辟一门，下临中洞之上，则关帝之座也。余得一佛子，而中隐、吕公岩诸迹种种毕现，诚意外之奇遇也。仍由洞北东下，穿中洞南出，再读吕公五十六字题⑥，识之以待归录。出中洞，复循山西行。又开一洞，南向与中洞并列，中存佛座、柱础，则昔时梵宇也，而内不甚宏⑦。

【注释】

①木陵村：六月五日记又作"穆陵村"，即今睦邻村，在红铜峒西北。

②绍兴甲戌：绍兴二十四年（1154）。绍兴，南宋高宗年号，时在1131—1162年，共三十二年。

③"后署云"数句：此段乾隆本有删节，文字最少。季抄本亦非全文。兹录原文于后："假守吕叔恭游中隐岩无名洞，坐客鄱阳朱国辅云：'此洞未有名，因公而显'，欲名曰吕公岩。予未敢。披襟而刘子思、陈朝彦皆曰：'甚当。'戏书五十六字镌于石壁间。"

④缋（huì）：同"绘"，指用彩色画或绣的花纹图像。

⑤则真之宫也："宫"即宫刑。或疑"宫"为"害"，因形近而误。

⑥再读吕公五十六字题：原作"二十六字"，有误，据前文改。

⑦"内不甚宏"以上句：指中隐山，在桂林城西5公里，有上、中、下三洞。下洞称张公洞，回环曲折，如九曲回廊。中洞称吕公岩，如大圆厅。上洞为佛子岩，像个大舞台。其后洞危崖陡壁，可凭栏远眺。

【译文】

往西沿着大道前行，又行三里，由岔开的小径向北赶到木陵村去。这之前，去找中隐山没找到，来到此地有个姓朱的居民，告诉我说："中隐山、吕公岩，我都没听说过，只是木陵村有个佛子岩，那个岩洞有三层，道路和里程相同，或许就是这个岩洞也未必可知。"我点头同意他的话。于是从这条岔路进去。往西北行二里，望见石峰在侯山的东麓，洞口高悬。于是命令顾仆到村民家中去做饭，我同静闻向北来到岩洞下。这个岩洞的东边，先有两个洞面向南，我首先进入最东边的那个洞，只见洞中很宽敞却不深。稍往西走，就见侧边裂开一个洞口，外面垂着许多钟乳石，中间横着一座石屏风。石屏风后面下坠成深深的峡谷，石屏风东西两头都有石门可以向下俯瞰。由峡谷中向北进去，石窍在两旁裂开，渐渐变得又窄又黑。只得再出来，又向西上登进入大洞。这个洞南低北高，穹然隆起，高大通透，很像程公岩。看见右边的崖壁上有题记，急忙用松枝擦拭石壁，原来是宋代绍兴甲戌年七月十五日吕愿中为中隐山题写的《吕公洞诗》。后面题写道："代理知府洛阳吕叔恭游览中隐山的无名洞，宾客中有人说：'这个洞由大人题诗，应该用吕公来命名它。'我不敢同意。敞开胸怀、兴高采烈的在座者都说：'十分恰当。'因此写下五十六个字刻在洞壁上。"我看见这段话，醒悟过来，更加高兴，这才明白佛子岩就是吕公岩，吕公岩就是中隐山了。于是往北登上后洞，洞内的岩石像云中的飞鸟劈空而来，层层叠叠，倒悬高举，与山洞一同向上，没有显出逼窄的景象来。而且洞口高敞明朗，比程公岩的后洞更大了。出了洞口往北走，有两条石阶路，一条往东北方下到山麓，一条向西北上登山顶。我先从那条向下的石阶路走，原来向北的山麓全是空洞，像是吐着云气的帷幔下覆着，外边有倒立的岩石，分隔成石门，排列为石窗，而里面弯弯转转四通八达，绕着走好像走在长廊和双层通道之中，这是下洞中最幽深奇特的地方了。随即再上到中洞的后洞，从洞的左侧向西北踏着石阶往上走，忽然又见到一个洞。这个洞北边深入进去，南边高高隆起，十分空旷，平坦明亮，中央向南之处有一块岩石耸立着如高台，上面有尊石佛，不知它是从哪里来的，洞右边有碑记，说这个洞从前道路堵塞无法上去，一天有个樵夫进洞来歇息，忽然间看见这尊佛的影像，十分惊异便建造了这尊佛像，这是宋朝初年的事了。佛子洞的名字由此得来的。石佛前方有根巨大的石柱，如屏风样耸峙在中央，把东西两面分隔成两道石门：西边的石窍又大又正，从下边远眺，从石窍中一直通到北山，可东边的却隐而不见；东边的石窍又窄又偏，这个石窍内向东旋绕成一个石龛，中间圆圆地覆盖下来而外边相夹如门，门上龙虎交错在两旁，有人因而给它们施以雕凿彩绘，反而失去了天然的真趣，残害了真实性。从石窍外沿着崖壁向东转，又开有一道石门，下临中洞的上方，原来是关帝的神座。我找到一个佛子岩，从而中隐山、吕公岩各处遗迹的种种奇观全都出现了，确实是意外的奇遇呀！仍然从洞北向东下走，穿过中洞往南出来，再次读了吕公五十六个字的题记，把它记下来以便回去后记录下来。出了中洞，再沿着山往西行。又开有一个洞，面向南与中洞并列，洞中残存着佛座、柱础，原来是往昔的佛寺，然而洞内不十分宽敞。

由其西攀磴而上，又有南向之洞，余时腹已枵然，急下山，饭于木陵氓家。氓言："西向侯山之下，尚有铜钱岩，可透出前山；北向赵家山，亦有洞可深入；南向茶庵之西，又有陈抟岩，颇奇。"余思诸岩不能遍历，而侯山为众峰之冠，其岩不可交臂而过。遂由中隐旧路越小桥西，共一里，登侯山东麓，抵侯山庙。庙后山麓漫衍，蹈水披丛，茫不得洞。但见有级上跻，几欲贾勇一登绝顶，而山前行者，高呼日暮不可登。第西南遥望大道之南，削峰东转，有洞东北穹焉。不知为铜钱、为陈抟，姑望之而趋。交大道南去，共一里抵其下。洞门东北向，高倚山半，而前有潴水，汇而成潭。从潭上拾级攀棘，遂入洞中。其洞乱石堆门，外高内深，历石级西南下，直坠洞底，则水涯渊然。内望有一石横突而出，若龙首腾空，下有仄崖嵌水，内有裂隙旁通。余抵龙首之下，畏仄崖峭滑，逡巡未前①，而从者高呼："日暮，路险。此可莫入！"乃从之出，下山。循麓转出东南，则此山之背，似复有门，前复汇水，岂所云铜钱岩可透前山者，乃即此耶？其处西峰骈耸，无侯山之高，而峭拔过之。日暮急驰，姑留以为后日之游。共二里，南出大道，回顾其西路南夹道之山，上有一窍东西透空，亦与佛子穿岩无异，俱留为后游，不暇入。执途人而问："前所入北向洞何名？"则架梯岩，一名石鼓洞也。时途中又纷言城门已闭，竭蹶东趋三里,过茶庵,又二里,过前木陵分岐处,已昏黑矣,度已不及入城。又三里抵振武门,犹未全掩也。侧身而入,从容抵寓。

【注释】

①逡(qūn)巡:欲进不进、迟疑不决的样子。

【译文】

由洞西攀着石阶往上走,又有一个面向南的洞,我此时腹中已经饿极了,急忙下山,在木陵村的村民家中吃饭。村民说:"向西走到侯山的下面,还有个铜钱岩,可以通到前山;向北到赵家山,也有个洞可以深入进去;向南走到茶庵的西边,又有个陈拃岩,十分奇异。"我思考,众多的岩洞不能游遍了,而侯山是群峰之首,山中的岩洞不可擦肩而过。于是经由中隐山的原路过到小桥西边,共一里,登上侯山的东麓,到达侯山庙。庙后的山麓上水流漫溢,踩着水分开草丛,茫然找不到岩洞。只见有石阶上登,几乎想要鼓足勇气一口气登上绝顶,但山前走路的人高声呼叫:天晚了,不可上登。只是向西南方遥望大道的南边,陡削的山峰向东转去,有个岩洞面向东北高高隆起。不知是铜钱岩还是陈拃岩,姑且望着山洞赶过去。与大道相交后向南走去,共一里到达岩洞的下方。洞口面向东北,高高斜靠在半山腰,而山前有积水,汇流成深潭。从水潭边沿着台阶攀着荆棘逐级上登,便进入洞中。这个山洞乱石堆积在洞口,外边高里面深,顺着石阶往西南下走,一直下坠到洞底,就到了水边,潭水十分幽深。望见里面有一块岩石横突出来,像龙头腾空,下面有倾斜的石崖嵌入水中,里面有条裂隙通到旁边。我来到龙头的下面,害怕倾斜的石崖太陡太滑,犹豫不前,而跟随来的人高呼:"天黑了,道路危险。此处可莫要进去!"只好跟随他出来,下山。沿着山麓转到东南麓,就是这座山的背面,似乎还有个洞口,洞前也有积水,莫非所说的铜钱岩可以通到前山的地方,便就是这里吗?此处西面的山峰双双耸立着，没有侯山那样高，但峭拔的山势超过侯山。天晚了急着赶路，暂且留着作为日后游览的地方。共二里，往南出到大道上，回头看大道西面和道路南边夹住道路的山，上面有一个石窍东西两头穿空，也和佛子岩两头穿通的岩洞没有不同，全都留下作为以后游览的地方，来不及进去。拉着路上的人问："前面我进去的面向北的洞叫什么名字？"原来是架梯岩，又叫石鼓洞。这时候路上又纷纷传言城门已经关闭，竭尽全力跌跌绊绊地向东赶了三里路，路过茶庵，又赶了二里路，经过先前到木陵村道路分岔的地方，天已经昏黑了，估计已经来不及进城。又行三里到达振武门，城门还没有完全关上。侧着身子进了城，从从容容地来到寓所。

十三日　早促饭，即入靖藩城北门①，过独秀西庵，叩绀谷，已入内宫礼忏矣。登峰之约，复欲移之他日。余召与其徒灵室期，姑先阳朔，而后来此。乃出就日门，过木龙南洞，由其下渡江。还望木龙洞下层，复有洞滨江穿麓，漾流可爱。上江东涯，即溯江流北行，不半里，入千佛阁，乃平殿也。前有大榕一株。问所谓辰山者，自庵至渡头东街，僧俗少及长俱无一知。乃东向苍莽行，冀近山处或得一识者，如屏风岩故事。随大路东北五里，眺尧山在东，屏风岩在南，独辰山茫然无辨。一负刍者，执而问之，其人曰："余生长于此，未闻所谓辰山。无已，则东南数里有寨山角，其岩前后相通，或即此也。"余欲从之，将东南行，忽北望一山，去路不一里，而其山穹然有洞，洞口有石当门，赭色斑烂，彪炳有异②。亟问何名，负刍者曰："老虎山也。"余谓静闻："何不先了此，而后觅辰山。"遂北由岐行一里，抵山下。有耕者，再问之，语如初。乃望高贾勇，遂先登洞口斑烂石畔，穿入跨下，其内天光自顶四射。由下北透其腹，再入重门，支峡后裂，层庋上悬，俱莫可度。返南向重门内，攀崖上跻，遂履层楼，徘徊未下。忽一人来候洞前，乃下问之，曰："是山名老虎山，是洞名狮子口，以形也。又名黄鹂岩，以色也。山前有三洞：下曰平地，中曰道士，上曰黄鹂。"似欲为余前驱者。余出洞，见山顶石丛参错，不暇与其人语，遂循路上跻。其石片片，皆冰棱铁色。久之下岭，石棱就夷，棘道转没。方踯躅间，前候者自山下释耒趋上③，引余左入道士岩。岩亦南向，在黄鹂之东而稍下，所谓中洞也。洞之前壁，右镌李彦弼，左镌胡槻诗，皆赠刘升之者。升之家山下，读书洞间，故当道皆重之。拂读诗叙，始知是山之即为辰山④。又得辰山之不待外索，更奇甚。前得屏风岩于近山之指示，又得中隐山于时登之摹拟，若此山近人皆以为非，既登莫知其是，而数百年之遗迹，独耿然示我也，其孰提醒而孰嘿导之耶⑤？

【注释】

①即入靖藩城北门："入"原作"出"。此句乾隆本、"四库"本皆作"十三日，入靖藩城，过独秀西庵"。据改。

②彪炳：文采焕发。

③耒（lěi）：即耒耜。古代耕地翻土的农具，亦以耒耜为农具的总称。

④辰山：即虎山，俗称猫儿山，在桂林城东北郊。霞客所住的王庆宇家，应即今猫儿山北面的王家碑。

⑤嘿（mò）导：暗中引导。嘿，同"默"。

【译文】

十三日　早晨催着吃了饭,立即进入靖江王王城的北门,探访独秀峰西面的寺庵,拜见绀谷,他已经进内宫礼佛去了。约定好登峰的时间,又想把它推到别的日子。我把他徒弟灵室叫过来与他约定:我暂且先去阳朔,然后再来此地。于是出了就日门,经过木龙洞的南洞,从南洞下面渡江。回头望见木龙洞的下层,又有个洞濒临江流穿通了山麓,江流潆绕十分可爱。登上漓江东岸,立即溯江流往北行,不到半里路,进入千佛阁,是间平层的佛殿。前方有一棵大榕树。打听所谓的辰山的地方,从寺庵到渡口东街,和尚俗人老的少的全然没有一个人知道。只好向着东方在苍茫的原野中前行,希望在靠近山的地方或许能遇见一个知道的人,如原来在屏风岩发生的事一样。顺着大路往东北行五里,远眺尧山在东面,屏风岩在南面,唯独辰山茫然无法分辨出来。有一个背草的人,拉住他打听辰山,那人说:“我生长在此地,没有听说过所谓的辰山。如果有的话,那么东南方几里处有个寨山角,那里的岩洞前后相通,或许就是这个地方了。”我打算听从他的话,将要向东南方走去,忽然望见北面的一座山,相距的路程不到一里路,而且那座山有个穹然隆起的山洞,洞口有岩石挡住入口,斑斓的赭红色,光彩灿烂,有奇异之处。连忙打听那叫什么名字,背草的人说:“是老虎山。”我对静闻说:“为何不先了结了这座山,然后再去找辰山。”于是向北经由岔道前行一里,抵达山下。有个耕田的人,再次向他打听,说的话和先前那个人说的一样。于是望着高处鼓足勇气上登,便首先登到洞口色彩斑斓的岩石旁边,钻进横跨的岩石下面,洞内天上的亮光从洞顶四面射下来。由下边往北钻到山肚子中,两次进入两道石门中,后面裂开分支的峡谷,上面悬着层层石板,都没有地方可以过去。向南返回到两重石门之间,攀着石崖上登,终于踩在了层层高楼之上,徘徊着没有下去。忽然有一个人来等候在洞口前,于是下去问他,他说:“这座山名叫老虎山,这个洞名叫狮子口,是因为形态相似起的名。又叫黄鹂岩,是根据颜色起的名。山前有三个洞：下边的叫平地岩，中间的叫道士岩，上面的叫黄鹂岩。"似乎想要为我在前边领路的样子。我出洞后，看见山顶成丛的岩石参差交错，顾不上与那人说话，就顺着路上登。那些一片片的岩石，都像冰凌一样，有着铁一般的颜色。很久才下岭来，石棱条变成了平地，荆棘丛生的小道转而湮没了。正在徘徊之间，先前等候在洞口的那个人从山下放下农具赶上来，带领我从左边进入道士岩。岩洞也是面向南，在黄鹂岩的东边而且稍微偏低一些，就是所谓的中洞了。洞的前壁上，右边刻有李彦弼的诗，左边刻有胡槻的诗，都是赠给刘升之的诗。刘升之的家在山下，在洞中读书，故而当官的人都敬重他。拂拭洞壁读了诗前的序文，才知道这座山就是辰山。又一次遇到辰山不必到外面四处寻找，更是十分奇异的事。之前找到屏风岩是在靠近山的地方有人指点，再一次找到中隐山在于登山时的揣摩思考，至于这座山，附近的人都认为不是，登山后也无法知道它就是，然而几百年前的遗迹，唯独昭然显示给我，那是谁在提醒我谁在暗中引导着我呢？

　　余就岩录诗，因令顾仆随导者往其家就炊，其人欣然同去。录未竟，其人复来，候往就餐，余乃随之穿东侧门而出。其门内剖重龛，外耸峡壁。东向下山，以为其家不远，瞻眺无近村，始知尚在东北一里外也。其人姓王名世荣，号庆宇，山四旁惟兹姓最近，为山之主。抵王氏，主人备餐加豆，且留宿焉。余见尧山渐近，拟为明日游，因俞其请^①，而以余晷索近胜。庆宇乃肩梯束炬前导，为青珠洞游。不约而随者数十人，皆王姓。遂复趋辰山北麓。

【注释】

①俞（yú）：犹言"然"，表示应允。

【译文】

我凑近崖壁抄诗，因而命令顾仆跟随领路的人前往他家去做饭，那人欣然一同前去。没有抄完，那人又来了，等候我前去就餐，我于是跟随他穿过东侧的石门出来。这道石门内剖开重重石龛，外面耸立着峡壁。向东下山，我以为他家不远，四处眺望附近没有村庄，这才知道还在东北方一里之外。这个人姓王，名叫世荣，别号叫庆宇，这座山的四旁唯有此姓人家最近，是这座山的主人。来到王家，主人准备午饭加了豆，并且挽留我们住在他家。我看见尧山渐渐接近了，打算明天去游览，因而同意了他的邀请，而利用剩余的时间去搜寻近处的胜景。王庆宇于是肩扛梯子捆好火把在前面领路，去游青珠洞。不约而同地跟随而来的有几十人，都姓王。于是又赶到辰山北麓。

其洞北向，裂峡上并山顶，内界两层。始向南，入十余丈，乃攀崖而上，其中穹窿而暗。稍转而西，乃竖梯向北崖上跻。既登，遂北入峡中五丈余，透出横峡。其峡东西横亘，上高俱不见顶。由东行四五丈，渐辟生光，有大石柱中悬。绕出柱西，其峡又南北竖裂：南入而临洞底，即穹窿暗顶之上也；北出而临洞门，即裂峡分层之巅也。洞门中列二柱，剖为一门二窗，延影内射，正当圆柱。余诧以为奇，而导者曰："未也。"转从横峡口，又由西行四五丈，有窍南入，甚隘。悉去衣赤体，伏地蛇伸以进。其穴长三丈，大仅如筒，又曲折而有中悬之柱，若范人之身而为之窍者[①]。时从游两人以火炬先入，余继之。半晌而度，即西坠度板，然后后入者得顶踵而入，几几乎度一人须磨捱一时矣。过隘，洞复穹然，上崇下陷，乃俯南降，垂乳纷列，迥与外异。导者曰："未也!"又西逾一梁,梁横南北若阈,下可由穴以坠,上可截梁而度。越梁西下,石乳愈奇。西洼既穷,复转北上,靡丽盈眸,弥转弥胜。盖此洞与山南之黄鹂正南北相当,而南则层叠轩朗,涤虑怡神,可以久托;北则重閟崄巇,骇心恫目,所宜暂游。洵一山皆空,其环峙分门者虽多,无逾此二妙矣。北向开洞门者三,此为中,东西二门俱浅。

【注释】

①范人之身:以人的身体做模子。范,模子。

【译文】

青珠洞面向北,裂开的峡谷向上逆裂到山顶,洞内分隔为两层。开始时向南进去十多丈,便攀着崖石往上爬,洞中穹隆但很黑暗。慢慢转向西,于是竖起梯子靠在北面的崖壁上向上攀登。登上去后,便向北走进峡谷中五丈多,钻到横着的峡谷中。这条峡谷呈东西向横亘着,上面高得都看不见顶。在峡谷中往东行四五丈,渐渐开阔起来生出亮光来,有根大石柱悬在中央。绕到石柱的西侧,这里的峡谷呈南北向纵向裂开:向南进去就面临洞底,也就是穹隆黑暗洞顶的上方了;向北出去就下临洞口,也就是裂开的峡谷分层的顶端了。洞口中间排列着两根石柱,把洞口剖为一道石门两个石窗,引入光线射进洞中,正照射着圆形的石柱。我很诧异,认为很奇特,可向导说:"不算奇特。"转到横向的峡谷口,又经由峡谷往西行四五丈,有个石窍向南进去,非常狭窄。脱去全部衣服赤身裸体,趴在地上像蛇一样一伸一缩地前进。这个洞穴长三丈,大处仅像个竹筒,又曲曲折折的,而且有悬在中间的石柱,好像是用人的身子当模子做成的石窍一样。此时跟随我游览的两个人拿着火把先进去,我紧跟在他们后面。半晌才过去,立即就向西下坠越过石板,这样之后后面的人才得以顶着脚跟进来,几乎是过一个人必须磨蹭一个时辰了。

过了这条隘道，山洞又穹然隆起，上面高下边陷下去，于是俯身向南下降，下垂的钟乳石纷纷排列着，迥然与外边不同。向导说："不算奇异！"又向西越过一座石桥，桥横架在南北好像一道门槛，下边可以从洞穴中坠落下去，上边可以横着走过桥梁。过桥后向西下走，钟乳石愈加奇异。西边的洼地走到头后，又转向北上走，绮丽的景致充满眼中，越转进去就越优美。原来这个洞与山南面的黄鹂岩正好南北相反，而南边的洞是层层叠叠，轩敞明朗，消愁怡神，可以长期居住；北边的洞则是重重密闭，艰险难行，触目惊心，只适宜作短暂的游览。确实是一座山都是空的，其中绕着山分别竖峙的洞口虽然很多，奇妙之处没有能超过这两个洞的了。向北开的洞口有三个，这个洞在中间，东西两个洞都很浅。

出，复东循北麓，过洞门一，不甚深。转南向而循东麓，先过高穹之洞一，又过内削三曲一[①]，又过狗头岩一，皆以高悬不入。又南过道士后峡门，又南得和合岩。其岩亦东向，内辄南裂成峡，而峡东壁上镌和、合二仙像，衣褶妙若天然，必非尘笔可就。南向者三，即平地、道士、黄鹂也。《志》称辰山有洞三级，第指其南耳。惟西面予未之穷。出青珠洞，过北洞一，东麓洞五，转西向而循南麓，遂入平地岩。其门南向，初入欹侧，不堪平行，侧身挨北缘东隙而上，内境既穹，外光渐闷。时火炬俱弃北隅，庆宇复欲出取，而暮色亦上，不堪栖迟，乃谢之出。亦以此洞既通中洞，已穷两端，无复中撷矣[②]。乃从山东北一里，复抵王氏。庆宇之母，已具餐相待。是夜月色甚皎，而蚊聚成雷，庆宇撤己帐供客，主仆俱得安寝。

【注释】

①三曲：原作"三门"，据乾隆本、"四库"本改。

②撷（xié）：采摘。

【译文】

出洞后，再往东沿着北麓走，经过一个洞口，不十分深。转向南后沿着东麓走，最先经过高大穹隆的山洞一个，又经过洞内陡削的三个、曲曲折折的一个，又路过一处狗头岩，都因为悬在高处没有进去。又往南经过道士岩后面的峡口，又向南找到和合岩。这个岩洞也是面向东，洞内便向南裂成峡谷，而峡谷东面的石壁上刻有和、合二仙的像，衣服的褶皱巧妙得如天然的一样，必定不是人间的画笔能够画成的。面向南的岩洞有三个，即平地岩、道士岩、黄鹂岩了。《一统志》说辰山的岩洞有三层，仅仅是指山南面的岩洞而已。唯有西面我没去穷究它。出青珠洞后，经过北麓的洞一个，东麓的洞五个，转向西后沿着南麓走，便进入平地岩。洞口向南，刚进去就倾斜下去，不能平走，侧着身子挨着北边顺着东边的裂隙往上走，里面既穹隆而起，外面的亮光又渐渐幽暗下来。当时火把全部丢弃在北边的角落里，王庆宇想再出去取火把，可暮色也降临了，不能停留得太晚，便谢过他出洞来。这也是因为这个洞既然是通到中洞，我已经穷究了两头，不必再摘取中间了。于是从辰山往东北行一里，再次来到王家。王庆宇的母亲，已经准备好晚饭等着了。这天夜里月光十分皎洁，可蚊虫聚集响声如雷，王庆宇撤下自己的蚊帐提供给客人，我们主仆才都得以安睡。

十四日　早餐于庆宇处，遂东行。过一聚落，又东北共三里，过矮山。其山在尧山之西，漓水之东，其北复耸一枝，如拇指之附，乃石山最北之首峰也。山南崖削立，下有白岩洞。洞门南向，三窦旁通；其内垂石，如莲叶卷覆，下多透漏,列为支门;其后少削,而下辄复平旷;转而西入数丈,仍南透天光。出洞而东,有庵两重,庵后又有洞甚爽,僧置牛栏猪笠于中①,此中之点缀名胜者如此!北小山之顶,一小石尖立,特起如人。山之名"矮",以矮于众山;余见其嶙峋,欲以雅名易之,未能也。

【注释】

①笠(lì):竹篾编成的笠形覆盖物。

【译文】

十四日　在王庆宇家吃了早餐后,于是往东行。路过一个聚落,又向东北共走三里,经过矮山。这座山在尧山的西面,漓江的东面,山北又耸起一座支峰,如大拇指附着在手掌上,是石山最北边的第一座石峰。山南面的石崖陡削地矗立着,下面有个白岩洞。洞口面向南,旁边通有三个旁洞;洞内垂着岩石,如荷叶一样翻卷下覆,下面有很多透空的地方,排列为支洞口;岩石后面略有些陡峻,可下去后便又平敞空旷起来;转向西深入几丈,仍然从南面透进天上的亮光来。出洞后往东行,有两重寺庵,庵后又有个洞十分明朗,僧人在洞中安设了牛圈和养猪的篱笆,这地方点缀名胜的竟然是这东西!北面小山的顶上,一块小石头尖尖地竖立着,孤零零地立起,好像一个人。这座山名叫"矮",是因为比群山矮;我见它山石嶙峋,想要用优雅一点的名字来给它改名,没能想出来。

于是东向溯小溪行,共二里,抵尧山西麓。由王坟之左渡一小石桥①,乃上山,入古石山坊,共二里,抵玉虚殿。其处小回成坞,西向开洋,水自山后转峡而来,可润可耕,名天赐田,而土人讹为天子田。由殿右转入山后,则两山夹而成涧。乃南向溯涧半里，又逾涧东上半里，始登岭角，于是从岭上望东北最高峰而登。适得樵者，询帝尧庙所在。其人指最高峰曰："庙在此顶，今已移麓，惟存二石为识，无他可睹也。"乃益东北上，三过狭脊，三登三降。又二里，始登第一高峰，然庙址无影响，并二石亦莫辨焉。盖此中皆石峰森立，得土山反以为异，故群而称之，犹吾地皆土山而偶得一石峰也。大舜虞山已属附影，犹有《史记》苍梧之文，而放勋何与于此哉②！若谓声教南暨③，则又不独此山也。或者曰："山势春峣④。"又或曰："昔为瑶人所穴。"以声音之同，遂讹为过化所及，如卧龙之诸葛，此岂三国版图哉！其山之东，石峰攒丛，有溪盘绕其间，当即大坝之上流，出于廖家村西者也。

【注释】

①王坟：即明代靖江王墓群，有王墓十一座，王室墓百余座，占地近万亩。

②放勋（xūn）：唐尧的称号，一说是尧的名。

③暨（jì）：及，到。

④峣（yáo）：山高的样子。尧山位于桂林市区东北隅，海拔909米，为桂林市境最高峰，也是桂林唯一的土山。

【译文】

从这里向东溯小溪前行，共二里，抵达尧山的东麓。由靖江王王室墓地的左边走过一座小石桥，于是上山，进入古老的石山坊，共二里，到达玉虚殿。此处小山回绕成山坞，西面十分开阔，溪水从山后转过山峡流出来，可以灌溉耕种，名叫天赐田，但本地人错读成天子田。由玉虚殿右边转进山后面，就见两座山相夹形成一条山涧。于是向南溯山涧前行半里，又越过山涧往东上走半里，这才登上岭角，于是从岭上望着东北方的最高峰上登。恰好遇见一个樵夫，向他询问帝尧庙在什么地方。那人指着最高峰说："庙在这座山顶上，今天已经迁移到山麓，只存留下两块石头作为标记，没有其他值得看的了。"于是我益发向着东北方上登，三次越过狭窄的山脊，三次上登三次下降。又行二里，这才登上第一高峰，然而庙址没有踪迹，就连那两块石头也无法辨认出来。大概是这一带都是森然耸立的石峰，见到土山反而认为很奇特，所以大家都称颂它，就好像我家乡都是土山而偶尔见到一座石峰一样的了。大舜到虞山已经属于望影附会，况且还有《史记》记载大舜巡游苍梧的文字，但帝尧是何时到过此地的呢！如果说是声威教化传播到南方，那么又不仅仅只是这座山了。或者有人说："是山石险要高峻。"又有人说："从前是瑶人的巢穴。"由于读音相同，便误认为是帝尧来过教化所到的地方，例如卧龙山的诸葛武侯祠，此地难道是三国的版图吗！这座山的东面，石峰成丛攒聚，有溪流盘绕在石峰之间，这应当就是大坝的上游，源出于廖家村西边的溪流了。

凭眺久之，仍五里下，饭于玉虚殿。又二里，抵山麓小桥。闻其北有尧庙，乃县中移以便伏腊故事者[①]，其东南有寨山角、铁峰山，其名颇著。乃又南渡一桥，于是东南循尧山南麓而趋，将先探铁峰，遂可西南转及寨山、黄金而返也。五里，已出尧山东南坞。其南石峰森森，而东南一峰，尤铮铮屼突。余疑其为铁峰山，得两人自东来，问之，曰："铁峰在西，已逾而东矣！"余不信，曰："宁失铁峰，此铮铮者不可失也！"益东南驰松篁间，复得一小沙弥，询铁峰，曰："前即是矣！"出林，夹右转石山而南，将抵铮铮突峰之西，忽一老者曳杖至。再询之，则夹右而转者即铁峰，其东南铮铮者乃天童观后峰，铮铮者可望而不可登，铁峰山则可登而不可入。盖铁峰颇似独秀，其下有岩洞，昔有仙留记，曰："有人开得铁峰山，真珠金宝满担担。"故先后多凿崖通窍者，及将得其门，辄坠石闭塞焉。老者指余循南麓遍探，仍返勘东麓，俱无深入容身之窍。

【注释】

①伏腊：泛指节日。伏，指夏天的伏日；腊，指冬天的腊日。古代伏、腊日皆举行祭祀。

【译文】

凭眺了很久，仍然五里下山来，在玉虚殿吃饭。又行二里，到达山麓的小桥。听说小桥北边有座尧庙，是县里迁来以便在伏腊日举行祭祀的场所，尧庙的东南方有寨山角、铁峰山，这两座山相当著名。于是又向南走过一座桥，从这里往东南沿着尧山的南麓快步赶去，将要先去探寻铁峰山，顺路可以向西南转到寨山角、黄金岩后再返回城里。五里，已经来到尧山东南的山坞中。山坞南面的石峰森森而立，而东南方的一座山峰，尤其峥嵘突兀。我怀疑那就是铁峰山，遇到两个人从东边过来，向他们打听，他们说："铁峰山在西面，已经走过头来到东边了。"我不相信，说："宁愿错失了铁峰山，这座峥嵘的高山不可错过了。"益发向着东南方在松林竹丛中疾行，又遇见一个小和尚，向他打听铁峰山，回答说："前边就是了！"出了树林，从夹谷的右边转过石山往南走，即将到达峥嵘突兀山峰的西麓，突然一位老人拄着拐杖走来。再次向他询问，原来从夹谷右边转过去的石山就是铁峰山，那座在东南方山势峥嵘的山峰是天童观后面的山峰，山势峥嵘的山峰可以远望却无法上登，铁峰山则是可以登上去却不能深入。原来铁峰山颇有些像独秀峰，山下有个岩洞，从前有位仙人留下了碑记，说："有人开得铁峰山，珍珠金宝满当当。"所以先后有许多在崖壁上凿洞想进去的人,到将要找到石门时,总是有岩石坠落下来堵塞了通道。老人指引我沿着南麓四处探寻,仍旧返回来踏勘东麓,都没有可以深入容身的洞穴。

乃西驰一里,转入南岐。又一里抵冷水塘①。小桥跨流,急涌西南而去,一村依山逐涧,亦幽栖之胜,而其人不之觉也。村南石峰如屏,东西横亘,从西嘴望之,只薄若立指。从其腋东转南山之坳,则遂出山南大道。始驰而西,共三里过万洞寺,则寨山在其西矣。其地石山始开,平畴如砥,而寨山兀立其中。望其东崖,穿然壁立,悬崖之上,有室飞嵌,而不见其径。转循山南,抵山西麓,乃历级北上。当寨山西北隅,崖开一罅,上架横梁,乃逾梁入洞,贯腹而东,透出东崖,已在嵌室之内矣。余时急于东出,西洞真形俱不及细按。及透东洞,始解衣憩息,竟图托宿其间,不暇更问他胜矣。

【注释】

①冷水塘:今名同,在桂林城东郊。

【译文】

于是向西快走一里,转上向南去的岔路。又走一里到达冷水塘。小桥跨在流水上,急流向西南奔涌而去,一个村庄背靠山紧挨着山涧,也是一处幽静栖息的胜地,而村里人没有觉察到这一点。村南的石峰像屏风一样,东西向横亘着,从西面的山嘴看它,薄得仅像直立的手指头。从石峰侧旁向东转过南山的山坳,便终于出到了山南的大道上。开始向西疾走,共三里后经过万洞寺,就见寨山角在万洞寺的西边了。这里的地势石山开始开阔起来,平旷的田野如磨刀石,而寨山角兀立在田野中。远望寨山角东面的山崖，穹隆的石壁矗立着，悬崖之上，有石室飞嵌在上面，然而不见通到那里的小径。转向沿着山的南麓走，到达山的西麓，于是沿着石阶往北上登。位于寨山角的西北隅，山崖裂开一条裂缝，上面横架着桥梁，于是过桥后进入洞中，横穿山腹往东走，钻到东面的悬崖上，已经身在飞嵌的石室之内了。我当时急于向东出来，西边山洞的真实情形都来不及仔细观察。等钻到东面的洞中，才脱下外衣休息，竟然考虑投宿在洞中，顾不上再去问津其他胜景了。

　　十五日　寨山洞中多蚊，无帐睡不能熟。晨起，晓日即射洞而入，余不候盥栉，辄遍观洞中。盖其洞西北东南，前后两辟，而中则通隘，仅容一人。由西麓上山腰，透入飞石下，旋转蹑其上，卷石为桥，以达洞门。门西北向，门内洞界为两，南北并列，俱平整可居。北洞之后，即通隘透腹处也，隘长三丈。既入，即宽辟为岩，悬乳垂莲，氤氲左右，而僧结屋掩其门。东岩上下，俱极崇削，惟屋左角余飞台一掌，不为屋掩。余先是中夜为蚊所驱，时出坐其上。月色当空，见平畴绕麓，稻畦溢水，致甚幽旷。东岩之下，亦有深洞，第不透明。路当山麓，南转始得东上。余既晨餐，西北望黄金岩颇近，亟趋焉，不复东寻下洞也。

【译文】
　　十五日　寨山洞中蚊子太多，没有蚊帐不能睡熟。清晨起来，旭日立即射入洞中，我等不得洗脸梳头，就观遍了洞中。大体上这个洞呈西北—东南走向，前后两头开阔，而中间只通有一个狭窄的通道，仅能容下一个人。从西麓上到山腰，钻进飞石的下面，随即转而登到飞石的上面，翻卷的岩石成为桥，得以通到洞口。洞口面向西北方，洞口之内山洞被分隔成两半，南北两个洞并列，全都平整可以居住。北洞的后边，就是通着狭窄的通道穿透山腹之处了，狭窄的通道长三丈。进去以后，立即拓宽成为岩洞，悬垂着莲花状的钟乳石，左右云气氤氲，但和尚建了间屋子关着屋门。东面岩洞的上下，都极为高峻陡削，唯有屋子左边的角落空余下一块手掌大的飞空的平台，没被屋子遮住。我在此前半夜被蚊子驱赶，不时出来坐在石台上。明月当空，望见平旷的田野绕着山麓，稻田溢满水，景致非常幽静空旷。东面岩洞的下面，也有个深洞，只是不透进亮光。路位于山麓，向南转才能往东上山。我吃过早餐后，望见西北方的黄金岩很近，急忙赶到那里去，不再往东去寻找下洞了。

下山西麓，过竹桥，由村北西北行①，三里，抵岩之阳。其山骨立路北，上有竖石如观音，有伏石如虾蟆，土人呼为"蟆拐拜观音"。拐即蛙之土名也。自九疑瑶峒，俱以取拐为务。其下即裂为洞，洞不深而高，南北交透，前低后峻。后门之半，复有石横飞，若驾虹空中，门界为二。既内外分启，亦上下层分，映彻之景，莫此为甚，土人俱指此为黄金岩。余既得之黄公之外，又觉此洞之奇，虽中无镌刻，而心有余幸。由洞内上跻，北出驾虹之下，俯瞰北麓，拖剑江直啮其下而西去焉。踞坐久之，仍南下出洞。其右复有一洞，门亦南向高裂，其内则深入而不透，若重峡而已。已从西麓北转，山之西北，亦有一洞西向，则中穹而不深，亦不透。其对山有东向之洞，与此相向，若门庑对列。其洞则内分四支如"十"字。东北二门则外透而明，然东其所入，北乃悬崖也；西南二峡则内入而黑，然西其上奥，南乃深潭也。拖剑之水在东峰之北，抵此洞前，转北循山。当洞有桥跨之，桥内汇而为池,亦山丛水曲之奥矣。出洞,不知其名,心诧其异,见汲水池中者,姑问之。其人曰:"此洞无名。其上更有一洞,可跻而寻也。"亟从之,适雨至不为阻,披箐透崖而上。南北两石屏并立而起,微路当其中,甚峻。洞峙南屏后,门亦东向,而不甚宏。门左刻石一方,则宋人遗迹也,言此洞山回水绕,洞名黄金,为东坡居士香火院②。岩中东坡题额可拓,予急觅之。洞右有旧镌,上有"黄金岩"三字可辨。其下方所书,则渐剥无余矣。始知是洞为黄金,而前乃其东峰之洞。一黄金洞而既能得土人之所不知,又能知土人之所误指,且又知其为名贤所遗;第东坡不闻至桂为可疑耳。洞内无他奇,而北转上透天光,断崖崩溜,无级可攀。乃出门左,见北屏内峡,有路上跻,第为积莽所翳,雨深蔓湿,不堪置足,余贾勇直前,静闻不能从焉。既登,转而南,则上洞也。洞门北向。门外棘蔓交络,余缕分而节断之,乃得入门。门内旁窦外通,重楼三叠,下俯甚深,上眺亦异,然其上俱无级罅可攀。谛视久之,见中洞之内,有旁窦玲珑,悬隙宛转,可穿而上,第隘而层折,四体难舒。于是脱衣赤体,蛇伸蠖曲③,遂出上层平庋阁上,踞洞口飞石驾梁之上,高呼静闻,久而后至,亦以前法教猱而升,乃共下焉。

【注释】

①"由村北"句:此村应即今竹桥村,在桂林城东郊,乌山里稍北。

②东坡居士:即苏轼(1036—1101),字子瞻,四川眉山人。曾通判杭州,知密州、徐州、湖州、永州。后为黄州团练副使,筑室于东坡,自号东坡居士。为北宋著名文学家,有《东坡集》四十卷。香

火院：施舍财物、供神拜佛的寺院。

③蠖（huò）：即尺蠖，为一种昆虫。它必须先弯曲身体，再向前伸，故北方称它为步曲，南方称它为造桥虫。

【译文】

下到山的西麓，过了竹桥，由村北往西北行，三里，抵达黄金岩的南面。这座山像骨头一样矗立在道路北边，上面有块竖直的岩石很像是观音，有块卧伏着的岩石像蛤蟆，当地人称为"蟆拐拜观音"。拐就是青蛙的土名。从九疑山的瑶峒起，都把抓青蛙作为重要的事。那下边就裂成洞，洞不深但很高，南北相通，前低后高。后洞口的半中腰，又有块岩石横着飞出来，好像彩虹飞架在空中，把洞口隔为两半。内外既分开，上下也分层，映照通透的景致，没有比这里更优美的了，当地人都指认这里是黄金岩。我既在黄公岩之外找到这个洞，又觉得这个洞很奇特，虽然洞中没有碑刻，可心中有种出乎意料的幸运感。由洞内上登，向北出洞来到飞架的彩虹下面，俯瞰山的北麓，拖剑江直接啃咬着山下而后往西流去。盘腿坐了很久，仍然向山下走出了洞口。洞右边又有一个洞，洞口也是面向南高高裂开，洞内则是深入进去但不通透，好像深峡而已。不久从西麓向北转，山的西北麓也有一个洞，面向西，洞中穹隆却不深，也不通透。它对面的山上有个面向东的洞，与这个洞相对，就像大门两旁的廊庑相对排列着。这个山洞里面分出四个岔洞，像个"十"字。东、北两面的洞口通到外边而且很明亮，然而东面的是山洞的入口，北面的是悬崖；西、南两面是两条峡谷，一进到里面就黑暗下来，然而西面的是这个洞上层的隐秘之处，南面的是深潭。拖剑江的江水在东峰的北麓，流到这个洞的前方，转向北顺着山流去。正对着洞口有座桥跨过江流，桥的内侧积水成为水池，也是一处山重水曲的幽深之地了。出洞来，不知道洞的名字，心里对它的奇异之处很诧异，看见一个在水池中汲水的人，姑且问问他，那人说："这个洞没有名字。它上面还有一个洞，可以登上去找。"急忙听从他的话，恰好雨来了，不能阻止我，分开深箐穿过山崖往上登。南北两面的石屏风并立耸起，一条小路位于中间，非常陡峻。洞位于南面的石屏风后面，洞口也是向东，然而不怎么宽敞。洞口左边刻有一块石碑，是宋朝人的遗迹，说这个洞山回水绕，洞名叫黄金岩，是苏东坡居士供奉香火的寺院。岩洞中苏东坡题写的匾额值得摹拓，我急忙去寻找它。洞右边有旧时的刻石，上面有"黄金岩"三个字可以辨认出来。这三个字下方所写的字，却剥蚀无存了。这才知道这个洞是黄金岩，而先前那个洞是东峰上的洞。找到一个黄金洞就既能知道当地人所不知道的东西，又能知道当地人误指的地方，并且又能知道这是古代名贤遗留下来的；只是没有听说过苏东坡到过桂林，这一点值得怀疑罢了。洞内没有其他奇特的，而向北转进去顶上透进天上的亮光来，断崖崩塌溜滑，没有石阶可以攀登。于是出到洞口的左边，看见北面石屏风内的峡谷中，有路可以上登，只是被堆积的草丛遮住了，雨大草湿，不能落脚，我鼓足勇气一往直前，静闻不能跟随了。登上去后，转向南走，就到上洞了。洞口面向北。洞口外面荆棘藤蔓交织在一起，我一条条分开一节节折断它们，这才得以进入洞口。洞口以内旁洞通到外面，三层重楼，向下俯瞰非常深，向上眺望也很奇异，然而那上面全无石阶裂缝可以攀援。审视了很久，看见中洞之内，有个旁洞玲珑小巧，高悬的裂隙弯弯转转，可以穿上去，只是太狭窄又一层层曲曲折折的，四肢难以舒展。于是脱去衣服赤裸着身子，像蛇和尺蠖一样一伸一缩地爬，终于出到上层平架着的楼阁上，盘腿坐在洞口飞石架成的桥上，高声呼叫静闻，很久以后静闻才来到，也用先前的方法教他像猿猴一样爬上来，这才一同下去。

时顾仆待下洞桥端甚久，既下，越桥将西趋屏风山，欲更录《程公岩记》并《壶天（观）铭序》。回望黄金岩下，其西北麓诸洞尤多，乃复越桥而西[①]，随拖剑绕山北麓。其处又得北向洞二，西向洞三，或旁透多门，或内夹深峡，一山之麓，靡不嵌空，若垂云覆翼焉。极西一洞门，亦自西北穿透东南，亦北低南峻，与东峰（缺。）午，令顾仆先炊王庆宇处，余与静闻西望屏风山而趋。将度拖剑水，望屏风、黄金两山之中，又南界一山，其下有洞北向，复迂道从之。则其洞亦旁分两门，一北一东，此山之东北隅洞也。其西有级上跻，再上而级崩路削，又有洞北向。其前有垣，其后有座，乃昔时梵宇所托，虽后左深窍可入，然暗不能穷。乃下抵西北隅，则旁透之洞，中空之峡，又连辟焉，颇与黄金岩之西北同。而正西一洞，高穹层列，纷拏杰张，此又以雄厉见奇，非寻常窈窕窟也。土人见予久入，诧而来视，余还问其名，知为飞石洞。从此遂西度石堰，共一里入程公岩，录东崖记、铭二纸。铭乃范成大，记乃侯彭老。崖高石侧，无从缘拭，抄录甚久，有数字终不能辨。时已过午，腹中枵然，乃出岩北趋王氏。不半里，过一村，以衣质梯②，复肩至岩中，缘拭数字，尽录无遗。复缘拭西崖《张安国碑》，以其草书多剥，有数字不辨焉。

【注释】

①乃复越桥而西：疑"西"字应为"东"字。

②质：抵押。

【译文】

此时顾仆在下洞的桥头等了很久，下来之后，过了桥即将向西赶到屏风山去，想再去抄录《程公岩记》及《壶天观铭序》。回头望见黄金岩的下面，山的西北麓各种洞穴还很多，就又过桥来往东走，顺着拖剑江绕到山的北麓。此处又找到向北的洞两个，向西的洞三个，有的旁边通有多个洞口，有的洞内夹成深峡，一座山的山麓，无处不嵌着空洞，好像下垂的云层下覆的鸟翅一样。最西边的一个洞口，也是从西北穿透到东南，也是北面低南面高峻，与东峰（下缺。）中午，命令顾仆先到王庆宇家去煮饭，我与静闻向西望着屏风山赶过去。即将渡过拖剑江时，望见屏风山、黄金岩两座山的中间，又在南面隔着一座山，山下有个洞面向北，又绕道赶到那里去。就见这个洞也是在两旁分为两个洞口，一个在北一个在东，这是山东北隅的洞了。洞的西边有石阶可以上登，再上去后石阶路崩塌陡削，又有一个洞面向北。洞前有墙，洞后方有佛座，是往昔佛寺依托的场所，虽然左后方有个深洞可以进去，但黑暗得不能走到头。于是下到山的西北隅，只见旁通的山洞，中空的峡谷，又接连展现出来了，与黄金岩的西北麓颇有些相同。而正西有一个洞，高大穹隆，一层层排列着，纷纭杂乱，高高地张开着，这又是以雄伟壮丽见奇，不是寻常窈窕玲珑的洞窟了。当地人见我进洞去的时间太久，觉得诧异前来探视，我反过来向他打听洞的名字，得知是飞石洞。从此地于是向西越过石坝，共走一里进入程公岩，抄录东面崖壁上的记文和铭文，抄了两张纸。铭文是范成大作的，记文是侯彭老写的。崖壁又高又斜，无从攀援拂拭，抄录了很久，有几个字始终不能辨认。此时已经过了中午，腹中饿极了，于是出了岩洞向北赶到王家。不到半里，路过一个村庄，用衣服抵押借了一把梯子，又扛到岩洞中，爬上去擦拭那几个字，全部抄完没有遗漏。又爬到西面的崖壁上擦拭《张安国碑》，因为碑文是用草书写的又多有剥落，有几个字没有辨认出来。

　　时已下午，于是出洞还梯，北二里，饭于王氏。王氏杀鸡为黍，待客愈隆。其母再留止宿，余急于入城，第以胡槻诗下刘居显跋未录，居显，升之乃郎。攀凳拂拭，而庆宇复负而前趋。西一里，入道士岩东峡门，穿入洞中，拭左崖，再读跱，终以剥多置。又校得胡诗三四字，乃入洞右隅之后腋，即与下洞平地岩通者。其隙始入甚隘，少进而西，则高下穹然，暗不可辨。庆宇欲取火为导，余曰："不若以余晷探外未悉之洞也。"遂仍出东峡，循东麓而北，过狗头洞。洞虽奇而名不雅，竟舍之。其北麓又有一洞，北门亦东向，外若裂罅。攀隙而上，历转三曲，遂透三窗，真窈窕之鹫宫①，玲珑之鸑宇也②。出洞再北，即为高穹之洞。其门南向，上盘山顶，与北之青珠并。入其内，即东转而上跻，已而北转，渐上渐黑，虽崇峻自异，而透朗独悭③，非余之所心艳也。出洞，日已薄暮，遂别庆宇南趋二里，过屏风山西麓，至是已周其四面矣。又三里，过七星岩，又一里，入浮桥门，浮桥共三十六舟云④。则离寓已三日矣。

【注释】

①鹫(jiù)：鹰科部分大型猛禽的通称。

②鸑(zhuó)：即鸑鷟，凤的别称。

③悭(qiān)：欠缺。

④浮桥：跨漓江上，在桂林城东郊，其址即今解放桥。《嘉庆重修一统志》桂林府津梁载："永济浮桥，在临桂县东江门外，明正德四年(1509)，抚臣陈金造舟五十，两岸植铁柱四，中贯以铁缆二，各长百余丈，后废。本朝顺治十七年重建，雍正六年修。"

【译文】

此时已经是下午，于是出洞来还了梯子，向北二里，到王家吃饭。王家人杀鸡做饭，招待客人更为隆重。他母亲再次挽留我住下来，我急于要进城，只是因为胡槻的诗下边刘居显的跱没有抄录，刘居显，是刘升之的公子。爬在凳子上拂拭,而王庆宇又扛着凳子在前面奔走。向西一里,进入道士岩东面的峡口,钻进洞中,擦拭左边的崖壁,再次读了跋文,最终因为剥蚀太多放弃了。又校对胡槻的诗校出三四个字,随后进入洞右边角落的后侧,就是与下洞平地岩相通的地方。这条裂隙开始进去非常狭窄,稍微进去后往西走,上下都空荡荡的,黑暗得不能分辨东西。王庆宇想要取火种来在前边领路,我说:"不如用剩余的时间去探外边没有探究的洞。"于是仍旧出了东面的峡谷,沿着东麓往北行,经过狗头岩。洞虽然奇特但名字不雅,竟然放弃了这个洞。山的北麓又有一个洞,北边的洞口也是面向东,外边看好像一条裂隙。攀着裂隙往上登,逐一转过三个弯,就通有三个石窗,真是窈窕的灵鹫宫殿,玲珑的凤凰殿宇呀!出洞后再向北走,马上就是高大穹隆的山洞。洞口向南,盘踞在山顶上,与北边的青珠洞并列。走入洞内,立即转向东后上登,随即向北转,逐渐上去渐渐黑下来,虽然高峻自有特点,可唯独欠缺通透明朗之处,不是我心里喜爱的那种地方。出洞时,天色已近傍晚,便辞别了王庆宇向南赶了二里路,经过屏风山的西麓,来到这里已近游遍了山四面了。又行三里,经过七星岩,又行一里,进入浮桥门,浮桥共由三十六条船组成。我离开寓所已有三天了。

十六日　余暂憩赵寓,作寄衡州金祥甫书,补纪游之未尽者。

【译文】

十六日　我暂时在赵家寓所休息,写了一封寄给衡州府金祥甫的信,补记游记未完的部分。

十七日　雨。余再憩赵寓,作家报并祥甫书,简点所市石。是日下午，辄闭诸城门，以靖藩燔灵也。先是，数日前先礼忏、演剧于藩城后，又架三木台于府门前。有父、母及妃三灵，故三台。至是夜二鼓，遍悬白莲灯于台之四旁，置火炮花霰于台上①，奉灵主于中，是名"升天台"。司道官吉服奠觞②，王麻冕拜③，复易吉服再拜，后乃传火引线发炮，花焰交作，声震城谷。时合城士女喧观，诧为不数见之盛举。促余往寓目，余僵卧不起，而得之静闻者如此。

【注释】

①花霰(xiàn)：相当于现在燃放的礼花。

②奠(diàn)：向鬼神敬献祭品。觞(shāng)：敬酒。

③麻冕(miǎn)：古代帝王、诸侯等的丧服。

【译文】

十七日　下雨。我再在赵家寓所休息，写了封家信以及给金祥甫的信，检点买来的石头。这天下午，老是关闭着各道城门，是因为靖江王府在祭祀亡灵。这之前，几天前就先在王城后面礼佛、演戏，又在王府门前架起三座木台。有靖江王的父亲、母亲和王妃三个灵位，所以架了三座木台。到这天夜里的二更时分，在木台的四旁挂满了白色的莲灯，在台上放置了爆竹花炮，把灵牌供奉在中央，这名叫"升天台"。司、道一级的官员身穿吉服敬酒祭奠，靖江王穿着麻制的丧服跪拜，又换成吉服再次跪拜，然后才传递火种点燃导火线引燃花炮，礼花焰火并作，响声震荡在城垣山谷间。此时全城的男女喧闹着在观看，十分惊诧，认为是不多见的盛大活动。催促我前去观看，我僵睡在床上不起来，而是从静闻那里听到的情况是像这样的。

十八日　托静闻从朝云岩觅融止上人入寓。饭后，以所寄金祥甫书及家报、石帐付之,托转致于衡,嘱祥甫再寄家中。

【译文】

十八日　拜托静闻到朝云岩去找融止上人,把他请到寓所来。饭后,把要寄给金祥甫的信以及家信、买石头的账单交付给融止,拜托他转送到衡州府,托付金祥甫再寄到家中。

十九日　以行囊简付赵主人时雨。余雨中出浮桥,将附舟往阳朔。时即开之舟,挨挤不堪;姑入空舟避雨,又不即去;乃托静闻守行李于舟,余复入城。登城楼,欲觅逍遥楼旧迹,已为守城百户置家于中①。遂由城上南行,二里,抵文昌门②。门外为五胜桥③,漓之支流与阳江之分派交通于下。复循城外西过宁远门,乃南越南门桥,觅摹碑者,已他出。余初期摹匠同往水月,拓陆务观、范石湖遗刻。至是失期,乃赴雉山别郑、杨诸君,以先两日二君托人来招也。比至,又晤白益之,名弘谦,真谦谦君子也。时杨君未至,余少待之,雨大至,遂坐雉岩亭。方伸纸欲书补纪游,而杨君、朱君继至,已而郑君书小序见投,而朱君之弟涤凡亦以诗贶,余交作诗答之。暮,抵水月岩西舟中,宿。

【注释】

①百户:明代兵制实行卫所制,千户所下设有百户所,统兵120人,分为二总旗,十小旗。百户为百户所的长官。

②文昌门:在今文明路南端。

③五胜桥：跨在阳江上，今称文昌桥。

【译文】

十九日　把行李点清托付给寓所主人赵时雨。我在雨中出了浮桥门，要搭船前往阳朔。此时有条马上要开的船，拥挤不堪；暂且进入空船中躲雨，这条船又不马上离开；于是拜托静闻在船上守着行李，我再次进城。登上城楼，想去找逍遥楼的旧迹，已经被守城的百户在其中安了家。于是从城墙上往南行，二里，抵达文昌门。城门外是五胜桥，漓江的支流与阳江的支流在城下交汇。再沿着城墙外边向西经过宁远门，便向南越过南门桥，去找拓碑的人，已出门到其他地方去了。我当初与拓碑的工匠约好一同前往水月洞，去拓陆务观、范石湖遗留下来的碑刻。到此时失约，只好赶到雉山去与郑子英、杨子正诸位先生告别，因为前两天二位先生托人来邀请我。等到了那里时，又会见了白益之，名叫白弘谦。真是一位谦谦君子。此时杨子正先生还没来，我稍等他一下，大雨来临，便坐在雉岩亭中。刚铺开纸想要补记游记，可是杨子正先生、朱超凡先生相继来到，继而郑子英先生写了一篇小序赠送给我，而且朱超凡先生的弟弟朱涤凡也以诗相赠，我先后作了诗答赠他们。傍晚，来到水月岩西边的船中，睡下。

二十日　舟犹欲待附者①，因令顾仆再往觅拓工。遂同抵水月观洞，示所欲拓，并以纸价付之，期以阳朔游还索取所拓。是日补纪游程于舟中。舟泊五胜桥下，晚仍北移浮桥，以就众附也。是日晴丽珠甚，而暑气逼人。当午有王孙五人入舟强丐焉②，与之升米而去。

【注释】

①附者：乘船的人。

②丐(gài)：乞讨。

【译文】

二十日　船夫还想等人来搭船，我因而命令顾仆再去找拓碑的工匠。于是与工匠一同来到水月洞观察岩洞，把我想拓的碑刻指给他看，并且把纸钱付给他，约定在游览阳朔回来后来取他拓的拓片。这天在船中补记游览的行程。船停泊在五胜桥下，晚上仍然向北转到浮桥，是为了就近让众人搭船。这一天天气特别晴朗艳丽，但暑气逼人。当天中午有五个王孙进船来强行乞讨，给了他们一升米便离开了。

二十一日　候附舟者，日中乃行。南过水月洞东，又南，雉山、穿山、斗鸡、刘仙、崖头诸山，皆从陆遍游者，惟斗鸡未到，今舟出斗鸡山东麓。崖头有石门净瓶胜，舟隔洲以行，不能近悉。去省已十里。又东南二十里，过龙门塘①，江流浩然，南有山嵯峨骈立，其中峰最高处，透明如月挂峰头，南北相透。又东五里，则横山岩屼突江右。渐转渐东北行，五里，则大墟在江右②，后有山自东北迤逦来，中有水口，疑即大涧榕村之流南下至此者。于是南转又五里，江右复有削崖屏立。其隔江为逗日井，亦数百家之市也。又南五里，为碧崖，崖立江左，亦西向临江，下有庵。横山、碧崖，二岩夹江右左立，其势相等，俱不若削崖之崇扩也。碧崖之南，隔江石峰排列而起，横障南天，上分危岫，几埒巫山，下突轰崖，数逾匡老。于是扼江而东之，江流啮其北麓，怒涛翻壁，层岚倒影，赤壁、采矶③，失其壮丽矣。崖间一石纹，黑缕白章④，俨若泛海大士，名曰沉香堂。其处南虽崇渊极致，而北岸犹夷豁，是为卖柴埠。共东五里，下寸金滩，转而南入山峡,江左右自是皆石峰嶙峋⑤,争奇炫诡,靡不出人意表矣。入峡,又下斗米滩,共南五里,为南田站。百家之聚,在江东岸,当临桂、阳朔界。山至是转峡为坞,四面层围,仅受此村。过南田,山色已暮,舟人夜棹不休。江为山所托,俀东俀南⑥,盘峡透崖,二十五里,至画山,月犹未起,而山色空濛,若隐若现。又南五里,为兴平⑦。群峰至是东开一隙,数家缀江左,真山水中窟色也。月亦从东隙中出,舟乃泊而候曙,以有客欲早起赴恭城耳。由此东行,有陆路通恭城⑧。

【注释】

①龙门塘:今仍作"龙门",在漓江北岸,桂林市区东隅。

②大墟:明时为广西四大墟市之一。今名同,又作"大圩",在漓江转折处,灵川县西南隅。

③赤壁:208年,孙权与刘备联军败曹操的战场。习惯上认为在今湖北赤壁市西北赤壁山,近人考证应在今湖北江夏区西的赤矶山。采矶:即采石矶,在安徽省马鞍山市,长江东岸。江面较狭,形势险要,为江防重地和古战场。

④娄:原作"镂",乾隆本、"四库"本、丁本作"娄",据改。

⑤江左右自是皆石峰嶙峋:"江"原作"山",据乾隆本、"四库"本改。

⑥俀(guǐ):偶然。

⑦兴平:今作"兴坪",在阳朔县北境,漓江东岸。熙平河从此汇入漓江。北距桂林53公里。

⑧恭城:明为县,隶平乐府,即今恭城县。

【译文】

　二十一日　等候搭船的人,日上中天才开船。往南经过水月洞的东边,又向南航行,途经雉山、穿山、斗鸡山、刘仙岩、崖头等山,都是从陆地上四处游览过的地方,只有斗鸡山没到过,今天船经过斗鸡山的东麓。崖头有石门净瓶的胜景,船隔着沙洲驶过,不能在近处看清楚。距离省城已有十里路。又往东南行船二十里,经过龙门塘,江流浩浩荡荡,南岸有山巍峨地并排矗立着,在中峰的最高处有亮光透出来,如明月挂在峰头,南北相通。又向东五里,就见横山岩突兀地矗立在江右。渐渐转向东北行,五里,看见大墟在江右,后面有山自东北方逶迤延伸而来,中间有个河口,怀疑就是大涧榕村的水流往南下流到此地的河口。从这里转向南又行五里,江右又有陡削的崖壁屏风样矗立着。那隔着江流之处是逼日井,也是个有几百家人的市镇。又向南五里,是碧崖,石崖矗立在江左,也是面向西下临江流,山上有寺庵。横山岩、碧崖两座石崖夹住江流矗立在左右两岸,山势相等,都不如削崖那样高大。碧崖的南面,隔着江流之处石峰排列而起,横挡住南面的天空,上面分立着险峰,几乎与巫山相等,下面前突迸裂的石崖,每每超过庐山。石峰在这里扼住江流向东延伸而去,江流啃咬着石峰的北麓,怒涛卷上石壁,层层雾气倒映着山影,赤壁和采石矶与之相比,都失去它们的壮丽了。崖壁上有一条石纹,黑色条纹衬着白色的底纹,俨然像漂洋过海的观音菩萨,名叫沉香堂。此处虽然南面到了高峻渊深的极致,但北岸仍然是平坦的壑谷,那是卖柴埠。一共向东航行五里,下了寸金滩,转向南进入山峡中,从这里起江流左右两岸都是突兀的石峰,争奇炫异,无不出人意料了。进入峡中后,又下了斗米滩,一共向南五里,是南田站。是个百户人家的村落,在江东岸,位于临桂县、阳朔县的交界处。山到了这里峡谷变成了山坞,四面层层围住,仅能容纳这个村子。过了南田站,山间的天色已经很晚,船夫在夜里不停地划船。江流被山衬托着,时而向东时而向南,绕过峡谷穿过山崖,二十五里,到达画山,月亮还没有升起,但山色空濛,若隐若现。又向南五里,是兴平。群峰延伸到此地东面张开了一处缝隙,几家人点缀在江流的左岸上,真是水中洞窟的景色呀!月亮也从东面的缝隙中露出来,船于是停泊下来等天亮,因为有乘客想要一早起身赶到恭城县去。由此地往东走,有陆路通到恭城县城。

　　漓江自桂林南来,两岸森壁回峰,中多洲渚分合,
无翻流之石,直泻之湍,故舟行屈曲石穴间,无妨夜棹;
第月起稽缓,暗行明止,未免怅怅。

【译文】

　　漓江从桂林向南流来,两岸的石壁像森林一样,石峰回绕,江
中有许多沙洲时分时合,没有翻卷江流的礁石和笔直下泻的湍急
水流,所以船虽然前行在曲折的山石洞穴间,但不妨害夜间行船;
只是月亮升起得太迟缓,在黑暗中前行,有月光了却停下来,未免
让人闷闷不乐。

　　二十二日　鸡鸣,恭城客登陆去,即棹舟南行。晓月漾
波,奇峰环棹,觉夜来幽奇之景,又翻出一段空明色相矣。
南三里,为螺蛳岩。一峰盘旋上,转峙江右,盖兴平水口山
也。又七里,东南出水绿村①,山乃敛锋。天犹未晓,乃掩篷
就寐。二十里,古祚驿②。又南十里,则龙头山铮铮露骨,县
之四围,攒作碧莲玉笋世界矣。

【注释】

　　①水绿村:今作"水洛",在阳朔县北境,漓江东岸。
　　②古祚驿:应即今高州,在阳朔县北境,漓江西岸。

【译文】

　　二十二日　鸡鸣时分,去恭城县的乘客登上岸离开了,立即撑船往
南行。拂晓时月光荡漾在碧波中,奇峰环绕着小船,觉得夜间幽静奇异

的景色，又转而呈现出一片空旷明澈的景象来了。向南三里，是螺蛳岩。一座山峰盘旋而上，转而屹立在江右，大概这是兴平的水口山了。又行七里，从东南方经过水绿村，山势这才收敛起锋芒。天还没发亮，我就掩下船篷上床睡觉。二十里，到古祚驿。又向南十里，就见龙头山露出峥峥石骨，县城的四周围，石峰攒聚成碧莲玉笋的世界了。

　　阳朔县北自龙头山[①]，南抵鉴山，二峰巍峙，当漓江上下流，中有掌平之地，乃东面濒江，以岸为城，而南北属于两山，西面叠垣为雉，而南北之属亦如之。西城之外，最近者为来仙洞山，而石人、牛洞、龙洞诸山森绕焉，通省大路从之，盖陆从西而水从东也。其东南门鉴山之下，则南趋平乐，水陆之路，俱统于此。正南门路亦西北转通省道。直南则为南斗山延寿殿，今从其旁建文昌阁焉，无径他达。正北即阳朔山，层峰屏峙，东接龙头。东西城俱属于南隅，北则以山为障，竟无城，亦无门焉。而东北一门在北极宫下，仅东通江水，北抵仪安祠与读书岩而已，然俱草塞，无人行也。惟东临漓江，开三门以取水。从东南门外渡江而东，濒江之聚有白沙湾、佛力司诸处，颇有人烟云。

【注释】

①阳朔县：隶桂林府，即今阳朔县。

【译文】

　　阳朔县城北面起自龙头山，南面抵达鉴山，两座巍峨的山峰对峙着，位于漓江的上、下游，中间有块手掌一样平坦的地方，却在东面濒临江流，把江岸作为城墙，而南北两面连接着两面的山，西面筑墙作为城墙，而且南北两面连接着山的地方也筑有城墙。西面城墙之外，最近的地方是来仙洞山，而石人山、牛洞山、龙洞岩等群山像森林一样环绕着，通往省城的大路从那里走，原来陆路是从西面走而水路从东面走。阳朔县城东南门外的鉴山之下，是往南通往平乐府城的路，水路陆路都在此地交会。正南门的路也是转向西北通往省城的路。一直往南去则是南斗山延寿殿，今天在延寿殿的旁边建起了文昌阁，没有路通到其他地方。正北方就是阳朔山，层层山峰像屏风样耸峙着，东边接着龙头山。东西两面的城墙都连接到城的南隅，北面就以山作为屏障，竟然没有城墙，也没有城门。而东北方的一座城门在北极宫下，仅能往东通到江水，往北通到仪安祠与读书岩而已，然而全都被荒草堵塞了，没有人行走。唯有东面濒临漓江的地方，开有三道城门以便取水。从东南门外渡江后向东去，濒江的聚落有白沙湾、佛力司等处，有很多人烟。

上午抵城，入正东门，即文庙前，从其西入县治，荒寂甚。县南半里，有桥曰"市桥双月"，八景之一也。桥下水西自龙洞入城，桥之东，飞流注壑。壑大四五丈，四面丛石盘突，是为龙潭，入而不溢。桥之南有峰巍然独耸，询之土人，名曰易山，盖即南借以为城者。其东麓为鉴山寺，亦八景之一。"鉴寺钟声。"寺南倚山临江，通道置门，是为东南门。山之西麓，为正南门。其南崖之侧，间有镈如合掌，即土人所号为雌山者也。从东南门外小磴，可至镈傍。余初登北麓，即觅道上跻，盖其山南东二面即就崖为城，惟北面在城内，有微路级，久为莽棘所蔽。乃攀条扪隙，久之，直造峭壁之下，莽径遂绝。复从其旁蹑巉石，缘飞磴，盘旋半空，终不能达。乃下，已过午矣。时顾仆守囊于舟，期候于东南门外渡埠旁。于是南经鉴山寺[①]，出东南门，觅舟不得，得便粥就餐于市。询知渡江而东十里，有状元山，出西门二里，有龙洞岩，为此中名胜，此外更无古迹新奇著人耳目者矣。急于觅舟，遂复入城，登鉴山寺。寺倚山俯江，在翠微中，城郭得此，沈彬诗云"碧莲峰里住人家"，诚不虚矣。时午日铄金^②，遂解衣当窗，遇一儒生以八景授。市桥双月，鉴寺钟声，龙洞仙泉，白沙渔火，碧莲波影，东岭朝霞，状元骑马，马山岚气。复北由二门觅舟，至文庙门，终不得舟。于是仍出东南门，渡江而东，一里至白沙湾，则舟人之家在焉。而舟泊其南，乃入舟解衣避暑，濯足沽醪，竟不复搜奇而就宿焉。

【注释】

①鉴山：即通常所称碧莲峰，在阳朔县城边，漓江西岸。山麓的鉴山寺，抗日战争时被毁。近年重建为鉴山楼，并有迎江阁。通过阁四周的画窗，能眺览如画的阳朔胜景。

②午日铄（shuò）金：形容天气酷热，中午的太阳能使金属熔化。铄，熔化。

【译文】

我上午抵达县城，进入正东门，就在文庙前边，从文庙西边进入县衙，十分荒凉冷清。县衙南面半里处，有座桥叫做"市桥双月"，是八景之一。桥下的水自西面的龙洞岩流进城中，桥的东边，飞流泻入壑谷中。壑谷大四五丈，四面成丛的岩石盘结飞突，这就是龙潭，流进去的水不见外溢。桥的南边有座石峰巍然独自耸立着，向当地人询问它的名字，名叫易山，大概就是城南借以筑城的山。这座山的东麓是鉴山寺，也是八景之一。叫"鉴寺钟声"。鉴山寺南面靠山临江，通有道路，设置了城门，这就是东南门。易山的西麓，是正南门。易山南面山崖的侧边，石壁上有条裂隙如合起来的手掌，就是当地人号称为雌山的地方了。从东南门外的石阶小路，可以走到裂隙旁边。我最初登上山的北麓，马上找路上登，原来这座山的南、东两面是就着山崖筑城，只有北面在城内，有石阶小路，但长期以来被丛莽荆棘遮蔽了。我只好抓着枝条摸着石缝上登，很久之后，直接到达峭壁之下，杂草丛生的小径便断了。再从峭壁的旁边踩着嶙石，顺着飞空的石阶，盘旋在半空中，始终不能到达。只得下山来，已经过了正午了。此时顾仆在船上看守行李，约好在东南门外的渡口码头旁等我。于是往南经过鉴山寺，出了东南门，找不到船，在集市上买到些方便的稀粥当饭吃了。问知渡江后往东走十里，有座状元山，出了西门走二里，有个龙洞岩，是这一带的名胜，此外再没有古迹和新奇的景致能吸引人的耳目了。我急于去找船，便再次进城来，登上鉴山寺。寺院背靠山，俯瞰着江流，在一片翠微之中，城郭中能有这样的景色，沈彬的诗中所说的"碧莲峰里住人家"，确实不假呀！此时正午的烈日能熔化金属，便解开衣服面对着窗口，遇见一位儒生把八景讲给我听。阳朔的八景为市桥双月、鉴寺钟声、龙洞仙泉、白沙渔火、碧莲波影、东岭朝霞、状元骑马、马山岚气。再向北经过两道城门去找船，来到文庙前的城门，始终找不到船。于是仍然走出东南门，渡江后往东走，一里后到达白沙湾，原来船夫的家在这里。而船停在他家的南边，于是进入船中脱下衣服避暑，洗脚买酒，居然不再去搜寻奇景就上床睡下了。

　　白沙湾在城东南二里①，民居颇盛，有河泊所在焉。其南有三峰并列，最东一峰曰白鹤山。江流南抵其下，曲而东北行，抱此一湾，沙土俱白，故以白沙名。其东南一溪，南自二龙桥来，北入江。溪在南三峰之东，逼白鹤西址出。溪东又有数峰，自南趋北，界溪入江口。最北者，书童山也，江以此乃东北逆转。

【注释】

①白沙湾：在阳朔城东南，漓江转一大湾。河湾岸上，遍地白沙，称白沙湾。岸上的村子也叫白沙湾村。

【译文】

　　白沙湾在县城东南二里处，居民非常兴盛，有河泊所在这里。白沙湾的南面有三座并列的山峰，最东边的一座山峰叫白鹤山。江流向南流到山下，向东北弯曲流去，围抱着这一处水湾，河沙全是白色的，所以用白沙来起名。白沙湾东南方有一条溪流，自南面的二龙桥流来，向北流入漓江。溪流在南面三座山峰的东边，逼近白鹤山西面的山脚流出去。溪流东面又有几座山峰，自南向北延伸，隔在溪流汇入漓江的入口处。最北边的，是书童山了，江水因为这座山便向东北逆转而去。

　　二十三日　早索晨餐，从白沙随江东北行。一里，渡江而南，出东界书童山之东。由渡口东望，江之东北岸有高峰耸立，四尖并起，障江南趋。其北一峰，又岐分支石，缀立峰头作人形，而西北拱邑，此亦东人山之一也。既渡，南抵东界东麓。陂塘高下，林木翛然，有澄心亭峙焉，可憩。又东一里，过穆山村，复渡江而东，循四尖之南麓趋出其东，山开目旷，奇致愈出。前望东北又起一峰，上分二岐，东岐矮而欹斜，若僧帽垂空，西岐高而独耸，此一山之二奇也。四尖东枝最秀，二岐西岫最雄，此两山之一致也。而回眺西南隔江，下则尖崖并削，上则双岫齐悬，此又即书童之南，群峰所幻而出者也。时循山东向，又五里已出二岐，东南逾一岭而下，是为佛力司①。司当江南转处，北去县十里。置行李于旅肆，问状元峰而上，犹欲东趋，居人指而西，始知即二岐之峰是也。西峰最高，故以状元名之。乃仍逾后岭，即从岭上北去，越岭北下，西一里，抵红旗峒。竟峒，西北一里抵山下，路为草没，无从得上，乃攀援踯躅，渐高渐得磴道，旋复失之，盖或翳或现，俱草之疏密为致也。西北上一里，逾山西下坳。乃东北上二里，逾山东上坳，此坳乃两峰分岐处也。从坳西北度，乱石重蔓，直抵高峰，崖畔则有洞东向焉。洞门虽高，而中不深广，内置仙妃像甚众，土人刻石于旁，言其求雨灵验，又名富教山焉。洞上悬窍两重，檐覆而出，无由得上。洞前有峰东向，即似僧帽者。其峰亦有一洞西与兹山对，悬崖隔莽，不能兼收。坐洞内久之，东眺恭城，东南瞻平乐，西南睨荔浦②，皆重山横亘。时欲一登高峰之顶，洞外南北俱壁立无磴，从洞南攀危崖，缘峭石，梯险踔虚，猿垂豹跃，转从峭壁之南，直抵崖半，则穿然无片隙，非复手足之力所及矣。时南山西市，雨势沛然，计上既无隙，下多灌莽，雨湿枝缪，益难着足。亟投崖而下，三里，至山足，又二里，逾岭，饭于佛力肆中。居人苏氏，世以耕读起家，以明经贡者三四人③。见客至，俱来聚观，言此峰悬削，曾无登路。数年前，峰侧有古木一株，其仆三人祷而后登，梯转绠级，备极其险，然止达木所，亦未登巅，此后从无问津者。下午，雨中从佛力返，共十里，仍两渡而抵白沙湾，遂憩舟中。

【注释】

①佛力司：今作"福利"，在阳朔县东境，漓江南转处，为阳朔主要圩市之一。

②荔浦：明为县，隶平乐府，即今荔浦县。

③明经:唐时科举制度的科目之一,与进士科并列,主要考经义。明清时用作贡生的别称。

【译文】

二十三日　清晨找早餐吃了,从白沙湾顺着江流往东北行。一里,渡江后往南走,出到东面分界的书童山的东麓。由渡口向东望去,江的东北岸有高峰耸立着,四座尖峰并排耸起,挡住江水向南流去。那北边的一座山峰,又岔出一些分支的岩石,悬缀矗立在峰头,作出人的样子,并面向西北方的县城拱手作揖,这也是东人山之一了。渡江后,向南到达东面一列山的东麓。池塘高高低低的,林木优美悠然,有座澄心亭屹立在这里,可以休息。又向东一里,路过穆山村,再渡过江往东行,沿着四座尖峰的南麓赶到山峰的东麓,山势开阔眼界宽广,奇丽的景致愈加展现出了。望见前面东北方又突起一座山峰,上面分为两座支峰,东边的支峰矮一些,而且倾斜着,好像和尚的帽子垂在空中,西边的支峰高一些,独自耸立着,这是一座山的两种奇观了。四座尖峰中东面的支峰最秀丽,两座支峰中西面的山峰最雄伟,这是两座山一致的地方了。回头眺望西南方隔着江流之处,下面是尖尖的石崖都很陡峻,上面却是双峰一起高悬着,这又是书童山的南面,群峰变换而出现的景观了。此时我沿着山向东走,又走五里已经过了有两座支峰的山,往东南越过一座岭后下走,这里是佛力司。佛力司位于江流向南转之处,北面距离县城有十里路。把行李放在旅店中,问好去状元峰的路就上登,还想向东边赶过去,居民指向西走,才知道这就是那座分出两岔的山峰了。西峰最高,所以用"状元"来给它起名字。于是仍然翻越后面的山岭,随即从岭上向北去,越过岭脊往北下山,向西一里,到达红旗峒。游遍整个山洞,往西北一里到达山下,路被草淹没了,无路得以上走,只好跌跌绊绊地攀援而上,渐渐爬到高处渐渐找到一条石阶路,旋即路又消失了,大致是有时被草遮住有时又显现出来,全是草丛的疏密所导致的。往西北上山一里,翻越到山的西面下到山坳中。于是向东北上山二里,翻越到山的东面登上山坳，这个山坳是两座支峰分岔之处。从山坳中往西北穿越过去，乱石重叠杂乱，一直到达高峰，山崖侧旁便有个山洞面向东方。洞口虽然高，可洞中不深也不宽，里面放置了很多仙妃像，当地人在旁边刻有石碑，说是向她们求雨很灵验，山名又叫富教山。洞上方高悬着两层石窍，像屋檐一样倾覆出来，无法得以上去。洞前方有座山峰面向东，就是像和尚帽子的那座山峰了。这座山峰上也有一个洞，面向西与这座山相对，隔着悬崖丛莽，不能兼顾了。坐在洞内很久，向东眺望恭城县，往东南远观平乐府，向西南斜视荔浦县，都是重重深山横亘着。此时我想一口气登上高峰的峰顶，洞外南北两面都是绝壁矗立着，没有台阶，从洞的南边攀着危险的石崖，沿着陡峭的山石，把高险的山石作为梯子，越过虚空，像猿猴一样垂吊着，如豹子一般跳跃，转而从峭壁的南边，一直抵达悬崖的半中腰，悬崖穹然隆起没有丝毫缝隙，不再是手脚的力量所能及的了。此时南山和西面的集市上空，雨势非常大，考虑上面既没有缝隙，脚下有很多灌木草丛，雨水打湿后，枝叶纠缠，越发难以落脚。急忙跳下悬崖往下走，三里，来到山脚，又行二里，越过山岭，在佛力司的旅店中吃饭。居民都姓苏，世代靠种田读书起家，以考明经科成为贡生的有三四个人。见有客人到来，都来围观，说这座山峰高悬陡削，从来没有上登的路。几年前，山峰侧边有一棵古树，他家的三个仆人祷告后去登山，用梯子粗绳一层层地转上去，备尝各种危险，然而只达到了古树在的地方，也没能登山峰顶，此后从没有问津的人了。下午，在雨中从佛力司返回来，共十里路，仍然两次渡过江流后到达白沙湾，便在船中休息。

　　佛力司之南，山益开拓，内虽尚余石峰离立，而外俱绵山亘岭，碧簪玉笋之森罗，北自桂林，南尽于此。闻平乐以下，四顾皆土山，而巉厉之石，不挺于陆而藏于水矣。盖山至此而顽，水至此而险也。

【译文】

　　佛力司的南面，山势更加开阔，旷野内虽然还有残余的石峰分别矗立着，可外围全是绵亘的山岭，像碧玉簪和白玉般的竹笋森然罗列着，北面起自桂林，南面在此地到了头。听说平乐府以下，四面环顾都是土山，而高险峭拔的岩石，不是在陆地上挺拔而起却是藏在水中了。大体上山势到了此地便圆浑起来，水势到了此地却险恶起来了。

　　二十四日　早饭白沙，即截江渡南峰下，登岸问田家洞道①。乃循麓东南，又转一峰，有岩高张，外有门垣。亟入之，其岩东向，轩朗平豁，上多垂乳，左后有窍，亦幽亦爽。岩中置仙像，甚潇洒，下有石碑，则县尹王之臣重开兹岩记也②。读记始知兹岩即土人所称田家洞，即古时所志为白鹤山者。三日求白鹤而不得，片时游一洞而两遂之，其快何如！余至阳朔即求白鹤山，人无知者；于入田家岩，知其即白鹤也。其山东对书童山，排闼而南，内成长坞，二龙桥之水北注焉。坞中舟行六十里，可抵二龙桥。

【注释】

　　①田家洞：今称田家河，在阳朔县城东南郊，金宝河与玉龙河汇合后流入漓江处。

　　②县尹：元代称统治一县的行政长官为县尹，明清时则称知县。

【译文】

　　二十四日　在白沙湾吃早饭，立即横截江流渡到南面的山峰下，登上岸打听去田家洞的路。于是沿着山麓往东南行，又转过一座山峰，有个岩洞口高高张开着，外边有墙有门。急忙进洞，这个岩洞面向东，轩敞明朗，平坦宽阔，顶上有很多下垂的钟乳石，左后方有个石窍，又幽静又清亮。岩洞中放置有神仙像，十分潇洒，下边有块石碑，是知县王之臣重新开辟这个岩洞的碑记。读过碑文才知道这个岩洞就是当地人所说的田家洞，也就是古时候志书记载为白鹤山的地方。寻找白鹤山三天找不到，游览一个洞却在片刻之间满足了我对这两个地方的心愿，这种快乐是何如的！我一到阳朔就在找白鹤山，没有人知道；在此地进入田家岩，了解到这就是白鹤山了。这座山东边面对着书童山，像一排门扇一样往南延伸，山内形成长长的山坞，二龙桥下的水流向北。乘船从山坞中前行六十里，可以到达二龙桥。

　　既出白鹤，遂循北麓溯江而西，三里，入东南门。复由正南门出，置行囊于旅肆，乃携火肩炬，西北循大道向龙洞岩①。先一里，望见路右一山，蛤岈嵽峒，裂窍重重，以为即龙洞矣。途人指云："犹在北山。"乃出一石圈卷门，共一里，越小桥而东，有两洞门俱西向，一南列，一北列。其南列者为龙跃岩，地稍下，门极危朗；北洞地稍高，草塞门径。先入南洞，洞内东五丈，层陟一台，台右有窍深入洞前。左有石台、石座、石龛，可以憩思；右有乡人莫孝廉之先《开洞记》②，谓："北乃潜龙幽蛰之宫，此乃神龙腾跃之所，因命之曰龙跃岩。"出，由洞北登龙洞岩。

【注释】

　①龙洞岩：阳朔城西钟灵山有八洞，龙洞岩、龙跃岩、珠明洞皆为其中之一，八洞形态各异，彼此通透，洞口刻有"洞分八门，勾连曲畅"。

　②莫孝廉：原作"莫孝廛"，据本日记后文改。

【译文】

　　出了白鹤山之后，便沿着山的北麓溯江流往西行，三里，进入东南门。再经由正南门出城，把行李放在旅店中，随后带上火种肩扛火把，往西北顺着大路走向龙洞岩。最初的一里路，望见道路右边有一座山，幽深高峻，山上全是空洞，裂开的石窍一层层，我以为这就是龙洞岩了。路上的人指着说："还在北面的山上。"于是出了一道石圈圆拱门，共一里，越过小桥往东走，有两个洞口都是面向西，一个排列在南面，一个排列在北面。那排列在南边的是龙跃岩，地势稍微低下一点，洞口极为高险明朗；北洞的地势稍高一些，茅草堵塞了洞口的小径。先进入南洞，洞内向东进去五丈，一层层登上一个高台，高台右边有个石窍可深入到洞前。左边有石台、石座和石龛，可以坐下休息遐想；右边有本乡人莫之先孝廉的《开洞记》，其中说："北边是神龙潜藏幽居蛰伏的龙宫，这是神龙腾跃的场所，因而把它命名为龙跃岩。"出来后，由洞北登上龙洞岩。

蒸炬而入，洞阔丈五，高一丈，其南崖半壁，平亘如行廊；入数丈，洞乃南辟，洞顶始高。其后壁有龙影龙床，俱白石萎蕤，上覆下裂，为取石锤凿半去，所存影响而已。其下有方池一、圆池一，深五六寸，内有泉澄澈如镜，久注不泄，屡斟辄满。幽閟之宫有此灵泉，宜为八景第一也。池前又有丹灶一圆，四围环起，下剜一窍如门，宛如砌造成者。池上连叠小龛，如峰房燕窝，而俱无通道处。由左壁洼陷处伏地而入，渐入渐小，穴仅如巨管，蛇游南透五六丈后，始可屈伸。已乃得一旁裂之龛，得宛转焉。于是南明、小西，各启洞天，遂达龙跃后腋。

【译文】
点燃火把进去，洞宽一丈五尺，高一丈，洞内南边的崖壁半中腰，平缓绵亘如走廊;进去几丈,洞的南边开阔起来,洞顶开始变高。洞后面的石壁上有龙的影子和龙形的石床,全是白色的岩石像茂盛的枝条一样垂下来,上面下覆,下边裂开,被取石头的人用锤子凿去了一半,保存下来的仅有一点影响而已。那下面有一个方形水池、一个圆形水池,水深五六寸,水池里面有澄澈的泉水如同镜子,泉水长期流入却不会外泄,屡屡舀去总是立即就变满。幽深隐秘的龙宫中有如此灵异的泉水,应该列为八景的第一位。水池前又有一个圆圆的炼丹灶,四周呈环状突起,下面剜空一个孔洞像门一样,宛如人工砌成的灶。水池上方一连重叠着几个小石龛,如蜂房燕窝,然而全然没有什么地方有通道。由左边洞壁洼陷处趴在地上进去,逐渐进去渐渐变小,洞穴仅像一根巨大的竹管,像蛇一样游动着向南钻了五六丈后,才可以伸缩身体。不久见到一个在旁边裂开的石龛,才得以在其中转动身子。从这里起,南明、小酉各自开启一片洞天,终于到达龙跃岩的后侧方。

　　出洞,仍半里,由圈门入,东望龙洞南列之峰,闉阇重重,不胜登龙之企。遂由圈内渡溪东行,从棘莽沮如中①,又半里,抵山下。初入西向第一门,高穹如峡,内皆牛马践秽,不可容足。东入数丈,转北者愈昏黑莫穷,转南者旋明穴西透。随明蹑峡,仍西出洞门之上,盖初入洞,南上西向第二门也。由其外更南上西向第三门。其洞东入,成峡如初洞,第峡下逼仄如胡同,峡上层叠如楼阁。五丈之内,下峡既尽,上悬重门,圆整如剜琢而成者。第峡壁峭削,俱无从上。与静闻百计攀跻,得上峡一层,而上层复悬亘莫达。乃出洞前,仰望洞上又连启二门,此又南上西向第四、第五门也。冀其内下与峡内重门通。静闻欲从洞外攀枝蹑缝直上,余欲从洞外觅窦寻崖另入,于是又过南上西向第六门,仰望愈高,悬崖愈削,弥望而弥不可即。又过南上西向第七门,见其石纹层层,有突而出者,可以置足,有窍而入者,可以攀指。遂覆身上蹑,凌数十级而抵洞门。洞北又夹坳竖起,高五六丈。始入上层,其夹光腻无级,无计可上。乃令顾仆下山觅树,意欲嵌夹以登,而时无佩刀,虽有竖条,难以断取,姑漫往觅之。时静闻犹攀蹑于第五门外,度必难飞陟,因令促来并力于此。顾仆下,余独审视,其夹虽无隙级,而夹壁宛转,可以手撑足支,不虞悬坠②。遂耸身从之,如透井者然,皆横绷竖耸,不缘梯级也。既升夹脊,其北复陨而成峡,而穿映明透,知与前所望洞必有一通,而未审所通果属何门。因骑墙而坐,上睇洞顶,四达如穹庐;下瞰峡底,两分如璇室。因高声促静闻,久之,静闻与顾仆后先至。顾仆所取弱枝细不堪用,而余已升脊,亦不必用,教静闻如余法登,真所谓教猱也。静闻既登,余乃从脊西南上,静闻乃从脊东北上,各搜目之所未及者,俱不能远达。于是乃从脊北下峡中北进。西上高悬一门,则第六重门也,不及上。循峡更进,转而西出,则第五门也。门有石龙,下垂三四丈,头分两岐,击之铿然。旁有一坐平庋,下临重崖,上瞩垂乳,悬龙在旁,可卧而扰也。由龙侧循崖端而北,又得一门,则第四门也。穿门东入,稍下次层,其中廓然四辟。右向东转,深黑无穷,左向西出,即前第三门之上层也。知重门若剜处即在其内,因循崖穷之,复隔一柱。转柱隙而入,门内复另环一幽,不远亦不透也。自第三门而上,连历四门,初俱跻攀无路,一入第七门,如连环贯珠,络绎层分,宛转俱透,升陟于层楼复阁之间，浅深随意，叠层凭空，此真群玉山头、蕊珠宫里也。有莫公臣者，遍题"珠明洞"三字于四、五二洞之上，此亦有心表章兹洞者。时当下午，令顾仆先趋南门逆旅，炊黄粱以待。余与静闻高憩悬龙右畔，飘然欲仙，嗒然丧我③，此亦人世之极遇矣。久之，仍从第六门峡内，西向攀崖以上。其门虽高张，内外俱无余地，不若四、五二门，外悬台榭，内叠楼楹也。既乃逾脊，仍南下第七门，由门外循崖复南，又得南下东向第八门④。其洞亦成峡，东上虽高峙，而不能旁达。洞右有大理寺丞题识⑤，然不辨其为何时何姓名也。此山西向八洞，惟南北之洞不交通，而中央四洞最高而可旁达，较之他处一二门之贯彻，一二洞之勾连，辄揽奇誉，真霄壤矣。

【注释】

①沮如(jù rù)：低湿的地方。如，同"洳"。

②虞(yú)：料想，臆度。

③嗒(tà)然丧我：心境空虚，物我皆失。

④又得南下东向第八门："东"，乾隆本、"四库"本作"西"。

⑤大理寺：我国从南北朝到清代的中央审判机关，负责审核刑狱案件。其主要官吏称卿，以下按级别顺序为少卿、丞等。

【译文】

出洞后，仍然走半里，由石拱门中进去，远望东方龙洞岩南面排列着的山峰，天门重重，禁不住有登龙门的奢望。于是由石拱门内渡过溪流往东行，从长满荆棘草丛的泥沼地中又行半里，到达山下。最初进入向西的第一个洞口，高大穹隆如峡谷，洞内全是牛马践踏的污秽物，不能落脚。向东进去几丈，转向北的地方愈加昏黑无法走到头，转向南的地方旋即就是明亮的洞穴向西通出去。顺着明亮的洞穴登上峡谷，仍然向西出到洞口之上，这就是最初进洞时，南面上方面向西的第二个洞口了。由洞口外边再向南登上面向西的第三个洞口。这个洞口向东进去，和最初进去的洞一样形成峡谷，只是峡谷下面狭窄得像一条胡同，峡谷上方层层叠叠的好像楼阁。五丈之内，下面的峡谷到头后，上面悬着两层洞口，圆滑平整得像人工挖凿成的。只是峡壁峭拔陡削，全然无从上去。我与静闻千方百计地设法攀登，得以登上一层峡谷，可上层又高悬横亘着，无法到达。于是出到洞前，仰面望去，洞上方又一连开有两个洞口，这又是南面上方面向西的第四个、第五个洞口了。希望洞内下边与峡谷内的两层洞口相通。静闻想要从洞外攀着树枝踩着石缝直接上登，我打算从洞外寻找孔洞和石崖由另外途径进去，于是又经过南面上方面向西的第六个洞口，抬头望去更高了，悬崖更加陡削，越望越不可能到达。又经过南面上方面向西的第七个洞口，看见那里有一层层的石纹，有突出来的地方，可以放脚，有孔洞凹进去的地方，可以用手指抓住。于是俯下身去上登，凌空几十层后才到达洞口。洞内北边又有凹坑两旁的夹壁竖起，高五六丈。开始进入上层时，那夹壁光滑细腻没有台阶，无计可以上登。于是命令顾仆下山去找树枝，意思是想把树枝嵌入夹壁上得以上登，可此时没有带佩刀，虽然有竖直的枝条，难以弄断取来，姑且漫无边际地去找树枝。此时静闻还只攀登到第五个洞口的外面，估计他必定难以飞渡过去，因而强行催促他过来此地一起合力攀登。顾仆下去后，我独自一人细心审视，那夹壁虽然没有缝隙和台阶，但夹壁弯弯转转的，可以用手脚支撑着上登，料想悬在高空不会坠落下来。于是挺身采用这个方法上登，就像钻出水井那样，都是手脚横向绷紧身子竖直向上耸动，不必沿着梯子台阶走了。升上夹壁上的石脊，石脊北边又陷落下去成为峡谷，而且穿通进去有亮光映照进来，心知与先前望见的洞必定有一处相通，但不清楚所通之处究竟是哪个洞口。因而骑在石头墙上坐着，向上斜视洞顶，四通八达好像帐篷一样；下瞰峡底，两面分开像美玉装饰的内室。于是高声催促静闻，很久之后，静闻与顾仆先后来到了。顾仆取来的小树枝细得不能用，而我已经爬到了石脊上，也不必用了，教静闻按照我的方法上登，真是所谓的教猿猴了。静闻登上来后，我便从石脊上往西南上走，静闻就从石脊上往东北上走，各自去搜寻眼睛所不能看见的东西，都不能走到远处。于是只好从石脊北边下到峡谷中向北前进。西边的上方高悬着一个洞口，那是第六个洞两层的洞口，来不及上去。沿着峡谷再进去，转向西出来，就是第五个洞口了。洞口有条石龙，下垂之处有三四丈，头分为两岔，敲击它发出铿锵的声音。旁边有一个石座平架着，下临重重石崖，向上注视着下垂的钟乳石，悬垂的石龙在旁边，可以躺下去驯服它。由石龙侧边沿着石崖前端往北走，又见到一个洞口，这是第四个洞口了。穿过洞口往东进去，渐渐下到第二层，洞中十分空阔，四面扩展开去。从右边向东转，深黑没有尽头，从左边向西出来，就是先前第三个洞口的上层了。心知那两层洞口像人工剜空的地方就在那里边，于是沿着崖壁去穷究它，又隔着一根石柱。从石柱旁的缝隙转进去，洞口内另外又环绕成一处幽境，不远也不通透。从第三个洞口往上登，一连经过四个洞口，最初都是无路可以攀登，一进入第七个洞口，如同连在一起的玉环串在一起的珠子，络绎不绝，层层分开，弯弯转转地全部相通，爬升在层层楼阁之间，深浅之处随意，层层叠叠的，登临虚空，这真是身在群玉山头、蕊珠宫里了。有个叫莫公臣的人，在第四、第五两个洞的上方四处题写了"珠明洞"三个字，这也是有心表彰宣扬这个洞的人。此时正当下午，命令顾仆先赶到南门的旅店中，煮好饭等着我们。我与静闻在悬垂石龙右侧的高处休息，飘飘然想做神仙，悠然忘我，物我皆空，这也是人世间一种极致的境遇了。许久，仍然从第六个洞口的峡谷内，向西攀着石崖上来。这个洞口虽然高高张开着，内外都没有空余的地方，不如四、五两个洞口，外边高悬着台榭，里面叠架着楼阁。随即越过石脊，仍然往南下到第七个洞口，由洞口外沿着石崖再向南走，又找到南面下方面向东的第八个洞口。这个洞也是形成峡谷，东面上方虽然高高地耸峙着，但不能旁通。洞右边有大理寺丞的题记，然而不能辨认出他是哪个时代的人是什么姓名了。这座山面向西的八个洞，只有南北两面的洞不相通，而中央的四个洞地势最高，而且可以四通八达，与其他地方一两个洞口贯通、一两个山洞相连比较起来，这里独揽奇观和美誉，真是天地之别了。

南崖复北转至第一洞，乃下山循麓南行半里，有峰巍然拔地屏峙于左，有峰峭然分岐拱立于右。东者不辨为何名，西者心拟为石人，而《志》言石人峰在县西七里，不应若是之近，然使更有一峰，则此峰可不谓之"人"耶？既而石人之南，复突一石，若伛偻而听命者，是一是二，是人是石，其幻若此，吾又焉得而辨之！又南半里，将抵南门逆旅，见路南山半，梵宇高悬，一复新构，贾余勇登之。新构者文昌阁，再上为南斗延寿堂，以此山当邑正南，故"南斗"之也。时当午，暑极，解衣北窗，稍凉而下。饭肆中，遂入南门，抵北山，过城隍庙、报恩寺，俱东向。觅所谓"大石岩"者，乃大乘庵也，废然而下。乃东过察院，东向临城上。北上北宸宫，以为即龙头山慈光寺也。比至，乃知为北宸。问："龙头山何在？"云："北门外。"问："慈光寺何似？"云："已久废。"问："读书岩何托？"云："有名而无岩，有室而无路，可无烦往也。"余不顾，亟出北门，沿江循麓，忽得殿三楹，则仪安庙也，为土人所虔事者。又北，路为草蚀，荆蔓没顶，已得颓坊敝室，则读书岩矣。亦莫孝廉之先所重建，中有曹能始学佺碑记，而旁有一碑，则嘉靖重建，引解学士缙诗曰："阳朔县中城北寺，云是唐贤旧隐居；山空寺废无僧住，惟有石岩名读书。"

观此,则寺之废不自今日矣。时殷雷催雨,急入北门,过市桥,入龙潭庵,观所谓龙潭。石崖四丛,中洼成潭,水自市桥东注,隙坠潭中,有纳无泄,潜通城外大江也。

【译文】

　　再从南面的山崖向北转到第一个洞,于是下山沿着山麓往南行半里,有座山峰巍然拔地而起,屏风一样屹立在左边,有座山峰峭拔地分为两岔,拱手矗立在右边。东面的山峰分辨不出叫什么名字,西面的山峰我心里揣测是石人峰,但《一统志》说石人峰在县城西面七里处,不应该像这座山峰这样近,然而即使另外还有一座石人峰,那这座山峰可以不把它称为"人"吗? 继而石人的南边,又突起一座石峰,如弯腰曲背俯首听命的样子,是一座山峰还是两座山峰,是人还是石头,它的变幻竟然如此,我又怎能分辨得清呢! 又向南半里,即将抵达南门的旅店,看见路南边的半山腰,有佛宇高悬着,有一处是重新建造的,鼓足剩余的勇气登上去。新建的是文昌阁,再上去是南斗延寿堂,因为这座山在县城的正南方,所以用"南斗"来给它起名了。此时正当中午,天气炎热极了,解开衣襟面对北边的窗口,稍微凉快一点便下山来。在旅店中吃了饭,于是进入南门,到达北山,路过城隍庙、报恩寺,都是面向东。寻找所谓的"大石岩"的地方,原来是大乘庵,颓然败兴地下来了。于是向东路过按察院,面向东,高高位于县城的上方。往北登上了北宸宫,我以为这就是龙头山慈光寺了。等到达后,才知道是北宸宫。我问:"龙头山在哪里?"回答说:"在北门外。"问:"慈光寺像什么样?"答道:"已经荒废了很久。"问:"读书岩坐落在什么地方?"答道:"有名字却没有岩洞,有房屋却没有路,可以不必麻烦前往了。"我不理会,急忙出了北门,沿着江岸顺着山麓走,忽然见到一处三开间的佛殿,原来是仪安庙,是当地人虔诚供奉的庙宇。又向北走,路被草侵蚀了,荆棘藤蔓没过头顶,不久找到倒塌的牌坊和破烂的房子,这就是读书岩了。也是孝廉莫之先重建的,洞中有曹能始(曹学佺)题写的碑记,而且旁边有一块碑,是嘉靖年间重立的,碑文引用大学士解缙的诗说:"阳朔县中城北寺,云是唐贤旧隐居;山空寺废无僧住,惟有石岩名读书。"看了这首诗,知道这座寺院的荒废不是起自今日了。此时隆隆雷声催雨,急忙进入北门,过了市桥,进入龙潭庵,观看所谓的龙潭。石崖四面成丛,山洞下洼形成水潭,水流从市桥下向东流来,坠落到水潭中,有流进去的没有外泄的,潜流暗中通到城外的大江中了。

甫入庵,有莫姓者随余至,问:"游岩乐否?"余以珠明岩夸之。曰:"牛洞也。数洞相连,然不若李相公岩更胜。此间岩洞,山山有之,但少芟荆剔蔓为之表见者耳。惟李岩胜而且近,即在西门外,不可失也。"余仰见日色尚高,急别莫,曳杖出西门,觅火携具,即从岐北行,遇一小石梁,从梁边岐而西行,已绕此山东北两面矣。始知即前拔地屏峙之峰,即西与石人为对者也。既乃绕至西麓,其洞正西向石人峰,洞门之右,有镌记焉。急读之,始知其洞有来仙之名,李公为闽人李杜。更知其外列之山,有天马、石人诸名,则石人之不在七里,而即在此益征矣。李杜《来仙洞记》曰:"隆庆四年长至,闽云台山人李杜至阳朔,出郭选胜,得兹山倚天而中立,其南面一窍,可逾而入也。内有巨石当门,募工凿之,如搰泥折瓦然。其中有八音、五采,千怪万奇,其外则屏风、蟠桃、石人、天马、陈抟、钟离诸峰,环列而拱向,敞朗宏深,夏凉冬燠,真足娱也。其明年大水,有巨蛟长数丈乘水而去,洞中故有专车之骨①,亦忽不见。邑之人异之,以余为仙人来也,名之曰来仙洞。夫余本遵伦谨业,恬泊为愉,非有缪巧仙理也,安足以驱蛟而化骨!然此山之幽奇,涵毓于开辟之初,而閟伏于亿万年之久。去邑不能一里,邑之人不知其有斯洞也。一旦而见表于余,夫不言而无为，莫道于山川，而含章以贞终，以时发，是以君子贵夫需也。于稽其义，有足以觉世者矣。故为之记。门人靖藩云岳朱经弁书。"《记》谓其洞南面，余时占日影，指石人似为西面，大抵西向而少兼夫南者也。入洞东行，不甚高爽，转而南，遂昏黑。秉炬南入，有岐窍焉。由正南者，数丈辄穷；由东南者，乳窦初隘，渐入渐宏，琼葩云叶，缤纷上下。转而东北，遂成穹峡，高不见顶，其垂突蹲裂，种种开胜。深入，忽峡复下坠渊黑，不可以丈数计。以炬火星散投之，荧荧直下，久而不得其底。其左削崖不能受趾，其右乳柱分楞，窗户历历。以火炬隔崖探之，内若行廊，玲珑似可远达，惟峡上难于横度，而火炬有尽，恐深入难出，乃由旧道出洞前，录《来仙洞记》②。从南麓东入西门，出东南门渡口，则舟人已舣舟待，遂入舟宿。

【注释】

①专车：占满一车。

②来仙洞：来仙洞、石人峰、牛洞、龙洞诸山，现都在阳朔公园内。

【译文】

刚进龙潭庵时，有个姓莫的人跟随我来到，问我说："游岩洞快不快乐？"我拿珠明岩向他夸耀了一番。他说："那是牛洞。几个洞相连，但不如李相公岩优美。这一带的岩洞，座座山都有，只是缺少铲去荆棘除掉藤蔓替它们表彰宣扬的人罢了。只有李相公岩景致优美而且很近，就在西门外，不可错失了。"我抬头见天色还早，急忙告别了姓莫的，拖着拐杖出了西门，找来火把带上工具，立即从岔道往北行，遇见一座小石桥，从桥边的岔路往西行，已经绕过这座山的东、北两面了。这才知道这就是先前拔地而起像屏风样屹立着的山峰，也就是在西面与石人峰相对的山峰了。既而绕到山的西麓，那个岩洞正面向西对着石人峰，洞口的右边，刻有碑记。急忙读了碑文，才知道这个洞有来仙洞的名字，李公是指福建人李杜。另外了解到洞外排列着的山，有天马、石人各种名字，那么石人峰不在县城西面七里处而是就在此地，更加得到证实了。李杜的《来仙洞记》说："隆庆四年(1570)夏至日，福建云台山人李杜来到阳朔，出城览胜，看到这座山背靠苍天矗立在中央，山的南面有一个洞穴，可以攀登进去。洞内有巨石挡在洞口，招募工匠凿开巨石，如同挖掘泥土折断瓦片一样。洞内有八种器乐和五彩颜色的景致，千奇百怪，洞外则有屏风、蟠桃、石人、天马、陈抟、钟离诸峰，环绕排列着，呈拱形相向，宽敞明朗，宏大幽深，夏凉冬暖，真值得高兴呀！那年的第二年发大水，有条几丈长的巨大的蛟龙乘着水势离开了洞穴，洞中原有的能装满一车的白骨，也忽然不见了。县里的人认为此事很奇异，把我当做是仙人来了，给岩洞起名叫来仙洞。我本来遵守人伦，谨慎行事，把清静淡泊视为快乐，并不相信荒谬巧诈的神仙的道理，哪里能够驱逐蛟龙并化除白骨！然而这座山的幽雅奇特，孕育于开天辟地之初，而后隐藏潜伏了亿万年之久。离县城不到一里路，县城里的人却不知道有这个洞。一旦被我这样显扬，不用说什么也不必做什么，不用大讲山川美景，而洞内隐藏的秀美始终不变，只是等待时机显露出来，所以正人君子贵在等待。至于稽考它的意义，有这一点就足以警觉世人了。故而为这个洞作了这篇记文。弟子靖江王府云岳朱经舁书写。记文说这个洞面向南方，我此时观察太阳的影子，指向石人峰，似乎是面向西方，大致上是个面向西却稍稍兼向南的山洞。进洞后往东行，不怎么高大明朗，转向南，便昏黑下来。举着火把向南进去，有岔洞。向正南去的，几丈远就到了头；从东南方去的，满是钟乳石的洞穴起初很狭窄，渐渐进去渐渐宽敞起来，琼玉般的花朵，云层样的叶片，上下纷纭。转向东北走，便成了穹隆的峡谷，高得看不见顶，那些悬垂前突蹲踞逆裂的岩石，种种姿态现出优美的景致。深入进去，忽然间峡谷又向下坠入一片渊深漆黑之中，不能用丈来计数。把火把散开扔下去，火光荧荧一直往下落，很久不能见到洞底。峡谷左边陡削的崖壁不能承受脚掌，峡谷右边的钟乳石柱分为格子状，像门窗一样看得清清楚楚。用火把隔着悬崖探视对面，那里面像一条走廊，玲珑小巧似乎可以通到远处，只是峡谷上方难以横渡，而且火把又要用完了，担心深入进去难以出来，于是经由原路出到洞前,抄录《来仙洞记》。从山的南麓向东进了西门,走出东南门来到渡口,就见船夫已经把船停在岸边等候,于是进船睡下。

二十五日　自阳朔东南渡头发舟①,溯流碧莲峰下。由城东而北,过龙头山,自是石峰渐隐。十里,古祚驿。又十五里,始有四尖山在江左,其右亦起群尖夹江,是为水绿村。又北七里,有岩在江之西岸,门甚高敞,东向临江。由右腋深入,渐高而黑,久乃空濛,复东辟门焉。由岩左腋上登,其上前亘为台,后结一窦,有尼栖焉。不环堵,不覆屋,因台置垣,悬梯为道,甚觉轩爽。窦后复深陷成峡,昏黑。东下欲索炬深入,尼言无奇多险,固止之。而雷声复殷殷促人,时舟已先移兴平,遂出洞。由洞左循麓溯江,草深齐项,半里,达螺蛳峰下。其峰数盘而上,层累若螺蛳之形,而卓耸压于群峰,乃兴平东南水口山也。以前岩在其下,土人即指为螺蛳岩。余觉岩在螺峰之南,双岐低峰之麓,及入岩读碑,而后知其为蛟头,非螺蛳也。螺蛳以峰胜,蛟头以岩胜,螺蛳穹而上盘,蛟头垂而下络,不一山,亦不一名也。绕螺蛳又二里,及舟,入半里,少舣兴平。其地有溪自东北来,石山隙中,遥见巨岭亘列于内,即所趋恭城道也。崖上有室三楹,下临江渚,轩栏横缀,为此中所仅见,额曰"月到风来",字亦飞逸,为熊氏书馆②。余闯入其中,竟不见读书人也。下舟已暮,又北二里而泊。

【注释】

①阳朔:世称"阳朔山水甲桂林"。确切地说,桂林山水以漓江两岸

最胜。漓江水的最大含沙量约为万分之三,多年平均含沙量仅为万分之零点六,数值之低,世界少有。桂林至阳朔间90公里的漓江两岸,风景点甚多,宛如一条赏心悦目的山水画廊,集中了桂林风景山秀、水清、洞奇、石美的特点。

②书馆:进行启蒙教育的私塾。

【译文】

二十五日　从阳朔县城东南门外的渡口码头开船,溯江流来到碧莲峰下。经由城东往北行,经过龙头山,从这里起石峰渐渐隐去。十里,到古祚驿。又行十五里,开始有四座尖山出现在江左,江右也耸起成群的尖峰夹住江流,这里是水绿村。又向北七里,有个岩洞在江的西岸上,洞口非常高大宽敞,面向东,下临江流。从右侧深入进去,逐渐变高并黑下来,很久才变得空濛一片,又在东边开启了一个洞口。由岩洞左侧上登,那上边前边横亘着成为平台,后面盘结成一个洞穴,有尼姑住在里面。没有四围的墙壁,不盖屋顶,就着平台建有矮墙,悬垂着梯子作为通道,觉得非常轩敞明亮。洞穴的后面又深陷成峡谷,昏黑一片。往东下去想要找火把来深入进去,尼姑说洞中没有奇特之处,险阻很多,坚决阻止我进去。而且雷声又隆隆响起催人上路,此时船已经先一步移到兴平,便出了洞。由洞左边沿着山麓溯江流前行,荒草深齐脖子,半里,到达螺蛳峰下。这座山峰分几层盘绕而上,层层堆叠好像螺蛳的形状,而且高高耸起压过群峰,是兴平东南方的水口山。由于之前那个岩洞在螺蛳峰的下游,当地人便指认为是螺蛳岩。我觉得岩洞在螺蛳峰的南面,位于分为两岔的低矮山峰的山麓,到进入岩洞读了碑文后,然后才知道这是蛟头岩,不是螺蛳岩。螺蛳峰以山峰取胜,蛟头岩以岩洞取胜,螺蛳峰穹窿而起向上盘绕,蛟头岩向下低垂缠绕,不是一座山,也不是同一个名字。绕过螺蛳峰又走二里,赶上船,进入船中半里,暂时停靠在兴平。这个地方有溪水自东北方流来,在石山的缝隙中,远远看见有巨大的山岭横隔着排列在里面,那就是通往恭城县城的路了。山崖上有三间屋子，下临江中的沙洲，轩廊的栏杆横横地点缀着，是这里所仅见的，匾额上写着"月到风来"，字体也很飞舞飘逸，是熊家的私塾。我闯入私塾中，竟然不见有读书的人。下到船中时已是傍晚，又向北行船二里后停泊下来。

二十六日　昧爽发舟，西北三里，为横埠堡，又北二里为画山。其山横列江南岸，江自北来，至是西折，山受啮，半剖为削崖；有纹层络，绿树沿映，石质黄红青白，杂彩交错成章，上有九头，山之名"画"，以色非以形也。土语："尧山十八面，画山九筒头①，有人能葬得，代代出封侯。"后地师指画山北面隔江尖峰下水绕成坪处为吉壤，土愚人辄戕其母欲葬之。是夕峰坠，石压其穴，竟不得葬，因号其处为忤逆地。余所恨者，石坠时不并毙此逆也。舟人泊舟画山下晨餐。余遂登其麓，与静闻选石踞胜，上罨彩壁，下蘸绿波，直是置身图画中也。崖壁之半，有洞北向，望之甚深，上下俱无所着足。若缘梯缀级于石纹之间，非直空中楼阁，亦画里岩栖矣。

【注释】

①画山：今称九马画山。人们把峭壁上的轮廓线条想象成九匹骏马，或立或卧，或仰或俯，或奔驰，或漫饮，神态各异，宛如一幅巨大的壁画。筒：疑为"箇"即"个"，因形近而误。

【译文】

二十六日　黎明开船，往西北三里，是横埠堡，又向北二里是画山。这座山横向排列在江的南岸，江水自北边流来，流到这里向西折去，山受到江水冲刷，一半被剖为陡削的悬崖；有石纹一层层地交织在一起，沿岸的绿树掩映着，石质呈黄、红、青、白各色，杂乱的色彩交错成花纹,上面有九个头,这座山之所以起名叫"画",是根据颜色而不是根据形状。当地谚语说:"尧山十八画,画山九个头,有人能葬得,代代出封侯。"后来风水先生指出,画山北面隔着江流的尖峰下江水绕成平地之处是块吉地,当地的一个蠢人便残杀了自己的母亲想要葬在那里。这天黄昏时山峰崩塌,岩石压住了那个墓穴,竟然不能葬下去,因此把那个地方称为忤逆地。我所遗憾的是,岩石坠落时没有一并把这个忤逆之子砸死喽。船夫把船停泊在画山下吃早餐。我于是登上画山的山麓,与静闻选了一块石头盘腿坐在这景色优美的地方,上方覆盖着彩色的石壁,下边蘸着绿色的水波,简直是置身于图画之中了。崖壁的半中腰,有个山洞面向北,望过去非常深,上下都无处落脚。如果沿着石纹之间架有梯子或是石阶,那不仅只是空中楼阁,也是在画中栖身于岩洞中了。

返而登舟,又北一里,上小散滩。又北二里,上大散滩。又北七里为锣鼓滩,滩有二石象形,在东岸。其处江之西涯,有圆峰端丽;江之东涯,多危岩突兀。其山南岩窍,有水中出,缘突石飞下坠江,势同悬瀑。粤中皆石峰拔起,水随四注,无待破壑腾空。此瀑出崇窍,尤奇绝。

【译文】

返回来登上船,又向北一里,驶上小散滩。又向北二里,上了大散滩。又向北七里是锣鼓滩,河滩上有两块岩石很像大象的形状,在东岸。此处江的西岸,有座圆圆的山峰,端庄秀丽;江的东岸,有很多高险突兀的石岩。这座山南面的岩洞中,有水从洞中流出来,顺着前突的岩石向下飞泻坠入江中,水势如同悬空的瀑布。粤地都是石峰拔地而起,水顺势四处流淌,无需冲破壑谷腾空而下。这条瀑布从高高的洞穴中流出来,尤为奇妙绝伦。

又北八里，过拦州①。西北岸一峰纯透，初望之，疑即龙门穿穴，以道里计之，始知另穿一峰，前以夜棹失之耳。舟转西北向，又三里，为冠岩②。先是江东岸崭崖，丹碧焕映，采艳画山。冠岩即在其北，山上突崖层出，俨若朝冠。北面山麓，则穿洞西向临江，水自中出，外与江通。棹舟而入，洞门甚高，而内更宏朗，悉悬乳柱，惜通流之窦下伏，无从远溯。壁间有临海王宗沐题诗，号敬所，嘉靖癸丑学宪。诗不甚佳，时属而和者数十人，吉人刘天授等。俱镌于壁。觇玩久之，棹舟出洞，望隔江群峰丛合，忆前拦州所见穿山当正对其面，惜溪回山转，并其峰亦莫能辨识。顷之，矫首北见皎然一穴，另悬江东峰半，即近在冠岩之北。急呼舟人舣舟登岸，而令其以舟候于南田站。余乃望东北峰而趋，一里，抵山腋。先践蔓凌巉，既乃伏莽穿棘，半里逾岭坳。度明穴在东，而南面之崖绝不可攀，反循崖北稍下悬级，见有叠石阻隘者，知去洞不远矣。益北下，则洞果南透。其山甚薄，上穹如合掌，中罅。北下俱巨石磊落，南则峭崖悬亘，故登洞之道不由南，而由北云。洞右复有旁门复室，外列疏楞，中悬团柱，分帏裂隙，东北弥深，似昔有居者。而洞北复时闻笑语声，谓去人境不远，以为从北取道，可近达南田。时轰雷催雨，亟出明洞。北隅则巨石之隙，多累块丛棘，宛转数处，北望一茅甚迩，而绝不可通。不得已，仍逾西坳，循前莽南下，幸雷殷而雨不至。一里，转至西北隅，又得一洞，南北横贯。其北峰之麓，自冠岩来，此为北峰。北端亦透，而不甚轩豁。仍出南门，遂西北行平畴中。禾已将秀③，而槁无滴水④,时风雨忽至,余甚为幸之。其西隔江屏立者,皆穹崖削壁,陆路望之,更觉峥嵘;东则石峰离立,后托崇峦。共四里抵南田驿⑤,觅舟不得,遂濒江而北,又一里,乃入舟。舟人带雨夜行,又五里,泊于斗米、寸金二滩之间。中夜仰视,萤阵烛山,远近交映。以至微而成极异,合众小而现大观,余不意山之能自绘,更无物不能绘也。

【注释】

①拦州:今作"浪洲",在阳朔县北隅,漓江东岸。

②冠岩:又称甘岩,在桂林以南的漓江边,是地下河的一个出口,水从洞内流入漓江。岩分四洞,循序深入。船上看到的是第一洞,第二、三、四洞洞口较低,必须枯水期才能进入。

③秀:指禾类植物开花。

④槁(gǎo):枯干。

⑤南田驿:今作"南亭",在灵川县西南隅,漓江东岸。

【译文】

又向北八里,路过拦州。西北方岸上有一座山峰全部穿透,最初望见它,怀疑是龙门山的穿洞,按里程来计算,才知道是另外一座穿洞的山峰,前一次因为是夜间行船错过了它罢了。船转向西北行,又行三里,是冠岩。这之前江的东岸上有高峻的石崖,红绿相间,鲜明映衬,色彩的艳丽超过画山。冠岩就在这座山的北面,山上层层石崖突出来,俨然像是上朝时戴的帽子。北面的山麓,有个穹隆的山洞面向西,前临江流,水从洞中流出来,外边与江流相通。划着船进去,洞口非常高,而洞内更加高大明朗,全是悬垂的钟乳石柱,可惜通有水流的洞穴下伏着,无法溯流走到远处。洞壁上有临海人王宗沐题的诗,别号敬所,是嘉靖癸丑年(嘉靖三十二年,1553)广西省的学官。诗不是很好,当时跟着应和的有几十个人，是吉人刘天授等人。都刻在洞壁上。观览玩赏了很久，划着船出洞来，望见隔江处群峰聚合，回忆起之前在拦州见到的有穿洞的山，应当正对着这些山峰的正面，可惜山回水转，连这些山峰也不能辨认出来。顷刻间，抬头看见北面有一个明亮的山洞，另外高悬在江东岸山峰的半中腰，就近在冠岩的北边。急忙叫船夫停船登上岸，并命令他把船停在南田站等候。我于是望着东北方的山峰赶过去，一里，抵达山侧。先踏着藤蔓登上巉岩，随即便伏下身子钻过草丛荆棘，半里翻越到岭上的山坳上。估计那个明亮的洞穴在东边，但南面的石崖悬绝不能攀登，反向沿着石崖往北慢慢走下高悬的石阶，看见有一处垒起石块堵住隘口的地方，心知离洞不远了。再往北下去，果然看见山洞穿透到南面。这座山非常薄，上面穹隆而起如合起来的手掌，中间是裂缝。北面的下方全是累累的巨石，南面则是峭拔的悬崖高悬横亘着，所以登上洞去的路不从南边走，而是从北边走。洞右边又有旁洞和重叠的石室，外边罗列着稀疏的石棱条，中间悬垂着圆形石柱，裂隙像分开的帷幔，向东北进去更深，似乎从前是有人居住的地方。而且洞的北边又不时听到有欢笑讲话的声音，认为距离有人的地方不远了，以为取道从北面走，可以就近到达南田站。此时轰鸣的雷声催雨，急忙出了透亮的山洞。在山的北隅巨石的缝隙间，有许多叠垒的石块和丛生的荆棘，曲曲折折地走过数处，望见北边的一间茅草屋很近，然而却绝对不可通行。不得已，仍然越过西面的山坳，沿着之前走过的丛莽往南下走，幸好雷声隆隆雨却没下。一里，转到山的西北隅，又见到一个洞，南北横向贯通。这里北峰的山麓，从冠岩过来，这座山是北峰。北面一头也是穿通的，但不怎么轩敞宽阔。仍然出了南面的洞口，便向西北前行在平旷的田野中。稻禾已经即将开花，但却干枯得没有一滴水，此时风雨忽然来临，我为此感到十分庆幸。那在西面隔江处屏风样矗立着的山，都是穹隆的石崖陡削的绝壁，从陆路上望过去，更觉得山势峥嵘；东面则是石峰分别矗立着，后面依托着高高的山峦。共走四里后抵达南田驿，找船没找到，便濒临江边往北行，又行一里，这才进入船中。船夫冒雨在夜间行船，又行五里，停泊在斗米滩、寸金滩两个河滩之间。半夜抬头仰望，萤火虫组成的军阵照亮了山谷，远近交辉。以非常微小的身子而汇成极为奇异的景象，集合众小却现出壮丽的景观，我没想到山都能描绘自己，那就再没有什么东西是不能描绘的了。

二十七日　昧爽出峡口，上寸金滩，二里至卖柴埠①。西面峰崖骈立，沉香堂在焉。又西北三里，其北麓有洞嵌江，舟转而东，不及入。东三里，至碧岩。其岩北向，石嘴唊江。其上削崖高悬，洞嵌其中，虽不甚深，而一楹当门，倚云迎水，帆樯拂其下，帏幄环其上，亦凭空掣远之异胜地也。于是北转五里，过豆豉井。又西北五里，至大墟，市聚颇盛，登市蔬面。又西北五里，至横山岩。其岩东向，瞰流缀室，颇与碧岩似。右腋有窦，旁穿而南，南复辟一洞，甚宏，有门有奥。奥西上则深入昏冥，奥之南坠，皆嵌空透漏。门在坠奥东，廓然凭流，与前门比肩立。又北五里，为龙门塘。南望横山岩西透顶峰，虽似穿石，无从上跻。又西五里，为新江口，又夜行十里而泊。

【注释】

①卖柴埠：约当今明村，在灵川县西南隅，漓江西岸。

【译文】

二十七日　黎明时出了峡口，驶上寸金滩，二里后到卖柴埠。西面山峰石崖并立，沉香堂在那里。又向西北三里，山的北麓有个洞嵌入江中，船转向东走，来不及进去。向东三里，到达碧岩。这个岩洞面向北，石嘴吸着江水。洞上方陡削的崖壁高悬，洞嵌在崖壁中间，虽然不怎么深,可一根石柱正对着洞口,伴随着云雾迎着江水,船帆擦过洞的下方,帷幔般的石崖环绕在洞的上方,也是一处凌空观览远景的奇异胜地了。从这里转向北前行五里,路过豆豉井。又向西北五里,到大墟,集市聚落很是兴盛,登上岸到集市上买面。又向西北五里,到横山岩。这个岩洞面向东,俯瞰着江流,点缀着石室,与碧岩颇为相似。右侧有个洞穴,向旁边穿通到南面,南面又开有一个洞口,非常宽大,有洞口有隐秘之处。从隐秘之处向西上去就深入到昏黑幽暗之中,隐秘之处向南坠落下去,全嵌满空洞,通明透亮。洞口在那下坠深处的东边,十分空阔,凭临江流,与前洞口并肩而立。又向北五里,是龙门塘。向南远望横山岩,向西穿透了顶峰,虽然似乎是穿通的石洞,却无从上登。又向西五里,是新江口,又在夜间行船十里后停泊下来。

二十八日　昧爽刺舟,亟推篷,已过崖头山。十余里,抵水月洞北城下,令顾仆随舟往浮桥,余同静闻过文昌门外,又西抵宁远门南,过南关桥。觅拓碑者,所拓犹无几①,急促之。遂由宁远门入,经靖藩城后门,欲入晤绀谷,询独秀游期,而后门闭,不得入。乃循其东出东江门,命顾仆以行囊入趋赵时雨寓,而其女出痘,遂携寓对门唐葵吾处。闻融止已欲行,而石犹未取。饭后令静闻往觅之,至则已行,止留字云:"待八月间来取。"殊可笑也。

【注释】

①拓(tà):把石碑或器物上的文字、图像刷印在纸上。

【译文】

二十八日　黎明听见撑船的声音,急忙推开船篷,已经过了崖头山。十多里,抵达水月洞北边的城墙下,命令顾仆随船前往浮桥,我同静闻一起走过文昌门外，又向西走到宁远门南边，走过南关桥。找到拓碑的人，所拓的碑帖仍然没有几张，急切地催促他。于是由宁远门进城，经过靖江王城的后门，想要进去与绀谷见面，询问游览独秀峰的日期，可后门关闭着，不能进去。于是顺着王城往东出了东江门，命令顾仆带上行李进城赶到赵时雨的寓所，但他的女儿出水痘，便带上行李住到他对门的唐葵吾处。听说融止已经打算出行，可石头还没有取来。饭后命令静闻前去找他，静闻去到时却已经走了，只留下字条说："等到八月间来取。"真是可笑呀！

二十九日　令静闻由靖藩正门入晤绀谷。余同顾仆再出宁远门促拓碑者。至是拓工始市纸携具为往拓计，余仍还寓。午暑不堪他行，惟偃憩而已。下午，静闻来述，绀谷之言甚不着意。余初拟再至省，一登独秀，即往柳州，不意登期既缓，碑拓尚迟，甚怅怅也。

【译文】

二十九日　命令静闻由靖江王府的正门进去与绀谷见面。我同顾仆再次走出宁远门去催促拓碑的人。到此时拓碑的工匠才买纸来带上工具为前去拓碑做准备，我仍然返回寓所。中午太炎热不能去别的地方，唯有躺下休息而已。下午，静闻前来述说，绀谷的话十分不在意。我当初打算再次到省城时，登一次独秀峰后，立即前往柳州府，料想不到登独秀峰的日期既已被拖延了，拓碑也还要推迟，心中十分地闷闷不乐。

三十日　余在唐寓。因连日炎威午烁，雨阵时沛，既倦山跻，复厌市行。止令静闻一往水月洞观拓碑者，下午反命,明日当移拓龙隐云。

【译文】

三十日　我在唐家寓所。因为连日来中午的烈日炎热能熔化金属,阵雨不时暴降,我既厌倦了去山中跋涉,也厌倦了在街市中行走。只是命令静闻一人前往水月洞观察拓碑的工匠,下午他回来报告,明天应当会搬到龙隐岩去拓了。

六月初一日　在唐寓。是日暑甚,余姑憩不出。闻绀谷以焚灵事与藩王有不惬,故欲久待。而是时讹传衡、永为流寇所围①,藩城亦愈戒严,余遂无意候独秀之登。而拓者迁延索物,余亦不能待,惟陆务观碑二副先拓者,尾张少二字,令彼再拓,而彼复拓一付,反并去此张,及促再补,彼愈因循,遂迟吾行。

【注释】

①流寇:对农民起义军的诬蔑之词。

【译文】

六月初一日　在唐家寓所。这一天炎热极了,我暂且休息不出门。听说绀谷因为焚香祭灵的事与靖江王有不愉快的事发生,所以要我多等等。而此时谣传衡州府城、永州府城已被流寇包围,王城也更加戒严,我便无意再等着去登独秀峰。而且拓碑的人故意拖延索取财物,我也不能等下去,只是先拓好的二副陆务观的碑帖,末尾一张少了两个字,命令他再去补拓,然而他重拓的一副,反而连同这一张也掉了,到催他再去补拓时,他越发拖拖拉拉,终于延迟了我的行期。

　　独秀山北面临池①，西南二麓，余俱绕其下，西岩亦已再探，惟东麓与绝顶未登。其异于他峰者，只亭阁耳。

【注释】

①独秀山：在桂林市中心今王城北部正中。从西麓上山，过允升门、小谢亭遗址、南天门，历 275 级到达山顶。山麓有读书岩、太平岩。北麓有涌泉，建有月牙池。

【译文】

　　独秀山的北面面临水池，西南两面的山麓，我都绕着走过它们的下面，西面的岩洞也已探察过两次，唯有东麓和绝顶没有登上去。这座山不同于其他山峰之处，只是亭台楼阁罢了。

　　初二日　令顾仆促拓工，而余同静闻再为七星、栖霞之游。由七星观左入岩洞“争奇门”，乃曹能始所书者，即登级为碧虚阁。是阁在摘星亭之左，与七星洞前一片云同向，“一片云”三字乃巡抚都御史许如兰所书，字甚古拙。而稍在其南，下登者先经焉。余昔游时急于七星，以为此轩阁不必烦屦齿，后屡经其下，见上有岩石倒垂，心艳之，至是先入焉。则其额为歙人吴国仕所题。“碧虚”之名，昔在栖霞，而今此复踵之，岂彼以亭，而此以阁耶？余啜茗其间，仰视阁为瓦掩，不见岩顶；既而转入玄武座后，以为石窟止此，而不意亦豁然透空，顶上仅高跨如梁。若去其中轩阁，则前后通映，亦穿山、月岩之类，而铺瓦叠户，令人坐其内不及知，可谓削方竹而淹断纹者矣。阁后透明之下，复垒石为垣，高与阁齐，以断出入。余讯其僧：“岩中何必叠瓦？”曰：“恐风雨斜侵，石髓下滴。""阁后何必堵墙?"曰:"恐外多山岐,内难幽栖。"又讯:"何不移阁于岩后,前虚岩为门,以通出入;后倚阁为垣,以便居守,岂不名山面目,去室襟喉,两为得之!"曰:"无钱粮。"然则岩中之结构,岩后之窒塞,又枵腹画空而就者耶?又讯:"垣外后山,从何取道?'曰:"须南自大岩庵。"此庵即花桥北第一庵,庵僧自称为七星老庵,余向所入,见后有李彦弼碑者[1]。余领之,遂出,仍登摘星,由一片云入七星前洞。由阁后东上数十级,得小坪,石盘其中。遂北出后洞。洞右壁外崖之上,裂窍悬葩,云楞历乱。余急解衣攀缘而上,连上重龛二层。俱有列户疏楞、莲垂幄飐之势,其北下则栖霞洞穿然西向盘空矣。洞外右壁古刻多有存者,则范文穆成大《碧虚亭铭》,并《将赴成都酌别七人题名》在焉。七人即《壶天观铭》所题名字,在栖霞者,其岁月俱为乙未二十八日。碧虚亭以唐郑冠卿入栖霞遇日华、月华二君赠诗,有"不因过去行方便,那得今朝会碧虚"之句,遂取以名亭,石湖铭中所云"名翁所命而我铭之"者也[2]。今亭已废,而新安吴公借以名南岩之阁,不若撤南阁以亭此,则南岩不掩其胜,而此名亦宾其实,岂不快哉!盖此处岩洞骈峙者三:栖霞在北,而下透山之东西;七星在中,而曲透山之西北;南岩在南,而上透山之东西。故栖霞最远而幽暗,七星内转而不彻,南岩飞架而虚明。三窍同悬,六门各异,可谓异曲同工,其奈南岩之碧虚阁,反以人掩何!栖霞再北,又有朝云、高峙二岩,俱西向。此七星西面之洞也,其数共五。

【注释】

①有李彦弼碑者："彦"原作"丽"，据摩崖校改。

②铭（míng）：记载，镂刻。这种专门刻铭于碑版或器物上，用以称功德、申鉴戒的文体，称"铭"或"铭文"。

【译文】

初二日　命令顾仆去催拓碑的工匠，而我同静闻再次去游览七星岩、栖霞洞。由七星观左侧进入岩洞的"争奇门"，是曹能始写的字，立即登上台阶是碧虚阁。这座楼阁在摘星亭的左边，与七星洞前边的一片云位于同一个方向，"一片云"三个字是巡抚都御史许如兰所写，字体十分古拙。而稍稍在一片云南边一点，从下面上登的人先经过这里。我从前游览时急于去七星洞，以为这个有轩廊的楼阁不必麻烦动脚走过去了，后来多次经过它的下方，看见上面有倒垂的岩石，心里很喜爱，到这时首先进去。就见楼阁的匾额是歙县人吴国仕题写的。"碧虚"的名称，从前在栖霞洞，而今天这里又沿袭了这个名字，莫非那里是用于亭子，而此处是用于楼阁吗？我在楼阁中喝茶，仰视楼阁被屋瓦遮住了，看不见岩洞的顶；继而转入玄武座后面，以为石窟仅到此处为止，却不料也是豁然通透，头顶上仅有如桥梁一样高跨着的洞顶。如果去掉石窟中的轩廊楼阁，那么前后就通明透亮，也是穿山、水月岩之类的了，但铺上屋瓦装了重重门窗，让人坐在其中不能及时知道是在岩洞中，可说这是把竹子削方来掩盖竹子上断开的裂纹那样的事了。楼阁后面透进亮光之处的下方，又用石块垒砌成墙垣，高处与楼阁平齐，用以阻断行人出入。我询问这里的僧人："岩洞中何必要铺瓦？"回答说："担心风雨斜射进来，钟乳石上的水滴下来。""楼阁后面何必砌上一堵墙？"回答："担心外面山上岔路多，洞内难以隐居。"又询问他："为什么不把楼阁移到岩洞后面，把前边的岩洞空出来作为大门，以便通行出入；后面紧靠楼阁筑道墙，以便于居住防守。难道这不是还名山的本来面目，去掉堵在要害部位的房屋，两者都各得其所！"回答："没有钱粮。"既然这样，岩洞中的建筑物,岩洞后边的堵塞物,又是饿着肚子在空中画成的吗? 又询问他:"墙外的后山,从哪里取道去?"回答:"必须从南面的大岩庵走。"这座寺庵就是花桥北面的第一座寺庵,庵里的僧人自称是七星老庵,我从前进去过,看见后面有李彦弼题写的石碑。我点头同意他的话,于是出来,仍然登上摘星亭,经由一片云进入七星岩的前洞。由后面往东上登几十级台阶,见到一小块平地,岩石盘结在平地中。于是向北出了后洞。洞右边石壁外面的石崖之上,石窍裂开,悬垂着奇葩样的钟乳石,云状的石棱条凌乱不堪。我急忙脱下外衣攀援而上,一连登上两层重叠着的石龛。全都有门洞排列石窗稀疏、莲花下垂帷幔飞扬的气势,石龛北面的下方便是栖霞洞呈穹隆状向西盘空而起了。洞外右边的石壁上有很多保存下来的古代碑刻,有范文穆(范成大)的《碧虚亭铭》,连同《将赴成都酌别七人题名》都在其中。这七个人就是《壶天观铭》中所题的名字,在栖霞洞中的碑刻,它们年月都是乙未年(南宋孝宗淳熙二年,1175)二十八日。碧虚亭因为唐代郑冠卿进入栖霞洞遇见日华、月华二君的赠诗,诗中有"不因过去行方便,那得今朝会碧虚"的诗句,便拿来命名亭子,就是范石湖铭文中所说的"是老先生命名的而我为它写了铭文"的地方了。今天亭子已经荒废了,而新安县吴公借用来给南岩的楼阁命名,不如拆掉南岩的楼阁来此处建亭子,那么南岩的优美景色不会被遮住,而且这里的名字也就名副其实了,难道不痛快吗! 大体上此处的岩洞并列的有三个:栖霞洞在北面,而下面穿透了山的东西两面;七星岩在中间,而弯弯曲曲地通到山的西北面;南岩在南面,而上面穿透了山的东西两面。所以栖霞洞最深远而又幽暗,七星岩里面转来转去却不贯通,南岩飞架在高空而且空虚明亮。三个洞穴同样高悬着,六个洞口各有不同,可说是异曲同工,无奈南岩的碧虚阁,为何反而被人为地遮挡住了! 栖霞洞再往北走,又有朝云岩、高峙岩两个岩洞,都是面向西方。这是七星岩西面的洞了,它们的数目一共是五个。

下栖霞，少憩寿佛寺，乃过七星观，遂南入大岩庵。望南岩之后，山石丛薄，若可由庵外东北而登者。时已过午，余曰："何不了此而后中食。"余遂从庵门右草坪中上，静闻就荫山门，不能从焉。既抵山坳，草中复有石级，而右崖石上镌张孝祥《登七星山诗》①，张维依韵和之。共一里，再上，得坪一区，小石峰环列而拱之，薄若绡帷，秀分萼瓣。其北壁棘莽中，亦有记，磨崖为凿穴者戕损不可读②。盖其处西即南岩透明之窦，为僧人窒垣断之者；北即七星之顶，与余峰攒而斗列者。昔人上登七星，此其正道，而今则无问津者矣。觅道草中，有小径出东南坳中。从之，共一里，东南下山，得一岩，列众神焉，而不知其名。下山而西，则曾公岩在望矣。忽凉飙袭人③，赤日减烈，则阴气自洞中出也。此有玄风洞，余夙求之不得，前由栖霞入，将抵曾公，先过一隘口，忽寒风拂灯，至此又阴气薄日，信乎玄风当不外此，后来为曾公所掩耳，非二洞也。入洞，更采叶拂崖，观刘谊《曾公岩记》及陈倩等诗已，乃濯足涧水中。久之出，仰见岩右又有一洞在峰半，与列神之岩东西并峙。执入洞汲水者问之，曰："此亦有洞，已不可登。"余再问其故，其人不答去。余亟攀崖历莽而上，则洞口亦东南向如曾公岩。初由石峡入，得平展处，稍转而北，其外复有龛东列，分楞叠牖，外透多明，内环重幄，若堂之有室焉。其后则穿门西入，门圆若圈，入其内，渐转渐深，而杳不可睹。乃转而出，甫抵洞外，则一人亦攀隙历险而至，乃庆林观道士也。见余独入，疑而踪迹之，至则曰："庆林古观，而今移门易向，遂多伤损，公必精青乌家言,乞为我指示。"余谢不敏,且问其岩何名,道者不告,强邀入观。甫下山,则静闻见余久不返,亦踵至焉。时已下春,亟辞道者。道者送余出观前新易门,余再索其岩名,道者曰:"岩实无名。昔有僧居此,皆以为不利于观,故去之而湮其路,公岂亦有意于此乎?第恐非观中所宜耳。"余始悟其踪迹之意,盖在此不在彼也。一笑与别,已出花桥东街矣。盖此处岩洞骈峙者亦二:曾公在中,而下透于西;列神之岩在东上,而浅不旁通;庆林后岩在西上,而幽不能悉。然曾公与栖霞,前后虽分门,而中通实一洞。其北下与之同列者,又有二岩,予昔游省春,先经此,亦俱东南向。此七星山东南面之洞也,其数亦共五焉。若北麓省春三岩、会仙一洞,旁又浅洞一,乃余昔日所游者,亦俱北向。此七星山北面之洞也,其数亦共五焉。一山凡得十五洞云。既度花桥,与静闻就面肆中,以补午餐。过浮桥返唐寓,则晚餐熟矣。

【注释】

①张孝祥(1132—1169):字安国,历阳人,乾道元年(1165)出知静江府兼广南西路经略安抚使。南宋著名诗人,在桂林题刻甚多。

②戕(qiāng)损:砍坏。

③飙(biāo):疾风。

【译文】

　　下了栖霞洞,在寿佛寺稍作休息,于是路过七星观,便向南进入大岩庵。远望南岩的后方,山石成丛密密层层的,好像是可以从寺庵外边往东北登上去的样子。此时已过了中午,我说:"为何不了却了此地然后再吃中饭。"我于是从庵门右边的草坪中上去,静闻到山门下去躲阴凉,不能跟随我了。到达山坳之后,草丛中又有石阶,而右侧的崖石上刻有张孝祥的《登七星山诗》,张维依照韵脚应和他。共一里,再上走,见到一块平地,小石峰环绕排列拱卫着它,石峰薄如纱帐,如分瓣的秀美花萼。平地北边石壁的荆棘草丛中,也有碑记,摩崖题刻被凿洞的人损坏得不能读了。大概此处的西面就是南岩透出亮光的洞穴,被僧人砌墙阻断之处;北面就是七星岩的峰顶,与其他山峰攒聚在一起争斗并列的地方。从前的人上登七星岩,这里是登山的正道,可今天却无人问津了。在草丛中找路,有条小径通到东南方的山坳中。顺着这条小径走,共一里,向东南下山,见到一个岩洞,其中排列着众多神像,但不知道他们的名字。下山后往西行,则曾公岩在望了。忽然间凉风袭人,烈日减少了它的威力,原来是阴冷的气流从洞中吹出来。此地有个玄风洞,我过去一直在找它却找不到,前一次由栖霞洞进去,即将抵达曾公岩时,先经过一个隘口,忽然寒风吹拂灯火,到此时又阴气逼日,相信玄风洞应当不超出此地,不过是从后面过来被曾公岩挡住罢了,不是两个洞。进入洞中,又采来树叶擦拭崖壁,观看完刘谊的《曾公岩记》以及陈倩等人的诗后,便到洞水中洗脚。很久以后出来,仰面看见岩洞右侧又有一个洞在山峰半中腰,与陈列着神像的岩洞东西并列。拉住进洞汲水的人向他打听,那人说:“这里也有洞,已经不能上登。”我再问他是什么缘故,那人不回答便离开了。我急忙攀着石崖经由丛莽上去,就见洞口也是面向东南方,和曾公岩一样。最初经由石峡中进去,遇到一处平展的地方,稍转向北去,那外边又有石龛排列在东面,分出窗楞,重叠着石窗,外边透进多处亮光,里面环绕着重重帷幄,就像堂屋有内室一样。洞后边便可穿过石门向西进去,石门圆得像一个圆圈,进入石门内,逐渐转进去渐渐幽深起来,而且昏暗得看不见东西。于是转身出来,刚到洞外,有一个人也攀着石缝历经险阻而来,是个庆林观的道士。他看见我独自一人进洞,心里疑惑便跟踪我而来,来到就说:“庆林观是个古老的道观,然而今天移动了道观的大门改变了方向,于是多有损伤,尊公必定精通风水术士的学说，请求您为我指点指点。"我用学识浅薄来推辞，并且打听这个岩洞叫什么名字，道士不告诉我，强行邀请进入道观。刚下山，就见静闻见我很久没有返回去，也尾随而来。此时已是夕阳西下，急忙辞别了道士。道士把我送出道观前新换的大门时，我再次追问那个岩洞的名字，道士说："这个岩洞其实没有名字。从前有和尚住在这里，都认为是不利于道观，所以赶走了和尚并填塞了去那里的路，尊公莫非也是有意于这个岩洞吗？只是恐怕对道观不利吧。"我这才明白了他跟踪我而来的意思，原来是为了这个而不是他说的那个原因，便笑了一笑与他告别了。不久，已经出到花桥东面的街道上了。大体上此处并列的岩洞也有两个：曾公岩在中间，而往下穿通到山的西面；陈列着神像的岩洞在东面的上方，然而很浅不旁通；庆林观后面的岩洞在西面的上方，却幽暗得不能全部游完。然而曾公岩与栖霞洞前后虽然分别有洞口，可中间相通实际上是一个洞。洞北面下方与它一同并列的，又有两个岩洞，我从前游览省春岩时，先经过此处，也都是面向东南方。这是七星山东南面的洞了，它们的数目也一共是五个。至于北麓的省春岩的三个岩洞、会仙岩的一个岩洞，旁边又有一个浅的洞，是我昔日游览过的地方，也都是面向北。这是七星山北面的洞了，它们的数目也一共是五个。一座山一共找到十五个洞。过了花桥后，与静闻到面馆中补吃午餐。走过浮桥后返回唐家寓所，却见晚餐已经熟了。

初三日　简顾仆所促拓工《水月洞碑》[①]，始见陆碑尾张上每行失拓二字，乃同静闻亲携此尾往令重拓。二里，出南门，一里，抵拓工家，坐候其饭。上午乃同往水月，手指笔画之。余与静闻乃少憩山南三教庵，录张鸣凤羽王父所撰方、范二公《漓山祠记》。遂二里，南过雉山岩，再登青萝阁，别郑、杨诸君。欲仍过水月观所拓，而酷暑酿雨，雷声殷殷。

静闻谓拓工必返午餐,不若趋其家便,遂西一里,至拓工家,则工犹未返也。于是北一里,入南门,就面肆为午餐,已下午矣。雨势垂至^②,余闻郑子英言,十字街东口肆中,有《桂故》、《桂胜》^③俱张鸣凤羽王辑。及《西事珥》、学宪魏濬辑。《百粤风土记》^④司道谢肇淛辑。诸书,强静闻往市焉。还由靖藩正门而南,甫抵寓而雨至。

【注释】

①简:通"检"。检查,清点。

②垂(chuí)至:将至。

③《桂故》:八卷,分郡国、官名、先政、先献、游寓、杂志等六门,志桂林故实。《桂胜》:十六卷,以山水标目,志桂林胜概。二书皆明代桂林人张鸣凤撰,成书于万历年间,所记内容止于南宋。

④《西事珥》:八卷,明代魏濬撰,一卷讲山川地理,二卷讲风土,三卷讲时政,四卷、五卷讲故事及人物,六卷讲物产,七卷讲仙释神怪,八卷讲对少数民族的统治。《百粤风土记》:一卷,明人谢肇淛撰。

【译文】

初三日　清点顾仆催促拓工拓好的《水月洞碑》碑帖,才发现陆务观碑文的末尾一张每行漏拓了两个字,我于是同静闻带着这末尾一张亲自前去叫他重拓。二里,出了南门,一里,到达拓工家中,坐着等他吃饭。上午才一同前往水月洞,用手给他指出字的笔画。我与静闻就到山南边的三教庵稍作休息,抄录张鸣凤(表字羽王)的父亲撰写的方、范二位先生的《漓山祠记》。于是前行二里,向南到了雉山岩,再次登上青萝阁,与郑、杨诸位先生辞别。想仍然前去水月洞查看拓碑的情况,但酷暑酝酿着雨,雷声隆隆。静闻认为拓工必定回家吃午饭去了,不如直接赶到他家更方便一些，便向西一里，来到拓工家，拓工却还没有回来。于是往北一里，进入南门，在面馆中吃了午餐，已经是下午了。雨势将至，我听郑子英说过，十字街东口的书铺中，有《桂故》、《桂胜》都是张鸣凤（羽王）辑。以及《西事珥》、学官魏濬辑。《百粤风土记》司道谢肇淛辑。等书，强逼着静闻前去买书。返回来经由靖江王城的正门往南走，刚到寓所雨就来了。

初四日　令顾仆再往拓工家索碑。及至，则所拓者止务观前书碑三张，而此尾独无，不特前番所拓者不补，而此番所拓并失之，其人可笑如此。再令静闻往，曰："当须之明日。"是日，余换钱市点，为起程计。

【译文】

初四日　命令顾仆再去拓工家讨要碑帖。到返回来时，就见所拓的碑帖只有陆务观所写碑文的前面三张，但末尾一张唯独没有，不仅前次所拓的没补，而且这次所拓的也一并漏掉了，这个人可笑如此。再命令静闻前去，拓工说："要等到明天才行。"这一天，我换钱买了些点心，为上路做准备。

初五日　晨餐后即携具出南门，冀得所补碑，即往隐山探六洞之深奥处。及至，而碑犹未拓也。订余："今日必往，毋烦亲待。"余乃仍入南门，竟城而北，由华景之左出西清门。门在西北隅，再北则为北城门，西之山即王文成守仁祠在其南者。与之属焉。城外削崖之半，有洞西向，甚迥。时读《清秀岩记》，欲觅清秀岩，出城即渡濠坝而趋西。濠中荷叶田田①，花红白交映，香风艳质，遥带于青峰粉蝶间，甚胜也。有二岐，一乃循山北西行,一南从山南入峡。其循北麓者,即北门西来之大道。更有石峰突峙其北,片片若削,而下开大洞,西南向焉。与城崖西向之洞一高一下,俱峭岈诱人欲往,但知非清秀,姑取道岐南峡中。西行一里,则峡北峡南,其山俱中断若辟门,南北向,其门径路遂四交焉;径之西北,有洞南向。急觅道而登,其洞北入,愈入愈深,无他旁窦,而夹高底平,湾环以进,幽莫能测。

【注释】

①濠(háo):护城河。这一片从北往南连延的水面至今犹存,称西濠,系明清桂林府城西边的护城河。

【译文】

初五日　早餐后立即带上工具出了南门,希望得到拓工补拓的碑帖后,马上前往隐山去探察六个洞的幽深隐秘之处。等我到时,碑帖却仍旧没拓好。和我约定:"今天一定去,不必麻烦您亲自等待了。"我于是仍然进入南门,往北穿城而过,由华景山的左边出了西清门。城门在城的西北角,再往北就是北城门,西面的山就是王文成(王守仁)祠庙在它的南麓的山。与城门相连。城外陡削石崖的半中腰,有个面向西的洞,非常深远。此时因为读了《清秀岩记》,打算去找清秀岩,出城后马上越过护城河上的堤坝向西赶去。护城河中荷叶亭亭玉立,荷花红白交相映衬,香风艳骨,远远地环绕在青山和粉墙之间,极为优美。有两条岔道,一条是沿着山的北麓往西行,一条是向南从山的南麓进入峡谷中。那条沿着北麓走的,就是北门向西面来的大道。另外有一座石峰突起耸峙在道路的北边,一片片像是刀削出来的,而山下张开一个大洞,面向西南方。与城墙所在山崖上的洞一高一低,都十分深邃,引诱着人想要前去,但我知道不是清秀岩,姑且取道岔向南麓的峡谷中。往西行一里,就见峡谷的南北,两面的山都从中断开，好像大开的大门，南北相向，那大门中的小径与大路在这里四面相交。小径的西北方，有个洞面向南。急忙找路往上登，这个洞向北通进去，越进去越深，没有别的旁洞，但夹壁高耸洞底平坦，弯弯绕绕地进去，幽深得无法探测。

　　仍出洞，候行者问之，曰："此黑洞也。"问："清秀何在？"曰："不知。"问："旁近尚有洞几何？"曰："正西有山屏立峡中者，其下洞名牛角。西南出峡为隐山，其洞名老君。由北出峡，有塘曰清塘，东界山岩曰横洞，西南濒塘，洞名下庄。近洞惟此，无所谓清秀者。"余得清塘之名，知清秀在此，遂北转从大道出峡门。其峡门东西崖俱有小洞，无径路可登。北出临塘，则潴水一泓，浸山西北麓大道，余循大道而西，沿清塘而绕其右，疑清秀在其上，急遵之。其路南嵌崖端，北俯渊碧。既而一岐南上，余以为必清秀无疑。攀跻渐高，其磴忽没，仰望山坳并无悬窍，知非岩洞所在。乃下，随路出塘之西，其南山回坞转，别成一壑，而洞门杳然无可觅也。其地去黑洞已一里矣。

【译文】

　　仍然出洞来，等候过路的人向他打听，回答说："这是黑洞。"又问："清秀岩在哪里？"回答："不知道。"又问："近旁还有几个洞？"回答："正西方有座屏风样矗立在峡谷中的山，山下的洞名叫牛角洞。向西南出了峡谷是隐山，那里的洞名叫老君洞。由北边走出峡谷，有个水塘叫清塘，东面山上的岩洞叫横洞，西南方濒临水塘的洞，名叫下庄岩。附近的洞只有这些，没有所谓的清秀岩的地方。"我听到清塘的名字，心知清秀岩就在这个地方了，便转向北顺着大道走出峡口。此处峡口东西两面的山崖上都有小洞，没有道路可以上登。向北走出峡口面临水塘，只见一片积水，浸泡到山的西北麓的大道上。我顺着大道往西行，沿着清塘绕到水塘的右边，怀疑清秀岩就在那上边，急忙顺着路走。这条路向南嵌入到山崖的顶端，北面俯视着渊深碧绿的清塘。随后有一条岔路往南上走，我以为这必定是通到清秀岩的路无疑了。渐渐攀登到高处，路上的石磴忽然隐没了，仰面望去山坳上并没有高悬的洞穴，知道不是岩洞所在之处。于是下走，顺着路出到清塘的西边，这里的南面山回坞转，另外形成一个壑谷，可洞口无影无踪无法找到。这个地方距离黑洞已有一里路了。

　　于是仍从崖端东返，复由峡门南下，竟不得登岩之径。再过黑洞前，乃西趋屏立峡中山。一里，抵屏之东北，即有洞斜骞，门东北向，其内南下，渐入渐暗，盖与黑洞虽南北异向，高下异位，而湾环而入，无异轨焉。出洞，绕屏北而西，闻伐木声丁丁，知有樵不远，四望之，即在屏崖之半。问此洞名，亦云："牛角。"问："清秀何在？"其人谬指曰："随屏南东转，出南峡乃是。"余初闻之喜，绕西麓转南麓，则其屏南崖峭削，色俱赭黄，下有洼潴水，从山麓石崖出。崖不甚高，而中若崆峒，盖即牛角南通之穴，至此则坠成水洼也。

【译文】

　　于是仍旧从山崖前端向东返回来，再经由峡口往南下走，竟然找不到上登岩洞的小径。再次经过黑洞前，就向西朝着屏风样矗立在峡谷中的山赶过去。一里，到达屏风样高山的东北麓，马上就有个洞口斜斜地高张着，洞口面向东北方，洞内向南低下去，逐渐进去渐渐暗下来，大体上与黑洞虽然一南一北方向不同，高低位置不同，可弯弯绕绕地进去,没有不同之处。出洞后,绕过屏风样高山的北麓往西走,听见有叮叮咚咚的伐木声,知道有樵夫在不远的地方,四面望去,就在那座屏风样山崖的半山腰。打听这个洞的名字,也是说:"牛角洞。"问道:"清秀岩在哪里?"那人指错了路,说:"顺着屏风样高山的南边向东转,出了南边的峡谷就是了。"我刚听到这话时很高兴,绕过西麓转到南麓,就见那屏风样高山南面的山崖峭拔陡削,石头的颜色全是赭黄色,山下有洼地积着水,水从山麓的石崖中流出来。石崖不怎么高,可中间好像有空洞,大概就是牛角洞通到南边的洞穴,到这里便下陷成积水的洼地了。

　　又东一里,抵南峡门,入北来大道。复遇一人,询之。其人曰:"此南去即老君洞,不闻所谓清秀。惟北峡有清塘,其上有洞,南与黑洞通。此外无他洞。此是君来道。"余始悟屏端所指,乃误认隐山,而清秀所托,必不离北峡。时已当午,遂不暇北转,而罔南炊隐山。又一里,则隐山在望矣。仰见路西径道交加,多西北登崖者,因令顾仆先往朝阳,就庵而炊,余呼静闻遵径西北入。已而登崖蹑峤,丛石云軿①,透架石而入,上书"灵咸感应"四大字,知为神宇。入其洞,则隙裂成龛,香烟纸雾,氤氲其间,而中无神像,外竖竿标旗,而不辨其为何洞何神也。下山,见有以鸡酒来者,问之,知为都篆岩②。言其神甚灵异,而好食犬,时有犬骨满洞中。

【注释】

①軿(píng):通"屏",屏蔽。

②篆(lù):道教的秘文秘录。

【译文】

　　又向东一里,抵达南面的峡口,走上北边过来的大道。又遇见一个人，向他问路，那人说："此地向南去就是老君洞，没听说过所谓的清秀岩。只是北面的峡谷中有个清塘，它上边有个洞，南边与黑洞相通。此外没有别的洞。这是您走来的路。"我这才醒悟过来，在屏风样高山顶端指路的人，是误认为是隐山，然而清秀岩所在之处，必定不会离开北面的峡谷。此时已是正午，便来不及转到北边去，而是惘然若失地往南到隐山去煮饭吃。又行一里，就见隐山在望了。仰面看见道路西边小径大道交织在一起，有多条向西北上登山崖的路，因而命令顾仆先去朝阳洞，到庵中去煮饭，我叫上静闻顺着小径向西北进山。继而登上山崖踏上山尖，成丛的岩石像云层一样遮蔽着，钻过架空的岩石进去，上方写着"灵咸感应"四个大字，知道这是神庙。进入这个洞中，只见石缝裂成石龛，香烟纸雾，弥漫缭绕在洞中，然而洞中没有神像，外边竖着标杆旗子，但分辨不出这是什么洞什么神灵。下山来，看见有拿着鸡、酒前来的人，向他们打听，知道这是都篆岩。说这里的神灵非常灵验，然而爱吃狗肉，时常有狗骨头堆满洞中。

遂南半里，抵隐山，候炊于朝阳庵。复由庵后入洞谒老君，穿上下二岩，乃出，饭庵中。僧月印力言："六洞之下，水深路闼，必不可入。"余言："邓老曾许为导。"僧曰："此亦谩言①，不可信而以身试也。"既饭，又半里，南过邓老所居，邓老方运斤斫木②，余告以来求导游之意。邓老曰："既欲游洞，何不携松明来。余无觅处，君明晨携至，当为前驱也。"余始怅怅，问："松明从何得？"曰："须往东江门。此处多导游七星者，故市者积者俱在焉。"余复与之期，乃西过西湖桥，一里，抵小石峰下。

【注释】

①谩（mán）言：骗人的话。

②运斤：挥动斧头。

【译文】

于是向南半里，到达隐山，在朝阳庵中等待煮饭吃。又从庵后进入洞中拜谒老君，穿过上、下两个岩洞，这才出洞来，在庵中吃饭。僧人月印竭力劝说："六个洞的下面，水深路塞，必定不能深入。"我说："邓老曾答应做向导。"僧人说："这也是骗人的话，不可信以为真，以身相试。"饭后，又行半里，向南来到邓老居住的地方，邓老正在挥动斧头砍树，我把请求他带我游洞的来意告诉他。邓老说："既然想游洞，为什么不带着松明来？我无处去找，您明早带松明来，一定在前为您带路。"我最初有点闷闷不乐，问道："从哪里能弄到松明？"回答："必须到东江门去。那里有很多导游七星岩的人，所以买松明和积储松明的人都在那里。"我再次与他约好日期，便向西走过西湖桥，一里，抵达小石峰下。

其峰片裂如削，中立于众峰之间，东北西之三面，俱有垣环之，而南则濒阳江，接南岭，四面俱不通。出入大路至此折而循其北麓，乃西还阳江之涯。窥其垣中，不知是何橐钥。遍绕垣外，见西北隅有逾垣之隙，从而逾之。其中荆莽四塞，止有一冢在深翳中。披其东北，指小峰南麓，则磴级依然，基砌叠缀。其峰虽小，如莲瓣之间，瓣瓣有房，第云构已湮，而形迹如画。其半崖坪中有石如犀角，独耸无依，四旁多磨剔成碑，但无字如泰山，令人无从摸索耳。其后又盘空而上，片削枝攒，尤为奇幻。从其东下，崖半又裂石成岩，上镌三字，只辨其一为"东"字，而后二字，则磨拭再三，终莫得其似焉。桂林城之四隅，各有小峰特立。东有曾公岩，东有媳妇娘焉，其峰双岐而中剖；北则明月洞，西有望夫山焉，其峰片立而端拱；南则穿山岩，西有荷叶山焉，其峰窈窕中剖，而若合若分;西则西峰顶,南有兹山焉,其峰层叠中函,而若披若簇。四峰各去城一二里,以小见奇,若合簋节焉。搜剔久之,知其奇而不知其名,仍西蹈莽棘,逾垣以出。候途人问之,曰:"秋儿庄。"云昔宗室有秋英之号者,结构此山为菟裘①,后展转他售,丰姓者得之,遂营为地②,父子连掇乡科,后为盗发,幸天明见棺而止,故窒垣断道云。秋儿者,即秋英之误也。其西即阳江西来,有叠堰可渡;而南赵家山、穆陵村、中隐诸洞,隐隐在望。

【注释】

①菟裘(tú qiú):原为古邑名,春秋鲁国地,在今山东泰安东南楼德镇。鲁隐公说:"使营菟裘,吾将老焉。"后世因称士大夫告老退隐的处所为菟裘。

②地:即坟地。至今还有些地方习惯称坟地为"地"。

【译文】

这座石峰一片片裂开,如同刀削成的一般,矗立于群峰的中间,东、北、西三面,都有墙环绕着它,而南面则濒临阳江,连接着南面的山岭,四面都不通。出入的大路到了这里就要转向沿着石峰的北麓走,随后向西返回到阳江的江边来。窥视那围墙之中,不知是什么紧要的处所。绕遍围墙外面,发现西北角有处可以翻墙进去的缺口,从这里翻过围墙。围墙中四处充塞着荆棘草丛,只有一个坟丘在深草密蔽之中。分开草丛走到坟丘的东北边,指向小石峰的南麓,有一级级的石阶依然可见,铺砌的石基一层层点缀着。这座石峰虽然小,如同身在莲花的花瓣之间,瓣瓣都有莲房,只是高大壮丽的建筑物已经湮没了,然而其形状的遗迹还如画一般。在山崖半中腰的平地中有块像犀牛角的岩石,独自耸立,无依无靠,四旁大多被凿磨成石碑,但碑上没有字像泰山的无字碑一样,让人无法捉摸了。这块岩石的后部又盘空而上,陡峭的石片像树枝一样攒聚在一起,尤为奇幻。从这块岩石的东边下走,山崖半中腰的石头又裂成岩洞,上方刻着三个字,只能辨认出其中的一个是"东"字,而后边的两个字,却再三打磨擦拭,始终不能认出它们像什么字。桂林城的四隅,各有小石峰独立着。东面有曾公岩,再往东有媳妇娘峰,这座山峰分为两岔从中间剖开;北面则有明月洞,明月洞西边有望夫山,这座山峰呈片状矗立着,而作出正身拱手状;南面则是穿山岩,它的西边有座荷叶山,这座山峰窈窕秀丽,从中间剖开,而若即若离;西面则是西峰顶,它的南边有这座山,这座山峰层层叠叠的,中间下凹,而又像裂开又像簇拥在一起。四座山峰各自离城一二里路,以小见奇,像竹筒的竹节合在一起一样。搜寻了很久,了解了它的奇特之处却不知道它的名字,仍然踩着草丛荆棘向西走,翻过围墙出来。等候过路的人向他打听,那人说:"秋儿庄。"说起从前皇族中有个别号叫秋英的人,在这座山上大兴土木作为退隐的场所,后来辗转卖给了别人,一个姓丰的人买到它,便营建为墓地,父子连中乡试,后来被盗墓贼来掘墓,幸好天亮时看见棺材便停下了,所以砌围墙阻断了道路,等等。秋儿,就是秋英的误读了。这里西面就是阳江从西面流来,有垒砌好的堤坝可以走过江去;而南面是赵家山、穆陵村、中隐山的多个洞穴,隐隐约约望得见。

循江北岸入,西一里,为狮子岩。西峰顶之西,峰尽而南突,若狮之回踞而昂首者,则狮岩山也。其西又峙一峰,高耸特立,与狮岩相夹,下有村落,是为狮岩村。其西耸之峰,有岩东向者,凭临峭石之上,中垂一柱,旁裂双楞,正东瞰狮岩之首。其岩不深,而轩夹有致,可以驾风凌烟。北转有洞北向,其门高穹,其内深坠。土人以为中通山南,而不知其道;以为旧有观址,而不知其名。拭碑读之,知为天庆岩。由级南下,中亘一壁,洞界为两,入数丈,两峡复合。其北峡之上,重门复窈,悬缀甚高,可望而不可攀焉,想登此则南通不远矣。

【译文】

　　沿着阳江的北岸走进去，向西一里，是狮子岩。西峰顶的西面，山峰尽头便向南前突，好像狮子回身蹲坐着并昂着头的样子，这就是狮岩山了。狮岩山的西边又屹立着一座山峰，高耸独立，与狮岩山相对夹立，山下有个村落，那是狮岩村。这里西面高耸的山峰，有个面向东的岩洞，凭临在峭拔的山石之上，中间垂着一根石柱，两旁裂成两个石窗，正对东方俯瞰着狮子岩的狮头。这个岩洞不深，但宽窄有致，可以驾风凌云。向北转后有个洞面向北，洞口高大穹隆，洞内深陷下去。当地人认为洞中通到山的南面，却不知道洞中的通道；认为有旧时道观的废址，却不知道道观的名字。擦拭石碑读过碑文，知道这是天庆岩。经由石阶往南下走，中间横亘着一道石壁，洞被隔成两半，进去几丈，两条峡谷又合在了一起。北边那条峡谷的上方，石门洞穴层层叠叠的，悬缀得非常高，可以望见却不能上登了，心想登上此处那么通到山的南面就不远了。

　　出洞北下，由西北行石山丛薄间，山俱林立圆耸，人行其间，松阴石影，参差掩映。又北一里，经石山西麓，见两洞比肩俱西向。辄扪棘披崖入，由南洞进五六丈，转从北洞出。其中宛转森寒，虽骄阳西射，而不觉其暑。出洞再北，仰望洞上飞崖，片片欲舞，余不觉神飞。适有过者，问之，以为王知府山①。其西有林木回丛在平畴间，阳江西环之，指为王知府园②。而沧桑已更，山峦是而村社非，竟不悉王知府为何代何名也。余一步一转眺，将转西北隅，思其西南有坳可逾，仍还南向，从双洞之左东北而登。忽得石磴，共一里,逾其坳间,磴断径绝,乃西攀石锷而上,静闻与顾俱不能从。所攀之石,利若剑锋,簇若林笋,石断崖隔,中俱棘刺,穿棘则身如蜂蝶,缘崖则影共猿鼯。盘岭腰而西,遂出舞空石上,而为丛棘所翳,反不若仰望之明彻焉。久之,仍下东坳,瞰其北麓陡绝难下,遂寻旧登之磴,共一里,下西麓,而绕出其北。又北过一峰,其南有支峰叠石,亦冕云异。抵其东麓,有洞东向,亟贾勇而登,中皆列神所栖,形貌狞恶。从其右内转,复得明窍,则支窦南通者也。

【注释】

①王知府山:乾隆本、"四库"本作"虾笆山"。

②王知府园:乾隆本、"四库"本作"王太守园"。

【译文】

　　出洞后往北下走,向西北方前行在石山丛生之间,山峰林立,都是圆圆地高耸着,人行走在其中,松荫石影参差不一,互相掩映。又向北一里,经过石山的西麓,看见两个洞并肩而立,都是面向西。于是抓着荆棘分开崖石进去,从南洞进去五六丈,转而从北洞出来。洞中弯弯转转,阴森寒冷,虽然骄阳西射,却不觉得天气炎热。出洞后再往北走,仰面望见洞口上方飞空的石崖,一片片地想要起舞,我不由得神魂飞动。恰好有过路的人,向他打听,他认为是王知府山。石山的西面有林木成丛回绕在平旷的田野间,阳江在西边环绕着那里,过路人说是王知府园。然而沧海桑田已经改朝换代,山峦依旧而乡村人世已非原样,竟然不能知道王知府是哪个朝代的人叫什么名字了。我一步一转身地眺望,即将转到山的西北隅时,心想山的西南方有个山坳可以翻越过去,仍然回身向南走,从双洞的左边往东北上登。忽然间找到石阶,共一里,穿越在山坳中,石阶小路断了,于是向西攀着刀刃状的岩石往上爬,静闻与顾仆都不能跟随。我所攀登的岩石，锋利得像剑锋，簇聚在一起像树林和竹笋，岩石断裂石崖阻隔，中间全是荆棘刺丛，穿过荆棘身体便像蜜蜂蝴蝶一般，沿着石崖走身影便如同猿猴鼯鼠一样。绕着山腰向西走，终于来到飞舞在空中的石崖上面，但被成丛的荆棘遮挡住，反而不如抬头眺望那样清楚明白。停留了很久，仍然下到东面的山坳中，俯瞰山的北麓，山势陡绝难以下走，便找到原来上登的石阶，共一里，下到西麓，然绕到山的北麓。又向北经过一座山峰，山峰南面有座支峰岩石叠累，也是像帽子状的云朵一样奇异。走到山峰的东麓，有个洞面向东，急忙鼓足勇气往上登，洞中也是众神栖息的场所，形态相貌狰狞凶恶。从神像右边转到里面，又见到一个明亮的洞穴，那是通到南边的支洞。

　　仍出洞，东望有一村在丛林中，时下午渴甚，望之东趋，共一里，得宋家庄焉。村居一簇，当南北两山坞间，而西则列神洞山为屏其后，东则牛角洞山为屏其前，其前皆潴水成塘，有小石梁横其上。求浆村姬，得凉水一瓢共啜之。随见其汲者东自小石崖边来，趋而视之，则石崖亦当两山之中，其西潴泉一方，自西崖出，盖即牛角洞西来之流也。其泉清泠，可漱可咽，甘沁尘胃。又东一里，即屏风中立牛角洞之山。从其南麓东趋，又一里，过北峡门，北眺西峡之半，有洞岈然，其为清秀无疑。而暮色已上，竭蹶趋城，又一里，入西清门。回顾静闻、顾仆，俱久不至，仍趁至门[①]，始知二人为阍者所屏[②]。自闻衡、永有警，即议省城止开四门，而余俱闭塞。居人以汲水不便，苦求当道，止容樵汲，而行李俱屏之四门。乃与俱出，循城而北。半里，过城外西悬之洞，其下有级可攀而登，日暮不及。遂东转，又半里入北门焉，已昏黑矣。又二里，抵唐寓。

【注释】

①趁(chèn)：追赶。

②屏：通"摒"，排除。

【译文】

仍然走出洞来，望见东面有一个村庄在丛林中，此时是下午，口渴极了，望着村庄向东赶过去，共一里，走到宋家庄了。村子聚居成一团，位于南北两山间的山坞中，而西面就是众神所在山洞的那座山像屏风一样位于村后，东面则是牛角洞山像屏风一样排列在村子前方，村前都有积水汇成水塘，有座小石桥横架在水塘上。求村妇给点水喝，得到一瓢凉水几个人一同喝了。随后看见有些汲水的人从东边的小石崖旁边走来，赶过去观看，就见石崖也是位于两山之中，石崖西边积着一池泉水，从西面的山崖上流出来，大概这就是牛角洞向西流来的水流了。这里的泉水清澈凉爽，可以漱口可以下咽，甘甜的滋味沁入满是尘土的肠胃。又向东一里，就到屏风样矗立在中央的牛角洞山。从山的南麓向东赶路，又行一里，过了北面峡谷的峡口，向北眺望西面峡谷的半山腰，有个岩洞十分深邃，那是清秀岩无疑了。然而暮色已经上来，竭力跌跌撞撞地赶回城去，又是一里，进入西清门。回头察看静闻和顾仆，都是很久没有来到，仍然追赶到城门，才知道两个人被守城门的人拦住了。自从传闻衡州府、永州府有匪警以来，立即主张省城只开四道城门，而其余的城门全部关闭。居民因为汲水不方便，苦苦请求当权的官吏，只容许挑柴汲水的人通行，但行人都被挡住走那四道城门。只好与他们一同出城，沿着城墙往北走。半里，经过城外高悬在西面的岩洞，岩洞的下方有石阶可以攀登上去，因为天晚了来不及登。于是向东转，又行半里后进入北门，天已经昏黑了。又行二里，抵达唐家寓所。

初六日　晨起,大雨如注。晨餐后,急冒雨赴南门,行街衢如涉溪涧。抵拓工家,则昨日所期仍未往拓,以墨沈翻澄支吾①;再促同往,又以雨湿石润,不能着纸为解。窥其意,不过迁延需索耳。及征色发声,始再期明日往取,余乃返寓。是日雨阵连绵,下午少止,追暮而倾倒不绝,遂彻夜云。

【注释】

①墨沈:墨汁。

【译文】

初六日　早晨起床,大雨如注。早餐后,急忙冒雨奔赴南门,走在街道上如同涉过溪流山涧。抵达拓工的家中,可昨天约定的他却仍然没去拓,用墨汁打翻了的话来搪塞;再次催促他一同前去,他又拿下雨石崖湿润纸不能附着的话来辩解。我推测他的意思,不过是故意拖延来敲诈勒索罢了。到我变脸厉声发作时,这才再次与我约定明天去取,我于是返回寓所。这一天淫雨一阵阵地连绵不断,下午才稍微停了一下,到傍晚时又是倾盆大雨下个不停,竟然下了一个通宵。

初七日　夜雨达旦,市间水涌如决堤,令人临衢而叹河无舟也。令静闻、顾仆涉水而去索碑拓工家。余停屐寓中,览《西事珥》、《百粤风土记》。薄暮,顾仆、静闻返命。问:"何以迟迟?"曰:"候同往拓。"问:"碑何在?"曰:"仍指索钱。"此中人之狡而贪,一至于此!付之一笑而已。是日以仆去,不及午餐,追其归执爨①,已并作晚供矣。

【注释】

①执爨(cuàn):烧火做饭。

【译文】

初七日　夜雨通宵达旦，街市上雨水腾涌如决堤一样，让人对着街道却感叹河里没有船了。命令静闻、顾仆涉水前去拓工家催要碑帖。我停留在寓所中，阅读《西事珥》、《百粤风土记》。傍晚时分，顾仆、静闻回来复命。我问："为什么迟迟不来？"回答："等着一同去拓。"又问："碑帖在哪里？"回答："他仍然指望要钱。"这一带人的狡猾贪婪，竟然到了这种地步！付之一笑而已。这天因为仆人离开了，来不及吃午饭，等到他回来才烧火做饭，已经并在一起作为晚饭吃了。

初八日　夜雨仍达旦，不及晨餐，令静闻、顾仆再以钱索碑。余独坐寓中，雨霏霏不止。上午，静闻及仆以碑至，拓法甚滥恶，然无如之何也。始就炊，晨与午不复并餐。下午整束行李，为明日早行计，而静闻、顾仆俱病。

【译文】

初八日　夜里下雨仍然是通宵达旦，来不及吃早餐，命令静闻、顾仆再拿着钱去催要碑帖。我独自一人坐在寓所中，淫雨霏霏下个不停。上午，静闻和仆人拿着碑帖回来了，拓碑的技法极为粗糙低劣，然而拿它也没有办法了。开始动手做饭，早餐与午饭不再并在一起吃了。下午整理捆绑行李，为明天早晨上路做准备，但静闻、顾仆都生病了。

初九日　晨起，天色暗爽，而二病俱僵卧不行，余无如之何，始躬操爨具，市犬肉，极肥白，从来所无者。以饮啖自遣而已。桂林荔枝极小而核大，仅与龙眼同形，而核大过之，五月间熟，六月即无之，余自阳朔回省已无矣。壳色纯绿而肉甚薄，然一种甘香之气竟不减枫亭风味，龙眼则绝少矣。六月间又有所谓"黄皮"者，大亦与龙眼等,乃金柑之属,味甘酸之,其性热,不堪多食,不识然否?

【译文】

初九日　早晨起床,天色昏暗,但两个病人都直挺挺地躺在床上走不动路,我对他们无可奈何,开始亲自操持炊具,买来狗肉,极为肥美白嫩,是从来没有过的东西。用饮酒吃肉来自我消遣而已。桂林府的荔枝极小而且核又大,仅仅是与龙眼的形状相同,但核的大处超过龙眼,五月间成熟,六月份就没有了,我从阳朔回到省城时已经没有了。外壳的颜色是纯绿色,而且肉头非常薄,然而一种甘甜芳香的香气竟然不比枫亭荔枝的风味差。龙眼则绝少见到了。六月间又有一种所谓的"黄皮"的东西,大处也与龙眼相同,是金柑一类的东西,味道甜中带酸,性燥热,不能多吃。不知对不对?

初十日　早觅担夫,晨餐即行。出振武门,取柳州道。五里,西过茶庵,令顾仆同行李先趋苏桥,余拉静闻由茶庵南小径经演武场,西南二里,至琴潭岩。岩东有村,土人俱讹为陈抟。其西北大道,又有平塘街。余前游中隐山,即询而趋之,以晚不及,然第知为陈抟,不知即琴潭也。后得《桂胜》,知方信孺孚若记云①:"最后得清秀、玉乳、琴潭、荔枝四岩。"故初四西出,即首索清秀,几及而复失之。以下三洞,更无知者。然余已心疑陈抟之即琴潭,姑俟西行时并及之。及今抵其村,觅导者,皆以为水深不可入。已得一人,许余为导,而复欲入市,订余下午方得前驱。余颔之,闻其东南又有七宝岩,姑先趋焉。乃东南行,度一岭,共三里,又度一桥,桥下水自西而东。又南为李家村。村之南有石峰西向巉突,有庵三楹缀其下,前有轩,已圮,而中无居者。其岩不深而峭,其地盖在南溪山白龙洞之正西,即向游白龙洞时西望群山回曲处也。时静闻病甚，憩不能行，强之还陈抟村，一步一息，三里之程逾于数里。及抵村，其人已归，余强老妪煮茶啖饵为入岩计，而令静闻卧其家待之。已而导者负松明并梯至，遂西趋小山之南，曰："请先观一水洞，然不可入也。"余从之。其门南向，水汇其内，上浸洞口，而下甚满黑，深洞中宽衍，四旁皆为水际。其左深入，嵌空岭岈，洞前左崖濒水之趾，有刻书焉，即方孚若笔也。因出洞前遍征之，又得"琴潭"二大字，始信"陈抟"之果为音讹，而琴潭之终不以俗没矣。洞左复开一旁门，后与洞通，其不甚异②。余既得琴潭之征，意所谓荔枝者当不远。导者篝火执炬，请游幽洞。余征幽洞何名，则荔枝岩也。问："有水否？"则曰："无之。"然后知土人以为水深不可入者，指琴潭言；导者以为梯楼可深入者，指荔枝言。此中岩洞繁多，随人意所指，迹其语似多矛盾，循其实各有条理也。

【注释】

①方信孺："孺"原作"儒"，从"方信孺"条注改。

②其不甚异：乾隆本、"四库"本作"中多列柱垂葩，嵌空虚庋"。

【译文】

初十日　清早找到一个挑夫，早餐后立即上路。出了振武门，取道去柳州府。五里，向西经过茶庵，命令顾仆随同行李先赶到苏桥去，我拉着静闻由茶庵南边的小径途经演武场，向西南二里，来到琴潭岩。琴潭岩东边有个村庄，当地人都错读为"陈抟岩"。村子西北的大道上，又有个平塘街。我前几天游览中隐山时，就打听到这个地方后赶过去，因为天晚来不及去了，然而只知道是陈抟岩，不知道就是琴潭岩了。后来得到了《桂胜》,了解到方信孺(表字孚若)的题记说:"最后见到清秀岩、玉乳岩、琴潭岩、荔枝岩四个岩洞。"所以初四那天到城西出游时,便首先去找清秀岩,几乎走到却又错过了。以下的三个岩洞,更没有人知道。不过我心里已经怀疑陈抟岩就是琴潭岩,姑且等到西行时一并到那里。到今天来到这个村子时,寻找向导,都认为水深不能进去。随后找到一个人,答应为我做向导,然而又想进城去,与我约定下午才能为我带路。我点头同意了他,听说村子东南方又有个七宝岩,姑且先赶到那里去。于是往东南行,越过一座岭,共三里,又跨过一座桥,桥下的水自西往东流。又向南走是李家村。村子的南边有座石峰面向西方,高峻突兀,有座三开间的寺庵点缀在石峰下,前边有轩廊,已经倒塌,而且庵中没有人居住。这个岩洞不深,但很陡峭,这个地方大概是在南溪山白龙洞的正西方,就是从前游览白龙洞时向西望去群山回绕弯曲的地方了。此时静闻病得很重,坐下休息不能行走,强迫他返回陈抟村,走一步歇一歇,三里的路程胜过走几里路。等到达村里时,那人已经回来了,我强逼着一个老妇人煮茶来吃下点心,为进岩洞做准备,并让静闻躺在她家等我。不久向导肩扛火把和梯子来到了,于是向西赶到小山的南麓,说:"请先去观看一个水洞,但不能进去。"我听从了他的话。水洞洞口面向南,水汇积在洞内,上边浸泡到洞口,而下边满是深黑的水,幽深的洞中宽敞低平,四旁都是水边。由洞内左边深入进去,玲珑深邃,洞前边左边临水的石崖根部,有刻写的题字,是方孚若的手笔。因而出到洞前四处查看,又找到"琴潭"两个大字,这才相信"陈抟"果然是读错了音,从而琴潭岩到底没有被世俗湮没了。洞的左边又开有一个旁洞口,后面与这个洞相通,其中没有什么奇特之处。我得到琴潭岩的证据后,料想所谓的荔枝岩应该在不远处。向导点燃火举着火把,请我去游览深洞。我追问这个深洞叫什么名字,原来就是荔枝岩了。我问:"有水没有?"他却回答:"没有水。"这之后才明白当地人认为水深不能进去的洞,是指琴潭岩说的;向导认为用楼梯可以深入的洞,是指荔枝岩说的。这一带的岩洞繁多，随人的意思所指，追究他们说的话似乎矛盾很多，考察岩洞的实情却各有条理。

出琴潭岩，沿山左潴塘而行。绕塘北转而西，洞门东向琴潭西麓者，荔枝岩也。门不甚高，既入稍下，西向进数丈，循洞底右窍入其下穴。其内不高而宽平，有方池，长丈余，阔五六尺，而深及丈，四旁甚峻，潴水甚冽。再东南转，平入数十丈，两转度低隘，右崖之半有窍，阔二尺，高一尺，内有洞，上穹下平，潴水平窍。以首入窍东望，其水广邃，中有石蜿蜒，若龙之浮游水中。穴内南崖，有石盆一方，长二尺，阔一尺，高六七寸，平度水面，若引绳度矩，而弗之爽者。不能以身入也。仍出至洞底，少西进，又循一右窍入其上峡。其内忽庋为两层：下穴如队，少西转，辄止；上穴如楼，以梯上跻，内复列柱分楞。穿楞少西，遂下南峡中。平入数十丈，又南旋成龛，龛外洞顶有石痕二缕，分络夭矫，而交其端。仍出，度梯下至洞底，又循一左窍入其上峡，则层壁累垂，悬莲嵌柱，纷缀壁间，可披痕蹈瓣而登也。大抵此洞以幽闳见奇而深入。在右水窍之侧，有小石块如弹丸，而痕多磊落，其色玄黄，形如荔枝，洞名以此，正似九疑之杨梅，不足异也。

【译文】

出了琴潭岩，沿着山左边的积水塘前行。绕过水塘的北边转向西走，洞口向东对着琴潭岩西麓的岩洞，是荔枝岩。洞口不十分高，进去后稍下走，向西进去几丈，沿着洞底右边的石窍进入洞的下层洞穴。那里面不高却又宽又平，有个方形水池，长一丈多，宽五六尺，而深达一丈，四旁非常陡峻，积水十分清冽。再向东南转，平缓地深入几十丈，两次转过低矮的隘口，右边崖壁的半中腰有个石窍，宽二尺，高一尺，里边有洞，上边隆起下面平坦，积水与石窍口平齐。把头伸进石窍向东望去，里面的积水宽广深远，中间有岩石蜿蜿蜒蜒的，好像龙浮在水中游动。洞穴里面南边的石崖上，有一个方形石盆，长二尺，宽一尺，高约六七寸，平架在水面上，好像是用墨绳尺子制成的样子，毫厘不差。身子不能进去。仍然出到洞底，略向西进去，又沿着右边的石窍进入石窍上边的峡谷中。峡谷内忽然架成两层：下面的洞穴如队列，稍向西转进去，便到了头；上边的洞穴如楼阁，用梯子上登，里面又排列着石柱分隔为石窗。穿过石窗稍向西走，便下到南面的峡谷中。平缓深入几十丈，又在南边旋绕成石龛，石龛外边的洞顶上有两条石痕，分别屈伸缠绕，可它们的顶端交缠在一起。仍然出来，爬在梯子上下到洞底，又沿着左边的一个石窍进入到岩洞上层的峡谷中，只见层层石壁叠累下垂，悬垂的莲花和下嵌的石柱，纷纷点缀在石壁上，可以分开石痕踩着莲瓣上登了。大体上这个岩洞以幽深隐秘见奇而又深入进去。在右边贮水石窍的侧边，有些小石块如弹丸，而且石痕众多杂沓，石头的颜色是玄黄色，形状如同荔枝，洞的名字就是由于这些小石块得来的，正像九疑山的杨梅洞一样，不值得惊异了。

　　出洞，由琴潭之北共一里，仍至其村，已下午矣。携静闻西北由间道共二里，抵平塘街。其西石峰峭甚，夹立如门，南峰山顶忽有窍透腹，明若展镜。余向从中隐寻铜钱岩不得，晚趋西门，曾过而神飞，兹再经其下，不胜跃跃。问之，皆云无路可登。会静闻病不能前，有卖浆者在路旁，亦向从中隐来，曾与之询穿岩之胜者。其人曰："有岐路在道旁打油坊后，可扪而入，东南转至一古庙，可登山而上也。"
余乃以行李挂其桁间[①]，并令静闻卧茅下以待，曳杖遂行。
过打油者家问之，则仍云岩无可登，其居旁亦无径可入。余
回眺其后，有蛇道伏草间，遂披篱穿隙，随山麓东行。转而
南向，将抵古庙，见有路西上，遂从之。始扪级，既乃梯崖。
崖之削者，有石纹锋利，履足不脱，拈指不滑；崖之觉者[②]，有
枝虬倒垂，足可蹑藤，指可攀杪。惟崖穷跰峡[③]，棘蔓填拥，
没顶牵足，钩距纷纷，如蹈弱水，如陷重围，淬不能出[④]，乃置
伞插杖于石穴，而纯用力于指足，久之，抵丛石崖下。其上
回狮舞象，骞凤腾龙，分形萃怪，排列缤纷。计透明之穴已
与比肩，乃横涉而北逾，转逾出峰头，俯瞰嵌崖削窟，反在其
下，而下亦有高呼路误，指余下践之级者。余感其意，随之
下，竟不得所置伞杖处。呼者乃二牧翁，疑余不得下而怜之
者，余下谢之。其人指登崖之道尚在古庙南，盖其岩当从崖
后转入，不能从崖东入也。余言伞置崖间，复循上时道觅
之。未几，闻平塘街小儿呼噪声，已而有数十人呼山下者，
声甚急，余初不知其为余，迨获伞下而后知之。下至古庙
侧，则其人俱执枪挟矢，疑余为伏莽而询之者[⑤]。余告以游
岩之故，皆不之信。乃解衣示之，且曰："余有囊寄路口卖浆
者茅中，汝可往而简也。"众乃渐散。余仍从古庙南历磴披
棘上。遂西南转出山后坳间，眺其南，一峰枝起，顶竖一石，
高数丈。予所见石峰缀立，雁宕翔鸾，龟峰灵芝，及此地笋
石骈发，未有灵怪至此者。度已出岩后，而遥瞻石壁之下，
犹未见洞门。忽下有童子，复高声呼误，言不及登者。时日

已坠西峰，而棘蔓当前，度不可及，且静闻在茅店，其主人将去，恐无投宿，乃亟随之下，则此童已飏而去，不知其为怜为疑，将何属者。乃仍转北麓，出打油坊后，则卖浆主人将负所铺张为返家计。余取桁间挂物，随其人东趋平塘街求托宿处。其人言："家隘不能容。"为余转觅邻居以下榻，而躬为执爨，且觅其宗人，令明晨导游焉。是暮，蕴隆出极⑥，而静闻病甚，顾仆乍分。迨晚餐后，出坐当衢明月下，而清风徐来，洒然众峰间，听诸村妇蛮歌谑浪⑦，亦是群玉峰头一异境也。

【注释】

①桁(héng)：梁上的横木。

②崖之觉者："觉"疑为"璺(wèn)"，意即罅隙。

③跋(bá)：踩踏。

④淬：通"卒"，终。

⑤伏莽：潜匿的盗匪。

⑥蕴(yùn)：通"煴"，闷热。隆：即隆隆，雷的声音。

⑦蛮歌：指壮族农村对歌。谑(xuè)浪：开玩笑的声浪。

【译文】

出洞后，由琴潭岩的北边共走一里路，仍然到达陈抟村，已经是下午了。带着静闻向西北经由偏僻的小路共行二里，抵达平塘街。平塘街西面的石峰非常陡峭，像门一样夹立着，南峰的山顶上忽然有个洞穴穿透山腹，明亮得像平展的镜子。我之前在中隐山寻找铜钱岩没找到，晚上赶到西门去，曾经路过而神魂飞舞，现在再次经过它的下边，禁不住想跃跃欲试。向路人打听，都说是无路可登。恰好静闻病得不能前行，在路旁有个卖酒的人，也是之前从中隐山过来时曾经向他打听过穿岩胜景的人。那人说："有条岔路在大道旁打油坊的后面，可以摸着进去,向东南转到一座古庙,便可以登山上去了。"我便把行李挂在他茅屋的檩条上,并叫静闻躺在茅屋下等着,我拄着拐杖便走。路过打油人的家问路,却仍是说岩洞无路可登,他家旁边也没有小径可以进山。我回头眺望屋子后面,有条蛇形小道隐伏在草丛间,就分开篱笆钻出篱笆缝隙,顺着山麓往东行。转而向南走,即将到古庙时,看见有条路向西上走,便顺着这条路走。开始时摸着石阶爬,随后踏着石崖上登。石崖陡峭的地方,有锋利的石纹,脚踩上去不会脱落,手指抓着不会滑;石崖高大矗立之处,有拳曲的枝条倒垂着,脚可以踩着藤蔓,手指可以抓住树梢。唯有石崖完后要涉过峡谷时,荆棘藤蔓堆积堵塞,没过头顶拽住脚下,像钩子刀剑一样乱纷纷的,如同踩在弱水上,就像蹈进重围之中,始终不能出来,只得放下雨伞把拐杖插进石孔中,而后把全部力量用在手脚上,很久之后,到达成丛的石崖下。石崖上面的岩石,如狮子回头,大象起舞,飞凤腾龙,分为不同形态,荟萃着各种怪兽,缤纷争呈地排列着。估计透亮的洞穴已经与我并肩而立了,便横向往北跋涉翻越,转而翻越到峰头,俯瞰深嵌的石崖和陡削的洞窟,反而在我脚下,而且山下也有人高呼路走错了,给我指点下山的石阶。我感谢他们的好意,顺着他们指点的路下来,竟然找不到放置雨伞拐杖的地方。呼叫的人是两个放牧的老翁,是怀疑我不能下山而同情我的人,我下来后谢过了他们。那两人指点我,上登石崖的路还在古庙南边,原来是那个岩洞应当从石崖后面转进去,不能从石崖东面进去。我说雨伞放在石崖上,又沿着上登时的路去找伞。不多时,听见平塘街上有小孩呼叫鼓噪的声音,随即有数十人在山下呼叫,声音十分急切,我起初不知道他们是为了我,等拿到伞下山后才知道是为我。下到古庙侧边,就见那些人都手拿标枪带着弓箭,是怀疑我是伏在草丛中的强盗而来讯问我的人。我告诉他们是因为前来游览岩洞,都不相信我的话。只好解开衣服给他们查看,并且说:"我有行李寄放在路口卖酒人的茅屋中,你们可以前去查看一下。"众人这才渐渐散去。我仍然从古庙南边经由石阶披荆斩棘地上走。终于往西南转到山后的山坳中，眺望山坳的南边，一座石峰像树枝一样耸起，顶上竖着一块岩石，有几丈高。我所见过缀立的石峰，雁宕山的翔鸾峰，龟峰上的灵芝峰，以及此地竹笋一样并立绽放的石峰，没有灵幻怪异像这样的。估计已到了岩洞的后方，可遥望石壁之下，仍不见洞口。忽然山下有个儿童，又高声呼叫路走错了，说来不及登上去了。此时夕阳已坠入西峰，而荆棘藤蔓挡在前方，估计不可能达到了，况且静闻还在那茅草店铺中，店主人即将离开，担心无处投宿，只好急忙顺着原路下山，却见这个儿童已经扬长而去，不知他是同情我还是怀疑我，究竟属于哪一种？于是仍然转到山的北麓，出到打油坊的后面，只见卖酒的店主人即将背着他摆设的东西为回家做准备。我取下檩条上挂着的东西，跟随这个人向东赶到平塘街去找投宿的地方。这个人说："家中太窄不能容纳。"替我转而找到邻居家住下，而且亲自为我烧火做饭，并且找来他的族人，命令他明天早晨带领我游览。这天傍晚，闷热到极点，雷声隆隆，而静闻病得很厉害，顾仆突然间分开。到晚餐后，出门坐在当街的明月之下，而清风徐徐吹来，十分潇洒地身在群峰之中，听着众村姑互开玩笑的山歌声，也是在群玉峰头的一种奇异境遇了。

十一日　晨起，静闻犹卧，余令主宿者炊饭，即先过卖浆者家，同其宗人南抵古庙南登山。导者扬镰斩棘，共一里，抵山西南坳。从石隙再登一二步，即望见洞门西南向。又攀石崖数十步，即入洞焉。盖其门前向东北，后向西南，中则直透，无屈曲峻嶒之掩隔。导者谓兹洞曰榜岩洞，兹山曰枫木山。下山，仍过古庙，遂南由田塍中渡西来小涧，水自两路口西塘迤逦东穿山麓，即南溪发源也。共东南一里，入石岩洞。其门西北向，后门东北向，其中幽朗曲折。后门右崖，有架虚之台，盘空之盖，皆窗楞旁透，可憩可读。由后洞出，北一里，仍抵平塘街。街北有石峰嶙峋若屏，东隅有岩东向，是为社岩。外浅而不深，土人奉社神于中。导者又指其西北，有石峰中立，山下南北俱有汇塘，北塘之上，岩口高列，南塘之侧，穴门下伏，其内洞腹潜通，水道中贯，是名架梯岩，又名石鼓洞，盖即予前觅铜钱岩不得而南入之者。导者言之，而不知余之已游；余昔游之，而不知洞之何名。今得闻所未闻，更胜见所未见矣。

【译文】

十一日　清早起床，静闻还躺着，我命令借宿的这家主人做饭，立即先去拜访卖酒人的家，同他的族人向南来到古庙南边登山。向导扬起飞镖斩断荆棘，共一里，到达山西南面的山坳中。从石缝间再上登一两步，立即就望见洞口面向西南方。又攀着石崖上登几十步，马上进入了洞中。原来这个岩洞的前洞口面向东北方。后洞口面向西南方，中间则是一直穿通的，没有曲折突起之处的遮挡和阻隔。向导说这个洞叫榜岩洞，这座山叫枫木山。下山后，仍然路过古庙，于是向南经由田野中渡过西面流来的小山涧，涧水起自两路口西边的水塘，弯弯曲曲往东穿过山麓，这就是南溪的发源地了。共往东南行一里，进入石岩洞。洞口面向西北，后洞口面向东北，洞中幽静明朗，曲曲折折的。后洞口右边的山崖上，有个架空的平台，上有盘绕空中的顶盖，两旁都通有窗棂，可以休息可以读书。由后洞口出来，向北一里，仍旧抵达平塘街。平塘街北面有座突兀的石峰像屏风一样，东隅有个岩洞面向东，这是社岩。外边浅而不深，当地人把土地神供奉在洞中。向导又指点说，这里的西北方，有座石峰蠢立在中央，山下南北两面都有积水塘，北边水塘的上方，岩洞口高高排列着，南面水塘的侧边，洞穴口在下低伏着，山肚子里面山洞暗中相通，水道贯通洞中，那里名叫架梯岩，又叫石鼓洞，原来就是我前几天寻找铜钱岩没找到而后向南进去的洞。向导说着这些话，却不知道我已经游览过；我之前游览山洞时，却不知道洞叫什么名字。今天得以闻所未闻，更胜过见所未见了。

　　于是还饭于宿处，强静闻力疾行。西二里，经两山之峡。峡北山则巍然负扆，下为广福王庙；峡南山则森然北拱，其东有岩焉。门东向，当门有石塔，甚整而虚其中，塔后不甚崇宏。由其右穴入，渐入渐隘而黑，有狼兵数人调守于此，就岩爨寝焉。岩门外，右有旧镌磨崖，泐不可读。乃下，西出峡门，是为两路口①，市肆夹路。西北循山，为义宁道②；西南循山，为永福道。余就西南行，不一里，静闻从而后，俟之不至。望路东有岩西向，拨棘探之，岩不深而门异。下瞰静闻，犹然不见其过；欲返觅，又恐前行。姑急追之，又迟待之，执前后至者询焉，俱茫然无指，实为欲前欲却。久之，又西行四里，路右有小峰，如佛掌高擎，下合而上岐，下束而上展，于众峰中尤示灵怪。其南又骈峙两山，束而成峡，路由其中。峡南之峰，其东层裂两岩，转盼间，觉上岩透明。亟南向趋之，只下岩可入，而上岩悬叠莫登，乃入下岩。岩中列柱牵帷，界而为峡，剖而为窗，曲折明朗，转透其后，则亦横贯山腹者也。以为由后窍西出，可反跻上岩透处，而后窍上下俱削，旁无可攀。乃仍东出洞前，见东北隅石颇坎坷，姑攀隙而登，遂达上层。则前后二门，俱与下岩并列；门内乳幄莲柱，左右环转以达后门，数丈之内，纡折无竟。前门一台，正对东北佛掌峰。凭后门龛牖，遥瞰近视，岩外之收揽既奇，岩内之绾结亦异，诚胜境也。予所见粤中重楼之胜，此为第一。

【注释】

①两路口：今称路口，在桂林市区西隅，公路和铁路皆从近旁经过。

②义宁：明为县，隶桂林府永宁州，治今临桂区五通。

【译文】

于是回到住宿的地方吃饭，强逼着静闻尽力带病上路。向西二里，经过两山间的峡谷。峡谷北面的山像屏风样巍然屹立，山下是广福王庙；峡谷南面的山面向北森然拱立着，山的东面有个岩洞。洞口面向东，有座石塔挡在洞口前，十分整齐，而塔的中间是空心的，塔的后面不十分高大宏伟。由塔右边的洞穴进去，逐渐进去渐渐变得又窄又黑，有几个土司兵被调守在此地，就着岩洞在洞中煮饭睡觉。岩洞口外边，右边有旧时刻的摩崖碑刻，剥落得不能辨读了。于是下来，向西走出峡口，这里是两路口，集市店铺夹住道路。往西北沿着山走，是通往义宁县的大道；往西南沿着山走，是通往永福县的大道。我踏上通往西南方的这条路走，不到一里路，静闻跟着走，落在了后面，等了他一会不见来到。望见道路东边有个面向西的岩洞，拨开荆棘去探这个洞，岩洞不深但洞口很奇特。向下俯瞰静闻，仍然不见他走过来；想返回去找他，又怕他走在了前边。姑且急忙去追赶他，又等了他很长时间，拉住前后到来的人询问，都茫然不知所指，实在是想前进想后退都很难。很久之后，又向西行四里，道路右边有座小石峰，像佛掌一样高高举起，下面合在一起而上面分岔，下面紧束而上面舒展，在群峰中尤其显得灵幻怪异。它的南面又并排耸峙着两座山，紧束成峡谷，道路经由峡谷中。峡谷南面的山峰，它的东面分层裂开两个岩洞，转眼间，觉得上面那个岩洞透出亮光。急忙向南赶到那里，只有下洞可以进去，而上洞层层叠叠悬在高处，无法上登，只好进入下洞。岩洞中排列着石柱，挂着帷幔状的岩石,分隔成峡谷,剖开成为石窗,曲折明亮,转而钻到洞的后方,原来也是一个横贯山腹的岩洞。我以为由后边的石窍向西出去,可以反过来登到上洞穿通之处,可后边这个石窍上下都很陡削,旁边无处可攀。于是仍然向东出到洞前,看见东北隅的岩石坑坑洼洼的,姑且攀着石缝上登,竟然到达了上层。只见前后两个洞口,都与下洞并列;洞口内,帷幔状的钟乳石,莲花样的石柱,左右环绕着转到后洞口,几丈之内,曲曲折折没有尽头。前洞口有一个平台,正对着东北方佛掌一样的小石峰。我凭靠在后洞口的石龛石窗之间,俯瞰远处,细看近处,岩洞外面收入眼底的景色已经很奇丽,岩洞内盘结着的钟乳石也很奇异,真正是一处景色优美的地方。我在粤地所见过的重楼胜景,这里是第一。

　　既而下山,不知静闻之或前或后,姑西向行。又见大路之左,复有岩北向,登之亦浅而不深,此亦峡南之山也。其在峡北者,西向亦有二洞层列,洞门上下,所悬亦无几,而俱石色赭黄,若独为之标异者。一出峡门,则汇水直浸两峡之西,中叠石为堤,以亘水面,旁皆巨浸,无从渡水一登赭岩。既又闻有八字岩,亦不能至。遂由石道西向行汇水中。又望其西峰之东崖壁高亘,上悬三洞,相去各二十余丈,俱东向骈列,分南、北、中焉。其山在汇水西南,与东峡南峰东西夹塘成汇。遥睇崖端,俱有微痕,自南而北,可以上跻,惟北洞则崭然悬绝,若不可阶焉。途中行人见余趋岩,皆伫呼莫前,姑缓行堤间。俟前后行人少间,视堤西草径,循水遵南麓而行,虽静闻之前后,俱不暇计。已而抵南洞之下,仰睇无级。仍以攀崖梯隙之法,猿升猱跃而上,遂入南洞,则洞门甚崇,其内岈峒宏峻,规模迥异。稍下,一岐由右入,转而西南,渐觉昏黑,莫究厥底;一岐由左入,不五丈,忽一门西透山后,返照炳焉;一门北通中洞,曲景穿焉。于是先西向披后岩,洞门高与东垲,上下俱悬崖陟绝,可瞰而不可下。遥望西南对山,有洞亦若覆梁,而门广中邃,曰牛洞,东向暗黑而不知其涯。仍入内,旋北向上中洞,洞内北转而东透。先探其北,转至洞门,有石内庋,架为两层,上叠为阁,倒向洞内,下裂为门,直嵌壁间,盖即所望之北洞矣。至此则兹洞之旁通曲达,既极崇宏,复多曲折,既饶旷达,复备幽奇,余所观旁穿之胜,此为最矣。仍入中洞之内,东临洞门,门愈高穹,下则其外路绝崖轰,遂仍返其中,循南洞而出焉。始知是三洞者,外则分门,内俱连窍,南洞其门户也,北洞其奥窟也,中洞则左右逢原,内外共贯,何岩洞之灵异,出人意表如此!

【译文】

继而下山来,不知静闻是在前还是在后,姑且向西行。又看见大路的左边,又有一个面向北的岩洞,登到洞中也是浅而不深,这也是在峡谷南面的山上。那在峡谷北面山上的,面向西也有两个洞分层排列着,洞口一上一下,悬隔之处也不远,但岩石的颜色全是赭黄色,好像是要为它们单独标新立异的模样。一走出峡口,就有积水一直浸泡到两侧峡谷的西边,当中垒石砌成堤坝,用以横截水面,旁边都是巨大的水泽,无法渡过水去登一次赭黄色的岩洞。随后又听说有个八字岩,也不能去到。于是经由石头路向西行走在积水中。又望见堤坝西峰的东面崖壁高高横亘着,上面高悬着三个洞,相距各有二十多丈,都是面向东并列着,分为南洞、北洞、中洞。这座山在积水的西南方,与东面峡谷的南峰东西相夹形成积水塘。远看山崖顶端,都有微小的石痕,自南往北,可以上登，唯有北洞则是崭然悬绝，似乎不能登上去。途中的行人看见我向岩洞赶过去，都停下脚步高声叫我不要前去，暂且在堤坝上慢慢走。等到前后的行人少一些的间隙，看着堤坝西边草丛中的小径，顺着水边沿着南麓前行，即使静闻是在前还是在后，都来不及顾及了。不久抵达南洞的下面，仰面斜视没有台阶。仍然用攀石崖把裂隙作为梯子的方法，像猿猴般爬升跳跃地往上爬，终于进入南洞，只见洞口十分高大，洞内空阔宏大，十分险峻，规模完全不一样。稍下走，一个岔洞由右边进去，转向西南，渐渐觉得昏黑下来，无法走到洞底；一个岔洞由左边进去，不到五丈，忽然有一个洞口向西通到山后，光线反照进来，十分明亮；一个洞口向北通到中洞，反射的光影照射到洞内。于是先向西钻入后洞，洞口的高处与东边的洞口相等，上下都是悬崖，上登的路断了，可以俯瞰却不能下走。遥望西南方对面的山，有个洞也好像是下覆的桥梁，洞口宽阔而洞中深邃，叫做牛洞，面向东，黑暗得无法知道它的尽头。仍然进入洞内，旋即向北上到中洞，洞内向北转去通到东面。先探察洞内的北边，转到洞口，有岩石在里面平架着，架成两层，上面叠架成楼阁，倒向洞内，下边裂成石门，一直深嵌在洞壁上，大概这就是先前望见的北洞了。来到此地就见这个洞弯弯曲曲四通八达的旁洞，既极其高大，又有很多曲折之处，既有很多空旷旁通的地方，又具备幽深奇绝的特点，我所观览过的通有旁洞的胜景，这里是第一了。仍然进入中洞之内，向东面临洞口，洞口愈加高大穹隆，洞外下方则是崖壁崩塌道路断绝，只好仍然返回到洞中，沿着南洞出来。这才知道这三个岩洞，外面虽分为几个洞口，里面的洞穴都连着，南洞是它的门户，北洞是它最深处的洞窟，中洞则是左右逢源，内外连贯在一起，为何岩洞的灵幻变异，竟如此出人意料之外！

　　于是仍由旧级下，共一里，北出大道，亟西行。循南山北麓而西，三里，越一平坡，其南北岩洞甚多，不暇详步。岐而南为通城墟。墟房累累，小若鸽户，列若蜂房，虚而无人，以俟趁墟者①。从墟又南一里，是为上岩后洞。余循西路登岩，门北向，前临深塘。入其内，扩然崇宏，峡分左右。右峡下坠，已浚为渊，水潴其底，石壁东西夹之，峻不可下。其底南眺沉沉，壁西之崖，回覆渊上，予所驻足下瞰者；壁东则绝壁之下，骈通二穴，若环桥连亘，水通其中，不知所往；北则石壁自洞顶下插渊底，壁半裂柱成隙，泉淙淙隙端下注。出右峡，由左峡上入，蹲石当门，中耸为台，台上一顶柱直挂洞顶。路从两旁入，其西复有石崖，由洞北突而南，若塞门焉，与洞之南壁夹而成罅。路循崖西出，转绕崖后，外穹为门，门下横阈，而上多垂檐。踞门阈而坐，门外峡复峭峙，两旁多倒悬下攫之石，若龙爪猿臂，纷拏其门，俯仰双绝。出洞，循其东麓，复开一门，东向内洼，下滴水空声，转南渐黑，当即通后洞环桥水穴者。而下洞门之南，则上岩村村居萃焉。村后叠石开径，曲折而上，是为上岩前洞。其门东向，高齐后洞肩，深折不及。前有神庐，侧有台址。有村学究聚群蒙于台上②。由台直跻洞后，进窦成龛，垂石如距：有垂至地下离一线者，有中悬四旁忽卷者，有柱立轮囷其中者③，有爪攫分出其岐者。其东南对山有泉源，曰龙泉云。

【注释】

①墟（xū）：岭南一带的农村定期集市。赶集的地方，有人则满，无人则虚，而岭南集市满时少，虚时多，故称为虚，或作"墟"、"圩"、"墟市"。一般三日一次，定期赶集，称为"趁墟"。赶集的日子称为"墟期"。平时搭盖供墟市交易用的一排排小屋称为"墟房"。

很多定期趁墟的地方,亦以"墟"字为词尾命名。

②蒙(méng):即蒙童,正进行启蒙教育的儿童。

③轮囷(qūn):高大的样子。

【译文】

于是仍然经由原路一台台地下走,共一里,向北出到大道上,急忙往西行。沿着南山的北麓往西行,三里,越过一条平缓的山坡,山坡南北两面的岩洞非常多,来不及走过去详细看。沿岔路往南走是通城墟。墟市上的房屋层层叠叠的,小得像鸽子笼,像蜂房一样排列着,空着没有人,用以等待赶集的人。从通城墟又向南一里,这是上岩的后洞。我沿着西边的路登上岩洞,洞口向北,前方下临深塘。进入洞内,空旷高大,分出左右两条峡谷。右边的峡谷向下深陷,已被疏浚为深水潭,水积在峡底,东西两面的石壁夹住水潭,高峻得无法下去。向南眺望,峡底黑沉沉的,石壁西面的石崖,回绕下覆在深渊之上,这就是我停下脚步向下俯瞰的地方;石壁东面却在绝壁之下,双双通有两个洞穴,好像连环桥洞相连横亘着,水通到洞穴中,不知流向哪里;北面则是石壁从洞顶下插到深渊底下,石壁半中腰有石柱裂成缝隙,泉水淙淙地从缝隙下边向下流淌。走出右边的峡谷,由左边的峡谷往上进去,蹲着一块岩石挡住洞口,中间高耸成为高台,高台上方顶上一根石柱垂直挂在洞顶。路从两旁进去,这块岩石的西侧又有石崖,由洞北向洞南前突,好像要堵住洞口的样子,与洞南的洞壁夹成一条缝。路沿着石崖向西出去,转而绕到石崖的后面,外边隆起成为洞口,洞口下方横着石门槛,而上方有很多下垂的岩石如屋檐。蹲坐在石门槛上,洞口外面的峡谷又陡峭地耸峙着,两旁有许多倒悬下垂的岩石,好像龙爪猿臂,纷纭杂乱地挡在洞口,俯身抬头两者都是绝妙的景色。出洞来,顺着山的东麓走,又开有一个洞口,面向东,洞内下注,向下滴水发出空荡荡的声音,转向南渐渐黑下来,这应该就是通到后洞中连环桥洞一样的水洞的地方。而下洞洞口的南边,就是上岩村的村庄房屋聚集的地方了。村庄后面垒砌石块开通了一条小径，曲折地向上走，这就是上岩的前洞。洞口向东，高处与后洞口相等，深处和曲折之处赶不上。洞前有座神庙，侧边有座台基。有个乡村的读书人聚集了一群儿童在台上教授。由平台一直上登到洞的后部，洞穴迸裂成石龛，下垂的岩石像鸡爪一样：有下垂到地下离地面只有一线的，有悬垂在中央四旁忽然上卷的，有柱子一样高大地矗立在洞中的，有爪子一样伸下来分出脚爪的。这里东南方对面的山上有泉水，叫做龙泉。

　　下台端，仍出后洞塘北，西北行一里，入东来大道。又二里，为高桥，石梁颇整。越桥西南，石山渐开，北眺遥山连接，自西而东，则古田、义宁西来老龙矣①。又七里为山蚤铺，其四旁虽间出土阜，而石峰尤屼突焉。又西南八里，为马岭墟。其日当市，余至已下午，墟既散，而纷然俱就饮啜浆矣。始于墟间及静闻，复与之饭。又西南二里，至缭江桥，越桥为缭江铺，于是山俱连阜回冈，无复石峰峥嵘矣。又南八里为焉石铺，乃西入山坞。二里转而西南，又十里为苏桥②，为洛青江上流，水始舍桂入柳去，予遂与桂山别。桥西是为苏桥之堡。入东门，抵南门，时顾仆已先抵此一日，卧南门内逆旅中。是晚蕴隆之极，与二病人俱殊益闷闷。幸已得舟，无妨明日行计也。

【注释】

①古田：明有古田县，时在 1381—1571 年间，后改为永宁州，又有古田所与州同城。治所先在今永福县北境寿城稍南的旧县，1482 年移至今寿城。

②苏桥：今名同，在永福县东北境，洛清江东岸。

【译文】

从平台前端下走,仍然出到后洞水塘的北边,往西北行一里,走上东面过来的大道。又行二里,是高桥,石桥颇为整齐。过桥后往西南行,石山渐渐退开,向北眺望,远山连绵相接,自西往东延伸,那便是从古田所、义宁县往西延伸过来的山脉主脉了。又行七里是山蚕铺,这里的四旁虽然间或有土山出现,然而石峰更加突兀了。又向西南八里,是马岭墟。这一天是赶集日,我到的时候已经是下午,集市已经散去,而人们都纷纷在店铺中饮茶喝酒。这才在集市上赶上静闻,再次与他一起吃了饭。又向西南二里,到达缭江桥,过桥后是缭江铺,到了这里,山全是连绵的土阜和回绕的山冈,不再有山势峥嵘的石峰了。又向南八里是焉石铺,于是向西进入山坞中。二里后转向西南,又行十里是苏桥,是洛清江的上游,水流开始离开桂林府流入柳州府去了,我于是与桂林山水告别了。桥西是苏桥的城堡。进入东门,来到南门,这时顾仆已经先一步到达此地一天,躺在南门内的旅店中。这天晚上闷热到了极点,我与两个病人都觉得特别郁闷。幸好已经找到船,不妨害明天上路的计划。

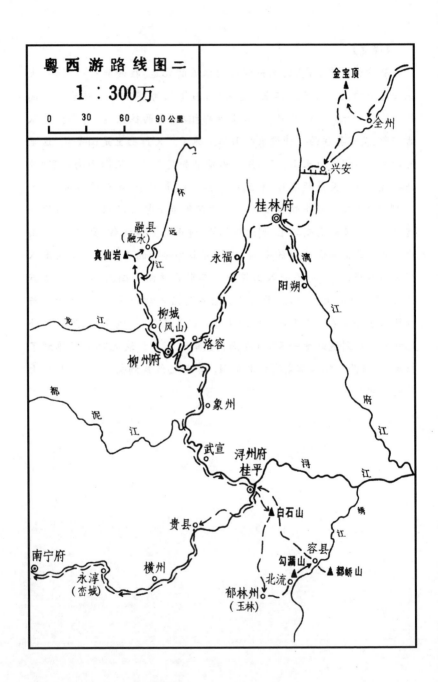

粤西游路线图二
1:300万

0　30　60　90公里

金宝顶

全州

兴安

桂林府

怀
远

融县
(融水)

永福

真仙岩▲

漓

阳朔

柳城
(凤山)

龙
江

洛容

柳州府

象州

府

武宣

都
泥
江

浔州府
桂平

浔

江

江

绣

白石山▲

贵县

江

容县

南宁府

横州

勾漏山
▲

都峤山▲

北流

永淳
(峦城)

郁林州
(玉林)

粤西游日记二①

【题解】

《粤西游日记二》是徐霞客旅游广西北部及东南部的日记。

崇祯十年(1637)六月十二日徐霞客登舟,经永福县、洛容县(今鹿寨县)至柳州府,又往北经柳城县至融县(今融水苗族自治县)。返柳州,继续南下,过象州及武宣县,到浔州府(今桂平市)。从陆路往郁林州(今玉林市)、北流县、容县绕了一圈,回浔州府。再取郁江水行,经贵县(今贵港市)、横州、永淳县(在今横县西境),八月二十三日抵南宁府。以后皆在南宁府,但日记缺佚,整理者季梦良在乱帙中仅找到九月初九日登罗秀山一则。

这是徐霞客万里退征中又一段最困难的时期。静闻、顾行在临离桂林时都生了病,"奄奄垂毙"。霞客"因两病人僵卧两处,忧心忡忡,进退未知所适从",既要照顾病人,又坚持地理考察和旅游。在柳州游立鱼山,谒柳侯庙,凭吊柳宗元遗迹。在融水畅游真仙岩;从巨蛇身上跨过,或坐在木盆中浮水钻洞;为了搜览碑刻,梯滑人坠,"眉膝皆损"。过大藤峡,考察农民起义军利用过的险要地形。游勾漏、白石、都峤三山,考订葛洪行踪。游宝华山,访建文皇帝遗迹。沿途重视有关水道的考察,深入进行各地喀斯特地貌的比较研究,也记录了"流贼"活动的情况,为地理学和历史学研究提供了重要资料。

丁丑六月十二日②　晨餐后登舟，顺流而南，曲折西转，二十里，小江口，为永福界③。又二十里，过永福县。县城在北岸，舟人小泊而市蔬。又西南三十五里，下兰麻滩。其滩悬涌殊甚，上有兰麻岭，行者亦甚逼仄焉。又二十里，下陟滩为理定④，其城在江北岸。又十五里而暮。又十五里，泊于新安铺⑤。

【注释】

①《粤西游日记二》：在乾隆刻本第三册下。

②丁丑：崇祯十年（1637）。

③永福：隶桂林府永宁州，即今永福县。

④理定：今作"里定"，在鹿寨县北隅。

⑤新安铺：今作"西岸"，在鹿寨县北境，洛清江西岸。

【译文】

丁丑年六月十二日　早餐后登上船，顺流往南行，曲曲折折地向西转，走了二十里，到小江口，这是永福县的辖境。又行二十里，路过永福县城。县城在北岸，船夫临时停船去买菜。又向西南行船三十五里，驶下兰麻滩。这处河滩高悬的浪头翻涌得特别厉害，河岸上有兰麻岭，走路的人都感到这里非常狭窄。又行二十里，下了陟滩是理定，理定城在江的北岸。又行十五里后天黑下来。又行十五里，停泊在新安铺。

十三日　昧爽行四十里，上午过旧街①，已入柳州之洛容界矣，街在江北岸。又四十里，午过牛排。又四十里，下午抵洛容县南门②。县虽有城，而市肆荒落，城中草房数十家，县门惟有老妪居焉。旧洛容县在今城北八十里，其地抵柳州府一百三十里。今为新县，西南抵柳州五十里，水须三日溯柳江乃至。是晚宿于舟中。预定马为静闻行计。

【注释】

①旧街：今名同，在鹿寨县北境，洛江与洛清江汇口处。

②洛容县：隶柳州府，治今鹿寨县西部的洛容。

【译文】

十三日　黎明行船四十里，上午经过旧街，已经进入柳州府的洛容县境内了，旧街在江北岸。又行四十里，中午经过牛排。又行四十里，下午抵达洛容县城的南门。县城虽然有城墙，但街市店铺荒凉冷落，城中有草房几十家，县城的城门只有一个老妇人住在里面。旧的洛容县城在今天县城的北面八十里处，那个地方到柳州府城有一百三十里路。现今这个是新县城，向西南到柳州府城五十里，水路必须溯柳江走三天才能到。这天晚上住在船中。预定了马匹为静闻上路做准备。

十四日　昧爽起饭，觅担夫肩筐囊，倩马驼静闻，由南门外绕城而西。静闻甫登骑，辄滚而下。顾仆随静（闻）、担夫先去，余携骑返换，再易而再不能行。计欲以车行，众谓车之岵嵷甚于马①，且升降坡岭，必须下车扶挽，益为不便。乃以重价觅肩舆三人，餍其欲而后行②，已上午矣。余先独行，拟前铺待之，虑轿速余不能踵其后也。共一里，过西门，西越一桥而西，即升陟坡坂。四顾皆回冈复岭，荒草连绵，惟路南隔冈有山尖耸，露石骨焉。跰荒莽共十八里，逾高岭，回望静闻轿犹不至。下岭又西南二里，为高岭铺，始有茅舍数家，名孟村。时静闻犹未至，姑憩铺肆待之。久之乃来，则其惫弥甚。于是复西一里，乃南折而登岭，迤逦南上，共四里，抵南寨山之西，则柳江逼其西崖矣。乃西向下，舟人舣舟以渡。有小溪自南寨破壑③，西注柳江，曰山门冲。江之东为洛容界，江之西为马平界④。登西岸，循山濒江南向行，是为马鹿堡⑤。东望隔江，石崖横亘其上，南寨山分枝耸干，亭亭露奇。共五里，乃西向逾坳入，则石峰森立，夹道如双阙。其南峰曰罗山，山顶北向有洞，斜骞侧裂，旁开两门，而仰眺无跻攀路，西麓又有洞骈峙焉。其北峰曰李冯山，而南面峭削尤甚⑥。又二里，双阙之西，有小峰当央而立⑦，曰独秀峰。

【注释】

①屼嵲(wù niè)：颠簸的样子。

②餍(yàn)其欲：尽量让他们吃饱。

③南寨：今名同，在鹿寨县西南隅，柳江东岸。

④马平：柳州府附郭县，治今柳州市。

⑤马鹿堡：今仍称"马鹿"，在柳州市区东隅，柳江西岸，有公路经过。

⑥而南面峭削尤甚："南"，原作"来"，据乾隆本、"四库"本改。

⑦当央：当中。

【译文】

十四日　黎明起床吃饭，找来挑夫用筐子装上行李肩挑着，让马匹驮着静闻，由南门外绕着城墙往西行。静闻刚一登上坐骑，马上翻滚落地。顾仆跟随静闻、挑夫先离开，我带着马匹返回来调换，换了两次马可两次都不能走。打算用车子载着静闻走，大家认为车子上下颠簸比马厉害，而且在上坡下岭时，必须下车扶着拉着，更加不方便。只得用重金找来三个人抬轿子，尽量让他们吃饱后上路，出发时已经是上午了。我独自一人先走，打算在前边的驿站等他们，是考虑轿子走得快我不能跟在他们后面走。走了共一里，经过西门，向西走过一座桥后向西走，立即上登山坡。四面环顾，都是回绕的山冈和层层叠叠的山岭，荒草连绵不断，只有道路南边隔着山冈之处有座山尖尖地耸起，露出骨状的岩石来。跋涉在荒草丛中共有十八里路，翻越一座高高的山岭，回头望去，静闻坐的轿子还没来。下岭后又往西南行二里，是高岭铺，这才有几家茅草房，名叫孟村。此时静闻仍未来到，暂且在店铺中休息等他。很久后静闻才来，却见他疲惫得更加厉害了。从这里再向西走一里，于是折向南后登岭，逶迤向南上登，共四里，到达南寨山的西面，就见柳江逼近山西面的山崖下了。于是向西下走，船夫把船停靠在岸边得以渡过江去。有条小溪自南寨冲破壑谷，向西流入柳江，叫山门冲。柳江的东岸是洛容县的辖境，柳江的西岸是马平县的属地。登上西岸，顺着山势濒临江边向南行，这里是马鹿堡。隔着江流向东望去，石崖横亘在江岸上，南寨山分出支峰，主峰耸立，亭亭玉立，露出奇异的姿态。走了共五里，于是向西越过山坳进山，就见石峰森然矗立，夹住道路，好像双阙。那南面的石峰叫罗山，山顶的北面有个洞，斜斜地高张着，从侧面裂开，旁边开有两个洞口，然而抬头眺望没有上登的路，西麓还有个洞并列在那里。那北面的石峰叫李冯山，而南面尤其峭拔陡削得厉害。又行二里，双阙的西边，有座小石峰当中而立，叫做独秀峰。

　　行者共憩树下，候静闻舆不至。问后至者，言途中并无肩舆，心甚惶惑。然回眺罗山西麓之洞，心异之。同憩者言："从其南麓转山之东，有罗洞岩焉，东面有坊，可望而趋也。"余闻之益心异，仰视日色尚未令昃[1]，遂从岐东南披宿草行[2]。一里，抵罗山西南角，山头丛石叠架，侧窦如圭，横穴如梁。从此转而南，东循其南麓，北望山半亦有洞南向，高少逊于北巅，而面背正相值也。东南望一小山濒江，山之南隅，石剖成罅，上至峰顶，复连而为门。其时山雨忽来，草深没肩，不虞上之倾注，而转苦旁之淋漓矣。转山之东，共约一里，遂逾坳北入，一坪中开，自成函盖。右峰之北，有巨石斜叠而起，高数十丈，俨若一人北向端拱，衣褶古甚。左崖之北，有双门坠峡而下，内洞北向，深削成渊，底有伏流澄澈，两旁俱峭壁数十丈，南进窅然不知其宗。北抵洞口，壁立斩绝，上有横石高二尺，栏洞口如阈，可坐瞰其底，无能逾险下坠，亦无虞失足陨越也。阈之左壁，有悬绠数十丈，圈而系之壁间，余疑好事者引端悬崖以游洞底者。惜余独行无偶，不能以身为辘轳，汲此幽闷也。既北出峡门上，复西眺西峰，有道直上，果有石坊焉。亟趋之，石坊之后，有洞东向，正遥临端拱石人，坊上书"第一仙区"，而不署洞名。洞内则列门设锁，门之上复横栅为栏，从门隙内窥，洞甚崆峒，而路无由入。乃攀栅践壁逾门端入，则洞高而平，宽而朗，中无佛像，有匡床、木几③，遗管城、墨池焉④。探其左，则北转渐黑而隘；穷其右，则西上愈邃而昏。余冀后有透明处，摸索久之不得。出，仍逾门上栅，至洞前。见洞右有路西上，拨草攀隙而登，上蹑石崖数重，则径穷莫前，乃洞中剪薪道也。山雨复大至，乃据危石倚穹崖而坐待之。忽下见洞北坪间翠碧茸茸，心讶此间草色独异，岂新禾沐雨而然耶？未几，则圆绕如规，五色交映，平铺四壑，自上望之，如步帐回合，倏忽影灭。雨止乃下，仍从石坊逾南坳，共二里，转是山西麓。先入一洞，其门西向，竖若合掌，内洼以下，左转而西进，黑不可扪；右转而东下，水不可穷，乃峻逼之崖，非窈

窈之宫也。出洞又北,即向时大道所望之洞。洞门亦西向,
连叠两重。洞外有大石横卧当门,若置阈焉,峻不可逾。北
有隙,侧身以入,即为下洞。洞中有石中悬,复间为两门,南
北并列。先从南门入,稍洼而下,其南壁峻裂斜骞,非攀跻
可及;其北崖有隙,穿悬石之后,通北门之内焉。其内亦下
坠,而东入洞底,水声汩汩,与南洞右转之底,下穴潜通。由
北门出,仰视上层,石如荷叶下覆,虚悬无从上跻。复从南
门之侧,左穿外窍,得一旁龛。龛外有峡对峙,相距尺五,其
上南即龛顶尽处,北即覆叶之端。从峡中手攀足撑,遂从虚
而凌其上。则上层之洞,东入不深,而返照逼之,不可向迩;
惟洞北裂崖成窦,环柱通门,石质忽灵,乳然转异;攀隙西
透,崖转南向,连开二楹,下跨重楼,上悬飞乳,内不深而宛
转有余,上不属而飞凌无碍。岩之以凭虚驾空为奇者,阳朔
珠明之外,此其最矣。

【注释】

①昃(zè):太阳西斜。

②宿草:隔年的深草。

③匡床:方正而安适的床。

④管城:即管城子、管城侯,为毛笔的别称。墨池:磨墨的砚台。

【译文】

　　我和走路的人一同在树下休息,等候静闻坐的轿子,不见来到。向
后面来的人打听,说途中并没有看见轿子,我心中十分惶惑。不过回头
眺望罗山西麓的山洞,心里觉得它很奇异。一同休息的人说:“从山的
南麓转到山的东麓,那里有个罗洞岩,东面有座牌坊,可以望着牌坊赶

过去。"我听了这话心里越发觉得奇异,抬头看天色,太阳还没有西下,于是从岔路向东南方分开积年的深草丛前行。走了一里,抵达罗山的西南角,山头有成丛的岩石叠架着,侧面的洞穴好像玉圭,横卧的洞穴好像桥梁。从此处转向南麓,向东沿着山的南麓走,望见北边半山腰上也有个洞面向南,高处稍低于北山的山顶,可前后正好互相面对着。望见东南方一座小山濒临江流,山的南隅,岩石剖开形成裂隙,上边裂到峰顶,又连成一道石门。此时山雨忽然来临,草深得没过肩头,不担忧头上雨水倾注,却反而为身旁草上淋漓的雨水苦恼了。转到山的东麓,共约一里路,于是越过山坳向北进去,中间展开一块平地,自然形成一个盒盖样的地形。右侧山峰的北边,有块巨石斜斜地叠架而起,高达数十丈,俨然像一个人面向北正身拱手,衣服上的褶皱十分古朴。左侧山崖的北边,有两个洞口向下坠入峡谷中,峡谷内的洞口面向北,向下深削成深渊,洞底有伏流清澈透明,两旁都是几十丈高的峭壁,向南进去深远得不知通往何处。向北来到洞口,石壁高峻悬绝地矗立着,上边有块横着的岩石高二尺,挡在洞口像门槛,可以坐下来俯瞰深渊底下,不能越过险阻坠落下去,也不必担心失足翻身坠落下去了。石门槛左边的石壁上,有根几十丈长的粗绳子悬挂着,绕成绳圈系在石壁上,我怀疑是好事的人从悬崖顶端引下去游览洞底的绳子。可惜我独自一人走路没有同伴,不能用身子当做辘轳,到这个幽深隐秘的地方去汲水了。向北出到峡口之上后,又向西眺望西面的山峰,有条路一直通到上面去,果然有座石牌坊在那里。急忙赶到那里去,石牌坊的后面,有个洞面向东,正好远远地下临着正身拱手的石人,石牌坊上写着"第一仙区",但没有写洞名。洞内安有门装了锁,门的上方又横着栅栏作为护栏,从门缝中向里面窥视,洞中非常空阔,但没有路进去。只好攀着栅栏踩着石壁翻过门头进去,只见山洞又高大又平坦,宽敞而明亮,洞中没有佛像,有一张床、木头桌子,留有毛笔、砚台。探测洞的左边,随即转向北去,逐渐变得又黑又窄;穷究洞的右边,越向西上去越深邃黑暗。

我希望后面有透进亮光的地方,摸索了很久找不到。出来,仍然翻过门头上的栅栏,来到洞前。看见洞的右侧有条路向西上走,拨开草丛攀着石缝往上登,上登几重石崖,则小径到了头无法前进,原来这是条洞中人砍柴火的小道。山雨又猛烈来临,只得背靠高险穹隆的石崖坐下等雨停。忽然看见下面山洞北边的平地中有一片翠色绿茸茸的,心里惊讶这里草的颜色为什么唯独不同,莫非是新栽种的禾苗淋过雨后才这样的吗?不多久,则绕成一个圆圈像圆规,五色交相辉映,平铺在四面的壑谷上方,从上面望过去,好像帷幕回绕合在一起,倏忽之间幻影消失了。雨停后才下走,仍然从石牌坊越过南面的山坳,共走了二里,转到这座山的西麓。先进入一个洞,洞口向西,直竖着好像合起来的手掌,洞内低洼下去,左转后向西进去,黑得摸不到东西;右转后向东下走,有水,走不到头,这是一处险峻逼窄的石崖,不是一处幽深的宫室。出洞后又向北走,立即到了前些时候在大道上望见的山洞。洞口也是面向西,一连重叠着两层。洞外有块大石头横卧着挡住洞口,好像设置的门槛一样,陡峻得不可翻越。北边有个隘口,侧着身子才能进去,这便是下洞。洞中有岩石悬在中央,又隔为两个洞口,南北并列。先从南边的洞口进去,渐渐低洼下去,洞内南边的石壁陡峻迸裂,斜斜地高举着,不是靠攀登可以到达的;山洞北边的石崖上有条裂缝,穿过悬垂的岩石后边,通到北边那个洞口的里面。北洞内也是向下坠落,而向东深入到洞底,水声淙淙,与南洞向右转的洞底,下面有洞穴暗中相通。由北洞口出来,仰面审视上层,岩石像荷叶一样下覆,悬在虚空中无从上登。再从南洞口的侧边,向左穿过外边的石窍,在旁边找到一个石龛。石龛外边有条峡谷对峙着,相距一尺五,峡谷上方的南边就是石龛顶的尽头处,北边就是下覆荷叶的顶端。从峡谷中用手攀着用脚撑着,终于从虚空中登临到峡谷的上方。只见上层的洞往东进去不深,可反射的光线逼射着人,不可接近;唯有洞北边的石崖裂成洞穴,石柱环列,通到洞口,岩石的质地忽然变得灵幻起来,像乳汁一样变得不同寻常;攀着裂缝向西钻进去,石崖转向南去,一连开有两间石室,下面高跨好像重楼,上边高悬着飞空的钟乳石,里面不深但曲折有余,上面不相连接而飞凌高空无遮无拦。岩洞以凌驾虚空见奇的,除阳朔的珠明洞之外,这里是最奇妙的了。

　　坐憩久之,仍以前法下。出洞前横阈,复西北入大道,一里抵独秀峰下。又西向而驰五六里,遇来者,问无乘肩舆僧,止有一卧牛车僧。始知舆人之故迟其行,窥静闻可愚,欲私以牛车代易也。其处北望有两尖峰亭亭夹立,南望则群峰森绕,中有石缀出峰头,纤幻殊甚,而不辨其名。又西五六里,则柳江自南而北,即郡城东绕之滨矣。江东之南山,有楼阁高悬翠微,为黄氏书馆。即壬戌会魁黄启元①。时急于追静闻,遂西渡江,登涯即阛阓连络②;从委巷二里入柳州城③,东门以内,反寥寂焉。西过郡治,得顾仆所止寓,而静闻莫可踪迹。即出南门,随途人辄问之,有见有不见者。仍过东门,绕城而北,由唐二贤祠蹑之开元寺。知由寺而出,不知何往。寺僧言:“此惟千佛楼、三官堂为接众之所,须从此觅。”乃出寺,由其东即北趋,里余而得千佛楼,已暮矣。问之僧,无有也。又西趋三官堂。入门,众言有僧内入,余以为是矣;抵僧栖,则仍乌有。急出,复南抵开元东,再询之途人,止一汲者言,曾遇之江边。问:“江边有何庵?”曰:“有天妃庙。”暗中东北行,又一里,则庙在焉。入庙与静闻遇。盖舆人以牛车代舆,而车不渡江,止以一人随携行李,而又欲重索静闻之资,惟恐与余遇,故迁历城外荒庙中,竟以囊被诒僧抵钱付去④。静闻虽病,何愚至此! 时庙僧以饭饷,余、與同卧庙北野室中⑤，四壁俱竹篱零落，月明达旦。

【注释】

①壬戌：天启二年（1622）。魁（kuí）：第一。科举考试时，各省举人
　到京会考称为会试，会试第一名称为会元或会魁。

②阛阓（huán huì）：街市，街道。

③柳州：明置柳州府，治马平，即今柳州市。

④诒（yí）：遗留。

⑤野室：村舍。

【译文】

　　坐下休息了很久，仍然采用先前的方法下来。出了洞前横着的石
门槛，再向西北走上大道，走一里抵达独秀峰下。又向西疾行了五六里
路，遇到过来的人，问知路上没有乘坐轿子的和尚，只有一个躺在牛车
上的僧人。这才明白轿夫故意慢慢走的原因，是窥察出静闻可以愚弄，
打算私下用牛车来代替轿子了。从此处向北望去有两座夹立的尖峰亭
亭玉立，向南望去则是群峰森然环绕，其中有岩石点缀在峰头，极为纤
巧奇幻，但分辨不出它的名字。又往西行五六里，就见柳江自南往北流
淌，就已绕到府城东面的江边了。江东岸的南山，有楼阁高悬在翠微的
山色中，那是黄氏书馆。就是壬戌年会试考第一名的黄启元。此时我急于去追
赶静闻，便向西渡过柳江，登上岸就是连接不断的街市；从曲折的小巷
中前行二里进入柳州府城，东门以内，反而寂静了。向西经过府衙，找
到顾仆投宿的寓所，但却无法找到静闻的踪迹。立刻出了南门，沿途见
人就打听静闻的消息，有见到的有没见到的。仍然经过东门，绕着城墙
往北走，由唐二贤祠追踪到开元寺。了解到静闻从寺中出去，不知到哪
里去了。寺中的僧人说："此地只有千佛楼、三官堂是接待众人的场所，
必须到那里去找。"于是出寺来，由寺东马上向北赶去，行一里多后找到
了千佛楼，已经是傍晚了。向僧人打听静闻，没有啊。又向西赶到三官

堂。进门后，众人说有个僧人进里面去了，我以为是静闻了；到了僧房中，却仍然没有。急忙出门，又向南走到开元寺东边，再次向过路人打听静闻，只有一个汲水的人说，曾经在江边遇见过静闻。我问："江边有什么寺庵？"回答："有座天妃庙。"在黑暗中往东北行，又走一里，便看见寺庙在那里了。进庙后与静闻相遇。原来是轿夫用牛车来顶替轿子，而且牛车没有渡过江，只用一个人带着行李随行，并且又想重重地勒索静闻的钱财，唯恐与我相遇，所以故意绕路来到城外的荒庙中，竟然把包袱被盖留给庙中的僧人抵押成钱拿走了。静闻虽然有病在身，为何愚蠢到如此地步！此时庙中的僧人拿饭来吃了，我和轿夫一同躺在庙北野外的小屋中，四面的墙壁都是零落不堪的竹篱笆，月光一直亮到天明。

十五日　昧爽起，无梳具，乃亟趋入城寓，而静闻犹卧庙中。初拟令顾仆出候，并携囊同入，而顾仆亦卧不能起，余竟日坐楼头俟之，顾仆复卧竟日，不及出游焉。是日暑甚，余因两病人僵卧两处，忧心忡忡，进退未知所适从，聊追忆两三日桂西程纪，迨晚而卧。

【译文】

十五日　黎明起床，没有梳洗的用具，于是急忙赶到城中的寓所中，而静闻还躺在庙中。最初我打算叫顾仆出城去伺候静闻，并带上行李一同进城来，可顾仆也是躺着不能起床，我终日坐在楼上守候他，顾仆又躺了一整天，顾不上出游了。这一天热极了，我因为两个病人僵卧在两个地方，忧心忡忡，不知道该进还是该退，无所适从，姑且追忆近两三天桂林以西的游程，到晚上才躺下。

十六日　顾仆未起，余欲自往迎静闻。顾仆强起行，余并付钱赎静闻囊被。迨上午归，静闻不至而庙僧至焉。言昨日静闻病少瘥，至夜愈甚，今奄奄垂毙，亟须以舆迎之。余谓病既甚，益不可移，劝僧少留，余当出视，并携医就治也。僧怏怏去。余不待午餐，出东门，过唐二贤祠，由其内西转，为柳侯庙①，《柳侯碑》在其前，乃苏子瞻书，韩文公诗。其后则柳墓也。余按《一统志》，柳州止有刘蕡墓，而不及子厚，何也？容考之。急趋天妃视静闻，则形变语谵②，尽失常度。始问之，不能言，继而详讯，始知昨果少瘥，晚觅菖蒲、雄黄服之，遂大委顿③，盖蕴热之极而又服此温热之药，其性悍烈，宜其及此。余数日前阅《西事珥》，载此中人有食饮端午菖蒲酒，一家俱毙者，方以为戒。而静闻病中服此，其不即毙亦天幸也。余欲以益元散解之，恐其不信。乃二里入北门，觅医董姓者出诊之。医言无伤，服药即愈。乃复随之抵医寓，见所治剂俱旁杂无要。余携至城寓，另觅益元散，并药剂令顾仆传致之，谕以医意，先服益元，随煎剂以服。迨暮，顾仆返，知服益元后病势少杀矣。

【注释】

①柳侯：即柳宗元（773—819），字子厚，河东（山西永济）人，因此人称"柳河东"。他是唐代著名的文学家和思想家，因参加"永贞革新"，失败后被贬为永州司马。815—819年又被贬为柳州刺史。因此人称"柳柳州"。他在柳州期间，释放奴婢，组织群众打井、种竹、植树。他死后，虽然灵柩运回葬于长安郊区的栖凤原，但当地人民为了纪念他，在停放灵柩的地方修建了衣冠墓；在他经

常游憩的罗池边修建了罗池庙,后又改为柳侯祠;在他"手种黄柑二百株"的地方建了柑香亭。这些古迹,一直保存至今,皆包入柳州市柳侯公园内。

②语谵(zhān):病中神志不清时胡言乱语。

③委顿:极度疲困。

【译文】

十六日　顾仆没有起床,我想自己前去迎接静闻。顾仆勉强起床出行,我一并付了钱去赎取静闻的包袱被盖。到上午回来时,静闻没来而庙里的僧人却来了。说是昨天静闻的病情稍稍好转一点,到夜间病得更厉害了,现在已经奄奄待毙,必须赶快用车子去接他。我认为既然病重了,越发不可搬动,劝和尚稍留他一些时候,我将出城去探视,并带着医生去给他治病。和尚怏怏不乐地走了。我没等到吃午饭,出了东门,经过唐二贤祠,由祠堂里面向西转,是柳侯庙,《柳侯碑》在庙前,是苏东坡写的,韩愈的诗。庙后就是柳宗元的墓了。我查对《一统志》,柳州府只有刘蒉的墓,却没有提及柳子厚墓,为什么呢?容我再考证一下。急忙赶到天妃庙探视静闻,只见他形体改变,说着胡话,完全失去了常态。开始时问他话,不能说话,继而详细询问他,才知道昨天果然病痊愈了一些,晚上找来菖蒲、雄黄服用下去,便感到极度疲困,大概是体内郁积着极度的燥热却又服用了这种温热的药物,药性悍烈,难怪他到这种地步。我几天前阅读《西事珥》,记载这一带有人饮下了端午节的菖蒲酒,一家人全毙命的,正以此为戒。而静闻病中服下这种东西,他不马上丧命也算是天大的幸运了。我想用益元散给他解药性,怕他不相信。于是前行二里进入北门,找到一个姓董的医生出城为他诊治。医生说没有大碍,服药后就会痊愈。于是又跟随医生来到医生的寓所,看见医生治病的药剂都很庞杂没有切中要害。我把药带到城中的寓所,另外找来益元散,连同医生的药剂命令顾仆转交给静闻,把医生的意思告诉他,先服下益元散,随后煎了汤药给他服下。到天黑时,顾仆返回来,了解到服用益元散后病情稍微减轻了些。

十七日　中夜雷声殷殷,迨晓而雨。晨餐后,令顾仆出探静闻病,已渐解。既午雨止,湿蒸未已。匡坐寓中,倦于出焉。

【译文】

十七日　半夜雷声隆隆,到拂晓时才下雨。早餐后,命令顾仆出城探视静闻的病情,静闻已经渐有缓解。中午雨停后,像蒸笼一样的湿热没有散去。直挺挺地坐在寓所中,倦于出游了。

柳郡三面距江,故曰壶城。江自北来,复折而北去,南环而宽,北夹而束,有壶之形焉,子厚所谓"江流曲似九回肠"也。其城颇峻,而东郭之聚庐反密于城中,黄翰简、龙天卿之第俱在焉。龙名文光。黄翰简名启元,壬戌进士①,父名化。由乡科任广东平远令,平盗有功,进金宪②。母夫人许氏,以贞烈死平远③,有颛祠④。余昔闻之文相公湛持,言其夫人死于平远城围之上,而近阅《西事珥》,则言其死于会昌⑤,其地既异,则事亦有分。此其所居,有祠在罗池东。(缺)当俟考之。翰简二子俱乡科。

【注释】

①壬戌:明天启二年(1622)。

②金(qiān)宪:明代都察院置左、右金都御史,位次于副都御史,通称金院,敬称金宪。

②平远:明为县,隶潮州府,治所在今广东平远县北的仁居。

④颛（zhuān）：通"专"。

⑤会昌：明为县，隶赣州府，即今江西会昌县。

【译文】

　　柳州府城三面环江，所以称为壶城。柳江自北面流来，又折向北流去，南面环绕城墙之处很宽，北边两面江流相夹之处紧束在一起，有着茶壶一样的形态，正如柳子厚所说的"江流曲似九回肠"。府城的城墙相当高峻，而东边外城聚居的房屋反而比城中密集，黄翰简、龙天卿的宅第都在那里。龙天卿名叫龙文光。黄翰简名叫黄启元。是壬戌年的进士，父亲名叫黄化。由于考中乡试出任广东平远县县令，平定盗贼有功，被提升为金宪。母亲许夫人，因为贞烈死在平远县，有专门的祠庙。我从前从文湛持相公那里听到过这件事，说他的夫人死在平远县被包围的城墙之上，但近来阅读《西事珥》，则是说他的夫人死在会昌县，她死的地点既然不同，那么事迹也应该有所区别。此地是她的居住地，有祠庙在罗池东边。（缺）这事应当等我加以考证。黄翰简的两个儿子都中了乡试。

　　十八日　因顾仆病不能炊，余就粥肆中，即出东门观静闻。一里，北过二贤祠，东过开元寺，又共一里，抵天妃庙，则静闻病虽少痊，而形神犹非故吾也。余初意欲畀钱庙僧，令买绿豆杂米作糜①，以芽菜鲜姜为供。问前所畀，竟不买米，俱市粉饼食。余恐蹈前辙，遂弗与，拟自买畀之，而静闻与庙僧交以言侵余。此方病者不信药而信鬼，僧不斋食而肉食，故僧以大餔惑静闻②，而静闻信之。僧谓彼所恃不在药而在食。静闻谓予不惜其命而惜钱，盖犹惑病狂之言也。余乃还，过开元寺入瞻焉。

【注释】

①糜（mí）：粥。

②大餔（bǔ）：大吃油荤。餔，食。

【译文】

十八日　因为顾仆生病不能煮饭，我到店铺中吃了稀粥，立即出东门去看望静闻。行一里，向北经过二贤祠，向东经过开元寺，又共走一里路，抵达天妃庙，只见静闻的病虽稍微痊愈了些，但形态精神仍然不是原来的模样了。我最初打算把钱交给庙中的和尚，让他买些绿豆杂米来煮稀粥，用豆芽菜、鲜姜给静闻吃。追问先前给他的钱，竟然没有买米，都是买了些面饼给他吃。我担心重蹈覆辙，便没有给他钱，准备自己买来交给他，可静闻与庙中的和尚交相用难听话来伤害我。这地方有人生病不信医药而是相信鬼神，和尚不吃斋却吃肉，所以和尚用吃大油大荤来蛊惑静闻，而静闻却信了他的话。和尚说他的病靠的不是药而是食物。静闻说我不珍惜他的性命却吝惜钱财，大概这仍然是他病中神志不清说的疯话了。我只得回来，路过开元寺进去瞻仰。

寺为唐古刹，虽大而无他胜。又西过唐二贤祠觅拓碑者家，市所拓苏子瞻书韩辞二纸。更觅他拓，见有柳书《罗池题石》一方，笔劲而刻古，虽后已剥落，而先型宛然。余嘱再索几纸，其人欣然曰："此易耳。即为公发硎出一石拓①，乃新摹而才镌之者。"问："旧碑何在？"曰："已碎裂。今番不似前之剥而不全矣。"余甚惋惜，谢其新拓，只携旧者一纸并韩辞二大纸去。询罗池所在，曰："从祠右大街北行，从委巷东入即是。然已在人家环堵中，未易觅也。"余从之，北向大街行半里，不得；东入巷再询之，土人初俱云不知。最后有悟者，曰："岂谓'罗池夜月'耶？此景已久湮灭，不可见矣。"

余问何故,曰:"大江东南有灯台山,魄悬台上而影浸池中,为此中绝景。土人苦官府游宴之烦,抛石聚垢,池为半塞,影遂不耀,觅之无可观也。"余求一见,其人引余穿屋角垣隙,进一侧门,则有池一湾,水甚污浊,其南有废址两重,尚余峻垣半角,想即昔时亭馆所托也。东岸龙眼二株,极高大,郁倩垂实,正累累焉。度其地当即柳祠之后,祠即昔之罗池庙,柳侯之所神栖焉者。今池已不能为神有,况欲其以景存耶?

【注释】

①发:打磨。硎(xíng):磨刀石。

【译文】

寺院是唐代的古刹,规模虽大却没有别的胜迹。又向西路过唐二贤祠找到拓碑人的家,买了两张他拓的苏东坡写的韩愈的碑文。再找其他拓片,看见有一张柳宗元写的《罗池题石》,笔力道劲而且刻工古拙,虽然后边已经剥落,可原先的形制宛然在目。我嘱托他再找出几张来,那人欣然说道:"这容易。马上为您用磨刀石打磨出一块石碑来拓,这是新近摹拓并刚雕刻好的碑。"我问道:"旧碑在哪里?"回答说:"已经碎裂了。今天这次的不像之前那张剥落不全了。"我十分惋惜,辞谢他的新拓片,只带上一张旧的和两大张韩愈的碑文离开了。打听罗池所在的地方,他说:"从祠堂右边的大街往北行,从小巷中向东进去就是。但是已经在人家的围墙中了,不容易找到。"我听从他的话,沿着大街向北前行半里,找不到;向东进入小巷中再问人,当地人最初都说不知道。最后有人醒悟过来,说:"莫非是说'罗池夜月'吗? 这一景色已经湮没了很久,不可能见到了。"我询问是什么缘故,回答说:"大江东南方有座灯台山,明月高悬在石台上而月亮的倒影映照在水池中,是这里绝妙的美景。当地人苦于官府游玩宴饮的烦扰,抛石块堆积垃圾,水池被填了一半,月影便不再照耀,找到它也没有什么值得看的了。"我请他带我去看一看,那人带着我穿过屋角的墙缝,走进一道侧门,就见有一个弯弯的水池,池水非常污浊,水池南边有两层废弃房屋的遗址,还剩下高墙的半个角落,想来这便是旧时亭台楼馆所在之处了。东岸有两棵龙眼树,极其高大,郁郁葱葱很是秀美,正垂挂着累累果实。估计这个地方应该就在柳侯祠的后面,柳侯祠就是从前的罗池庙,变成柳侯的神位居住的地方了。今天水池已不再为神灵拥有,何况是想要它靠景色保存下来吗?

凭吊久之,还饭于寓。乃出小南门,问融县舟,欲为明日行计。始知府城北门明日为墟期,墟散舟归,沙弓便舟鳞次而待焉。乃循江东向大南门渡江。江之南,稍西为马鞍山,最高而两端并耸,为府之案山;稍东为屏风山,形伏而端方;其东北为灯台山,则又高而扼江北转者也。马鞍之西,尖峰峭耸,为立鱼山①。其山特起如鱼之立,然南复有山映之,非近出其下不能辨。既渡,余即询仙奕岩,居人无知者。西南一里至立鱼山,而后知其东之相对者,即仙奕岩也。岩在马鞍之西麓,居人止知为马鞍,不知为仙奕,实无二山也。立鱼当宾州大道,在城之西南隅。由东北蹑级盘崖而登,岩门东向,踞山之半。门外右上复旁裂一龛,若悬窝缀阁,内置山神;门外左下拾级数层,又另裂一窍,若双崖夹壁,高穹直入,内供大士。入岩之门,如张巨吻,其中宽平整朗,顶石倒书"南来兹穴"四大字,西蜀杨芳笔也。门外又有诗碑。内列神位甚多,后通两窍,一南一北,穿腹西入,皆小若剜窦。先由南窍进，内忽穹然，高盘竖裂。西复有门透山之西，其中崇彻窈窕，内列三清巨像。后门逾阈而出，西临绝壑，遥瞻西南群峰开绕，延揽甚扩。由门侧右穿峡窍以下，复有洞，门西向。其内不高而宽，有一石柱中悬，杂置神像环倚之，柱后有穴，即前洞所通之北窍也。乃知是山透腹环转，中空外达，八面玲珑，即桂林诸洞所不多见也。由门内左循岩壁而上，洞横南北，势愈高盘。洞顶五穴剜空，仰而望之，恍若明星共曜②。其下东开一峡，前达僧栖，置门下键③，不通行焉。稍南，西转下峡，复西透一门，前亦下临西壑。由门左转而入，其内下坠成峡，直迸东底，深峻不可下。由其上扪崖透腋，又南出一门。其门南向，前有一小峰枝起，与大峰骈立成坳。由其间攀崖梯石，直蹑立鱼之巅焉。盖是洞透漏山腹，东开二门，西开三门，南开一门，其顶悬而侧裂者，复十有余穴，开夹而趣括无穷，曲折而境深莫阕，真异界矣！复由诸洞宛转出前洞，从门右历级南上，少憩僧庐。东瞰山下，有塘汇水一方，中洼而内沁，不知何出；其东北所对者，即马鞍山之西北麓，仙奕岩在焉；其东南所对者，乃马鞍山西南枝峰，又有寿星岩焉。遥望其后重岩回复，当马鞍之奥境，非一览可尽。时日已下春，雨复连绵，余欲再候静闻，并仙奕岩俱留为后游。下山一里，复渡南门，又东北三里，携豆蔬抵天妃殿，而静闻与僧相侵弥甚；欲以钱赎被，而主僧复避不即至。余乃不顾而返，亟入城，已门将下键矣。昏黑抵寓，不得晚餐而卧。

【注释】

①立鱼山：又称"石鱼山"，今称"鱼峰山"，在柳州城区南隅，为著名风景区。传说歌仙刘三姐从此乘鱼上天，山上建有刘三姐对歌亭和刘三姐石像，至今常有群众来此对歌。

②曜（yào）：照耀。

③键（jiàn）：门上的横插。

【译文】

凭吊了很久，返回寓所吃饭。于是出了小南门，打听去容县的船，想为明天上路做准备。这才知道府城的北门明天是赶集日，集市散后船只返回时，到沙弓的便船鳞次栉比地等着乘客。于是顺着江边向东走到大南门渡江。江流的南岸，稍偏西一点是马鞍山，最高而且两端并排耸起，是府城的案山；稍偏东一点的是屏风山，形状低伏而端端正正的；它东北方的是灯台山，则又是高高地扼住江流向北转去的山了。马鞍山的西面，一座尖峰陡峭高耸，是立鱼山。这座山独自耸起像鱼一样直立着，然而它的南面还有山映衬着它，不走近到了它下面是不能分辨出来的。渡江后，我立即打听仙奕岩，居民没有知道的。向西南行一里到达立鱼山，然后知道了立鱼山东面与它相对的山，就是仙奕岩了。仙奕岩在马鞍山的西麓，居民只知道是马鞍山，不知道就是仙奕岩，实际上不是两座山。立鱼山位于去宾州的大道上，在府城的西南隅。从东北麓踏着石阶绕着山崖往上登，岩洞口面向东，盘踞在半山腰。洞口外面的右上方又在旁边裂开一个石龛，好像是高悬的鸟窝和点缀在空中的楼阁，里面放着山神；洞口外面的左边沿着石阶下走几层，又另外裂开一个石窍，好像两面崖壁夹住，高大穹隆地一直进去，里面供奉着观音大士。进入岩洞的洞口，如同张开的大嘴，洞中宽敞、平整、明亮，洞顶的岩石上倒写着"南来兹穴"四个大字，是四川人杨芳的手笔。洞口外又有块题诗的石碑。洞内排列着的神位非常多，后边通有两个石窍，一南一北，穿透山腹向西进去，都小得像刀挖空的孔洞。先由南边的石窍进去，里面忽然穹然隆起，向高空盘绕而上，竖直裂开。西边又有个洞口通到山的西面，洞中高深幽远，里面陈列着巨大的三清像。从后洞口越过石门槛出来，西边面临极深的壑谷，遥望西南方群峰回绕开去，延伸散布得很广。由洞口右侧穿过峡谷样的石窍下去，又有一个洞，洞口面向西。洞内不高但很宽，有一根石柱悬在中央，杂乱地放置了一些神像环绕背靠着石柱，石柱后面有个洞穴，这就是前洞通着的北边那个石窍了。这才知道这座山的山腹中弯弯转转地穿通了，山肚子中是空心的，外边四通八达，八面玲珑，就是在桂林的众多洞穴中也是不多见的了。由洞口内的左侧沿着洞壁往上走，洞横成南北向，地势愈加高高向上盘绕而起。洞顶有五个剜空的洞穴，仰面望过去，恍惚像是明星在一同闪耀。洞顶下方东面开有一条峡谷，前边通到僧人的住所，装有门插着门闩，不能通行了。稍向南走，向西转下峡谷中，又向西钻出一个洞口，前方也是下临着西面的壑谷。由洞口向左边转进去，那里面下坠成峡谷，一直迸裂到东面的洞底，幽深险峻得不能下去。由峡谷上方摸着崖壁钻到侧边，又向南出了一个洞口。这个洞口面向南，前方有座小石峰分支耸起，与大山峰并立形成山坳。由两山间攀着石崖踩着岩石，一直登上立鱼山的山顶。原来这个洞穿透了山腹，东面开有两个洞口，西面开有三个洞口，南面开有一个洞口，山顶高悬侧裂之处，又有十多个洞穴，有宽有窄，从而包含了无穷的趣味，曲曲折折，地点幽深却不闭塞，真是一处奇异的地方啊！再经由几个洞辗转出了前洞，从洞口右边经过石阶向南上登，在僧房中稍作休息。往东俯瞰山下，有个水塘积了一片水，中间下洼而且浸入到地下，不知从哪流出去；立鱼山东北方相对的地方，就是马鞍山的西北麓，仙奕岩在那里；立鱼山东南方相对的地方，就是马鞍山西南面的支峰，又有个寿星岩在那里。遥望这座支峰的后面，重重石岩回绕重叠，位于马鞍山的腹地，不是一眼可以观览完的。此时夕阳已经西下，雨又连绵不断地下起来，我想再去问候静闻，连同仙奕岩都留作日后游览的地方。下山行一里，再渡江到南门，又向东北行三里，带着绿豆蔬菜来到天妃殿，可静闻与和尚更加厉害地交相伤害我；我想用钱赎回被子，但主事的僧人又躲避我不马上出来。我只好不理会他返回来，急忙进城，城门已经将要放下门闩了。在昏黑中抵达寓所，没吃到晚餐便躺下了。

十九日　凌晨而起，雨势甚沛，早出北门观墟市，而街衢雨溢成渠，墟不全集。上午还饭于寓。计留钱、米、绿豆，令顾仆往送静闻，而静闻已至。其病犹未全脱，而被襆之属俱弃之天妃庙，只身而来。余阴嘱寓主人，同顾仆留栖焉。余乃挈囊出西南门，得沙弓小舟一舱，遂附之，而同舟者俱明晨行，竟宿沙际。

【译文】

十九日　凌晨便起床，雨势非常大，早早出了北门观看集市，可街道中雨水溢成了沟渠，集市没有全部聚集起来。上午返回寓所吃饭。打算留下一些钱、米、绿豆，命令顾仆前去送给静闻，可静闻已经来到了。他的病还没有完全好，但被盖包袱之类的东西都丢弃在天妃庙中，只身前来。我暗中嘱托寓所的主人，让他同顾仆留下住在这里。我于是带上行李出了西南门，找到一艘去沙弓的小船，便搭乘了这条船，但同船的人全都要明天早晨才动身，竟然住宿在沙滩边。

二十日　候诸行者，上午始发舟。循城西而北溯柳江，过西门，城稍逊而内，遂不滨江云。江之西，鹅山亭亭，独立旷野中，若为标焉。再北，江东岸犹多编茅瞰水之家，其下水涯，稻舟鳞次，俱带梗而束者，诸妇就水次称而市焉，俱从柳城、融县顺流而下者也。又北二十里，晚泊古陵堡①，在江西岸。

【注释】

①古陵堡：原作"古城堡"。据乾隆本、"四库"本改。今作"古林"，
　在柳江县东北隅，柳江西岸。

【译文】

二十日　等候诸位上路的人，上午才开船。沿着城墙的西面往北
溯柳江前行，经过西门，城墙稍向里面退进去，竟然不濒临江流。柳江
的西岸上，鹅山亭亭玉立，独立在旷野中，好像标杆一样。再往北走，江
东岸还有很多茅草编成俯瞰江水的人家，茅屋下面的水边，运载稻谷的
船只鳞次栉比，都是带有稻梗捆成一束束的，许多妇女就在水边称着
卖，全是从柳城县、融县顺流而下的船只。又向北行二十里，晚上停泊
在古陵堡，在江的西岸。

自柳州府西北，两岸山土石间出，土山迤逦间，忽
石峰数十，挺立成队，峭削森罗，或隐或现。所异于阳
朔、桂林者，彼则四顾皆石峰，无一土山相杂；此则如锥
处囊中，犹觉有脱颖之异耳①。

【注释】

①颖(yǐng)：尖端。此句比喻好的东西终能自显突出。

【译文】

自柳州府城往西北行，两岸的山土山和石山间隔着出现，土山
逶迤延伸之间，忽然有数十座石峰挺拔矗立，排成队列，峭拔陡削，
森然罗列，或隐或现。不同于阳朔、桂林之处，那里四面环顾都是
石峰，没有一座土山相杂；此地则是如同锥子装在口袋中，仍然觉

得有脱颖而出的奇异感觉罢了。

柳江西北上，两涯多森削之石，虽石不当关，滩不倒壑，而芙蓉倩水之态，不若阳朔江中俱回崖突壑壁，亦不若洛容江中俱悬滩荒碛也。

【译文】

沿柳江往西北上行，两岸有许多森然陡削的岩石，虽然岩石没有挡在关口上，河滩没有倒悬为壑谷，然而芙蓉出水的靓丽姿态，不像阳朔的江中全是回亘的石崖和突立的壑谷绝壁，也不像洛容的江中全是高悬的河滩和荒凉的砂石堆。

此处余所历者，其江有三，俱不若建溪之险。阳朔之漓水，虽流有多滩，而中无一石，两旁时时轰崖缀壁，扼挚江流，而群峰逶迤夹之，此江行之最胜者；洛容之洛青，滩悬波涌，岸无凌波之石，山皆连茅之坡，此江行之最下者；柳城之柳江，滩既平流，涯多森石，危峦倒岫，时与土山相为出没，此界于阳朔、洛容之间，而为江行之中者也。

【译文】

此处我经历过的地方，江流有三条，都不如建溪险要。阳朔的漓江，虽然江流中有许多河滩，但没有一处是石滩，两旁不时有崩塌的石崖点缀着绝壁，扼住江流，而群峰逶迤夹住江流，这是在江中行船风景最优美的地方；洛容的洛青江，河滩高悬，波涛汹涌，岸上没有凌波的岩石，山全是茅草连片的缓坡，这是在江中行船景色最差的地方；柳城县的柳江，河滩中江流既平缓，岸上有很多森林样的岩石，高险的山峦与倒立的山峰，不时与土山交替出没，这介于阳朔与洛容之间，是在江中行船景色中等的地方。

二十一日　昧爽行。行二十里，上午过杉岭，江右尖峰叠出。又三十里，下午抵柳城县①。自城北溯怀远江而入，又十里，泊于古旧县②。此古县治也，在江北岸。是日暑甚，舟中如炙。

【注释】

①柳城县：隶柳州府，治今柳城县南部的凤山。

②旧县：今名同，在柳城县南境。

【译文】

二十一日　黎明开船。前行二十里，上午经过杉岭，江右岸的尖峰层层叠叠地出现。又行三十里，下午抵达柳城县。从城北溯怀远江进去，又行十里，停泊在古旧县。这是古时候的县城，在江北岸。这一天炎热极了，在船中如同被火烤着。

柳城县在江东岸，孤城寥寂，有石崖在城南，西突瞰江，此地濒流峭壁，所见惟此。城西江道分而为二。自西来者，庆远江也，其源一出天河县为龙江；一出贵州都匀司为乌泥江，经忻城北入龙江，合流至此①；自北来者，怀远江也②，其源一出贵州平越府，一出黎平府，流经怀远、融县至此③。二江合而为柳江，所谓黔江也。下流经柳州府，历象州，而与郁江合于浔。

【注释】

①"自西来者"以下几句：庆远江明时亦称"龙江"，今仍称"龙江"。流经天河县者，今称天河，从北往南在宜山县注入龙江。龙江主源从当时广西属的荔波来，明时称劳村江，今称打狗河；经河池县境称为金城江；至明代柳城县治与怀远江合。对于龙江，戊寅年(1638)三月初十日记有精详的叙述。乌泥江又称"都泥江"，即今红水河，从贵州来，但不源自都匀司，亦不经都匀府；虽经忻城，但并未北至庆远入龙江。这两点，霞客在七月十九日记中已有校正。天河县，隶庆远府，明时治所累迁，自1591年迁至今罗城县天河镇。

②怀远江：明时亦称"潭江"。

③"一出黎平府"以下两句：怀远江流经融县的叫融江。融江源明时称古州江，即今都柳江。

【译文】

柳城县城在江的东岸，一座孤城寥落寂静，有座石崖在城墙南边，向西前突俯瞰着江流，此地濒临江流的峭壁，我见到的只有这一处。城西江流的河道分为两条。自西面流来的，是庆远江，它的源头一处出自于天河县，称为龙江；一处出自于贵州省都匀长官司，称为乌泥江，流经忻城县北境汇入龙江，合流后流到此地；自北面流来的，是怀远江，它的源头一是出自于贵州省平越府，一是出自于黎平府，流经怀远县、融县后到达此地。两条江流合流后称为柳江，也就是所谓的黔江了。下游流经柳州府，经过象州，而后与郁江合流后汇入浔江。

今分浔州、南宁、太平三府为左江道，以郁江为左也；分柳州、庆远、思恩为右江道，以黔江为右也。然郁江上流又有左、右二江，则以富州之南盘为右，广源之丽江为左也，二江合于南宁西之合江镇，古之左右二江指此，而今则以黔、郁分耳。

【译文】

今天划分出浔州、南宁、太平三府设置为左江道，这是把郁江视为左边了；分出柳州府、庆远府、思恩府设为右江道，这是把黔江视为右边了。然而郁江的上游又有左、右两条江，那是把富州的南盘江视为右边，把广源的丽江视为左边了，两条江在南宁西面的合江镇合流，古代的左、右二江是指这两条江，可今天却是根据黔江、郁江来划分了。

南盘自富州径田州，至南宁合江镇合丽江，是为右江。北盘自普安经忻城，至庆远合龙江，是为乌泥江①。下为黔江，经柳、象至浔州合郁，亦为右江。是南、北二盘在广右俱为右江，但合非一处耳。《云南志》以为二盘分流千里，至合江镇合焉，则误以南宁之左、右二江俱为盘江，而不知南盘之无关于丽江水，北盘之不出于合江镇也。

【注释】

①"北盘自普安经忻城"以下几句：这是徐霞客对两盘江最早的认识。这些观点后来已校正，此不足据。南盘与富州无涉，北盘亦不至庆远合龙江。

【译文】

南盘江从富州流经田州，流到南宁的合江镇与丽江汇合，这是右江。北盘江从普安州流经忻城县，流到庆远府与龙江汇合，这是乌泥江。下游是黔江，途经柳州府、象州流到浔州与郁江合流，这也是右江。这样，南、北两条盘江在广西都是右江，不过不是在一个地方合流罢了。《云南志》认为两条盘江分别流淌在千里之外，流到合江镇合流，那是错把南宁府的左、右二江都看成是盘江，却不知道南盘江与丽江无关，北盘江不流到合江镇了。

二十二日　平明发舟。西北二十里，午过大堡①，在江东岸。是日暑雨时作，蒸燠殊甚，舟人鼓棹，时行时止，故竟日之力，所行无几。下午又十五里，大雨倾盆，舟中水可掬，依野岸泊。既暮雨止，复行五里而歇。

【注释】

①大堡(pù)：今作"大埔"，为柳城县治。

【译文】

二十二日　天明开船。往西北行船二十里，中午经过大堡，在江东岸。这一天炎热的暴雨不时倾泻，热气蒸腾闷热极了，船夫用浆划船，时走时停，所以用了一整天的力气，所走的路程不多。下午又前行了十五里，大雨倾盆，船中的雨水可以用手捧起来，靠在野外的岸边停泊下来。傍晚雨停后，又前行了五里才停歇下来。

二十三日　昧爽，西北行十五里，过草墟，有山突立江右，上盘危岩，下亘峭壁。其地鱼甚贱。十里，马头①，江左山崖危亘，其内遥峰森列，攒簇天半。于是舟转东行，十里复北，五里，下午抵沙弓②，融县南界也，江之西南即为罗城县东界③。沙弓，水滨聚落，北至融五十里，西至罗城亦然，西望隔江群峰攒处，皆罗城道中所由也。是晚即宿舟中。

【注释】

①马头：今作"码头"，在柳城县北隅，融江东岸。

②沙弓：今作"沙巩"，在融水县南隅，融江东岸转折处。

②罗城县：隶柳州府，即今罗城仫佬族自治县。

【译文】

二十三日　黎明，往西北行船十五里，经过草墟，有座山突立在江右，上面盘结着高险的岩石，下面横亘着峭壁。这个地方的鱼价非常便宜。船行十里，到码头，江左岸的山崖高高横亘着，山内远峰森然罗列，攒聚簇拥到半天高。从这里船转向东前行，行十里后又转向北，行五里，下午抵达沙弓，这是融县的南境了，江的西南方就是罗城县的东境。沙弓，是个水边的聚落，北面到融县有五十里，西面到罗城县也有五十里，向西望去，隔着江流群峰攒聚之处，都是去罗城县的途中要经过的地方了。这天晚上住在船中。

二十四日　昧爽，仍附原舟向和睦墟。先是沙弓人言："明日为和睦墟期，墟散有融县归舟，附之甚便。"而原舟亦欲往墟买米，故仍附之行。和睦去沙弓十里，水陆所共由也。舟自沙弓西即转而东北行，一里，有江自西北来，舞阳江也①，内滩石甚险。又直东四里，始转而北，又五里为和睦墟②。荒墟无茅舍，就高蔀草③，日初而聚，未午而散，问舟不得。久之，得一荷盐归者，乃附行囊与之偕行。始东北行一里，有小溪自西而东。越溪而北，上下陂陀，皆荒草靡靡，远山四绕。又四里过黄花岭，始有随坞之田。直北行五里，过古营④，其田皆营中所屯也。又北五里，越一小溪为高桥⑤，有秦姓者之居在峒中。北下一里为大溪，有水自西而东，有堰堰之，其深及膝，此中水之大者，第不通舟耳。又北五里，大道直北向县，而荷行李者陆姓，家于东梁西北，遂由此岐而西北行。二里，上鸡笼岭，其坳甚峻，西有大山突兀，曰古东山。山北东隅为东梁，县中大道所径也。西北隅为东阳⑥，亦山中聚落也，而陆姓者聚居于其北坳对山之下，越鸡笼共西北三里，而抵其家。去真仙岩尚十里，去县十五里。时甫逾午，而溽暑疲极⑦，遂止其处。

【注释】

①舞阳江：明时又作"武阳江"，即今牛鼻河。

②和睦墟：今名同，在融水县南隅，融江北岸。

③蓷（tuī）：益母草。

④古菅：今作"古型"。

⑤高桥：今名同。

⑥东阳：今名同。东阳与古菅、高桥皆在融水县南境，古菅最南，高桥稍北，东阳最北。

⑦溽（rù）暑：盛夏又湿又热的气候。

【译文】

二十四日　黎明，仍旧搭乘原来的船去和睦墟。这之前沙弓的人说："明天是和睦墟的赶集日，集市散后有回融县的船，搭乘这种船非常方便。"而原来乘坐的船也想到集市上去买米，所以仍然搭乘这条船走。和睦墟距离沙弓有十里路，是水路、陆路都要共同经过的地方。船从沙弓西边马上转向东北行，行船一里，有条江水自西北方流来，是舞阳江，江中的石滩极险。又一直向东行船四里，开始转向北走，又行五里是和睦墟。荒野中的集市没有茅屋，就着高处的益母草丛，太阳初升时便聚在一起，不到中午就散了，找不到船。很久之后，遇到一个挑着盐回家的人，于是把行李让他附带挑着，与他一同前行。开始时往东北行一里,有条小溪自西往东流。越过小溪往北走,上下在山坡间,全是低伏延绵的荒草,远山四面环绕着。又走四里越过黄花岭,开始有顺着山坞的水田。一直向北前行五里,路过古营,那些田都是兵营中屯垦的。又向北行五里,越过一条小溪是高桥,有姓秦的人家居住在山洞中。向北下走一里是大溪,有溪水自西向东流,有堤坝挡住溪流,溪中的水深达膝盖,是这一带大一点的溪流,只是不通船罢了。又向北行五里,大道一直往北通向县城,可挑行李的人姓陆,家在东梁的西北方,于是由此地岔开往西北行。走了二里,登上鸡笼岭,这里的山坞非常陡峻,西面有突兀的大山,叫做古东山。山北面的东隅是东梁,是去县里的大道经过的地方。西北隅是东阳,也是个深山中的村落,而姓陆的人家聚居在东阳北面的山坞相对的山下,越过鸡笼岭共向西北走三里,便到了他家。距离真仙岩还有十里,距离县城十五里。此时刚过了正午,但湿热的天气让人疲倦极了,便停下住在他家。

二十五日　平明起饭,陆氏子仍为肩囊送行。先隔晚,望其北山,有岩洞劙然上下层叠①。余晚浴后欲独往一探,而稻畦水溢,不便于行;及是导者欲取径道行,路出于其下,余乃从田间水道越畦而登之。岩有二门,俱南向,东西并列,相去数丈,土人名为读学岩。外幛骈崖,中通横穴,若复道行空,蜃楼内朗,垂莲倒柱,钩连旁映,轩爽玲珑,可庐可憩,不以隘迫为病也。其西又有小石峰特起田间,旁无延附,亦有门东向,遂并越水畦入之。初入觉峡逼无奇,穿门西进,镵进“十”字,西既透明,南北俱裂窍,土人架木窍间,若欲为悬阁以居者,但宛转轩迥,不若前岩之远可舒眺而近可退藏也。甫出洞,导者言:“西去一二里,有赤龙岩奇甚,胜当与老君洞等,惜无知者,君好奇,何不迂道观之!”余昨从和睦墟即屡问融中奇胜，自老君洞外更有何景，导者与诸土人俱云无有，盖彼皆以庵栖为胜，而不复知有山石之异也。至是，其人见余所好在此，始以其说进。余奖劳之，令即趋赤龙。于是不北向山坳，而西循溪塍，里余遂抵岩下。其岩北向，高穹山半，所倚之山，即陆氏所居之后岭，自西横列至此，而东下陆村者也。洞前北突两峰，若龙虎然，而洞当其中，高旷宏远，底平而上穹，门之中有石台两重界其间，洞后列柱分楞，别成圭门璇室。洞中直入数丈，脊稍隆起，遂成仙田每每，中贮水焉。更入则渐洼渐黑，导者云："其内门束如窦，只平身入，既入乃复廓然透别窍焉。"恨不从家携炬，得一穷其奥也。山前有溪自西来，分两派，而东萦陆氏之居，又东抵东梁，而北汇安灵潭，为灵寿溪之上流云。下山，越溪而北向，望北山有洞割然骈列。涉水畦而攀其上，其洞门南向，虽高穹侧裂，而中乃下旋如坠螺。由门外右跻，复飞嵌悬崖，凭踞则有余，深栖则不足，乃下。盖此山正与赤龙岩南北相向，其与读学岩则东西肩列者也。北趋间道，正由此山、读学两峰中。此山之东隅，复开两岩，其门皆东向，名钟洞岩：在北者，其岩不深峻，若竖钟而剖其半，中列神像；在南者，峡门甚高，层窦叠见，而内入不深，上透无级。所入下层之洞，当门即巨柱中悬，环转而出，无余地矣。乃下，直北趋，共二里，越一脊。脊之北为百步塘，四面尖峰环列，中开平壑一围，广漠低洼，下有溺水。塘之西北为古鼎，东北为羊膈山，东南为东梁，西南为此脊。越脊，循岩转又一里，其山分突三峰，北向百步而列。西一峰，山半洞门西向,有牧者憩歌于中,余不及登;中与东二峰前抱中环,有陆氏冢焉,北向古鼎以为案者也。中峰有洞东向,洞门层倚若重楼;东峰有洞西向,岩石下插如象鼻。余先登东峰西向之洞。其洞北迸横峡,南骞斜窦,而有石上自山巅,下嵌峡底,四面可绕而出,所云象鼻者也。但其内浅而不深,不堪为栖托之所。次登中峰东向之洞。其洞北窍下裂,南牖上悬,有石飞架其间,外若垂楞,中可透肩,上牖有石台前突,憩卧甚适,唯峻不如象鼻,而夹曲过之,所恨者亦不深广耳。既下,乃直北径百步塘。二里,越塘之北,先有一小溪自西而北,自古鼎来,横涉而过;又有一大溪自南而北,即赤龙岩前水,东过东梁至此。二水合而北行,有石梁横渡,于是东西俱骈峰成峡,溪流其中,是为灵寿溪。又北一里,溪汇为潭,是为安灵潭,神龙之所窟也。又北一里,当面有山横列,峰半割然开张洞门,余以为真仙岩矣。至则路转西麓,遂东行环绕其北,则此山之后复有洞焉,不知与南向开张者中通否也?时望真仙岩之山尚在其北,北即安灵溪水流入真仙后洞处。遂竭蹶东循其麓,姑留此洞以俟后探焉。东出山,又北转一里,则与东梁之大道会。峰转溪回,始见真仙洞门,穹然东北高悬,溪流从中北出,前有大石梁二道骈圈溪上。越梁而西,乃南向入洞焉。洞门圆迥,如半月高穹,中剜一山之半。其内水陆平分,北半高崖平敞,南半回流中贯。由北畔陆崖入数丈,崖叠而起,中壁横拓,复分二道。壁之西有窍南入,而僧栖倚之;壁之东南,溯溪岸入其奥扃,则巨柱中悬,上缀珠旒宝络,下环白象、青牛,稍后则老君危然，须眉皓洁，晏坐而对之，皆玉乳之所融结，而洞之所以得名也。其后则堂皇忽闶，曲户旋分，千门万牖，乳态愈极缤纷，以无炬未及入。其下则溪汇为渊，前趋峡壁，激石轰雷。其隔溪东崖，南与老君对者，溪上平耸为台，后倚危壁，为下层；北与僧栖对者，层阁高悬，外复疏明，为上层，但非鹊桥不能度。后覆重崖，穿云逗日，疑其内别有天地。

【注释】

①剨（huò）：破裂声。

【译文】

二十五日　天明起床吃饭，陆家的儿子仍然为我肩扛行李送行。这之前，隔着夜色望见村子北边的山上，有个岩洞豁然敞开，上下两层重叠着。我晚上洗澡后想独自一人前去探察一下，可稻田中的水满溢出来，不方便走路；到这时，向导想选小径走，道路经过岩洞的下方，我于是从田间泡在水中的小道穿过稻田登上岩洞。岩洞有两个洞口，都是面向南，东西并列，相距几丈远，当地人起名叫读学岩。洞外有并立的山崖作为屏障，洞中通有横向的洞穴，像个双层的通道行走在空中，如同海市蜃楼，里面明亮，下垂的莲花和倒立的石柱像钩子样相连，四旁掩映，轩敞清爽，玲珑精巧，可以居住歇息，不会因为狭窄而成为它的缺点。岩洞的西面又有一座小石峰独自耸立在田间，四旁没有延伸依附的山，也有一个洞口面向东，于是一并越过水田进入洞中。刚进去觉得很狭窄没有奇特之处，穿过洞口往西进去，石缝迸裂成"十"字形，西面既透进亮光来，南北又都裂成石窍，当地人在石窍中架了木头，好像打算建成悬空的楼阁以便居住的样子，只是弯弯转转又高又深，不如前边那个岩洞那样，远处可以纵目眺望，而近处可以退隐藏身。刚出洞来，向导说："向西去一二里路，有个赤龙岩非常奇特，优美之处应该与老君洞相当,可惜没有人知道,先生好奇,为何不绕道去观赏这个洞!"
我昨天从和睦墟起就多次打听融县境内的奇特胜景,除了老君洞之外
还有什么胜景,向导和许多当地人都说没有,大概是他们把有寺庵的地
方作为胜景,却不再知道有山石的奇异美景了。到了这里,那人见我喜
爱的是山水,这才把他的建议献出来。我奖励慰劳了他,命令他立即赶
到赤龙岩去。于是不再向着北边的山坳走,而是向西沿着小溪的土埂
走,走了一里多便抵达岩洞下边。这个岩洞面向北,高高隆起在半山
腰,岩洞背靠的山,就是陆家人居住地后面的山岭,是从西面横向排列
到此地,而后往东下延到陆村的山脉。洞前的北边突起两座山峰,好像
龙虎一样,而岩洞位于两座山的中间,高旷宏远,洞底平缓而顶上穹隆
而起,洞口的中间有两层石台隔在当中,洞的后面分别排列着石柱和石
棱条,另外形成玉圭样的门洞和美玉装饰的石室。洞中一直深入几丈,
石脊稍稍隆起,便形成了肥美的仙田,仙田中贮存着水。再深入进去就
逐渐下洼渐渐黑下来,向导说:"那里边的洞口紧束像一个孔洞,只能平
躺着身体进去,进去后就又空阔起来,通到别的石窍中去了。"悔恨没有
从家里带着火把来,得以一口气穷尽洞内的幽深之处。山前有溪水自
西面流来,分为两条支流,而后往东流,潆绕过陆家人的居住地,又向东
流到东梁,而后向北汇入安灵潭,成为灵寿溪的上游。下山后,越过溪
流向北走,望见北面的山上有个洞豁然并列。涉过水田后攀登到山上,
这个洞口面向南,虽然高大穹隆斜着裂开,然而洞中却是向下旋绕如同
下坠的螺蛳。由洞口外边向右上登,又有飞空深嵌的悬崖,凭靠蹲坐还
有余,进深处居住则不足,于是下来。原来这座山正好与赤龙岩南北相
对,它与读学岩却是东西并肩排列的山了。向北抄近路,正好经由这座
山和读学岩两座山峰的中间。这座山的东隅,又开有两个岩洞,洞口都
是面向东,名叫钟洞岩:在北边的,那个岩洞不深峻,像竖立的铜钟却剖
掉了其中的一半,洞中排列着神像;在南边的,峡谷样的洞口非常高,现
出层层叠叠的石窦来,但洞内进去不深,顶上通有洞口,没有台阶上去。

我进入下层的洞中，挡在洞口就有一根巨大的石柱悬在中央，绕着石柱转出来，没有多余的地方了。于是下山，一直向北赶路，共走了二里，越过一条山脊。山脊的北面是百步塘，四面有尖峰环绕排列着，中间围成一个开阔平坦的壑谷，辽阔空旷地势低洼，下边淹着水。百步塘的西北是古鼎山，东北是羊胭山，东南是东梁，西南是这条山脊。越过山脊，沿着高峻的石崖又转了一里，这座山分别突起三座山峰，面向北边的百步塘排列。西边的一座山峰，半山腰有个洞口面向西，有牧人在洞中休息唱歌，我来不及上登；中间与东面的两座山峰向前方围抱，中间呈环形，有陆家人的墓地在那里，是一处面向北方的古鼎山把它作为案山的地方。中峰上有岩洞面向东，洞口层层相依好像层叠的高楼；东峰上有个洞面向西，岩石下插犹如大象的鼻子。我先登上东峰上面向西的岩洞。这个洞的北边逆裂成横向的峡谷，南面高挂着斜斜的洞穴，而且有岩石起自上面的山顶，向下深嵌到峡底，四面都可以绕着出去，这就是所说的像大象鼻子的地方了。但是洞内浅而不深，不能作为栖身居住的场所。接着登上中峰上面向东的岩洞。这个洞北边有石窍下裂，南面有石窗悬在上面，有岩石飞架在南北之间，外边好像下垂的窗棂，中间可像门洞一样穿过去，上面的石窗那里有个石台向前突出去，躺下休息十分舒服，只是不如象鼻那样陡峻，但狭窄曲折却超过象鼻，所遗憾的也是不深广罢了。下山后，便一直向北途径百步塘。走二里，穿越到水塘的北边，先有一条小溪自西往北流，从古鼎山流来，横着涉水过去；又有一条大溪自南往北流，这就是赤龙岩山前的溪水，往东流到东梁后流到此地。两条溪水合流后向北流去，有座石桥横渡过去，在这里东西两面都是并列的山峰夹成峡谷，溪水流淌在峡谷中，这是灵寿溪。又向北一里，溪水汇积成水潭，这是安灵潭，是神龙居住的洞窟。又向北一里，迎面有一列山横向排列着，山峰半中腰豁然张开一个洞口，我以为是真仙岩了。走到后路却转向西麓，于是往东行环绕到山的北麓，就见这座山的后面还有个洞，不知与南面张开的洞口中间是否相通呢？此时望见真仙岩所在的山还在这座山的北面,北面就是安灵潭的溪水流入真仙岩后洞的地方。于是尽力跌跌撞撞地向东沿着山麓走,暂且留下这个洞等以后来探察了。向东出山,又向北转一里,便与东梁来的大道会合。峰回溪转,这才见到真仙岩的洞口,穹然在东北方高悬着,溪流从洞中向北流出来,前边有座两个圆形桥拱并列的大石桥跨在溪流上。过到桥西,就向南进入洞中了。洞口浑圆,如半个月亮高高隆起,从中间剜去整座山的一半。洞内平均分为水陆两半,北半边是高出水面的石崖,平坦宽敞,南半边是回旋的流水流过洞中。经由北半边陆路的石崖进去几丈远,石崖叠累而起,中央的石壁横向拓展开来,又分为两条路。石壁的西侧有个石窍向南进去,而僧房紧靠着石窍;石壁的东南方,溯溪岸进入洞中幽深密闭之处,就见巨大的石柱悬在当中,上面点缀着玉珠串和宝石璎珞,下面环绕着白象、青牛,稍后一点就是老君端坐着,洁白的胡须眉毛,安然坐着面对石柱,这都是白玉般的钟乳石溶解凝结成的,而且是岩洞之所以得名的原因。岩洞的后部雄伟的殿堂却突然幽闭起来,曲曲折折地旋绕着分出许多门户,千门万窗,钟乳石愈加极尽缤纷的形态,因为没有火把顾不上深入进去。岩洞的下面是溪水汇积成的深渊,向前奔流到峡谷中的石壁下,冲激着岩石发出雷鸣般的响声。那隔着溪流东面的石崖上,南面与老君相对的地方,溪流上方高耸成平台,后面紧靠高险的石壁,是下层;北面与僧房相对的地方,层层楼阁高悬着,外边又透进淡淡的亮光,是上层,但没有鹊桥是不能过去的。后面下覆着重重石崖,穿破云天,逗弄着红日,我怀疑那里面别有天地。

　　方徘徊延伫,而僧栖中有二客见余独入而久不出,同僧参慧入而问焉。遂出憩其栖,将已过午,参慧以饭饷余及陆。既而二客与陆俱别去,参慧亦欲入市,余乃随之。北一里,过下廓①,少憩广化寺。寺古而半圮。又北,则大江在东，自北而南，即潭江，北自怀远、大融南来者②；小江在西，自西而东，（即）菜邕江，西自丹江桥绕老人岩，至此东入江。二水交流下廓两旁，道当其中。又一里，渡菜邕桥，又北半里，入融之南关焉③。南关之外，与下廓犹居市相望，而城以内则寥落转甚。大江北来，绕城东而南，至下廓遂东南去。其水不回拱，所以萧条日甚耶？既问老人岩道，复从下廓之北，循小江西南行④。既西抵一峰，见其石势叠耸，遂披棘登之。至石崖下，乃回削千仞，无池旁窦⑤，乃下。路当北溯溪岸，余误而南入山峡，其峡乃老人岩之南枝，又与南山夹而成者。南山北麓，有石磴盘山而上。其下有石窦一圆，潴水泓然，有僧方汲。急趋而问之，始知其上为独胜岩，而非老人岩也，去下廓西南一里矣。余始上探独胜。其岩北向，高缀峰头，僧庐塞其门，入其下，不知为岩也。时暑气如灼，有三士人避暑其间，留余少憩。觇其庐后有小穴焉，因穿穴入。其内复开窍一龛，稍洼而下，外列垂幛，亦有裂隙成楞者，但为僧庐掩映，不得明光耳。独胜北有鲤鱼岩，即古弹子岩。闻乳柱甚丰，不及往。下山，日色犹未薄崦嵫，乃复东北一里，出下廓，又西北溯小溪一里，抵老人岩山下。其下有洞东向，余急于上跻，姑置之。遂西向拾级上，两崖对束，磴悬其间，取道甚胜。已透入一隘门，上镌"寿星岩"三字，甚古。门之上，转而北上，则岩之前门也。盖其岩一洞两门，前门东南向，下瞰下廓，后门东北向⑥，下瞰融城，乃石崖高跨而东突，洞透其下，前后相去不遥，亦穿岩之类，而前后俱置佛龛障之，遂令空明顿失。时前岩僧方剖瓜，遂以相饷。急从庐侧转入后岩,始仰见盘空之顶,而后岩僧方樵而未返,门闭无由入。时日暮雷殷,姑与前岩僧期为后游,遂下山;则后岩僧亦归,余不能复上矣。指小径,仍从独胜东峰披蔓草行,二里乃暮,抵真仙。夜雨适来,参慧为炊粥以供。宿岩中,蚊聚如雷,与溪声同彻夜焉。

【注释】

①下廓:今名同,在融水县南郊。

②怀远:明为县,隶柳州府,治今三江侗族自治县南境的老堡。

③融:即融县,又称"大融",隶柳州府,即今融水苗族自治县。

④循小江西南行:"小江",乾隆本作"菜邕江"。"四库"本作"蔡邕江"。

⑤无池旁窦:"池",疑为"他"。

⑥后门东北向:"东北",原作"东南",据乾隆本、"四库"本改。

【译文】

正在徘徊翘首伫立时,而僧房中有两位客人见我独自一人进入洞中却久久不见出来,同僧人参慧一起进来探问。于是出来在僧房中休息,已经将近过中午了,参慧拿出饭来给我和姓陆的吃了。不久两位客人和姓陆的都告别离开了,参慧也想到集市上去,我就跟随他一起去。向北行一里,路过下廓,在广化寺中稍作休息。寺院很古老,有一半倒塌了。又向北走,就见大江在东面,自北往南流,这就是潭江,是从北面的怀远县、大融县往南流来的江流;小江在西面,自西往东流,这就是菜邕江,从西面的丹江桥绕过老人岩,流到此地向东流入潭江。两条江水交相在下廓的两旁流过,道路位于两条江的中间。又行一里,走过菜邕桥,又向北半里,进入融县县城的南关。南关之外,与下廓仍然是居室街市相望,但城以内却转而十分冷落。大江从北面流来,绕过城东往南流，流到下廊便向东南流去。莫非是没有江水环绕，所以县城就一天天萧条下来吗？打听到去老人岩的路后，又从下廊的北边，沿着小江往西南行。向西抵达一座山峰后，看见这座山峰的山势岩石层叠高耸，便分开荆棘登上去。到达石崖下面，只见石崖回绕陡削有千仞高，没有别的旁洞，只好下来。道路应当溯溪岸向北走，我错误地往南进入山峡中，这条峡谷是老人岩南延的支脉，与南山相夹形成的。南山的北麓，有石阶绕着山往上走。山下有一个圆圆的石穴，积水深广，有个僧人正在汲水。急忙赶过去向他打听，这才知道山上是独胜岩，而不是老人岩，距离下廊西南方一里路了。我这才上山去探独胜岩。这个岩洞面向北，高高点缀在峰头，僧房堵塞在洞口，进入岩洞的下面，不知道是岩洞了。此时炎热的天气像火烤一样，有三个读书人在洞中避暑，挽留我稍微休息一下。偷偷观察到僧房后面有个小洞穴，因而穿过洞穴进去。那里面又开有一个石龛样的石窍，略微低洼下去，外边排列着下垂的帷幔，也有裂隙裂成窗户样的地方，只是被僧房挡住了，不能得到明亮的光线罢了。独胜岩北面有个鲤鱼岩，就是古代的弹子岩。听说钟乳石柱非常多，来不及前往。下山后，太阳还没有逼近西山，于是又向东北行一里，走出下廊，又向西北溯小溪前行一里，抵达老人岩山下。山下有个面向东的洞，我急于上登，暂且放弃它。于是向西沿着石阶上登，两面的山崖相对紧束，石阶悬在两面山崖之间，道路经过的地方景色十分优美。不久钻进一个隘口，上面刻着"寿星岩"三个字，十分古奥。隘口之上，转向北上去，就到岩洞的前洞口了。原来这个岩洞一个洞有两个洞口，前洞口面向东南方，向下俯瞰着下廊，后洞口面向东北方，向下俯瞰着融县县城，而石崖高跨着向东突出去，洞穿通石崖的下面，前后相距不远，也是穿岩之类，但前后都放置了佛龛挡住了洞口，竟让空虚明亮的景色顿时消失了。此时前洞的僧人正在剖西瓜，便拿来送给我吃。急忙从僧房侧边转入后洞中，这才仰面看见盘绕到空中的洞顶，但后洞的僧人正好去打柴还没有回来，门关着无从进去。此时天色已晚，雷声隆隆,姑且与前洞的僧人约好日后前来游览,于是下山;只见后洞的僧人也归来了,我不能再上去了。僧人指点我走小径,仍然从独胜岩的东峰拨开蔓生的草丛前行,走了二里路天就黑下来了,到达真仙岩。夜雨恰好来临,参慧为我煮了粥拿来吃。住宿在岩洞中,蚊子群聚,声音如雷,与溪水声一同响了个通宵。

二十六日　憩息真仙洞中者竟日。参慧出市中。余拂岩中题识读之,为录其一二可备考者。

【译文】

二十六日　在真仙岩的洞中休息了一整天。参慧出山去集市中。我擦拭岩洞中的题记阅读,因而抄录了其中一二块可备参考的碑文。

《真仙岩记游》　嘉熙戊戌正月二十有三日[①],零陵唐容约延平黄宜卿、建安田传震等数人,早自平寨门出行。群山杳蔼间,夹道梅花盛开,清香袭人。二里许,至玉华岩。岩纵可十丈,横半之,无他奇瑰,而明洁可爱。东南诸峰当其前,间见层出,不移席而可以远眺望。乃具饭。饭已,循旧径过香山,历老人岩下。稍折而西,渡舟江桥,顷之至弹子岩。洞口平夷,坐百客不訾。少憩,酒三行,始秉炬以进,过若堂殿者三四。火所照耀,上下四方,皆滴乳流注,千奇万怪,恫心骇目,不可正视。有如人立,如兽蹲,如蛟蛇结蟠,如波涛汹涌,又有如仙佛之端严,鬼神之狞恶,如柱,如剑,如棋局,如钟鼓铃铎[②],考击之有声[③]。布地皆小石,正圆如弹丸,此岩之所以得名也。其间玲珑穿穴,大率全山皆空,不可穷极,相与惊叹,得未曾有。遂出至西峰岩,所见比弹子同,尤加奇而岩稍窄。盘薄久之,乃转而东南,驰至真仙岩而休焉。仰瞻苍崖,上与云气接,划然天开,高朗轩豁,溪流贯其间,潺潺有声,东西石壁峭拔,广袤数十亩,弹子、西峰所见,往往皆具。老君晏坐其奥,须眉皓洁,如塑如画,迨造物者之所设施,岂偶然也耶!回视先所夸诩者④,恍然自失矣。正如初入富商巨贾之家,珠玑宝贝,充栋盈室,把玩恋嫽⑤,殆不能去。而忽登王公大人之居,宫室广大,位置森然,而珍台异馆,洞房曲户,百好备足,而富商巨贾之所有,固亦在其间也。人之言曰:"观于海者难为水。"予亦曰:"游于真仙者难为岩。"于是书于岩口,以识兹游之盛。

【注释】

①嘉熙:南宋理宗年号,时在 1237—1240 年,共四年。嘉熙戊戌为嘉熙二年(1238)。

②铃:金属制成的乐器,形似钟而小。铎(duó):古代金属制成的一种大铃,形如铙、钲而有舌。

③考:即"敲"。

④诩(xǔ):说大话。

⑤恋嫽(liáo):留恋。

【译文】

　　《真仙岩记游》　嘉熙戊戌年正月二十三日,零陵人唐容约请延平人黄宜卿、建安人田传震等几人,清早从平寨门出行。在群山杳渺烟霭之间,夹道的梅花盛开,清香袭人。行二里路左右,来到玉华岩。岩洞纵深大约十丈，横处有一半，没有其他奇异瑰丽之处，然而明洁可爱。东南方群峰位于岩洞的前方，断断续续地一层层展现出来，不必移动座位就可以向远处眺望。于是准备了酒宴。饭后，顺着原路经过香山，历经老人岩下。稍微折向西走，越过舟江桥，顷刻就来到弹子岩。洞口平坦，不止可坐下成百的游客。稍事休息，斟了三遍酒，这才举着火把进去，经过像殿堂的地方有三四处。火光照耀到的地方，上下四方，都有下滴的石乳四处流淌，千奇百怪，惊心骇目，不可正视。有的如人一样站立着，有的如野兽蹲坐着，有的如蛟龙蟒蛇盘结着，有的如波涛汹涌，又有的如神仙佛祖一样端庄威严，如鬼神一样狰狞凶恶，如柱子，如长剑，如棋盘，如钟鼓铃铎，敲击它们铿锵有声。遍地都是小石子，正圆形如同弹丸，这就是岩洞之所以得名的原因了。洞中玲珑剔透四处通有洞穴，大体上整座山都是空的，不可能穷尽，我们相互惊叹，得以见到这些不曾有过的景色。于是出洞来到西峰岩，见到的东西与弹子岩相同，更加奇丽而岩洞稍窄一些。盘桓了很久，这才转向东南，骑马赶到真仙岩后休息。仰望苍翠的山崖，上面与云气相接，突然间天空云雾散开，高旷明朗，轩敞开阔，溪流流淌在洞中，发出潺潺的水声，东西两面峭拔的石壁，长宽有几十亩，在弹子岩、西峰岩见到的景致，种种都具备。老君安然坐在洞的深处，洁白的胡须眉毛，如同雕塑画像，大概是造物主的创造物，这难道是偶然的吗！回头看先前所说的夸耀的话，恍然大悟是自己失言了。正如最初进入富商巨贾的家中，珠玑宝贝，充满家室，握住玩赏留恋不舍，几乎不能离开。然而忽然登上王公大人的居室，宫室广大，地位森严显赫，而且珍奇的楼台和奇异的馆阁，幽深曲折的房屋门户，千百种美好的东西都齐备充足，而富商巨贾所拥有的东西，本来也就在其中了。人们有句话说："观于海者难为水。"我也说："观于真仙岩者难为岩。"于是写在岩洞口，用以记载此次出游的盛况。

洞间勒记甚多,而此文纪诸胜为详,录之。

【译文】

　　洞中碑记非常多,但这篇文章记载各处的胜景较为详细,把它抄录下来。

　　宋绍兴丁巳融守胡邦用《真仙岩诗叙》①。

【注释】

①绍兴丁巳:绍兴七年(1137)。

【译文】

　　宋代绍兴丁巳年融州知州胡邦用的《真仙岩诗叙》。

　　融州真仙岩①,耆旧相传,老君南游至融岭②,语人曰:"此洞天之绝胜也。山石巑岏③,溪流清邃,不复西度流沙,我当隐焉。"一夕身化为石,匪雕匪镌,太质具焉。匪垩匪腰④,太素著焉⑤。丹灶履迹,炳然在焉⑥。霓旌云幢,交相映焉。有泉湍激,空山(缺)尝以金丹投于其中,使饮之者咸得延寿,故号寿溪。东流十余里,入一村曰灵寿,其民皆享高年,间有三见甲子者⑦。余被命出守,穷文考古,询访土俗,遂得仙迹之详,皆非图经所载,故作诗以纪之,书其始末,勒石以示来者。诗曰:岭南地势富山川,不似应改"谁似"。仙岩胜概全。石璞浑成尘外像,寿溪直彻洞中天。醮坛风细迎秋月⑧,丹灶云轻压瘴烟。散步使人名利泯,欲求微妙养三田⑨。

【注释】

①融州：宋代有融州，即今融水苗族自治县。

②老君：即老子，又叫老聃，姓李名耳，字伯阳，楚国苦县（今河南鹿邑东）人。春秋时的思想家，著有《老子》一书。后来，道教信奉老聃为教祖，并把他神化，称"太上老君"，简称"老君"。相传融水县真仙岩即为太上老君升天的胜地。

③巑岏（cuán wán）：形容山石高耸的样子。

④匪垩（è）匪臒（huò）：不刷泥土，不施彩饰。垩，用白色泥土粉刷。臒，本指赤色石脂等上等的红颜料。此指用此颜料涂。

⑤太素：形成天地的素质。

⑥炳然：十分显著。

⑦三见甲子：即经历三轮甲子，活到 180 岁。甲子，古人以干支相配纪年，甲居十天干首位，子居十二地支首位，自甲子至癸亥，刚好六十年轮完一遍，称六十甲子。

⑧醮（jiào）坛：僧道为祛除灾祸而设的道场。

⑨田：即丹田。道家称人身上修炼内丹的地方为丹田，认为丹田有三处，在脐下者为下丹田，在心下者为中丹田，在两眉间者为上丹田。合称为"三田。"

【译文】

融州的真仙岩，年高德重的老人们相传，老君南游来到融岭，对人说："这是洞天之中景色最优美的地方。山石巍峨，溪流清澈深邃，我不再西渡流沙，将隐居在这里。"一天夜里老君的身体变成石头，不用雕不用凿，构成万物的本体具备了。不需粉饰不必彩绘，组成天地的素质显露了。炼丹灶和鞋子印，十分明显地留在洞中。彩虹般的旌旗和白云般的旗帜，交相辉映在洞中。有湍急的泉水,中空的山腹(缺)曾经把金丹投入泉水中,使饮水的人都得以延年益寿,所以号称寿溪。往东流十多里,流入一个村子叫灵寿村,村民都享有高寿,间或有见到三轮甲子的人。我奉命出京镇守,探究文物考察古迹,询问寻访当地的风俗,终于得到了神仙遗迹的详情,都不是图书经典上记载的内容,故而作诗来纪念它,写出了它的始末,刻在石碑上以供后人观看。诗云:岭南的地势富山川,不似应该改为"谁似"。真仙岩的胜景全。璞石浑然形成尘外像,寿溪一直贯通洞中天。祭坛风细迎秋月,丹灶云轻压瘴烟。闲步使人名利灭,想求微妙养三田。

荆南龚大器《春题真仙洞八景》①

天柱石星　　嵯峨盘地轴,错落布琼玖;风吹紫霞散,荧荧灿星斗。

龙泉珠月　　冰轮碾碧天,流光下丹井;惊起骊龙眠,腾骧弄塞影。

鹤岩旭日　　仙人跨白鹤,飘飘下九垓;矫羽扶桑上,万里日边来。

牛渚暝烟　　朝发函关道,暮入湘水边;一声铁笛起,吹落万峰烟。

寒淙飞玉　　悬崖三千尺,寒泉漱玉飞;奔流下沧海,群山断翠微。

碧洞流虹　　丹洞连海门,流水数千里;石梁卧波心,隐隐蟏蛛起②。

群峰来秀　　青山望不极,白云渺何处;郁郁秀色来,遥看峰头树。

万象朝真　真象两无言，物情如影响；回看大始前，无真亦无象。

【注释】

①荆南：唐方镇名。大体包有今湖北、湖南及四川的一部分。五代时十国之一亦称荆南，治所皆在荆州（今湖北江陵）。

②蝃蝀（dì dōng）：指彩虹。

【译文】

荆南龚大器的《春题真仙洞八景》

天柱石星　巍峨盘绕着地轴，错落散布着琼玉；风吹紫霞散，荧荧星斗灿。

龙泉珠月　冰轮碾过碧蓝天，流光下坠炼丹井；惊起黑龙千年眠，骏马奔腾戏月影。

鹤岩旭日　仙人胯下乘白鹤，飘飘摇摇下九州；振翅飞上扶桑树，万里之外日边来。

牛渚暝烟　清晨出了函关道，日暮已到湘江边；一声铁笛起，吹落万峰烟。

寒淙飞玉　悬崖高挂三千尺，寒泉冲激白玉飞；奔流直下如沧海，群山断开露翠微。

碧洞流虹　丹洞潜通连海口，流水奔泻数千里；石桥横跨卧波心，隐隐看似彩虹起。

群峰来秀　青山远望不到头，白云悠悠飘何处；郁郁秀色奔眼底，遥看青青峰头树。

万象朝真　真象两者皆无言，万物人情如影响；回头去看太初前，既无真来也无象。

二十七日　憩息真仙洞中。有拓碑者，以司道命来拓

《党籍碑》^①。午有邑佐同其乡人来宴。余摩拭诸碑久^②，辄得韩忠献王所书《画鹘行》，并黄山谷书二方，皆其后人宦此而勒之者。

【注释】

①《党籍碑》：即《元祐党籍碑》，是研究宋代社会情况的重要史料。原刻于 1105 年，系蔡京手书，第二年，宋徽宗下诏毁碑，原碑无存。此碑系 1211 年沈暐根据家藏旧拓本重刻，至今仍存，为全国仅存的两块之一。

②余摩拭诸碑久："久"，原作"不"，因形近而误。

【译文】

二十七日　在真仙洞中休息。有来拓碑的人，是奉司道的命令来拓《元祐党籍碑》的。中午有县里的属吏和他的同乡人前来宴饮。我擦拭各处的碑文看了很久，找到韩忠献王所写的《画鹘行》以及黄山谷写的两块碑，都是他们的后人到此地当官后把它们刻在这里的。

二十八日　参慧束炬导游真仙后暗洞。始由天柱老君像后入，皆溪西崖之陆洞也。洞至此千柱层列，百窦纷披，前之崇宏，忽为窈窕，前之雄旷，忽为玲珑，宛转奥隙，靡不穷搜。石下有巨蛇横卧，以火烛之，不见首尾，然伏而不动。逾而入，复逾而出，竟如故也。然此奥虽幽邃，犹溪西一隅，时时由其隙东瞰溪流，冀得一当，而终未能下涉。既出，回顾溪窦，内透天光，对崖旁通明穴，益觉神飞不能已。遂托参慧入市觅筏倩舟，以为入洞计。参慧复爇炬引予^①，由岩前左石下，北入深穴。穴虽幽深，无乳柱幻空，然下多龙脊，盘错交伏，鳞爪宛然，亦一奇也。出洞，参慧即往觅舟。既而念参慧虽去，恐不能遽得，不若躬往图之，且以了老人、香山诸胜。乃复出洞，北遵大道行。已而西望山峡间，峰峦耸异。适有老农至，询知其内有刘公岩，以草深无导者，乃从下廓南先趋老人岩。共二里至其下，遂先入下岩。岩门东向，其内广而不甚崇。时近午郁蒸，入之即清凉心骨。其西北有窍，深入渐暗，不能竟。闻秉炬以进，其径甚远，然幽伏不必穷也。从门左仍跻石峡，上抵前岩，转透后岩。其内结阁架庐，尽踞洞口，惟阁西则留余地以为焚爨之所②，前有台一方，上就石笋镌象焉。由此再西入，石窦渐隘而暗，爇炬探之，侧身而入，悬级而坠，皆甚逼仄，无他奇也。出就阁前凭眺，则上下悬崖峭绝，菜邕江西来潆其北麓，自分自合，抵岩下而北转临城，大江当其前，环城聚其下，渺然如天表飞仙；其直北即为香山，为八景之一。就窗中令道人指示所从道，遂下山。绝流渡菜邕江，水浅不及膝。遂溯江北行，望其西江所从来处，峰峦瑰异，内有鸡场洞。几随路而西，一里，遇一僧荷薪来，问之，始知香山尚在东北也。乃转从草径循北山之东麓，一里抵香山。于是西向登级，有庙在两山坳间，其神为梁、吴二侯。径寂而殿森，赤暑中萧萧令人毛悚。闻其神甚灵异，然庙无碑刻，不知其肇于何代，显以何功也。始余欲就饭香山，既至而后知庙虚无人。遂东北逾一桥，过演武场，南共一里，即入西门，寥寂殊甚，东抵县前饭焉。出南门，欲觅药市纸，俱不能得。遇医者询之，曰："此中猪腰子、山豆根俱出罗城。所云不死草者，乃挂兰，悬空不爇，乃草不死，非能不死人也。"为之一笑。又南过下廊，遇樵者，令其觅舟入真仙。二人慨然许之。先是，余屡觅之居人，俱云："此地无筏，而舟为陂阻，无由入洞，须数人负之以趋。"不意此二人独漫许之，余心不以为然。然窃计岩中有遗构，可以结桴浮水③，但木巨不能自移，还将与参慧图之。既抵岩，则参慧已归，亦云觅舟不得，惟觅人结桴为便。意与余合，余更幸入洞有机，欣然就卧。

【注释】

①爇（ruò）：点燃。

②爨（cuàn）：烧火煮饭。

③桴（fú）：小筏子。

【译文】

二十八日　参慧捆好火把带我去游览真仙岩后面的暗洞。开始时由擎天柱老君像后面进去，都是溪流西面石崖陆地上的洞。洞中来到这里，千根石柱层层排列，成百的洞穴纷纷裂开，前边的高大，忽然变为窈窕秀丽的样子，前边的雄奇空旷，忽然变得小巧玲珑，弯弯转转出入在幽深的缝隙间，没有不尽量搜寻到的。岩石下有条巨大的蟒蛇横卧着，用火光照它，看不见头尾，然而卧伏着没有动。跨过它进去，又跨过它出来，竟然和原来一样一动不动。不过这个隐秘之处虽然幽深，还只是溪流西边的一个角落，我时时从石缝中向东俯瞰溪流，希望找到一个适当的地方，但始终未能下涉溪流。出来后，回头看溪水流过的洞穴，里面透出天上的亮光来，对面的石崖上通着一个明亮的旁洞，越发觉得神魂飞舞不能自己。于是拜托参慧到集市上去找木筏小舟，为进洞做准备。参慧又点燃火把带领我，由洞前左边的岩石下边，向北进入深穴中。深穴中虽然幽深，没有在空中变幻的钟乳石柱，然而下面有很多龙一样的石脊,盘绕交错地趴伏着,鳞甲爪子十分逼真,也是一处奇景。出洞后,参慧立即前去找船。继而我考虑参慧虽然去了,但恐怕不能马上找到船,不如亲自前去找,并且去了结游览老人岩、香山诸处胜景的心愿。于是再次出洞来,往北沿着大道前行。不久望见西面的山峡间,峰峦耸立,很奇特。恰好有个老农民来到,问知那里面有个刘公岩,因为草深没有向导,只好从下廓往南先赶到老人岩去。共行二里来到老人岩下,便先进入下洞。洞口面向东,洞内很宽广却不怎么高。此时将近中午,闷热得像蒸笼一样,进洞后清凉之感沁入心骨。洞内的西北方有个石窍,深入进去渐渐黑暗下来,不能走到头。听说举着火把进去,那里面的路非常崎岖,然而幽暗低伏不必走到头了。从洞口左边仍然登上石峡,向上走到前洞,转弯钻到后洞。后洞内架设了楼阁房屋,全部盘踞在洞口,只在楼阁的西边留下一块空余的地方作为烧火煮饭的场所,前边有一个方形平台,上边就着石笋雕刻成佛像。由这里再向西进去,石穴慢慢变得又窄又暗,点燃火把向里面探视,侧着身子进去,从高悬的石阶上往下坠,都十分狭窄,没有其他奇特之处。出来走到楼阁前凭眺,只见上下的悬崖陡峭悬绝,莱茇江从西面流来潆绕在山的北麓,自然分开又自然合流,流到岩洞下便向北转到县城边。大江位于山前,环形的城池聚居在山下,飘飘渺渺的样子如同天外来的飞仙;岩洞的正北方就是香山,是八景之一。凑近窗口让道士指点去香山的路,于是下山。绝流横渡莱茇江,水浅得还不到膝盖。于是溯江流往北行,望见道路西面江水流来之处,峰峦瑰丽奇异,山中有个鸡场洞。几乎顺着路往西走,行一里,遇见一个和尚挑着柴火走过来,向他打听,才知道香山还在东北方。于是转而从草丛中的小径沿着北山的东麓走,行一里后到达香山。从这里向西上登石阶,有座庙在两山间的山坳中,庙中的神像是梁、吴二侯。小径荒寂而殿堂阴森,赤日炎热的天气中阴风飕飕的,令人毛骨悚然。听说这两位神非常灵验,可是庙中没有碑刻,不知它是起始于哪个朝代,是凭什么功劳显赫的。起初我打算到了香山就吃饭,来到后才知道庙中空虚无人。只好往东北越过一座桥,经过演武场,向南共走一里,立即进入西门,十分冷落寂静,向东来到县衙前吃饭。出了南门,想要找药买纸,都没能找到。遇见一个医生向他打听,他说:"这一带的猪腰子、山豆根都出产在罗城县。传说的不死草的东西,是挂兰,悬在空中不会枯槁,是草不死,不是能让人不死。"我为此付之一笑。又向南路过下廓,遇上两个樵夫,命令他们去找船进真仙岩。二人慨然答应了。这之前,我多次向居民找船,都说:"此地没有木筏,而船又被山坡阻隔着,无法进洞去,必须几个人扛着船走过去。"意想不到唯独这两个人漫不经心地就答应下来,我心里边不以为然。但是我私下盘算,岩洞中有遗弃的建筑物,可以用来造一只小木筏浮水进去,只是木料巨大我自己不能移动,回去将与参慧谋划这件事。抵达岩洞后,就见参慧已经归来,也是说找不到船,只有找人来造只小木筏方便些。想法与我不谋而合,我更庆幸进洞有了机会,欣然躺下睡了。

　　二十九日　晨起,余促参慧觅结桴者,未行而昨所期樵者群呼而至,谓予曰:"已入洞否?"余应以待舟。樵者曰:"舟不能至。若联木为桴,余辈从水中挟之以入,便与舟同。"余令参慧即以觅人钱畀之。其人群而负木入溪,伐竹为筏。顷间联桴已就,复以岩中大梯架其上,上更置木盆。余乃踞坐盆中,架足梯上。诸人前者纤引,旁者篙挟,后者肩耸,遇深渊辄浮水引之,遥不能引,辄浮水挟之。始由洞口溯流,仰瞩洞顶,益觉穿峻,两崖石壁劈翠夹琼,渐进渐异,前望洞内天光遥遥,层门复窦,交映左右。从澄澜回涌中破空濛而入,诵谪仙"流水杳然"[①],"别有天地"句,若为余此日而亲道之也。既入重门,崆峒上涵,渊黛下潴,两旁俱有层窦盘空上嵌,荡映幌漾,回睇身之所入,与前之所向,明光皎然，彼此照耀，人耶仙耶？何以至此耶？俱不自知之矣！挟桴者欲从其中爇炬登崖，以穷旁窍，余令先溯流出后洞，以穷明窦。乃复浮水引桴，遂抵洞门。其门西南向，吸川饮壑。溪破石而下，桴抵石为所格，不能入溪，乃舍桴践石而出洞，又割然一天也。溪石坎坷，不能置踵，望左崖有悬级在伏莽中，乃援莽蹑空而上②。不数十步，辄得蹊径。四望平畴中围，众峰环簇，即余昔来横道北岩之东北隅也，第来时大道尚在南耳。乃随山左东过一小坳，计转其前，即双梁以东大道，从小径北跻山椒，即老君座对崖旁透之穴，俱可按方而求。而挟桴者俱候余仍游洞内，乃返而登桴，顺流入洞，仍抵中扃③。视东西两旁俱有穴可登，而西崖穴高难登，且前游暗洞，已仿佛近之，而东崖则穴竟门纷，曾未一历，遂爇炬东入。其上垂乳成幄，环柱分门，与老君座后暗洞之胜丝毫无异。从其内穿隙透窍，多有旁穴，上引天光，外逗云影，知其东透山肤甚薄，第穴小窦悬，不容人迹，漫为出入耳。从其侧宛转而北出，已在老君对崖之下层，其处有金星石、龙田诸迹，因崖为台，下临溪流。上有石阈围池④，岂昔亦有结榭以居，架飞梁以渡者耶？其后壁大镌"寿山福（地）"四大字，法甚古异，不辨其为何人笔。再出即为对崖之上层，其上亦列柱纵横，明窍外透，但石崖峻隔，与此层既不相通。仍引桴下浮，欲从溪中再上，而溪崖亦悬嵌，无由上跻。计其取道，当从洞前南转，抵小坳之东北，跻山椒而后可入；洞中非架飞梁，不能上也。乃从桴更入洞，其下水口旁洞俱浅隘，无他异。始绝流引桴，还登东崖，诸人解桴撤木,运归旧处。余急呼其中一黠者⑤,携余炬,令导为刘公洞游。

【注释】

①谪(zhé)仙:指唐代诗人李白。

②蹠(zhí):同"跖",脚底板。

③扃(jiōng):门户。

④圊(qīng)池:厕所。

⑤黠(xiá):聪慧。

【译文】

二十九日　早晨起床,我催促参慧去找人来造木筏,还没动身,而昨天约定的樵夫成群呼叫着来了,对我说:"已经进了洞没有?"我回答他们说在等船。樵夫说:"船不能到这里。如果用木头连接成木筏,我们这些人从水中在两旁推着木筏进去,便与船一样了。"我命令参慧立即把去找人的钱交给他们。这些人成群地扛着木头跳入溪水中,砍来竹子编为木筏。顷刻之间连接的木筏已经造好,再用岩洞中的大梯子架在木筏上,上面再放上一个木盆。我就坐在木盆中,把双脚架在梯子上。众人在前边的用绳子拉,在两旁的用竹篙夹持着,后面的用肩头往前推,遇到深渊就浮水拉着木筏走,太远不能拉的,就夹住木筏浮水进去。开始时由洞口溯流进去,仰望洞顶,益发觉得穹隆高峻,两侧石崖的石壁如劈开的翡翠和夹立的美玉,慢慢进去,景象渐渐奇异起来,望见前方洞内有天上的亮光远远地照进来,一层层石门,层层叠叠的洞穴,交相掩映在左右。从澄澈回涌的波澜中冲破空濛进去,朗诵谪仙李白"流水杳然"、"别有天地"的诗句,好像是为我今日所见而亲自吟咏出来的诗一样了。进入重重石门之后,头上涵盖着空空的山洞,下面积着青黑色的深渊,两旁都有层层洞穴盘结在高空镶嵌在洞壁上,水波荡漾映照,回头斜视自身进来的地方,与前方面对着的地方,光明皎洁,彼此照耀,是人呢? 还是神仙呢? 为什么来到此地呢? 这些自己全都不知道了! 扶着木筏的人想从洞中点燃火把登上石崖,去穷究旁洞,我命令他们先溯流到后洞去,把明洞看完。于是又浮水拖着木筏,终于到达后洞口。洞口面向西南方,吸饮着壑谷中的河川。溪水冲破石崖往下流,木筏到达石崖下被挡住,不能进入溪流中,于是舍弃木筏踩着石崖出了洞,豁然又是一个天地了。溪水中的石头坎坷不平,不能落脚,望见左边的山崖上有高悬的石阶在倒伏的草丛中,就抓住草丛踏着高空上登。不到几十步,便找到小径。四面望去,平旷的田野被围在中间,群峰环绕簇拥,这就是我先前来时横在道路北边岩洞的东北隅了,只不过来的时候大道还在南边罢了。于是顺着山的左侧向东越过一个小山坳,估计转到山的前面,就是双梁以东的大道,从小径向北登上山顶,就是老君神座对面石崖上旁通的洞穴,全都可以按方位找出来。然而扶木筏的人都等着我仍旧去游览洞内,只得返回来登上木筏,顺流进洞去,仍然来到中间的石门。观察到东西两旁都有洞穴可登,但西面石崖上的洞穴太高很难登上去,况且先前游暗洞时,仿佛已经接近这里,而东面石崖上则是洞穴石门争相纷呈,不曾走过一次,便点燃火把向东进去。洞顶上下垂的钟乳石形成帷幔,石柱环绕分隔成石门,与老君神座后面暗洞中的优美景象丝毫无异。从洞内穿过缝隙钻过石窍,有很多旁通的洞穴,上面引进天上的亮光来,外边逗弄着云彩的影子,心知洞中向东穿透山的表层非常薄,只是高悬的洞穴太小,容不下人走,只好漫无目的地出入了几个地方而已。从洞穴的侧边弯弯转转地往北出来,已经在老君对面石崖的下层,此处有金星石、龙田等胜景,就着石崖建成平台,下临溪流。上面有石门槛和粪池,莫非从前也有人在这里建房居住,架有飞桥渡过来的吗? 平台后面的石壁上大大地刻着"寿山福地"四个大字,书法十分古奥怪异,分辨不出这是什么人的笔迹。再出去就是对面石崖的上层,那上面也是纵横排列着石柱,明亮的石窍通到外面,只是石崖陡峭隔断了,与这一层完全不相通。仍然拖着木筏漂浮到

下游,打算从溪流中再上去,可溪边的石崖也是高悬着嵌入水中,无法
上登。估计要到那里的路,应当从洞前向南转,到达小山坳的东北方,
登上山顶后才可以进去;洞中如果不是架有飞渡的桥梁,是不能上去
的。于是随着木筏再次进洞去,溪流下游水口两旁的洞穴都是又浅又
窄,没有别的奇特之处。这才拉着木筏横渡溪流,回来登上东面的石
崖,众人解开木筏拆散木头,运回到原处。我急忙叫住其中一个聪慧
的,带上剩余的火把,命令他带路去游刘公洞。

　　北遵大道半里,即西南转入小岐,向山峡中,依前老农
所指示行;导者虽屡樵其处,不识谁为刘公岩也。又二里,
抵山下。望一洞在南山,东向而卑伏;一洞在南山,北向而
高骞;一洞在北山中突之峰,东向而浅列。方莫知适从,忽
闻牧者咳嗽声,遥呼而询之,则北向高骞者是。亟披莽从
之。其人见余所携炬一束,哂曰:"入此洞须得炬数枚乃可
竟。此一炬何济?"余始信此洞之深邃,而恨所携之炬少也。
伏莽中石磴隐隐,随之而跻,洞门巨石前横。从石隙入,崖
石上大镌"西峰之岩"四字,为宝祐三年李桂高书①。其前又
有碑记二方,其一不可读,其一为绍定元年太守刘继祖重开
此岩②,而桂林司理参军饶某记而并书者也。其记人约云:桂西
灵异之气多钟于山川,故真仙为天下第一,而曰老人者次之,曰玉华、弹
子者又次之,而西峰岩则与真仙相颉颃,而近始开之。余始知此洞之
名为刘公者以此,而更信此洞之始,其开道建阁,极一时之
丽。而今乃荒塞至此,益慨融之昔何以盛,今何以衰耶!入
洞,内甚宽敞,先爇炬由其后右畔入,则乳柱交络,户窦环
转,不数丈而出。又从其后左畔入,则乳柱宏壮,门窦峻峡,

数丈之后,愈转愈廓,宝幢玉笋,左右森罗,升降曲折,杳不可穷,亦不可记。其时恐火炬易尽,竭蹶前趋,尝脔而出③,不知蔗境更当何如也④。唐容《真仙镌记》谓:"西峰岩比弹子同于加奇而稍窄。"所云"窄"者,岂以洞门巨石亏蔽目前,未悉其宫墙之宏邃耶? 下山,西望北山中突东向之洞,其外虽浅而石态氤氲,门若双列,中必相通。亟趋其下,则崖悬无路。时导者已先归,见余徘徊仰眺,复还至,引入南麓小洞。其门南向而浅,与上岩不通。盖上岩危瞰峰半,遥望甚异,而近眺无奇,且路绝莫援,不得不为却步。既东行,回首再顾,则氤氲之状,复脉脉系人。仍强导者还图攀跻,导者乃芟薙级石,猿攀以登。余亦仿而随之,遂历其上。则削壁层悬,虽两崖并列,而中不相通,外复浅甚,盖徒有玲珑之质,而未通窈窕之关,始兴尽而返。仍东南二里,抵真仙岩。时适当午,遂憩岩中,搜览诸碑于巨石间,而梯为石滑,与之俱坠,眉膝皆损焉⑤。

【注释】

①宝祐:南宋理宗年号,时在 1253—1258 年,共六年。宝祐三年为 1255 年。

②绍定:南宋理宗年号,时在 1228—1233 年,共六年。绍定元年为 1228 年。

③尝脔(luán)而出:只尝了切下来的一小块肉,没有能吃完整个猪就离开了。脔,切成小块的肉。

④蔗境:源自《晋书》,顾恺之每食甘蔗。先吃末梢,渐吃近根部,越吃越甜,渐入佳境。通常即以蔗境称最后得到的佳境。

⑤损：伤。

【译文】

往北顺着大道前行半里，立即向西南转上岔开的小路，走向山峡中，依照之前老农民指点的路线走；向导虽然经常在这里打柴，但不认识哪里是刘公岩。又行二里，抵达山下。望见一个洞在南山上，面向东，低伏着；一个洞在南山上，面向北，高举着；一个洞在北山中央突起的山峰上，面向东方，浅浅地排列着。正在不知道往哪里走时，忽然听见有放牧人的咳嗽声，远远呼叫着向他问路，原来那个面向北高举着的岩洞便是刘公岩。急忙拨开丛莽向那里走去。那人见我仅带着一束火把，讥笑我说："进这个洞必须要有几束火把才能走到头。这一束火把管什么用？"我这才相信这个洞很深邃，进而悔恨带来的火把太少了。隐伏在草丛中的石阶隐隐约约，顺着石阶上登，洞口有巨石横在前方。从石缝中进去，石崖上大大地刻着"西峰之岩"四个字，是宝祐三年李桂高书写的。它的前边又有两块碑记，其中一块不可辨读，其中一块是绍定元年知府刘继祖重新开辟这个岩洞时，桂林府司理参军饶某人作记并书写的碑文。这篇记文大约是说：桂林以西灵异之气大多集中于山水，所以真仙岩是天下第一，而叫做老人岩的次于真仙岩，叫做玉华岩、弹子岩的又次一等，然而西峰岩则与真仙岩不相上下，而且是近来才开辟的岩洞。我这才知道这个洞的名字称为"刘公"的原因是因为这个，而且更相信这个洞刚开辟时，开辟道路，修建楼阁，极尽一时间的壮丽。然而今天竟然荒凉闭塞到这种地步，益发让我感慨，从前的融县是什么原因得以兴盛，今天是什么原因衰败的呢！进入洞中，里面非常宽敞，先点燃火把由洞后面的右侧进去，只见钟乳石柱交缠在一起，门户样的洞穴弯弯转转的，不到几丈远便出来了。又从洞后面的左侧进去，就见钟乳石柱宏伟壮丽，门洞样的洞穴形成高峻的峡谷，几丈之后，越转进去越宽阔，宝幢玉笋，在左右两旁森然罗列，升降曲折，深远得不可穷尽，也不可能记下来。此时担心火把容易燃尽，尽力跌跌撞撞地往前赶，浅尝一口便出来了，不知里面的佳境更将是如何的了。唐容的《真仙镌记》说:"西峰岩与弹子岩相比,景致相同,更加奇异,可稍微窄了一些。"他所说的"窄",难道是因为洞口有巨石遮挡在眼前,没有详尽了解岩洞宫墙里面的宏大深邃吗? 下山来,向西望去,北山中央突起的山峰上面向东的岩洞,洞的外边虽然浅,但岩石的姿态云气氤氲,好像有两个并列的洞口,洞中必定相通。急忙赶到岩洞下面,却见石崖高悬,没有路。这时向导已经先回去了,看见我徘徊在山下,仰面眺望,又返回来,带我进入南麓的小洞中。这个洞口面向南,而且很浅,与上面的岩洞不相通。原来上面的岩洞高高俯瞰在山峰半中腰,远看非常奇特,可近看没有奇特之处,况且路断了无处攀援,不得不为此却步。往东走了之后,回头再看,却见云气氤氲的样子,又脉脉含情地系人心弦。再次强迫向导返回去设法攀登,向导于是割去密布的草丛,踏着岩石像猿猴一样攀登上去。我也仿效他跟随在后面,终于爬到岩洞上面。只见陡削的石壁层层高悬着,虽然两个岩洞并列着,但洞中不相通,外边又非常浅,原来是徒有小巧玲珑的丽质,却没有相通的幽深的通道,我这才尽兴而返。仍然往东南行二里,抵达真仙岩。此时恰好正当中午,便在岩洞中休息,在巨石间搜寻阅读众多的碑刻,而爬梯子时因为石头滑,人与梯子一同跌落,眉头膝盖都受了伤。

　　真仙岩中明夹可栖,寂静无尘,惟泉声轰轰不绝,幽处有蛇,不为害,而蚊蚋甚多,令人不能寐。廿八中夜,闻有声甚宏,若老人謦咳然[①],久而不绝。早起询之,乃大虫鸣也。头大于身,夜潜穴中,然惟此夕作声,余寂然。

【注释】

①謦(qǐng)咳:咳嗽。

【译文】

　　真仙岩中明亮紧凑可以居住,寂静无尘,只有泉水声轰轰隆隆响个不停,幽深之处有蛇,不伤害人,但蚊子非常多,让人不能安睡。二十八日的半夜间,听到有声音非常洪亮,好像老人咳嗽一样,很长时间都没停。早晨起床后打听是什么东西,原来是一种大虫鸣叫。这种大虫头比身子大,夜里潜入洞穴中,不过仅在这天夜里发出声音,其余的时候都安安静静。

　　七月初一日　　早起,以跌伤故,姑暂憩岩中。而昨晚所捶山谷碑犹在石间,未上墨沈,恐为日烁,强攀崖拓之。甫竟而参慧呼赴晨餐,余乃去而留碑候燥,亟餐而下,已为人揭去。先是,余拓左崖上《老君像碑》,越宿候干,亦遂乌有①。至是两番失之,不胜怅怅。盖此中无纸,前因司道檄县属僧道携纸来岩拓《元祐党籍》,余转市其连四陆张。拓者为吏所监督,欲候《党籍碑》完,方能为余拓韩忠献大碑,故栖迟以待。余先以余闲取一纸分拓此碑,而屡成虚费。然碑可再拓,而纸不可再得,惟坐候拓者完忠献大碑而已。是日僧道期明日完道碑,初三日乃得为余拓,而韩碑大,两侧不能着脚,余先运木横架焉。

【注释】

　　①乌有:没有。

【译文】

　　七月初一日　　早晨起床,由于被摔伤的缘故,姑且暂时在岩洞中歇息。然而昨天晚上所捶的黄山谷的碑帖还在石壁上,还没上墨汁,怕被太阳晒干,勉强攀上崖壁去拓碑文。刚拓完参慧就叫我去吃早餐,我于是离开而留下碑帖等它干燥,慌忙吃了饭下来,已经被人揭走了。这之前,我拓左侧崖壁上的《老君像碑》,过了一宿等候干燥,也是竟然不见了。到这时两次丢失了拓好的碑帖,禁不住闷闷不乐。原来是这一带缺纸,之前因为司道发公文命令县里下属的和尚道士带着纸张来岩洞中拓《元祐党籍碑》,我辗转买到六张连四纸。拓碑的人被官吏监督着,要等《党籍碑》拓完,才能为我拓韩忠献的大碑,所以滞留下来等着。我先在空闲时间拿出一张纸分开来拓这块碑,却屡次白白浪费掉了。然而碑帖可以再拓,可纸却不可能再找到,唯有坐着等候拓碑的人来拓完韩忠献的大碑而已。这一天和拓碑的和尚道士约定明天拓完司道要的碑帖,初三日才能来为我拓,但韩忠献的碑大,两侧不能落脚,我事先搬来木头横架在石碑前。

初二日　是日为县城墟期,余以候拓淹留①,欲姑入市观墟;出洞而后知天雨,洞中溪声相溷,晴雨不辨。乃还洞,再拓黄碑。下午仍憩岩中。

【注释】

①淹留:停留。

【译文】

初二日　这天是县城的赶集日,我因为等着拓碑帖被滞留下来,想姑且进城去观看集市;出洞后才知道天上下着雨,洞中因为有溪水声相混,分辨不出晴天雨天来。只好返回洞中,再去拓黄山谷的碑。下午仍旧在岩洞中休息。

初三日　早雾,上午乃霁。坐洞中候拓碑者。久之至,则县仍续发纸命拓,复既期初四焉。余乃出洞,往觅对崖明窍之径。东越洞前石梁，遂循山南转而西，径伏草中，时不能见；及抵后山过脊，竟不得西向登崖之径；乃践棘攀石，莽然跻山半觅之，皆石崖嵯峨，无窍可入。度其处似过，而南乃悬崖，复下。忽有二农过其前，亟趋询之，则果尚在北也。依所指西北上，则莽棘中果有一窍，止容一身，然下坠甚深，俯而瞰之，下深三丈余，即北崖僧栖所对望处也。已闻拓碑僧道笑语声，但崖峻而下悬，不能投虚而坠。眺视久之，见左壁有竖隙，虽直上无容足攀指处，而隙两旁相去尺五，可以臂绷而足撑。乃稍下，左转向隙，而转处石皆下垂，无上岐，圆滑不受攀践，磨腹而过，若鸟之摩空，猿之踔虚，似非手足之灵所能及也。既至隙中，撑支其内，无指痕安能移足，无足衔安能悬身。两臂两足，如胶钉者然，一动将溜而下。然即欲不动，而撑久力竭，势必自溜。不若乘其势而蹲股以就之，迨溜将及地，辄猛力一撑，遂免颠顿。此法亦势穷而后得之，非可尝试者也！既下，则岩宽四五丈，中平而下临深溪，前列柱缀楞如勾栏然，恐人之失足深崖，而设以护之者。岩内四围环壁，有卷舒活泼之意，似雕镂而非雕镂所能及者。前既与西崖罨映，后复得洞顶双明，从其中遥顾溪之两端，其出入处俱一望皎然，收一洞之大全，为众妙之独擅，真仙为天下第一，宋张孝祥题："天下第一真仙之岩。"而此又真仙之第一也。岩右崖前一石平突溪上，若踞趺之座，上有垂乳滴溜，正当其端，而端为溜滴，白莹如玉，少洼而承之，何啻仙掌之露盘也！由其侧攀崖而北，又连门两龛，内俱明洁无纤污，而右壁回嵌，色态交异，皆如初坠者。其前崖上，亦有一柱旁溪而起，中复纤圆若指，上抵洞顶，复结为幢络，散为蛟龙，绕纤指下垂，环而夭矫者数缕，皆有水滴其端。其内近龛处，复有一石圆起三尺，光莹如瓶卣①，以手拍之，声若宏钟，其旁倒悬之石，声韵皆然，而此则以突竖而异耳。此三洞者，内不相通而外成联璧，既有溪以间道，复有窍以疏明，既无散漫之滴乱洒洞中，又有垂空之乳恰当户外，卧云窬而枕溪流，无以逾此！此溪东上层之崖也。其南与下层并峙之崖相隔无几，而中有石壁下插溪根，无能外渡。稍内有隙南入，门曲折而内宛转，倒垂之龙，交缪纵横。冀其中通南崖，而尚有片石之隔，若凿而通之，取道于此，从下层台畔结浮桥以渡老君座后，既可以兼上下两崖之胜，而宛转中通，无假道于外，以免投空之险，真济胜之妙术也。时余虽随下溜其中，计上跻无援，隔溪呼僧栖中拓碑者，乞其授索垂崖，庶可挽之而上。而拓者不识外转之道，漫欲以长梯涉溪。而溪既难越，梯长不及崖之半，即越溪亦不能下。彷徨久之，拟候岩僧参慧归，觅道授索。予过午犹未饭，反覆环眺，其下见竖隙，虽无可攀援，而其侧覆崖反有凹孔，但上瞰不得见，而下跻或可因。遂耸身从之，若鸟斯翼，不觉已出阱而透井，其喜可知也。仍从莽中下山，一里，由石梁转入岩而饭焉。下午，以衣裈积垢②，就溪浣濯，遂抵暮。

【注释】

①卣(yǒu)：古代青铜酒器，椭圆形，敛口，深腹，圈足，有盖和提梁。

②裈(kūn)：有裆的裤子，以别于无裆的套裤而言。

【译文】

初三日　早晨起雾,上午才晴开。坐在洞中等候拓碑的人。很久后才来到,县里却仍然又发纸来命令他们拓碑,再次与他们约定在初四日。我于是出洞来,去找到对面石崖上透出亮光的石窍的小径。往东越过洞前的石桥,便沿着山的南麓转到西麓,小径隐伏在草丛中,时常不能看见;等到达后山延过的山脊时,竟然找不到向西登上石崖的小径;于是踩着荆棘攀着岩石,茫然地上登到半山腰去找石窍,都是嵯峨的石崖,没有石窍可以进去。估计那个地方似乎已经走过了头,可南边是悬崖,又下山来。忽然有两个农民路过山前,急忙赶过去向他们询问,原来果然还在北边。依照他们指点的路向西北方上登,就见在草莽荆棘中果然有一个石窍,只容得下一个人的身子,然而下陷得十分深,俯身下瞰石窍中,下面深达三丈多,那就是与北面石崖上的僧房互相对望之处了。已能听到拓碑的和尚道士的说笑声,但石崖陡峻而且下面悬空,不能投身到虚空中坠落下去。眺望审视了很久,看见左边的石壁上有条竖直的裂隙,虽然一直上去都没有能落脚手抓的地方,但裂隙的两旁相距一尺五寸,可以用双臂绷紧两只脚撑住。于是稍下走,向左边转向裂隙,可转过去的地方都是下垂的岩石,没有向上分岔的地方,圆滑得不能抓又不能踩,要擦着肚子过去,像飞鸟一样擦过天空,如猿猴一样跳越过虚空,似乎不是手脚的灵巧所能及的了。来到裂隙中后,支撑在裂隙内,没有手抓的裂痕怎么能移动脚步,没有容足之处又哪能悬吊身子。双臂双脚,如同胶粘钉钉了一般,一动就将滑下去。然而即便想要不动,可撑的时间长了力气用完,势必自己滑下去。不如乘下滑之势用大腿下蹲来准备接近地面,到即将滑到地面时,马上猛力一撑,终于免于跌倒。这种方法也是到了穷途末路时才想出来的,不是可以尝试一下的方法啊!下来后,只见岩洞宽四五丈,洞中平坦却下临着幽深的溪流,前方排列着石柱点缀着石棱条,好像栏杆一样,像是担心人失足跌到深崖下,从而设立了用来保护游人一样。岩洞内四面环绕着石壁，有卷曲舒展活泼的意趣，像是雕凿而成却又不是雕凿所能及的。前方既与西面的石崖互相掩映，后边洞顶又有一对明洞，从洞中遥望溪流的两头，溪流的出入处一眼望去都很皎洁明亮，收揽了整个洞的全部景观，独自拥有众多的奇妙美景，真仙岩是天下第一，宋代张孝祥题写道："天下第一真仙之岩。"而此处又是真仙岩中的第一了。岩洞右边的石崖前一块岩石平平地前突在溪流上方，好像是盘腿打坐的座位，上面有下垂的石钟乳滴下水滴，正好位于岩石的顶端，而顶端被水滴下滴，洁白晶莹如玉，稍微洼下去承接着水滴，何止是仙人手掌中承接甘露的盘子呢！由这块岩石侧边攀着石崖往北走，又有石门连在一起的两个石龛，里面都很明亮清洁，没有丝毫污迹，而右侧的石壁回旋着深嵌进去，颜色与形态交相变异，都和最初坠落下来的地方一样。石龛前边的石崖上，也有一根石柱在溪流旁边耸起，中段又纤细圆滑得好像手指，上面到达洞顶，又盘结为宝幢璎珞，散开成为蛟龙，绕着纤细的手指下垂，回绕拳曲的有几缕，它们的前端都有水滴下滴。洞内靠近石龛之处，又有一块圆圆的岩石凸起三尺高，光滑晶莹得好像瓶卣，用手拍打石头，声音好像洪钟一样，它旁边倒悬的岩石，声音都这样，而这块岩石则是因为突立直竖着而显得奇异罢了。这三个洞，里面不相通而外边却形成连在一起的玉壁，既有溪流在中间作为通道，又有石窍照进疏朗的亮光，既无散漫的水滴在洞中乱洒，又有垂在空中的钟乳石恰好位于石门外，躺在云雾缭绕的壑谷中而头枕着溪流，没有能超过此处的地方了！这是溪流东面上层的石崖。岩洞的南边与下层并排耸峙的石崖相隔不远，可中间有石壁下插到溪流底下，不能渡水走到外面。稍往里面一点有条裂隙向南进去，裂口曲折而里面弯弯转转的，倒垂的石龙，交相纵横盘结在一起。我希望其中能通到南面的石崖去，但还是有一片岩石隔着，如果凿通这片岩石，从这里取道，从下层的石台旁边架座浮桥以便渡到老君神座的后边，既可以兼收上下两层石崖的胜景，而且中间弯弯转转地相通，不必从外面借道走，得以免去投身于高空的危险，真是一种有利于胜景的奇妙方法了。这时我虽然顺势下滑到洞中，估计上登没有攀援之处，隔着溪流呼叫僧房中拓碑的人，请求他们给我一条绳子垂下崖壁来，或许可以拉着绳子上去。可拓碑的人不认识外面转进来的路，徒劳无益地想用长梯涉过溪水。但溪流既难以越过，梯子的长度又不到崖壁的一半，即使是越过溪流也不能下去。彷徨了很久，打算等岩洞中的僧人参慧回来，找到路扔绳子给我。我过了中午还没有吃饭，反复环顾眺望，在下边看那条竖直的裂隙，虽然无处可以攀援，但裂隙侧面下覆的石崖上反而有凹孔，只是从上面俯瞰不能看见，然而从下面上登或者可以利用这些凹孔。于是从裂隙中耸动身体，像鸟振动翅膀一样，不知不觉已经钻出深阱，那种喜悦之情可想而知了。仍然从草莽中下山，行一里，经由石桥转进洞中吃饭。下午，因为衣裤积满了污垢，就着溪水洗衣服，居然到了傍晚。

初四日　拓碑者晨至，以余碑未了，及午乃竟，即往呈县，复约厥明焉。余待之甚闷。闻西南十里古鼎山，有龙岩高悬，铁旗新辟，且可从真仙后溯灵寿上流。欲以下午探古鼎铁旗岩，新开者。而拓者既去，参慧未归，姑守囊岩中，遂不得行。

【译文】

初四日　拓碑的人早晨来到，是因为剩余的碑文没有拓完，到中午才完工，立即前去呈送给县里，再次与他们约定在明天。我等待他们十分烦闷。听说西南十里处有座古鼎山，有个高悬的龙岩，铁旗岩新近开辟出来，并且可以从真仙岩后面去追溯灵寿溪的上游。打算在下午去探古鼎山铁旗岩，新开辟出来的岩洞。然而拓碑的人既已离去，参慧又没有归来，姑且在岩洞中守行李，终于不能成行。

初五日　吴道与镜禅之徒始至，为拓韩碑。其碑甚大，而石斜列，余先列木横架，然犹分三层拓，以横架中碍，必拓一层解架，而后可再拓也。然所拓甚草率，而字大镌浅，半为漫漶，余为之剜污补空，竟日润色之，而终有数字不全。会拓者以余纸拓《元祐党籍》、此碑为宋知军沈晅所刻。以其祖亦与名籍中也，故以家本刊此，与桂龙隐岩所刊同。但龙隐镌崖而大，此镌碑而整。《老君洞图》与像。下午，僧道乃去，余润色韩碑抵暮。

【译文】

初五日　吴道士与镜禅的徒弟这才来到，为我拓韩忠献的碑。这块碑非常大，而石碑斜斜地排列着，我事先排好木头横架起来，但仍然要分三层拓，因为有横放的木架在中间妨碍着，必须拓完一层后解开架子，然后才能再拓。然而他们拓得十分草率，而且字大刻得又浅，有一半漫漶了，我为他们挖去污点填补空缺，一整天都在润饰拓片，但始终有几个字不全。会聚拓碑的人用剩余的纸张拓《元祐党籍碑》、这块碑是宋代知军沈晅刻的。因为他的祖先也被列入党人名册之中，故而用家传的本子刻在这里，与桂林龙隐岩中所刻的相同。只是龙隐岩是刻在崖壁上而且字大，这里是刻碑而字迹工整。《老君洞图》与老君像碑。下午，和尚道士离开，我润色韩忠献碑的拓片直到天黑。

初六日　洞中事完，余欲一探铁旗岩，遂为行计。而是日雨复沛然，余不顾，晨餐即行。一里，过来时横列之北洞，又半里，抵横列之南洞，雨势弥大。余犹欲一登南洞，乃攀丛披茅，冒雨而上。连抵二崖下，竟不得洞。雨倾盆下注，乃倚崖避之。益不止，顶踵淋漓，崖不能久倚，遂去盖挂伞为杖，攀茅为纽，复冒雨下。盖其洞尚东，余所跻者在西，下望则了然，而近觅则茫不得见耳。又冒雨一里，南过安灵潭。又半里，西渡溪，乃从岐西向山坳。半里，逾坳而西，路渐大，雨渐杀。透山峡而出，共一里，南逾小桥，即来时横涉小溪上源也。则仰望桥南山半，有洞北向，有路可登，亟从之。洞入颇深，而无他岐，土人制纸于中，纸质甚粗，而池灶烘具皆依岩而备。中虽无人，知去古鼎不远。乃就其中绞衣去水，下山，循麓再西，则村居鳞次，称山中聚落之盛焉。问所谓铁旗岩者，居人指在西北峰半。又半里，抵其峰之东南，见峰腰岩罅层出，余以为是矣。左右觅路不得，为往返者数四。既乃又西，始见山半洞悬于上，阁倚于前，而左右终不得路。复往返久之，得垂钓童子为之前导。盖其径即在山下，入处为水淹草覆，故茫无可辨。稍上即得层级，有大木横偃级旁，上丛木耳，下结灵芝，时急于入岩，不及细简。及抵岩，则岩门双掩，以绳绾扣，知僧人不在，而雨犹沛，为之推扉以入。其岩南向，正与百步塘南之陆坞山相对。盖岩前古鼎村之山峙于左，沸水岩之山峙于右，岩悬山半，洞口圆通，而阁衙于内。其内不甚宽广，丛列神像，右转宏扩而暗然，数丈之内，亦回环无他岐入矣。洞内之观虽乏奇瑰，而洞之胜，颇饶罨映。铁旗之名，其以峰著，非以洞著耶！环视僧之爨具，在右转洞中，而卧帐设于前阁。因登其上，脱衣绞水而悬之窗间，取僧所留衣掩体以俟之。过午，望见山下一僧，戴笠拨茅而登，既久不至，则采耳盈筐[1]，故迟迟耳。初至，以余擅启其闭，辞色甚倨[2]。余告以远来遇雨,不得不入以待铺。初辞以无米且无薪,余先窥其盎有夙储,不直折之而穿,强其必炊。既炊,余就与语,语遂合,不特炊米供饭,且瀹耳为蔬,更觅薪炙衣焉。<small>其僧好作禅语。楚人。</small>既饭,酬以钱,复不纳。时雨渐止,余因问龙岩所在。僧初住山,误以沸水岩为龙岩,指余西南入。余初不知,从之。半里至其下,山下有水穴东北向,潴水甚满,而内声嵌峒,其东复然,盖其下皆中空,而水满潴之。然余所闻龙岩在山半,因望高而跻。其山上岐两峰,中削千仞,西有浅穴在削崖之下,东有夹罅在侧峰之侧,践棘披搜,终无危岩贮水。乃下,然犹不知其岩之为沸水不为龙岩也。东半里,趋古鼎村③。望村后山南向洞开,一高峡上穹,一圆窍并峙。私念此奇不可失,即从岐东上。上穹者,如楼梯内升,而前有一垂石当门,东透为台,下从台前南入并峙之窍;圆窍者,如圜室内剜,而内有一突石中踞。此时亦犹以沸水为龙岩,不复知此地可别觅龙岩也。既下,仍由村北旧路过小桥,则溪水暴涨,桥没水底者二尺余,以伞挂测以渡。念此小溪如此,若灵寿石堰,涨高势涌,必难东渡。适有土人取笋归古鼎,问之,曰:“大溪诚难涉,然亦不必涉。逾岭抵溪,即随溪北下,所涉者止一小溪,即可绕出老君洞左。”余闻之喜甚。盖不特可以避涉,而且可以得安灵以北入洞源流,正余意中事,遂从之。逾坳,抵来所涉安灵西堰,则水势汹涌,洵非揭厉所及。乃即随溪左北行,里半,近隔溪横列之南洞,溪遂西转。又环西面一独峰,从其西麓转北,东向以趋老君后洞焉。路至是俱覆深茅间,莫测影响,惟望峰按向而趋。共二里,见灵寿大溪已东去,不能为余阻;而西山夹中,又有一小溪西来注之,其上有堰可涉。然挟涨势骄,以投鞭可渡之区,不免有望洋濡足之叹。踌躇半晌,既济而日已西沉,遂循溪而东。盖此处有径,乃北经刘公岩出下廊大道者,按方计里,迂曲甚多;时暮色已上,谓已在洞后,从其左越坳而下,即可达洞前,即无路,攀茅践棘,不过里许,乃竭蹶趋之。其坳皆悬石层嵌,藤刺交络,陷身没顶,手足莫施,如倾荡洪涛中,汩汩终无出理。计欲反辄刘公岩,已暝莫能及,此时无论虎狼蛇虺,凡飞走之族,一能胜予。幸棘刺中翳,反似鸿蒙未凿④,或伏穿其跨下,或蹂踔其翳端,久之竟出坳脊。俯而攀棘滚崖,益觉昏暗中下坠无恐。既乃出洞左蔬畦中,始得达洞,则参慧已下楗支扉矣⑤。呼而启扉,再以入洞,反若更生焉。

【注释】

①耳:木耳。

②倨(jù):傲慢。

③古鼎村:今作"古顶",在融水县东南隅,融江西岸。

④鸿蒙:宇宙形成以前的混沌状态。

⑤楗(jiàn):门上关插的木条,横的称"关",竖的称"楗"。

【译文】

初六日　洞中的事情完毕,我想去探一探铁旗岩,便为出行做准备。但这一天又是倾盆大雨,我不顾,早餐后立即上路。行一里,路过来时横向排列的北洞,又行半里,抵达横向排列的南洞,雨势更大了。我还想登一次南洞,于是抓着树丛分开茅草,冒雨而上。一连到达两座山崖的下边,竟然找不到洞。大雨倾盆下浇,只好背靠着崖壁躲雨。雨益发不停，头顶和脚跟都雨水淋漓，崖壁不能长久靠着，便去掉伞盖挂着雨伞当做手杖，抓住茅草作为绳子，又冒雨下山。原来那个洞还在东边，我登上去的地方在西面，在下面望则一目了然，可到近处去找却茫然不可见了。又冒雨前行一里，向南经过安灵潭。又行半里，向西渡过溪流，于是从岔道往西走向山坳。行半里，越过山坳往西行，路渐渐变大，雨势逐渐减弱。穿过山峡出来，共一里，向南越过一座小桥，这就是来时横向涉过的小溪的上游了。仰望桥南的半山腰上，有个面向北的洞，有路可以上登，急忙顺着路走去。洞中进去很深，然而没有别的岔洞，当地人在洞中造纸，纸质十分粗糙，可水池炉灶和烘烤的器具全都齐备地放置在洞中。洞中虽然没有人，但心知距离古鼎山已经不远。于是就在洞中绞去衣服上的雨水，下山后，沿着山麓再往西走，就见村庄房屋鳞次栉比，称得上是山中聚落的盛况了。打听所谓的铁旗岩的地方，居民指点在西北方山峰的半山腰上。又行半里，抵达这座山峰的东南麓，看见山峰的半中腰岩石上现出层层裂隙，我以为在这里了。左右都找不到路，为此往返了四次。既而又向西走，这才看见山洞悬在半山腰上，楼阁紧靠在洞前，但左右始终还是找不到路。再次往返了很长时间，遇到一个钓鱼的儿童为我在前边带路。原来登山的小径就在山下，入口处被水淹着被草遮盖着，所以茫然无法辨认出来。稍上走就找到一层层的石阶，有大树横躺在石阶旁边，上面丛生着木耳，下边结着灵芝，此时我急于进岩洞去，来不及仔细察看。抵达岩洞时，却见岩洞的大门双双掩上了，用绳子缠住门扣，知道僧人不在，可雨仍然很大，为此推开门进洞去。这个岩洞面向南，正好与百步塘南边的陆垅山相对。大体上岩洞前方古鼎村所在的山蠡立在左边，沸水岩所在的山屺立在右边，岩洞高悬在半山腰，洞口圆圆地通进去，而楼阁排列着洞口内。洞内不怎么宽广，排列着成群的神像，向右转去宏大空阔却很昏暗，几丈之内，也就回绕曲折地没有别的岔洞可以进去了。洞内的景观缺乏奇异瑰丽的气势，可洞中的景致，颇富掩映的情趣。铁旗的名字，是以山峰著名的,不是以岩洞著称的! 环视僧人的炊具,在向右转的洞中,而卧床蚊帐设在前边的楼阁中。因而登上楼阁,脱下衣服绞干水后悬挂在窗口上,取来僧人留下的衣服遮蔽身体以便等他来。过了中午,望见山下有一个僧人,头戴斗笠拨开茅草上登,随后很久不见来到,原来是采木耳装满了一竹筐,所以迟迟不见来到。僧人刚到时,因为我擅自开了他关着的门,语言脸色都十分傲慢。我告诉他,因为远道而来遇上下雨,不得不进洞来等着他给顿饭吃。最初他用没有米又没有柴火推辞,我事先窥见他的瓦瓮中有平时储藏的粮食,没有直接顶撞揭穿他,强逼他必定要煮饭给我吃。他煮饭后,我凑过去与他说话,话一说便合拍,不但煮米供我吃饭,而且煮来木耳当菜吃,还找来柴火让我烤衣服。这位僧人爱讲些充满禅理的话。是楚人。饭后,拿钱酬谢他,又不接受。此时雨渐渐停了,我因而向他打听龙岩所在之处。这个僧人刚住进山中,错把沸水岩当做龙岩,指点我往西南方进山。我起初不知道,按照他说的走。半里来到山下,山下有个水洞面向东北方,积水非常满,而洞内的水声空洞洞的,山的东面又是这样,大概这座山的下面中间都是空的,而水满满地积在山腹中。然而我听说龙岩在半山腰,因而望着高处上登。这座山上面岔为两座支峰,中间陡削,有千仞高,西面在陡削的山崖下有个浅浅的石穴,东面在侧立山峰的侧面有条夹缝,踩着荆棘拨开茅草去搜寻,始终没有高险贮水的岩洞。于是下山,然而仍然不知道这个岩洞是沸水岩而不是龙岩。向东半里。赶到古鼎村。望见村子的后山上有个向南张开的洞,一条高峡向上穹隆而起,一个圆圆的石窍并排耸峙着。私下考虑,这奇异之处不可错失,立即从岔路向东上登。向上穹隆而起的,洞内如楼梯一样上升,而洞前有一块下垂的岩石挡在洞口,向东钻进去是个平台,下去从平台前向南进入并排耸峙着的石窍;圆圆的石窍,里面如挖空的圆形屋子,而洞内有一块突起的岩石盘踞在中央。此时我也仍然是把沸水岩当做龙岩,不再知道此地可以到别的地方去找龙岩了。下山后,仍然由村子北边的原路走过小桥,只见溪水暴涨，桥身被淹没在水下二尺多，用雨伞拄着试探着深浅才得以渡过去。心想这条小溪都如此，如果是灵寿溪的石坝，溪水涨高水势汹涌，必定难以渡到东面。恰好有当地人采竹笋返回古鼎村，向他打听，他说："大溪确实难以涉水，不过也不必涉水。越过岭走到溪边，立即顺着溪流往北下行，要涉过的只是一条小溪，马上就可以绕到老君洞的左边。"我听到这话高兴极了。原来这样不但可以避免涉水，而且可以找到安灵潭以北流入洞中的水流的源头，正好是我心意中的事，便按照他说的走。越过山坳，抵达来时涉过的安灵潭西边的堤坝，只见水势汹涌，确实不是提起衣裤能够涉过去的。于是马上顺着溪流的左岸往北行，一里半，走近隔着溪流横向排列的南洞，溪流于是向西转去。又绕过西面一座独立的山峰，从它的西麓转到北麓，向东就可以走向老君岩后洞了。路到了这里全部被覆盖在深深的茅草丛中，无法测知深浅，唯有望着山峰根据方位赶过去。共行二里，看见灵寿大溪已向东流去，不能再阻挡我了；可西山的峡谷中，又有一条小溪从西面流来汇入灵寿溪中，溪流上有堤坝可以涉过去。然而溪水仗着涨势骄横起来，在投鞭断流就可以渡过去的地方，不免有打湿鞋子望洋兴叹的感叹了。踌躇了半晌，渡过溪流后夕阳已经西沉，于是顺着溪流往东走。原来此处有条小径，是往北途经刘公岩通到去下廓的大道上的小路，按照方位来估计里程，迂回曲折得太多；此时暮色已经上来，我以为已经在洞的后边，从小径的左边越过山坳往下走，就可以到达洞前，即便没有路，攀着茅草踏着荆棘，不过一里路左右，于是竭尽全力跌跌撞撞地赶过去。那个山坳都是高悬的岩石层层深嵌，藤条刺丛交缠在一起，身子陷进去没过头顶，手脚无法施展，如倾倒飘荡在洪水波涛之中，汩汩流动，始终没有走出去的办法。估计想要返回刘公岩，天已经昏黑无法赶到，此时无论是虎狼虫蛇，凡是会飞能走的族类，一概能胜过我。幸好荆棘刺丛把我遮蔽在中间，反而像是未开凿的宇宙一样一片混沌，或者趴下去穿过它的胯下，或者像猿猴一样跃过密蔽荆棘的顶端，很久之后竟然出到了山坳中的山脊上。俯身抓住荆棘滚下山崖,益发觉得在昏暗中下坠没有恐惧的感觉。不久竟然到了岩洞左边的菜地中,这才得以到达岩洞,参慧却已经放下门闩撑住门了。呼叫后他开了门,再次得以进入洞中,反而觉得好像是再生了一样。

初七日　参慧早赴斋坛,余以衣濡未干,自炊自炙于岩中。而是日雨淋漓不止,将午稍间,乃趋城南讯舟,更入城补衣焉。是早有三舟已发,计须就其处俟之,盖舟从怀远来,非可预拟,而本地之舟则不时发也。薄暮乃返洞取囊,以就城南逆旅①,而参慧犹未返岩,不及与别,为留钱畀其徒而去。是日七夕②,此方人即以当中元③,益不知乞巧,只知报先,亦一方之厚道也。其时雨阵时作,江水暴涨,余为沽酒漫酌,迨夜拥芻而卧④,雨透茅滴沥,卧具俱湿。

【注释】

①逆旅:旅店。

②七夕:指中历七月七日晚上,传说这时牛郎、织女在天河相会。
妇女多于这天晚上陈设瓜果向织女星乞求智巧,称为"乞巧"。
七夕和中元皆是中国民间的传统节日。

③中元:在中历七月十五日,群众习惯于这天晚上追祀祖先。

④芻(chú):同"刍"。草。

【译文】

初七日　参慧一早赶去诵经做法事,我由于衣服被打湿了还没有干,自己在岩洞中独自煮饭烤火。而这一天雨湿淋淋地下个不停,将近正午时稍微间断了一下,于是赶到城南去打听船,再进城去补衣服。这天早上有三条船已经开走,估计必须搬到此处来等船,原因是船从怀远县驶来,不能预先计划,而本地的船发船却不定时。傍晚才返回洞中去取行李,以便搬到城南的旅店中,可参慧还没有返回洞中,来不及与他道别,为此留了些钱交给他徒弟便离开了。这天是七夕,这地方的人就拿它当做中元节,更不知道乞巧的风俗,只知道祭祖,也是这一地方厚道淳朴的风俗了。此时阵雨不时发作,江水暴涨,我因而买酒来漫不经心地喝着,到夜里抱着干草便躺下了,雨水透过茅屋顶滴下来,铺盖全部湿了。

初八日　雨势愈急,江涨弥甚。早得一舟,亟携囊下待;久之,其主者至,舟甚隘,势难并处,余乃复负囊还旅肆。是午水势垂垂,逾涯拍岸,市人见其略长刻增①,多移栖高原以避之。余坐对江流滔滔,大木连株蔽江而下,分阵漩涡,若战舰之争先。土人多以小舟截其零枝,顷刻满载;又以长索系其巨干,随其势下至漩湾处,始掣入洄溜,泄之涯间。涯人谓:"庐且不保②,何有于薪?"舟人谓:"余因水为利,不若汝之胥溺③。"交相笑也。

【注释】

①市人见其略长刻增:"略",沪本疑为"晷",可从。

②庐:小屋。

③胥(xū):等待。溺(nì):淹没。

【译文】

初八日　雨势更急骤了,江水涨得更猛。早上找到一条船,连忙带上行李上船等着;很久之后,船的主人来到了,船非常窄,情势难以共处,我只得又背着行李返回旅店中。这天中午水势浩浩荡荡的,越过岸边拍打着江岸,街市中的人见水位上涨刻度增高,多半移居到地势高的原野上去躲避洪水。我坐着面对滔滔的江流,大树连根带叶布满江面流下来,分成阵列打着漩涡,好像战舰一样争先恐后。当地人大多用小船拦截其中的零散枝叶,顷刻间就装满一船;又用长绳子系住那些巨大的树干,顺着水势下漂到漩流的水湾处,这才把大树拖入回旋的水流中,拉到岸边。岸边的人说:"房屋都将要保不住了,要柴火有什么用?"船上的人说:"我利用洪水获得好处,不像你们等着被淹。"相互都笑了。

初九日　夜雨复间作,达旦少止,而水弥涨。余仍得一小舟,坐其间,泊城南吊桥下。其桥高二丈,桥下水西北自演武场来,初涠不成流,至是倏而凌岸,倏而逾梁,人人有产蛙沉灶之虑。过午,主舟者至,则都司促表差也。又有本邑差以独木舟四,缀其两旁,以赴郡焉,乃郡徼取以载卤者①。其舟虽小,得此四舟,若添两翼。下午发舟,东南行,已转西南,二十里,有山突立江右,乃西自古东山逾鸡笼坳而东抵于此者。又二十里为高街,有百家之聚在江右。又五里,为芙蓉山亘其东南,有百家之聚在江左。又西南五里为和睦墟。又西十里过舞阳江口②。晚泊于沙弓,水且及街衢,尽失来时之砂碛悬崖矣。

【注释】

①徼(yāo):拦截。卤(lǔ):盐卤。

②舞阳江:"舞"原作"無",据六月二十四日记改。

【译文】

初九日　夜里雨又断断续续地下起来,到天明时渐渐停了,可江水涨得更猛。我仍然找到一条船,坐在船中,停泊在城南的吊桥下。这座吊桥高二丈,桥下的水自西北方的演武场流来,最初干涸得不成流,到这时倏地越过江岸,倏地漫过了桥梁,人人都有了炉灶被淹沉水底生出青蛙来的忧虑。过了中午,主管船只的官吏来到了,原来是都指挥使司来催促奏表的差役。又有本县的差役用四条独木舟,连缀在小船两旁,以便赶赴府城去,是府里发公文调来装载盐卤的船。这条船虽然小些,有了这四条独木舟,好像添了两个翅膀。下午开船,往东南行,不久转向西南,行二十里,有座山突立在江右,这是自西面的古东山越过鸡笼坳而后往东延伸到此地的山。又行船二十里是高街,有个百户人家的聚落在江右。又行五里,是芙蓉山横亘在江流的东南方,有个百户人家的聚落在江左。又往西南行船五里是和睦墟。又向西十里经过舞阳江口。晚上停泊在沙弓,江水即将漫到街道上,来时的砂石浅滩和悬崖全部消失了。

　　初十日　昧爽放舟。一十五里,马头。五里,杨城,舟泊而待承差取供给于驿①。其江之西北有崖濒江,盖东与马头对者也。抵午始放舟。五里,草墟,十五里,罗岩②。村在江左,岩在江右。其岩层突沓斑驳,五色灿然。南崖稍低,有石芝偃峰顶,有洞匏剡崖半③,当亦有胜可寻,而来时以暑雨掩篷,去复仅隔江遥睇,崖间猿鹤,能不笑人耶!又五里杨柳④,又五里大堡,又十五里旧县,又五里古城⑤,又五里白沙湾⑥。江北有尖峰,两角分东西起,峭拔特甚,其南丛山即县治所倚也。江至白沙又曲而南,又十里,下午抵柳城县西门。龙江西至庆远来会。按《志》,县治西有穿山,而治西平临江渚,地且无山,安得有"穿"?又按,城北有笔架、文笔峰,而不得其据。遍询土人,有识者指城西南隔江峭峰丛立者为笔架、文笔,又言其巅有洞中透,穿山当亦即此。然方

隔与《志》不合，而《志》既各标，兹何以并萃耶？承差复往驿
中，余坐待甚久，泊多行少，不意顺流之疾，淹留乃尔！既
暮，差至，促舟人夜行，遂得补日之不足焉。南二里，江之左
为峦拦山，削崖截江，为县城南障；江之右即峭峰丛立，土人
所指为笔架、穿山者，而透明之穴终无从瞩。棹月顺流，瞬
息十五里，转而东北行。又五里，有山兀耸江东岸，排列而
南，江亦随之南折，滩声轰轰，如殷雷不绝，是为倒催滩。岂
山反插而水逆流，故谓之"倒"，而交并逼促，故谓之"催"耶？
其时波光山影，月色滩声，为之掩映，所云挟飞仙者非欤！
又南十五里为古陵，又二十里为皇泽墟，西与鹅山隔山相向
矣。又南三里抵柳州府，泊其南门，城鼓犹初下也。

【注释】

①承差：官署中一般吏役的通称，也称"经承"。

②罗岩：今作"洛崖"，在柳城县稍西，融江西岸。

③匏（páo）：一种葫芦。

④杨柳：今名同，在柳城县北郊，融江东岸。

⑤古城：今名同，在柳城县南境，融江东岸，浦河汇入融江处。

⑥白沙湾：今作"白沙"，在柳城县南境，融江东岸。

【译文】

初十日　黎明开船。行十五里，到马头。行五里，到杨城，船停下
来等差役到驿站中去取给养。此处江流的西北方有座山崖濒临江边，
大致是与东面的马头相对的山。到中午才开船。行五里，到草墟，行十
五里，到罗岩。村子在江左，石岩在江右。这座石岩层层突起，杂沓斑
驳，五色灿烂。南边的石崖稍低一些，有朵石灵芝倒卧在峰顶，有个葫
芦样的山洞剜空了山峰的半中腰，应当也是有可以探寻的胜景，但来的

时候因为天气炎热又下着雨掩着船篷,去的时候又是仅能隔着江流远远的斜视,石崖上的猿猴白鹤,能不讥笑人吗!又行五里到杨柳,又行五里到大堡,又行十五里是旧县,又行五里到古城,又行五里到白沙湾。江北有座尖峰,两个尖角分在东西两面耸起,特别峭拔,尖峰南面成丛的山峦就是县城紧靠着的地方了。江水流到白沙湾又向南弯曲,又行十里,下午抵达柳城县的西门。龙江从西面流到庆远府又流来汇合。根据《一统志》,县城西面有座穿山,但县城西面地势平坦濒临江中的小洲,地上尚且没有山,哪能有"穿"呢?又据志书,城北有笔架峰、文笔峰,可找不到志书是依据什么。问遍当地人,有认识的人指出,城西南隔着江流山峰峭拔地成丛矗立之处是笔架峰、文笔峰;又说,峰顶有个洞穿透了山腹,穿山应当也就是这座山。然而方位与《一统志》说的不相符,而且《一统志》既然分别标示出来,这里为何聚集在一起呢?差役再次前往驿站中,我坐着等了很久,船停船的时间多行船的时间少,想不到原想顺流能快一点,却反而如此滞留!天黑以后,差人到了,催促船夫夜间行船,终于得以填补白天的不足了。向南二里,江流的左岸是峦拦山,陡削的山崖横截江流,是县城南面的屏障;江流的右岸就是峭拔地成丛矗立的山峰,是当地人指认为笔架峰、文笔峰的地方,然而透出亮光的洞穴始终无从见到。月夜顺流划船,瞬息就是十五里,转向东北前行。又行五里,有座山突兀地耸立在江流的东岸,向南排列,江流也顺着山势向南转,浅滩中水声轰轰响,如隆隆雷声不绝于耳,这里是倒催滩。莫非是山反向倒插而江水逆流,所以把它称为"倒",而又交相逼近紧凑,所以把它称为"催"吗?此时波光山影,月色滩声,为它们衬托,所说的挟飞仙遨游的事不是这样吗!又向南十五里是古陵,又行二十里是皇泽墟,西面与鹅山隔山相望了。又向南三里抵达柳州府城,停泊在府城南门,城中更鼓才刚刚敲响。

　　十一日　早入西南门,抵朱寓,则静闻与顾仆病犹未瘳也。往返二十日，冀俱有起色，而顾仆削弱尤甚，为之怅然。

【译文】

十一日　早上进入西南门，来到朱家寓所，就见静闻与顾仆的病仍然没有痊愈。我往返二十天，希望他们的病都有起色，然而顾仆尤其瘦削虚弱得厉害，为此心中怅然不乐。

十二日　出东门，投刺谒王翰简之子罗源公①，名唐国，以乡荐任罗源令②。其弟上春官下第③，犹未归。以疾辞。还从北门入。下午出南门，沿江询往浔州舡，以中元节无有行者。

【注释】

①刺（cì）：名帖。罗源：明为县，隶福州府，即今福建罗源县。

②令：战国、秦汉以来，县的行政长官称令。明代改称知县，但仍相沿别称"令"。

③春官：礼部又称春官。科举考试的会试，由礼部主试，故参加会试又称为"上春官"。

【译文】

十二日　走出东门，投递名帖去拜见王翰简的公子罗源县知县，名叫王唐国，因为考中乡试出任罗源县知县。他的弟弟参加会试落第，还没有归来。以生病推辞。返回来从北门进城。下午走出南门，沿着江岸打听前往浔州府的船，因为过中元节没有上路的人。

十三日　早，从南门渡江，循马鞍山北麓西行，折而南，循其西麓，由西南坞中登山。石级草没，湿滑不能投足。附郭名岩，其荒芜乃尔，何怪深崖绝谷耶！仙奕岩在山半削崖下，其门西向，正与立鱼山对，只隔山下平壑中一潭。其岩内逼如合掌，深止丈余，中坐仙像，两崖镌题满壁。岩外右有石端耸，其上迸裂成纹，参差不齐，虽可登憩，而以为黑肌赤脉，分十八道可奕，似未为确；左有崖上削，大篆"钓台"二字，江遥潭隘，何堪羡鱼。盖博不及魏叔卿之台，钓不及严子陵之矶，惟登憩崖右石端，平揖立鱼，岩中梵音磬响[①]，飘然天钓，振溢山谷也。崖左有级东南上，又裂一岩，形与仙奕同，西南向。中砌石为座，后有穴下坠，颇深而隘。右有两圆穴，大仅如筒，而中外透漏，第隘不能入其下。东南抵坳中，又进一岩，亦浅隘不足观。盖仙奕三岩，齐列山半，俱相伯仲而已。既西下山麓还望，复得一岩，亦西向，正在中岩之下。其岩亦浅隘，中昔有碑，今止存其趺。岩上覆有三圆岩，若梅花之瓣，惜飘零其二，不成五。出岩前，有石平砥如枰，而赤纹纵横，亦未之有。岩右有石窟如峡，北透通明，其中开朗可憩。而有病夫卧其前，已蠕蠕不能屈伸。荒谷断崖，樵牧不至，而斯人托命于此，可哀亦可敬也！出岩，西盘一山嘴，转其东南，山半有洞西南向。乃践棘而登，洞门岈然[②]，其中高穹而上，深坠而下，纵横成峡，层叠为楼，不甚宽宏，而以危峻逼裂见奇者也。入门，有石突门右，蹲踞若牛而青其色，其背复高突一石，圆若老人之首。先是，立鱼僧指其处有寿星岩，必即此矣。但所指尚在东南黄崖悬削处，盖黄崖西面与立鱼对，而此则侧隐于北，当时未见耳。由突石之左悬级下坠，西出突石之下，则下坠渊削，而上级虚悬，皆峭裂不通行。东入峡道中，湾环而进，忽得天光上映,仰睇若层楼空架,而两崖上覆下嵌,无由跐虚上跻。第遥见光映处,内门规列,高悬夹崖之端,外户楞分,另透前山之上,其顶平若覆帷,恨不能牵绡一登,怅怅而出。

【注释】

①磬(qìng):佛寺中的法器,一种状如云板,一种为钵形,铜制。

②岈(xiā)然:深邃的样子。

【译文】

十三日　清早,从南门渡江,沿着马鞍山的北麓往西行,折向南,沿着马鞍山的西麓,由西南方的山坞中登山。石阶被草隐没了,湿滑得不能落脚。城郭附近的著名岩洞,尚且如此荒芜,难怪深山绝谷中的岩洞呢!仙奕岩在半山腰上的陡削石崖下,洞口面向西,正好与立鱼山相对,只隔着山下平敞壑谷中的一个水潭。这个岩洞内狭窄得好像合起来的手掌,深处只有一丈多,正中坐着神仙像,两侧的崖壁上刻满了题记。岩洞外面右边有块端端正正耸起的岩石,石头上面迸裂成花纹,参差不齐,虽然可以登上去休息,但我认为石头是黑色的肌肤红色的脉络,分为十八条线,可以下棋,似乎不确实;左边有石崖上削,用大篆写着"钓台"二字,江流遥远,水塘又狭窄,怎么能钓鱼!这里下棋赶不上魏叔卿的高台,钓鱼比不上严子陵的石矶,唯有登上石崖右侧的岩石顶上休息,平对着立鱼山作揖,岩洞中的诵经声和钟磬声,飘飘然像天宫中的仙乐声,震响洋溢在山谷间。石崖左边有石阶向东南上去,又裂开一个岩洞,形状与仙奕岩相同,面向西南方。中央用石块砌成基座,后面有个洞穴下坠,相当深,很窄。右边有两个圆圆的洞穴,大处仅和竹筒一样,可以里外透亮漏风,只是太狭窄不能进入到它的下边。往东南走到山坞中,又迸开一个岩洞,也是又浅又窄不值得观赏。大体上仙奕岩的三个岩洞,整齐地排列在半山腰上,都不相上下而已。向西下到山麓后回头望去,又看见一个岩洞,也是面向西,正好在中洞之下。这个岩洞也是又浅又窄，洞中从前有石碑，今天只存留下碑座。岩洞上方有三块下覆的圆形石头，好像梅花的花瓣，可惜飘落了其中的两瓣，不成五瓣的形状。出到岩洞前，有块平得像磨刀石的石头很像棋盘，而且红色的花纹纵横交错，也是不曾有过的东西。岩洞右边有个石窟好像峡谷，通向北边透进亮光来，石窟中开阔明朗可以歇息。可是有个病人躺在石窟前边，已经蠕蠕而动不能屈伸了。在荒凉的山谷和断绝石崖之中，樵夫牧人来不到的地方，而这个人把性命寄托在这里，值得同情也值得敬重呀！出了岩洞，往西绕过一个山嘴，转到山的东南麓，山腰上有个洞面向西南方。于是踩着荆棘登上去，洞口十分深邃，洞中向上高高隆起，向下深坠，纵横交错形成峡谷，层层叠叠成为楼阁，不怎么宽大，而是以高险陡峻逼窄迸裂见奇的岩洞。进入洞口，有块岩石突立在洞口右侧，像牛一样蹲坐着，而且石头的颜色是青色的，石牛的背上又高高突起一块岩石，圆得像老人的头。这之前，立鱼山的僧人指点此处有个寿星岩，必定就是这里了。但他指的地方还在东南方黄色石崖高悬陡绝之处，大概是黄色石崖在西面与立鱼山相对，而此地却在侧边隐藏在北面，当时不能看见罢了。由突立的岩石左边高悬的石阶下走，向西出到突立岩石的下边，只见下面陷成陡削的深渊，而上面石阶悬在虚空中，全然峭拔迸裂不能通行。向东走入峡中的道路上，弯弯绕绕地进去，忽然天上的亮光在上面照射进来，仰面斜视，好像层层高楼架在空中，而两侧的石崖从上面覆盖下来，下面嵌入地下，无法踏着虚空上登。只是远远地看见亮光照射之处，里面排列着圆形的洞口，高悬在相夹石崖的顶端，外边分出门窗，另外穿透到前山的山顶上，洞顶平滑得好像下覆的帷幔，遗憾不能拉着绳子登上去一次，闷闷不乐地出来了。

　　更下山而东，仰见北山之半，复有一门南向，计其处当即前洞光映所通也。见其下俱回崖层亘，乃稍东，循崖端西北而上，逾下崖，抵中崖，而上崖悬绝不得上。复从前道下，更东循崖角西北登上崖。沿崖西陟，则洞前三面皆危壁倚空，惟此一线盘崖可通。前有平石如露台，内旋室方丈，四壁俱环柱骈枝，细若镂丝垂络，联布密嵌，而顶平如幕，下平如砥。西北内通一门，下临深峡，果即前所仰望透空处也。若断塞所登一线盘崖，从峡中设梯以上，此岩高朗如阁，正巢栖穴处之妙境矣。坐憩久之，仍循崖端东南下，其南复有山鹊起。从两山夹中取道而东，可出马鞍之东隅，而中塞无路；循南山西麓取道而南，可抵上龙潭，乃往来大道也。从西麓仰眺山半，悬崖穿拓，黄斑赭影，轰然西向，欲一登无路。循山南行，有微径从草中东上，顷即翳没。竭蹶上登，得一门，外虽穹然，而内仅如合掌，无可深入。望黄赭轰削处，已在其北，而崖嘴间隔，不可盘陟。复下至山麓，再从莽中望崖而登，久之抵轰崖下。其崖危削数千尺，上覆下嵌，若垂空之云，亘接天半。每当平削处，时裂孔一方，中多纷纶奇诡，第琐碎不能深入①。循崖下北行，上有飞突之崖，下有累架之石，升降石罅中，虽无窈窕之门，如度凌虚之榭，亦足奇也。

【注释】

①第琐碎不能深入："琐碎"，乾隆本、"四库"本作"琐隘"。

【译文】

再下山往东行，仰面看见北山的半中腰，又有一个洞口面向南，估计那里应当就是前边那个洞中亮光照射通着的地方了。看见岩洞的下方回绕的山崖一层层横亘着，便稍向东走，沿着山崖外端往西北上登，越过下层的山崖，抵达中间一层山崖，但上层山崖悬绝不能上去。又从先前的路线下来，再往东沿着崖角向西北登上上层山崖。沿着山崖向西上登，就见洞前的三面都是高险的石壁斜靠在空中，唯有此处有一线绕着山崖可以通行。前边有个平台好像露天戏台，洞内有一个方一丈的石室，四壁都环绕着石柱和并列的枝条，细得好像雕刻出来的蚕丝和下垂的缨络，连在一起分布开，密实地镶嵌着，但洞顶平得好像幕布，下面平得如同磨刀石。洞内西北方通有一个洞口，下临深峡，果然就是前边我仰面眺望透出天空的地方了。假如阻断那条线一样绕着山崖上登的通道，从峡谷中架梯子上来，这个岩洞高悬明朗好像楼阁，正是避世隐居的绝佳场所了。坐着休息了很久，仍然沿着山崖顶端往东南下山，这座山的南面又有一座山乘势崛起。从两山的夹谷中取道往东去，可以出到马鞍山的东隅，但夹谷中阻塞无路；沿着南山的西麓取道往南走，可以抵达上龙潭，是行人来往的大道了。从西麓仰面眺望半山腰，悬崖穹隆宽阔，满是黄色和赭红色的斑影，岿然屹立，面向西，想登上去一次却没有路。沿着山往南行，有条微小的小径从草丛中向东上走，顷刻间就湮没了。竭力跌跌撞撞地上登，找到一个洞口，外边虽然穹然隆起，但洞内仅如合起来的手掌一样，没有可以深入的地方。远望黄红色崩塌陡削之处，已经在这里的北边，但石崖的尖嘴隔在中间，不能绕着上登。又下到山麓，再从丛莽中望着山崖上登，很久后抵达崩塌石崖的下边。这座石崖高峻陡削，高达几千尺，上面下覆，下面深嵌，好像垂在空中的云彩，绵亘连接到半空中。每当有一处平滑陡削之处，时常裂开一个孔洞，其中有许多纷乱奇怪之状，但只是细小繁多不能深入。沿着悬崖下边往北行，上方有飞突的悬崖，下面有堆积叠架的岩石，在石缝中爬上爬下，虽然没有幽深的洞口，如同穿越在凌空的台榭中，也算得上很奇异了。

时日已过午，下山欲南寻上龙潭，计无从得饭；而东向峡中，循马鞍东麓，即傍郭循江，既易得食，而又可窥屏风、

登台，兼尽王氏山房诸胜，且取道两山间，更惬所愿也。乃
披莽而东，见两崖石皆巉嵌，丛翠翳之，神愈飞动。既而得
艺蔬之畦。又东一里，得北来大道。截大道横过，东去一里
得聚落，则郡东门之对江渡也。于是濒江南岸倚屏风山北
麓东行，其处村居连络。一里，抵登台山，居聚愈稠。江为
山扼，土人谓登台山巅有三虎，夜辄下山啖猪犬。民居环山麓而崖峻，
虎得负嵎，莫敢撄焉。转而北去，路从山南绕其东麓而北。闻
其处有杨文广洞，甚深杳，从江底潜通府堂，今其洞已塞，土
人莫能指导，仅人人言之而已。登台之北又一里，有山横列
三峰，其阴即王氏山房所倚，余昔从洛容来，从其北麓渡江
者也。兹从南至，望见南麓有洞骈列，路当出其东隅，而遥
闻洞前人声沸然，乃迂而西北至其下，则村氓之群社于野庙
者也。洞在庙北半里，南向岈然。其山倒石虚悬，内裂三
峡，外通三门，宛转回合而不甚深扩，然石青润而穴旁通，亦
不意中所难得者。出洞，望西峰之阳，复有一岩南向，乃涉
洼从之。适有妇负刍自北坳来，问东西二洞何名，曰："东洞
名蛮王，西洞浅而无名，然中有蛇穴之。"问："北坳可达王氏
山房？"曰："北坳乃樵径，无岐可通；大路从东麓而遥，小径
缘西坡而近，然晚辄有虎，须急行。"余乃上西洞。洞门亦南
向，而中果浅，皆赭赤之石，下无旁通之窍，何以穴蛇？内高
五六尺，复有石板平庋，虚悬不能上。而石板中央有孔一
圆，如井栏中剜，下适有突石，践石透孔，颈项恰出孔上，如
罪人之囊三木者①，然耸肩束臂，可自此上跃也。但其上亦
不宽奥，不堪舒憩。遂下，从西坡小径下山，循西麓而北逾

一冈，竹坞翳丛。里余而得一茅舍，东倚山麓，西临江坡。坡上密箐蔽空，连麓交荫，道出其下，如行空翠穴中，不复知有西烁之日也。一里，北抵姚埠②，即东门渡也。其上村居数十家。由村后南向登，上即王氏山房。时日已昃。余先每入一岩，辄以所携龙眼、饼饵箕踞啖之，故至此而后索餐，得粥四瓯，饭与茶兼利之矣。遂南入竹坞中，篏篒万个③，森森俱碧玉翔烟，觉尘嚣之气俱尽。已而上山，石磴甚峻，西缘南折，穿榕树根中，透其跨下。其树小于桂林之榕树门，而一横跨街衢，一侧倚崖半，穿根透隙则同也。已又东上，过一庋石片下，石去地五六尺，崖旁平庋出，薄齐架板，则山房在焉。小楼三楹横列洞前，北临绝壑，西瞻市堞纵横，北眺江流奔衍，东指马鹿、罗洞诸山，分行突翠，一览无遁形。楼后即洞，洞高不为楼掩，中置西方诸像，而僧则托栖楼中，若为洞门锁钥者。盖王氏昔读书于此，今则以为僧庐，而名东林洞焉。洞后西、东分两窍：西窍从南入，稍转而东，渐黑隘，不堪深入；东窍从南入，转而东忽透明焉。逾东阈而出，巨石迸裂成两罅：一罅北透则石丛，而平台中悬，可以远眺；一罅东下则崖削，而茅阁虚嵌，可以潜栖。四旁皆耸石云嘘④，飞翠鸾舞，幽幻险烁，壶中之透别有天，世外之栖杳无地，非若他山透腹而出，一览即尽也。既而还至前洞，望渡舟甫去西岸。乃从洞东南跻岭上，石磴危峻，所望愈扩，遂南瞰登台焉。久之下山，则渡舟适至，遂由东门，共二里返寓。

【注释】

①囊三木：古时加在罪犯颈项和手上、脚上的刑具，更以物蒙覆罪犯的头。又称"三木囊头"。

②姚埠：今作"窑埠"，在柳州市区东郊，柳江东岸。

③筤（láng）：即苍筤，幼竹。筜（dāng）：即筼筜，大竹。

④嘘（xū）：慢慢地吐气。

【译文】

　　此时时间已过了中午，下山后想向南走去找上龙潭，估计无处可以找到饭吃；而向东经由山峡中，沿着马鞍山的东麓走，就能靠近城郭顺着江流走，既容易找到食物，而且又可以窥视屏风山、登台山。兼带把王氏山房等处胜景游完，况且取道两山之间，更遂了我的心愿。于是拨开丛莽往东行，看见两面的崖石都是嶙岩深嵌，翠绿的树丛遮盖着山石，神魂愈加飞动。继而遇上种菜的菜地。又向东一里，遇到北边来的大道。横截大道而过，往东去一里见到一个聚落，是府城东门对面江边的渡口。从这里起濒临江流南岸紧靠着屏风山的北麓往东行，此处村庄居民连接不断。行一里，抵达登台山，聚居的居民更加稠密。江流被山扼住，当地人声称登台山山顶有三只老虎，夜间总是下山来吞吃猪狗。居民环绕山麓居住，而山崖险峻，老虎得以依仗险要的山势，没有人敢冒犯它们。转向北流去，道路从山的南麓绕到山的东麓往北走。听说此处有个杨文广洞，非常深邃，从江底暗中通到府衙的大堂，如今这个洞已经被填塞，当地人无人能够指路带路，只是人人都这样说而已。从登台山的北面又走一里，有一座山横向排列着三座山峰，山的北面就是王氏山房依傍之处，这里是我从前从洛容县来时，从山的北麓渡江的地方了。这次从南面来，望见南麓有并列的山洞，道路应该出到山的东隅，但远远听见洞前人声鼎沸，便绕道往西北来到山下，原来是村民成群在野外的神庙中祭祀土地神。山洞在神庙北边半里处，面向南，样子十分深邃。这座山倒立的岩石悬在虚空中，洞内裂成三条峡谷，洞外通有三个洞口，弯弯转转回绕闭合却不怎么深广，然而石色青润而且洞穴四通八达，也是意想不到之中难得遇见的地方了。出洞来，望见西峰的南面，又有一个洞面向南，于是涉过洼地走向那里。恰好有个妇女背着草料从北边的山坳中过来，向她询问东西两个洞叫什么名字，她说："东洞名叫蛮王洞，西洞很浅没有名字，但洞中有蛇作为巢穴。"我问："北边的山坳能否到达王氏山房？"回答："北边的山坳是打柴的小径，没有岔道可以通；大路从东麓走但远一些，小径沿着西面的山坡走却近一些，不过晚上常有老虎，必须快走。"我于是登上西洞。洞口也是向南，而洞中果然很浅，全是赭红色的岩石，下边没有旁通的石窍，用什么来做蛇的巢穴？洞内高五六尺，又有石板平架着，悬在虚空不能上去。然而石板中央有一个圆孔，如井栏一样中央是剜空的，下边恰好有一块突起的石头，踩着石头钻入圆孔，脖子正好钻出圆孔的上边，好像犯人戴着木枷的样子，不过竦起双肩束紧手臂，可以从此处一跃而上。但那上面也不宽深，不能舒展身体休息。于是下来，从西面山坡上的小径下山，沿着西麓往北越过一座山冈，山坳中竹丛郁郁葱葱。一里多后遇见一间茅屋，东面紧靠山麓，西边面临江边的坡地。坡地上浓密的竹林遮蔽了天空，连片的林荫连接到山麓，道路经过林荫下，如同行走在高空的翡翠洞穴中，不再知道有西晒的烈日了。行一里，抵达姚埠，就是东门的渡口了。渡口上有村庄居民几十家。由村后向南上登，上面就是王氏山房。此时夕阳已经西下。我之前每进入一个岩洞，总是盘腿坐下拿出随身带着的龙眼、糕饼来吃下，所以来到此地后才找饭吃，得到四小盅稀粥，饭与茶的好处都兼而有之了。于是向南进入满是竹林的山坳中，大大小小的竹子有千万棵，竹影森森，全是碧玉飞烟，觉得尘世间喧嚣的气息全部消失了。随即上山，石阶非常陡峻，沿着石阶向西走后折向南，穿行在榕树根中，钻过榕树的胯下。这棵榕树比桂林榕树门的小，然而一棵横跨在街市中，一棵斜靠在山崖的半中腰，根部穿通了洞则是相同的。随后又向东上走，经过一块平架着的石片下边，石片距离地面五六尺，在石崖旁边平架出来，薄得和架子上的木板相同,王氏山房就在这里。小楼三间横列在洞前,北边下临绝深的壑谷,西面远望纵横的街市城墙,北面眺望奔泻的江流,东面指点马鹿、罗洞等山,葱翠的群山分成行列突起,一览无余。楼后就是岩洞,洞很高未被楼遮住,洞中放着许多佛像,而僧人却寄居在楼中,好像是守护山洞大门的锁和钥匙。原来王氏从前在此地读书,今天却成了僧房,并起名叫东林洞了。洞的后面西、东两面分出两个石窍:西边的石窍从南面进去,稍转向东,渐渐变得又黑又狭窄,不能深入;东边的石窍从南面进去,转向东忽然透进亮光来。越过东边的石门槛出来,巨石迸裂成两条裂缝:一条裂缝裂到北边则岩石成丛,而平台悬在中间,可以远眺;一条裂缝往东下裂则石崖陡削,而茅草盖顶的楼阁嵌在虚空中,可以隐居。四旁都是高耸的巨石吐着云气,飞舞的翠色似鸾凤起舞,幽寂奇幻,险峻闪烁,钻入酒壶中就别有洞天,世外的仙境杳然无处可寻,如果不是从另外一座山穿透山腹出来,看一眼就看完了。既而返回到前洞中,望见渡船刚刚离开西岸。于是从洞前向东南登到岭上,石阶险峻,望得见的地方更加广阔,终于向南俯瞰到登台山了。很久才下山,只见渡船恰好来到,于是经由东门,共行二里返回寓所。

十四日　在柳寓。

【译文】

十四日　在柳州寓所。

十五日　在柳寓。

【译文】

十五日　在柳州寓所。

十六日　作一书与王翰简之子罗源公。促静闻往天妃庙赎所当被，竟不得。

【译文】

十六日　写了一封给王翰简之子罗源县知县的信。催促静闻去天妃庙赎回抵押在那里的被盖，竟然要不回来。

十七日　以书投王罗源，不俟其回书，即携行李下舟。过午，雨如注。既而复从南门入抵北门，市土药于朱医士，得山豆根、猪腰子、天竺黄、水萝葡、兔金藤诸药各少许，下舟已昏黑矣。

【译文】

十七日　把信投递给罗源县知县王唐国，不等他的回信，马上带上行李下到船中。中午过后，大雨如注。既而又从南门进城走到北门，向朱医士买了些草药，买到山豆根、猪腰子、天竺黄、水萝葡、兔金藤等药物各有一些，下船时天已经昏黑了。

十八日①　晨餐后放舟。十里，石狗湾。有小山在江左，江稍曲而东北。小山之东为龙船山，又西南为夹道双山，此北门陆路所出也。由石狗湾五里，为油闸②，江始转而东。又东北十里为罗沟。向正东行者五里，始转而南，十里为山门冲③，即昔日洛容来渡江处也。江东为南寨山西麓，石崖回返，下嵌江流；江西岸为马鹿堡。又南十里为罗峒。前有山突兀坪中，有罅南裂，上连下透如石门。其巅又有一圆石突缀于上，若一僧倚崖南向，肩与崖齐，而上露其头颅，下透其腰背。余昔在罗山南已东望而见之，今复西眺，盖水陆兼收之矣。又南五里，诸峰森丛江右，石崖回亘，亦犹山门之列于江左者，而其上复有石森列，若立而伛偻，若坐而箕踞者。舟人谓此处有"八仙对奕"，岂即此耶？至此江稍转西南，其东岸有聚落曰鸡腊④，乃柳州东南陆路大道也。道侧有溪自西来入，于是舟转东行。五里，转而南，有崖悬突江左，层累叠嵌，光采离奇。眺其东，有尖峰弯竖，形若牛角。既而东转五里，江北聚落出焉，名曰犁冲⑤。盖山脉北自牛角尖直下，江流环其东、南、西三面，中成盘涯，若犁之尖，故名。忽转而北，又五里，直抵牛角山下。复转东去，北山松桧森然，名曰罗坟。遥闻滩声如雷，久之始至，则悬流回瀑，一泻数里，是曰横旋滩⑥。自犁冲北转至此，破壁而出，建瓴而下，又共五里矣。东南下滩五里，山渐开伏，又十里，稍折而东北，又东十里，三江口⑦。洛青江自东北来注，有聚落在柳江北、洛青西，昔有巡司并驿，今移賈江矣。时日已西衔山半，遂泊。

【注释】

①十八日：本作"丁丑七月十八日"。自本日起至九月初九日记，在季抄本《徐霞客西游记》第四册。原题"粤西"，有提纲云："静闻死南宁崇善寺。自柳州府起，往象州、浔州桂平县、陆川县、郁林州、北流县、容县、贵县、横州、永淳县、南宁府、新宁州、太平府、太平州、安平州、恩城州、龙英州、下雷州、胡润寨、向武州、镇远州、佶伦州、都结州。"

②油闸：今作"油榨"，在柳州市区北境，柳江南岸。

③山门冲：今作"三门江"，在柳州市区东隅，柳江西岸。

④鸡腊：今作"鸡喇"，在柳州市区南境，柳江西岸。

⑤犁冲：今作"立冲"，在柳江县东北隅，柳江东岸转折处。

⑥横旋滩：原作"横拉滩"，据乾隆本、"四库"本改。

⑦三江口：明为江口镇。今作"江口"，在鹿寨县南隅。

【译文】

十八日　早餐后开船。行十里，到石狗湾。有座小山在江左，江流稍稍向东北弯曲。小山的东面是龙船山，又往西南是夹住道路的两座山，这是从北门走陆路经过的地方。由石狗湾行船五里，是油闸，江水开始转向东流。又向东北十里是罗沟。向正东前行五里，开始转向南，行十里是山门冲，就是前些日子从落容县来时渡江之处。江东是南寨山的西麓，石崖反折过来，下嵌在江流中；江西岸是马鹿堡。又向南十里是罗峒。前方有座山突兀地矗立在平地中，上山有裂缝向南裂开，上边相连下面通了个洞好像石门。山顶又有一块圆石突立点缀在上面，好像一个和尚背靠着石崖面向南方，肩头与山崖平齐，，而上边露出他的头颅，下面他的腰背处透着亮光。我从前在罗山南麓已经向东望见过它，今天又从西面眺望，大体上它水陆的景象都兼收了。又向南五里，群峰成丛地森然矗立在江右，石崖回绕绵亘，也像排列在江左山上的石门一样，而且山上又有岩石森然排列，像站着却弯腰曲背，如坐着却又像盘腿而坐的样子。船夫说此处有个"八仙对弈"，莫非就是这里吗？到了这里江流渐渐转向西南，江东岸有个聚落叫鸡腊，是柳州府城东南方向走陆路的大道。大道侧边有溪水自西面流来汇入江中，从这里船转向东前行。行五里，转向南，有悬崖突立在江左，层层叠垒深嵌，光彩离奇古怪。眺望悬崖的东面，有座尖峰弯弯地竖立着，形状好像牛角。随后转向东五里，江北露出个聚落来，名叫犁冲。大概是山脉自北面牛角样的尖峰一直下延，江流环绕在山脉的东、南、西三面，中间形成圆盘状的江岸，好像犁头的尖端，所以叫这个名字。忽然转向北，又是五里，直接抵达牛角山下。又转向东去，北岸的山上松柏森然茂密，名叫罗坟。远远听见浅滩的水声像雷声一样，很久后才到，只见高悬回旋的江流变成瀑布，一泻长达几里，这是名叫横旋滩。从犁冲转向北来到这里，冲破崖壁出来，高屋建瓴般地顺流而下，又一共前行五里了。往东南驶下浅滩后前行五里，山势渐渐开阔低伏下来，又行十里，渐渐折向东北，又向东十里，到达三江口。洛青江自东北方流来汇入柳江，有个聚落在柳江的北岸、洛青江的西岸，从前这里有巡检司和驿站，今天搬迁到贯江去了。此时落日已经衔在西面的半山腰，便停泊下来。

十九日　舟人因蚊蚋甚多，乘月放舟中流，听其随波去。五鼓抵贯江^①，市聚在东岸，其上连室颇盛，其下复有滩。下滩，舟稍泊，既曙乃行。二十里，象州^②，在江东岸。自犁冲来，石山渐隐，土山渐开，唯贯江之下有崖特立江左，江转而西，山形下削上突，岂即《志》所谓"象台"耶？象州城在江东岸，濒江岸颇高，西门城垣因之，州即在其内。州廨内外，多茅舍萧条，其东即洼而下，居民之庐托焉。西门外隔江即为象山。山土而不高，土人曰："春月有云气，望若象形，纷走其上，即之则散，故名。"其北岸有石蹲伏山头，谓"猫儿石"也，颇觉宛然。舟泊，市蔬米，濒午乃发。十里，转而西，有崖峙江左。又西十里，过大容堡^③，转而西南行，两岸始扩然无山。又五里，转而东南行。又十里，都泥江自西南来会，其水浑浊如黄河之流，既入而澄波为之改色。江东北岸有小山，北面分耸两岐，西突兀而东尖峭，正与都泥入江之口相对,若为建标以识者。又东南十五里,折而西北,旋转西南。又十里,乃东下大滩,一泻五里,曰菱角滩。下滩五里,曰薄崦嵫,又十五里,泊于泷村④。在江北岸。

【注释】

①贾(yǔn)江:即今运江,在象州北隅,运江汇入柳江处。乾隆本、"四库"本作"宾江",不从。

②象州:隶柳州府,即今象州县。

③大容堡:今作"大仁",在武宣县北隅,柳江南岸。

④泷村:今作"陇村",在武宣县北境,黔江北岸。

【译文】

十九日　船夫因为蚊子太多,乘着月色把船放到中流,听任船随波而去。五更时抵达贾江,街市聚落在东岸,岸上房屋连接不断十分繁荣,这里的下游又有河滩。下了河滩,船暂时停下,日出后便出发。行二十里,到象州城,在江的东岸。自从犁冲以来,石山渐渐隐去,土山逐渐开阔起来,唯有贾江的下游有座石崖独自耸立在江左,江水转向西流,山的形状是下面陡削上面前突,莫非就是《一统志》所说的"象台"吗?象州城在江的东岸,濒临江岸相当高,西门的城墙沿着江岸修筑,州衙就在城内。州衙内外,多半是萧条的茅草房,州衙东面立即低洼下去,居民的房屋坐落在那里。西门外隔江处就是象山。山是土山但不高,当地人说:"春月间有云气,望过去形状好像大象,纷纷奔走在山上,走近它就散了,所以叫这个名字。"江流北岸有块岩石蹲伏在山头,称为"猫儿石",我觉得十分逼真。船停泊下来,买菜买米,将近中午才出发。行十里,转向西,有山崖耸峙在江左。又向西十里,经过大容堡,船转向西南行,两岸这才十分开阔没有山。又行五里,船转向东南行。又行十里,都泥江自西南方流来汇合,都泥江水浑浊得好像黄河水，汇入柳江后清澈的江水为之变色。江的东北岸有座小山，北面分别耸起两座支峰，西峰山势突兀而东峰又尖又陡峭，正好与都泥江流入柳江的江口相对，好像是竖起的标杆以便识别方向的样子。又向东南行船十五里，折向西北，随即又转向西南。又行十里，于是向东驶下一个大河滩，一泻就是五里，叫做菱角滩。下滩后五里，落日逼近西山，又行十五里，停泊在浣村。在江北岸。

　　都泥江者，乃北盘之水，发源曲靖东山之北①，经七星关抵普安之盘山②，由泗城而下迁江③，历宾州、来宾而出于此④。溯流之舟，抵迁江而止。盖上流即土司蛮峒，人不敢入；而水多悬流穿穴，不由地中，故人鲜谙其源流者⑤。又按庆远忻城有乌泥江，由县西六里北合龙江。询之土人，咸谓忻城无与龙江北合水口，疑即都泥南下迁江者。盖迁江、忻城南北接壤，"乌泥""都泥"声音相合，恐非二水。若乌泥果北出龙江，必亦贵州之流，惜未至忻城一勘其迹耳。若此江，则的为北盘之委，《西事珥》指为乌泥，似以二水为混，未详核之也。

【注释】

①发源曲靖东山之北：陈本、乾隆本皆作"发源杨林海子"，应为整理者窜入。北盘发源杨林海子，系霞客到交水后误信龚起潜之说。《粤西游日记四》戊寅二月十五日记还提到北盘江"自曲靖东山发源"，此处陈本、乾隆本有误。

②七星关：今名同，在贵州毕节市西隅的公路边，鸭池河源于此附近，而与北盘江无涉。

③迁江：明为县，隶柳州府宾州。今名同，在来宾市兴宾区西境，红
　　水河南岸，清水江与红水河汇流处。

④来宾：明为县，隶柳州府，治今来宾市城区。

⑤谙(ān)：熟悉。

【译文】

　　都泥江这条河，属于北盘江的水系，发源于曲靖府东山的北
面，流经七星关后流到普安州的盘山，由泗城州往下流到迁江县，
经过宾州、来宾县后流到此地。溯流上行的船，到迁江县便停止
了。大概是上游就是土司管辖的蛮族聚居区，汉人不敢进去；而
且江水中有很多高悬的飞流和穿入地下的洞穴，不流经地面上，
所以极少有熟悉它的源流的人。又据志书，庆远府忻城县有条乌
泥江，由县城西面六里处向北与龙江合流。向当地人请教，都说
忻城县没有与龙江在北面合流的江口，我怀疑志书说的是都泥江
往南下流到迁江县的这一段。大概是迁江县、忻城县南北接壤，
"乌泥"、"都泥"声音相似，恐怕不是两条水流。如果乌泥江果然
是向北汇入龙江，必定也是在贵州省境内的江流，可惜我未能到
忻城县去勘察一下它的源流了。如果这条江的确是北盘江的下
游，《西事珥》把它指认为乌泥江，似乎是把两条江搞混了，没有详
细核实过。

　　二十日　昧爽放舟，五里下一滩，曰大鹭滩，江右石
峰复骈列而出。又南五里，为武宣县西门①。县城在江
之左，亦犹象州之西临江渚也。但隔江西岸之山，卓立岐
分，引队而南，岩皆奇诡，若垂首引项，伛偻比肩，种种怪
异。《志》谓"县西有仙人山，南有仙岩山"，当即所望诸
异峰也，不似象州西山以云气得名也。其附舟去五人，复

更四人，舟人泊而待之，上午乃发。南五里，江折而东，又五里，乃东南折而去，两岸复扩然。又十五里，有溪自西来注。又东南十里，为勒马堡②，堡江左，过此即为浔州之桂平界矣③。又南十里，两岸山渐合，又五里为横石矶。有石自江右山麓横突江中，急流倒涌，遂极濒洞之势④。盖两崖皆连山逼束，至此为入峡之始。又南五里，转而东南二十里，江左涯辟一坪，是为碧滩⑤，设堡置戍，为峡中之界，名镇峡堡焉。又东南十里，两岸山势高耸，独冠诸峰，时有石峰悬峙。江至是转而东，其南回东转处，江左瞰流之石，有大书镌石者，土人指为韩都宪留题，然舟疾不能辨也。又东北二十里，有小溪自北破壁而出，其内深峻屈曲，如夹堵墙。又东为大藤峡，大江南北两崖，俱有石突江中。云昔有巨藤横驾江上，故南北两山之贼，此追彼窜，彼得藉为津梁，而我不能施其威武。自韩公雍破贼而断之，易名断藤峡⑥。过断藤五里，下弩滩⑦，遂南出峡口。有水自东来注，曰小江口。其水由武靖州来⑧，至此，合并西南下，势甚涌急，盖出峡而恣其放逸也。北自横石矶入峡，南至弩滩而出，其中山势回逼，正如道州之泷江，严陵之七里泷。但此峡相去六七十里，始入为东西峡，中转为南北峡，中无居庐，丛木亏蔽，两旁为瑶、僮窟宅，故易于为暴。使伐木开道，因泉置屯，则亦丹崖、钓台，胜概所丽矣。今碧滩之上置镇峡堡，声势甚孤，恐怠玩之后，不足以震慑戎心也。出峡，又西南循山下，十五里抵浔州府⑨。已暮，泊于大北门。

【注释】

①武宣县：隶柳州府象州，即今武宣县。

②勒马堡：今仍作"勒马"，在武宣县南隅，黔江东岸。

③桂平：浔州府附郭县，即今桂平市。

④颎（hòng）洞：水势弥漫无际。

⑤碧滩：今名同，在桂平市西隅，黔江北岸。《明史·地理志》：桂平县"又北有碧滩堡、镇峡堡，俱成化中置"。不识碧滩与镇峡堡是一是二。

⑥"自韩公雍破贼而断之"两句：此指明中叶大藤峡地区瑶族人民的起义，景泰七年（1456）瑶族侯大苟率领瑶、壮族人民在大藤峡地区起义；北边，修仁、荔浦、平乐等地人民起来响应；往南，势力发展到广东高、廉、雷诸州。成化元年（1465），明政府派韩雍率军十六万，分五路对起义人民进行镇压，侯大苟被俘，英勇牺牲。韩雍斩断大藤，"勒石纪功"，改大藤峡为断藤峡。成化二年（1466）侯郑昂又继续起义，攻入浔州府城及洛容、北流两县，直到成化八年（1472）起义才暂时被镇压，但接着浔、柳两地人民又举行起义，韩雍也因此被罢了官。嘉靖七年（1528）王守仁最后平定了起义。大藤峡地区瑶族人民的起义坚持了数十年。

⑦弩滩：今名同，在桂平市西北境，大藤峡南口。

⑧武靖州：明代成化三年（1467）至万历四十七年（1619）年间有武靖州，隶浔州府。治所在今桂平市北境，金田稍南，现仍称武靖。

⑨浔州府：治桂平，即今桂平市。简称"浔"。

【译文】

二十日　黎明开船，五里驶下一处河滩，叫做大鹭滩，江右石峰又并排排列着出现。又向南五里，是武宣县城的西门。县城在江的左岸，也是像象州城一样西边面临江中的沙洲。但是隔着江流西岸的山，高高矗立着，分出支峰，排成队列往南延伸，岩石全很奇异，好像垂着头伸长脖子，弯腰曲背并肩而立，种种怪异的姿态。《一统志》说"县城西面有座仙人山，南面有座仙岩山"，应当就是现在望见的这些众多怪异的山峰了，不是如象州的西山那样是以云气得名的。那些搭船的人离开了五个，又更换了四个人，船夫停下船等候他们，上午才出发。向南五里，江流折向东去，又行五里，便折向东南流去，两岸重又开阔起来。又行十五里。有条溪流自西面流来汇入江中。又向东南十里，是勒马堡，城堡在江左，过了此地就是浔州府桂平县境内了。又向南十里，两岸的山渐渐合拢，又行五里是横石矶。有岩石从江右的山麓横突到江中，激流倒涌，竟然极尽了水雾弥漫无际的气势。原来是两岸的山崖都是山山相连，紧逼过来束拢，到此地是进峡的开始。又向南五里，转向东南二十里，江左的岸边辟出一块平地，这里是碧滩，建有城堡派驻了军队，是峡中的分界处，名叫镇峡堡。又向东南十里，两岸山势高耸，独自胜过群峰，不时有悬绝的石峰耸峙着。江流到了这里转向东去，江流由南向东回转之处，江流左岸俯瞰着江流的岩石上，有大字书写的刻石，当地人指认为韩都指挥使留下的题词，但船太快不能辨认出来。又向东北行船二十里，有条小溪从北边冲破崖壁流出来，溪谷内幽深险峻曲折，如两堵墙相夹。又向东去是大藤峡，大江南北两面的山崖上，都有岩石前突到江中。据说从前有座巨大的藤桥横架在江面上，故而南北两面山上的盗贼，这边追剿就逃窜到那边，那帮人得以借此作为逃窜的桥梁，而我军不能施展它强大的威力。自从韩雍公剿灭盗贼并砍断了藤桥后，改名叫做断藤峡。驶过断藤峡后五里，驶下弩滩，终于向南出了峡口。有水流自东面流来汇入江中，叫做小江口。这条河水从武靖州流来，流到此地，合流后向西南流下去，水势非常汹涌湍急，大概是江水出峡后就恣意纵情奔流了。北面从横石矶进入峡中，南面到弩滩出峡，其间山势回绕逼窄，正如道州的泷江，严陵的七里泷。但这条峡谷相距六七十里，开始进峡时是东西向的峡谷，中段转变为南北向的峡谷，峡中没有居民房屋，丛林遮蔽天日，两旁都是瑶人、僮人的聚居地，所以容易引发暴乱。假使砍去林木开通道路，利用泉水驻兵屯守，那也会和丹崖、钓台一样成为景色优美秀丽的地方了。今天在碧滩之上设置了镇峡堡，声势十分孤单，恐怕懈怠疏忽之后，不足以震慑戎族的心。出峡后，又往西南顺着山下行，十五里后抵达浔州府城。已经天黑，停泊在大北门外。

　　大藤峡东抵府约三百余里，乃漓、柳二江之夹中也。两江瑶贼昔甚猖獗，屡征之后，今两江晏然。当其猖獗时，贼东西相结，盖其中有力山焉。东助府江①，西援藤峡，互相窜伏，所谓狡兔之三窟也。王新建讨定之后，当有布置，俟考之。

【注释】

①府江：漓江在梧州附近一段称"桂江"，亦称"府江"。《嘉庆重修一统志》梧州府山川载："旧志，桂江一名府江，至府城西南入大江。"这一段河道今仍称桂江，又作"抚河"。

【译文】

　　大藤峡向东到达府城大约有三百多里，是漓江、柳江两江相夹的中间地带。两江流域的瑶人盗贼从前十分猖獗，屡次征讨之后，今天两江流域十分安定。正当盗贼猖獗之时，东西两部分的盗贼互相勾结，大概这其中是得力于山地吧。往东救助府江，向西增援大藤峡，互相逃窜潜伏，正所谓狡兔有三窟。王新建讨伐平定之后，应该有所部署，留待以后考订。

　　二十一日　隔晚泊浔州大北门税厂下。夜半风雨大作，五更雨止，而风势震撼不休，晨餐后乃杀。乃登涯入大北门。南行半里，转而东一里，过府前，又半里，抵四牌坊。折而南半里，出大南门，则郁江自西南来，绕城而东北，至小北门与黔江合而东北去，下平南达梧州者①。下定寓南门驿前。乃登小北门城埤②，望二江交合处，有洲当其中，其江虽北去，旋转而东南下苍梧也③。循埤西行，望西山屼嵲出云表，下瞰城隅，上有石纵横，土人指其处有寺，当即《志》所称三清岩也。其后山即大藤峡。时以舍馆未定，不遑命屐，姑下舟觅夫，担行囊置南门外逆旅。静闻从而后，遍觅不得，下午乃至。薄暮仍雨。

【注释】

①平南：原倒误为"南平"，据《明史·地理志》改。平南，明为县，隶浔州府，即今平南县。梧州：明置梧州府，即今梧州市。

②城埤(pì)：城墙上的矮墙。

③苍梧：梧州府附郭县，治今梧州市城区。今仍有苍梧县，治所在龙圩，辖境在梧州市南、北、西三面。

【译文】

　　二十一日　头天晚上停泊在浔州府城大北门外的税厂下。半夜风雨大作，五更天雨停了，然而风势震撼不停，早餐后才减弱。于是登上岸进入大北门。往南行半里，转向东一里，经过府衙前，又行半里，抵达四牌坊。折向南半里，出了大南门，就见郁江自西南流来，绕过府城转向东北，流到小北门与黔江合流后往东北流去，下流到平南县后流到梧州府。在南门驿站前的寓所下了定钱。于是登上小北门城墙上的矮墙，远望两江汇合之处，有个沙洲位于江中，那江水虽然向北流去，随即转向东南下流到苍梧县去了。沿着城墙往西行，望见西山高高耸出云天之外，下瞰着府城的一角，山上有纵横交错的岩石，当地人指点那地方有寺院，应当就是《一统志》所说的三清岩了。西山后面的山就是大藤峡。此时由于旅馆还没有定下来，来不及移步前往，暂且下船来找了个挑夫，担着行李放在南门外的旅店中。静闻跟随在后面走，四处找不到，下午才来到。傍晚时仍然下雨。

　　二十二日　早，雨复淋漓不休。留静闻、顾仆寓浔之南门，觅担夫为勾漏、白石、都峤三山游。晨餐后雨止，乃发，即从驿前南渡郁江。五里，滩头村①。又三里为车路江，下有石梁，梁外水发，小水自东南西北入郁，舟得而至焉。南二里为石桥村。人家至此，惟滩头及石桥二村，余俱苍莽矣。从此南望，白石山与独秀挺峙，若在三十里外，而土人云："尚六十里而遥，竟日之力犹不能到。"盖山路迂隔也。由石桥村而南，苍莽中四高中洼，平地多伏莽突土之石，多分裂区汇之波。二里，得回石一壑，四面环丛，中潴清流，有渊坠成潭，有迸裂成隙，水石容与②，亦荒野中异景也。按《志》浔城南十五里有湵水③，旷野中天然怪石甃其旁，水泉深碧清澄，中有巨鱼，人不敢捕，即此无疑。更南，则汇潭更多。疑即《志》所称南湖④。上有冈为横南墟，或湖南之讹。有一妇人结茅赍酒其上，去郡盖十五里矣。其东有山，自南而北垂抵此，从其西渐升而南，迸穴愈多，皆平地下陷，或长如峡，或圆如井，中皆丛石，玲珑攒嵌，下则渊水澄澈。盖其地中二三丈之下，皆伏流潜通，其上皆石骨嘘结，偶骨裂土迸，则石出而穴陷焉。于是升涉沟垅，又三里，乃入山坞，则山皆纯土，无复嶙峋之石，而坞中皆禾田曲蟠四麓矣。又二里，上湖塘岭，坡陀相间，岭壑重叠。十里，抵容塘村，有潭汇水，数十家聚居山半。又南陟一岭，共二里，渡一溪桥，上岭为官坂墟。墟有一妇结茅贳酒，与横南同。郡中至此三十里，为白石山行之中道，乃餐粥茅店中。从岐东南逾岭，十里，为姚村⑤。村亦百家之聚，依山汇水，真山中之乐墅也。渡一小溪，又南逾岭，五里，为木角村⑥。村在白石山之北麓，去山尚十里，日有余照而山雨复来，谋止宿其处而村人无纳者。村杨姓，俱闭门避客。徘徊抵暮，坐舂舍问拟度其夜⑦。既而一舂傍主人启扉纳焉，为之晚炊而宿。

【注释】

①滩头村：今仍名"滩头"，在桂平市南郊，郁江东岸。

②容与：闲暇自得的样子。

③㴑水：㴑，与"屎"同。今俗称"密石坡"。

④南湖：《嘉庆重修一统志》浔州府山川载："南湖，在桂平县南，俗名结塘湖，广三里许，中有洲，今渐湮塞为民塘。"今分上结塘与下结塘，聚落称头塘街。

⑤姚村：今作"耀村"，在桂平市东境。

⑥木角村：因建白石水库已迁走。

⑦舂（chōng）舍：农民住屋边置石碓舂米的小棚。

【译文】

二十二日　清早，大雨又下得淋漓不止。留下静闻、顾仆寄住在浔州府城的南门，找来挑夫去游览勾漏山、白石山、都峤山三座山。早餐后雨停了，于是出发，立即从驿站前边向南渡过郁江。行五里，到滩头村。又行三里是车路江，下游有座石桥，桥以外水面开阔起来，一条小河自东南往西北流入郁江，船得以航行到这里。向南二里是石桥村。住家到了此地，只有滩头村和石桥村两个村子，其余全是苍茫的原野了。从此地向南望去，白石山与独秀峰挺拔地屹立着，好像是在三十里之外，可当地人说："还有六十多里远，一整天的力量仍不能走到。"这大概是山路迂回阻隔的原因。由石桥村往南行，苍茫的原野中四面高中间低洼，平地上有许多倒伏在草丛中突出地面的岩石，分散着很多深裂积水的地方。行二里，见到一个岩石回绕的壑谷，四面环绕着树丛，中间贮满清澈的流水，有的下陷成渊深的水潭，有的迸裂成裂隙，水石显出悠然自得的样子，也算是荒野中的奇异景象了。根据《一统志》，浔州府城南面十五里处有处源水，旷野中天然的怪石砌在它的四旁，泉水深绿清澈，水中有大鱼，人不敢捕捞，无疑就是此地。再往南走，只见积水的深潭更多。我怀疑就是《一统志》所说的南湖。上面有座山冈是横南墟，或许是"湖南"的错读。有一个妇女在山冈上建了茅屋卖酒，距离府城大约有十五里了。这里的东面有座山，自南往北下垂到此地，从山的西面慢慢向南爬升，迸裂的洞穴更多了，都是在平地上往下陷，有的长得像峡谷，有的圆得好像水井，中间都是成丛的岩石，玲珑别透，攒聚深嵌，下面则是澄澈的深水潭。大概这里地下两三丈以下，都是暗中相通的地下水，地面上都是骨状的岩石盘结着吐着云气，偶尔骨头状的岩石裂开迸出泥土，那就有岩石突出来而洞穴深陷了。从这里起爬升跋涉在山沟土陇间，又行三里，这才进入山坞中，就见山都是清一色的泥土，不再有嶙峋的山石，而山坞中全是稻田曲折环绕到四面的山麓下了。又行二里，上登湖塘岭，山坡山冈相间，山岭与壑谷层层叠叠的。行十里，抵达容塘村，有深潭积着水，几十家人聚居在山腰上。又向南上登一座岭，共二里，渡过一条溪流上的桥，上岭后是官坂墟。墟市上有一个妇女建了茅屋卖酒，与横南墟相同。从府城中到此地又是三十里，是去白石山的半路上，于是在茅屋酒店中吃了稀粥。从岔道往东南越岭，行十里，是姚村。姚村也是一个有百户人家的聚落，背靠山，村前积着水，真是山中的一个乐园。渡过一条小溪，又向南越岭，行五里，是木角村。村子在白石山的北麓，距离白石山还有十里路，落日还有余晖，可山雨又下起来了，打算停下来在此处投宿，但村里人没有肯接纳的。村里人都姓杨，全部关上门躲避客人。徘徊到黄昏，坐在春米的小棚准备度过这一夜。随后春米小棚旁边一家的主人开门接纳了我，为我煮好晚饭吃后睡下。

二十三日　早饭，别木角主人，授火钱，固辞不纳。何前倨而后恭耶？由其东南越一岭，由岐径望白石而趋①。其山峰攒崖绝，东北特耸一峰为独秀，峭拔孤悬，直上与白石齐顶，而下则若傍若离，直剖其根。崖石多赭赤之色，谓之"白石"，岂不以色起耶？五里，路渐没草间。渡一溪，岭半得一山家，傍舍植芭蕉甚盛。亟投问路，始知大道尚在西南，而此乃岐中之岐也。由其左登山，东向而上，望周塘村在路右坞中②，相隔坑阪已两三重也。由土山之脊转而南，五里，度一山坳。稍东而南折，直抵山之北麓，则独秀已不可见，惟轰崖盘削，下多平突之石，石质虽不玲珑，而盘亘叠出，又作一态也。直上一里，抵崖石下。转而南，一里，为三清岩。其岩西向，横开大穴，阔十余丈，高不过二丈，深不过五丈，石俱平燥，惟左后深入而东，然低庳不逾尺③，所云南通勾漏者即指此。余谓山脉自此与勾漏南接，若此洞高峙山半，而其山四面孤悬，谓穴道潜通，夫谁人而谁试之耶？右壁尽处有穴大如管，泉自中滴下，悬四五尺，僧布竹承之，清冷异常。下丈余，汇为一潭，不甚深澈，指为"龙潭"云。岩内有一石如舡，卧可为榻，坐可为几。岩列三清像，故以"三清"为名，即白石之下洞矣。又南半里，为大寺。甚古，后倚崖壁，有观音堂甚敞。其左峭壁下有圆珠池，亦水自半崖滴下者，下甃圆潭承之，无他异也。按《志》，山北有漱玉泉，而《西事珥》与《百粤风土记》俱谓其泉暮闻钟鼓则沸溢而起，止则寂然，诧以为异。余谓泉之沸寂，自有常度，乃僧之候泉而鸣钟鼓，非泉之闻声而为沸寂也。及抵白石，先询之三清观，再征之白石寺并漱玉之名，不知何指，而闻钟泉沸之说，山僧茫然。洵皆好事之言也。寺僧为瀹茗，余急于会仙之胜，即以行囊置僧舍，不候茗，由后寺南循崖壁行。已东转而上，入石峡中。其峡两峰中剖，上摩层霄，中裂骈隙，相距不及丈，而悬亘千余尺，俱不即不离，若引绳墨而裁削之者④，即俗所夸为"一线天"，无以过也。磴悬其中，时有巨石当关，辄置梯以度，连跻六梯，始逾峡登坳。坳之南北，俱犹重崖摩夹。乃稍北转，循坳左行，则虬木盘云，丛篁荫日，身度霄汉之上⑤，而不知午日之中，真异境也。至是东嶂稍开，始见独秀峰在东北，而东南坞中又起一峰，正与独秀对峙，而高杀其三之一，宛然莲蕊中擎，但四面为诸峰所掩，惟此得睹全体耳。又北攀悬崖而上，木根交络石间，为梯为绹⑥，足蹑手缘，无非此矣。已转一壑，有碉自顶西向坠峡，累潭捣穴。由峡右复悬梯上登，宛转三梯，遂行平冈间。其外乃万丈下削之崖，其内即绝顶漱根之峡，内外皆乔松丛木，一道深碧，间有日影下坠，如筛金飏翠，闪映无定。出林则凿石成磴，又植竹回关，跻磴转关，而会仙之岩岈然南向矣。其岩皆黄赤之石，上下开窍，而内渐凑合，旁无氤氲之窍，上无滴沥之乳，与下岩同；而地位高迥，境路幽去。五里之云梯杳蔼，自大寺来，约有五里。千秋之鹤影纵横，非有栖霞餐液之缘，谁得而至哉！时已过午，中有云寮，缄钥已久，灶无宿火，囊乏黄粱，无从扫叶煮泉，惟是倚箖卧石，随枕上之自寐自醒，看下界之云来云去。日既下舂，炎威少退，乃起，从岩右蹑削崖，凌绝顶。崖虽危峭而层遥，盘隔处中有子石，圆如鹅卵，嵌突齿齿，上露其半，藉为丽趾之级⑦，援手之阶，不觉一里，已腾踊峰头，东向与独秀对揖矣。盖此峰正从浔州来，所望独秀峰西白石绝顶，而独秀四面耸削如天柱，非羽轮不能翔其上。粤西三独秀，而桂城最著，柳州无闻，然皆巉屼可登；此独最高耸，最孤峭。而此峰三面亦皆危崖突立，惟南面一罅，梯峡上跻，颇如太华三峰，上分仙掌，下悬尺峡，透险跖危。此真青柯嫡冢，他未见其比也。何者？桂、朔、柳、融诸峰非不亭亭如碧簪斑笋，然石质青幻，片片如芙蓉攒合，窍受蹑，痕受攀，无难直跻；而此则赤肤赭影，一劈万仞，纵覆钟列柱，连轰骈峙，非披隙导窾⑧，随其腠理，不能排空插翅也。独秀、莲蕊二峰，为此峰门户，其内环壑深堑，亏蔽日月，重冈间之，人无至者。坐眺久之，乃仍下会仙。别岩而下，历三梯，三里至峡坳上，见峡左一石，倚崖而起，上并崖端倚云，下有线罅透日。急贾勇穿其中，则其隙不即不离，仅容侧身而进，其上或连或缺。既而渐下，南转出罅，则飞石上下悬嵌，危不可跻矣。返出峡坳，见倚石之侧，复有一道上出石端，危悬殊甚，乃流沙滚溜而成者。心益不能已,复攀根引蔓而登。跻其端,透入石阙中,则倚石西尽处也,与前崖夹而成阙。穿阙而南,则飞石南悬之上也,瞰前罅正在其下。遂攀登倚石之顶,则一台中悬,四崖环峙,见上又或连或缺,参错不齐。正凭眺间,闻雷声殷殷,仍下峡坳,历六梯,一里西出峡,又一里,北返大寺。亟问餐于僧,濯足于泉,而雷雨适至。先是,余下至上梯,遇寺中肄业诸生,见余登岩久不下,亦乘兴共登,至是未返,困于雨。而平南有乡贡梁凌霄者,开绛帷寺中⑨,见余辄有倾盖之雅⑩,为之挑灯夜谈。中夜雷雨大奋,卧室淋漓。

【注释】

①白石:即白石山,在桂平市南,山石洁白,四面悬绝,因此得名。世传葛仙翁曾往来其间。有会仙岩、漱玉泉、三清岩、鹅颈峰等胜迹。须经苍玉峡(一线天)、云梯(三梯)及龟背石,始达绝顶。

②周塘村:今亦作"周唐",在桂平市东境,白石山西麓。

③庳(bì):矮。

④绳墨:木匠画线用的工具,今称墨线和墨斗。

⑤霄汉:即高空。霄,云霄。汉,天河。

⑥缏(gēng):粗索。

⑦丽趾:脚踩踏。丽,附着。

⑧窾(kuǎn):洞穴。

⑨开绛帷:意即开讲座,在此任教。绛帷,原为红色帐帷。因师长传授知识时,常坐高堂,挂着红色帷帐,下面即坐生徒,故又以"绛帷"或"绛帐"作师长或讲座的代称,以表示尊敬。

⑩倾盖:停车交盖,两车的盖稍稍倾斜,用以形容朋友相遇,亲切交谈的情况。盖,车上的伞盖。

【译文】

二十三日　早饭后,辞别木角村的房主人,付给他柴火钱,他坚决推辞不肯接受。为何先倨傲可后来又恭敬呢?由村子往东南越过一座岭,从岔开的小径望着白石山赶过去。这座山峰峦攒聚山崖悬绝,东北方独自耸立着一座山峰,那是独秀峰,峭拔孤悬,笔直上耸,与白石山的山顶平齐,可下面则若即若离,一直剖到山脚。崖石多半是赭红色,把它称之为"白石",难道不是根据石头的颜色起的名吗?行五里,路逐渐隐没在草丛间。渡过一条溪流,山岭半中腰看见一户山野人家,屋子四旁种植的芭蕉十分茂盛。急忙跑过去问路,才知道大道还在西南方,而此地是岔路中的岔路了。由这户人家的左边登山,向东上登,望见周塘村在路右边的山坞中,相隔的山谷和山坡已经有两三重了。由土山的山脊上转向南走,行五里,越过一个山坳。稍向东走后折向南,直达山的北麓,则独秀峰已经不能看见了,只见崩裂的石崖盘结陡削,山脚下有很多平地突起的岩石,石质虽然不玲珑精致,但盘曲绵亘,层层叠叠地露出来,又作出另一种姿态了。一直上登一里,抵达石崖下。转向南,行一里,是三清岩。这个岩洞面向西,横向裂开一个大洞,宽十多丈,高处不超过二丈,深处不超过五丈,岩石全很平滑干燥,唯有左后方可向东深入进去,但低矮得不超过一尺,所说的向南通到勾漏山的地方就是指这里。我认为,山脉从此地往南延伸与勾漏山相接,至于这个洞高高屹立在半山腰上,而且这座山四面孤悬,说是有洞穴通道暗中相通,那么谁进去过而谁又试过呢?右边洞壁的尽头处有个大如竹管的石穴,泉水从石穴中滴下来,高悬四五尺,僧人铺设了竹片接水,异常清凉。下去一丈多,积水形成一个水潭,不十分幽深清澈,指认为"龙潭"。岩洞内有一块岩石像船一样,躺下可当做床,坐下可以作为几案。岩洞内排列着三清的神像,所以用"三清"来起名,这就是白石山的下洞了。又向南半里,是大寺。十分古老,后面紧靠崖壁,有座观音堂十分宽敞。观音堂左边的峭壁下有个圆珠池,也有水从峭壁半中腰滴下来,下面砌有圆形的水池接水,没有其他奇特之处。根据《一统志》,山的北面有个漱玉泉,而且《西事珥》和《百粤风土记》都说这处泉水傍晚听见钟鼓声就会沸腾漫溢出来,钟鼓声停下便寂静无声,认为十分诧异。我认为,泉水的沸腾与沉寂,自然有它不变的规律,是僧人等泉水沸腾起来才去敲响钟鼓,而不是泉水听到钟鼓声才为之沸腾、沉寂。到白石山时,首先打听三清观,再考求白石寺以及漱玉泉的名字,不知道是指哪里,而且听到钟鼓声泉水就会沸腾的说法,山中的和尚茫然不知。这确实都是好事者的说法。寺里的僧人为我沏来茶水,我急于去找会仙岩的胜景,立即把行李放在僧房中,没等喝茶,就由寺后往南沿着崖壁前行。不久向东转上去,进入石峡中。这条石峡两面的山峰从中间剖开,上面摸到层层云霄,中间裂开两条裂隙,相距不到一丈,但悬空绵亘千余尺,全都不合拢也不分开,好像是拉墨线用剪刀裁剪斧子砍削出来的一样,这就是一般人夸赞为“一线天”的地方,不算过分。石阶悬在裂缝中,时常有巨石挡在险要之处,就放有梯子越过去,一连上登六架梯子,这才穿越峡谷登上山坳。山坳的南北两面,仍然全是重重石崖紧逼相夹。于是稍向北转,沿着山坳的左边走,只见蜷曲的林木盘绕在云雾中,成丛的竹林遮蔽了阳光,身子穿越在云霄之上,却不知正午红日当空了,真是奇异的地方。来到这里,东面的高峰稍微开阔了一点,这才看见独秀峰在东北方,而东南方的山坞中又耸起一座山峰,正好与独秀峰对峙,可高处低于独秀峰三分之一,宛如莲花的花蕊高擎在空中,但四面都被群峰遮住了,唯有在此处能够看到它的全貌罢了。又向北攀着悬崖上登,树根交缠在石缝间,是梯子又是绳子,脚踩手抓的,无非都是这些树根了。不久转入一个壑谷中,有条山涧自山顶向西坠入峡谷中,接连捣入几层深潭和石穴中。由峡谷的右边又顺着高悬的梯子上登,弯弯转转登上了三架梯子，终于行走在平缓的山冈间。山冈外侧就是向下陡削的万丈悬崖，山冈的里面就是山涧从绝顶奔泻到山脚的峡谷，内外都是高大的松树和树林，一片深绿色，间或有阳光下射，如同筛子筛下黄金、翡翠飘扬，闪烁不定。走出树林就是石头凿成的台阶，险要之处又种有竹子回护着，沿着石阶上登转过险要之处，就见会仙岩样子深邃地面向南方了。这个岩洞全是黄红色的岩石，上下开有洞窟，然而洞内渐渐合拢来，四旁没有云烟氤氲的石窍，顶上没有滴水的钟乳石，与下洞相同；但地势和位置高远，环境幽静，道路遥远。五里路的云梯幽僻深远，从大寺来，大约有五里路。千秋的仙鹤身影纵横，不是有栖霞餐露的缘分，谁能够来到此地呢！此时已经过了中午，岩洞中有道士住的小屋，关锁着已经很久，灶台中没有余火，口袋中缺少小米，无法扫落叶来煮泉水，唯有这样紧靠竹丛躺在岩石上，任随在枕头上自己睡去自己醒来，看着下面的白云飘来飘去。落日已经西下，炎热的威力稍微减退了一点，这才起身，从岩洞的右边踩着陡削的崖石，登上绝顶。石崖虽然高险峭拔而且层层远隔，盘绕隔绝处崖壁中有石子，圆得像鹅蛋，深嵌在崖壁上，一齿齿地突出来，上边露出其中的一半，我借以作为踏脚的梯级，手抓的石阶，不知不觉走了一里，已经纵身跃上峰头，面向东与独秀峰相对作揖了。原来这座山峰正是我从浔州府城过来时，望见的独秀峰西面的白石山绝顶，然而独秀峰四面高耸陡削，像擎天柱一样，没有神仙的车轮是不能飞翔到山顶上的。粤西有三座独秀峰，而桂林省城的最著名，柳州府的默默无闻，然而都是尖耸高峻可以登上去；唯独此地的最为高耸，最为孤立峭拔。而这座山峰的三面也都是突立的危崖，只有南面有一个缺口，在峡中架有梯子上登，很像太华山的三座山峰，上面分岔像仙人掌，下面悬着一尺宽的峡谷，穿过险途踏着高险的岩石上登。这真是风水先生认为的正宗的风水宝地，其他地方没见过能与它相比的了。为什么呢？桂林、阳朔、柳州、融县众多的山峰，不是不亭亭玉立如碧玉簪、斑竹笋，然而石质发青变幻，一片片如芙蓉花瓣攒聚在一起，石窍可以承受踩踏，石痕承受得了攀爬，不难直接上登；可此处则是岩石表面呈赭红色斑影，一刀劈开有万仞高，纵向如下覆的铜钟和排列着的石柱，迸裂的悬崖紧相连接并排对峙，不是分开缝隙取道空处，顺着山势的纹理空隙走，是不能插翅凌空而上的。独秀、莲蕊两座山峰，是这座山峰的门户，那以内是环绕的壑谷和深陷的堑沟，遮蔽了日月，重重山冈隔在其间，世人无人能到。坐着眺望了很久，于是仍然下到会仙岩。告别岩洞后往下走，经过三架梯子，三里来到峡谷上方的山坳上，看见峡谷左边的一块岩石，紧靠崖壁耸起来，上面与崖顶并排紧靠云天，下面有一线缝隙透进阳光来。急忙鼓足勇气钻到缝隙中，就见这条缝隙不分不合，仅容得下侧着身子进去，顶上或连着或缺开。既而渐渐往下走，向南转出缝隙，就见飞石上下悬绝深嵌，危险得不可攀登了。返回来出到峡谷上方的山坳上，看见那紧靠崖壁的岩石的侧边，又有一条道路上通到岩石顶端，特别高险悬绝，是流沙滚动下滑形成的路。心里益发不能自已，又抓着树根拉着藤蔓往上登。登到岩石顶端，钻入岩石缺口中，这就是紧靠崖壁的岩石西边的尽头处了，与前边的崖壁相夹形成缺口。穿过缺口往南走，就到南边高悬飞石的上方了，俯瞰先前钻进去的缝隙正在脚下。于是攀登到那紧靠崖壁的岩石的顶上，只见一个石台悬在中央，四面崖壁环绕耸峙着，看见上面又是或连着或缺开，参差不齐。正在凭眺之时，听见雷声隆隆，仍旧下到峡谷上方的山坳上，经过六架梯子，向西一里出了峡谷，又行一里，向北返回大寺。急忙向僧人要饭来吃下，在泉水中洗脚，而后雷雨恰好来临。这之前，我下到上面一架梯子时，遇见在寺中修习功课的几位儒生，见我登上岩洞后很久不下来，也乘兴一同登山去了，到此时没有回来，被雨困住了。而有个平南县乡试的贡生叫梁凌霄的人，在寺中开馆授徒，看见我便有一见倾心的交情，为此挑灯夜谈。半夜雷雨大作，卧室中雨水淋漓。

二十四日　作诗与梁君别，各殷勤执手，订后期焉。西向下山，望罗丛岩在三十里外，初欲从此而南趋郁林。及一里，抵山下，渡小硐。又西二里，过周塘，则山谷回互，罗丛已不可见。问其道，多未谙者。云须南至麻洞墟①，始有路西行。又南三里，路分为二，大道由东南上山，岐径由西南涉坞。余强从西南者，一里，逾一岭，渐不得道。二里，南行山莽间。又一里南下山，始有路自西北来，随之东南去，由坞塍出山夹中。二里抵干冲，始值北来大道，山始开。有小溪自东而西，又有自南向入之者。涉涧，随南水而上，村落依焉。于是山分东西两界，中则平畴南衍，深溪北流。西南二里，过一独木桥。又南三里，山坡突处，麻洞墟在焉。是日墟期，时已过午，乃就垆而餐②。其西有岐，西向逾山为高塘路③，觅高塘趁墟者问之，言："由此至罗丛岩尚五十里，高塘未得其中火，欲西北渡郁江乃至。"余闻之怅然，姑留为后游，遂南随散墟者循西界山而趋。五里，有村连聚于东界大山之下，犹麻洞之聚落也。又南，山坞稍转而西，仍南共五里，为石马村④。村倚西麓，有石倚东麓，若马之突焉。西麓之后，其上石峰突兀，是为穿石寨。土人言其石中穿，可透出山后，余望而未之见也。又南五里为大冲⑤，聚落环倚西麓。于是坞穷畴转，截山为池，回坡为田，遂复向山坳矣。由大冲上行，又五里，路出马头岭之南，过山脊。其水北流者，经干冲由车路江入浔⑥；南流者，经都合入秀江⑦，北转高塘、罗行而入郁。出坳，复东南得平畴，山仍两开。五里，宿于中都峡。

【注释】

①麻洞墟：此处原作"麻墟洞"，从下文及乾隆本、"四库"本改。麻
　　洞墟，今作"麻洞"，在桂平市南境。

②垆(lú)：酒店里安置酒瓮的土墩，也以垆为酒店的代称。

③高塘：今名同，在桂平市西境，距郁江南岸不远。

④石马村：今仍作"石马"。

⑤大冲：今作"大统"。

⑥干冲：今作"官冲"，位于麻洞稍北。

⑦都合：今名同。与石马村和大冲皆在桂平市南境，麻洞至罗播的
　　公路线上，石马在北，大统稍南，都合最南。

【译文】

二十四日　作诗与梁君告别，各自殷勤地握着手，约定日后相见。
向西下山，望见罗丛岩在三十里以外，最初打算从此地往南赶去郁林
州。到走了一里，来到山下时，渡过一条小山涧。又向西行二里，路过
周塘，只见山谷回绕交错，罗丛岩已经看不见了。打听去罗丛岩的路，
大多是不熟悉的人。说是必须往南走到麻洞墟后，才有路向西行。又
向南三里，路分为两条，大道由东南方上山，岔开的小径由西南方越过
山坞。我强行从西南方的小径走，走一里，越过一座岭，渐渐找不到
路。行二里，往南行走在山间的草丛中。又走一里向南下山，这才有
路从西北方过来，顺着这条路向东南走去，经由山坞中的土埂上走到
两山间的夹谷中。二里后抵达干冲，这才遇上北面来的大道，山势开
始开阔起来。有条小溪自东往西流，又有一条从南面汇入这条小溪的
溪流。涉过山涧，顺着南面流来的溪水上走，一个村落紧靠着溪流。
在这里山分为东西两列，中间则是平旷的田野向南平展开去，深深的
溪水向北流去。向西南二里，走过一座独木桥。又向南三里，在山坡
前突之处，麻洞墟就在这里。这天是赶集日，此时已经过了中午，于是
到酒店中用餐。麻洞墟西边有条岔路，向西翻过山去，是到高塘的路，

找到高塘来赶集的人问路，说："由此地到罗丛岩还有五十里路，高塘还不到半路上吃中午饭的地方，要往西北渡过郁江才能到。"我听见这话心里面闷闷不乐，姑且留下日后再来游览，便向南跟随散集的人沿着西面一列山往前赶。行五里，有村落连接不断地聚居在东面一列大山之下，仍然是麻洞墟的聚落了。又向南走，山坞逐渐转向西去，我仍然向南，共行五里，是石马村。村子背靠西麓，有块岩石背靠东麓，像骏马奔突的样子。西麓的后面，那上面石峰突兀，那是穿石寨。本地人讲，那石峰中间穿通，可以钻出到山后，我远望过去却未看见这样的地方。又向南五里大冲，村落环绕背靠着西麓。在这里山坞到了头，田畴转换了方向，横截山坞建成水池，回绕着山坡开垦成水田，于是又走向山坳中了。由大冲上行，又行五里，道路出到马头岭的南面，越过山脊。这里的水流向北流的，流经干冲经由车路江汇入浔江；往南流的，流经都合流入秀江，向北转经高塘、罗行后汇入郁江。走出山坳，再向东南走上平旷的原野，山仍然在两面展开来。行五里，住宿在中都峡。

二十五日　由都峡南行，二里，渡一桥，有岐从东南随水登坡，一里为回龙墟，墟犹未全集也。坡南水复西南去，渡板桥，更南三里，则坞穷而上岭。逾岭南下，一里出山，则山坞复开。南行三里，为罗播村[①]。东渡一溪，逾小岭，又涉一溪，共一里，南向登山甚峻，曰大山坪，又曰六合岭[②]。从其上北眺浔州西山，远在百里外，而东有大山屏列，西南亦有高峰，惟白石反为东北近山所掩不得见。平行其上二里，出南坳，岭头丛木翳密。从其右行，又一里下山。又一里，山壑四交，中成奥谷，有小水自东而西。越其南，从中道复登岭，一里，逾而东，入山峡。峡北麓堰水满坞,瀁浸山谷。乃循峡沿水东入南转,一里渐升,水亦渐涸。复逾山坳,路循岭右升分岭界。二里,复下渡山脊,路循岭左一里,下核桃岭,则有大溪自南而来,至此西折去。即浔郡西绣江上流也③,发源自平山墟,乃大容山西北水。大容东西有两绣江:一南自广东高州④,北至北流县,合大容东南水,经容县注于郁,此容县绣江也⑤;一即此水,为浔上流之绣江。路循溪向东南逾二岭,共三里,涉流渡江。其水及腹,所谓横塘渡也,浔州南界止此,江南即郁林州属,为梧西北境焉。由江南岸复溯流逾岭,四里始有聚落,时已过午,遂就炊村庐。炊饭毕,山雨大作,坐待久之。逾小岭而南,村聚益连络,所谓白堤者是,亦深山之奥区也。过墟舍,取中道渡小桥,溯溪右南行八里,误从路旁小岐西入,得大寨村,遂投宿主人李翁家。翁具酒烹蛋,山家风味,与市邸迥别。

【注释】

①罗播村:今仍作"罗播",在桂平市南境。

②六合岭:今有聚落称"六鹤",在桂平市南隅。

③绣江:七月二十四日记作"秀江"。今称"大洋河"。

④高州:明置高州府,即今广东高州市。

⑤容县绣江:又称"容江",即今北流江。今北流江在北流市境称"圭江",江源与广东高州无涉,下流亦不入郁江,而往北注于浔江。

【译文】

二十五日　由中都峡往南行,二里,走过一座桥,有条岔路从东南方顺着河水上登山坡,行一里是回龙墟,集市还没有全部聚集起来。山坡南面的水流又向西南流去,越过板桥,再向南三里,山坞便到了头,而后上岭。越过山岭向南下山,行一里出山,只见山坞又开阔起来。往南行三里,是罗播村。向东渡过一条溪流,越过一座小岭,又涉过一条溪水,共一里,向南登山十分陡峻,叫做大山坪,又叫六合岭。从岭上往北眺望浔州府城的西山,远在百里之外,而东面有大山像屏风一样排列着,西南方也有高峰,唯有白石山反而被东北方近处的山挡住了不能看见。平缓行走在岭上二里,走到南面的山坳,岭头丛林蓊郁茂密。从岭头往右行,又走一里下山。又是一里,山中有四条壑谷相交,中央形成深谷,有条小溪自东往西流去。过到小溪南边,从中间的路又登岭,行一里,越过山岭往东行,走入山峡。山峡的北麓筑堤蓄水积满整个山坞,潆洄浸泡着山谷。于是顺着山峡沿着水边向东进去再向南转,行一里后渐渐爬升,水也逐渐干涸了。再越过山坳,道路沿着山岭右侧爬升到分岭界。行二里,又下走越过山脊,道路沿着山岭的左侧前行一里,下了核桃岭,就见有条大溪自南面流来,流到此地向西折去。这就是浔州府西面绣江的上游了,发源于平山墟,是大容山西北麓的河流。大容山东西两面有两条绣江:一条源自南面广东省的高州府,向北流到北流县,汇合大容山东南麓的水流,流经容县汇入郁江,这是容县绣江;一条就是这条大溪,是浔江上游的绣江。道路顺着溪流向东南越过两座岭,共三里,涉水渡江。江水达到腹部,这是所谓的横塘渡了,浔州府南部的辖境到此为止,江南就是郁林州的属地,是梧州府的西北境。由江南岸再溯江流越岭,四里后才有村落,此时已经过了中午,便到村舍中做饭吃。煮饭吃完后,山雨大作,坐着等了很久。越过小岭往南走,村居房屋愈加接连不断,这是所谓的白堤的地方了,也是深山中一片隐秘之地了。走过集市上的房舍,选择中间的一条路走过小桥,溯溪流右岸往南行八里,错误地从大路旁岔开的小道向西进去,走到大寨村,于是到房主人李翁家投宿。李翁备酒煮蛋,是山村人家的风味,与市镇里的客店迥然有别。

　　大寨诸村,山回谷转,夹坞成塘,溪木连云,堤篁夹翠,鸡犬声皆碧映室庐,杳出人间①,分墟隔陇,宛然避秦处也。

【注释】

①堤篁夹翠,鸡犬声皆碧映室庐,杳出人间:此句疑误倒,应为:"堤篁夹翠,碧映室庐,鸡犬声皆杳出人间"。

【译文】

　　大寨诸村,山回谷转,山坞夹成水塘,溪边的林木连着白云,堤岸上夹着翠绿的竹丛,鸡犬之声相闻,全是一片碧绿映衬着的农舍,杳然脱出人间,分散的村落隔着田亩,宛如躲避暴秦的世外桃源。

　　二十六日　主人以鲜鲫饷客,山中珍味,从新涨中所得也。及出山,复误而西。二里,复得倚云绕翠,修竹回塘之舍。问道于村妇,知误,东出。作《误入山村诗》及《村妇留别》二绝句。二里,抵大板桥,始循大溪西岸南行。三里,过马禄山,越通明桥,遂西南折入山峡。两山逼束,中惟一溪,无夹水之畦,俱潆路之草。五里,有巨木桥横架溪上,乃通东南山路之道。余从桥右过,不从桥渡。其桥巨木两接,江右有大树,自崖底斜偃江中,巨木两端俱横架其杪,为梁柱焉,是名横江桥。又西南五里,过箬帽山,山峡稍开,南见大容焉。又西南三里,涉溪而右,又涉溪而左,共二里,逾冈而上，是为平山村①。由白堤至平山三十里，路隘草荒，隔绝人境，将出平山，则纷纷言前途多盗矣。由平山南行，路已开辟。过墟舍，越岭畔行，东望大容在三十里外，犹有层峰间之。五里，下入山峡，过黄草塘。西南二里，抵都长庙。其处两山开坞西去，而路横坞而南越岭，所上无几，南下甚遥。共三里，转峡西出，是为勒菜口②。于是山分两界，大容峙东北，寒山峙西南，排闼而东南去，中夹成大坞，溪流南注，则罗望江之源矣。于是循寒山北麓东南行，又三里，巨树下有卖浆者，以过午将撤去，乃留之就炊而饭。又五里，渡溪桥，是名崩江桥。桥南有庙，卖浆炊饭者群托焉。又东南二里，过冯罗庙。庙为冯、罗二姓所建。庙之南，山峡愈开，盖寒山南尽，大容东转，于是平畴扩然矣。其南有岐，东涉罗望，循大容南麓而东，四十里抵北流；土人以群盗方据南麓陆马庙为巢③，俱劝余由州而往。予取郁林道。由畦塍中南行七里，复涉冈而南，见有鼓吹东去者，执途人问之，乃捕尉勒部过此也。又见有二骑甲胄而驰者，则州中探报之骑也。又三里，抵松城墟④。墟舍旁有逆旅一家，时日色尚高，而道多虞偢⑤，遂停宿焉。二鼓，闻骑声骤而南，逆旅主人出视之，则麻兵已夜薄贼巢，斩一级，贼已连夜遁去。夜半，复有探者扣扉，入与主人宿，言麻兵者，即土司汛守之兵⑥，凤皆与贼相熟，今奉调而至，辄先以二骑往探，私语之曰：“今大兵已至，汝早为计。”故群贼縻遵者一人斩之⑦，以首级畀麻兵为功，而贼俱夜走入山，遂以“荡平”入报。恐转眼之后，将（已下缺）

【注释】

①平山村：今作"小平山"，在兴业县东境。

②勒菜口：今作"乐泰"，在兴业县东境，小平山稍南。

③陆马庙：今作"六马"，在北流市西北境，大容山南麓。

④松城墟：即今塘螵圩，在玉林市区北境。

⑤虞(yú)儆：候望的警戒。虞，候望。儆，同"警"。

⑥汛(xùn)守：即驻防盘查往来行人。汛，通"讯"。

⑦縻(mí)：束缚。遵：依从。

【译文】

二十六日　主人拿鲜鲫鱼来招待客人，是山中的珍味，是从新近涨水的溪流中捕到的。到出山后，再次错往西走。行二里，再次走到一处背靠白云、翠色环绕、修竹回绕着水塘的农舍。向村妇问路，知道走错路了，往东出来。作有《误入山村诗》及《村妇留别》两首绝句。行二里，抵达大板桥，开始沿着大溪的西岸往南行。行三里，经过马禄山，越过通明桥，于是往西南折进山峡中。两面的山紧逼过来束拢，中间只有一条溪流，没有夹在溪流两边的田地，全是缠在路上的草。行五里后，有座巨大的木桥横架在溪流上，是通往东南方山路的通道。我从桥右边走过去，没有从桥上过去。这座桥是用巨木从两头相接，江右岸有棵大树，从石崖底下斜斜地躺卧在江中，巨木的两端都是横架在树梢上，当做桥的柱子，这桥名叫横江桥。又向西南五里，过了箬帽山，山峡稍微开阔了一些，南面能见到大容山了。又往西南行三里，涉到溪流的右岸，又涉到溪流的左岸，共二里，往上翻越山冈，这里是平山村。从白堤到平山村有三十里路，路窄草荒，人烟隔绝，即将走出平山村时，便纷纷传言前面的路上强盗很多。由平山村往南行，道路已经开阔起来。路过集市上的房舍，翻越到山岭的旁侧前行，向东望去大容山在三十里之外，仍有层层山峰隔着它。行五里，下山进入山峡中，路过黄草塘。向西南二里，抵达都长庙。此处两面的山夹住开阔的山坞往西延伸而去,而道路横截山坳后向南越岭,上走的路不多,向南下山的路非常远。共行三里,绕着山峡向西出来,这里是勒菜口。在这里山分为两列,大容山屹立在东北方,寒山屹立在西南方,像门扇一样往东南排列而去,中间夹成一个大山坳,溪流往南流淌,这就是罗望江的江源了。从这里沿着寒山的北麓往东南行,又行三里,大树下有个卖水的人,因为过了中午即将撤走摊子离开,于是留住他就火做饭吃。又行五里,走过溪流上的桥,这桥名叫崩江桥。桥南有座庙,卖水做饭吃的人成群寄身在庙中。又向东南二里,路过冯罗庙。寺庙是冯、罗两姓人家修建的。冯罗庙的南边,山峡愈加开阔,原来是寒山到了尽头,大容山向东转去,于是平旷的田野就扩展开来了。寺庙南面有条岔道,往东涉过罗望江,沿着大容山的南麓往东走,走四十里路到达北流县;当地人因为成群的强盗正占据着大容山南麓的陆马庙作为巢穴,都劝我经由州城前往。我选择去郁林州的路。由田间土埂上往南行七里,又跋涉过山冈往南走,看见有敲锣打鼓向东去的人,拉住路上的人打听,是追捕盗贼的军官率领部下经过此地。又看见有两个身披铠甲骑马飞奔的人,原来是州里刺探情报的骑兵。又行三里,抵达松城墟。集市房舍的旁边有一家旅店,此时日头还很高,可路上有很多戒严警戒的人,便停下住在这里。二更时分,听见骑兵的声音骤然往南去了,旅店的主人出门去察看,原来是麻兵已经乘着夜色逼近盗贼的巢穴,斩获了一个首级,盗贼已连夜逃走。半夜,又有探子敲门,进门后与店主人住在一起,说起麻兵的事,麻兵就是土司驻防哨所的兵,平素都与盗贼互相熟悉,今天奉命调防到此地,便事先派两个骑兵前去侦察,私下告知强盗说:"现在大军已来到,你们要早作准备。"所以群贼捆了一个归顺的人斩首,把首级交给麻兵去请功,而强盗们全部在夜里逃入山中,于是用"荡平"进城去报告。恐怕转眼之后,将(以下缺)

平山乃大容西来之脉。盖澜沧以东之山,南径交趾北境，东转过钦、廉、灵山①，又东北至兴业②，由平山东度，始突为大容，于是南北之流分焉。

【注释】

①钦：指钦州，明隶广东廉州府，即今广西钦州。廉：指廉州府，明隶广东，治合浦，即今广西合浦。灵山：明为县，隶广东廉州府钦州，即今广西灵山县。

②兴业：明为县，隶梧州府郁林州，治所今名旧县，在兴业县治石南镇稍南。

【译文】

平山是大容山西面延伸来的山脉。大体上，澜沧江以东的山脉，往南延经交趾北部，向东转过钦州、廉州府、灵山县，又往东北延伸到兴业县，由平山向东延伸，这才突起成为大容山，在这里南北两面的水流分流了。

寒山者，郁林西北之望也。诸山俱环伏于大容，而此独与之抗。盖其脉分自兴业，在罗望、定川二江之间。其脊至勒菜口而尽，故铮铮特起。《九域志》：越王陀遣人入山采橘，十日方回，问其故，曰："山中大寒，不得归。"因名。

【译文】

寒山，是郁林州西北部的名山。群山都低伏环绕着大容山，而唯独这座山与它抗衡。大概它的山脉是从兴业县分出来，在罗望江、定川江两条江流之间。它的山脊延伸到勒菜口便到了头，所以山势峥嵘独自耸起。《九域志》记载：越王赵佗派人进山去采橘子，十天才回来，追问他们是什么缘故，回答说："山中太寒冷，不能回来。"因而起了这个名字。

陆马庙者，在大容南麓，乃土人以祀陆绩、马援者。流贼七八十人，夙往来劫掠村落，近与官兵遇，被杀者六人。旋南入陆川境①，掠平乐墟②，又杀数十人。还过北流，巢此庙中，縻诸妇女富人，刻期索赎，不至者辄杀之。

【注释】

①陆川：明为县，隶梧州府郁林州，即今陆川县。

②平乐墟：今为平乐镇，在陆川县北隅。

【译文】

陆马庙，在大容山南麓，是当地人用来祭祀陆绩、马援的庙宇。有流寇七八十人，平素往来于此地抢劫村落，近来与官兵遭遇，被杀死六人。旋即向南窜入陆川县境内，抢劫了平乐墟，又杀了几十人。返回时经过北流县，把这座庙宇作为巢穴，拘押了许多妇女富人，限期勒索赎金，不送赎金来的就杀了人质。

二十七日　早自松城墟，不待饭而行。四里，过谷山村①，复行田塍中。又五里，望见一石梁甚高整，跨罗望江上②，所谓"北桥"也。三洞连穹，下叠石为堰。水漫堰而下，转西向行，由郁林城北转而西南，与定川、南流合而南去，经廉州入海者也③。石梁之西，又有架木为桥以渡下流者，行者就近不趋石梁而趋木桥焉。过桥，又南逾一岭，共一里，入郁林北门④。北门外人居俱倚冈汇池，如村落然，既无街衢，不似城郭，然城垣高罄⑤，粤西所仅见也。城中亦荒落。过郁林道而西，即为州治。乃炊饭旅肆，问此中兵道，已久驻苍梧矣。先是苍梧道顾东曙，_{名应旸。}余锡邑人也，其乃郎以家讯寄来，过衡阳，为盗劫去，余独行至此，即令其仍驻此地，亦将不及与通，况其远在苍梧耶！

【注释】

①谷山村：今仍名"谷山"，在玉林城北郊。

②罗望江：一名"西望江"，亦源自大容山，从北往南流，经玉林城西，入南流江。

③"水漫堰而下"以下几句：此指南流江，源自大容山，从北往南经过玉林城南，再南经博白至合浦入北部湾。定川江今称"车陂江"，在玉林市西境，东南流入南流江。

④郁林：明置郁林州，隶梧州府，即今玉林市。

⑤罄（qìng）：严整。

【译文】

二十七日　早晨从松城墟，不等吃早饭便上路了。行四里，路过谷山村，又行走在田埂上。又行五里，望见一座石桥十分高大整齐，横跨在罗望江上，这是所谓的"北桥"了。三个桥洞连着拱起，下面用石块垒砌成堤坝。江水漫过堤坝下泻，转向西流去，经由郁林州城北边转向西南，与定川江、南流江合流后往南流去，流经廉州府后汇入大海。石桥的西边，又架有一座木桥以便下游的人渡江，走路的人就近不走石桥而是走木桥了。过桥后，又向南越过一座岭，共行一里，进入郁林州城的北门。北门外的居民房屋全都背靠山冈前边的水池，像村落一样，既无街道，又不像城郭，然而城墙高大严整，是广西境内所仅见的。城中也很荒凉冷落。过了郁林兵备道往西走，就是州衙。于是在旅店中煮饭吃，问知这里的兵备道，已移驻苍梧县很久了。这之前，苍梧道的道员顾东曙，名叫顾应旸。是我们无锡县人，他的儿子有家信寄来给他，经过衡阳时，被强盗抢去，我独自走到此地，即便让他仍然驻在此地，我也将来不及与他打交道，何况他远在苍梧县呢！

　　饭后出南门，陂池益广①。西南一里，则南流江自东而西，其流较罗望为大。涯下泊舟鳞次，涯上有堤，内环为塘，堤上石碑骈立，堤下卧石片片，横列涯间。余视之有异，亟就碑读之，则紫泉也。泉隙在涯堤之半石片中，石南北夹成横罅，横三尺，阔二尺，东回环而西，缺其南，水从底上溢潴其中，停泓者三尺，上从南缺处流泻去，时见珠泡浮出水面。堤内塘水高丈余，涯下江流低亦丈余，水澄碧异常，其曰变"紫"者，乃宋淳熙间异兆②，非泉之常也。泉上旧有濯缨亭，今已成乌有。泉之西有石梁曰南桥，亦三砌，高跨南流江上。桥北有文昌阁，当江流环转之中，高架三层，虚敞可眺，为此中胜览。桥南为廉州大道；桥南由岐溯江岸东行，则水月岩道也。溯江半里，江自东北来，路向东南去，乃舍江从路，始由田塍行，其路犹大，乃陆川、平乐墟道也。八里，陟冈，有村焉。由村左岐东北行，又二里，从岐而北，路益没。又二里，北过一塘堤，始得西来路。循之东二里，经一村，复上一岭，路仍没。乃逾山而东，从莽中踯躅东向，一里抵东山下，得南来之路。遂循之而北，二里，仍东转入山坞。一里，渡一小石桥，又循东山而北，过一村，复东转入山坞。其坞甚深，东入二里，路渐芜没。又望坞东登，一里至岭，始得西来大道，则亦南向平乐墟路也。越岭而东，仍舍南行大道，岐而东下山。径坞中共一里，逾山峡东下，则峡东石峰森森，自北而南，如列旗整队，别成一界矣。出峡，循西山东麓而北，一村倚山东向，前有大塘，余以为龙塘村矣，问之，则龙塘犹在北也。又北一里余，转而东，得龙塘村。村踞冈脊之中，其南水南流东去，其北水北入水月洞。由其东又北一里余，直东抵石山中峰。渡石桥而北，则上岩西向，高穹峰半矣。

【注释】

①陂（bēi）池：池沼。

②淳熙：宋孝宗赵眘年号，时在 1174—1189 年。

【译文】

　　饭后走出南门，池塘更加广阔。往西南行一里，就见南流江自东往西流，江流比罗望江大。江岸下停着的船鳞次栉比，江岸上有堤坝，堤内环绕成水塘，堤坝上石碑林立，堤坝下一片片横卧的岩石，横向排列在岸边。我观察这里有些奇异，急忙走近石碑读了碑文，原来是紫泉。泉水的裂缝在江边堤坝半中腰的石片中，石片在南北两面夹成横向的缝隙，横处有三尺，宽二尺，从东面回绕到西面，南边有个缺口，泉水从底下溢出积在缝隙中，停积的泉水有三尺深，水向上涌从南边的缺口处流泻出去，不时看见有珍珠样的水泡浮出水面。堤坝内水塘中的水面高一丈多，江岸下边江流低下去也有一丈多，水质异常澄澈碧绿，泉水传说变"紫"的事，是宋代淳熙年间的异常征兆，不是泉水的常态。泉水上边旧时有个濯缨亭，今天已化为乌有。泉水的西边有座石桥叫做南桥，也是三个桥拱，高高跨在南流江上。桥北有个文昌阁，位于江流环绕之中，高高架起三层，空阔宽敞可以远眺，是这一带观赏胜景的好去处。桥南是通往廉州府的大道；桥南由岔路溯江岸往东行，就是去水月岩的路了。溯江流前行半里，江水从东北方流来，道路向东南去，于是舍弃江流顺着路走，开始经由田野前行，这条路还算宽大，是去陆川县、平乐墟的路。行八里，登上山冈，有个村庄在山冈上。由村子左边的岔路往东北行，又行二里，从岔路往北走，路渐渐湮没了。又行二里，向北走过一个水塘边的堤坝，这才找到西面来的路。沿着这条路向东二里，经过一个村子，再登上一座岭，路仍然被湮没了。只好翻过山往东走，从草丛中徘徊着向东走，一里后抵达东山下，遇到南面来的路。于是沿着这条路往北行，行二里，仍然向东转进山坞中。行一里，越过一座小石桥，又沿着东山向北走，经过一个村子，再东转入山坞。这个山坞非常深，向东深入二里，路被荒草隐没了。又望着山坳向东上登，一里来到岭上，这才遇上西面来的大道，却也是向南通往平乐墟的路。越过岭头往东行，仍然舍弃向南去的大道，从岔道向东下山。经由山坞中共走一里，穿过山峡往东下走，就见峡谷东面石峰森森，自北往南延伸，如旗帜排列整齐的队列，另成一种境界了。出峡后，沿着西山的东麓往北走，一个村庄背靠山峰面向东方，村前有个大水塘，我以为这是龙塘村了，向人询问，原来龙塘村还在北边。又向北一里多，转向东，找到龙塘村。村子盘踞在冈脊之上，村南的溪水向南流后转向东流去，村北的溪水向北流入水月洞中。由村子东边又向北一里多，径直抵达石山的中峰下。走过石桥往北走，就见上岩面向西，高高穹隆在山峰半中腰了。

　　上岩者，水月洞南倚山凭虚之窍也；石山自东北来，南引而下，支分队耸，而一支中出者。西瞰平芜，削崖悬窦，层级皆不甚深，而此层最下，亦最扩。环峰石皆青润，独裂岩处色变赭赤，然其质犹极灵幻，寻丈之间，层庋缕挂[①]，窦穿盖偃，无所不备，亦无所不奇。岩前架庐当门，而敞其上，庐可以栖，而上不掩胜，结构亦自不恶。由岩右腋穿窍而上，窍仅如管，历级宛转，复透一层，若偏阁焉。云牖腾空②，星楞透影，坐憩其内，又别一"小西天"矣。由岩左腋环柱而出，柱如龙旗下垂，从其侧缘崖上跻，转出岩端，复得一层。其岩亦西向，自分左右两重，左重在下，垂柱裂窍，仰睇上即右重也，然历磴无阶。由外北跻，始入右重。阁缀绝壁，与左层翼对增妍，皆岩之中层也。其上削崖之顶，尚有一层虚悬，而跻之无级，惟供矫首耳。水月洞尚在其北而稍下。龙塘之水，经山前石桥而北，过上岩之前，乃东向捣入洞中。洞门亦西向，路由其南，水由其北，相沿而入，透北而出。前后两门，一望通明，是为明洞。水贯其中，石蹲其旁，夹流突兀，俱作狮象形。洞顶垂石夭矫，交龙舞螭，缤纷不一。其水平流洞中，无融州真仙岩之大，而两岩亦无其深峭，可褰裳而涉溪③。崖之右，又有一小水，南自支洞出，是为阴洞。左则沿溪笋乳回夹，上亦裂门缀穴。层阁之上，又汇水一池为奇。此明洞以内胜也。后门崖口，列大柱数条，自门顶合并倒悬，洞内望之，蜿蜒浮动。此明洞以外胜也。阴洞乃明洞旁穴，其中又分水陆。流不甚大，东南自牛陇又开一门，穿山腹至此合明洞。溯流南入半里，洞渐沉黑，崖益陡，水益深，结筏积炬，曲屈约二里，出牛陇。此阴洞水中胜也。从阴洞溯流，始崖左嵌石下，窦甚隘，匍匐下穿，引炬而前，忽岈然上穹，上下垂耸盘柱，诡状百出，升降其中，恫心骇目，邃曲莫尽。此阴洞陆中胜也。

【注释】

①庋(guǐ)：搁器物的板或架子。

②牖(gǒu)：窗户。

③褰(qiān)：用手提起。

【译文】

上岩，是水月洞南边靠山凌空的洞穴；石山自东北方延伸过来，向南延伸而下，支脉分成队列耸起，而其中一支突出在中间。岩洞向西俯瞰着平旷的荒野，陡削的石崖上高悬着洞穴，一层层一级级都不十分深，而此层在最下面，也最广阔。环绕着的石峰都是润泽的青石，唯独岩洞裂开之处石头的颜色变成赭红色，然而石头的质地仍然极为灵异变幻，丈尺之间，一层层平架着，一缕缕垂挂着，石窦穿通，伞盖倒伏，无所不备，也无所不奇。岩洞前建有房屋挡在洞口，而屋顶上是敞开的，房屋可以居住，但上面不会挡住优美的景色，这样的建筑也自然不算太差。由岩洞右侧穿过石窍往上走，石窍仅大如竹管，经由石阶弯来转去，又钻进一层洞穴，好像偏居一方的楼阁。入云的石窗腾跃在空中，星辰般的窗棂透进光影来，坐在洞内休息，又别成一个"小西天"了。由岩洞左侧绕着石柱出来，石柱如下垂的龙旗，从石柱侧边沿着石崖上登，转出到岩洞顶端，又找到一层洞。这层岩洞也是面向西，自然分成左右两层，左边一层在下面，石柱下垂，石窍迸裂，仰面斜视上方，就是右边一层了，然而没有通往那里的石阶。由洞外向北上登，这才进入右边的一层。如楼阁点缀在绝壁上，与左边的一层像翅膀一样对称，增添了不少美色，这都是岩洞的中层了。这层岩洞上边悬崖的顶上，还有一层悬在虚空中，然而没有石阶登上去，只能供人抬头观看罢了。水月洞还在这一层的北边稍下去一点的地方。龙塘的水，流经山前的石桥后往北流，流过上岩的前方，于是向东捣入岩洞中。洞口也是面向西,道路由洞口的南侧,溪水从洞口的北侧,相伴进入洞中,穿透北面出去。前后两个洞口,一眼望去通明透亮,这是明洞。溪水流贯洞中,岩石蹲坐在溪流旁,夹住溪流突兀而立,都作出狮子大象的形状。洞顶下垂着屈曲盘绕的岩石,龙蟠蛟舞,缤纷争呈,不一而足。溪水平缓地流淌在洞中,没有融州真仙岩中的水流大,而且两岸的岩石也没有那里的深峻陡峭,可以提起衣裤涉过溪水。石崖的右边,又有一条小溪,从南面的旁洞中流出来,这是暗洞。左边沿着溪流则是石笋和钟乳石回绕相夹,上面也有裂开的洞口点缀着洞穴。层层楼阁之上,又积着一池水,很是奇特。这是明洞之内的胜景了。后洞口的石崖上,排列着几条大石柱,从洞口顶上合并在一起倒悬下来,从洞内望过去,蜿蜿蜒蜒地浮动着。这是明洞之外的胜景了。暗洞是明洞的旁洞,洞中又分为水陆两个洞。水流不十分大,在东南方的牛陇又开有一个洞口,穿过山腹流到此处,与明洞的溪水汇合。溯流向南深入半里,洞内渐渐变得漆黑一片,石崖益发陡峻,水也越深,编好木筏堆积了一些火把,弯弯曲曲大约前行二里,出洞来到牛陇。这是暗洞水洞中的胜景了。从暗洞溯流前行,开始时石崖左侧的岩石下嵌,孔洞非常狭窄,趴下身子钻进去,举着火把往前走,忽然山洞岊然向上穹隆而起,上下都悬垂耸立着圆形的石柱,现出千百种诡异的姿态来,升降在其中,惊心骇目,深邃曲折得无法穷尽。这是暗洞陆洞中的胜景了。

　　余欲为水月游,时已过午,尚未饭,抵上岩,道者方扃户而出①,余坐崖下荔阴间。久之,道者罢钓归,启扉具炊,余促其束炬游水月②。既入明洞,篝火入阴洞,道人不随支流入,由其侧伏洼穿隙,遍观阴洞陆崖之胜,其中崇宏幽奥,森罗诸诡,五易炬而后出。欲溯流穷水崖,道者以水深辞:"请别由侧道以探其后崖,不必从中出也。"乃复出明洞,涉水穷左崖之胜,遂出后洞,仰睇垂虬舞龙之石。还饭于上岩,已日衔西山矣。

【注释】

①扃(jiōng):关门,上闩。

②水月:即水月岩,在今玉林市玉州区东隅。

【译文】

我想去水月洞游览,但时间已经过了中午,还没有吃饭,抵达上岩,道士刚关上门外出,我坐在石崖下的荔枝树荫间。很久,道士钓完鱼归来,开了门准备做饭,我催促他捆好火把去游水月洞。进入明洞后,点燃火把进入暗洞,道士不是顺着支流进去,而是由支流的侧边低伏的洼地中钻过缝隙进去,看遍了暗洞中陆上石崖的优美景色,这其中高大幽深,森然罗列着诡异的景象,换了五次火把后才出来。想要溯流去穷究水流的两岸,道士用水太深来推辞:"请另外从侧面的道路去探洞后面的石崖,不必从洞中出去了。"只好又出到明洞,涉水去穷尽左边石崖的美景,终于出了后洞,仰面斜视虬龙倒悬飞舞的石崖。回到上岩吃饭,已是日衔西山了。

二十八日　早坐上岩中。道者出龙塘为予买米。余曳杖穷其最上层,已下,憩右窍偏阁中①。盖是岩西向,下午则返照逼人,余故以上午,憩而拟以下午搜近山诸洞。既午,道人以米至,午炊甫毕,遂循山而南,至昨来所渡石桥,由桥侧东折入环峡中。是山石峰三支,俱锋棱巉削,由东北走西南。中支为水月岩所托,是峡则中支、南支相夹者。南支多削崖裂窍,予来时循其西麓,以为水月在其下。

询之土人，皆曰："中不甚深，下无蹊径。"从峡转北，得中央平洼一围，牛千百为群，散处其内，名为牛陇。穷其西北，水汇成潭，遂入阴洞后门，即东南临潭上，四旁皆陡石，无路入，必涉潭乃登。洞甚虚敞，分之则二，合之则一。随水西入，渐北转，石崖成峡，水亦渐深昧，与水月阴洞所见等。虽未出其中，两端源流悉见，可无烦暗中摸索也。洞门右崖，石痕丛沓②，俱作马蹄形，《西事珥》所谓"天马"，意即此矣。出洞，益遵峡而北，仰瞩东西两界，峰翔石耸，队合层分。二支北尽处，北支又兀突起，与中支北麓对峙成峡。遥望其下，有三洞南向，其上轰霞流电，闪烁有异，亟历莽趋之。其左畔二门骈列，崖下虽悬乳缤纷，而内俱不深；其右畔一门，孤悬峰半，虽洞门嵌空，而中忽渊坠，其深数十丈，宛转内透，极杳邈之势。而两崖峭削，无级下跻。踞崖端望之，其中飞鼠千百成群，见人蓬蓬内窜，其声甚遥，闻此中有蝙蝠洞，岂即此耶？出洞下山，望西北山嘴颇近，以为由此穿水月后洞而入，抵上岩甚便。竭蹶一里趋之，其下既洼，乃攀陟山冈，则巨石飞耸，中俱蔓络，下嵌澄渊，路断径绝。遥探洞外诸奇石，杳不可见，即溪流破壑出者，亦尽没其迹。乃循北麓，仍东趋一里，南向前来之峡。又经牛陇而南，共三里，返上岩之前。见日有余照，仍入水月，徜徉明洞之内。复随流出洞后，睇望所涉路断处，犹隔一峰嘴，始知此中山形横侧倏变，不可以意拟如此。是夕仍宿上岩。

【注释】

①憩右窍偏阁中："右"原作"石"，据乾隆本、"四库"本改。

②丛：丛集。沓(tà)：繁多。

【译文】

二十八日　早上坐在上岩中。道士出洞去龙塘为我买米。我拖着拐杖穷尽了上岩的最上层，不久下来，在右边石窍形成的偏阁中休息。因为这个岩洞面向西，下午则烈日返照逼人，所以我在上午游览，打算休息一下后在下午去搜寻近处山上的各个岩洞。中午之后，道士拿着米来了，午饭刚刚吃完，便沿着山往南走，来到昨天来时走过的石桥边，由石桥的侧边向东转入环绕的峡谷中。这座山分为三支支峰，全都棱角锋利，高险陡削，由东北延向西南。中间的支峰是水月岩依托之处，这个峡谷则是中间的支峰、南面的支峰相夹的地方。南面一座支峰陡削的石崖上裂开很多石窍，我来的时候一直沿着它的西麓走，以为水月岩就在这座山下。向当地人打听，都说："洞中不怎么深，下边没有路。"从峡中转向北，走到一处中央平坦的圆形洼地，千百头牛组成群，散布在洼地中，地名叫牛陇。走到洼地西北方的尽头处，水汇积成水潭，于是进入暗洞的后洞口，立即面临东南方的水潭之上，四旁都是陡峭的岩石，没有路进去，必定要涉过潭水才能上登。洞十分空阔宽敞，分开看是两个洞，合起来则是一个洞。顺着水流向西进去，渐渐向北转，石崖变成了峡谷，溪水也逐渐深暗起来，与在水月洞暗洞中见到的相同。虽然没有走到洞中，两头的源流全都见到了，可以不必麻烦再到黑暗中去摸索了。洞口右边的石崖上，石痕丛聚杂沓，都呈马蹄形，《西事珥》所说的"天马"，料想就是此处了。出洞后，再顺着峡谷往北行，仰面遥望东西两列山，山峰翱翔山石高耸，合成队列层层分开。两座支峰在北边的尽头处，北面的支峰又突兀而起，与中间一座支峰的北麓对峙形成峡谷。遥望山下，有三个面向南的岩洞，岩洞上方云霞飞卷电光流动，闪闪烁烁地很是奇异，急忙经过丛莽向那里赶过去。那左侧的两个洞口并列在一起，石崖下虽然悬垂着缤纷的钟乳石，可洞内都不深；那右侧的一个洞口，孤悬在山峰的半中腰，虽然洞口嵌在高空，但洞中忽然下坠成深渊，那深处有几十丈，弯弯转转地通到里面，极尽杳渺深远的气势。而两侧的崖壁峭拔陡削，没有台阶下去。坐在崖壁顶端远望里面，洞中有千百成群的蝙蝠，见人就噗噗噗地向洞内飞窜，那声音非常遥远，听说这一带有个蝙蝠洞，难道就是这里吗？出洞后下山，望见西北方的山嘴很近，以为由此处穿过水月洞的后洞进去，去到上岩十分方便。竭力跌跌撞撞地向那里赶了一里路，山嘴下是一片洼地，于是攀登山冈，只见巨石飞耸，其中全是交缠在一起的藤蔓，下边嵌入澄碧的深渊中，大路小径全断绝了。远远察看洞外众多的奇石，杳然不可见，即便是溪流冲破壑谷流出来的地方，也全都消失了踪迹。只好沿着北麓，仍然向东赶了一里路，向南走入前边来时走过的峡谷中。又经过牛陇往南行，共三里，返回上岩的前边。看见落日还有余晖，仍然进入水月洞中，徜徉在明洞之内。再次顺着流水出了后洞，从侧面远望我所走过的道路断绝之处，还隔着一座山峰的山嘴，这才知道这一带山中地形的横竖变化倏忽不定，不能凭主观臆想来推断竟然如此。这天晚上仍然住在上岩中。

二十九日　由上岩转入东北峡，过牛陇，共三里出峡，有岐焉。一直北循北支东麓者，为北流大道；一转东向逾岭者，为北流间道。乃东过田塍，更逾土岭而东。又二里，过一村，又东抵小石峰下，是为塘岸墟①。时山雨自东北来，弥漫山谷，墟无集者。墟为陆川北境，从此转而北，冒雨循山，荒冈漫衍，已为北流境矣。十里为果子山，有数家倚冈而居。过坳，雨渐止。又十里为横林，有聚落在路右坞，数日前盗劫平乐墟，还宿于此，去北流只十里也。其北有石山一支，自北而南，丛尖簇翠。余初望之，以为勾漏在是，渐近而路出其东南，西望而行，秀色飞映。盖此山在北流西十里，而勾漏尚在北流东十里也②。由横林东北五里，逾一土岭，下行田塍中。有石桥跨小溪，溪流西北去。又东行平冈上，五里，抵北流西门③。西门闭不启，以西当贼冲，故戒严也。循城由南门入，经县前，出东门，则街市颇盛。一街循城而北者，为街墟；一街随江而东者，为沙街。街墟由城北隅东转，有溪自城北来，石桥跨之，曰登龙桥。其溪为大容东流之水，由桥下而南注绣江者也。沙街由城南转东，绣江南自粤东高州来，至此已胜巨舟，故阛阓依之④，宋人名驿为朝宗者，指此江而言也。今驿名宝圭。沙街东北过广济桥，则北溪之水至此入绣。渡桥而与登龙之路合，路乃北出隘门，江乃东流而去。余于是饭于沙街。出隘门，抵北山下，循其南麓东行，五里，渡一小溪桥，遂入石峡中。南为望夫石，即黄婆岩西垂山也。北则石峰逶迤，愈东石骨益瘦，疑即独秀岩所托，今已失其迹。峰东崖大书"勾漏洞"三字⑤。此南北二石峰，俱东拱宝圭洞。又东五里，石山回合处，中复突一峰，则宝圭洞在其西隅，而勾漏庵在其南麓。时殷雷轰轰，先投庵中。庵颇整洁，乃万历间有司重构者⑥。内堂三楹，中列金仙，东则关圣，西则葛令⑦。而葛令之像，纶巾朱履，飘然如生。后轩则准提大士在其中，西置炊而东设坐焉。前庭佛桑盛开⑧，红粉簇映；后庭粉墙中护，篁桂森绕，其中寂然无人。有老道之妻掩关于后，询"游洞何自"？对以"俟道者晚归"。乃停囊轩中，令从去，就炊于中。既而雨止，时已暮，道人始归。乃县令摄以当道，欲索洞中遗丹及仙人米，故勾摄而去⑨。然葛令欲就丹砂，乃其一时乘兴之言，其后蝉脱罗浮⑩，实未至此，此中久已无丹砂，安得有遗丹仙粒耶？道者忧形于色，余姑畀钱⑪，令多觅竹束炬，为明晨游具。道者领命，愿前驱焉。

【注释】

①塘岸墟：今为塘岸镇，在北流市西隅，邻玉州区和陆川县。

②而勾漏尚在北流东十里也："尚"，原作"出"，据乾隆本、"四库"本改。"十里"，"四库"本作"十五里"。

③北流：明为县，隶梧州府郁林州，即今北流市。

④阛阓（huáng huì）：街市，街道。

⑤勾漏洞：在北流市东北。平川中石峰矗立如林，溶洞勾曲穿漏，故名"勾漏"。有宝圭洞、玉阙洞、白沙洞、桃源洞等胜迹。

⑥万历：明神宗朱翊钧的年号，1573—1620年。

⑦葛令：指葛洪（284—364），字稚川，自号抱朴子，丹阳句容人，道教理论家，会炼丹术。曾参加东晋统治政权，赐爵关内侯。闻交趾出丹砂，求为勾漏令，携子侄至广东罗浮山炼丹，在山积年而卒。

⑧佛桑：即扶桑。古代传说扶桑生于东海日出的汤谷，高大扶疏，花深红色，光焰照人，叶如桑，故名扶桑，又称扶木、桑槿，与木槿同属锦葵科，为著名观赏植物。

⑨勾摄（shè）：追捕。

⑩蝉脱：即蝉蜕（tuì），幼蝉脱壳。亦用此比喻人死去，犹如得到解脱。

⑪畀(bì)：给予。

【译文】

二十九日　由上岩转入东北方的峡谷中，经过牛陇，共三里走出峡谷，有个岔路口。一直向北沿着北面一座支峰的东麓走的，是去北流县的大道；一条转向东越岭的路，是去北流县的便道。于是向东走过田间的土埂，再越过土岭往东行。又行二里，经过一个村子，又向东抵达小石峰下，这里是塘岸墟。此时山雨从东北方下过来，弥漫在山谷中，集市上没有赶集的人。塘岸墟在陆川县北境，从此地转向北，冒雨沿着山走，荒凉的山野漫延开来，已经是北流县的境内了。行十里是果子山，有几家人背靠山冈居住。走过山坳，雨渐渐停了。又行十里是横林，有个聚落在道路右边的山坞中，几天前强盗抢劫平乐墟，返回来就住在此地，距离北流县城只有十里路了。村落北面有一条石山的支脉，自北往南延伸，成丛簇拥着翠绿的尖峰。我最初望见这列石山，以为勾漏山在这里了，渐渐走近后道路通到山的东南麓，望着西方前行，秀色飞舞掩映。原来这列山在北流县城西面十里处，而勾漏山在北流县城东面十里处。由横林往东北行五里，越过一座土岭，下岭后行走在田野中，有座石桥跨过小溪，溪流往西北流去。又向东前行在平缓的山冈上，行五里，抵达北流县城的西门。西门关闭着不开，是因为西门正对着强盗来往的要道，所以戒严了。沿着城墙绕到南门进城，途经县街前，出了东门，只见街市十分繁荣。一条街道沿着城墙往北去的，是街墟；一条街道沿着江边往东去的，是沙街。街墟由城北隅向东转去，有条溪水从城北流来，石桥跨在溪流上，叫做登龙桥。这条溪流是大容山向东流的水流，是由桥下往南流入绣江的溪流。沙街由城南转向东去，绣江自南面的广东省高州府流来，流到此地已能承载大型船只，所以街市紧靠着江岸，宋代人把驿站起名叫朝宗的地方，就是指这条江而言了。今天的驿站名叫宝圭驿。经由沙街往东北走过广济桥，就见城北流来的溪水在此处汇入绣江。过桥后与登龙桥来的路会合,道路于是向北通出关隘门,江水于是向东流去。我于是在沙街吃了饭。出了关隘门,抵达北山下,沿着北山的南麓往东行,行五里,走过一条小溪上的桥,就进入石山峡谷中。南边是望夫石,就是黄婆岩向西下垂的山了。北面是逶迤而去的石峰,越往东走骨状的岩石越加瘦削,我怀疑这就是独秀岩依托的地方了,今天已经失去了它的踪迹。石峰东面的石崖上大大地写着"勾漏洞"三个字。这里南北两面的两座石峰,都面向东拱卫着宝圭洞。又向东五里,石山回合之处,中央又突起一座山峰,宝圭洞就在这座山峰的西隅,而勾漏庵在这座山的南麓。此时雷声隆隆响起,先跑到庵中。勾漏庵相当整洁,是万历年间官府重建的寺庵。庵内的佛堂有三间,中间排列着佛像,东边是关帝,西边是葛洪。而葛洪的坐像,头戴纶巾,脚踏朱红色的鞋子,神采飘逸,栩栩如生。后面的轩廊内则是准提菩萨在其中,西边放置了炊具而东边摆设了座位。前边的庭院中扶桑花盛开,粉红的花簇互相掩映;后面的庭院粉墙围护着中间的庭院,竹丛桂花森然回绕,其中寂静无人。有个老道的妻子掩上门把自己关在后院中,问她:"游洞从哪里走?"答以"等道士晚上回来"。只好把行李停放在轩廊中,命令她跟随我去,到庵中做饭吃。不久雨停了,时间已是傍晚,道士这才归来。原来是县令摄于当权者,想要索取洞中葛洪遗下的丹砂和仙人米,所以把他拘捕去。然而葛洪想要炼成丹砂,是他一时间乘兴说出来的话,他后来在罗浮山尸解升天,实际上没有到过此地,这一带早就没有丹砂,哪能有他遗下的丹砂和仙人米呢? 道士的忧虑表露在脸上,我姑且交给他钱,命令他多找些竹子捆成火把,为明天早上游洞做准备。道士接受了命令,愿意在前边带路。

北流县当大容南面之中,其脉由大容南下,曰绿蓝山。水分东西流:东流者即北溪,循城东,下登龙桥而入绣江者也;西流者为南流江之源,西南合水月洞之水,经郁林南门而西合罗望、定川诸水,南下廉州入海。是北流县实南流之源,其曰"北流"者,以绣江南来,至此始大,东过容县界,合洛桑渡水,经容邑南门,下藤县①,北入郁江去,非北流源此也。

【注释】

①藤县:隶梧州府,即今藤县。

【译文】

　　北流县位于大容山南面的中段,这里的山脉由大容山往南下延,叫做绿蓝山。水流分向东西两面流:往东流的就是县城北边的溪流,沿着城东,下流到登龙桥后汇入绣江;向西流的是南流江的源头,流向西南方汇合水月洞中的溪水,流经郁林州城的南门后往西汇合罗望江、定川江等水流,南下廉州府后流入大海。这样看来,北流县实际上是南流江的发源地,它被称为"北流"的原因,是由于绣江从南面流来,到这里水势才变大,往东流过容县境内,汇合罗桑渡的河水,流经容县县城的南门,下流到藤县,向北汇入郁江而去,不是向北流的江流发源于此地。

　　旧有北流、南流二县①,南流即今之郁林州,皆当南北二水胜舟之会,东西相距四十里焉。

【注释】

①南流:元代有南流县,为湖广行省郁林州附郭县,洪武二年(1369)省入郁林州。治所在南流江北岸,今玉林市城区。

【译文】

　　旧时有北流、南流两县,南流县就是今天的郁林州,都正当南北两条江能够承载船只的商旅会聚之处，东西相距四十里。

北流山脉中脊，由县而西南趋水月，南抵高州，散为诸山。而北流之东十里，为勾漏洞；北流之西十里，为鬼门关。二石山分支耸秀，东西对列，虽一为洞天，一为鬼窟①，然而若排衙拥戟以卫县城者，二山实相伯仲也。

【注释】

①一为鬼窟："鬼"，原作"思"，此依上下文意改。

【译文】

北流县山脉的中脊，由县城往西南延伸到水月洞，往南延伸到高州府，散开成为群山。而北流县城的东面十里处，是勾漏洞；北流县城的西面十里处，是鬼门关。两座石山分出支峰，秀色高耸，东西相对排列，虽然一处是神仙居住的洞天，一处是鬼魂幽闭的窟宅，然而好像是排列在两旁持戟拱卫县城的样子，两座山实际上不相上下了。

鬼门关在北流西十里，颠崖邃谷，两峰相对，路经其中，谚所谓："鬼门关，十人去，九不还。"言多瘴也。《舆地纪胜》以为桂门关之讹，宣德中改为天门关①，粤西关隘所首称者。

【注释】

①宣德：明宣宗朱瞻基年号，时在 1426—1435 年。

【译文】

　　鬼门关在北流县城西面十里处，石崖倒斜，山谷深邃，两座山峰相对，道路经过山谷中，谚语说："鬼门关，十人去，九不还。"是说山中瘴气很多。《舆地纪胜》认为是"桂门关"的错读，宣德年间改为天门关，是粤西的关隘中被称颂为第一的地方。

　　八月初一日　晨餐毕，余先作宝圭行，约道者肩炬篝火后至。洞在庵北半里，庵后先有一岩南向，一岩西向，望之俱浅，而宝圭更在其北。先有漫流自西北来，东向直漱山麓，涉其北登山，则洞门在矣。其门西向，左开岩而右深入。开岩处甃以列碑轩敞①，平临西峰；右洼嵌而下，有石柱当门，其端有石斜飞。磴道由其侧下至洞底，交辟为四岐：一由东入，一由南进，二岐俱深黑；一向西豁，一向北透，二岐俱虚明。东岐之南，顶侧忽倒垂一叶，平庋半空，外与当门之柱相对，上下凭虚，各数十丈，卷舒悬缀，薄齐蝉翅，叶间复有圆窍曲窦，透漏异常。由左崖攀级而上，抵平庋处，盘旋其间，踞叶而坐，真云軿霞驭②，不复人间也。坐久之，复盘叶而下，向北透之岐。岐中倒垂一乳，长数丈，其端空悬，水由端涓涓下。更北入峡中，其右则洼而北出，为下门，其左则高而北渡，为上叠，叠成上阁，阁前平临西北，亦有乳柱界其中。此明洞之西北二岐也。探历久之，道者负炬至，又携伴持筐。余询其故，道者曰："县以司道命，取砂米二丹，适有庠士已为我觅仙米，而砂从洞穴中可探而得，将携筐就炬以觅之。"始知所为砂者，非丹砂，乃砂粒如丹，其色以白为上，而黄次之，故其北洞以白砂命名;所谓米者,乃山洼中菰米③,土人加以"仙人"之名耳。洞外芜莽中又有黄果如弹丸,土人渭之"颠茄"④,云采以为末,置酒中,脥能令人发狂迷闷⑤,《峤南琐记》所载闷陀罗者是。乃爇炬先入南穴,两旁壁起如峡,高而不广。入半里,左壁有痕横亘,曰仙床,悬地丈许。其侧垂柱裂窍,皆短而隘。窍腹宕如臼,以手探之,中有磊磊之粒,方圆不计,姑扫置筐中。连探三四穴,不及升许,计出而淘濯其污,简取其圆洁成粒者,又不及十之一也。然此亦砂粒之常,岂真九转之余哉?又少进,峡忽下坠成渊,由洞抵水,其深二丈,而水之深,更不知其几也。两崖俱危峭无可着足,南眺其内,窅黑无尽⑥。始促道者涉渊,言:"水深,从无能徒涉者。"再促道者觅筏,言:"隘逼,曾无以筏进者。""然则何如可入?"曰:"冬月水涸,始可坠崖而涉。""入当何如?"曰:"其内甚深,能见明而不能升也。"余闻之,为之怅怅。扪石投水中,渊渊不遽及底。旁瞩久之,仰见左壁之上,有隙旁通,亟入焉。隙柱透漏,渐入渐束,亦无余窍。乃下,返而仍出四达之中,更爇炬而入东穴。初,两旁亦成峡壁,而其下渐高,既而中辟如堂皇,旁折如圭窦,皆暗窟也。稍北而东,其径遂穷,比之南窍,虽有穴宛转⑦,而深不及其半。彼有穴而水阻,此无水而穴阻,转觉东穴之无涯涘矣。

【注释】

①甃(zhòu):砌垒砖石。

②軿(píng):古代贵族妇女所乘的有帷幕的车。

③菰(gū)米:菰为多年生水生宿根草本,我国长江以南低洼地区种

植很多。基部形成肥大的嫩茎，即茭白，又称茭瓜，可作蔬菜。颖果为狭圆柱形，即菰米，可煮食。

④颠茄：多年生有毒草本，夏季开淡紫色钟状花，叶和根可作抗胆碱药，治腹绞痛、胃和十二指肠溃疡等。

⑤腋能令人发柱迷闷："腋"，疑为"液"。

⑥窅（yǎo）：深远的样子。

⑦比之南窍，虽有穴宛转：原作"北之东穴虽有窍宛转"，据乾隆本、"四库"本改。

【译文】

八月初一日　早餐完毕，我先去宝圭洞，与道士相约让他肩扛火把与火种随后跟来。宝圭洞在勾漏庵北边半里处，庵后先有一个岩洞面向南，一个岩洞面向西，望过去都很浅，而宝圭洞还在这两个洞的北边。先有四处流淌的水流自西北方流来，向东直接冲刷着山麓，涉到水流的北边登山，就见洞口在了。洞口向西，左边是开敞的岩洞而右边深入进去。岩洞开敞之处高大宽敞，砌着众多的石碑，水平面临着西峰；右边凹嵌下去，有石柱挡在洞口，顶端有倾斜飞空的岩石。石阶路由石柱的侧边下到洞底，交叉分为四条岔洞：一个岔洞由东面进去，一个岔洞由南面进去，这两个岔洞都是又深又黑；一个岔洞向西去很宽阔，一个岔洞向北钻出去，这两个岔洞都是又空阔又明亮。东面一个岔洞的南边，洞顶的侧面忽然倒垂着一片树叶状的岩石，平架在半空中，与外边挡在洞口的石柱相对，上下都凭临虚空，各有几十丈，卷曲舒展地悬缀着，薄得像蝉翅一样，叶面上又有圆形屈曲的石窍和孔洞，异常漏风透亮。由左侧的石崖攀着石阶上登，到达石片平架之处，徘徊在石片间，盘腿坐在叶面上，真是乘着云车架着云霞，不再是人间了。坐了很久，又从圆盘状的叶片上下来，向北钻进北边的岔洞中。岔洞中倒垂着一根钟乳石，长达几丈，顶端悬空，水从尖端涓涓下滴。再向北进入峡中，峡谷右边便向北下洼出去，是下洞口，峡谷左边则是向北高耸飞度而去，是上层，在上方重叠成楼阁，楼阁前方水平地面临着西北方，也有钟乳石柱隔在洞中。这是明洞西、北两个岔洞中的情况了。来回探察了很久，道士扛着火把来到了，还带来同伴拿着竹筐。我问他所为何故，道士说："县里奉司道的命令，要取丹砂和仙人米两种仙丹，恰好有个县学的儒生已经为我找到仙人米，而丹砂可以从洞穴中搜寻到，将带上竹筐就着火把去找丹砂。"这才明白所谓的丹砂的东西，不是丹砂，而是像丹砂一样的沙粒，颜色以白色为上等，而黄色的次一等，所以岩洞的北洞用"白砂"来命名；所谓仙人米的东西，是产于山间洼地中的葓米，不过是当地人加上"仙人"之名罢了。洞外荒芜的原野中又有一种好像弹丸的黄色果实，当地人把它称为"颠茄"，说是采来制成粉末，放在酒中，汁液能让人迷乱发狂，《峤南琐记》记载的闷陀罗就是这种东西。于是点燃火把先进入南洞，两旁的洞壁耸起好像峡谷，高而不宽。深入半里，左边的洞壁上有横亘着的石痕，叫做仙床，高悬于地面一丈左右。仙床的侧边有石柱下垂石窍裂开，都是又短又窄。石窍的腹中平滑得好像研臼，用手伸进去摸，里面有很多砂粒，不计方圆，姑且扫了放在竹筐中。一连掏了三四个洞穴，还不到一升左右，估计出洞后淘洗去其中的污物，挑选出其中圆滑光洁成颗粒的，又不足十分之一了。然而这也就是平常的砂粒，怎能真的是仙人余留下来的九转金丹呢？又略进去一点，峡谷忽然下坠成深渊，由洞上到达水面，那深处有二丈，而水的深度，更不知是多少了。两侧的石崖全都高峻峭拔，无处可以落脚，向南眺望洞内，深远漆黑没有尽头。最初催促道士涉过深渊，道士说："水太深，从来没有能徒步涉水过去的人。"又催促道士去找木筏，他说："太狭窄，从来无人乘木筏进去过。""那么如何才能进去？"回答："冬月间水干涸时，才能坠下悬崖涉水进去。""进去将是什么样子呢？"回答："那里面非常深，能见到亮光却不能爬上去。"我听了这些话，为此感到闷闷不乐。摸块石头扔进水中，深深的样子没有很快到底。向四旁注视了很久，仰面看见左边的石壁之上，有条裂隙通到旁边，急忙进入裂隙中。裂隙中有透空的石柱，渐渐进去渐渐束拢过来,也没有别的石窍。于是下来,仍然返回来到达四个岔洞相通的中心,再次点燃火把进入东面的洞穴。最初,两旁也是夹壁形成峡谷,然而脚下地势逐渐变高,不久中间开阔起来,好像宏大的厅堂,两旁曲曲折折,有好像玉圭样的洞穴,全是昏暗的洞窟。稍向北后转向东,这条路便到了头,把它与南洞相比,虽然有弯弯转转的洞穴,但深处不到南洞的一半。那里有洞穴却被水阻住了,这里没水却被洞穴阻住了,反而觉得东面的洞穴没有水岸的阻隔了。

　　复出至四达处,谋为白砂洞游。按《志》,白砂在勾漏北,勾漏甲天下,而此洞复甲勾漏。如玉虚、玉田诸洞,普照、独秀诸岩,道者俱不言,而独津津言此洞。余急趣其前,道者复肩炬束火携筐帚以导。从北透偏门之下层出,乃循其西北麓而行,始见其山前后两峰,骈立而中连,峰之西南突者,为宝圭所倚,峰之东北峙者,为白砂所伏。白砂前后亦有两门:前门北向而高敞,分为三门,两旁悬峻,而中可俯级而入;按《志》云,玉田洞,洞前三门,中门明广可通,似与此门合。遍询土人,无知玉田洞者。岂即以后洞为白砂,以此门为玉田洞耶?后门南向而高隑,仅通一孔,前对宝圭之背,其左即中连之脊也。先过后门山坳,草没无路,道者不入而北去。共一里,转而东,绕山北麓而南跻前门。入门即洼下,数十级及底。仰视门左右,各有隙高悬旁启,即所谓左、右门也。倒光流影,余照四达,然虚嵌莫攀焉。从洞中右转,颇崇宏,而渐暗渐穷。余先遍探而四觅之,无深入路。出,促炬命导,仍由之入抵其中,以火四烛,旁无路也。道者忽从右壁下,投炬蛇伏而入,窦高不逾尺,而广亦如之。既入,忽廓然盘空,众象罗列，如闻阊阖下启，天地复通。方瞻顾不遑，而崇宏四际，复旁无余隙。忽得窦如前，透而东，转而南，倏开倏合，凡经四窦，皆隘若束管，薄仅透屏，故极隘忘窘，屡经不厌其烦也。既而见左崖之上，大书"丹砂"二字。其下有一龛，道者曰："此丹穴也。"复伏而扫砂盈掬焉①。其南稍有一岐，入之不深。出向西转，再折南行，则天光炯然，若明星内射，后洞门在望矣。是洞内洼而中甚平，惟壁窦阔辟，无沟陀升降，前后两门，俱高悬于上。道者欲仍从前门返，余欲逾后窦出。道者曰："后门隘不可跻，而外复草深莫从。"余曰："前暗中之隘，尚不惮其烦，况此空明，正可宛转，草之深浅，余所不顾也。"遂穿窦出，则午日方中，始见宝圭后峰，君树塞门焉②。乃披茅践棘，西南出山坳，仍过宝圭透北偏门，共二里，将及庵后，命夫同道者还炊于庵，余挟寄宿庵中者东探清泉焉，即前所经南向岩也。洞不深而明洁可栖。洞前有宋碑，大书"清泉岩"三字。洞左右无泉，而独得此名，无从征其故实。还饭于庵。

【注释】

①掬(jū)：双手一捧。

②君树塞门焉：乾隆本、"四库"本皆作"特为当门屏"。"君"疑为"若"，因形近而误。

【译文】

　　再次出到四个岔洞互通之处，打算去游览白砂洞。根据《一统志》，白砂洞在勾漏洞的北边，勾漏洞甲天下，而这个洞又胜过勾漏洞。如玉虚洞、玉田洞等山洞，普照岩、独秀岩等岩洞，道士都不提及，却惟独津津乐道地谈论这个洞。我急忙赶到白砂洞前，道士又肩扛火把捆好火种带着竹筐扫把在前带路。从北边钻过偏洞口的下层出来，于是沿着勾漏山的西北麓前行，这才看见这座山有前后两座山峰，双双并立而中间相连，在西南方突起的山峰，是宝圭洞依托之处，屹立在东北方的山峰，是白砂洞隐伏的地方。白砂洞也有前后两个洞口：前洞口面向北，又高又宽，分为三个洞口，两旁的洞口悬绝高峻，但中间的洞口可以俯身沿着石阶进去；据《一统志》所说，玉田洞，洞前有三个洞口，中间的洞口明亮宽广可以通行，似乎与这个洞口相符。问遍了当地人，没有知道玉田洞的人。莫非就是把后洞称为白砂洞，把这个洞口称为玉田洞吗？后洞口面向南，又高又窄，仅通有一个孔洞，前方对着宝圭洞的背面，洞口的左边就是中间相连的山脊了。先经过后洞口前的山坳，草丛深没没有路，道士不进洞而是往北走去。共行一里，转向东，绕过山的北麓往南登上前洞口。进入洞口立即洼下去，经过几十级台阶下到洞底。仰面审视洞口的左右两侧，各有缝隙高悬着在旁边裂开，那就是所谓的左、右两个洞口。倒射进流动的光影，余辉映照到四处，然而嵌在虚空中无法攀登上去。从洞中向右转，相当高大，但逐渐变暗也渐渐到了头。我先四处探寻遍了，没有深入的路。出来，催促道士点亮火把，命令他带路，仍然由原路进到洞中，用火把四面照射，四旁没有路了。道士忽然从右边的石壁下，把火把扔进去，像蛇一样趴伏着进去，洞穴高不超过一尺，而且宽处也如此。进去后，忽然旋空而起，十分空阔，罗列着种种景象，如天门向下打开，天地重又相通。正在四面环顾不及之时，在高大空阔的四周，又一次四旁没有别的缝隙。忽然找到一个像前边那样的洞穴，向东钻进去，转向南，忽开忽合，共经过四个洞穴，都狭窄得好像紧束的竹管，薄得仅像钻过屏风，所以虽然极为狭窄但却忘记了窘迫的处境，屡次经过其中却不厌其烦。随后看见左边崖壁之上，大字写着"丹砂"二字。字下面有一个石龛，道士说："这就是丹穴了。"又趴下去扫满一捧砂粒。石龛稍向南有一个岔洞，进洞去不深。出来向西转，再折向南前行，只见天光灿烂，像明星一样射入洞中，后洞口在望了。这个岩洞洞内下洼而且洞中非常平坦，唯有洞壁下开有石窍，没有深沟高冈的升降，前后两个洞口，都高悬在上方。道士想要仍然从前洞口返回去，我想穿越到后洞口出去。道士说："后洞口太窄，不能上登，而且洞外的草又深得无法走。"我说："前边黑暗中的隘口，尚且不惮其烦，何况此处空阔明亮，正可以弯弯转转地出去，草的深浅，我就顾不上了。"于是穿过洞穴出来，就见正午的太阳正好在中天，这才看见宝圭洞后面的山峰，像树一样堵塞了洞口。于是分开芳草踏着荆棘，向西南出到山坳中，仍然经过宝圭洞通到北边的偏洞口，共行二里，即将到达勾漏庵后，命令脚夫和道士返回庵中做饭，我带着寄宿在庵中的人向东去探清泉岩，就是我先前经过时面向南的岩洞了。洞不深但明亮清洁可以居住。洞前有块宋代的石碑，写着"清泉岩"三个大字。洞的左右都没有泉水，却惟独有了这个名字，无处考证其中的缘故。回到庵中吃饭。

下午，挟夫与寄宿庵中人此人不知何处人，先停庵中，身无半文，随余游诸洞，余与之饭，两日后不知所往。探近山诸岩，乃西南入黄婆岩焉。黄婆岩者，宝圭西南诸峰所裂之岩也。其山西自望夫石攒沓而东，岩当其东北隅，与宝圭东西相对，而兹稍南逊。岩门甚高，中有黄崖叠缀。岩外石峰之顶，分岐耸异，有歆若妇人之首，鬟髻盘空，作回睇顾影之态。其北面亦有石峰丛突，南与此山并夹，东与宝圭对峙。东南石壁上，大书"勾漏山"三字，大与山齐，土人指为仙迹。此其下必昔时宫观所托，而今不可征矣。按《志》，勾漏有灵宝、韬真二观，今皆不知其处。灵宝疑即庵基所因，韬真岂其在此耶？当时必多碑碣，而沧桑之后，断础无存矣[①]。徘徊其下。又西抵望夫山西麓，眺望山崖，别无岩洞。惟见东南一面，峦岫攒

簇,疑即所云巫山寨者,巫山寨一名石寨。山峰如楼橹雉堞,周回
环绕,其数十二,故有巫山之名。而渺漠无征,惟与山灵互相盼
睐而已[②]。已乃循黄婆岩东麓,且盼且行,南抵东南隅,石
崿悬峭,片片飞云缀空。自外崖攀峭石上,历竖隙,屡出层
空,达峰顶,遂尽发其危嵌态。下山,转循南麓,见峭崖穹
然,石色雄赭。下虽有门,内入不深,无从穿扉透室。乃东
由营房在勾漏庵前东南坪上。草房数十间,营兵居之,为居停卖浆之
所。横过勾漏庵,抵后峰东南角。盖宝圭所托之峰,南面骈
立而中连,西立一峰,即庵后清泉岩所倚,东立者与之比肩
南向。循峰东麓北行,路左得一东向岩,内颇深,渐缩如牛
角。出洞又北,有清流一方,淙淙自乱石中流出,其上则草
石蒙茸,其下则西南成小溪去,行道者俱从此渡崖,庵与营
俱从此取汲,而无问其所从来者。余正欲求其源委,忽一
少年至,见之,语从夫曰:"汝辈欲寻洞乎?此其上有二洞,
相距数十丈,路为草翳,可探而入也。"又一人曰:"昨未晚,
有二人携犬自东来者,虎自崖上跃下攫犬去。虎穴其上,
不可往。"余不顾,亟挟夫与寄宿者攀棘践刺上跻,觅之深
蔓中,则洞门果穹然东向,但外为蔓拥石蔽,无从即见耳。
入洞门,即隤然下坠。俯瞰之,则有溪自北而南贯其底,水
声潺湲,崖势峻削,非攀缘可下。四瞩其上,南崖有坠而未
尽者,片石悬空,若栈道架壁,阔不盈咫[③],而长竟坠处直达
西崖,但栈中有二柱骈立,若树栅断路者。而外一柱已为
人截去,止下存尺余,可跨而过。但其处益狭,以双手握内
柱,而盘越外柱,临深越险,莫此为甚。过栈达西崖,已与

洞门隔溪相向。乃明炬四烛：崖之下，深坠与外崖同，崖之上，内入则垂乳列柱，回错开阁④，疏楞窈窕，忽环而为璇室，忽透而为曲榭，中藏之秘，难以言罄。乃出崖临溪，从深坠处溜险投空而下，遂抵溪中。仰视洞顶高穹，延照内映，侧栈凌虚，尤增飘渺。水深不及膝，南从崖下涌来，北从崖下坠去，即由此东出，为乱石泉源也。余于是从南崖下溯流入。其穴甚低，垂覆水面，相距止尺。从夫暨寄宿者恐炬为水湿，内深莫辨，共阻莫入。余贾勇溯流，冲沫过颡⑤。南入数丈，望前有流光熠熠，余喜，更透一洞，益高声呼二从人，虽伏水碍石，匍匐垂首，而瞻前顾后，火光与天光交通旁映，益前人不停。又南数丈，有洞穹然东西横贯，其上东辟而为外门，其内西入而成巨壑，门高耸与前所入门等势。时二人已至，乃令其以炬更前。于是西向溯流，洞愈崇宏，流愈深阔。又数丈，有石砥中流。登石内望，洞辟如广厦，渊水四际其下，以杖测水，不竟其底，以炬烛洞，洞甚深黑，不知更几转，得抵宝圭南穴前所望深坠处也。乃自砥石返步随流，仍抵东辟外门之下。二从者将垂首横炬，匍匐向低穴北入。余止之曰："此门虽峻，与先所入者无异。若伛偻下涉而就所入之门，不若攀空跻危，竟登此门为便。"二从者曰："门外不通，奈何？"余曰："门以外总不出此山，即所入之门，其外岂坦途哉？"遂攀崖先登，二人亦弃炬从之，乃出洞口。门亦东向，与所入门比肩，特翳于突石连蔓，遂相顾不见。循左崖平行，还眺门上，又上辟一层，若悬阁当空，然无级以登。盖北洞奥室内罗，此洞外缀层楼,所异者此耳。于是北转一曲,至前汲泉之穴,从容濯足,候从者至,遂一以北洞上登法而下。崖半石隙蔓影中,仿佛并北洞见之,迨极下仰眺,仍茫然失所睹矣。亟自东南山角转过营房,共一里,入勾漏庵,大雨如注。是日,先西觅玉虚、玉田诸洞而不得,既而东得此二洞,尤为奇绝。然此洞非异人忽指,则跬步之间,亦交臂而过,安知西峰大字岩之侧无棘霾蔓锁者? 安得峰峰手摩足抉如黄婆岩东南诸峭石也耶!

【注释】

①础:柱子底下的石墩。

②盼睐(lài):左右顾盼。盼,看。睐,旁看。

③咫(zhǐ):古代长度名,合今制市尺的六寸二分二厘。

④阖:通"合"。

⑤颡(sǎng):额头。

【译文】

　　下午,带上脚夫与寄宿在庵中的人此人不知是哪里的人,先就住在庵中,身无半文钱,跟随我游览了众多的岩洞,我给他饭吃,两天后不知到哪里去了。去探寻近处山中的众多岩洞,于是向西南进入黄婆岩中。黄婆岩是宝圭洞西南方群峰中裂开的岩洞。这里的山从西面的望夫石杂沓攒聚着往东延伸,岩洞位于山的东北隅,与宝圭洞东西相对,而此地稍偏南一些。岩洞口非常高,洞中有重叠连缀的黄色石崖。岩洞外面石峰的顶上,分出的支峰样子奇异地耸立着,有的斜斜的像女人的头,发髻盘绕在空中,作出回头顾盼身影的姿态。这里的北面也有成丛突起的石峰,南面与这座山并排相夹,东面与宝圭洞对峙。东南方的石壁上,写着"勾漏山"三个大字,大处与山一般高,当地人认为是神仙的遗迹。

此处大字的下边旧时必定是寺观依托的地方，然而今天不可考证了。根据《一统志》，勾漏山有灵宝观、韬真观两座道观，今天都不知它们在何处。灵宝观我怀疑就是勾漏庵基址因袭之处，韬真观莫非它就在此地吗？当时必定要很多碑碣，然而沧桑巨变之后，断碑残础无存了。徘徊在石壁下。又向西抵达望夫山的西麓，眺望山崖上，没有别的岩洞。仅见东南一面，峰峦攒聚簇拥，我怀疑就是所说的巫山寨的地方，巫山寨另一个名字叫石寨。山峰像烽火台和城墙，回旋环绕在四周，山峰的数目有十二座，所以有巫山之名。然而渺茫广漠之中无法考证，唯有与灵秀的群山互相左右顾盼而已。不久就沿着黄婆岩的东麓，边看边走，向南抵达山的东南角，石崖悬绝峭拔，一片片岩石飞入云天悬缀在高空。从外层石崖攀着陡峭的岩石上登，经过竖直的裂隙，多次钻出层层悬空的岩石，到达峰顶，终于全部看到这座山高险深嵌的姿态。下山后，转而沿着南麓走，看见峭拔的悬崖穹然隆起，石头的颜色呈深红色。下边虽然有洞口，洞内进去不深，无法穿过门扉进入内室。于是向东经由营房在勾漏庵前方东南的平地上。有几十间草房，军营中的士兵住在那里，是居住停留卖水的场所。横向走过勾漏庵，抵达宝圭洞后峰的东南角，大约宝圭洞依托的山峰，在南面双双并立而中间相连，西面矗立着的一座山峰，就是庵后清泉岩依托之处，东面矗立着的山峰与它并肩面向南。沿着山峰的东麓往北行，道路左边找到一个面向东的岩洞，洞内相当深，渐渐缩拢好像牛角。出洞后又向北走，有一片清流，淙淙地从乱石堆中流出来，泉水上边满是蒙蒙茸茸的青草和岩石，泉水的下方就向西南方形成小溪流去，走路的人都是从此处涉过山崖，庵中与营房都是到这里来汲水，然而无人追问泉水是从哪里来的。我正想去追寻泉水的源头，忽然见一个少年来到，看见我们，对随行的脚夫说："你们这些人想去找洞吗？这里的山上有两个洞，相距几十丈，路被草丛遮住了，可以试探着进去。"又有一个人说："昨天还不到晚上，有两个人带着狗从东边过来，老虎从石崖上跃下来把狗叼走了。虎穴就在山上，不能去。"我不理会，急忙带着脚夫和寄宿的人攀着荆棘踩着刺丛往上登，在深草丛中找到岩洞，就见洞口果然穹然面向东方，只不过外面被蔓草围拥着被岩石遮住了，无法立刻就能见到罢了。进入洞口，立即猛然下坠。俯瞰洞底，就见有条溪水自北往南流贯洞底，水声潺潺，缓缓流动，石崖的地势陡削，不是靠攀援可以下去的。四面注视上方，南边的石崖有一处没有全部坠落下去的地方，一片岩石悬在空中，像栈道一样架在石壁上，宽处不到一尺，但长度与下坠之处一样长，直达西面的石崖，但栈道中间有两根并立的石柱，好像用大树作栅栏把道路阻断一样。外边的一根石柱已经被人截去一截，下边只存留下一尺多，可以跨过去。但是那地方更加狭窄，用双手握住里面的石柱，而后绕着越过外边的石柱，下临深渊越过险途，没有比这里更危险的了。过了栈道到达西面的石崖上，已经与洞口隔着溪流相望。于是点亮火把四面照射：石崖之下，深深下坠与外边的石崖相同，石崖之上，进入里面就见有钟乳石下垂，又有石柱排列着，回绕交错开合，疏朗的窗棂窈窕秀丽，忽而环绕成美玉装饰的石室，忽而穿透进去成为弯弯曲曲的长廊，洞中藏着的秘密，难以言尽。于是出到石崖上面临溪流，从深坠之处投身虚空滑下险途，终于抵达溪流中。仰面审视，洞顶高大穹隆，散射的阳光映照在洞内，侧面凌空的栈道，尤其增添了不少飘渺的感觉。水的深处不到膝盖，从南面的石崖下涌来，从北边的石崖下坠落而去，随即由此地向东流出洞去，成为乱石间泉水的源头了。我于是从南面的石崖上下去溯流进去。这个洞穴非常低矮，下垂覆盖在水面上，相距只有一尺。随行的脚夫和寄宿的人担心火把被水浸湿，洞内深处无法辨清方向，共同劝阻我不要进去。我鼓足勇气逆流前行，水沫冲激没过额头。向南深入几丈，望见前方有闪闪流动的亮光，我很高兴，再钻进一个洞，益发高声呼唤两个随行的人，虽然伏在水中有石头阻碍着，匍匐着身子低着头，但瞻前顾后，火光与天光四面交辉映照，益发向前进去不肯停下。又向南几丈，有个穹然隆起的洞横贯东西，这个洞向上在东边张开成为外洞口，洞内向西进去形成巨大的壑谷,洞口高耸,与前边进来的洞口气势相当。此时那两个人已经来到,于是命令他们拿着火把再往前走。从这里向西溯流前进,洞越来越高大,流水越来越深广。又进去几丈,有块岩石像砥柱一样矗立在中流。登上岩石向洞内望去,岩洞开阔得好像高楼大厦,渊深的水漫到四边的洞壁下,用拐杖来测量水深,探不到水底,用火把照射洞中,山洞十分深黑,不知还要转几个弯,才能到达宝圭洞南洞先前望见的深坠之处了。于是从砥柱样的岩石返身顺流而行,仍然抵达向东张开的外洞口之下。两个随行的人即将低下头横拿着火把,匍匐着从那低矮的洞穴向北进去。我拦住他们说:“这个洞口虽然高峻,与前边进来的地方没什么不同。如果弯腰下涉到进来的洞口,不如攀登高空上登高险的石崖,毕竟上登这个洞口要方便一些。”两个随行的人说:“如果洞外路不通,怎么办?”我说:“洞口以外的地方总不会超出这座山,即便是进来的洞口,洞外难道是坦途吗?”于是攀着石崖首先上登,二人也扔了火把跟着我上爬,于是出了洞口。洞口也是面向东,与进来的洞口并肩而立,只不过被突立的岩石和连片的蔓草遮挡住了,竟然互相看不见。沿着洞左的石崖平缓前行,回头眺望洞口上方,上面又开有一层洞口,好像空中高悬的楼阁,然而没有台阶上登。大体上北洞洞内罗列着幽深的石室,此洞外边连缀着层层高楼,不同之处仅此而已。于是向北转了一个弯,来到山前汲水的泉眼旁,从容地洗了脚,等候随行的人来到,便一口气采用在北洞中上登的方法下来。在山崖半中腰的石缝草影中,仿佛连同北洞也能见到,等到在最下边仰面眺望时,仍然茫然消失得看不见了。急忙从东南方的山角转过营房,共行一里,进入勾漏庵,大雨如注。这一天,首先向西去找玉虚洞、玉田洞等山洞却找不到,随后往东去找到这两个洞,尤其算得上奇妙绝伦。不过这两个洞如果不是奇人忽然现身指点,那即便在一两步之间,也将交臂错过,哪能知道西峰大字岩的侧边有无荆棘隐没、蔓草闭锁的岩洞?哪里能够座座山峰用手来抚摸用脚步来选择如同在黄婆岩东南方众多峭拔的石崖中那样呢！

初二日　晨餐后，令从夫随道者西向北流市蔬米于城，余独憩庵中。先是，寄宿者夜避蚊不知何往，至是至，曰："已询得独胜岩在县北。"余知在县北者或新开他岩，必非独胜，而庵中无人，不能与即去，姑辞明日，而此人遂去不复来。既午，从夫以蔬米返，余急令其具餐，将携砚载笔往录宝圭洞中遗诗。忽道者驰至，曰："兵道将至，恐治餐庵中。"欲携余囊暂入所栖处。余不顾，竟趋宝圭。甫出庵，而使者旗旄至矣①，非所辖郁林道，乃廉州海北道也。乃漳浦张国径印梁，余昔在甘棠驿同黄石斋曾会之。兹驻廉州。时军门熊文灿代荆溪卢象叔总督中州②，追捕流寇，张往送之，回辕过此，故欲勾漏游。余隐墙西，俟其入庵，即趋录洞诗。录未半而彼已至洞，余趋避于北岐叠阁之上。回忆《梧志》所纪西小室，洞朗外瞩，自然石榻，平铺叠架，可眠可踞，与东洞对，正如两披，其景宛然。彼入南穴，亦抵水而返；余石卧片时，听洞中人倏寂倏喧，亦一异趣。张出南穴，亦北趋偏门下，终不能攀上层而登，与县官啧啧称奇指盼，而不知有人卧其中也。俟其去，仍出录诸诗。诗俱（近）代，只有一宋碑而不佳，盖为兵燹荡净也。录甫毕，日衔西山，乃返于庵。

【注释】

①旄（máo）：古时旗杆头上用旄牛尾作的装饰。也指有这种装饰的旗为旄。

②中州：即中土、中原。狭义的中州指今河南省一带，因其地在古

九州之中，故称中州。广义的中州则指黄河流域。

【译文】

初二日　早餐后，命令随行的脚夫跟随道士向西到北流县城去买菜买米，我独自在庵中休息。这之前，寄宿的那个人夜里躲避蚊子不知去那里了，到此时来了，说："已经打听到独胜岩在县城北面。"我知道县城北面的或许是新开辟的别的岩洞，必定不是独胜岩，而且庵中无人，不能马上就与他离开，暂且推辞到明天去，但这个人竟然离开后不再来。中午以后，随行的脚夫拿着米菜返回来，我急忙命令他做饭，即将携带着笔墨纸砚前去抄录宝圭洞中的遗ания。忽然道士快步跑来了，说："兵备道将要来，恐怕会在庵中办酒宴。"想把我的行李暂时放进他住的地方。我不理会，竟自赶去宝圭洞。刚出庵门，而使者和旌旗已经到了，不是管辖这里的郁林兵备道，而是廉州府的海北兵备道。是漳浦人张国径，字印梁，我从前在甘棠驿同黄石斋一起曾经会见过他。如今驻防廉州府。此时军门熊文灿代替荆溪人卢象叔出任中州总督，追捕流寇，张国径前去护送他，回程中路过此地，因而想来勾漏洞游览。我隐藏在围墙西面，等他进入庵中，立即赶去抄录洞中的诗。还没有抄完一半他却已来到洞中，我赶快回避到北边岔洞层叠的楼阁之上。回忆起《梧志》所记的西侧的小石室，洞内明朗可以向外远眺，自然形成的石床，平整地铺着，叠成床架，可以睡可以坐，与东洞相对，正如两个胳肢窝，那景致宛如是这里。他进入南洞，也是到水边便返回来了；我在石床上躺了片刻，听见洞中的人声时而寂静时而喧闹，也是一种奇异的情趣。张国径出了南洞，也是向北赶到偏洞口下，最终不能攀登到上层，他与县官啧啧称奇指点顾盼，却不知有人躺在岩洞中。等他们离开后，仍然出来抄录众多的遗诗。诗都是近代的，只有一块宋代的石碑却不佳，大概是被兵灾扫荡干净了。刚抄录完毕，日衔西山，于是回到庵中。

初三日　饭勾漏，即东北行。由营房转山之东南角，过透石东出之泉，径草坡而行。五里，越一坡，有塘衍水环浸山谷。渡桥，又二里，堰塘愈大，石峰至此东尽，其北有尖峰兀立若独秀焉。山北隙中露大容，蜿蜒若列屏。又东十里，有水自西北容山来，东南入绣江，为容、郁分界，名洛桑渡。其水颇急，以藤跨水横系两涯之上，而系舟于藤，令渡者缘藤引舟，不用篙楫。桃叶渡江，不若藤枝更妙矣。又东五里为西山墟①，有公馆，客之所庭也。东南由岭上行，已下渡小桥，共五里矣。又东出山十里，有荒铺，有板桥。又东五里为清景新桥②，则大容东峰，巍然北临若负扆。又东五里，入容县西外门③。又一里，入城西门，经县治前，即南转出城南门。门外江水自西而东，即绣江。自高州北经北流，又东合洛桑、渭龙二水④，绕城南而东北，由藤县入大江者也。渭龙源出天塘山⑤，北向石寨村⑥，始入绣江。渡江而南，炊于肆。又南二里，逾冈坂，误入东麓。二里，仍转西向，又二里而得大道。西南行，又五里，宿于古楼村⑦。一村皆李姓。

【注释】

①西山墟：今名同，在容县西隅，北流江稍北。

②清景新桥：原作"景清新桥"，乾隆本亦误。该桥因清景寺得名，今仍称"清景桥"。

③容县：隶梧州府，即今容县。

④洛桑、渭龙二水：洛桑水今称民乐河。渭龙水即今杨梅河，源自广东宜信县，从南往北流入北流江。

⑤天塘山：今作"天堂山"，在容县南隅。

⑥石寨村："寨"原作"塞"，据乾隆本、"四库"本改。今仍名"石寨"，在容县稍南的公路边。

⑦古楼村：今作"古柳"，分上下两村，又名"合柳"。

【译文】

初三日　在勾漏庵吃完饭，立即往东北行。由营房转过山的东南角，路过从岩石下向东渗出的泉水，经过满是荒草的山坡前行。行五里，越过一道山坡，有个宽阔的水塘环绕浸泡着山谷。过桥后，又行二里，堤坝挡住的水塘更大，石峰在此地到了东面的尽头，水塘北面有座尖峰突兀地矗立着，像独秀峰一样。山北面的缺口中露出大容山来，蜿蜿蜒蜒好像排列着的屏风。又向东十里，有水流自西北方的大容山流来，往东南流入绣江，是容县、郁林州的分界处，名叫洛桑渡。这条水流非常湍急，用藤条横跨水面系在两边岸上，而后把船系在藤条上，让渡船上的人顺着藤条拉船，不用竹篙和船桨。用桃叶般的小船渡江，不如用藤条拉更巧妙了。又向东五里是西山墟，有公馆，是旅客居停的处所。往东南经由岭上前行，不久下岭越过小桥，一共五里路了。又向东出山后前行十里，有个荒废了的驿铺，有座木板桥。又向东五里是清景新桥，只见大容山的东峰，在北边巍然下临好像帝王背靠的屏风一样矗立着。又向东五里，进入容县县城的西外门。又行一里，进入县城西门，途经县衙前，立即向南转出县城的南门。南门外江水自西往东流，这是绣江。绣江是从高州府往北流经北流县，又向东汇合洛桑水、渭龙河两条河流，绕过县城的南面后往东北流去，经由藤县汇入大江的河流。渭龙河源出于天塘山，向北流经石寨村，这才流入绣江。渡江后往南行，在饭店中吃饭。又向南二里，越过山冈上的山坡，错走入东麓。行二里仍然转向西，又行二里才遇上大道。往西南行，又行五里，住在古楼村。一个村子都姓李。

初四日　饭于古楼村。仍西南随大路盘都峤而过[1]。先是,余按《志》言:"都峤在城南二十里。"自城问之,皆曰:"南山去城七八里。"故余喜其近,出南门渡江,即望山而趋,而不意其误也。盖都峤即南山,其北俱削崖悬亘,无级可阶,必绕出其南,始可北向而登。其曰七八里,乃北面抵山之数,而二十里者,并从南陟山而言也。共五里,过石寨村。又一里,抵石嘴铺。铺东南八里有黄土岩,不及登。东渡一桥,始从岐北向上山。登山东转,遂由山峡北向五里,抵南山寺,古所称灵景寺也。大岩倚东崖,其门西向,中无覆架,而外有高垣,设莲座于中,明敞平豁,虽云"寺",实岩也。盖都峤之形,其峰北穹高顶,南分两腋,如垂臂直下,下兜成坞,而清塘一方当其中焉。两腋石崖,皆重叠回亘,上飞下嵌,若张吻裂唇。一岩甫断,复开一岩,层穴之巅,复环层穴,外有多门,中无旁窦,求如白石下岩所云"潜通勾漏"者,无可托矣。总而披之,灵景为东腋之首,岩最高而大,高三丈五尺,深五丈,横阔十余丈,两端稍低,中穹如半月。其北有三岩,皆西向而差小,亦有环堵为门者,皆读书者所托,而今无人焉。三清当分腋之兜,岩最正而洁,高深横阔同灵景。其东有二室,皆南向,亦有环堵倚之,与西向三岩易隔而齐列。其西有飞崖,则南转东向,为西腋之户。高穹虚敞,第内不甚深,然迤逦而南,与灵景分门对峙,若两庑焉。此下层也。三清之上,又列重门为中层,无缘陟道。其上又启一岩为上层,是名宝盖。高十五尺,深二丈,阔五六丈,后倚峰顶,地愈高上,独当中干,平临两腋巅。再上，即中盘顶。盖是岩不以灵巧见奇，而以回叠取胜，故舍其北峭，就其南峞②，信列仙望衡对宇之区矣。上午，先抵灵景，门外竹光旁映，岩中霞幄高张，心乐其幽旷。时日已中，灵景僧留饭。见佛座下有唐碑一通③，宋幢一柱④，刻镌甚古，就僧觅纸，僧仅以黄色者应。遂磨墨沈于石，取拓月于抽⑤，以钟敲为锤，以裹足为毡，洗碑而敲拓之。各完两通，而日色已暮。问三清观，道者他出，空寂无人，竟止岩中。

【注释】

①都峤：即都峤山，在容县东南，有兜子、马鞍、八叠、云盖、香炉、仙人、中峰、丹灶等八峰，南洞称宝元洞天，北洞有三石三岩。

②峞（wěi）：山高低盘曲的样子。

③通：计量碑的单位。

④幢（chuáng）：刻着佛号或经咒的石柱，计量单位称"柱"。

⑤取拓月于抽："抽"疑为"袖"，或为"柚"，因形近而误。按，拓月为拓碑用的压纸汲墨的工具。据《桂海虞衡志》，柚子"皮甚厚，打碑者卷皮蘸墨，以代毡刷，宜墨而不损纸，极便于用。此法可传，但北州无许大柚耳"。抽，似应为"柚"，即柚子，可代毡刷。但霞客当时来不及制备拓碑各物。"抽"亦可能为"袖"，即临时撕衣袖代用。

【译文】

初四日　在古楼村吃饭。仍然往西南顺着大路绕着都峤山走过去。这之前，我根据《一统志》上说的："都峤山在城南二十里处。"在城中问路，都说："南山距离县城七八里路。"所以我因为它很近而高兴，出南门渡过江后，立即望着山赶过去，想不到却搞错了。原来都峤山就是南山,这座山的北面全是陡削悬亘的悬崖,没有石阶可以上登,,必须绕到山的南面,才可以向北上登。那些人说七八里路,是指从北面到山下的路程,而说二十里的,是连同从南面登山的里程而言的了。共行五里,经过石寨村。又行一里,抵达石嘴铺。石嘴铺东南八里处有个黄土岩,来不及去登。向东走过一座桥,这才由岔道向北上山。登上山后向东转,接着经由山峡中向北前行五里,抵达南山寺,这就是古代所称的灵景寺了。大岩洞背靠东面的山崖,洞口向西,洞中没有盖房子,可洞外有高墙,洞中设置了莲座,明亮宽敞,平整开阔,虽说是“寺”,实际上是岩洞。大致上都峤山的山形,主峰在北面隆起高高的峰顶,南面分出两座侧峰,如下垂的双臂笔直下插,下面围成山坞,而一池清澈的水塘位于山坞中。两侧的石崖,全都重重叠叠地回绕绵亘,上面飞举,下面深嵌,好像张裂开的嘴唇。一个岩洞刚刚断开,接着又裂开一个岩洞,层层洞穴的顶端,又环绕着层层洞穴,外边有多个洞口,洞中没有旁洞,要找到如在白石山下洞所说的“暗中通到勾漏洞”的地方,没有可以依托之处了。总括起来分析,灵景寺是东侧的第一个岩洞,岩洞最高最大,高三丈五尺,深五丈,横处宽十多丈,两头稍低些,中间穹隆得好像半个月亮。它的北面有三个岩洞,都是面向西而稍小一些,也有用围墙环绕作为门户的,都是读书的人寄身的场所,然而今天里边没有人。三清岩位于分在两旁的侧峰包围之中,岩洞方位最正而且很整洁,高处、深处、横处、宽处与灵景寺相同。它的东边有两个石室,都是面向南,也有围墙紧靠着石室,与面向西的三个岩洞变换了方位却平齐地排列着。它们的西边有飞空的悬崖,便由南转向东,成为西面侧峰的门户。高大穹隆,空旷宽敞,只是洞内不怎么深,然而逶迤向南而去,与灵景寺分为两个洞口对峙,好像两侧的厢房。这是下层。三清岩的上面,又排列着重重洞口,是中层,没有顺着上登的路。那上面又开有一个岩洞成为上层,这个洞名叫宝盖岩。高十五尺,深二丈,宽五六丈,后方紧靠峰顶,地势愈加高高在上,独自位于中峰主干之上,水平面临着两座侧峰的峰顶。再上去，就是中盘顶。原来这里的岩洞不是以灵巧见奇，而是以回环重叠取胜，所以放弃陡峭的山峰北面，赶到南面高低盘曲的山峰，实在是众仙楼阁相望、殿宇对峙的地方呀！上午，最先到达灵景寺，门外竹林阳光在四旁映衬着，岩洞中云霞般的帷幄高挂着，心里喜爱这里的幽静空旷。此时红日已到中天，灵景寺的僧人挽留吃了饭。看见佛座下有一块唐代的石碑，一柱宋代的经幢，雕刻得十分古朴，找僧人要纸，僧人只拿出黄色的纸来应付我。于是在石头上磨墨汁，撕下衣袖作为拓包，用钟锤作为锤子，拿裹脚布当做毡刷，洗过石碑后就敲打着拓碑帖。各拓完两张，而天色已晚。去访问三清观，道士外出到别的地方去了，空寂无人，就住在岩洞中。

　　初五日　早饭于灵景。由岩右北行，历西向三岩，又盘磴而上，入南向二岩，共里许，然后抵三清岩。岩空境寂，树拂空明，甚堪憩足。又西历东向虚岩，乃仍从来路一里，返三岩之间，取道北上。又里余，沿崖蹑端，遂抵玉帝殿，即宝盖岩也。盖已历重崖之上，下视中岩嵌入足底，而下岩三清，树杪衍翠铺云，若浮空而载之者。由岩左循崖跻石，其上层石回亘，如盘髻上突，而俱不中空，虽峭削无容足之级，而崖端子石嵌突，与白石之顶同一升法。约一里，遂凌峰顶。其间横突之崖，旁插之峰，与夫环涧之田，傍溪之室，遐览近观，俱无非异境。乃知是山东西骈列，惟三峰最高，皆北耸南俯，此其最西者也。回睇最东，层叠更多，但不及此峻耳。北又横突一峰，为此峰北护，即县南望之趋者。其北面峭削特甚，西则旁插一峰，颇尖锐，为此峰附。西北两附间，下开一门，内环为峡，乃北护山与西高峰夹而成者。峡中又突嶂中盘，为当门屏。由屏东进峡南转，则东西二高峰交夹隙也，回合甚深曲。久之，乃从旧道下，三里，至灵景岩取行囊。又五里，南下至山麓，西渡一桥，饭于石嘴铺。转而北一里，过石寨村。东望峡门深窈，冀一入探，而从夫阻梗不前；眺峡右有岩岈然，强其姑往探，此夫倔强如故。有土人见而问之，余以情告。土人曰："此岩甚浅，不足入。其内山半有竹筒岩，山北之岩惟此可入而游也。"夫乃俯首从命。遂东向峡门入，过峡北，岩果浅而中北[①]，不堪置足。一里，西抵一高峰东麓，见危崖独展，内环成峡。当门屏下，其南面裂垂罅，削为三崖；西则下属北护峰，与之并起；东面危崖独展，与西高峰麓相对成峡。峡南堰水成塘，环汇南罅三崖下，西附小峰，即椎立于南。塘上一家结茅而居，环户以竹，甚有幽致。由此渡峡，转上西峰北麓。又一里，越岭稍下，其处又成峡焉。细流南向，直坠椎立小峰腋。余乃溯流北入，涧壁阴森，藤竹交荫，涧石磊落，菖蒲茸之，嵌水践绿，足之所履，知菖蒲不知其为石也。缘涧东上，复东南跻岭，共一里，有飞石二丈当道，缘梯而上，则竹筒岩在其左夹。两岩并列，门俱西北向，虽不甚深，高爽殊甚，南有飞泉外坠，北则燥洁中虚，有僧新结庐其间，故其道开辟。岩下崖直达涧底。计岩后即西高峰绝顶，当与三清岩胸背值，若由此置磴，可先登峰顶，次第下诸岩也。既而下二里，仍至环塘结茅处，探南面裂罅。罅相距五尺，两罅并起，界崖为三，俱危悬绝峭。见东麓有径北倚危崖，款茅而问之[②]，其人方牧，指曰："此石背村路也。"先是，偕从夫循危崖北行，夹径藤树密荫，深绿空濛，径东涧声唧唧，如寒蛩私语；径西飞崖千尺，轰影流空，隔绝天地。若不有此行，只谓都峤南魁北峭，一览可尽，而谁觉其幽悄至此哉！时已下午，从夫顿捐倔强之色③，并忘跋履之劳。二里，危崖北穷，与坞西转，即当门屏北麓也，较南麓三裂崖稍逊其峻，亦环亘成坞焉。路乃东向，截坞登岭。岭乃西高东北支，北走属北护峰者。逾岭，其坞自北而南。坞东乃中高盘亘，上亦有岩悬缀，下与西高夹为此坞，北更有重崖间之，南则湾环以出，不知所极。既而南见两三家倚西峰北麓而居，亟趋而问之，即石背村也。余既得石背，因忆宝盖道者所云："山北有岩与之相近。"更详询其所在。村人曰："此处东有婆婆岩，岩高路绝，可望而不可到；西有新岩，其岩新辟，有径可别下石寨。"乃引余从屋右小径，指而望之，即竹简岩也。盖北山之洞即为竹简。此中岩名、村界，询之则彼此多错，陟之则脉络递现，山灵与杖屦辐辏④，其无幽不抉如此！时日已下迫，问抵县城尚二十里，亟逾岭，循危崖而行。三里，未至石寨，见有路北去，遂随之。盘一岭，路渐微，问之樵者，曰："误矣！"指从苍莽中横去，曰："从此西南，可得大道。"从之，路益荒棘。久之，得微径向西南，约共误三四里，仍出石寨傍南来大道，日已逼虞渊矣。始北转向大道行，五里，过古楼村西，已昏黑。念前所投宿处，酬钱不受，难再入，入他家又昏暮不便，从暗中历大道北向而驰。四里，越一隘，又二里，转一岣，复下一坡，渡一涧，共二里而抵绣江，则街鼓既动⑤，宿肆俱寂。乃叩南涯之肆，入炊而宿焉。即昨来炊饭家，故闻声而即启也。

【注释】

①北：此指相背。

②款：通"叩"，敲。

③捐(juān)：除去。

④屦(jù)：用麻、葛等制成的单底鞋。辐辏(fú còu)：车轮的很多辐集中于毂上，引申为聚集。

⑤街鼓：古代夜间击鼓报时。一夜分为五更，击五次，亦称更鼓。街鼓既动为一更，时间约当晚上八九点钟。

【译文】

初五日　在灵景寺吃早饭。由岩洞右边往北行，经过三个面向西的岩洞，又绕着石阶往上走，进入面向南的两个岩洞，共行一里左右，然后抵达三清岩。岩洞空旷地方寂静，树枝在明亮的空中轻拂着，真值得歇歇脚。又向西经过面向东的虚岩，于是仍然从来时的路前行一里，返回三个岩洞之间，取道向北上行。又走一里多，沿着石崖边登上石崖顶端，便到了玉帝殿，也就是宝盖岩了。原来我已经爬到重重山崖之上，向下俯视，中层的岩洞嵌入脚底，而下层的三清岩，树梢如散开的翠玉平铺着的云层，好像飘浮在空中载着它的样子。由宝盖岩左边沿着石崖上登石崖，那上层的石崖回绕绵亘，如盘绕的发髻向上突起，但中间都不是空心的，虽然峭拔陡削没有容足之处，但石崖上嵌入的石子突出来，用攀登白石山山顶的同一种方法上登。大约行一里路，终于登上峰顶。山间横突的石崖，旁插的山峰，与那些环绕着山涧的水田，依傍着溪流的房屋，远览近观，全部无不是奇异之境。这才知道这里的山东西并列，只有三座山峰最高，都是北边高耸南面低伏，这座山峰是群山中最西边的山峰了。回头侧视最东边，层层叠叠的山峰更多，只是没有这座山峰险峻罢了。北边又横着突起一座山峰，是这座山峰在北面的卫兵，就是从县城向南望着它赶过来的山峰了。它的北面特别峭拔陡削，西边则在旁边插着一座山峰，相当尖锐，是附着在这座山峰上的山峰。西、北两座附属的山峰之间，下面开有一个石门，门内环绕成峡谷，是北面卫兵样的山与西面的高峰相夹形成的。峡中又突起一座屏障样的山峰盘踞在中央，是挡在门前的屏风。由屏风的东侧进峡后向南转，就到东西两座高峰相夹的缝隙中了，回绕闭合，非常深远曲折。很久，仍然从原路下山，行三里，来到灵景寺岩洞中取了行李。又行五里，向南下到山麓，向西越过一座桥，在石嘴铺吃饭。转向北一里，路过石寨村。向东望去，峡口幽深杳渺，希望进去探察一下，但随行的脚夫从中作梗不肯前行；眺望峡谷右侧有个岩洞十分深邃，强逼他姑且前去看一看，这个脚夫仍像先前一样倔强。有个当地人看见了便询问缘故，我把情况告诉他。这个当地人说："这个岩洞非常浅，不值得进去。峡谷里面半山腰上有个竹简岩，山北面的岩洞只有这个洞可以进去游一游。"脚夫这才俯首听命。于是向东从峡口进去，经过峡谷的北面，岩洞果然很浅，而且洞中狭窄，不能落脚。行一里，向西抵达一座高峰的东麓，只见高险的山崖独自展开，里面环绕成峡谷。挡在门前的屏风下面，这座山峰的南面裂成垂直的裂隙，被削成三座悬崖；西面则是下面连着北面卫兵样的山峰，与它并排耸起；东面是高险的山崖独自展开，与西面高峰的山麓相对形成峡谷。峡谷南段有堤坝积水形成水塘，环绕汇积在南面裂隙削成的三座悬崖之下，西边附着的小山峰，就像锥子一样矗立在南面。水塘上边有一户人家建了茅房居住在这里，用竹丛环绕着屋门，有着十分幽雅的情趣。由此处渡过峡谷，转上西峰的北麓。又行一里，越过山岭后稍下走，此处又形成了峡谷。细细的溪水向南流去，一直下泻到像锥子一样矗立着的小山峰侧旁。我于是溯流向北进去，山洞中的石壁阴森森的，藤蔓竹丛交织成荫，山洞中的岩石众多杂沓，菖蒲绿茸茸的，嵌入水中踩着绿草，脚下所踩之处，只知道有菖蒲不知道脚下是岩石了。沿着山洞往东上走，再向东南登岭，共一里，有一块二丈高的飞石挡住道路,沿着石梯上登,就见竹简岩在飞石左边的夹缝中。两个岩洞并列,洞口都是面向西北,虽然不怎么深,特别高敞明亮,南洞有飞泉坠落在洞外,北洞则是干燥整洁洞中空阔,有僧人在洞中新建了房屋,所以到这里的道路很开阔。岩洞下面的山崖直达洞底。估计岩洞后面就是西面那座高峰的绝顶,应该与三清岩腹背相对,如果从此处铺设了石阶,可以先登上峰顶,再依次下到各个岩洞。既而下行二里,仍然来到水塘环绕建有茅屋之处,去探测南面的裂隙。裂隙相距五尺,两条裂隙并排竖起,把山崖分隔成三座,全是高险绝的峭壁。看见东麓有条小径紧靠着北面的危崖,敲开茅屋的门问路,那人正在放牧,指点说:“这是去石背村的路。”这之前,偕同随行的脚夫顺着危崖往北行,夹住小径的藤枝树丛树荫浓密,一片空濛的深绿色,小径东边的山涧水声唧唧,好像深秋的蟋蟀在窃窃私语;小径西边是飞空千尺的悬崖,迸裂的山影在空中流动,隔绝天地。如果没有此行,只会认为都峤山南面高大而北面陡峭,可以一眼览尽,而谁又会觉察到都峤山幽深寂静到如此地步呢!此时已经是下午,随行的脚夫顿时失去了倔强的神色,并且忘记了徒步跋涉的疲劳。行二里,危崖到了北边的尽头,顺着山坞向西转,就到了挡在门前的屏风的北麓了,与南麓三座裂开的悬崖相比较,陡峻的程度稍微逊色了一点,也是环绕绵亘形成山坞。道路于是向东走,横截山坞后登岭。这座山岭是西面那座高峰往东北延伸的支脉,向北延伸连接到北面卫兵样的山峰。越过岭头,岭东的山坞自北往南延展。山坞东面是位于中央的高峰盘绕横亘着,山上也有岩洞悬缀着,下面与西面的高峰夹成这个山坞,北边另外有重重山崖隔断了山坞,南面则是弯弯转转地出去,不知它的尽头。继而看见南面有两三家人背靠西峰的北麓居住,急忙赶到那里去问路,这就是石背村了。我找到石背村后,因而回忆起宝盖岩道士所说的话:“山北有个岩洞与石背村相接近。”再次详细询问岩洞所在的地方。村里人说:“此处东边有个婆婆岩,岩洞太高,道路断绝,可望而不可即;西边有个新的岩洞,那个岩洞是新开辟的,有条小径可以从另外一个方向下到石寨村。"于是带领我从屋子右边的小径走,指着望过去,那就是竹简岩了。原来北山的洞就是竹简岩。问起这一带的岩洞名、村庄的地界,则彼此大多是错乱的,走到那里却是脉络渐次显现出来,山间的灵气与我的拐杖鞋底聚集在一起,其间的幽深之处没有不被如此挖掘出来的!此时落日已经下垂,问知到县城还有二十里路,连忙越过山岭,顺着危崖前行。行三里,还没到石寨村,看见有条路向北去,就顺着这条路走。绕过一座岭,路渐渐变小,向樵夫问路,说:"走错了!"指引我从苍茫的原野中横向走过去,说:"从此地往西南走,可以走上大道。"按照他的话走,路上荒草荆棘更多。很久之后,找到小径走向西南方,大约一共走错了三四里路,仍然出到石寨村旁边南面来的大道上,落日已逼近西山了。这才转向北沿着大道前行,行五里,经过古楼村的西边,天已经昏黑。考虑到先前我投宿的地方,用钱酬谢他不肯接受,难以再次进去,进别的人家天又昏黑不方便,从黑暗中经过大道向北快跑。行四里,越过一个隘口,又行二里,转过一座山,又下了一道坡,渡过一条山涧,共二里后抵达绣江边,就听见街市上的更鼓已经敲响,住宿的旅店全都沉寂了。只好敲开南岸的旅店门,进门煮饭吃好便睡下了。这就是昨天来时煮饭吃的那一家,所以店主听见声音后立即开了门。

初六日　早,北渡江入南门,出西门,饭于肆,即从外垣内北向行①。经演武场,有大塘潴水甚富,堤行其间。堤北出古城门,此古州北城遗址也。有碑言:"天顺间郑果、嘉靖间吴显宗二寇为乱②,皆因改州为县③,城失其险。故崇祯初复门旧基为外护"云。余疑改州为县,因人散城缩,非改县而后失险也。出容县北门即西行。已而北转,循大容东麓十里,有水自西北来,东入绣。乃连渡其右,复渡其左,三渡遂循溪溯流而上，行夹谷间五里，为石头铺。于是复乱流涉水，水势愈缩，山势愈夹。西折入山峡行，透峡共五里，山势复开，是为李村。已渡一桥，复渐入幽阻，盘旋山峡间，见溪流壑底，树蔓空中，藤箐沉翳，举首不见天日。五里，跻岭，复盘旋其上峡。又五里，忽山回谷转，潴水满陂，环浸山麓，开处如湖，夹处如涧，皆平溢不流，左右回错，上下幌漾，真深山中异境也。已而路向南山，水连东坞，乃筑堤界其间，以通行者。再南出峡，水遂西流，是为水源，盖大容北下之脉所盘夹而成者。于是水分东西，夹路随水西北出山。二里为同山墟④，山乃大开，原田每每，村落高下。转而西行，仍南见大容西峰巍然颖出也。五里，有大溪自南，小溪自西，二溪会而东来之溪相并北去。乃涉南溪，溯西溪，北循岭过鸡黍山，有村落在路左。越溪而北，日有余照，途中人言，从此将北入深峡中，无居人，遂止于秦窑⑤。秦窑者，鸡黍山北坞中悬小阜也。左右俱有峡，通狭径，两三家当阜而居，径分其前，溪合其下。主人方裂竹为构屋具，取大竹椎扁裂之，片大尺许，而长竟其节，以覆屋兼椽瓦之用。迎客有山家风味，不若他方避客如虎也。

【注释】

①外垣（yuán）：指城外加筑的城墙，亦称郭。垣，矮墙。

②天顺：明英宗朱祁镇年号，时在1457—1464年。嘉靖：明世宗朱厚熜年号，时在1522—1566年。

③改州为县：元设容州，直隶湖广行省，治今容县。明代降为县。

④同山墟：今作"松山"，在容县西北境公路旁。

⑤秦窑，今作"寻杨"、"寻瑶"。鸡黍山，今作"鸡屎山"，皆在容县西
　北境，松山稍西。

【译文】

初六日　清早，向北渡江后进入南门，走出西门，在店铺中吃了饭，立即从外郭内向北行。途经演武场，有个大水塘蓄着非常多的水，有堤坝穿行在水塘中。从堤上往北走出古城门，这是古州城北城的遗址了。有块石碑说："天顺年间郑果、嘉靖年间吴显宗两起盗贼作乱，都是因为把州改为县，城失去它的险要地位。所以崇祯初年在旧城基址恢复了城门作为外围的屏障"等等。我怀疑把州改为县，是因为人口散去城市萎缩，不是改县后才失去险要的地位。出了容县县城的北门立即往西行。不久转向北，沿着大容山的东麓前行十里，有溪水自西北流来，向东流入绣江。于是接连渡到溪右，再渡到溪左，三次渡过溪流后就沿着溪水溯流往上游走，前行在夹谷间五里，是石头铺。从这里又涉过乱流的溪水，水势愈加缩小，山势愈加狭窄。向西折进山峡中前行，穿过山峡共走了五里，山势重又开阔起来，这是李村。随即越过一座桥，又渐渐步入幽深险阻之境，盘旋在山峡间，只见溪水流淌在壑谷底下，树枝蔓延在空中，藤蔓竹林深沉密蔽，抬头不见天日。行五里，登岭，又盘旋在岭上的峡谷中。又行五里，忽然间山回谷转，积水满池塘，环绕浸泡着山麓，开阔处像湖泊，狭窄处如山涧，都平静满溢不流动，左右回绕交错，上下荡漾，真是深山中的奇异之境呀。不久道路走向南山，水连接到东面的山坞，于是筑有堤坝隔在山坞中，以便走路的人通行。再向南走出峡谷，水于是向西流，这里是水源，大概是大容山往北下延的山脉盘绕相夹形成的水流。从这里起水流分为东西两条，夹在道路两边，顺着水流向西北出山。行二里是同山墟，山势于是十分开阔，原野中田地肥美，村落高低错落。转而向西行，仍然看见南面的大容山西峰巍然脱颖而出。行五里，有条大溪来自南面，一条小溪来自西面，两条溪流交汇后与东面流来的溪流互相并行向北流去。于是涉过南边来的溪水，

溯西面流来的溪流前行,向北沿着山岭越过鸡黍山,有个村落在道路左边。越过溪流往北行,落日还有余晖,路上的人说,从此地起向北将进入深山峡谷中,没有居民,便停在了秦窑。秦窑这地方,是鸡黍山北面山坞中一座高悬的小土山。左右两侧都有峡谷,通着狭窄的小径,两三家人在土山上居住,小径在山前分岔,溪流在山下合流。主人正在剖竹子为建房做准备,选取粗大的竹子捶扁裂开,竹片大一尺左右,而长度有整节竹节长,用来覆盖屋顶兼做椽子和瓦片用。迎接客人有山村人家的风味,不像其他地方躲避客人如逃避猛虎一样了。

初七日　晨餐毕,从秦窑北行。透峡二里,山复环而成坞,有聚落焉,是为卢绿塘①。从此循壑西北行,山谷愈幽,径路愈塞,山俱丛茅荒棘,求如水源一带高树深林,无复可得。况草茅高者没顶,不辨其上之或东或西;短者翳胸,不见其下之为平为坎。如是者三里,过大虫塘②。又二里逾长岭顶,始北望白石山在重峰之外。于是西北从岭头下二里,又从坑中下一里,为石潭村③。村北逾小桥,从东岐行五里,山坞大开,有江自南而东北注,是为西罗江④,乃发源大容西北,至此始胜舟,而东至头家寨入绣江者⑤。其流颇大,绝流而渡,没股焉。北岸为平地墟,有舟下达绣江。由其埠西上岭,二里,入一坞,为板洞,聚落亦盛。由洞后西上岭,平行岭半二里,转而北,复平行岭半二里,乃下。旋东北上踄,遂逾岭头,南望大容东西诸峰无不毕献,惟北瞻白石,为北峰所掩。复平行岭上,一里而下岭北,其水犹东行。度峡西,稍逾一坳,水始分东西焉:东水俱入西罗江,属梧;西水俱入大水河⑥,属浔,是为分界。一里出坞，为上周冲，山始开。五里抵罗秀⑦，山乃大开。饭于肆。
由罗秀北行三里，为卢塘⑧。四山开绕，千室鳞次，倚山为
塘，堤分陂叠，亦山居之再盛者也。罗秀、卢塘之中，道旁
有空树一圆，出地尺五，围大五尺，中贮水一泓，水面上不
盈树围者五六寸，下浮出地面者几及尺焉。深碧澄莹，以
杖底之，深不可测，而珠泡亹亹上溢⑨。空树虽高于地，若
树中之水，止可与地相平，乃地之左右俱有溪流就下，而水
贮树中者较地独高，不溢不减，此孰为之斟酌其间耶？树若
井栏，或人之剜空而植之地中者。但水之浮地为可异耳。卢塘北五
里，过卢忘村⑩，登一岭夹。下而复上，又二里，循山半行，
始望白石双尖如觌面。其岭东西两界夹持，而北下成深
坑，布禾满底坑。一里，辄有过脊横断两崖间，凡渡三脊，
约循崖上者共六里焉。俯瞰坑中，或旁通，或中岐，所谓
"十二岔塘"者是矣。渡脊后，遂西北逾岭，一里稍下，复东
度一脊，乃北向大路，直望白石山麓。北下一里，又随夹西
转一里，下至坑底，即逾小岭。一里西下，则大水河从南北
注。随之北下，又一里，水转东折，又有一小水北自白石
来，合并东向。乃既渡其大，复渡其小，上东北涯，已暮色
逼人，投宿于岭上之陈村。大水河者，自同冲、罗秀北流过
此，下流至武林入浔江⑪。

【注释】
①卢绿塘：今作"黎曲塘"，在容县西北境，松山稍西。
②大虫塘：今作"大虫冲"，在容县西北。
③石潭村：今作"石头"、"寺塘"，在容县西北隅。

④西罗江:又作"思罗江",今称四六河。一说为丝罗江,沿江遍植
　桑树,盛产丝罗。

⑤头家寨:今作"道家",在藤县西南隅,四六河在道家汇入北流江。

⑥大水河:今称"白沙河",在平南县境,从南往北流入浔江。

⑦罗秀:今名同,在桂平市东南隅。

⑧卢塘:今作"露棠",在桂平市东南隅罗秀稍北。

⑨亹(wěi)亹:行进的样子。

⑩卢忘村:今作"路房",在桂平市东南隅。

⑪武林:今名同,在平南县东境,浔江南岸,白沙河汇入浔江处。

【译文】

　　初七日　吃过早餐,从秦窑往北行。穿越山峡二里,山又环绕成
山坞,有个聚落在山坞中,这里是卢绿塘。从这里沿着壑谷往西北行,
山谷中越来越幽深,道路越来越闭塞,山上全是丛聚的茅草和荒芜的
荆棘,要找像水源一带的高树深林,不再可能找到。何况茅草高的没
过头顶,辨不清头上是东还是西;短一些的遮到胸口,看不见脚下是平
坦还是坎坷。这样的路走了三里,路过大虫塘。又行二里越过长岭
顶,这才望见北面的白石山在重重山峰之外。在这里向西北从岭头下
行二里,又从坑谷中下走一里,是石潭村。从村子北边越过小桥,沿着
向东去的岔道前行五里,山坞十分开阔,有条江水自南往东北流淌,这
是西罗江,是发源于大容山西北麓,流到此地才能承载船只,而后往东
流到头家寨汇入绣江的江流。江流相当大,横截江流而渡,江水没过
大腿。北岸是平地墟,有船下行到绣江。由江边码头向西上岭,行二
里,进入一个山坞,是板洞,村落也很兴盛。有板洞后面向西上岭,平
缓地在山岭半中腰前行二里,转向北,又平缓地在山岭半中腰前行二
里,于是下山。随即往东北上登,终于越过岭头,远望南面大容山东西
两面的群峰无不全部呈现出来,唯独向北远望白石山,被北面的山峰
遮住了。又平缓前行在岭上,一里后下到岭北,这里的水流仍然是向

东流淌。过到峡谷西面，慢慢穿越一个山坳，水流这才分向东西两面：东面的水流全部流入西罗江，属于梧州府；西面的水流全部流入大水河，属于浔州府，这里是分界处。行一里后走出山坞，是上周冲，山势开始开阔起来。行五里抵达罗秀，山势这才变得十分开阔。在饭店中吃饭。由罗秀往北行三里，是卢塘。四面群山开阔缭绕，千家万户鳞次栉比，靠山修筑了水塘，堤坝分布，池塘层层叠叠，也是山间村居中的又一处兴盛的地方了。罗秀、卢塘的中间，道路旁边有一棵圆圆的空心树干，高出地面一尺五，树干大五尺，树洞中贮满一汪清水，水面上边距离树洞口不到五六寸，下面浮出地面的距离几乎高达一尺。水深澄碧晶莹，用拐杖探测洞底，深不可测，而珍珠般的水泡汩汩地向上溢出来。空心树干虽然高于地面，但如果树干中有水，只可能与地面一样平，这是因为此地的左右两边都有溪流往下流，然而水积贮在树干中的水面唯独比地面高，不溢出也不减少，这是谁在舀水灌进树干中的呢？树干像个井栏，或许是人为挖空后植入地下的。但是水浮出地面可算是很奇异的事了。从卢塘向北五里，路过卢忘村，登上一条岭上的夹谷。下岭后又上山，又行二里，沿着山的半中腰前行，这才看见白石山的一对山尖好像脸对脸的样子。这座岭被东西两列山夹持着，而北面的下方形成深坑，坑谷底部布满稻禾。行一里，总有延伸而过的山脊横向阻断在两面的山崖间，一共越过三条山脊，大约沿着山崖上走的路共有六里。俯瞰坑谷中，有的通到别的地方，有的从中间岔开，所谓的"十二岔塘"的地方就是这里了。越过山脊后，便向西北越岭，行一里稍稍下走，又向东越过一条山脊，于是向北走上大路，一直望着白石山山麓走去。往北下行一里，又顺着夹谷向西转一里，下到坑谷底下，立即越过一座小岭。向西下走一里，就见大水河从南往北流淌。顺着大水河往北下行，又行一里，河水转向东折去，又有一条小河自北面的白石山流来，合流后向东流去。于是渡过那条大河后，又渡过那条小河，登上东北岸，已经是暮色逼人，在岭上的陈村投宿。大水河，源自同冲、罗秀,向北流过此地,下流到武林汇入浔江。

初八日　自大水河登后山入浔,路当从山左循小水北行,余误从山右大水北去。一里,大水折而东,余乃西逾岭。三里出罗捷①,或作"插",有村落在山半。仍与北来小水遇,溯之行,始得大道。又二里,复逾水上岭,从岭上行二里,西瞻独秀而行。下山二里,为陈冲②,已出独秀东北,复见白石矣。自陈冲循坞中小水东北行,至是又以潘观山为西瞻矣。潘观山与东界山排闼而北。十里,复西北陟冈,盘西界中垂之嘴,于是复循冈陇行。共十里,逾一岭而下,是为油麻墟③。时值墟期,饭而后行。十里,连渡二桥,桥北为周村,水北绕而去,路陟西岭。五里,过上合村。又谓之麻合,居民二三家在岭内。又十里,抵陈坊④。陈坊之南,自周村来,山不甚高,水不成溪,然犹冈岭间叠,陂陀盘绕;陈坊之北,则平野旷然,西山在望,聚落成市,始不作空山寂寞观矣。

【注释】

①罗捷:今作"罗集",在桂平市东隅。

②陈冲:今分中陈冲、上陈冲,在桂平市东隅,油麻稍南。

③油麻墟:今作"油麻",在桂平市东境。

④陈坊:今作"寻旺"、"覃旺",在桂平市稍东。

【译文】

初八日　从大水河登上后山进入浔州府境内,道路应当从山的左边沿着小河往北行,我错误地从山的右边沿着大河向北走去。行一里，大水河折向东去，我于是向西越岭。走三里出到罗捷，或者叫"插"，有个村落在山腰上。仍然与北面流来的小河相遇，逆流前行，才遇上大道。又行二里，又渡过河水登上岭上，从岭上前行二里，远看着西面的独秀峰前行。下山二里，是陈冲，已经到了独秀峰的东北麓，又一次见到白石山了。自陈冲沿着山坞中的小河往东北行，走到这里又把潘观山作为西面远望的对象了。潘观山与东面一列山像门扇一样排列着往北延伸。行十里，又向西北上登山冈，绕过西面一列山从中下垂的山嘴，于是又沿着山冈土陇前行。共行十里，越过一座岭后下走，这里是油麻墟。此时正遇上赶集日，吃饭后才上路。行十里，一连走过两座桥，桥北是周村，河水向北绕着流去，道路上登西面的山岭。行五里，经过上合村。又把它称为麻合，有两三家居民在山中。又行十里，抵达陈坊。陈坊的南面，自从周村以来，山不十分高，水不成溪流，然而仍然是冈峦山岭重叠相间，山坡回绕；陈坊的北面，则是平坦空旷的原野，西山在望，聚落形成街市，这才不再呈现出空旷山野寂寞荒凉的景观了。

初九日　自陈坊墟西行荒野之中，中洼如岩，岩中突石，盘错蹲踞，但下无深坠之隙，中无渊涵之水，与前所过石桥村南洼陂突石无以异也。西行十里，直逼思灵山下，则郁江自西南环城东北，而隔江山光雉堞，恍然在望矣。渡江，抵城东南隅，往南门，至驿前，返浔郡寓中，则二病者比前少有起色。询横州渡舠，以明晨早发，遂携囊下舟以俟焉。

【译文】

初九日　从陈坊的集市上向西行走在荒野之中，中央下洼好像岩洞,洞中有突立的岩石,盘结交错地蹲坐着,但下边没有深陷的裂隙,其中没有深涵的积水,与我前边走过的石桥村南面洼地池塘中突立的岩石没有不同之处。往西行十里,一直逼近思灵山下,就见郁江从西南方环绕着府城流向东北方,而隔着江流的山光城池,恍惚在望了。渡过郁江,抵达府城的东南隅,前往南门,来到驿站前,返回浔州府的寓所中,只见两个病人比以前稍有起色。打听到去横州的渡船,因为明天一大早要出发,便带上行李下船等待。

　　是行也,为日十有六,所历四县、桂平、陆川、北流、容。一州郁林。之境,得名岩四,而三为洞天①:白石名秀乐长真第二十一洞天,勾漏名玉阙宝圭第二十二洞天,都峤名大上宝玄第二十洞天。惟水月洞不在洞天之列,而实容山之正脉。盖余所历,俱四面环容山之麓。盖大脊西南自钦州、灵山②,东北经兴业,由平山墟度脉而东,即高峙为大容③。其北出之支,发为白石,而山脉尽焉;其南出之支,经北流县东分为勾漏,而山脉亦尽;南行正脉,自鬼门关又南为水月洞,又南经高州、西宁之境④,散为粤东南界之脉,而北转者始自罗㳁而北,结为都峤。是白石、勾漏、水月皆容山嫡冢,而都峤则云礽之后矣⑤。世谓容州三洞天俱潜穴相通,非也。白石之通于勾漏者,直指其山脉联属,而何必窍穴之相彻⑥;都峤之通于勾漏者,第泥其地界之接轸⑦,而岂知脉络之已分。故余于都峤而知迹之易混,于水月而知近之易遗也。

【注释】

①洞天：道教称神仙所居的地方为洞天，意即洞中别有天地。

②灵山：明为县，隶广东廉州府钦州，即今广西灵山县。

③大容：今名同，在容县、桂平、玉林、北流数县间，最高峰海拔
1275米。

④西宁：明为县，隶广东罗定州，治今广东郁南县建城。

⑤礽（réng）：即扔孙。古称从本身下数第八世孙为礽孙（包括本
身）；亦通称孙为"礽孙"。

⑥彻：贯通。

⑦轸（zhěn）：通"畛"。界限。

【译文】

　　这次出行，为时十六天，经历过四个县、桂平县、陆川县、北流县、容县。一个州郁林州。的境内，找到四个著名的岩洞，而其中三个是道教所称的洞天：白石山名为秀乐长真第二十一洞天，勾漏山名为玉阙宝圭第二十二洞天，都峤山名为大上宝玄第二十洞天。只有水月洞不在洞天之列，但实际上是大容山的主脉。大体上我所经历的地方，四面都是环绕着大容山的山麓。大致说来，山脉主脉的山脊起自西南方的钦州、灵山县，往东北经过兴业县，由平山墟山脉向东延伸，就高耸成为大容山。主脉向北分出的支脉，突起成为白石山，而山脉在此到了尽头；主脉往南分出的支脉，延经北流县向东分为勾漏山，而山脉也到了尽头；往南延伸的主脉，自鬼门关又往南成为水月洞，又往南延经高州府、西宁县境内，散开成为广东南部的山脉，而向北转去的山脉从罗㔥开始往北延伸，盘结为都峤山。这样，白石山、勾漏山、水月洞都是大容山的正宗嫡系，而都峤山则可以说要排在子孙辈以后了。世人认为大容山各州县的三个洞天都有暗洞相通，不是这样的。说白石山通到勾漏山，只是指它们的山脉相连，而何必要洞穴相通；说都峤山通到勾漏山，仅只是

拘泥于它们的地界互相接壤,却哪里知道它们的地理脉络已经分开。所以我在都峤山便知道表面的迹象容易混淆,在水月洞便知道近似的东西容易遗漏了。

鬼门关在北流西十里,当横林之北,望之石峰排列,东与勾漏并矣。北流而县中峙,乃东者名仙区,西者称鬼域,何耶? 余初是横林北望,心异山境,及抵北流而后知其为"鬼门",悔不能行其中,一破仙、鬼之关也。

【译文】

鬼门关在北流县城西面十里处,位于横林的北面,远望它,石峰排列,与东面的勾漏山并立。北流县城屹立在中间,可东面的山起了仙境的名字,西面的山却用鬼域的名字来称呼,为什么呢? 我最初是在横林向北远望,心里感到山景很奇特,等到达北流县城后才知道它是"鬼门",后悔没能在山中行走,一举攻破这神仙、鬼蜮之关。

初十日　未明发舟,晓霞映江,从篷底窥之,如行紫丝步帐中,彩色缤纷,又是江行一异景也。随西山南向溯流十里,外转而东北行,迂曲者又十里,始转而南又十里,望白石山亭崿东南,甚近。于是转而西北,是为大湾。又西十里过牛栏村①。转而南,复转而西,又十五里而暮。又乘月行五里,宿于镇门。是夕月明如昼,共行六十里。

【注释】

①牛栏村：今作"流兰"，在桂平市中部，郁江北岸。

【译文】

初十日　天未明开船，拂晓的朝霞映照在江水中，从船篷底下窥视江水，如同前行在紫色丝绸制成的帷帐中，彩色缤纷，这又是江中行船的一种奇异景象了。顺着西山向南逆流前行十里，向外转向东北行，迂回曲折地又行十里，这才转向南又行十里，远望白石山亭亭玉立在东南方，非常近。于是转向西北，这里是大湾。又向西十里经过牛栏村。转向南，再转向西，又行船十五里后天黑下来。又乘着月色前行五里，住在镇门。这天夜里月光明亮如同白昼，共行船六十里。

十一日　未曙而行。二十里，白沙①，又五里登涯。由小路北行，一里得大路，稍折而东，渡雷冲桥。从桥东小岐北望石峰而行，涉一溪，行苍莽中。四里抵小石峰下，复透一峰峡，又三里抵罗丛岩，岩门南向。邦人黎霄鸾，乡贡进士，有记曰："东南望白石洞天，西北接狮子、凤巢之秀，艮案峙其前，太平拥其后。"既至，日犹未午，一面索炬同道者游②，一面令具餐焉。盖兹岩前有东西两门，内有东西两洞。西洞之内，倏夹倏开，倏穹而高盘，倏垂而下覆，顶平若幕，裂隙成纹；至石形之异，有叠莲盘空，挺笋森立者，亦随处点缀，不颛以乳柱见奇也。西洞既穷，道者复携炬游东洞。计里许，北过一隘，西转有峡，北透天光。其内夹而不宽，高而无岐，石纹水涌，流石形如劈翅，而莲柱乳笋，亦复不汎③。时数炬更尽，不复能由内洞返。北跻后洞出，穴北向，仅中匍匐出洞。已下北麓，循麓东行，过东北隅，道者指其上列窦曰④："此东洞后穴也。"予即欲从之入。道者曰:"无炬。须仍由前洞携炬出。"从之,环其东麓。麓东一峰圆峙,高逾此山,窍穴离披。道者谓都无深入窦。然其北有石一枝离立起,不由此不得睹也。复入东前洞,缚炬内游。乳石奇变,与西内洞等,而深止得半,不若西屡转愈扩也。东崖上穴骈迸,亟跻上,则有门三穴,联翩北向,而下无阶级④。道者谓:"从其内西向跻暗夹中,有道可出,然愈上愈隘,不若仍出前洞也。"游毕,下洞底,循故道出。

【注释】

①白沙:今名同,在桂平市西南境,郁江西岸。

②道者:本日记乾隆本、"四库"本皆作"导者",据季抄本改。

③汎(fàn):一般。

④阶级:台阶。

【译文】

　　十一日　天上还未露出曙光便行船。行二十里,到白沙,又行五里登上岸。由小路往北行,行一里后遇见大道,稍折向东,越过雷冲桥。从桥东边岔开的小径望着北面的石峰前行,涉过一条溪流,行走在苍茫的原野中。行四里后抵达小石峰下,再穿越一条石峰下的峡谷,又行三里抵达罗丛岩,岩洞口面向南。本朝人黎宵寰,是乡贡进士,有碑记说:"东南方远望着白石山的洞天,西北方连接着狮子山、凤巢山的秀色,艮案山耸峙在洞前,太平山拥围在洞后。"来到之后,天色还没到中午,一面找火把同道士去游洞,一面命令准备午饭。这个岩洞前边有东西两个洞口,洞内有东西两个洞。西洞之内,忽而狭窄忽而开阔,忽而高高地盘旋着穹隆而起,忽而低低地垂下来覆盖着,洞顶平滑得好像帷幕,裂隙形成花纹;至于岩石的奇异形状,有重叠的莲花盘结在空中,挺拔的石笋森然蠹立着,也是随处点缀着,不是专门以钟乳石柱见奇。西洞游完后,道士又带上火把去游东洞。估计一里左右,向北经过一个隘口,转向西有条峡谷,北面照进天上的亮光来。洞内狭窄不宽,很高却没有岔洞,石纹像水波一样涌动,流水样岩石的形状如张开的翅膀,而莲花状的石柱和钟乳石笋,也又是不一般。此时几个火把都换着烧完了,不再能经由洞内返回去,向北登上后洞出来,洞穴面向北,仅能从中间趴伏着出洞来。不久下到北麓,沿着山麓往东行,路过东北隅,道士指着山上裂开的洞穴说:“这是东洞的后洞。”我想马上从这个洞口进去。道士说:“没有火把。必须仍然经由前洞带着火把出来。”我听从他的话,绕到山的东麓。山麓东面有一座山峰圆圆地蠹立着,高处超过这座山,石窍洞穴杂乱众多。道士说都没有能深入进去的洞穴。然而这里的北面有一座石峰并立而起,不经由此地是不能见到的。再次进入东面的前洞,绑好火把游览洞内。钟乳石奇异变幻,与西洞内相同,然而深处只有西洞的一半,不像西洞那样转过多次后就越来越宽敞。东面的石崖上有洞穴并排迸裂开,急忙登上去,就见有三个洞口,连在一起面向北方,但下方没有台阶。道士说:“从洞内向西上登到黑暗的夹道中,有路可以出去,但是越上去越窄,不如仍然从前洞出去了。”游完,下到洞底,顺着原路出来。

饭于道者,复束炬为水洞、龙洞游。水洞在山西南隅,其门南向,中宽数亩,潭水四际,潴而不流,其深不测,而渊碧如黛;其外浅处,紫碧浮映,想为日光所烁也。洞左右俱有重崖回环潭上,可循行以入。及抵潭际,则崖插底而路旁绝,上无岐穴,不识水洞何所止。出洞,循西麓北转而东,又得龙洞。洞在山西北隅,其门北向,中有水夹,其上片石东西交叠,成天生桥焉。五丈以内,又度一梁,箐火入,西穿石柱,夹渐大。南入约半里,路穷下黑,乃多燃火炬照耀之。亦有深潭一泓,潴水莫测,大更逾于水洞,投石沉沉,亦止而不流,洵神龙之渊宅也。已而熄炬消焰,南望隔潭,深处杳杳,光浮水面,道人神以为怪光使然。予谓穴影旁透。道人曰:"昔村人结筏穷之,至其处,辄不得穴,安所得倒影?"予曰:"此地深伏,虽去洞顶甚遥,然由门南出,计去水洞不远,或水洞之光,由水中深映,浮筏者但从上瞩,不及悟光从水出耳。若系灵怪,岂有自古不一息者哉?"乃复明炬出龙洞。

【译文】

在道士那里吃了饭,又捆好火把去游览水洞、龙洞。水洞在山的西南隅,洞口面向南,洞中有几亩地宽,潭水漫到四周,停积不流,水深不可测,渊深澄碧好像青黑色的颜料;潭水外边浅一点的地方,浮动映照着紫绿色,想来是被阳光照射所致。洞的左右都有重重石崖回绕在深潭上方,可以顺着走进去。来到水潭边时,有石崖插到水底而石崖旁边的路断了,上面没有岔洞,不知水洞在什么地方到头。出洞后,沿着西麓向北走,转向东,又找到龙洞。洞在山的西北隅,洞口面向北,洞中有积水的夹谷,夹谷上方石片由东西两头交叠在一起,形成天生桥。五丈以内,又越过一座桥,点亮火把进去,向西穿过石柱,夹谷渐渐变大。向南深入大约半里,路断了,下面漆黑,只得多点燃几束火把照射洞中。也是有一池深潭,积水深不可测,大处更是超过水洞,扔下一块石头,水声沉闷,也是停积不流,确实是神龙居住的渊薮啊。不久火把的光焰熄灭了,隔着潭水向南望去,深处杳渺无际,有光影浮动在水面上,道士神秘地认为是神怪发出的亮光使它这样的。我认为是旁洞的光影折射进来形成的。道士说:"从前村子里的人编了木筏去穷根究底,到了那个地方,总是找不到洞穴,哪里能有倒射的光影?"我说:"这个地方深深地潜伏着,虽然距离洞顶非常遥远,不过由洞口向南出去,估计离水洞不远,或许是水洞中的光线,从水中的深处映射过来,浮在木筏上的人只顾向上面看,没来得及反应过来光线是从水下反射出来的罢了。如果确实是山灵水怪,哪有自古以来不休息一下的呢?"于是重新点燃火把出了龙洞。

　　别道人,即西逾石梁,西南望山坳行。皆土山漫衍,三里,辄不得路。乃漫向西南升陟垅坂,五里始得路。乃随向西南一里,度一石梁,又一里得村聚,是为厚禄①,有公馆焉。厚禄西南,乃往贵县大道;厚禄之北为安禄营,乃浔州所从来者。余从间道出厚禄后山,已过安禄而南,欲趋平碣尚三十里,中无人烟可以托宿。土人劝余返安禄宿铺中,时日才下舂,余不能违也。安禄营有营兵数十家,以宿客为业。

【注释】

　　①厚禄:今名同,又作"厚六",在桂平市西隅。

【译文】

　　与道士辞别后,立即向西越过石桥,向西南望着山坳前行。全是绵延的土山,行三里,总是找不到路。于是漫无目的地往西南爬升在土陇山坡间,走五里后才找到路。于是顺着路向西南行一里,跨过一座石桥,又行一里走到一个村落,这里是厚禄,有公馆在村中。由厚禄向西南走,是前往贵县的大道;厚禄的北面是安禄营,是从浔州府城来的路。我从便道出到厚禄的后山,已经往南过了安禄营,想要赶到平碣去,还有三十里路,中途没有人烟可以投宿。当地人劝我返回安禄营住宿在

店铺中,此时太阳才开始西斜,我不能违拗了。安禄营有几十家营兵,以招待
旅客住宿作为职业。

　　罗丛岩西北有崇山横亘,东北自浔之西山,西南自
贵之北山,二山两角高张,东西相距百四十里,中间峰
峦横亘,翠环云绕,颇似大容。盖大容为郁江南条之
山,界于绣、郁两江之间;而此山为郁江北条之山,界于
黔、郁两江之间。其脉自东南曲靖东山至泗城州界,经思恩、宾
州之境,而东尽于浔①。贵县之倚北山,犹郁林之于大容西
岭;浔州之倚西山,犹容县之于大容东峰:皆东西突耸
两角,而中则横亘焉。第大容东西八十里,较近,而中
有北流县界其间;兹山较远,而别无县治,惟安禄营为
中界。安禄东有土山,脉由大山东北分支南下。第大
山自西南趋东北,土山自东北转西南,南抵浔、贵滨江诸山
而止。其中夹成大坞,映带甚遥,平畴广溪,迤逦西
南矣。

【注释】

①"其脉自东南"以下几句:霞客因误认南盘江的下游,所论此脉实
　　不存在。曲靖东山至泗城州界间,其脉被南盘江隔断。

【译文】

　　罗丛岩西北有崇山峻岭横亘着,东北起自浔州府的西山,西
南起自贵县的北山,两座山像两只角高高张开,东西相距一百四
十里,中间横亘着峰峦,翠色环绕,云雾缭绕,很像大容山。大体
上大容山是郁江南面条状的山脉,隔在绣江、郁江两条江流之间;

而此山为郁江北面条状的山脉，隔在黔江和郁江两条江流之间。这条山脉起自东南方曲靖府的东山，延伸到泗城州境内，延经思恩府、宾州境内，而后往东延伸，在浔州府到了尽头。贵县县城背靠北山，就像郁林州州城背靠大容山的西岭一样；浔州府城背靠西山，就像容县县城背靠大容山的东峰一样：都是在东西两面突立高耸着两只角，而中间则横亘着山脉。只是大容山东西有八十里，较近一些，而且中间有北流县隔在其间；这座山较远，而且没有别的县城，只有安禄营隔在中间。安禄营东面有一列土山，山脉由大山在东北方分支向南下延。只是大山自西南向东北延伸，土山自东北转向西南，向南抵达浔州府、贵县滨江地带的群山便终止了。两列山中间夹成大山坞，互相衬托得十分遥远，平旷的田野中，宽广的溪流逶迤流向西南方了。

十二日　平明，自安禄西南行田塍间。四里，南越山冈，西下二里为飘村①，聚落不及厚禄三之一，而西望大山之下，则村落累累焉。又西南四里，过一小桥，于是皆沮洳之境，两旁茅草弥望，不复黍苗芃芃矣。又一里，过临征桥，乃南逾冈陇。又西南三里，有碑大书为"贵县东界"。又西南渐向冈陇，而草蓁一望如故②。又八里，直抵石山下，是为平碉营。先是，由飘村南望，右大山，左土岭，两界夹持，遥遥西南去，大山长后西突而起，土山短渐南杀焉。而两界之中，有石山点点，青若缀螺，至是而道出其间。平碉亦在冈阜上，有营兵数家，墟舍一环。就饭于卖浆者，恐前路无人烟也。平碉之东，石峰峭立，曰大岩山，有岩甚巨，中容数千人。其南又突小山，低而长，上有横架之石，若平桥高悬，其下透明。小山之西，平碉之南，为马鞍山，亦峭耸而起,此皆平碉之近山也。南望有骈若笔架、锐若卓锥者,在数里之外。望之而趋,三里,度石梁,为石弄桥。又南十余里,直抵南望诸峰之麓,有一第舍在路右突阜上,曰劈竹铺。眺路左诸峰,分岐竞异,执途人而问之,始知即贵县之东山也。其西北大山尽处高峙而起者,即贵县之北山也。按《志》,贵县有东、西、南、北四山,而东山在县东二十里,为二何隐处,《一统志》曰:唐时有何特进、履光二人隐此。《风土记》谓特进乃官衔,分履、光为二人,曰何履、何光。《西事珥》载,开元中,何履光以兵定南诏,取安宁,立铜柱。按此,则履光乃一人,其一名特进,非衔也③。明秀挺拔。盖四山惟北为崇峦峻脊,而东、西、南三山俱石峰森立。东山亚于南而轶于西④。西北一峰如妇人搭帔簪花⑤,俗呼为新妇岩。中峰石顶分裂,如仙掌舒空,又如二人并立,今人即指为二何化名。然兹山耸拔自奇,何必摹形新妇,托迹化人也!其南支渐石化为土,峰化为冈,逶迤西南。循其右行,共九里,为黄岭⑥。其南面土冈尽处,始见村聚倚冈,室庐高列。其北隅平洼中,复立一小石峰,东望如屋脊横列,两端独耸;西眺则擎芝偃盖,怪状纷错。又西南一里,路右复突一石峰,高耸当关,如欲俯瞰行人者。从此东北,石峰遂尽,遥望南山数点,又青青前列矣。又二里,度一石梁,其水势石状与劈竹同。又五里,则路两旁皆巨塘潴水,漾山漾郭。又一里,过接龙桥。叠石塘中以通南北,乃堤而非桥也。于是居聚连络。又西一里,由贵县东门抵南门⑦,则大江在其下矣。静闻与顾仆所附舟,已先泊南门久。下午下舡,薄暮放舟,乘月西行,十五里而泊。

【注释】

①飘村：今作"标村"，在桂平市西隅，厚禄稍西南。

②蔂(lěi)：蔓生植物。

③"《一统志》曰"以下几句：明代诸书多本唐人记录，唐代有关何履光进兵南诏事甚详。《蛮书》卷七说："天宝八载(749)，玄宗委特进何履光统领十道兵马，从安南进军伐蛮国。十载(751)，已收复安宁城并马援铜柱。""何履光本是邕管贵州人，旧尝任交、容、广三州节度。天宝十五载(756)，方收蛮王所坐大和城之次，属安禄山造逆，奉玄宗诏旨，将兵赴西川，遂寝其收复。"《新唐书·南诏传》亦载："玄宗诏特进何履光以兵定南诏境，取安宁城及井，复立马援铜柱以还。"《南诏德化碑》载："(赞普钟)三年(754)，汉又命前云南郡都督兼侍御史李宓、广府节度何履光、中使萨道悬逊，总秦、陇英豪，兼安南子弟，顿营垅坪，广布军威，乃舟楫备修，拟水陆俱进。"《册府元龟》卷九七五载："天宝十二载(753)九月辛亥，文单国王子率其属二十六人来朝，并授其属果毅都尉，赐金鱼袋。随何履光于云南征讨，事讫，听还蕃。"唐代贵州即今广西贵港市，是何履光的家乡。何履光官为广府节度，授衔特进，于749年从唐安南都护府进军南诏。安宁即今云南安宁市。马援未到过云南，马援立铜柱事不可遽信。开元，唐玄宗李隆基年号，时在713—741年。

④轶(yì)：超过。

⑤帔(pèi)：披肩。

⑥黄岭：今作"旺岭"，在贵港市城区稍东北。

⑦贵县：隶浔州府，即今贵港市。

【译文】

十二日　天明时，自安禄营往西南前行在田野间。行四里，向南越过山冈，往西下行二里是飘村，村落大小不到厚禄的三分之一，然而向西望去的大山之下，却有村落层层叠叠的。又向西南行四里，走过一座小桥，从这里起全是泥沼之地，两旁是弥漫无边的茅草，不再有茂盛的禾苗了。又行一里，过了临征桥，于是向南翻越山冈土陇。又向西南三里，有块石碑用大字写着"贵县东界"。又往西南渐渐走向山冈土陇之间，而荒草藤葛一眼望去依然如故。又行八里，径直抵达石山下，这里是平碯营。这之前，从飘村向南望去，右边是大山，左边是土岭，两列山相夹对峙，远远地往西南延伸而去，大山绵长后面向西突起，土山短一些渐渐往南降低下去。而两列山的中间，有点点石山，山色青青，好像螺蛳壳一样点缀着，到了这里道路经过这些石山之间。平碯营也是在土冈之上，有几家营兵，一圈赶集用的房屋。到卖酒的人家吃了饭，是担心前面的路上没有人烟。平碯营的东面，石峰峭拔地矗立着，叫做大岩山，有个岩洞非常巨大，洞中可容纳几千人。大岩山南面又突起一座小山，低矮绵长，山上有块横架着的岩石，像一座平桥高悬着，岩石下面透出亮光来。小山的西面，平碯营的南面，是马鞍山，也是峭拔地高耸而起，这些都是平碯营附近的山了。向南望去，有座并立好像笔架、尖得好像高高直立的锥子一样的山，在几里路之外。望着这座山赶过去，行三里，跨过石桥，是石弄桥。又向南十多里，直达远望在南面的群峰的山麓，有一座府第在道路右边前突的土阜上，叫劈竹铺。眺望道路左边的群峰，分出支峰争奇斗异，拉住路上的人打听，才知道这就是贵县的东山了。这里的西北方大山的尽头处高高耸峙而起的山，就是贵县的北山了。根据《一统志》，贵县有东、西、南、北四座山，而东山在县城东面二十里处，是两个姓何的人隐居之处，《一统志》说：唐代有何特进、何履光二人在此地隐居。《风土记》认为"特进"是官衔，把"履"、"光"分为两个人，叫何履、何光。《西事珥》记载，开元年间，何履光率军平定南诏，夺取安宁，立有铜柱。根据这条记载，那么，何履光是一个人，其中另一个人的名字叫特进，不是官衔。明秀挺拔。大体上四座山只有北山是高峻的山峦和山脊，而东、西、南三座山都是森然矗立的石峰。东山低于南山却超过西山。西北方的一座山峰好像女人搭着披肩头上插着鲜花的样子,俗称为新妇岩。中峰的石峰顶分裂开来,好像仙人的手掌伸展在空中,又像两个人并肩而立,今天的人们就把它指认为是两个姓何的人变化成的,并用二何来起名。然而这座山高耸挺拔自成奇观,何必用新媳妇来比拟它的形态,假托是人变化成的呢!这座山的南面,山的支脉渐渐由石头变为泥土,山峰变成冈峦,逶迤向西南延伸。沿着山脉的右边前行,共九里,是黄岭。黄岭南面的土冈尽头处,才看见一个村落紧靠着山冈,房屋高高地排列着。村子北隅平坦的洼地中,又矗立着一座小石峰,向东望去好像横向排列的屋脊,两头独自耸起;向西眺望则如同高擎的灵芝和倒卧的伞盖,奇形怪状,纷繁交错。又向西南一里,道路右边又突起一座石峰,高高耸立,挡住关口,如同俯瞰着行人的样子。从此地往东北去,石峰终于到了头,遥望南山,只是几个点,又青青地排列在前方了。又行二里,跨过一座石桥,桥下的水势和岩石的形状与劈竹铺相同。又行五里,就见道路两旁都是巨大的水塘蓄着水,荡漾在山间潆绕着城郭。又行一里,走过接龙桥。水塘中堆砌着石块,以便南北通行,是堤而不是桥。从这里起聚居的居民接连不断。又向西一里,由贵县县城的东门走到南门,只见大江就在城下了。静闻与顾仆搭乘的船,已经事先停泊在南门等了很久。下午下到船中,傍晚时开船,乘着月色往西行,行十五里后停泊下来。

　　十三日　未明而发。十里,西抵西山之南,转向南行。五里,转向东行,十里,是为宋村①。由贵县南至南山十里,由南山至宋村十里,而舟行屈曲,水路倍之。先,余拟一至贵县,即往宿南山,留顾仆待舟,令其俟明晨发。及余至,而

舟且泊南门久矣。余别欲觅舟南渡，舟人云："舟且连夜
发。"阻余毋往。余谓："舟行屈曲，当由南山间道相待于前，
不知何地为便？"舟人复辞不知，盖恐迟速难期，先后有误
耳。及发舟，不过十余里而泊。今过宋村，时犹上午，何不
往宿南山，至此登舟也？至是，舟转西南，挂帆十里，转东
南，仍纤十五里，复南挂帆行，五里，西转，是为瓦亭堡。其
北涯有石突江若蹲虎，其南涯之内，有山横列焉。又十五
里，则夹江两山并起，舟溯之入。又五里而暮，乘月行十里，
泊于香江驿②。

【注释】

①宋村：今名"上宋"，在贵港市港南区西北隅，郁江东岸。

②香江驿：今仍作"香江"，在贵港市港南区西隅，郁江东岸。

【译文】

十三日　天没亮便出发。行十里，向西抵达西山的南麓，转向南前
行。行五里，转向东行，十里，这里是宋村。从贵县县城到南山有十里，
从南山到宋村有十里，但乘船行走弯弯曲曲的，水路的路程是陆路的一
倍。原先，我打算一到贵县，立刻前往南山住宿，留下顾仆等在船上，让
他等到明天早上再出发。等我到贵县时，船却已经停泊在南门等了我
很久了。我想另外找船南渡，船夫说："船将连夜出发。"阻拦我不要去
找船。我说："坐船走曲曲折折的，我将由南山的便道走在前边等船，不
知什么地方方便？"船夫又推辞说不知道，大概是担心快慢难以估计，先
后到达的时间相错罢了。到开船后，不过前行了十里便停泊下来。今
天路过宋村时，时间还只是上午，为何不前往南山住宿，到此地再登船
呢？到了这里，船转向西南行，挂上帆前行十里，转向东南，仍然用纤
绳拉船前行十五里，再挂上帆向南行船，行五里，向西转，这里是瓦亭

堡。江北岸有块岩石前突到江中，好像蹲着的猛虎，江南岸以内，有山横向排列着。又行船十五里，就见夹住江流两岸的山并排耸起，船逆流进入峡谷中。又前行五里天黑下来，乘着月色前行十里，停泊在香江驿。

十四日　五鼓挂帆行，晨过乌司堡，已一十里矣，是为横州界。东风甚利，午过龙山滩，又四十里矣。滩上即乌蛮滩，有马伏波庙。滩高溜急，石坝横截，其上甚艰。既上，舟人献神庙下，少泊后行。西北五里，为乌蛮驿。又南十里，则石山峥嵘立江右，为凤凰山。自过贵县西山，山俱变土，至是石峰复突而出。其双崖壁立、南嵌江中者，即凤凰岩也。又南二里为麻埠①，日已西昃。余欲留宿其处为凤凰游，而村氓皆不肯停客，徘徊久之而去。又西十里，其处有山高突江左，其上有洞曰道君岩，下有村曰谢村②。日色已暮，而其山去江尚远，亦不及停。又南五里，曰白沙堡，又乘月行五里而泊。是夜月明如昼。

【注释】

①麻埠：今名同，在横县东境，郁江南岸。

②谢村：今称"谢圩"，在横县东境，郁江北岸。

【译文】

十四日　五更时挂上帆前行，清晨经过乌司堡，已经行十里路了，这里是横州的辖境。东风十分顺利，中午经过龙山滩，又是四十里路了。龙山滩上面就是乌蛮滩，有座马伏波庙。滩高流急，有石坝横截江流，船上到上游非常艰难。上去之后，船夫在神庙下献祭，稍作停泊后便开船。向西北行五里，是乌蛮驿。又向南十里，就见有石山山势峥嵘地矗立在江右,是凤凰山。自从过了贵县的西山,山全变为土山,来到这里石峰又突兀而出。那一双悬崖墙壁样矗立、南边嵌入江中的地方,就是凤凰岩了。又向南二里是麻埠,落日已经西斜。我想留宿在此处去游览凤凰岩,但村民都不肯留客,徘徊了很久才离开。又向西行船十里,此处有座山高高地突立在江左,山上有个洞叫做道君岩,山下有个村庄叫谢村。天色已晚,而那座山距离江边还很远,也来不及停船。又向南行五里,叫白沙堡,又乘月色行船五里才停泊下来。这天夜里月光明亮得如同白昼。

乌蛮滩在横州东六十里,上有乌蛮山、马伏波庙。《志》谓:"昔有乌蛮人居此,故名。"余按,乌浒蛮在贵县北,与此不相及。而庙前有碑,乃嘉靖二十九年知南宁郡王贞吉所立①。谓:"乌蛮非可以渎前古名贤之祠,易名起敬滩。"大碑深刻,禁人旧称,而呼者如故。余遍观庙中碑甚多,皆近时诸宦其地者,即王文成《上滩诗》亦不在。而庙外露立一碑,为宋庆历丙戌知横州任粹所撰②,张居正所书。碑古字遒。碑言:"粹初授官时,奉常二卿刘公以诗见送,有'乌岩积翠贯州图'之句。抵任即觅之,不得也。遍询之父老,知者曰:'今乌蛮山即乌岩山也,昔伪刘擅广③,以讳易其称,至今不改。'夫蛮乃一方丑夷,讳亦一时僭窃,遂令名贤千古庙貌,讹袭此名,亟宜改仍其旧。闻者皆曰:'诺。'遂为之修庙建碑,以正其讹。"其意与王南宁同。而王之易为起敬,不若仍其旧更妙。

【注释】

①嘉靖二十九年:即公元 1550 年。

②庆历丙戌:为庆历六年(1046)。庆历,北宋仁宗年号,时在 1041—1048 年,共八年。

③伪刘擅广:指五代十国时,刘隐在今广州所建立的南汉政权。范围为今两广地区。历五主,共 67 年,于 971 年为宋将潘美所灭。

【译文】

　　乌蛮滩在横州东面六十里处,河滩上面有乌蛮山、马伏波庙。《一统志》说:"从前有乌蛮人居住在此地,所以用乌蛮来起名。"我考察,乌浒蛮在贵县北部,与此地不相干。然而庙前有块石碑,是嘉靖二十九年南宁府知府王贞吉立的碑。碑文说:"乌蛮之名是不能用来亵渎古代名贤祠庙的,改名为起敬滩。"大碑深深地刻着这些话,禁止人们用原来的名字,但称呼的人依然如故。我看遍庙中,碑刻非常多,都是众多近代在此地为官的人立的碑,即便是王文成的《上滩诗》也不在其中。而庙外露天立着一块碑,是宋代庆历丙戌年横州知州任粹撰写、张居正书写的碑文。石碑形制古朴,字迹遒劲。碑文说:"任粹最初被授予官职时,太常寺少卿刘公以诗相赠,有'乌岩积翠贯州图'的诗句。到任后就马上去找这个地方,找不到。向父老乡亲四处打听,知道的人说:'今天的乌蛮山就是乌岩山了,从前刘隐伪政权窃据两广时,因为避讳改了山名,至今没有改名。'乌蛮是一个地方丑恶的夷族,避讳也是一时之间伪政权窃位的事,竟然让名贤流传千古的庙宇,错误地沿袭这样的名字,应当赶快改名仍然用旧时的名字。听见这话的人都说:'对。'于是为此修庙立碑,用来纠正这个错误。"他说的意思与南宁王知府的相同。但王贞吉把它改为起敬滩,不如仍然沿用它的旧称更好。

十五日　五鼓挂帆，十五里，清江。有江自江左入大江。又二十里，抵横州南门①，犹上午也。横州城在大江东北岸，大江自西来，抵城而东南去，横城临其左。其濒江二门，虽南面瞰之，而实西南向也。近城有南、北两界山：北七里为古钵，在城西北隅；俗名娘娘山，以唐贞观中②，有妇陈氏买鱼将烹，忽白衣人谓曰："鱼不可食，急掷水中，上山顶避之。"陈如其言。回望所居，已陷为池矣。其池今名龙池，山顶庙曰圣婆庙。南十五里曰宝华，在城东南隅。宝华山有寿佛寺，乃建文君遁迹之地。二山皆土山逶迤，而宝华最高，所谓"秀出城南"是也。宋守徐安国诗。时州守为吾郡诸楚馀，名士翘。有寄书者，与郁林道顾东曙家书俱置箧中，过衡州时为盗劫去。故前在郁，今过横，俱得掉头而去。若造物者故借手此盗，以全余始终不见之义，非敢窃效殷洪乔也③。

【注释】

①横州：明置横州，隶南宁府，即今横县。

②贞观：唐太宗年号，时在627—649年，共23年。

③殷洪乔：名羡，字洪乔，东晋时人，官至豫章太守、光禄勋。他出任豫章太守，京城的人请他帮忙带一百多封信过去，都是托人办私事的。他到豫章石头渚时，把这些信全扔入水中。

【译文】

十五日　五更天挂帆起航。行十五里，到清江。有条江水从江左汇入大江中。又行二十里，抵达横州州城南门，还只是上午。横州城在大江的东北岸上，大江自西面流来，流到城下便往东南流去，横州城濒临大江左岸。州城濒临江流的两座城门，虽在南面俯瞰着江流，可实际上是面向西南方。城附近有南、北两列山：城北七里处是古钵山，在州城的西北隅；俗名叫娘娘山，是因为唐代贞观年间，有个妇人陈氏买鱼回来即将烹煮，忽然有个穿白衣的人对她说："这条鱼不能吃，赶快把它扔进水中，到山顶上去躲避洪水。"陈氏按他的话做了。回头去望她居住的地方，已经陷成水池了。这个水池今天名叫龙池，山顶上的神庙叫圣婆庙。城南十五里处的山叫宝华山，在州城东南隅。宝华山上有座寿佛寺，是建文帝隐居的地方。两座山都是逶迤的土山，而宝华山最高，所谓的"秀出城南"就是指这座山了。宋代知府徐安国的诗句。这时的州官是我们常州府的人诸楚馀，名叫诸士魁。有寄给他的信，与郁林兵备道顾东曙的家信一同放在竹箱中，路过衡州府时被强盗抢去了。所以前几天在郁林州，今天路过横州，都只有掉头而去。好像是造物主借助这些强盗的手，以保全我始终不见他二人的节义，不敢偷偷仿效殷洪乔。

是日为中秋节。余以行李及二病人入南宁舟。余入城，饭于市，乃循城傍江而东，二里，抵下渡。横州有三渡：极西者在州门外，为上渡；极东者在下流东转处北极庙前，为下渡；而中渡在其中。渡南岸，为宝华山道，遂登山坡而入。其道甚大，共二里，透入岭半，其内山环成峒。由峒东北行，有小径，二十里可抵凤凰山。已而复随峡南行，共五里，乃由右岐南复登岭。一里南下，又一里过蒙氏山庄，又一里，乃东向入山。又二里，过山下村居，予以为即宝华寺也。披丛入之，而后知寺尚在山半。渡涧拾级，又半里，得寺。日才下午，而寺僧闭门，扣久之，乃得入。其寺西向，寺门颇整，题额曰"万山第一"。字甚古劲，初望之，余忆为建文君旧题，及趋视之，乃万历末年里人施怡所立。盖施怡建门而新其额，第书己名而并没建文之迹；后询之僧，而知果建文手迹也。余谓"宜表章之"。僧"唯唯"。寺中无他遗迹，惟一僧守户，而钟磬无声。问所谓山后瀑布，僧云："坠自后岭，其高百丈。而峡为丛木所翳，行之无蹊，望之不见，惟从岭而上，可闻其声耳。"余乃令僧炊于寺，而独曳杖上岭，直造其顶。而风声瀑声，交吼不止，瀑终不见。岭南下五十里，即灵山县矣①。乃下返寺。寺后冈上，见积砖累累，还问之，僧曰："此里人杨姓者，将建建文帝庙，故庀材以待耳②。"吁！施怡最新而掩其迹，此人追远而创其祠，里阓之间，知愚之相去何霄壤哉③！既而日落西陲，风吼不息，浮云开合无定。顷之而云痕忽破，皓魄当空。参一出所储酝醉客④，佐以黄蕉丹柚。空山寂静，玉宇无尘，一客一僧，漫然相对，洵可称群玉山头，无负我一筇秋色矣⑤。

【注释】

①灵山县：明置灵山县，属广东省廉州府，即今广西灵山县。

②庀(pǐ)：备具。

③知：通"智"。

④酝(yùn)：酒。

⑤筇(qióng)：本为竹名，可作杖。泛指手杖。

【译文】

这天是中秋节。我把行李和两个病人送入去南宁府的船上。我进城去，在街市上吃了饭，便沿着城墙紧靠江边往东行，二里，抵达下渡。横州有三个渡口：最西边的在州城门外，是上渡；最东边的在下游向东转之处的北极庙前边，是下渡；而中渡在两个渡口的中间。渡到江的南岸，是去宝华山的路，于是登上山坡进山。这条道路十分宽大，共行二里，穿越进山岭半中腰，那里面的山环绕成峒。由这个峒往东北行，有条小径，二十里路可以到达凤凰山。随即又顺着峡谷往南行，共五里，便由右边的岔道向南再次登岭。一里后往南下行，又走一里路过蒙氏山庄，又行一里，便向东进山。又行二里，路过山下的村庄，我以为这是宝华寺了。拨开草丛进村后，才知道寺庙还在半山腰上。渡过山涧沿着石阶上登，又是半里，走到寺前。时间才是下午，但寺中的僧人关着门，敲了很久的门，才得以进去。这座寺庙面向西，寺门相当整齐，匾额上题写着"万山第一"。字迹十分古朴遒劲，最初望见这块匾额，我回忆起是建文帝从前的题字，到赶过去仔细察看时，原来是万历末年本乡人施怡立的匾。大概是施怡修建寺门时把匾额换成新的，只写上自己的名字并同时放上建文帝的手迹；后来向僧人询问此事，这才知道果然是建文帝的手迹。我说："应该把这事宣扬表彰一下。"僧人说："是是。"寺中没有其他遗迹，只有一个僧人守门，而且钟磬悄然无声。询问所谓山后的瀑布，僧人说："瀑布从后面的岭上坠落下来，高达百丈。但峡谷被丛林遮住了，要去那里没有路，望又望不见，唯有从岭上上走，可以听到瀑布的水声而已。"我于是命令僧人在寺中做饭，而我独自拄着拐杖上岭，直达山顶。然而只听得见风声和瀑布声，交相不停地吼叫，始终看不见瀑布。从岭南下行五十里，就到灵山县了。于是下走返回寺中。寺后的山冈上，看见有累累堆积着的砖头，回来询问和尚，僧人说："这是一个姓杨的本乡人，要修建建文帝庙，所以准备材料等待开工。"哎！施怡最后翻新寺庙却掩盖了建文帝的遗迹，此人追忆前人而创建他的祠庙，同一乡里之间，智愚之间的差别为什么会有天地之别呢！不久日落西山，狂风不停地怒吼，浮云开合不定。顷刻间，云层忽然破开，皓月当空。参一和尚拿出他储藏着的美酒来给客人痛饮，用黄色的香蕉和红色的柚子下酒。空旷的山间寂静无声，琼玉般的宇宙间洁净无尘，一个客人一个和尚，海阔天空地相对交谈，确实可以称得上群玉山头，没有辜负我的一根筇竹拐杖和这片秋色了。

十六日　早饭于宝华。下山行五里，出大路，又五里，出峒前岭。望东北凤凰诸石峰在三十里外，令人神飞。而屡询路远，不及往返，南宁舟定于明日早发，遂下山。西五里抵州门，由上渡渡江入舟。

【译文】

十六日　在宝华寺吃早饭。下山行五里，走上大道，又行五里，出到峒前的岭上。远望东北方凤凰山等众多石峰在三十里开外，令人神往。但屡次打听都说路很远，来不及往返，去南宁府的船定在明天一大早出发，只好下山。向西五里抵达州城城门，由上渡渡江后进入船中。

十七日　平明发舟，雨色凄凄，风时顺时逆。舟西南行三十里，江口有小水自江南岸入江，名南江。舟转北行，又十里抵陈步江①，在江南岸，通小舟。内有陈步江寺，亦建文君所栖。钦州盐俱从此出②。泊于北岸。是日共行四十里。静闻以病后成痢，坚守凤戒，恐污秽江流，任其积垢遍体，遗臭满舱，不一浣濯，一舟交垢而不之顾。

【注释】

①陈步江：应即今江口，在横县西境。其水陈步江，即今沙坪河，从南往北流，在江口汇入郁江。

②钦州：明置钦州，属广东廉州府，即今广西钦州市。

【译文】

十七日　黎明开船，风雨凄凄，风时顺时逆。船向西南前行三十里，江口有条小河从江南岸汇入江中，名叫南江。船转向北行，又行十里抵达陈步江，在郁江南岸，通小船。江内有座陈步江寺，也是建文帝栖身的场所。钦州的盐全部是从这里运出去。船停泊在江北岸。这一天共行船四十里。静闻因为久病后拖成痢疾,坚守平素的戒律,担心污物弄脏了江水,听任污物积垢弄得满身,排泄的臭东西积满船舱,不去冲洗一下,一条船上到处是污垢也不理会。

　　十八日　晨餐始发舟。初犹雨色霏霏,上午乃霁。舟至是多西北行,而风亦转逆。山至是皆土山缭绕,无复石峰嶙峋矣。盖自入郁江,惟凤凰山石崖骈立瞰江,余皆壤阜耳。二十里,飞龙堡①,又十里,东陇堡,又五里,泊于江之左岸。其处在火烟驿下流五里,土山之上有盘石,平亘若悬台,中天擎是向空,亦一奇也。是日行三十五里。

【注释】

①飞龙堡:今仍称"飞龙",在横县西境、郁江南岸。

【译文】

　　十八日　早餐后才开船。起初还是细雨霏霏,上午才晴开。船到了这里多半是往西北行,而风向也转为逆风。山到了这里全是缭绕的土山,不再有嶙峋的石峰了。大体上自从进入郁江后,只有凤凰山是并立的石崖俯瞰着江流,其余皆是土阜而已。行二十里,到飞龙堡,又行十里,到东陇堡,又行五里,停泊在郁江的左岸。此处在火烟驿下游五里处,土山之上有块圆盘状的岩石,平平地横亘着,好像高悬的平台,中天之上高举着这块岩石面向高空,也算是一处奇观了。这一天行船三十五里。

　　十九日　平明行。五里过火烟驿①,是为永淳县界。于是舟转北行,历十二矶焉。矶在江右涯,盘石斜叠,横突江畔。盖自横以来，山石色皆赭黯，形俱盘突，无复玲珑透削之状矣。共十五里，绿村^②。舟转东北，又十里，三洲头。又五里，高村^③，转而东南，乃挂帆焉。三里，复转东北，又五里，转而东。又二里，抵永淳之南门而泊^④。是日行四十五里。

【注释】

①火烟驿：今仍作"火烟"，在横县西境，郁江南岸。按今地望，火烟在飞龙稍东，江至飞龙以后，不再往西，而折北行。

②绿村：今作"陆村"，在横县西隅，郁江东岸。

③高村：今名同。在横县西隅，郁江西岸，陆村稍北。

④永淳：明为县，隶南宁府横州，治今横县西隅、郁江西岸的峦城。

【译文】

十九日　黎明行船。行五里经过火烟驿，这里是永淳县的辖境。从这里船转向北行，经过十二矶。石矶在江流右侧的水边，盘结的岩石斜斜地堆叠着，横突向江畔。大体上自从横州以来，山石的颜色全是黯淡的赭红色，岩石都是盘结突立的形状，不再有玲珑剔透峭拔的形状了。共行十五里，到绿村。船转向东北行，又行十里，到三洲头。又行五里，到高村，转向东南行，于是挂上帆前行了。行三里，又转向东北，又行五里，转向东。又行二里，抵达永淳县城的南门便停泊下来。这一天行船四十五里。

永淳踞挂榜山而城。郁江自西北来，直抵山下，始东折而南，仍环南门西去。当城之西，只一脊过脉，脊北则来江，脊南则去江，相距甚近。脊之东北，石崖圆亘，峙为挂榜山，而城冒其上^①，江流四面环之，旁无余地。

【注释】

①冒：覆盖。

【译文】

　　永淳县城高踞在挂榜山上建城。郁江自西北方流来，直达山下，这才由东折向南流，仍然环绕着南门向西流去。位于县城的西面，只有一条山脉延伸而过的山脊，山脊北面就是流过来的江流，山脊南面就是流去的江流，相距非常近。山脊的东北方，有圆圆的石崖横亘屹立着，是挂榜山，而县城覆盖在山头上，江流四面环绕着县城，四旁没有空余的地方。

　　二十日　舟泊而候人，上午始行。乃北绕永淳之东，旋西绕其北，几环城之四隅，始西北行。十五里，鹿颈堡①，已过午，始转而西，乃挂帆焉。于是两岸土山复出，江中有当流之石。五里，西南行。又十五里，伶俐水②，有埠在江北岸，舟人泊而市薪。风雨骤至，迨暮而止。复行五里而泊。是日行四十里。

【注释】

①鹿颈堡：今作"六景"，在横县西北隅，郁江北岸转折处。

②伶俐水：今仍作"伶俐"，在邕宁区东隅，郁江北岸。

【译文】

　　二十日　船停着等人，上午才出发。于是向北绕到永淳县城的东面，随即向西绕到城的北面，几乎环绕过县城的四角，这才向西北行。行十五里，到鹿颈堡，已经过了中午，开始转向西，这才挂上帆前行。在这里两岸的土山再次出现，江中有迎着江流的岩石。行五里，往西南行。又行十五里，到伶俐水，有码头在江北岸，船夫停船去买柴。风雨骤然来临，到天黑才停止。又行船五里便停泊下来。这一天行船四十里。

二十一日　鸡再鸣即行，五里而曙。西南二十里，过大虫港，有港口在江北岸。转而南五里，又西五里，午过留人峒，有石耸立江右，宛若妇人招手留房者。石当山回水曲处，故曰峒。又北曲而西，五里，过蓑衣滩。又十里，转而北行，则八尺江自西来入。江发源自钦州，通舟可抵上思州。八尺之北，大江之西，巡司名八尺①，驿又名黄花②。宿于左峰。

【注释】

①八尺：明又称"八尺寨"，在今邕宁区北郊，八尺江北岸的新德。

②黄花：原作"黄范"。乾隆本、"四库"本作"黄花驿"，据改。下同。

【译文】

二十一日　鸡叫两遍立即出发，行五里后才现出曙光来。向西南行二十里，经过大虫港，有个港口在江北岸。转向南五里，又向西五里，中午经过留人峒，有座石崖耸立在江右，宛如女人招手留人住宿的模样。石崖正当山回水曲之处，所以称为峒。又由北弯向西行，行五里，经过蓑衣滩。又行十里，转向北行，就见八尺江自西面流来汇入江中。八尺江发源于钦州，船可以通到上思州。八尺江的北面，大江的西面，巡检司名叫八尺巡检司，驿站又叫黄花驿。住在左岸的山峰下。

二十二日　平明，由黄花北行五里，上乌涩滩①。江流至滩分一支西出八尺。舟上滩，始转而西，渐复西南。二十里，有土山兀出北岸，是为清秀山②，上有浮屠五级出青松间，乃南宁东南水口也。又西五里，为私盐渡。又西五里，上一滩，颇长，有石突江西岸小山之上，下有尖座，上戴一顶如帽，是为豹子石。舟至是转而北，又十里过白湾③，山开天阔，夹江多聚落，始不似遐荒矣。转而南三里，为坪南，江南岸村聚甚盛。又西三里，泊于亭子渡④。

【注释】

①涩（bàn）：烂泥。

②清秀山：今名同，在南宁城东南郊、邕江北岸，为风景名胜区。

③白湾：应即今白沙。邕江在此转一个大湾，绕流的范围称为白沙。

④亭子渡：今仍名"亭子"，在南宁城南郊，邕江南岸，邕江至此转而北。

【译文】

二十二日　黎明，由黄花驿向北行船五里，驶上乌涩滩。江水流到乌涩滩后分出一条支流向西流到八尺江。船驶上乌涩滩后，开始转向西行，渐渐又转向西南。行二十里，有座土山突兀地出现在北岸，这是清秀山，山上有座五层高的佛塔在青松间露出来，这里是南宁府东南方的水口。又向西五里，是私盐渡。又向西五里，驶上一处浅滩，相当长，有块岩石突立在江流西岸的小山之上，下边有个尖尖的底座，上面戴着一个顶盖好像帽子，这是豹子石。船到了这里转向北行，又行十里经过白湾，山势开阔，天空广阔，夹着江流有很多聚落，这才不像边远荒野的样子了。转向南三里，是坪南，江南岸的村庄集市十分繁荣。又向西三里，停泊在亭子渡。

二十三日　昧爽行，五里，抵南宁之西南城下①。

（自此至九月初八日纪俱缺。霞客自标简端云："在杂
剡包根内。"遍搜遗帙，并无杂剡。计其时俱在南宁，嗟嗟！
南宁一郡之名胜，霞客匝月之游踪，悉随断简销沉。缮写至
此，安得起九原而问之！梦良记②。）

【注释】

①南宁：明置南宁府，治宣化县，即今南宁市，现为广西壮族自治区
　首府。

②梦良记：自八月二十四日至九月二十一日徐霞客皆在南宁，但游
　记缺佚，仅存九月初九日的游记。季会明有校记。

【译文】

二十三日　黎明行船，行五里，到达南宁府城的西南城墙下。

（从此处到九月初八日的游记全部缺失。徐霞客自己已在这一页的顶端标注说："在杂
文函的封底之内。"搜遍他的遗著，并没有杂文。估计这段时间全是在南宁府，可惜呀！南
宁一府的名胜，徐霞客近一个月游览的踪迹，全部随着断简残篇消逝了。抄写到此处，怎
样才能把他从九泉之下唤起来问问他！季梦良记。）

九月初九日　西过镇北桥关帝庙，西行三里，抵横塘，
东望望仙坡东西相距。于是西折行五里，望罗秀已在东
北，路渐微。稍前始得一溪，溪水小于武江，而急流过之。
渡溪始北行，二里，西去为申墟道①，北去为罗赖村②，已直
逼西山东麓矣。返转东北，又二里，过赤土村之西③，有小
水自西而东潆山麓，绕赤土下中墟。越涧登山，越小山一

重,内成田峒。又越峒过小桥而上,其路复大。路左有寺,殿阁两重甚整,望之无人,遂贾余勇先直北跻岭。岭西有涧,重山自西高峰来,即马退山夹而成者。一里,登越山坳。盖大山西北自思恩来,东西环绕如城,迤逦自西南走东北,而西南最高者为马退。又东,骈峰杂突,皆无与为并。而罗秀在其东,联络若一山,而峰岫错落,路亦因之。路抵中峰,忽分为二:左向西北者,为武缘道④;右走直北者,为下山间道。二道界一峰于中,则罗秀绝顶也。时余未识二道所从,坐松阴待行人,过下午而无一至者。以右道幽地,从之北出坳,而见其下岭,乃谋返辕。念峰顶不可不一登,即从其处南向上。其顶西接马退,东由黄花北走宾州。盖其脉自曲靖东山而来,经永宁、泗城、思恩至此,东至于宾,乃南崎为贵县北山,又东崎为浔州西山,而始尽焉。南宁之脉,自罗秀东分支南下,冈陀蜿蜒数里,结为望仙坡,郡城倚之。又东分支南下,结为青山,为一郡水口。青山与马退东西对峙,后环为大围,中得平壤,相距三十里,边境开洋,曾无此空阔者。从顶四望,惟北面重峰丛突,万瓣并簇,直连武缘,然皆土山杂沓,无一石峰界其间,故青山豹子遂为此巨擘。从顶西下武缘道,坳间北望,寥寂皆无可停宿处。乃还从岐约一里下,从路旁入罗秀寺,空无人,为之登眺徘徊。又一里,下至前田峒,由其左循大道,共二里,抵赤土村,宿于陆氏。

　　(是纪一则,于乱帙中偶得之,胡涂之甚,不知其纪何日。观《独登罗秀诗》,知为重阳日记。录之以志此日之游踪,不与前后俱没。若云登高作赋,不负芳辰,则霞客无日非重九矣。梦良又记⑤。)

（以下九月初十日至二十一日游南宁日记缺。）

【注释】

①申墟：今作"心圩"。

②罗赖村：今作"那赖"。

③赤土村：今作"赤里"。与申墟、罗赖村皆在南宁城北郊，赤土在北，心圩偏西，略成三角形。

④武缘：明为县，隶思恩府，为今武鸣县。

⑤"是纪一则"以下几句：这是季会明的整理说明，说明此篇为徐霞客重九登南宁北郊罗秀山的游记。

【译文】

九月初九日　　向西过了镇北桥旁的关帝庙，往西行三里，抵达横塘。向东望去，望仙坡东西相隔。于是折向西前行五里，远望罗秀山已经在东北方，路逐渐变小。稍向前走才遇到一条溪流，溪水比武江小，可水流的湍急程度超过武江。渡过溪流后开始往北行，行二里，向西去是到申墟的路，往北去是罗赖村，已经径直逼近西山的东麓了。反身转向东北，又走二里，路过赤土村的西面，有条小溪自西向东潆绕着山麓，绕过赤土村下流到申墟。越过山涧登山，越过一重小山，山内形成田峒。又越过田峒跨过小桥往上走，这条路又变大了。道路左边有座寺院，两重殿宇楼阁十分整齐，望过去寺中无人，于是鼓足剩余的勇气先一直向北登岭。岭西有条山涧，重重山峰自西面的高峰延伸而来，这就是马退山相夹形成的地方了。行一里，登山越过山坳。大体上大山自西北面的思恩府延伸而来，东西两列环绕好像城墙，自西南逶迤走向东北，而西南方的最高峰是马退山。又向东走，并立的山峰杂乱地突起，都没有能与马退山相比的。而罗秀山在马退山的东面，连在一起好像是一座山，而峰峦错落，道路也沿着这些峰峦走。道路抵达中峰下，忽然分为两条路：左边通向西北方的，是去武缘县的路；

右边走向正北方的，是下山的便道。两条道路中间隔着一座山峰，原来这是罗秀山的绝顶了。这时我不知道这两条路通往何处，坐在松树树荫下等过路的人，过了下午都没有一个人来到。因为右边的路地方幽深僻静，沿着这条路向北出到山坳上，然而看见这条路下岭去，于是考虑返回去。心想峰顶不能不登上去一次，立即从此处向南上登。峰顶的西面连着马退山，东面由黄花驿往北延伸到宾州。大概这里的山脉自曲靖府的东山延伸而来，延经永宁州、泗城州、思恩府到达此地，东面达于宾州，于是向南耸峙为贵县的北山，又向东耸峙为浔州府的西山，而后才到了尽头。南宁府的山脉，自罗秀山东面分支南下，冈峦蜿蜒数里，盘结为望仙坡，府城紧靠在山坡下。又往东分支南下，盘结为青山，是一府的水口。青山与马退山东西对峙，后面回绕成一个大大的圆形，中间是平旷的土地，相距三十里，边界开阔，从来没有如此空阔的地方。从峰顶上四面望去，唯有北面有重重山峰成丛突起，如万千花瓣并列成簇，一直连到武缘县，然而都是杂沓的土山，没有一座石峰隔在群山中，故而青山的豹子石便成为了此地的第一峰。从峰顶上向西下到去武缘县的路上，从山坳间向北望去，空旷荒寂，完全没有可以停留住宿的地方。于是返回来从岔道大约下走一里，从路旁进入罗秀寺，寺内空寂无人，因此登上楼眺望徘徊。又行一里，下到先前走过的田峒，由田峒左边沿着大道走，共行二里，抵达赤土村，投宿在姓陆的人家。

（这一则游记，是在散乱的卷帙中偶然找到它的，非常糊涂，不知道它是记哪一天的游程。观看《独登罗秀诗》，才知道是重阳节这一天的日记。把它抄录在此以便记载徐霞客这一天游览的踪迹，不让它与前后的日记一起埋没。至于说登高作赋，不辜负良辰，那么徐霞客没有一天不是重九日了。季梦良又记。）

（以下九月初十日至二十一日游览南宁府的日记缺失。）

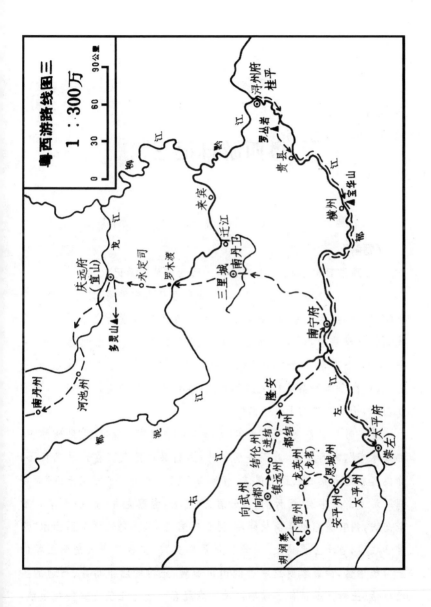

粤西游路线图三

1:300万

0 30 60 90公里

粤西游日记三①

【题解】

《粤西游日记三》是徐霞客旅游广西西南部的游记。

崇祯十年(1637)九月二十二日,徐霞客从南宁乘舟,取左江经新宁州(今扶绥县)达太平府(今崇左市)。幸友人滕肯堂为之争得马符,自此始骑行或乘肩舆,但又增添了换夫等新的折腾。往西北经太平、安平、恩城、下雷等州(皆在今大新县境),转东北经龙英、向武、镇远、结伦等州(皆在今天等县境),又经都结州(在今隆安县西境)、隆安县,循右江西岸,于十二月初十日返南宁。

这一带日温差大,气候恶劣,外地人很难适应。徐霞客"卧破站中,如濯冰壶",时而腹痛,时而疟病呻吟;顾行又中瘴气。在这种条件下,徐霞客旅游考察的兴致仍很浓,有时为了探历奇景,竟"三误三返"而不悔。沿途游犀牛洞、碧云洞、白云岩、观音岩,考察龙井、壶关、飘岩。后至向武,州官黄绍伦盛情款待,畅游百感岩诸洞,称赞这些美丽山水"洵神仙之境,首于土界得之,转觉神州凡俗矣"!左右江流域是明王朝的土司统治区,徐霞客对这一带的山川地貌、土司的明争暗斗、当地的生产生活、土特产品都作了详细记录。徐霞客经过时正值交彝侵扰边境,他耳闻目睹交彝的种种暴行,义愤填膺,充满爱国御侮的激情,对众人高呼守土卫国的口号:"守险出奇,当以并力创御为上着。"霞客离开南宁时，静闻病危，两天三次与静闻告别，"别时已恐无时见，几度临行未肯行"，后得知静闻去世，悲伤已极，有关诀别的事写得情深意切，真挚感人。

丁丑九月二十二日②　余往崇善寺别静闻③，遂下太平舟。余守行李，复令顾仆往候。是晚泊于建武驿前天妃宫下。

【注释】

①《粤西游日记三》：此篇与《粤西游日记四》皆在乾隆刻本第四册上。

②丁丑：崇祯十年(1637)。

③崇善寺：在南宁市云亭街，为南宁四大佛教名寺之一。1924年，因崇善寺和太子庙房舍建邕宁县立中学。寺址现为南宁市一中。2003年在教学综合楼施工工地发掘出一块《重建崇善寺碑记》及石柱础等。2008年用花岗岩建徐霞客立像及碑文。

【译文】

丁丑年九月二十二日　我前往崇善寺与静闻告别，随后下到去太平府的船上。我守着行李，命令顾仆再去伺候静闻。这天晚上船停泊在建武驿前的天妃宫下。

二十三日　舟不早发。余念静闻在崇善畏窗前风裂，云白屡许重整，而犹不即备。余乘舟未发，乃往梁寓携钱少许付静闻，令其觅人代整。时寺僧宝檀已归，能不避垢秽，而客僧慧禅、满宗又为整簟蔽风①，迥异云白。静闻复欲索余所买布履、衡茶，意甚恳。余语静闻："汝可起行，余当还候。此何必索之今日乎!"慧禅亦开谕再三,而彼意不释。时舟已将行,且闻宝檀在天宁僧舍,余欲并取梁钱悉畀之,遂别之出。同梁主人觅得宝檀,宝檀慨然以扶危自任。余下舟,遂西南行。四里,转西北,又四里,泊于窑头②。

【注释】

①簟(diàn):作障蔽之用的竹席。

②窑头:今作"上尧"、"中尧",在南宁城西郊,邕江东岸。

【译文】

二十三日 船早上不出发。我挂念静闻住在崇善寺畏惧窗前裂口进来的风,云白和尚多次答应重新修整,可仍然不马上去办。我乘的船没有出发,于是带上少量的钱前往梁家寓所交给静闻,让他找人代为修整。此时寺中的和尚宝檀已经归来,能够不避忌积垢污秽,而且客居的僧人慧禅、满宗又代为整理遮风的竹席,与云白完全不同。静闻还想向我要我买的布鞋、衡州府的茶叶,意思十分恳切。我对静闻说:"你可以起床行走时,我将回来问候你。这些东西何必在今天就要到手呢!"慧禅也再三开导他,但他的愿望始终放不下。此时船已经即将出发,并且听说宝檀在天宁寺的僧房中,我打算一并把梁家寓所中的钱取来全数交给他,便告别静闻出来。同梁姓的房主人一起找到宝檀,宝檀慷慨地把扶助危重病人作为自己的责任。我下船后,立即向西南行。行四里,转向西北,又行四里,停泊在窑头。

时日色尚高,余展转念静闻索鞋、茶不已,盖其意犹望更生,便复向鸡足,不欲待予来也。若与其来而不遇,既非余心;若预期其必死,而来携其骨,又非静闻心。不若以二物付之,遂与永别,不作转念,可并酬峨眉之愿也。乃复登涯东行，出窑头村，二里，有小溪自西北来，至此东注，遂渡其北，复随之东。又二里，其水南去入江。又东行一里，渡白衣庵西大桥，入崇善寺，已日薄崦嵫。入别静闻，与之永诀。亟出，仍西越白衣庵桥，共五里过窑头，入舟已暮，不辨色矣。

【译文】

此时日头还很高，我辗转不停地想着静闻讨要布鞋、茶叶的事，大概他的意思还指望再活下去，便能重新走向鸡足山，不想等我回来了。如果回来时与他不能相遇，完全不是我的心愿；如果预期他必死，而是回来带他的骨灰，又不是静闻的心愿。不如把这两种东西送给他，就此与他永别，打消折转回来的念头，可以一并实现我去峨眉山的愿望了。于是重新登上岸往东行，出了窑头村，行了二里，有条小溪自西北流来，流到此地向东流淌，于是渡到小溪北边，再顺着小溪往东行。又行二里，这条溪水向南流去汇入江中。又往东行一里，跨过白衣庵西边的大桥，进入崇善寺，已经是日薄西山了。进屋辞别静闻，与他永别。急忙出寺来，仍然向西越过白衣庵西边的大桥，共行五里到达窑头，进入船上已经天黑，分辨不清颜色了。

二十四日　鸡三鸣即放舟。西南十五里，过石埠墟①，有石嘴突江右，有小溪注江左。江至是渐与山遇，遂折而南行。八里过岔九②，岸下有石横砥水际，其色并质与土无辨，盖土底石骨为江流洗濯而出者。于是复西向行五里，向西北十里，更向北又十里，转而西又五里，为右江口。右江自北，左江自西，至此交会。左江自交趾广源州东来③，经龙州④，又东六十里，合明江南来之水，又东径崇善县，合通利江及逻、陇、教北来之水,绕太平府城东、南、西三面,是名丽江,又东流至此。右江自云南富州东来,经上林峒⑤,又东合利州南下之水⑥,又东经田州南、奉议州北⑦,又东南历上林、果化、隆安诸州县至此⑧。　　又按《一统志》:"右江出峨利州⑨。"查"峨利",皆无其地,惟贵州黎峨里在平越府,有峨荆山,乃牂舸所经,下为下大融、柳州之右江者,与此无涉。至利州有阪丽水,其流虽下田州,然无"峨荆"之名,不识《统志》所指,的于何地。　　又按《路志》曰:"丽江为左,盘江为右。"此指南盘之发临安者⑩。若北盘之经普安州,下都泥,亦出于来宾,合柳州之右江,与此无涉。此古左、右二江之分也。二水合至横州,又名郁江。而庆远之龙江,自贵州都匀、独山来;融县之潭江,自平越、黎平来;迁江之都泥,自普安七星关来。三水经武宣,是名黔江。二江俱会于浔。于是又以郁江为左,黔江为右者。而今已左、右二江道因之,彼此互称,不免因而纠缪矣⑪。又按,《一统志》于云南曲靖府盘江下注云:"盘江有二源,在沾益州,北流曰北盘江,南流曰南盘江,各分流千余里,至平伐横山寨合焉。"今考平伐属贵州龙里、新添二卫,横山寨在南宁。闻横山寨与平伐相去已千余里,二水何由得合?况龙里、新添之水,由都匀而下龙江,非北盘所经。横山寨别无合水,合者,此左、右二江耳。左江之源出于交趾,与盘江何涉,而谓两盘之合在此耶?余昔有辨,详著于《复刘愚公书》中。其稿在衡阳遇盗失去。俟身经其上流,再与愚公质之。　　余闻右江之流,溯田州而上,舟至白隘而止⑫。白隘本其邻境,为田州夺而有之。又考利州有白丽山⑬,乃阪丽水所出,又有"阪"作"泓漾",二水皆南下田州者。白隘岂即白丽山之隘,而右江之出于峨利者,岂即此水?其富州之流,又西来合之者耶?自岔九来,两岸土山逶迤,俱不甚高。由右江口北望,其内俱高涯平陇,无崇山之间;而左江南岸,则众峰之内,突兀一圆阜,颇与众山异矣。又西一里,江亦转北,又南一里,是为大果湾。前临左江,后倚右江⑭,乃两江中夹脊尽处也。其北有小峰三,石圆亘如骈覆钟,山至是始露石形。

其东有村曰宋村，聚落颇盛，而无市肆。余夙考有合江镇，以为江夹中大市，至是觅之，乌有也。征之土人，亦无知其名者。是日行五十里，泊于湾下。

【注释】

①石埠墟：今作"石埠"，在南宁市区西部，邕江北岸转折处。

②岔九：今作"扎洲"，在南宁市区西部，邕江西岸转折处。

③广源州：在今越南高平东北的广渊。

④龙州：直隶广西布政司，即今龙州。

⑤上林峒：永乐七年（1409）置上林长官司，直隶广西布政司，万历中省入泗城州。辖今田林县西境和西林县东境。

⑥利州：明初直隶广西布政司，嘉靖二年（1523）废。州治在今田林县东的乐里，今亦仍称"利州"，又作"利周"。

⑦田州：直隶广西布政司，即今田阳县。奉议州：明初直隶广西布政司，嘉靖六年（1527）改属思恩府。州治在今田阳县西南、右江南岸的旧城。

⑧上林：明为县，初隶田州府，嘉靖七年（1528）改隶思恩府，治所在今田东县东南隅、右江南岸城江北岸思林镇的远街。果化：明初隶田州府，嘉靖九年（1530）改属南宁府。治所在今平果县西隅、右江南岸的果化。

⑨平越府：《明史·地理志》："洪武十四年置平越守御千户所，十五年闰二月改为平越卫，十七年二月升军民指挥使司。领长官司五，属四川布政司，寻属贵州都司。万历二十九年四月置平越军民府于卫城，以播州地益之，属贵州布政司。"平越府即平越军民府，与平越卫同城，治今贵州福泉市。

⑩南盘之发临安者：此指泸江，从石屏、建水往东注入南盘江，但非南盘江源。在《滇游日记》中霞客已作了校正。

⑪纰缪（pī miù）：错误。

⑫白隘：即今云南剥隘，在富宁县东隅，距广西甚近。至今行船仍可至剥隘。

⑬利州：原作"丽州"，据本日记上文改。

⑭前临左江，后倚右江：原作"前临右江，后倚右江"，有误，从沪本改。

【译文】

二十四日　鸡叫三遍立即开船。往西南行船十五里，经过石埠墟，有石山的山嘴突立在江右，有条小溪从江左汇入江中。江流到了这里渐渐与山峦相遇，于是折向南前行。八里路过岔九，江岸下有岩石像磨刀石一样横卧在水边，石头的颜色与质地和土地一样无法辨认，大概是泥土底下骨状的岩石被江流冲刷后露出来的。从这里又向西行五里，向西北十里，再向北又是十里，转向西又行五里，是右江江口。右江来自北边，左江来自西边，在此地交汇。左江自交趾的广源州向东流来，流经龙州，又向东流六十里，汇合明江南来的水流，又往东流经崇善县，汇合通利江以及逻水、陇水、教水北来的水流，绕过太平府城的东、南、西三面，这一段名叫丽江，又向东流到此地。右江自云南省的富州向东流来，流经上林峒，又往东汇合利州南下的水流，又向东流经田州南部、奉议州北部，又往东南经过上林县、果化州、隆安县等州县流到此地。　　又根据《一统志》："右江源出于峨利州。"查考"峨利"，全然没有这个地方，只有贵州省有个黎峨里在平越府，有座峨荆山，是牂牁江流经的地方，下游是下流到大融、柳州府的右江的江流，与此无关。至于利州有条阪丽水，这条水流虽然下流到田州，但没有"峨利"的名称，不知《一统志》所指，究竟在什么地方。又根据《路志》所载："丽江是左江，盘江是右江。"这是指南盘江发源于临安府的水流。至于北盘江流经普安州，下游是都泥江，也是流到来宾县，汇合柳州府的右江，与此无关。这是古代左、右二江的划分法了。两条江水合流后直到横州，又称为郁江。而庆远府的龙江，自贵州省的都匀府、独山州流来；融县的潭江，自平越卫、黎平府流来；迁江县的都泥江，自普安州的七星关流来。三条江流经武宣县，这一段名叫黔江。两条江都在浔州府汇合。从这里起又把郁江作为左江，黔江视为右江了。但如今已被左江道、右江道沿用左江、右江的名称，彼此互称，不免因此而产生错误了。又考证，《一统志》在云南省曲靖府盘江条下注释说："盘江有两个源头，都在沾益州，往北流的叫北盘江,向南流的叫南盘江,各自分流一千多里,流到平伐司的横山寨合流。"今天我考察,平伐司隶属于贵州省龙里卫、新添卫二卫,横山寨在南宁府。听说横山寨与平伐司相距已有一千多里,两条江水哪里能够合流呢?何况龙里卫、新添卫的水流,是经由都匀府下流到龙江,不是北盘江流经的地方。横山寨没有别的水流来汇合,合流的,是此地的左、右二江而已。左江的源头出自于交阯,与盘江有什么关系,却认为两条盘江的合流处在这里呢?我从前有过辨析,详细写在《复刘愚公书》中。信的底稿在衡州府遇盗时丢失了。等到我亲身经历了盘江的上游后,再与刘愚公去质证这一点。　　我听说,右江的江流,从田州溯流往上走,船走到白隘便停止了。白隘本来是田州的近邻,被田州夺取占有了。又考察,利州有座白丽山,是阪丽水源出之地,又有"阪"写作"泓濛"的,两条水流都是往南下流到田州的水流。白隘莫非就是白丽山的隘口,而右江源出于峨利州的说法,难道是指这条水流?那富州的水流,又是从西面流来汇合到这条水流中的吗?自从岑九以来,两岸是逶迤的土山,都不怎么高。从右江江口向北望去,江内都是高高的江岸和平缓的土陇,没有高山的间隔;而左江的南岸,却在群峰的中间,突兀地矗立着一座圆圆的土阜,与群山颇有点不一样了。又向西一里,江流也是转向北,又向南一里,这里是大果湾。前方面临左江,后面背靠右江,是两条江流相夹的中间地带山脊到头之处了。大果湾北面有三座小石峰,浑圆的石峰横亘着,如并排下覆的铜钟,山到了这里开始露出石山的形态来。石峰东边有个村子叫宋村,聚落十分兴盛,但没有集市店铺。我从前考证,有个合江镇,以为是个两江相夹中的大市镇,来到这里寻找合江镇,没有。向当地人打听,也没有知道这个名字的人。这一天行船五十里,停泊在大果湾下。

二十五日　鸡再鸣,发舟西向行。曲折转西南十五里,复见有突涯之石,已而舟转南向,遂转而东。二里,上长滩,有突崖飞石,娉立江北岸。崖前沙亘中流,江分左右环之,舟俱可溯流上。又三里,为杨美,亦名大湾,盖江流之曲,南自杨美,北至宋村①,为两大转云。自杨美西向行十五里,为鱼英滩。滩东南有山如玦,中起一圆阜,西向迎江,有沙中流对之。其地甚奇，询之舟人，云："昔有营葬于上者，俗名太子地。乡人恶而凿其两旁，其脉遂伤。"今山巅松石犹存，凿痕如新也。上滩又五里而暮，泊于金竹洲之上流野岸也。

【注释】

①南自杨美，北至宋村：右江在北，左江在南，两江在其东汇合。杨美，今名同，在南宁市区西境，左江东岸转折处。宋村，今名同，在南宁市区西境。

【译文】

二十五日　鸡叫第二遍，开船向西行。曲曲折折地转向西南行船十五里，又看见有突立在岸边的石山，不久船转向南行，随即转向东。行二里，驶上一个很长的浅滩，有突立飞空的石崖，姿态娉婷地矗立在江北岸。石崖前的沙滩横亘在江流中间，江流分在左右环绕着河滩，船都可以逆流而上。又行三里，是杨美，也叫大湾，大体上江流的弯曲，南面起自杨美，北面到达宋村，形成两个大回转。自杨美向西前行十五里，是鱼英滩。鱼英滩东南方有座像玉玦的山，中间耸起一座圆圆的土阜，面向西迎着江流，有个沙洲在江流中间面对着它。这个地方非常奇特，向船夫打听，船夫说："从前有人在山上修建了墓地，俗名叫太子地。乡里人痛恨他凿断了山的两旁，地脉便受到了损伤。"今天山顶的青松石基仍然保存着，挖凿的痕迹像新的一样。驶上河滩又前行五里天便黑了，停泊在金竹湾上游野外的江岸下。

二十六日　鸡初鸣，发舟。十里，西南过萧村①，天色犹熹微也②。至是已入新宁境，至是石山复出，若屏列，若角挺，两岸濒江之石，亦时时竞异。又五里，折而东，江南岸穹石成洞，外裂多门，如狮象骈立，而空其跨下；江北岸断崖成峡，上架飞梁，如虹霓高映，而缀其两端。又五里，转而西南，与石山时向时背。两崖突石愈奇，其上嵲如翅云斜劈③，下覆如肺叶倒垂，幻态时时变换；但洞不甚深，崖不甚扩，未成楼阁耳。又北转五里，为新庄，转西南三里，为旧庄④。又西二里，转而南五里，转而北三里，复转西南，更有石山当前矣。又三里，西透两山之腋，挟江北石峰北转，而循其西麓。于是东岸则峰排崖拓，穿洞连门；西岸则波激岸回，矶空窍应。其东岸之山，南连两峰，北峰洞列三门，门虽外分，皆崆峒内扩；北骈两崖，南崖壁悬两叠，叠俱有洞，复高下中通。此即狮岩。北行三里，直抵骈崖下，乃转南行。顺风挂帆二里，又西行一里，逼一尖峰下，仍转向南。西岸复有骈崖平剖，巍临江潭，即笔架山也。而东岸石根愈耸愈透。共三里，过象石下，即新宁之西门也⑤。风帆方驶，舟人先有乡人泊此，遂泊而互酌。余乃入城，登州廨，读《州记》于仪间⑥，询狮岩诸胜于土著。还登象石，日已薄暮，遂不成行，依象石而泊。

【注释】

①萧村：今作"霄汉"，在扶绥县东北隅，左江西岸。

②熹（xī）微：天色微明。

③嵲（niè）：高耸险峻的山。

④旧庄：今名同，在扶绥县东北隅，左江西岸。

⑤新宁：明置新宁州，隶南宁府，治今扶绥县。

⑥仪间：古时称官署大门之内的门为仪门，仪门内的莅事堂则称仪间。

【译文】

二十六日 鸡叫头遍,开船。行十里,往西南过了萧村,天色仍只是微微泛白。到这里已进入新宁州境内,到这里石山又重新出现,像屏风一样排列,如兽角一样挺立,两岸濒临江流的石山,也时时在争奇斗妍。又行五里,折向东,江南岸穹隆的岩石形成岩洞,外边裂有多个洞口,如狮象一样并立,横跨的岩石下是空着的;江北岸断开的石崖形成峡谷,上面架有飞桥,如彩虹一样映衬在高空,而飞桥的两端连缀着石崖。又行五里,转向西南,与石山时而相对时而相背。两岸石崖上的岩石越来越奇特,其中向上高耸的如入云的翅膀斜着劈开,下覆的如倒垂的肺叶,奇幻的姿态时时变换着;只是洞不怎么深,石崖不怎么广阔,没有形成楼阁而已。又转向北五里,是新庄,转向西南三里,是旧庄。又向西二里,转向南五里,转向北三里,再转向西南,又有石山挡在前方了。又行三里,向西穿过两座山的侧旁,紧靠江北岸的石峰向北转,而后沿着石峰的西麓前行。这里东岸则是成排的石峰悬崖横向拓展开,穹隆的洞口相连;西岸则是江岸回绕波涛激荡,石矶悬空石窍呼应。那东岸的山,南边是两座山峰相连,北峰上排列着三个洞口,外面虽然分为几个洞口,里面则是向内扩展的空洞;北边并立着两座石崖,靠南的崖壁悬成两层,每一层都有洞,上下洞口中间又是相通的。这就是狮岩。往北行三里,直达两座并立石崖之下,于是转向南行。顺风挂上帆前行二里,又向西行一里,逼近一座尖峰下,仍然转向南行。西岸又有并列的石崖平直剖开,巍然下临江边,这就是笔架山了。而东岸石崖耸得更高,石崖根部愈发玲珑剔透。共行三里,经过象石下方,就到新宁州的西门了。刚顺风挂上帆疾驶,船夫有个同乡人先停泊在此处,便停下船来相对饮酒。我于是进城去,登上州衙,在仪门内公堂上读《新宁州记》,向本地人询问狮岩等处名胜的情况。返回来登上象石,天色已是傍晚,终于不能成行,紧靠象石停泊。

新宁之地，昔为沙水、吴从等三峒。国初为土县①，后以思明土府有功②，分吴从等村界之，遂渐次蚕食。后忠州从而效尤③，与思明互相争夺，其地遂朝秦暮楚，人民涂炭无已，当道始收其地，以武弁守之。土酋黄贤相又构乱倡逆，隆庆末④，罪人既得，乃尽收思明、忠州未吐地，并三峒为四，创立州治。其东南五里即宣化如何乡名。一、二、四三围，并割以附之；即萧村以上是也。其西北为思同、陀陵界⑤；西南为江、忠二州界⑥。江水自西南那勒来，绕城西北，转而东南去。万历己丑⑦，州守江右张思中有记在州门，乃建州之初任者。

【注释】

①土县：明代在部分少数民族地区分封各族首领世袭官职，以统治当地人民，称为土司制度。其中，隶兵部的，按等级分为宣慰司、宣抚司、安抚司、长官司等，俗称"土司"；隶吏部的，与一般府州县称谓同，有时加"土"字区别，作土知府、土知县，俗称"土官"。他们除对中央政权负担规定的贡赋和征发以外，在辖区内依然保存传统的统治机构和权力。此处，"土县"、"土府"即属吏部的土官。

②思明土府：思明府治所在今宁明县稍东、明江北岸的明江镇。

③忠州：隶南宁府，治今扶绥县西南境的西长圩，又省称"西长"。

④隆庆：明穆宗朱载垕的年号，时在 1567—1572 年。

⑤思同：明置思同州，隶太平府，万历二十八年（1600）省。治所在今扶绥县西北境，仍称思同。陀陵：明为县，隶太平府，治所在今崇左市江州区东北境、左江北岸转折处的陀芦。

⑥江、忠二州：明置江州，直隶广西布政司，治所在今崇左市江州区

南境,仍称江州。

⑦万历乙丑:万历十七年(1589)。

【译文】

新宁州这个地方,从前是沙水、吴从等三峒,国朝初年改为土官治理的县,后来因为思明府土知府有功,把吴从等村划给他,便开始逐渐蚕食其他地方。后来忠州跟在后面效仿他,与思明府互相争夺,这一地区便朝秦暮楚,人民涂炭没有止境,当权者这才收回这一地区,派武官镇守此地。土人酋长黄贤相又制造叛乱首倡叛逆,隆庆末年,罪人捕获之后,这才把思明府、忠州没有吐出来的地方全部收回,把三峒合并为四个峒,创建了州城。新宁州东南五里就是宣化县如何乡的名称。的一、二、四三个围,一并划割附属于新宁州;就是萧村以上的地区了。新宁州西北是思同州、陀陵县的边界;西南是江州、忠州二州的边界。江水自西南方的那勒流来,绕过州城的西北方,转向东南流去。万历己丑年,州官江西人张思中留有碑记在州城城门上,是建州初期的第一任州官。

州北四里,隔江为狮岩山;州西二里,隔江为笔架山;州南一里为犀牛岩,更南三里为穿山大岩。皆石峰耸拔,石洞腔峒,奇境也。州西远峰排列更奇。象石、狮石俱在含晖门江岸。江流自南冲涌而来,狮石首扼其锐,迎流剸骨,遂成狰狞之状。下流荡为象石,巍准下倩①,空颊内含,截水一湾,可泊可憩,而西门之埠因之。狮石之上曰冲口,下流有石梁高架两崖间,下辟成门。余先闻之邑父老云:"近冲口有仙源洞府。"记忆不真,无可问者,不识即此否?

【注释】

①巍准:高耸的鼻子。

【译文】

　　州城北面四里,隔江处是狮岩山;州城西面二里,隔江处是笔架山;州城南面一里处是犀牛岩,再向南三里是穿山大岩。都是峭拔高耸的石峰,石洞空阔,是奇异之境。州西远处的山峰排列得更为奇特。象石、狮石都在含晖门外的江岸上。江流自南面汹涌冲激而来,狮石首先扼住江流的锐气,迎着激流被剐成骨状的岩石,终于形成狰狞的状态。江水下流激荡着象石,高耸的象鼻下嵌到江中,面颊是空心的,里面含着水,截取了一湾江水,可以停船可以歇息,而西门的码头就依傍着象石。狮石的上游叫做冲口,下游有座石桥高架在两岸的山崖之间,下边开辟成门。我事先听县里的父老说:“冲口附近有个仙源洞府。”记得不真切,无人可问,不知是否就是这里?

　　自南宁来至石埠墟,岸始有山,江始有石;过右江口,岸山始露石;至杨美,江石始露奇;过萧村入新宁境,江左始有纯石之山;过新庄抵新宁北郭,江右始有对峙之岫①。于是舟行石峰中,或曲而左,或曲而右,旋背一崖,复潆一嶂,既环乎此,转鹜乎彼,虽不成连云之峡,而如梭之度纬,如蝶之穿丛,应接不暇,无过乎此。且江抵新宁,不特石山最胜,而石岸尤奇。盖江流击山,山削成壁,流回沙转,云根迸出②,或错立波心,或飞嵌水面,皆洞壑层开,肤痕縠绉③;江既善折,岸石与山辅之恐后,益使江山两擅其奇。余谓阳朔山峭濒江,无此岸之石;建溪水激多石,无此石之奇。虽连峰夹嶂,远不类三峡；凑泊一处，促不及武彝；而疏密宛转，在伯仲间。至其一派玲珑通漏，别出一番鲜巧，足夺二山之席矣。

【注释】

①岫（xiù）：有岩洞的山。

②云根：古人认为云触石而出，故称岩石为云根。

③縠（hú）纹：丝织品的皱纹。

【译文】

　　从南宁府来到石埠墟，岸上开始有山，江中开始有礁石；过了右江口，岸上的山开始露出岩石来；来到杨美，沿江的石山开始露出奇异的姿态来；过了萧村进入新宁州境内，江左开始有清一色岩石的山；过了新庄抵达新宁州城的北郭，江右开始有对峙的石峰。从这里起船穿行在石峰中间，时而弯向左边，时而弯向右边，旋即背对着一座石崖，再绕过一座山峰，既环绕过这里，又像鸭子一样转到那里，虽然未形成像浮云一样相连的峡谷，可就像梭子一样穿过纬线，如蝴蝶一样穿梭于花丛中，应接不暇，没有能超过此地的了。而且江行到达新宁州，不仅石山最优美，并且石头江岸尤为奇特。大概是江流冲击着山石，山被冲削成峭壁，江流回旋，沙洲回转，岩石迸出，或错杂矗立在江心，或飞嵌在水面上，全是层层裂开的洞穴和壑谷，岩石表面的石痕像薄纱的皱纹；江流既已多有曲折，岸上的岩石与山峰争先辅助着江流唯恐落后，益发使得江流和山石两者各自拥有了奇特之处。我认为，阳朔的山势峭拔濒临江流，却没有此地岸上的岩石；建溪的水流湍急岩石很多，却没有此地的岩石奇特。虽然峰峦连接相夹，远远不像三峡；凑聚在一处，紧凑赶不上武彝山；然而疏密有致弯弯转转之处，不相上下。至于它一片玲珑别透的风光，更显出一番新奇精巧的情趣，足以夺取那两座山的地位了。

二十七日　鸡初鸣，自新宁西南行。已转西北，直逼西峰之下，乃南转，共八里，江东岸石根突兀，上覆中空，已为幻矣。忽一转而双崖前突，砑石高连，下辟如闾阖中通，上架如桥梁飞亘，更巧幻中雄观也。但恨舟过其前而不得一登其上，且无知者质之，所谓"狮石"、"洞府"，皆以意测，是耶？非耶？又一里，有水自东南来会，所谓冲江也①。其源发自忠州。又南三里，则江东岸一峰甚峭，其北垂环腋转截处，有洞西向者累累，然皆悬而无路。又西曲南转，共八里，过那勒②，风帆甚利，舟人以乡人泊此，复泊而饮。余乃登陆为穿山、犀牛二岩之游，舟竟泊此。

【注释】

①冲江：今称"渠荣河"，在扶绥县南境，从南往北流入左江。

②那勒：今名同，在扶绥县西境，左江东南岸。

【译文】

二十七日　鸡叫头遍，自新宁州城往西南行。不久转向西北，直逼西峰之下，于是向南转，共行八里，江东岸的岩石突兀，从上面向下覆在空中，已成为幻景了。突然一转就见一双石崖在前方突起，江边的巨石高大相连，下边裂开如像天门，中间相通，上面高架如飞贯的桥梁，更是纤巧奇幻中的雄伟奇观了。只恨船经过它的前边却不能登到那上面去一次，并且没有了解这里情况的人质证，所谓的"狮石"、"洞府"，都是凭主观推测的，是这样吗？不是吗？又行一里，有江水自东南流来汇合，这就是所谓的冲江了。冲江的源头发源于忠州。又向南行三里，就见江东岸的一座山峰十分陡峭，山峰北垂向侧旁横向转折之处，有重重叠叠面向西的洞穴,但都高悬着没有路。又由西向南转弯,共八里,经过那勒,船帆顺风十分顺利,船夫因为同乡停泊在此地,又停下船饮酒。我便登陆去游览穿山、犀牛岩两个岩洞,船始终停泊在此地。

　　那勒在江东岸,居民颇盛。问犀牛岩,土人皆莫知,误指南向穆窑①。乃透两峰之下,西南三里,有溪自东南来入大江。流小而悍,淙淙有声,新甃石梁跨其上,甚整。其源发自江州,土人谓之横江。越梁而南,即为穆窑村,有市肆西临江浒。问犀牛岩不得,得大岩。岩在其南一里,群峰排列,岩在峰半,其门西向。攀崖石而上,抵门,始西见江流横其前,山腹透其后。又见隔山回环于后门之外,翠壁掩映。乃由洞上跻,踞其中扃,则东西对辟,两门交透。其上垂石骈乳,凝结两旁;其内西下东上,故东透之门,高出西门之顶,自外望之,不知中之贯彻,必入门而后见焉。两门外俱削壁千丈,轰列云表,而东门地势既崇,上壁尤峭,下趾弥峻,环对诸岩。自门北迤逦转东,又南抱围成深谷,若另辟一翠微世界。其下旋转西去,谷口石崖交错,不得而窥也。

【注释】

　　①穆窑:今作"咘尧",在那勒西南,左江南岸转折处。

【译文】

　　那勒在江东岸,居民十分众多。打听犀牛岩,当地人都不知道,错指为南面的穆窑。于是我穿越在两座山峰之下,向西南三里,有条溪水自东南流来汇入大江中。溪流小却很凶悍,发出淙淙的水声,新砌的石桥跨在溪流上,非常整齐。这条溪流发源于江州,当地人称之为横江。

过桥后往南走，马上就到穆窑村，有集市店铺在西边面临江边。打听不到犀牛岩，找到大岩。大岩在村南一里处，群峰排列，岩洞在山峰半中腰，洞口向西。攀着崖石往上登，到达洞口，这才看见西面有江流横在山前，岩洞穿透山腹通到山后。又看见后洞口之外相隔回环的山上，掩映着葱翠的崖壁。于是由洞内上登，坐在岩洞中间的门洞中，只见东西两头对向开有洞口，两个洞口相通。洞顶上垂着两排钟乳石，凝结在两旁；洞内西边低东面高，所以向东进去的洞口，高出西面洞口的顶部，从外面望过去，不知道洞中是贯通的，必须进入洞口后才能看见。两个洞口外面都是千丈高的峭壁，巍然矗立在云天之外，而东面洞口的地势既已很高，洞口上方的石壁尤为陡峭，下边的峭壁根部更加陡峻，呈环形面对着众多的岩洞。峭壁从洞口向北逶迤转到东面，又向南围抱成一个深谷，好像是另外开辟出一个翠微的世界。那以下旋绕着转向西去，山谷口的石崖交错，不能窥见了。

复自前洞下山，循山北行。一里，过穆窑，问知犀牛洞在麒麟村，乃过石梁东北行。三里，至麒麟。盖其村在那勒东二里，三村鼎足，而穆窑稍南。使那勒人即指此，何由向彼得穿岩耶？麒麟村人指犀牛洞在北山东峰之上，相去只里许耳。至其下，不得路。闻岩下伐木声，披荆攀棘，呼之不应，觅之不见得，遂复出大路旁。时已过午，虽与舟人期抵午返舟，即舟去腹枵[①]，亦俱不顾，冀一得岩。而询之途人，竟无知者。以为尚在山北，乃盘山东北隅，循大道行。道西北皆石峰。二里，见有岐北转，且有烧痕焉。初，麒麟村人云："抵山下烧痕处，即登岩道。"余以为此必是矣，竭蹶前趋，遂北入山夹。其夹两旁峰攒崖叠，中道平直，有车路焉。循之里余，见路旁有停车四五辆，有数牛散牧于麓，有数人分樵于崖。遍叩之，俱不知有岩者。盖其皆远村，且牧且樵，以车为载者。过此，车路渐堙②。又入一里，夹转而东，四眺重崖，皆悬绝无径，而西崖尤为峻峭。方徘徊间，有负竹而出深丛者，遥呼问之。彼摇手曰："误矣！"问："岩何在？"曰："可随我出。"从之出，至前停车处，细叩之，其人亦茫然不知，第以为此中路绝，故呼余出耳。余乃舍而复入，抵其北，复抵其东，共二里，夹环为坞，中平如砥，而四面崖回嶂截，深丛密翳，径道遂穷。然其中又有停车散牛而樵者，其不知与前无异也。余从莽棘中出没搜径，终不可得，始怅然出夹。余观此夹，外入既深，中蟠亦邃，上有飞岩，旁无余径，亦一胜境。其东向逾脊而过，度即舟行所过。东岸有洞累累者，第崖悬路塞，无从着足。然其肺腑未穷，而枝干已抉，亦无负一番跋履也。共五里，仍西南至麒麟村北大路旁，前望隔垅有烧痕一围，亟趋，见痕间有微径，直趋前所觅伐木声处，第石环丛隔，一时莫得耳，余以为此必无疑矣。其时已下午，虽腹中馁甚，念此岩必不可失，益贾勇直前，攀危崖，历丛茅。然崖之悬处，俱有支石为梯；茅之深处，俱有践痕覆地，并无疑左道矣③。乃愈上愈远，西望南垂横脊，攒石森森，已出其上；东望南突回峰，孤崖兀兀，将并其巅；独一径北跻。二里，越高峰之顶，以为此岩当从顶上行，不意路复逾顶北下，更下瞰北坞，即前误入夹中所云"重崖悬处"也。既深入其奥，又高越其巅，余之寻岩亦不遗余力矣。然径路愈微，西下岭坳，遂成茅洼棘峡，翳不可行。犹攀坠久之，仍不得路。复一里，仍旧路南逾高顶。又二里，下至烧痕间,见石隙间复有一路望东峡上,其径正造孤崖兀兀之下,始与麒麟人所指若合符节④。乃知径当咫尺,而迂历自迷,三误三返而终得之,不谓与山灵无缘也。但日色渐下,亟望崖上跻,悬磴甚峻。逾半里,即抵孤崖之北。始知是崖回耸于高峰之间,从东转西向,若独角中突,"犀牛"之名以此。崖北一脊,北属高峰,与东崖转处对。脊上巨石巍峙,若当关之兽,与独角并而支其腋。巨石中裂竖穴,内嵌一石圭⑤,高丈余,两旁俱巨石谨夹,而上复覆之,若剜空而置其间者。圭石赭赤,与一山之石迥别,颇似禹陵窆石⑥,而此则外有巨石为冒,觉更有异耳。脊东下坠成洼,深若回渊,其上削崖四合,环转无隙,高埇大矗⑦,上与天齐,中圆若规。既逾脊上,即俯下渊底。南崖之下,有洞北向,其门高张,其内崆峒,深不知所止;四崖树蔓蒙密,渊底愈甚;崖旁俱有径可循,每至渊底,俱则翳不可前。使芟除净尽,则环崖高拱,平底如掌,复有深洞岈岈其内,洞天福地,舍此其谁? 余披循深密,静若太古⑧,杳然忘世。第腹枵足疲,日色将坠,乃逾脊西下,从麒麟村北西行。二里,抵那勒下舟,舟犹未发,日已沉渊矣。

【注释】

①腹枵(xiāo):腹中空虚。

②堙(yīn):埋没。

③左道:邪道。

④符节:古代朝廷征调兵将或传达命令用的凭证称符,分别用金玉铜竹木等不同质料制成,双方各执一半,合起来就可凭验真假。

封建国家派出使者所持的凭证称节,古代出入门关所持的凭证亦称符节,为节的一种,用竹木或金属制成。

⑤圭(guī):古代帝王、诸侯举行典礼时拿的一种玉器。形制大小因爵位及所用的事而有变化。作长条形,四楞显著,上面多为圆形、尖形,下面多作方形。

⑥禹陵:即传说夏禹的陵墓,在浙江绍兴城稽山门外,陵旁有禹王庙、窆石亭,为浙江名胜。窆(biǎn)石:指禹庙附近小山坡上的窆石。

⑦墉(yōng):城墙。纛(dào):大旗。

⑧太古:远古。

【译文】

又从前洞口下山,沿着山往北行。行一里,经过穆窑村,问知犀牛洞在麒麟村,于是走过石桥后往东北行。行三里,来到麒麟村。原来这个村子在那勒东面二里处,三个村子像鼎足一样,而穆窑村稍偏南一些。假使那勒的人马上就把我指引到这里,哪里能够走向那里找到穿岩呢?麒麟村的人指点犀牛洞在北山的东峰之上,相距只有一里左右而已。来到山下,找不到路。听见岩洞下面有伐木的声音,拨开荆棘抓着刺丛走过去,呼唤他不答应,找又看不见他,只好又出到大路旁。此时已经过了中午,虽然与船夫约好到中午就返回船中,但即便是船离开了,腹中空空的,也全然不顾,希望一口气找到岩洞。然而询问过路人,竟然没有知道的人。我以为还在山的北面,于是绕到山的东北角,沿着大道前行。道路西北面全是石峰。行二里,看见有条岔路向北转去,并且有火烧过的痕迹。当初,麒麟村的人说:"走到山下有火烧过的痕迹之处,那就是上登岩洞的路。"我以为这里必定是了,竭力跌跌撞撞地往前赶,便向北进入山间夹谷中。这个夹谷两旁山峰攒聚石崖层叠,中间的道路又平又直,有车马在路上。沿着这条路走了一里多,看见路旁有四五辆停着的车,山麓上散放着几头牛,有几个人分散在山崖上打柴。

我问遍了这几个人，都没有知道岩洞的人。大概他们都是远处村子里的人，一边放牧一边打柴，用车装载打下来的柴。过了此地，车路渐渐湮没了。又进去一里，夹谷转向东去，四面眺望重重山崖，全都悬绝无路，而西面的石崖尤为险峻峭拔。正在徘徊之时，有个背着竹子从深树丛中出来的人，远远地呼叫着问他。他摇着手说："走错了！"我问："岩洞在哪里？"他说："可随我出去。"跟随他出来，来到前边停车的地方，仔细追问他，这个人也茫然不知，只是认为山里路断了，所以把我叫出来罢了。我于是离开他又进去，抵达山的北麓，再走到山的东麓，共行了二里，夹谷回绕成山坞，中间平得像磨刀石，但四面石崖回绕，险峰横亘，深树丛林密蔽，道路终于断了。然而山坞中又有停着车子散放着牛去打柴的人，他们也不知道与先前那些人一样的了。我在丛莽中出没，搜寻小径，始终找不到，这才怅然若失地出了夹谷。我观察这个夹谷，从外面进去既已很深，中间弯弯曲曲地也很深邃，上方有飞空的岩石，四旁没有其余的小径，也是一处景色优美的地方。从这里向东越过山脊，估计就是乘船要走过的地方。东岸有个岩洞层层叠叠的地方，只是悬崖太高道路堵塞，无处落脚。然而虽然它的肺腑没有穷究，但枝干已被我剔出来了，也不辜负我一番跋涉了。共行五里，仍然往西南来到麒麟村北边的大道旁，望见前方隔着土陇之处有一圈火烧过的痕迹，急忙赶过去，看见火烧的痕迹间有条小径，一直向前赶到先前我寻找伐木声的地方，只是石崖环绕树丛阻隔，一时间无法找到罢了，我以为此地必是无疑了。这时已经是下午，虽然腹中饿极了，心想这个岩洞必定不能错失，越发鼓足勇气一往直前，攀登危崖，经历成丛的茅草。然而石崖的悬绝处，都有石头支撑着作为梯子；茅草的深处，都有脚踩过的痕迹覆盖在地面上，我并不怀疑走错道了。于是越上去越远，远望西面南垂横向的山脊，石峰森森攒聚，已经高出群峰之上；向东望去，向南前突环绕的山峰，孤零零的悬崖兀立着，将与峰顶齐平；只有一条小径向北上登。行二里，翻越到高峰的顶上，我以为这个岩洞应当从峰顶上前行，想不到路又越过峰顶向北下走,再往下俯瞰北面的山坞,就是先前错误地走进去的夹谷中所说的"重重山崖悬绝之处"了。既已深入到它的幽深隐秘之处,又高高翻越到它的顶上,我寻找岩洞也算不遗余力了。然而小路越来越小,向西下到岭上的山坳中,终于变成满是茅草荆棘地势低洼的峡谷,浓密得不能前行。依然攀着茅草下坠了很久,仍然找不到路。再走一里,仍然从原路向南越过高高的峰顶。又行二里,下到火烧过的痕迹间,看见石缝中还有一条路往东面的峡谷上去,这条小径正好直达孤零零地兀立着的悬崖之下,这才与麒麟村的人所指的路像符节一样相合。这才知道这条小径近在咫尺,我却绕弯子自己走迷了路,三次走错三次返回来,但最终找到了它,不能说是与山中灵秀的景色无缘了。但是日头渐渐西下,急忙望着悬崖上登,高悬的石阶非常陡峻。翻越了半里路,随即到达孤立悬崖的北边。这才知道这座悬崖回绕耸立在高峰之间,从东转向西,犹如独角突起在中间,"犀牛"的名字是因为这个原因。悬崖北面有一条山脊,北边连着高峰,与东面山崖的转折处相对。山脊上有块巨石巍然矗立,好像把守关口的猛兽,与独角并立支撑在独角的侧旁。巨石从中裂成竖直的洞穴,里面嵌着一个石圭,高一丈多,两旁都有巨石恭谨地夹着它,而上方也覆盖着它,好像是人剜空后放在其中的样子。石圭的颜色是赭红色,与整座山石头的颜色完全不同,很像是禹陵的窆石,而且这里则是外边有巨石像帽子一样覆盖着,觉得更有些奇特罢了。山脊东面下坠成洼地,深得好像回绕的深渊,洼地上方悬崖四面闭合,绕成圆形没有缺口,像高大的城墙上竖着大旗,上面与天一样高,中间圆得好像圆规。翻越到山脊上后,立即俯身下到深渊底下。南面的悬崖之下,有个洞面向北方,洞口高张,洞内空阔,深处不知哪里到头;四面的悬崖上树丛藤蔓浓密,深渊底部更加浓密;悬崖旁边都有小径可以顺着走,每条路到了深渊底下,就都被草丛遮蔽着不能前进了。假如把草丛全部铲除干净,那么环绕的悬崖高高隆起,平坦的底部好像手掌,又有样子深邃的深洞在这里面,洞天福地,舍弃此地那将是哪里呢? 我分开又深又密的草丛顺着路走,寂静得好像是在远古时代,杳然忘记了人世。只是肚中饥饿脚下疲乏,太阳即将西坠,便越过山脊向西下山,从麒麟村北边往西行。行二里,抵达那勒下到船中,船还没有开走,落日已经沉入深渊中去了。

　　二十八日　晨餐后,自那勒放舟南行。旋转西北三里,直逼双峰石壁下,再折东南五里,有小水自东南来入,即穆窑也。又西南一里,过穿山之西。从舟遥望,只见洞门,不见透穴。又一里,西入两山隙,于是回旌多西北行矣。又五里,江北岸山崖陡绝,有小峰如浮屠插其前,又有洞南向缀其半。又六里,又有山蜿蜒而北,是曰界牌山,西即太平境矣。盖江之北岸,新宁、太平以此山分界,而南岸则俱新宁也。又二里,舟转北向,江西岸列岫嵯峨,一峰前突,俗名"五虎出洞"。舟人指昔有远客过而葬此,其家旋掇巍科①,然终不敢至此治冢也。由此舟遂东转,已复西北抵北山下,循之西向行,又共六里矣。过安定堡②,北山既尽,南山复出,又西循之。三里,随山北转,过花梨村③。又西北转,随江北山二里,转而西,随江南山三里,又暮行三里,泊于晚梦村④。属新宁。是日共行四十里。

【注释】

①巍科:科举考试中的高科。

②安定堡:今仍称"安定",在崇左市江州区东隅,左江南岸。

③花梨村:今作"花黎",壮语"花"为河湾,"梨"为长,花梨意即长长的河湾。在崇左市江州区东隅,左江北岸。

④晚梦村：原作"晓梦村"，据乾隆本、"四库"本改。今作"湾望村"，

　　在崇左市江州区东隅，左江南岸。

【译文】

二十八日　早餐后，自那勒开船往南行。旋即转向西北三里，直逼
到两座山峰的石壁下，再折向东南五里，有条小溪自东南流来汇入江
中，这就是穆窑村了。又向西南行一里，经过穿山的西面。从船上远
望，只看得见洞口，看不见穿通的洞穴。又行一里，向西进入两列山的
缝隙中，从这里起帆船像回绕的旌旗一样多半是往西北行了。又行五
里，江北岸山崖陡绝，有座小石峰像佛塔一样插在山崖前方，又有个面
向南的山洞点缀在半山腰上。又行六里，又有山往北蜿蜒延伸，这叫做
界牌山，西面就是太平府的辖境了。大体上，江的北岸，新宁州、太平府
以这列山作为分界处，而南岸则全部属于新宁州了。又行二里，船转向
北行，江西岸群峰巍峨，一座山峰前突，俗名叫"五虎出洞"。船夫指着说，
从前有个远方来的客人路过这里死后葬在此地，他的家人旋即有人在科举考试中高中了，
然而始终不敢到此地来修整坟墓。从这里船便转向东，不久又向西北抵达北
山下，沿着北山向西行，又一共前行六里了。经过安定堡，北山完后，南
山又出现了，又向西沿着南山前行。行三里，顺着山势向北转，路过花
梨村。又向西北转，顺着江北岸的山前行二里，转向西，顺着江南岸的
山前行三里，又在暮色中行船三里，停泊在晚梦村。属于新宁州。这一天
共行船四十里。

二十九日　循南岸山行二里，转北又一里，为驮塘。又
二里转而西，山势渐开，又五里，西南过驮卢①，山开水绕，百
家之市，倚江北岸。旧为崇善地，国初迁太平府治于此，旋
还丽江，今则迁驮朴驿于此，名曰驮柴。盖此地虽宽衍，而
隔江即新宁属，控制上流，自当以壶关为胜也。江北岸太平

之地,濒江虽多属崇善县^②,内石山之后,即为诸土州地,而左州则横界焉^③。是日止行十里,舟人遂泊而不行。

【注释】

①驮卢:今名同,亦作"驮芦",壮语"驮"为河水,"卢"为船。驮卢意即河里船多。在崇左市江州区东北境,左江北岸转折处。

②崇善县:"县"原作"寺",据乾隆本改。崇善县为太平府附郭县,即今崇左市。

③左州:隶太平府,治所在今崇左市江州区北境的左州。

【译文】

二十九日　沿着南岸的山行船二里,转向北又是一里,是驮塘。又行二里转向西,山势渐渐开阔起来,又行五里,往西南经过驮卢,山势开阔,江水环绕,是个百户人家的市镇,紧靠着江北岸。旧时是崇善县的辖地,国朝初年把太平府的治所迁到此地,不久又迁回丽江,今天则是把驮朴驿迁到此地,名叫驮柴。大概是这个地方虽然地势宽广低平,但隔江处就是新宁州的属地,控制着上游,自然应该是把壶关作为胜地了。江北岸太平府的属地,濒江地带虽然大多属于崇善县,内石山的后面,马上就是各土州的属地,而左州却横隔在其间。这一天只前行了十里路,船夫便停泊下来不走了。

十月初一日　昧爽,循驮卢西北五里,北岸为左州界,稍转而南,南岸石峰复突。又二里,复转西北,北岸亦有石山。三里,西南入峰夹间,于是挂帆而行。五里,渐转南向,有村在江东山坞间,曰驮木^①,犹新宁属也。又西南五里,江西岸回崖雄削,骈障江流;南崖最高,有三洞东启;又南一峰稍低,其上洞辟尤巨。洞右崖石外跨,自峰顶下插江潭;崖右洞复透门而出，其中崆峒，其外交透。自舟望之已奇，若置身其内，不知胜更何若矣！又南二里，东岸石壁亦然。此地峰壁交映，江漾其间，更为胜绝。又一里，转向西行，又五里，渐转南行。已而东折，则北岸双崖高穹，崖半各有洞南向；南岸矶盘嘴叠，飞石凌空，无不穿嵌透漏。行二里，转向西南，上银瓮滩。滩始有巨石，中横如坝。滩东，尖崖耸削绝壁，有形如瓮。《九域志》谓："昔有仙丹成，遗瓮成银，人往取之，辄不得，而下望又复俨然。"《一统志》谓："在南宁府境。"盖江东岸犹新宁也。转西五里，复转西北，盘东岸危崖二里，抵北山下。仍西向去，五里，又南转。既而转东一里，乃西向行，山开江旷，一望廓然。又五里而暮。又二里泊于捺利②。在江西岸，属新宁。江空岸寂，孤泊无邻，终夜悄然。是日行五十里。计明日抵驮朴，望登陆行，惟虑路险，而顾奴旧病未痊。不意中夜腹痛顿发，至晨遂胀满如鼓，此岚瘴所中无疑。于是转侧俱难，长途之望，又一阻矣。

【注释】

①驮木：今作"驮目"，在崇左市江州区东境，左江东岸。

②捺利：今作"濑滤"，在扶绥县西隅，左江南岸转折处。

【译文】

十月初一日　黎明，沿着驮卢往西北行船五里，北岸是左州的辖境，稍转向南，南岸又有石峰突起。又行二里，再转向西北，北岸也有石山。行三里，向西南进入山峰的夹谷间，在这里挂上帆航行。行五里，渐渐转向南，有个村庄在江东岸的山坞中，叫驮木，仍然还是新宁州的属地。又向西南行五里，江西岸回绕的山崖雄壮陡削，并排矗立着挡住江流;南面的山崖最高,有三个洞面向东敞开洞口;南边又有一座山峰稍矮一些,山上的洞口张开得特别巨大。洞口右边的崖石向外跨,从峰顶下插到江边;石崖右边的岩洞又穿过洞口出去,洞中空阔,与洞外相通。从船上望过去已经很奇特,假如置身于洞内,不知优美的景色更将是什么样的了!又向南行二里,东岸的石壁也是这样。此地的山峰石壁交相辉映,江流潆绕在山间,更是绝顶优美。又行一里,转向西行,又行五里,渐渐转向南行。不久折向东行,只见北岸的两座山崖高大穹隆,山崖半中腰各有一个面向南的洞;南岸石矶盘踞,山嘴层叠,飞石凌空,无处不穿通深嵌,玲珑剔透。行二里,转向西南,驶上银瓮滩。河滩中开始有巨石,横在江中好像水坝。河滩的东面,尖尖的石崖高竿,绝壁陡削,形态好像瓦瓮。《九域志》说:"从前有个仙人炼成仙丹,遗留下的瓦瓮变成银子,有人前去取银子,总是找不到,然而从山下望去又是十分像。"《一统志》说:"在南宁府境内。"原来江的东岸仍然是新宁州了。转向西五里,再转向西北,绕着东岸的危崖前行二里,抵达北山下。仍然向西去,行五里,又向南转。既而转向东一里,于是向西行,山势开阔,江面空旷,一眼望去辽阔无边。又行五里天黑下来。又前行二里停泊在捵利。在江西岸,属于新宁州。江面空旷,江岸寂静,孤舟停泊,无人为邻,整夜静悄悄的。这一天行船五十里。估计明天到达驮朴,希望登上岸走陆路,只是顾虑路途险阻,而且顾仆的旧病还没有痊愈。想不到半夜我的腹痛突然发作,到早晨肚子竟然胀得满满的像鼓一样,这无疑是中了山间的瘴气。于是我转身侧睡都很难,走长途的希望,又多了一重障碍了。

初二日 昧爽,西北行。碧空如洗,晴朗弥甚。三里,抵江北危崖下。转而南二里,过下果湾,有村倚崖临江,在江西岸。又五里,有水自南来注,其声如雷,名响源,发于江州。水之西岸即为江州属,而新宁、江州以此水分界焉。水入江处，有天然石坝横绝水口如堵墙，其高逾丈，东西长十余丈，面平如砥，如甃筑而成者。水逾其面，下坠江中，虽不甚高，而雪涛横披，殊瀑平泻，势阔而悍，正如钱塘八月潮，齐驱下坂，又一奇观也。过响水，其南岸忠州境虽辖于南宁①，而濒江土司实始于此；北岸则为上果湾，有岩西向临江，上亦有村落焉。于是转北行一里，抵北山下。转西北挂帆行，两岸山复叠出。二里为宋村，在江南岸，忠州属。有八仙岩，为村中胜地。又三里，转东北，又二里，转西北，又三里，更转东北，两岸石崖叠出递换，靡非异境。转西北五里，又北转，而西岸一崖障天，崖半有洞东向。始见洞门双穴如连联，北穴大，南穴小，垂石外间而通其内；既而小者旁大者愈穹，忽划然中剜，光透其后。舟中仰眺，碧若连云驾空，明如皎月透影，洞前上下，皆危崖叠翠，倒影江潭，洵神仙之境！首于土界得之，转觉神州凡俗矣。南有驮朴村，转登山后，闻可攀跻。又北一里，东岸临江，焕然障空者为银山，劈崖截山之半，青黄赤白，斑烂缀色，与天光水影，互相飞动，阳朔画山犹为类大者耳②。崖下有上下二洞，门俱西向。上洞尤空邃，中悬石作大士形，上嵌层壁，下濒回潭，无从中跻。其北纷窍甚多，裂纹错缀树间，吐纳云物，独含英润焉。一里，转而西，遂为驮朴③，百家之市，尚在涯北一里。东南即银山，西北又起层峦夹之，迤逦北去，中成蹊焉，而市倚之。陆路由此而北，则左州、养利诸道；江路由此而西，则太平、思明诸境也。午抵驮朴，先登涯问道，或云："通"，或云："塞。"盖归顺为高平残破，路道不测，大意须候归顺人至，随之而前，则人众而行始便。归顺又候富州人至，其法亦如之。二处人犹可待，惟顾奴病中加病，更令人惴惴耳。是日，即携行李寄宿逆旅主人家。

【注释】

①其南岸忠州境虽辖于南宁：忠州隶南宁，原误倒为"宁南"，不从。

②犹为类大者耳：乾隆本、"四库"本作"竟逊一筹"。"大"疑为"犬"字。取"画虎不成反类犬"意，谓画山逊于银山。

③驮朴：今作"驮柏"，在崇左市江州区北境，左江北岸转折处。

【译文】

初二日　黎明，向西北行。碧空如洗，更为晴朗。行三里，抵达江北岸的危崖下。转向南二里，经过下果湾，有个村庄背靠山崖面临江流，在江西岸。又行五里，有条河水自南面流来汇入江中，水声如雷，名叫响源河，发源于江州。河的西岸就是江州的属地，而且新宁州、江州就是以这条河水分界的。河水汇入大江之处，有个天然的石坝横堵在河口好像一堵墙，石坝高度超过一丈，东西长十多丈，石头表面平滑得像磨刀石，好像是砌筑而成的样子。河水漫过石头表面，下泻到江中，虽然不怎么高，可雪花般的波涛横着散开，特别少见的瀑布平铺着下泻，水势宽阔而凶猛，正如八月间钱塘江的潮水，并驾齐驱地流下斜坡，又是一处奇观了。过了响水滩，江南岸忠州的辖境虽然属于南宁府管辖，但濒江地带土司的属地实际上从此地开始；北岸则是上果湾，有个岩洞朝向西面临江流，岸上也有村落。从这里转向北前行一里，抵达北山下。转向西北挂上帆航行，两岸的山又层层叠叠地出现。行二里是宋村，在江南岸，是忠州的属地。有个八仙岩，是村中景色优美的地方。又行三里，转向东北，又行二里，转向西北，又行三里，再转向东北，两岸的石崖层层叠叠地出现，交替着变幻，无处不是奇异之境。转向西北五里，又向北转，而西岸一座石崖遮住天空，石崖半中腰有个面向东的岩洞。

开始时望见洞口有两个洞穴好像是连在一起,北边的洞穴大,南边的洞穴小,岩石垂在外边而洞内相通;随即小洞旁边的大洞变得愈加穹隆,忽然猛地从中间剜空,亮光从洞穴后面透过来。从船中仰面眺望,拱起来的岩石好像连片的云彩在空中奔跑,洞穴明亮得像皎洁的月亮照射出来的光影,洞前的上下,都是重叠葱翠的危崖,倒影映照在江边,真正是神仙之境!首先在土司的辖境内看到这样的景象,反而觉得中原神州大地的景色都是平庸的了。南面有个驮朴村,转个弯登上山后,听说可以攀登上去。又向北行一里,东岸临江处,光彩夺目遮蔽着天空的山是银山,劈开的悬崖切断半座山,青黄赤白,点缀着斑斓的色彩,与天光波影,互相飞动,阳朔的画山仍然只是大体上类似的地方罢了。悬崖下面有上下两个洞,洞口都是面向西。上洞尤其空阔深邃,洞中悬垂的岩石作出观音菩萨的形状来,上面嵌入层层石壁,下边濒临回旋的深水,无从上登到洞中。岩洞北边纷乱的石窍很多,裂纹交错点缀在树丛间,呼吸着云雾,口中独自含着润泽的美玉。行一里,转向西,便是驮朴,是个百户人家的集市,还在江岸北边一里处。东南方就是银山,西北方又耸起层层山峦夹着村庄,逶迤向北延伸而去,中间成为山路,而集市紧靠在道路。陆路由此地往北走,是去左州、养利州等地的路;水路由此地往西去,则是太平府、思明府等地了。中午抵达驮朴,先登上岸去问路,有人说:"通。"有人说:"不通。"原来是归顺州被高平人攻破残杀,道路上有意想不到的危险,大体上的意思是必须等归顺州有人来到,跟随他们前去,人多了出行才安全。归顺州的人又要等富州的人来到,方法也是如此。这两个地方的人还可以等待,只是顾仆病上加病,更是让人惴惴不安了。这天,马上带上行李寄宿在旅店主人的家中。

驮朴去驮卢五十里。自驮卢西至此,皆为左州南境,北去龙州四十里[①]。西仍为崇善地,抵太平亦四十里,水路倍之。

【注释】

①北去龙州四十里："龙州"，依地望疑为"左州"之讹。

【译文】

　　驮朴距离驮卢五十里。从驮卢往西来到此地，都是左州的南部地区，北面距离龙州四十里。西面仍然是崇善县的辖地，到太平府也是四十里，水路有一倍路程。

　　高平为安南地，由龙州换小舟，溯流四日可至，太平人呼之为高夷。

【译文】

　　高平是安南的属地，从龙州换乘小船，溯流前行四天可以到达，太平府的人把他们称为高夷。

　　龙州山崖更奇，崖间有龙蜿蜒如生①。

【注释】

①"龙州山崖更奇"两句：此为霞客打听到的情况，疑即指花山崖画。

【译文】

　　龙州的山崖更奇特，山崖上有条龙蜿蜿蜒蜒像活的一样。

　　思明东换小舟，溯流四日至天龙峒①，过山半日即抵上思州②。上思昔属思明，今改流官，属南宁，有十万山③。其水西流为明江，出龙州；东流出八尺江。

【注释】

①天龙峒：应即"迁隆峒"。明时设土巡检。在今宁明县东隅，明江
　北岸。

②上思州：隶南宁府，即今上思县。

③十万山：今仍称"十万大山"，位于上思县与防城区间，最高峰峙
　良岭海拔 1462 米。

【译文】

　　在思明府城东边换乘小船，溯流前行四天到达天龙峒，翻过山
走半天就到上思州。上思州从前属于思明府，今天改设了流官，划
属南宁府，有座十万山。那里的水流向西的成为明江，流到龙州；
向东流出去的是八尺江。

　　　高平为莫夷，乃莫登庸之后；安南为黎夷①，乃黎利
之后。

【注释】

①安南：又称交南、交趾，皆为明时对越南的称呼。相当于我国明
　代前期，1418 年黎利在越南建立黎朝，为区别于 980—1009 年间
　的黎朝，又称"后黎朝"。1527 年，权臣莫登庸推翻黎朝，建立莫
　朝。1533 年，黎朝大将阮淦占据清化、义安一带，另立政权，形式
　上恢复黎氏皇帝，但大权掌握在阮氏手里。1545 年，阮淦死，大
　权又落入他的女婿郑检手中。从此以后的半个多世纪，越南历
　史上称为"南北朝"。莫氏政权统治北部，称为"北朝"；郑氏掌握
　了清化以南地区，称为"南朝"。1558 年，阮淦的儿子阮潢出外镇
　守顺化，逐步据有顺化、广南一带，成为阮氏割据势力，与郑氏划
　㵢江为界。1592 年，南朝大将郑松战胜北朝，占领升龙城（今河
　内），结束了南北朝。但莫氏势力仍占据着许多地方，并以高平

为据点,延续到 1667 年。1595 年郑松称王,以后郑氏子孙掌握大权,世袭称王,但仍保有黎朝皇帝及其年号。可以说,相当于明代后期,越南事实上处于分裂割据状态,各割据政权之间战争频仍。《游记》中"交夷"、"高平夷"、"莫夷"皆指莫氏。"夷",乾隆本作"彝"。

【译文】

　　高平是莫夷,是莫登庸的后裔;安南是黎夷,是黎利的后代。

　　自入新宁至此,石山皆出土巴豆树、苏木二种。二树俱不大。巴豆树叶色丹映,或队聚重峦,或孤悬绝壁,丹翠交错,恍疑霜痕黔柴。苏木山坳平地俱生,叶如决明,荚如扁豆①,而子长倍之,绕干结瘿,点点盘结如乳,乳端列刺如钩,不可向迩。土人以子种成林,收贾不至,辄刈为薪;又择其多年细干者,光削之,乳纹旋结,朵朵作胡桃痕,色尤苍润。余昔自天台觅万年藤,一远僧携此,云出粤西蛮洞。余疑为古树奇根,不知即苏木丛条也。

【注释】

①荚:原作"英",据"四库"本改。

【译文】

　　自从进入新宁州境内来到此地,石山上都有出产当地的巴豆树、苏木两种树。两种树都不大。巴豆树树叶的颜色是红的,红光映照,或成队聚生在重重山峦之中,或孤悬在绝壁之上,红绿交错,恍惚间怀疑是白色的霜痕和黑色的木炭。苏木在山坳中、平地上都生长,叶子好像决明子,荚像扁豆,但籽粒长是扁豆的一倍,绕着树干结出瘤状的球体，一点一点地盘结着，好像乳头，乳头的前端排列着钩子一样的刺，不可接近。当地人用籽种成树林，收购的商人不来，便砍下作为柴火；又选择其中生长多年枝干细小的，剥光树皮，乳白色的花纹旋绕盘结在一起，一朵朵的，像胡桃的纹路，色泽尤为苍劲润泽。我从前在天台山寻找万年藤时，一个远方来的僧人带着这种东西，说是出产在广西蛮族聚居的地区。我怀疑是古树形状奇异的树根，不知道就是苏木丛生的枝条了。

初四日　自驮朴取道至太平。西南行一里，有石垣东起江岸，西属于山，是为左州、崇善分界。由垣出，循山溯江南行，三里，越一涸涧，又四里为新铺，数家之聚。江流从正南来，陆路遂西南转。四里，复过一涸涧，涧底多石，上有崩桥，曰冲登桥[①]。其内有堡。从此南上，盘陟冈阜三里，复与江遇。其上有营房数家，曰崩勘。又南五里，转一山嘴，其后山中有村曰驮竺。盘其东垂，乃循山南西向行，于是回崖联蹁，上壁甚峻拔，下石甚玲珑。二里，路南复突一危峰，遂入山夹。盘之而西又一里，转南二里，登媚娘山。其处峰峦四合，中悬一土阜为脊。越之而南下，东南三里，路侧有窞一圆[②]，名龙井。下坠五六丈，四围大径三丈，俱纯石环壁。坠空缀磴而下，下底甚平，东北裂一门，透门以入，其内水声潺潺，路遂昏黑。践崖扪隙，其下忽深不可测。久之，光渐启，回见所入处，一石柱细若碧笋，中悬其间，上下连属，旁有石板平庋，薄若片云，声若戞金树[③]。至其洞，虽不甚宏而奇妙，得之路旁，亦异也。其上有一亭，将就圮。（自驮朴陆行至太平，辄见冈陀盘旋，四环中坠，深者为井，浅者为田，上下异穴,彼此共窞。盖他处水皆转峡出,必有一泄水门,惟此地明泄涧甚少,水皆从地中透去。窍之直坠者,下陷无底;旁通者,则底平可植五稼④。路旁大抵皆是。惟龙井下陷犹有底,故得坠玩焉。)由此西南出山,又四里,而江自壶关东垂北向而至。溯之复南二里,升陟冈阜又二里,抵壶关。关内旧惟守关第舍四五间,今有菜斋老和尚建映霞庵于左,又盖茶亭于后。余以下午抵庵,遂留憩于中。菜斋,北人,年六十一岁,参访已遍海内。所食惟淡菜二盂,不用粒米,见此地荒落,特建庵接众,憩食于庵者数十人,虽久而不靳焉⑤。菜斋法名如喜,徒名海润。

【注释】

①冲登桥:今名同,在崇左市江州区稍北,左江西岸。

②窞(dàn):深坑。

③戛(jiá)金:即戛玉敲金,形容声音铿锵悦耳。戛,击。

④五稼:即五谷。五谷指的种类不同,此处泛指粮食作物。

⑤靳(jìn):吝惜。

【译文】

初四日　从驮朴取道前往太平府。往西南行一里,有堵石墙东边起自江岸,西边连着山,这是左州、崇善县的分界线。由石墙出去,沿着山溯江流往南行,行三里,越过一条干涸的山涧,又走四里是新铺,是个几家人的村落。江流从正南方流来,陆路从这里转向西南。行四里,又越过一条干涸的山涧,山涧底下有很多石头,上面有座倒塌了的桥梁,叫做冲登桥。桥以内有城堡。从此地向南上走,盘旋爬升在冈峦土阜间三里,再次与江流相遇。江岸上有个几家人的营房,叫做崩勘。又向南五里,转过一处山嘴,山嘴后面的山中有个村子叫驮竺。绕过山的东垂,便沿着山的南麓向西行,在这里回绕的山崖连接不断,上面的崖壁非常险峻峭拔,下面的岩石十分玲珑精巧。行二里,道路南边又突起一座险峰,于是进入山间的夹谷中。绕着夹谷向西又走一里,转向南二里,登上媚娘山。此处的峰峦四面闭合,中间悬着一条土山形成的山脊。越过山脊往南下走,向东南三里,路旁有个圆圆的深坑,名叫龙井。下陷五六丈,四周直径大三丈,全是清一色的岩石环绕成的坑壁。沿着悬缀在高空的石阶往下坠,下面的底部十分平整,东北方裂开一个洞口,钻过洞口进去,洞内水声潺潺,路于是昏黑下来。踏着崖石摸着石缝走,脚下忽然深不可测。很久之后,渐渐有了光线,回头看见我进来之处,一根石柱细细的好像绿色的竹笋,悬在洞中间,上下相连,旁边有石板平架着,薄得好像一片云彩,声音好像敲击铜柱。至于说这个洞,虽然不十分宽大却很奇妙,在路旁遇到它,也是一件奇异的事。深坑上面有一座亭子,即将倒塌。从驮朴走陆路到太平府,常常看见回旋的冈峦山坡,四面回绕中央下陷,深的形成深井,浅的被垦为田地,上下都有不同的洞穴,彼此之间都是深坑。其他地方的水都是绕着峡谷流出去,必定有一处泄水的水口,唯有此地地表泄水的山涧非常少,水都是从地下渗透出去。洞穴竖直下坠的,下陷得没有底;通向四旁的,则是底部平坦可以种植五谷。道路旁边大体上四处都有。唯有龙井陷下去仍然有底,所以能够下去游玩。由此地向西南出山,又行四里,而江流自壶关的东垂向北流到这里。潮江流又向南二里,爬升在山冈土阜间又是二里,抵达壶关。关内旧时只有守关的宅院四五间,今天有位菜斋老和尚在左边建起了映霞庵,又在后边盖了个施舍茶水的亭子。我在下午到达映霞庵,便留下住在庵中。菜斋,是北方人,年纪有六十一岁,已经参观访问走遍了海内。所吃的东西只有两钵盂淡菜,不吃一粒米,看见此地荒凉冷落,特意建了寺庵接待众人,停歇在庵中吃饭的人达数十人,这些人虽然久住不去却毫不吝惜。菜斋的法名叫如喜,徒弟名叫海润。

壶关在太平郡城北一里余①。丽江西自龙州来,抵
关之西,折而南,绕城南,东转而北,复抵关之东,乃东
北流去。关之东西,正当水之束处,若壶之项,相距不
及一里。属而垣之,设关于中,为北门锁钥。其南江流
回曲间,若壶之腹,则郡城倚焉。城中纵横相距亦各一
里,东西南三面俱濒于江。城中居舍荒落,千户所门俱
以茅盖。城外惟东北有民居阛阓②,余俱一望荒茅舍
而已。

【注释】

①太平:明置太平府,治崇善县。崇左改市前,县治长期称为太
　平镇。

②阛阓(huán huì):街市。

【译文】

　　壶关在太平府城北边一里多处。丽江自西面的龙州流来,流
到壶关的西面,折向南,绕到城南,转向东后往北流,又流到壶关的
东面,于是向东北流去。壶关的东西两面,正好位于江水紧束之
处,就像茶壶的脖子,相距不到一里。筑起城墙连接到两头,在中
间设了关隘,成为北门的军事要地。壶关南面江流回转弯曲之间
的地方,像茶壶的腹部,府城就依傍在那里。城中纵横相距也是各
有一里,东、西、南三面都濒临江流。城中的居民房屋荒凉冷落,千
户所衙门都是用茅草盖顶。城外唯有东北角有民居和街市,其余
全是一眼望去的荒芜的茅草屋而已。

　　青莲山在郡城北二十余里,重峦北障天半。其支南
向,东下者即媚娘岭,西下为碧云洞①。洞在壶关正西二

里,青莲山南下之支也。石峰突兀,洞穿峰半,门东向。先从北麓上三折坂,东向透石隙曰天门,得平台焉。洞门峙其上。门狭而高,内南转,空阔深暗,上透山顶,引光一线空濛下。光下有大士龛,北向,中坐像,后有窨深陷,炬烛之沉黑;又一穴南去,不知其底。此下层也。其上层隔窨之南,复辟为门;门前列双柱,上平庋两盆曰"宝盆"。先由大士像右壁,穿小穴南下窨侧,由双柱中抵宝盆下。透门入,始颇隘;连进门两重,渐转东上,则穹然高张,天光下进,一门南向出为通天窍。历级上,出洞门外,亦有台甚平,下瞰平壑,与东向门无异。由大士像左壁西穿小穴曲折入,两壁狭转,下伏为隘门;透门进,忽上盘如覆钟;凡进四门,连盘而上者,亦四五处,乃出。于大士像左壁稍北,又西穿小穴,渐北转,则岈然中通,山影平透,裂一门北向,号曰盘龙窟。此洞中胜也。北门外,崖石横带山腰,东达天门,西抵一飞崖下,上覆下嵌。崖不甚高,上下俱绝壁,中虚而横带者,若平廊复榭,无愧"群峰献翠"名。北瞰深坞,重峦前拱,较东南二台,又作一观。由崖东攀石蕚西望,峰顶莲瓣错落,中有一石,东剜空明,为蔓深石削,不得攀接。仍从盘龙窟入,出东台,仰眺洞南,峰裂岐崖,回环一峡。乃攀枝援隙上,直历峡峰攒合中,复有东向洞,内皆耸石攒空,隙裂渊坠,削不受趾,俯瞰莫窥其底,石块投之,声历历不休,下即大士龛中承受坠光处也。至此洞外胜始尽。此洞向无其名,万历癸丑参戎顾凤翔开道叠磴[2],名之曰碧云，为丽江胜第一。顾乃华亭人③。

【注释】

①碧云洞：初六日记有："携火炬出壶关，西溯江岸，一里抵演武场北，又西一里，探碧云洞。出入回环者数四，还抵映霞。"本段自此以下至"为丽江胜第一"似非概语，而是探碧云洞的具体经过，疑为错简，应系于十月六日"出入回环者数四"之前。

②万历癸丑：万历四十一年(1613)。

③华亭：为松江府附郭县，即今上海市松江区。

【译文】

　　青莲山在府城北面二十多里处，重重山峦遮蔽了北方的半边天。它的支脉向南延伸，往东下延的就是媚娘岭，往西下延的是碧云洞。碧云峒在壶关正西二里处，是青莲山往南下延的支脉。石峰突兀，岩洞洞穿了石峰的半中腰，洞口面向东。我先从北麓登上三折坂，向东钻过石缝，叫做天门，见到一处平台。洞口耸立在平台上方。洞口又窄又高，洞内向南转，空阔深暗，上面通到山顶。引进一线空濛的阳光照射下来。光线下照处有观音菩萨的佛龛，面向北，佛龛正中坐着观音像，后面有深陷的深坑，用火把照射坑中，深沉黑暗；又有一个洞穴向南去，不知它的底。这是下层。洞内的上层在隔着深坑的南边，又裂成洞口；洞口前方排列着两根石柱，上面平架着两个石盆，叫做"宝盆"。首先由观音像右边的石壁下，穿过一个小洞向南下到深坑的侧边，由两根石柱中间走到宝盆下边。穿过石门进去，开始时很窄；一连进了两重石门，渐渐转向东上走，只见山洞穹然隆起高高张开，天上的亮光照射进来，一个石门向南出去成为通天的窀窿。经过石阶上走，出到洞口外，也有个十分平整的石台，下瞰着平敞的壑谷，与向东的洞口没有不同。由观音像左边的石壁下向西穿过小洞曲曲折折地进去，两侧的洞壁很狭窄,转来转去,向下低伏为隘口;钻过隘口进去,忽然顶上盘旋而起好像下覆的铜钟;一共进了四个隘口,连续向上盘旋而起的地方,也有四五处,这才出来。在观音像左边石壁的稍北处,又向西穿过一个小洞穴,慢慢向北转,就见中间相通样子深邃,山影平平地投射进来,裂开一个向北的洞口,号称是盘龙窟。这是洞中的胜景了。北洞口外面,崖石像腰带一样横贯山腰,东边到达天门,西边抵达一处飞空的悬崖下,上面下覆,下面深嵌。悬崖不十分高,上下都是绝壁,中间是虚空像腰带一样横系着的地方,好像平直的长廊和重叠的台榭,无愧于"群峰献翠"的美名。向北俯瞰深深的山坞中,重重山峦在前方拱立着,与东、南两面的石台相比较,又现出一种景观。由悬崖东边攀着花萼般的岩石向东望去,峰顶上莲瓣样的岩石错落其间,其中有一块岩石,东面剜空透明,因为草深岩石陡削,不能攀登接近。仍然从盘龙窟进去,出到东面的平台上,仰面眺望山洞南边,山峰迸裂,悬崖分岔,回绕成一条峡谷。于是攀着树枝抓住石缝往上爬,直到峡谷山峰攒聚闭合处的中间,又有个面向东的洞,洞内都是高耸的岩石攒聚在空中,石缝裂成深渊,陡削得不能落脚,俯瞰无法窥见峡谷的底下,用石块扔下去,声音清清楚楚响个不停,下面就是洞中观音菩萨佛龛承接下射光线之处了。到这里,洞外的胜景这才完了。这个洞从前没有名字,万历癸丑年参将顾凤翔垒砌石阶开通了道路,把它命名为碧云峒,是丽江的第一胜景。顾凤翔是华亭县人。

　　白云岩在壶关正东四里,路由郡城东渡江,是为归龙村峒[1]。在江东岸,太平隔江即江州属。是村昔有怪出没江潭,为害江州、太平。人俱莫能制,而思明独来时而杀之,其害乃息。故江州以此一峒畀思明,为思明属。今此峒东南北三面俱属江州,而西抵于江,为太平府,近太平城者惟此一村,而又远属思明,亦可异也。

【注释】

①归龙村峒:原误倒为"龙归村峒",据下日记及乾隆本、"四库"本
　改。归龙村峒,今作"归陇",在崇左城东北郊,左江东岸。

【译文】

　　白云岩在壶关正东四里处,去那里的路由府城向东渡江,那是
归龙村峒。在江东岸,太平府隔江处就是江州的属地。这个村子过去有妖怪出
没在江边,为害于江州、太平府。人们都无法制服它,然而思明府土司独自一人来到
时便杀了妖怪,这个祸害才得以平息。所以江州把这一峒送给思明府,成为思明府
的属地。今天这个峒的东、南、北三面都属于江州,但西面直到江边,是太平府的属
地,太平府城附近只有这一个村子,却又隶属于远处的思明府,也算是一件奇怪的事。

　　石门塘在壶关外东北半里。老虎岩在壶关内西南
半里。铜鼓在郡城内城隍庙①,为马伏波遗物,声如吼
虎,而状甚异。闻制府各道亦有一二,皆得之地中者。
土人甚重之,间有掘得,价易百牛。

【注释】

①铜鼓:中国古代南方一些少数民族使用的重器,用铜铸成。大者
　数百斤,直径在一百厘米以上;小者数十斤,仅十余厘米。鼓面
　有浮雕图案,中心为日光形,边缘或有蛙、鱼、牛等立体装饰,鼓
　身有不同的花纹围绕。很多纹饰和图案,反映了西南各族古代
　的生产、生活和社会情况。整个铜鼓形体凝重,声音雄沉,制作
　精致,纹饰丰富多彩。铜鼓从用作炊具的铜釜发展而来,成为统
　治权力的象征,用于祭祀、战争、赏赐、贮贝、进贡等,后又成为一
　种娱乐的乐器,至今仍为西南很多民族所珍爱。发现铜鼓的地

区,北到四川凉山彝族自治州,西达云南腾冲县,云南、广西、贵州各省(区)博物馆收藏传世和出土的铜鼓甚多,年代约自春秋至清末不等。

【译文】

　　石门塘在壶关外面东北半里处。老虎岩在壶关以内西南半里处。铜鼓在府城内的城隍庙中,是伏波将军马援的遗物,鼓声像老虎吼叫,而且形状十分奇特。听说总督府下属各道也有一两个,都是从地下得到的。当地人非常看重铜鼓,间或有人挖掘到,价值可以交换一百头牛。

　　初五日　晨餐后,即独渡归龙,共四里,西循白云岩①。荒坡草塞,没顶蒙面,上既不堪眺望,下复有芒草攒入袜裤间,举足针刺,顷刻不可忍,数步除袜解裤,搜刷净尽,甫再举足,复仍前矣。已有一小水自东南峡中出,北潆岩前,上覆藤蔓,下踔江泥,揭涉甚难。过溪,抵岩下。穹崖高展,下削如屏,色莹洁逾玉。崖南峭壁半列洞四五,大小不一,皆西向。南面一洞较大,下复叠一洞,不甚深昧,而上洞中空外削,望之窈窕,竟不得攀憩。再南半里,有洞甚大,亦西向,前俱大石交支。从石隙透门入,洼敞可容三百人,内无旁通窦。洞北有小径,东上山夹,两旁削石并耸。攀级而登,逾山坳南,亦有洼下陷,木翳不能窥其涘。其北更耸层峰,西瞰江流城堞,俱在足底。再北直出白云岩顶,其坳中洼窖虽多,然棘藤蒙密,既不得路,复无可询,往返徘徊,日遂过午,终不能下通岩半洞也。此处岩洞特苦道路芜阻,若能岩外悬梯,或叠磴中窦,其委曲奇胜,当更居碧云上。仍西二里,出归龙,南溯江岸三里,抵金柜、将军两山之间。金柜瞰江峙,崖洞中空,大容数百人。茅棘湮阨,竟金柜山岩洞不得,三周其北东南三面,又两越其巅,对瞩江城,若晰须眉于镜中。东即将军山,片崖立峰头迎江,有干城赳赳势②。环郡四眺,峰之特耸者此为最。下候东关渡舟,已暮不复来,腹馁甚。已望见北有一舟东渡,乃随江蹑石一里,抵其处,其舟亦西还。迁延久之,得一渔舟,渡江而西。见有卖蕉者,不及觅饭,即买蕉十余枚啖之。亟趋壶关,山雨忽来,暮色亦至。

【注释】

①西循白云岩:乾隆本,“四库”本皆作“乃由郡城东渡江,经归龙村峒,东抵石崖下”,疑“西”为“东”。

②干(gān)城:捍蔽如盾,防守如城。干,盾牌。

【译文】

初五日　早餐后,立即独自渡江到归龙村,共行四里,向西沿着白云岩走。荒凉的山坡上茅草塞路,没过头顶蒙在脸上,上方既不能眺望,脚下又有草上的尖刺钻入鞋袜裤子中,抬脚走就像有针在刺扎,一刻也不能忍受,走几步就得脱下袜子解开裤子,全部搜寻刷干净,刚刚再次抬脚走,又仍然像先前一样了。不久有一条小溪从东南方的峡中流出来,向北潆绕在岩洞前,上边覆盖着藤蔓,脚下踩着水中的稀泥,提起衣裤涉水非常艰难。涉过溪水,到达白云岩下面。穹隆的山崖高高伸展开来,下面陡削好像屏风,石头的颜色晶莹洁净超过白玉。山崖南面的峭壁半中腰排列着四五个洞,大小不一,都是面向南。南面的一个洞较大,下边又重叠着一个洞,不十分深黑,但上洞洞中空阔外面陡削,望过去十分幽深,竟然不能攀登上去休息。再向南走半里,有个洞非常大，也是面向西，洞前全是大石头交叉支撑着。从石缝间钻进洞口，地势下注宽敞，可以容纳三百人，洞内没有旁通的洞穴。洞北有条小径，向东上到山间的夹谷中，两旁陡削的石崖排列耸立。攀着石阶上登，翻越到山坳的南面，也有下陷的洼地，林木遮蔽，不能窥见洼地的边际。洼地北面更是耸立着层层山峰，向西俯瞰江流城池，都在脚下。再往北直达白云岩的顶上，这里的山坳中间下注的深坑虽然很多，但是荆棘藤蔓浓密，既找不到路，又无处可以问路，往返徘徊，时间便过了正午，始终不能下到半山腰的岩洞中。此处的岩洞只是苦于道路荒芜阻塞，如果能在洞外悬挂梯子，或者修砌石阶到达洞中，那洞中曲折弯转的奇妙胜景，应当更居于碧云峒之上。仍然向西二里，出到归龙村，往南溯江岸三里，抵达金柜山、将军山两座山之间。金柜山俯瞰着江流，高高耸峙着，山崖上的岩洞中间空阔，大处容得下几百人。茅草荆棘隐没阻塞，走遍金柜山找不到岩洞，在山的北、东、南三面绕了三圈，又两次越过山顶，注视对面的江流城池，好像在镜子中看胡须眉毛一样清晰。东面就是将军山，一片崖石立在峰头迎着江流，有手执盾牌捍卫城池雄赳赳的气势。环绕着眺望府城四面，群峰中独自耸立的这座山最高。下山等候东关来的渡船，已因天黑不再来，腹中饿极了。不久望见北边有一条船渡到东岸来，于是顺着江岸踩着石头前行一里，到了那里，那条船也要返回西岸去。拖延了很久，找到一条渔船，渡到江西岸。看见有卖香蕉的人，来不及找饭吃，马上买了十几个香蕉吃下。急忙赶到壶关，山雨忽然来临，暮色也降临了。

初六日　余以归顺、南丹二道未决，余欲走归顺至富州，众劝须由南丹至贵州，盖贵州远而富州近，贵州可行而归顺为高平夷所阻也。趋班氏神庙求签决之。庙在大西门外，临江。其神在郡极著灵异。家尸而户祝之[1]，有司之莅其境者，靡不严事焉。求签毕，有儒生数人赛庙中[2]，余为询归顺道。一年长者辄欲为余作书，畀土司之相识者。余问其姓字,乃滕肯堂也。_{名祚昌。}其中最年少者,为其子滕宾王。_{名佐。}居城中千户所前。余乃期造其家,遂还饭于映霞庵。携火炬出壶关,西溯江岸,一里抵演武场北,又西一里,探碧云洞,出入回环者数四,还抵映霞。见日色甫下午,度滕已归,仍入城叩其堂。滕君一见倾盖,即为留酌。其酒颇佳,略似京口,其茶则松萝之下者,皆此中所无也。坐中滕君为言:"欲从归顺行,须得参戎一马符方妙。明晨何不同小儿一叩之乎?"余谢不敏③。滕曰:"无已,作一书可乎?"余颔之。期明日以书往,乃别而返壶关。

【注释】

①家尸(shī)而户祝:意为家家户户都崇拜。尸,古代代表死者受祭的活人,后世则以画像受祭。

②赛(sài):祭祀酬神。

③不敏:自谦之词,意为不聪明。

【译文】

初六日　我因为去归顺州、南丹州的两条路没有选定,_{我想走归顺州到富州,众人劝我必须经由南丹州到贵州,原来是贵州路远而走富州路近,贵州可以通行而归顺州被高平夷阻住了。}赶到班氏神庙去求签决定走哪条路。_{神庙在大西门外,濒临江流。那里的神灵在府中极为灵验,家家户户都崇拜祭祀他,官府中有人到此地当官的,无不尊敬地祀奉他。}求完签,有几个儒生在庙中祭神,我为此向他们打听去归顺州的路。一位年长的便想为我写封信,交给与他相识的土司。我问了他的姓名和表字,是叫滕肯堂了。_{名叫滕祚昌。}其中最年轻的,是他的公子滕宾王。_{名叫滕佐。}住在城中千户所衙门前。我便与他约定去他家拜访,于是返回到映霞庵中吃饭。带上火把出了壶关,向西溯江岸前行,行一里抵达演武场的北边,又向西一里,探了碧云洞,出入环绕了四次,回到映霞庵。看见天色刚到下午,估计滕肯堂已经回来,仍然进城到他家的厅堂中叩见了他。滕君一见倾心如故,立即挽留我饮酒。他的酒很美,略微类似于京口酒,他的茶却是松萝茶中的下品,都是这一带没有的东西。坐着交谈中,滕君对我说:"想要从归顺州走,必须得到参将的一个调马的兵符才好。明天早晨为何不同我儿子去叩拜他一次呢?"我辞谢不敢当。滕君说:"不得已,写一封信总可以吧?"我点头同意了。约定明天把信送过来,于是告别后返回壶关。

初七日　雨色霏霏,酿寒殊甚。菜斋师见余衣单,为解夹衣衣我,始可出而见风。晨餐后,滕君来。既别,余作畀参戎书。饭而抵其家,则滕自壶关别后,即下舟与乃郎他棹,将暮未返,雨色复来,余不能待而返壶关。雨少止,西觅老虎岩,坠洼穿莽,终不可得。

【译文】

初七日　细雨霏霏,寒气久积,冷得特别厉害,菜斋禅师见我衣裳单薄,为此脱下夹衣来给我穿,这才可以出门来见风。早餐后,滕君到来。分别之后,我写了交给参将的信。饭后到滕肯堂家,滕肯堂却自从在壶关分别后,立即下到船中与他的公子划船到别的地方去了,天将黑还没有回来,雨又下起来,我不能等下去便返回壶关。雨渐渐停下后,向西去找老虎岩,坠入洼地中,穿越丛莽,始终不能找到。

初八日　余再抵滕,以参戎书畀之。参戎姓章,名易,为会稽人[①]。其有名正宸者,合在户科,为辛未年家[②]。滕复留饭,网鱼于池,池在门前。鱼有大小二种,大者乃白鲢,小者为鲊鱼。鲊鱼味淡而不腥。问所谓"香鱼"，无有也。**剖柑于树**，其柑如香橼，瓤白而皮不厚，片剖而共食之，瓤与皮俱甘香，异众柑。**因为罄其生平。**滕君少年廪于学官③。其人昂藏有侠骨，凤与中表谢孝廉有隙④。谢死，其家以毒诬滕，滕求检以白其诬，谢遂大窘。时孝廉之弟为南宁司李掾⑤，而孝廉之房考赵⑥，为闽漳州人，方当道，竟罗织于宪访，且中以讪府道、殴卫所诸（莫）须有事⑦，遂被黜戍钦州⑧。未几归，复为有司齮龁不已⑨，雄心竟大耗，而须鬓俱皤然矣。其乃郎亦青年游泮，为此中铮铮出颖者，此中亦共以白眉推之⑩。**且谓余何不暂馆于此，则学宫诸友俱有束脩之奉**⑪，可为道路资。余复谢不敏。**透出壶关**，已薄暮矣。有僧自南宁崇善寺来，言静闻以前月廿八子时回首⑫，是僧亲为下火而来。其死离余别时才五日，云白竟不为置棺，不知所留银钱并衣篚俱何人干没也？为之哀悼，终夜不寐。

【注释】

①会稽：浙江绍兴府附郭县，即今浙江绍兴市。

②辛未年：指明崇祯四年(1631)。

③廪(lǐn)：即食廪，领取官府发给的粮米。

④中表：古代称父亲的姊妹(姑母)的儿子为外兄弟，称母亲的兄弟(舅父)姊妹(姨母)的儿子为内兄弟。外为表，内为中，合称为中表，即今天通称的姑表和姨表亲戚。隙(xì)：感情上的裂痕。

⑤司李：同"司理"，即推官。详《闽游日记》注。掾(yuàn)：古代属官的通称。

⑥房考：即科举考试中的房考官，他们每人占一房。应试考卷誊录后，先要分房，交房考官阅后，再推荐给主考官决定弃取。

⑦（莫）须有：原意为恐怕有，也许有，后通称无罪被冤为"莫须有"。

⑧黜(chù)：贬官。

⑨觭齕(yǐ hé)：毁伤。

⑩白眉：古人多以白眉称兄弟或同类间的优秀杰出者。

⑪束脩(xiū)：脩为干肉，十条干肉称束脩。一般指送给教师的薪金。

⑫回首：回头，此处指逝世。

【译文】

初八日　我再次来到滕家，把给参将的信交给他。参将姓章，名叫易，是会稽县人。他是正科殿试考中的，合在户科，是辛未年与我家里人一同考中的。滕肯堂再次挽留我吃饭，在池塘中用网捕来鱼，池塘在门前。鱼有大小两种，大的是白鲢鱼，小的是鲹鱼。鲹鱼味淡但没有腥气。打听所谓的"香鱼"，没有这种鱼。从树上摘来柑子剖开，这种柑子如同香橼，瓢子是白色的而皮不厚，切成片后大家一起吃，瓢子和皮都是又甜又香，与其他的柑子不同。因而为我把他的生平全部讲述给我听。滕君少年时是学宫里领取口粮的童生。他为人豪爽，仪表伟岸，有侠义气概，过去与中表亲戚谢孝廉有仇。谢孝廉死后，谢家人用投毒来诬陷滕肯堂，滕肯堂请求验尸以便洗清他的冤枉，谢家人于是十分难堪。当时谢孝廉的弟弟是南宁府司理的属官，而且谢孝廉的房考官赵某，是福建省漳州人，正在当权，竟然向上级查访的官员罗织罪名，并用讥讽府道吏官、殴打卫所官兵等莫须有的事来中伤他，于是被贬官去戍守钦州。没多久返回家乡，再次被官吏们不停地诋毁中伤，雄心终于大受损伤，而胡须两鬓也全都花白了。他的公子也是青年有为考中童生，是这一带脱颖而出的佼佼者，这一带也共同推举他为优秀杰出的人才。并且说，我为什么不暂时在此地开馆授徒，那样的话学宫中的诸位朋友都会有学费奉送，可以作为在路上的旅费。我再次辞谢自己无能。穿出壶关，已是傍晚了。有位僧人从南宁崇善寺来，说静闻在上个月二十八日的子时逝世，这位僧人亲自为他举行了火葬后才来此地。他死时距我离别时才有五天，云白竟然不为他置办棺木，不知我留下的银钱和衣箱都被什么人吞没了？为静闻哀伤悼念，整夜不眠。

初九日　午饭后，再入城候所进参戎书。而滕氏父子犹欲集众留余馆此^①，故不为即进。其书立为一初贡方姓者拆。书初录，展转携去，久索而后得之。乃复缄之，嘱其速进，必不能留此也。

【注释】

①馆(guǎn)：教书的私塾称馆。

【译文】

初九日　午饭后，再次进城等候呈给参将的信的回音。而滕家父子还想召集众人挽留我在此地开馆授徒，所以没有马上把信呈上去。那封信立刻被姓方的刚成为贡生的人拆开。信刚被抄完，辗转又被拿了去，要了很久后才得到信。于是重新封好信，嘱咐他赶快呈进去，必定不能留在此地。

初十日　晨餐后出游石门。上午抵滕君处，坐甫定，滕宾王持参戎招余柬来，余谢之。已参府中军唐玉屏_{名尚珠，全州人}。以马牌相畀。余为造门投刺，还饭于滕。雨竟不止，是夕遂宿于滕馆。

【译文】

初十日　早餐后出门游览石门。上午到滕君那里，刚坐定，滕宾王拿着参将召请我的柬帖来了，我谢过了他。不久参将府的中军唐玉屏_{名叫唐尚珠，是全州人}。把马牌送给我。我为此登门投递了名帖，回来在滕肯堂家吃饭。雨竟然不停地下着，这天晚上便住在滕家的客馆里。

十一日　雨。食息于滕。

【译文】

十一日　下雨。在滕家吃饭休息。

十二日　雨,食息于滕。迨暮,雨少止,乃别,抵壶关映霞庵。是夜,夜雨弥甚。

【译文】

十二日　下雨,在滕家吃饭休息。到傍晚时,雨渐渐停了,于是告别滕君,来到壶关的映霞庵。这天夜里,夜雨更大。

十三日　阻雨壶关。

【译文】

十三日　被雨阻在壶关。

十四日　仍为雨阻。余欲往驮朴招顾行,路泞草湿,故栖迟不前。

【译文】

十四日　仍然被雨阻住。我想前去驮朴招呼顾行,道路泥泞荒草湿滑,所以滞留不前。

十五日　雨如故。有远僧三人自壶关往驮朴,始得寄字顾行,命其倩夫以行李至郡。

【译文】

十五日　雨依然如故地下着。有三个远道而来的僧人从壶关前往驮朴，才得以寄去一个字条给顾行，命令他请脚夫带上行李前来府城。

十六日　夜雨弥甚，达旦不休。余引被蒙首而睡，庵僧呼饭乃起。饭后天色倏开，日中逗影，余乃散步关前，而顾行至矣。异方两地，又已十余日，见之跃然。即促站骑觅挑夫，期以十八日行。

【译文】

十六日　夜间雨更大，通宵达旦不停地下。我拉被子蒙着头大睡，庵中的僧人叫吃饭了才起床。饭后天色倏地晴开，红日在中天，光影逗人，我于是到壶关前散步，而顾行来到了。异乡分在两地，已经有十多天了，看见他十分高兴。立即催促驿站派马找挑夫，约定在十八日出行。

十七日　早寒甚，起看天光欲曙未曙，而焕赤腾丹，朦胧隐耀，疑为朝华，复恐雨征，以寒甚，仍引被卧。既而碧天如洗，旭日皎洁，乃起而饭。入别滕君，父子俱出，复归饭映霞。抵晚入候，适滕君归，留余少酌，且为作各土州书，计中夜乃完。余别之，返宿庵中。

【译文】

十七日　早晨冷极了，起床去看，天色要亮又没亮，而光彩四射赤红的红日腾空而起，朦朦胧胧地隐隐照耀，我怀疑是早晨的日晕，又担心是有雨的征兆，因为冷极了，仍然拉上被子躺下。既而碧空如洗，旭日皎洁，于是起床后吃饭。进城与滕君辞别，父子都出门去了，又回到映霞庵吃饭。到晚上进城去等候，恰好滕君回来，留我小饮一番，并且为我写了给各土州的信，估计半夜才能写完。我告别了滕君，返回庵中住宿。

十八日　昧爽入城，取滕所作书。抵北关，站骑已至。余令顾仆与骑俱返候壶关。滕君亦令人送所作书至。余仍入城谢别，返饭于庵。菜斋又以金赠。遂自壶关北行。关外有三岐：东北向驮朴，走左州，乃向时所从来者；西北向盘麻，走龙州，乃碧云洞游所经者；而兹则取道其中焉，太平州道也。五里，渐入山夹。又五里，过一空谷，甚平广而荒漠，无耕为田者。又三里，谷尽，有数家在路左。乃折而西二里，登楼沓岭，两傍山崖陡绝，夹隘颇逼，虽不甚高，而石骨嶙峋，觉险阻焉。逾隘门少西下，辄有塘一方，汇水当关，数十家倚之。西从峡中三里，逾二岭，高倍于楼沓；西下，辄崖石崭削，夹坞更深。北一里，上大岭，陡绝更倍之。逾坳北下，夹壁俱截云蔽日。一里，坞穷西转，其北四山中坠，下洼为不测之渊。又西一里，逾隘门西下，则悬磴旋转重崖间，直下山脚①，不啻千级也。按郡北有荡平隘，乃青莲山中裂成峡者。东南自楼沓岭，西北出此，中为岭者凡四重②，两崖重亘，水俱穴壑底坠，并无通流隙，真阨塞绝隘也。既下，循麓北行，有深窅悬平畴中，下陷如阱，上开线峡，南北横裂，中跨一石如桥，界而为两，其南有磴，可循而下，泉流潺潺③，仰睇天光，如蹈瓮牖也。北行畦塍间，五里，坞尽山回，复西登一岭，下蹈重峡。五里出山，山始离立，又多突兀之峰夹。又五里为陵球④，有结茅二所，为贳酒炊粥之肆，是为此站之中道。又西北七里，过土地屯，有村一坞在路左山坡之北。又二里，有小水东自土地屯北岭峡中来，西南流去。绝流西渡，登陇行，闻水声冲冲，遥应山谷，以为即所渡之上流也。忽见大溪汹涌于路右，阔比龙江之半，自西北注东南，下流与小溪合并而去，上流则悬坝石而下，若涌雪轰雷焉。共二里，抵四把村，即石坝堰流处也。盖其江自归顺发源，至安平界，又合养利、恩城之水，盘旋山谷，至此凡径堰四重，以把截之，故曰"把"，今俗呼为"水坝"云。下抵崇善水口绵埠村⑤，入龙江。水口在太平郡西七十里⑥。又西转二里，水之南有层峰秀耸，攒青拥碧，濒水有小峰孤突，下斜骞而上分岐，怒流横啮其趾；水之北，则巨峰巍踞，若当关而扼之者。路抵巍峰之东，转而北循其北麓，共五里，出其西，有村临江，曰那畔村⑦，为崇善北界。又五里，为叩山村，则太平州属矣。又西北七里，暮抵太平站。孤依山麓，止环堵三楹，土颓茅落，不蔽风日，食无案，卧无榻，可哂也。先是，挑夫至土地屯即入村换夫，顾奴随之行；余骑先抵站，暮久而顾奴行李待之不至，心甚悬悬；及更，乃以三人送来，始释云霓之望。是夜明月如洗，卧破站中如濯冰壶。五更，风峭寒不可耐，竟以被蒙首而卧。

【注释】

①直下山脚："山脚"，原作"山椒"，据乾隆本、"四库"本改。

②峺（gěng）：同"埂"，地势高起成长条状。

③漍(guó)漍：流水声。

④陵球：今崇左市江州区西境有村名"楞球"，应即"陵球"。原缺"球"字，据补。

⑤绵埠村：今称"棉江"，在龙州东隅，龙江北岸，黑水河从北往南流，在此汇入左江。

⑥水口在太平郡西七十里：此大溪明代称逻水，今称黑水河。龙江明时又称丽江，即今左江在龙州境一段。

⑦那畔村：今作"那范"，在崇左市江州区西隅，黑水河北岸。

【译文】

十八日　黎明进城，去取滕肯堂写的信。抵达北关，驿站的坐骑已经到了。我命令顾仆与坐骑都返回壶关等候。滕君也派人把他写的信送来。我仍然进城去向他道谢辞别，返回庵中吃饭。菜斋又拿出金钱相赠。于是从壶关往北行。关外有三条岔道：东北方通往驮朴，走向左州，是前些时候从那里走来的路；西北方通往盘麻，走向龙州，是游览碧云洞经过的路；而现在则是取道中间的一条路，是去太平州的路。行五里，渐渐走入山间夹谷中。又行五里，经过一处空旷的山谷，十分平坦广阔却又广漠荒凉，没有耕种为田地的地方。又行三里，山谷完了，有几家人在道路左边。于是折向西二里，上登楼沓岈，两旁的山崖陡绝，夹谷中的隘口相当逼窄，虽然不十分高，可石骨嶙峋的，觉得地势险阻。穿过隘口稍向西下走，就有一池水塘，积水挡住关口，有几十家人紧靠着水塘。从峡谷中向西前行三里，越过二岈，高处是楼沓岈的一倍；向西下走，就见崖石嶄绝陡削，相夹的山坞更深。向北一里，上登大岈，陡绝的程度更是二岈的一倍。越过山坞往北下行，夹立的石壁全都穿云蔽日。行一里，山坞完后向西转，山坞北边四面的山都向中间下坠，下注成不测的深渊。又向西一里，越过隘口向西下走，只见高悬的石阶路旋转在重重山崖之间，一直下到山脚，不止一千级台阶了。据考察，府城北面有个荡平隘，是青莲山从中裂成峡谷的地方。东南方起自楼沓岖,西北方到此地,中间形成岖的地方有四重,两面的山崖重重绵亘,水流都是坠入壑谷底下的洞穴中,并没有水流通过的缺口,真是一处闭塞险绝的隘口。下山后,沿着山麓往北行,有个深坑悬在平旷的原野中,像陷阱一样下陷,上面裂开线一样的峡谷,南北横向裂开,中间横跨着一块像桥一样的岩石,隔为两段,深坑的南边有石阶,可以顺着石阶下去,泉水流声潺潺,仰面斜视天上的亮光,如同踏进了瓦瓮口做的窗户中一样。往北行走在田野间,行五里,山坞尽头处山峰回转,又向西上登一座岭,下山踏进重重山峡之中。行五里后出山,山开始分散开来矗立着,又有很多突兀的山峰夹在路旁。又行五里是陵球,有两所茅草建成的房子,是卖酒煮稀粥的店铺,这里是这一站路的半路上。又往西北行七里,经过土地屯,有个村庄在道路左边山坡北面的山坞中。又向北二里,有条小溪自东面土地屯北岭的山峡中流来,往西南方流去。向西横渡溪流,登上土陇前行,听见水声轰轰响,在山谷中远远回响,我以为就是所渡小溪的上游了。忽然看见有条大溪在道路右边汹涌奔流,宽处是龙江的一半,自西北向东南流注,下游与小溪合并后流去,上游则是从石坝上悬垂而下,有如雪花喷涌雷霆轰鸣一般。共行二里,抵达四把村,这就是石坝拦截水流之处了。原来这条江流自归顺州发源,流到安平州境内,又汇合养利州、恩城州的水流,盘旋在山谷间,流到此地共流经四道堤坝,用“把”来横截江流,故而叫做“把”,今天俗称为“水坝”。下游到达崇善县的河口绵埠村,汇入龙江。河口在太平府城西面七十里处。又向西转二里,江南岸有层层秀丽的山峰笋立着,青山攒聚绿水围抱,濒江处有座孤立突兀的小石峰,下面斜着举起而上面分出岔来,怒流横咬着山脚;江水的北边,则是巨大的山峰巍然盘踞着,好像挡在关前扼守关口的样子。道路抵达巍峨山峰的东麓,转向北后沿着山峰的北麓走,共行五里,出到山峰的西麓,有个村庄面临江流,叫那畔村,是崇善县的北境。又行五里,是叩山村,则是太平州的属地了。又向西北走七里,天黑时到达太平站。驿站孤零零地依傍着山麓,只有围墙绕着的三间房,土墙倒塌茅草零落,不能遮蔽风雨阳光,吃饭没有桌子,睡觉没有床,可笑啊! 这之前,挑夫到了土地屯马上进村去换夫,顾奴跟随挑夫前行;我骑马先到达驿站,天黑后等了他们很久还是不见顾奴和行李来到,心里十分悬挂;到一更天时,才用三个人送来,这才放下高悬在云雾中的心。这天夜里明月如洗,躺在破烂的驿站中如同在冰壶中洗澡。五更时,寒风料峭不可忍耐,竟自用被子蒙住头大睡。

十九日　晓日明丽,四面碧峤濯濯,如芙蓉映色。西十里,渡江即为太平州①,数千家鳞次倚江西岸。西南有峰,俱峭拔攒立;西北一峰特立州后,下有洞南向,门有巨石中突,骑过其前,不及入探为怅。州中居舍悉茅盖土墙,惟衙署有瓦而不甚雄。客至,馆于管钥者,传刺入,即以刺答而馈程焉。是日传餐馆中,遂不及行。

【注释】

①太平州:隶太平府,治所在今大新县南境雷平镇稍东,黑水河西南岸的旧州。

【译文】

十九日　拂晓的旭日明亮艳丽,四面青山明净如洗,景色如芙蓉映照。向西十里,渡过江就是太平州城,几千家人鳞次栉比地依傍在江西岸。西南方有山峰,全都峭拔耸立,攒聚在一起;西北方的一座山峰独自矗立在州城后面,山下有个面向南的洞,洞口有块巨石突立在中间,骑马经过洞前,来不及进洞探察,为此闷闷不乐。州城中居民的房屋全是茅草盖顶和土墙,只有衙门有屋瓦盖顶却不十分雄伟。客人来到后,找到管钥匙的人住进客馆,传了名帖进去,马上用名帖来答礼并馈赠了路费。这一天在客馆中吃了送来的饭,便来不及再上路。

二十日　晨粥于馆，复炊饭而后行，已上午矣。西北出土墙隘门，行南北两山间。其中平畴西达，亩塍鳞鳞，不复似荒茅充塞景象。过特峰洞门之南，三里，过一小石梁，村居相望，与江、浙山乡无异。又三里，一梁甫过，复过一梁。西冈有铜钟一覆路左，其质甚巨，相传重三千余斤，自交南飞至者。土人不知其年，而形色若新出于型，略无风日剥蚀之痕，可异也。但其纽为四川人凿去①。土人云：“尚有一钟在梁下水洞中，然乱石磊落，窥之不辨也。”又西北一里，辄见江流自西而东向去。又二里，复有水北流入江，两石梁跨其上。其水比前较大，皆西南山峰间所涌而出者。又西北五里，复过两梁，有三水自南来，会而北入于江。此处田禾丰美，皆南山诸流之溥其利也②。又二里，则平畴西尽，有两石峰界南北两山间，若当关者。穿其中而西，又一里，有小沟南属于山，是为太平州西界。越此入安平境，复有村在路右冈陂间。又西二里，即为安平州③。江水在州之东北，斜骞其前，而东南赴太平州去。又有小水自西而来，环贯州右，北转而入于江，当即《志》所称陇水也。其西南有山壁立，仙洞穹其下④，其门北向，高敞明洁，顶平如绷幔，而四旁窦壁玲珑，楞栈高下。洞后悬壁上坐观音大士一尊，恍若乘云揽雾。其下一石中悬，下开两门，上跨重阁，内复横拓为洞。从其右入，夹隙东转，甚狭而深，以暗逼而出。悬石之外，右裂一门，直透东麓；左拾级而上，从东转，则跨梁飞栈，遂出悬石之巅。其上有石盆一圆，径尺余，深四寸，皆石髓所凝，雕镂不逮⑤。傍有石局、石床⑥，乃少加斧削者。从西入,则深窦邃峡,已而南转,则遂昏黑莫辨。然其底颇平,其峡颇逼,摸索而行。久之,忽见其南有光隐隐,益望而前趋,则一门东南透壁而出,门内稍舒直,南复成幽峡。入之渐隘,仍出至少舒处。东南出洞门,门甚隘,门以外则穹壁高悬,南眺平壑,与前洞顿异矣。久之,复从暗中转出前洞,壁间杂镌和州帅李侯诗数首⑦,内惟《邹泗洙》一首可诵。余亦和二首。既乃出洞游州前。其宅较太平州者加整,而民居不及。馆乃瓦盖,颇蔽风雨。然州乃一巨村,并隘门土墙而无之也。太平州帅李恩祀有程仪之馈。安平州帅为李明峦,止有名柬,乃太平倅行。

【注释】

①纽(niǔ):装在器物上以备提携悬系的部分。

②溥(fū):通"敷",施给。

③安平州:隶太平府,治所在今大新县南境,黑水河南岸的安平。

④仙洞穹其下:"仙洞",陈本、乾隆本、"四库"本作"观音岩"。

⑤不逮(dài):不及。

⑥局:棋盘。

⑦和州:即今安徽和县。

【译文】

二十日　早晨在客馆中吃稀粥,又煮饭吃后才动身,已经是上午了。往西北走出土墙筑成的关隘门,行走在南北两列山之间。其中平旷的田野直达西边,田亩像一片片鱼鳞,不再有荒草充塞的景象了。经过独立山峰洞口的南边,行三里,走过一座小石桥,村庄房屋相望,与江苏、浙江一带的山乡没有不同。又行三里,刚走过一座桥,又过一座桥。西面的山冈下有一口铜钟下覆在道路左边,铜钟的体量非常巨大,相传重达三千多斤,是从南面的交趾飞来的。当地人不知道它的年代,可形制和颜色好像是新近从模子中浇铸出来的,丝毫没有被风雨阳光剥蚀的痕迹,值得惊奇。只是钟钮被四川人凿走。当地人说:"还有一口铜钟在桥下的洞水中,然而乱石磊磊,看过去分辨不出来了。"又往西北行一里,就见江流自西向东流去。又行二里,又有河水向北流入江中,两座石桥跨在河上。这条河水比前边那条较大,都是从西南方的山峰间涌流出来的河流。又向西北五里,再次走过两座桥,有三条水流从南面流来,汇流后往北汇入到江中。此处田中的禾苗丰美,都是南山中的各条河流带给这个地方的好处。又行二里,便到了平旷田野西面的尽头,有两座石峰隔在南北两列山之间,好像把守关口的样子。穿过两座石峰中间往西行,又行一里,有条小山沟向南连接到山下,这是太平州的西界。越过这条山沟进入安平州境内,又有个村庄在道路右边的冈峦与山坡之间。又向西二里,马上就是安平州城。江水在州城的东北方,斜斜地流到州城前方,而后往东南奔赴太平州去了。又有条小河自西面流来,环绕流贯在州城右边,向北转去汇入江中,这应当就是《一统志》所称的陇水了。州城西南有座山像墙壁一样矗立着,仙洞隆起在山下,洞口面向北,高敞明洁,洞顶平得如绷紧的帷幔,而四旁洞壁上的孔洞玲珑剔透,石楞栈道高低错落。洞后高悬的石壁上坐着一尊观音菩萨的像,恍惚像是在腾云揽雾。观音坐像下方一块岩石悬在当中,下面开有两个洞口,上方跨有重重楼阁,里面横向拓宽成为岩洞。从那右边的洞口进去,在夹缝中向东转,非常狭窄而且很幽深,因为又暗又窄便出来了。高悬的岩石之外,右边裂开一个洞口,直通到山的东麓;从左边沿着石阶逐级往上走,从东边转个弯,就见飞空的栈道跨成桥梁,于是到了高悬岩石的顶上。岩石顶上有一个圆形的石盆,直径一尺多,深四寸,都是石髓凝结成的,人工雕凿的比不上它。旁边有石棋盘、石床,是用刀斧稍加雕凿而成的。从西边进去,那是幽深的洞穴和深邃的峡谷,不久向南转,便终于昏黑得无法辨清方向。然而洞底相当平整,那条峡谷十分狭窄，摸索着前行。很久之后，忽然看见峡谷南面有隐隐约约的亮光，益发望着亮光往前赶，就见一个洞口向东南方穿透石壁出去，洞口内稍微舒展平直一些，南面又形成幽深的峡谷。进入峡谷后渐渐变窄，仍然出到稍微舒展点的地方。往东南走出洞口，洞口非常狭窄，洞口以外则是穹隆的石壁高悬着，向南眺望平敞的壑谷，与前洞口所见顿时不一样了。很久，又从黑暗中转出到前洞，洞壁上杂乱地刻有和州人州官李侯的几首诗，里面唯有一首《邹泗洙》值得诵读。我也应和了两首诗。随即出洞来在州衙前游览。州衙的宅院比太平州的更加整齐些，但居民的房屋不如太平州的。客馆是瓦盖的，颇能遮蔽风雨。然而州城不过是一个巨大的村子，连隘门和土墙都没有。太平州的州官李恩祀有路费馈赠。安平州的州官是李明峦，只有名帖，是太平州州官的侄儿辈。

二十一日　晨餐后，上午始得夫，乃往恩城者①。始易骑而轮。盖恩城在安平东北，由安平西北向下雷，南宁属。日半可达；而东北向恩城，走龙英，其路须四日抵下雷焉。但安平之西达下雷界，与交夷即高平。接壤，所谓十九峒也。今虑其窃掠，用木横塞道路，故必迂而龙英。由安平东一里，即与江遇。其水自西而东，乃发源归顺、下雷者，即《志》所称逻水也。其势减太平之半。盖又有养利、恩城之水，与此水势同，二水合于下流而至太平州，出旧崇善焉。渡江，即有山横嶂江北岸，乃循山麓东行。五里，路北一峰枝起，如指之峭，其东北崖嶂间，忽高裂而中透，如门之上悬，然峻莫可登也。穿嶂之东峡，遂东北转，其峡之东复起层峰，与穿嶂对夹而东北去。有小水界其内，南流入逻江。当峡有村界其中，此村疑为太平州境，非复安平属矣。村后一里，垒石横亘山峡间，逾门而北，则峡中平畴叠塍，皆恩城境矣。渡小水，溯之东北行五里，折而东，东峰少断处，有尖岫中悬，如人坐而东向者。忽见一江自东而西，有石梁甚长而整，下开五碧，横跨北上，江水透梁即东南捣尖岫峡中。此水即《志》所称通利江②，由养利而来者，其下流则与逻水合而下太平云。过梁即聚落一坞，是为恩城。州宅门北向，亦颇整，而村无外垣，与安平同。是日止行十五里。日甫午，而州帅赵芳声病卧，卒不得夫，竟坐待焉。其馆甚陋，蔬饭亦不堪举箸也③。按《一统志》，在田州者曰恩城，在太平者曰思城。今田州之恩城已废，而此州又名恩城，不曰思城，与《统志》异，不知何故。

【注释】

①恩城：州名，隶太平府，治所在今大新县南境的恩城。桃城河环城流过。

②通利江：今称桃城河。

③箸（zhù）：筷子。

【译文】

二十一日　早餐后，上午才得到挑夫，是前往恩城州的。开始把坐骑换成车子。大体上恩城州在安平州的东北方，经由安平州向西北到下雷州，南宁府的属地。一天半可以到达；而向东北到恩城州，走龙英州，这条路必须走四天才能到下雷州。但安平州的西边到达下雷州的境内，与交夷就是高平夷。接壤，是所谓的十九峡了。现在担忧交夷来抢劫，用树木横放阻塞了道路，所以必须绕道走龙英州。由安平州城向东一里，立即与江流相遇。这条江水自西往东流，是发源于归顺州、下雷州的水流，这就是《一统志》所称的逻水了。水势比在太平州境内减弱了一半。原来是又有养利州、恩城州的江水，水势与这条江水相同，两条江水在下游合流后流到太平州，流到旧的崇善县。渡江后，马上有座山横挡在江北岸,于是沿着山麓往东行。行五里,道路北边一座山峰像树枝一样耸起,如手指一样翘起,这座山东北面屏障样的山崖上,忽然高高裂开而且中间是穿通的,像门一样悬在上方,然而陡峻得无处可以上登了。穿过屏障样山峰东面的峡谷,于是向东转,这条峡谷的东面又突起层层山峰,与屏障样的山峰对面相夹而往东北延伸而去。有条小河隔在峡谷内,向南流入逻江。在峡谷中央有个村庄隔在峡谷中,这个村子我怀疑是太平州的辖境,不再是安平州的属地了。村后一里处,垒砌石墙横亘在山峡间,穿过石墙门往北走,就见山峡中平畴广袤田亩层叠,全是恩城州的辖境了。渡过小河,溯小河往东北前行五里,折向东,东峰稍许断开之处,有座尖峰悬在中央,如同人坐着面向东方的样子。忽然看见一条江水自西往东流,有座石桥非常长而且很平整,下面开有五个桥拱,横跨在北边的江面上,江水穿流过桥下立即向东南冲捣进尖峰下的峡谷中。这条江水就是《一统志》所称的通利江,是从养利州流来的水流,它的下游便与逻水合流后下流到太平府。过桥后就是一个山坞的聚落,这里是恩城州。州衙的大门面向北,也颇为整齐,但村落没有外墙,与安平州相同。这一天只前行了十五里路。日头刚到正午,但姓赵的州官赵芳声生病卧床,始终找不到差夫,居然这样坐着等待。这里的客馆十分简陋,菜饭也让人不能举起筷子。据《一统志》,在田州的叫恩城,在太平府的叫思城。如今田州的恩城已经废除,而这个州的名字又叫恩城,不叫思城,与《一统志》不同,不知是什么缘故。

二十二日　晨餐后,夫至乃行。仍从州前西越五碧桥,乃折而循江东向行。五里,山夹愈束,江亦渐小,有石堰阻水,水声如雷。盖山峡东尽处,有峰中峙,南北俱有大溪合于中峰之西,其水始大而成江云。又东五里,直抵东峰之北①,而北夹之山始尽。乃循北夹东崖,渡一小溪,溯中峰北畔大溪,北向行夹峡中。二里,复东转越小水向东峡,溯北大溪北崖行,渐陟山上跻。一里,始舍溪,北跻岭坳。其岭甚峻,石骨嶙峋,利者割趾,光者滑足。共北二里,始逾其巅,是名鼎促,为养利、恩城之界。北下二里,峻益甚,而危崖蔽日,风露不收,石滑土泞,更险于上。既下,有谷一围,四山密护,中有平畴,惟东面少豁。向之行,余以为水从此出;一里,涉溪而北,则其水乃自东而西者,不识西峰逼簇,从何峡而去也。溪之南有村数家。又东一里,循北山之东崖北向行,又一里,溪从东来,路乃北去。又一里,有石垣横两山夹间,不知是何界址。于是东北行山丛间,峦岫历乱,分合倏忽。二里,出峡,始有大坞,东西横豁,南北开夹。然中巨流,故禾田与荒陇相半。北向三里,横度此坞,直抵北崖下,若无路可达者;至则东北开一隙,穿入之,峡峰峭合,愈觉宛转难竟。二里,北山既尽,其东山复大开,有村在平畴间,为东通养利大道。乃从小径北行一里,折而西北行三里,南北两夹之山,引锥标笋,靡非异境。又北行一里,复开大坞,东西亘,南北两界山如南坞,但南坞东西俱有丛岫遥叠,此则前后豁然,不知西去直达何地也。乃东北斜径坞中,共五里,至北山东尽处,东山益大开,有村在其南,已为龙英属,其东隔江即养利矣②。盖养利之地,西北至江而止,不及五里也。又循山北行一里,有小石峰骈立大峰之东,路透其间,渐转而西,至是北条始见土山,与南条石山夹成坞。又三里,有村北向,曰耸峒③,有耸峒站,乃龙英所开,馆舍虽陋而管站者颇驯。去龙英尚四十余里。抵站虽下午,犹未午餐,遂停站中。自登程来,已五日矣,虽行路迂曲,过养利止数里，而所阅山川甚奇，且连日晴爽明丽，即秋春不及也。

【注释】

①直抵东峰之北："东"，乾隆本、"四库"本作"中"。

②养利：州名，隶太平府。治今大新县治。

③耸峒：今作"松峒"，在大新县治稍西北。

【译文】

二十二日　早餐后，差夫到了便出发。仍然从州衙前向西越过五拱石桥，于是转而沿着江岸往东行。行五里，山间夹谷越来越束拢，江流也渐渐变小，有石坝拦水，水声如雷。在山峡东面的尽头处，有座山峰耸峙在中央，南北两面都有大溪在中峰的西面汇合，水流才开始变大成为江流。又向东五里，直达东峰的北麓，而北面相夹的山才到了尽头。于是沿着北面夹谷中东边的山崖前行，渡过一条小溪，溯中峰北边的大溪走，向北前行在两山相夹的峡谷中。行二里，又向东转越过小溪走向东面的峡谷，溯北边的大溪靠北的山崖前行，渐渐登山上爬。行一里，这才离开溪流，向北上登岭上的山坳。这座岭非常陡峻，石骨嶙峋，锋利得会割脚趾头，光滑的脚下打滑。一共向北二里，这才翻越到岭头，这里名叫鼎促，是养利州、恩城州的分界处。往北下山二里，益发陡峻得厉害，而危崖蔽日，山风雨露不止，石头湿滑，地上泥泞，更比上山还危险。下山后，有一个圆形山谷，四面的山密密层层的围护着，中间有平整的田地，唯有东面略略豁开一个缺口。向着豁口前行，我以为水流是从这里流出去的；行一里，涉过溪流往北走，就见这条溪水是自东往西流的，不知道西面山峰逼窄簇拥，溪水是从哪条峡谷流出去的了。溪流的南边有个几家人的村子。又向东一里，沿着北山东面的山崖向北行，又是一里，溪水从东面流来，道路于是向北去。又行一里，有道石墙横在两山的夹谷间，不知是什么地方的分界线。从这里起往东北行走在成丛的山峰间，峰峦杂乱，忽分忽合。行二里，走出山峡，这才有个大山坞,东西横向豁开,南北是开阔的夹谷。然而山坞中有巨大的水流,所以稻田与荒芜的土陇各占一半。向北三里,横向越过这个山坞,直达北面的山崖下,好像无路可通的样子;来到后却发现东北方开有一个缺口,穿过缺口进去,峡谷中的山峰陡峭四合,愈加觉得弯弯转转的难以走到尽头。行二里,北山到头后,那东面的山势又变得十分开阔,有村庄在平旷的田野间,是往东通到养利州的大道。于是从小径往北行一里,折向西北前行三里,南北两面相夹的山,如伸长的锥子和冒出地面的竹笋,无处不是奇异之境。又往北行一里,又有一个开阔的大山坞,东西绵亘,南北两面的山如同南面那个山坞,只是南面那个山坞东西两头远处都有成丛重叠的峰峦,这里却是前后十分开阔,不知向西去一直到达什么地方了。于是向东北斜斜地经过山坞中,共五里,到达北山东面的尽头处,东面的山势益发十分地开阔,有村庄在山坞的南面,已经是龙英州的属地,村子东面隔着江流之处就是养利州了。原来养利州的辖地,西北面到江边就到了头,还不到五里地了。又沿着山往北行一里,有座小石峰并立在大山峰的东面,道路穿过两座山峰之间,渐渐转向西,来到这里北面一列山开始见到有土山,与南面一列石山夹成山坞。又行三里,有个人村庄面向北,叫做竿峒,有个竿峒站,是龙英州开设的驿站,客馆的房屋虽然简陋但管理驿站的人十分驯顺。距离龙英州还有四十多里路。到达驿站时虽然才是下午,还没有吃午饭,便停留在驿站中。自从上路以来,已经五天了,虽然走的路迂回曲折,经过养利州境内只有几里路,但见到的山川十分奇丽,并且连日来晴朗明丽,即便是春秋时节也赶不上了。

二十三日　饭而候夫,上午始至。即横涉一坞,北向三里,缘土山而登。西北一里,凌其巅。巅坳中皆夹而为田,是名鲎盘岭①。平行其上,又西北半里,始下土山东去②。其北坞皆石峰特立,北下颇平,约里许至坞底。于是东北绕石峰东麓而北，二里，复有一土冈横于前，西抵遥峰隙，东则南属于土山。陟冈不甚高，逾其北，即有水淋漓泻道间，丛木纠藤，上覆下湿，愈下愈深，见前山峰回壑转，田塍盘旋其下，始知横冈之南，犹在山半也。又北二里，下渡一桥，有水自西南东北去，横巨木架桥其上。过桥，水东去，路北抵石壁下。一里，忽壁右渐裂一隙，攀隙而登，石骨崚嶒，是曰大峫。半里，跻其坳，南北石崖骈夹甚峻。西穿其间，又半里始下，乃西坠半里至坞底。其处山丛壁合，草木蓊密，州人采木者，皆取给大峫云。西半里，转而东北一里，又西北二里，北望石峰间有洞并峙，一敞一狭，俱南向。路出其西，复透峡而北，皆巨石夹径，上突兀而下廉利。于是西北共二里，两涉石坳，俱不甚高，而石俱峭丛，是名翠村岭。逾岭北下，山乃南北成界，东西大开，路向东北横截其间。二里，有石梁跨溪上。其溪自西而东，两岸石崖深夹，水漾其间，有声淙淙，而渡桥有石碑，已磨灭无文，拭而读之，惟见"翠江桥"三字。此处往来者，皆就桥前取水，爇木为炊，为岢峒至龙英中道。过桥，日已昃，而顾奴与担夫未至，且囊无米，不及为炊。俟顾仆至，令与舆夫同餐所携冷饭，余出莱斋师所贻腐干啖之，腹遂果然③。又东北行一里，北透山隙而入，循峡逾冈，共北三里，出田坞间，复见北有土山横于前。乃渡一小溪，共三里，抵土山下。循其南麓东北上，一里，逾岭东而北，遂西北从岭上行。又三里稍下，既下而复上，共一里，又逾岭一重，遂亘下一里，抵山之阴，则复成东西大坞，而日已西沉矣。于是循坞西行三里，北入山隙中，始有村落。一里,乃北渡一石桥。其水亦自西而东,水势与横木溪相似。桥东北有石峰悬削而起,即《志》所称牛角山也,极似缙云鼎湖峰。其西北又特立一峰,共为龙英水口山。又西一里,过西北特峰④,抵龙英⑤,宿于草馆。州官名赵继宗,甚幼。

【注释】

①鲎(hòu):肢口纲剑尾目鲎科动物,我国浙江以南浅海中常能见到。头胸甲宽广,作半月形;腹面有六对附肢,腹甲较小,略呈六角形,下有六对片状游泳肢;尾呈剑状。

②始下土山东去:乾隆本、"四库"本作:"土山自西南石峰攒合处旋亘东去。"

③果然:饱足的样子。

④过西北特峰:"西北"原倒误为"北西",据本书上文改。

⑤龙英:明为州,隶太平府,治所在今天等县西南境的龙茗。

【译文】

二十三日　饭后等差夫,上午才来到。立即横向涉过一个山坞,向北三里,顺着土山上登。向西北一里,上登到土山头上。山头上的山坞中路两旁都被开垦为田地,这里名叫鲎盘岭。平缓行走在山头上,又向西北半里,这才走下土山往东去。土山北面的山坞中都是独立的石峰,向北下走很平坦,大约行一里左右到达山坞底下。于是向东北绕着石峰的东麓往北行,二里,又有一座土冈横在前方,西面抵达远处山峰的缺口处,东面则与南面的土山相连。上登土冈不怎么高,翻越到土冈北面,即刻有水湿淋淋地流泻在道路上,林木成丛,藤蔓交缠,头上覆盖着林木藤蔓,脚下湿滑,越下走水越深,看见前方山峰壑谷回转,田地盘绕在山下,这才知道横亘着的土山的南面,还只是在半山腰上。又向北二里,下山越过一座桥,有溪水自西南向东北流去,溪流上横架大树作为桥。过桥后,溪水向东流去,道路向北通到石壁下。行一里,忽然石壁右边渐渐裂成一条缝隙,攀着裂隙往上登,石骨嶙峋,这里叫做大岈。行半里,登上山坳,南北两面的石崖并排相夹非常高峻。向西穿越在山坳中,又走半里开始下行,于是向西下坠半里到达山坳底下。此处山峰成丛石壁回合,草木蓊郁浓密,州里人伐木的,都是到大岈来采伐。向西行半里,转向东北一里,又向西北二里,向北望去,石峰间有两个并立的山洞,一个宽一个窄,都是面向南。道路通到石峰的西麓,又穿过峡谷往北行,全是巨石夹住小径,巨石上面突兀而下面锋利。从这里往西北共走二里,两度跋涉过石山山坳,都不十分高,但岩石全都峭拔成丛,这里名叫翠村岭。越过岭头向北下走,山于是分为南北两列,东西向十分开阔,道路向东北横截山坳中。行二里,有座石桥跨在溪流上。这条溪流自西往东流,两岸的石崖幽深狭窄,溪水漱涧在峡谷中,淙淙有声,而过桥后有块石碑,已被磨灭得没有文字,擦拭后读了碑文,只看见"翠江桥"三个字。此处来往的人,都到桥前来取水,点燃木柴做饭吃,是从峚峒到龙英州的半路上。过桥后,太阳已将偏西,可顾仆和挑夫还没来到,并且口袋中没有米,来不及去做饭。等顾仆来到后,命令他与车夫一同吃随身带着的冷饭,我拿出莱斋禅师送我的豆腐干吃下,肚中于是感到饱饱的。又向东北行一里,往北穿过山间的缺口进去,沿着峡谷越过山冈,一共向北三里,走到满是田地的山坳中,又看见北面有土山横在前方。于是渡过一条小溪,共行三里,抵达土山下。沿着土山的南麓往东北上登,行一里,翻越到岭东往北行,于是从岭上往西北行。又走三里渐渐下山,下山后又上山,共行一里,又越过一重岭,于是连续下走一里,抵达山的北面,只见又形成一个东西向的大山坳,而落日已沉入西山了。于是顺着山坳往西行三里,向北进入山间的缝隙中,开始有村落。行一里,便向北走过一座石桥。桥下的水也是自西往东流,水势与横架大树的溪流相似。石桥的东北方有座石峰陡削地悬空而起,这就是《一统志》所称的牛角山了,极像缙云县的鼎湖峰。它的西北方又有一座独立的山峰,共同成为龙英州扼住水口的山。又向西一里,经过西北方那座独立的山峰,抵达龙英州州城,住宿在茅草盖的客馆里。州官名叫赵继宗,十分年幼。

　　龙英在郡城北一百八十里。太平府至太平站七十里,太平站至耸峒七十里,耸峒至州四十里。其西为下雷,东为茗盈、全茗①,二州相去止一里。北为都康、向武,南为恩城、养利,其境颇大。三年前为高平莫夷所破,人民离散,仅存空廯垣址而已。外城垣与宅后垣俱厚五尺,高二丈,仆多于立。土官州廯北向,其门楼甚壮丽,二门与厅事亦雄整,不特南、太诸官廯所无,即制府亦无此宏壮②。其楼为隆庆丁卯年所建③,厅事堂匾为天启四年布按三司所给④。今残毁之余,外垣内壁止存遗址,厅后有棺停其中,想即前土官赵政立者。今土官年十八岁,居于厅宅之左,俟殡棺后乃居中云⑤。

【注释】

①茗盈:明为州,隶太平府,在大新县北境,全茗稍东北的茗盈。

　全茗:明为州,隶太平府,治所在今大新县北境公路边的全茗。

②制府:明代称总督为总制,制府即总督衙门。制,言其有节制文武各官的权力。

③隆庆丁卯:明隆庆元年(1567)。

④天启四年:1624年。三司:明代分各省的地方权为三部分,承宣布政使司管行政,提刑按察使司管刑狱,都指挥使司管军事,合称"三司"。

⑤殡(bìn):殓而未葬称殡。古时习俗,人死后殡在屋内,经过三年,再择吉日而葬,故出葬亦称出殡。

【译文】

龙英州在府城北面一百八十里处。太平府到太平站有七十里，太平站到耸峒七十里，耸峒到州城四十里。龙英州西面是下雷州，东面是茗盈州、全茗州，两个州相距只有一里路。北面是都康州、向武州，南面是恩城州、养利州，它的辖境很大。三年前被高平的莫夷攻占，人民流离失散，仅存留下空荡荡的衙门和城墙基址而已。外面的城墙与宅第后面的围墙都是厚五尺，高二丈，倒塌的多于竖立着的。土官的州衙面向北，衙门前的门楼非常壮丽，二门与厅堂也很雄伟整齐，不仅是南宁府、太平府各地的官衙所没有，即便是总督衙门也没有这样宏伟壮丽。门楼是隆庆丁卯年修建的，厅堂上的匾额是天启四年布政使、按察使等三司赠给的。如今在残破毁坏之余，外墙和内壁只存留下遗址，厅堂后面有棺材停放在其中，料想这就是前任土司赵政立的灵柩。现在的土司年纪有十八岁，住在厅堂宅院的左厢房中，等棺材出殡后才能住到中间来。

初，赵邦定有七子。既没，长子政立无子，即抚次弟政举之子继宗为嗣。而赵政谨者，其大弟也，尝统狼兵援辽归，遂萌夺嫡心，争之不得。政立死，其妻为下雷之妹，政谨私通之，欲以为内援，而诸土州俱不服。政谨乃料莫夷三入其州①，下雷亦阴助之，其妹遂挈州印并资蓄走下雷，而莫夷结营州宅，州中无孑遗焉。后莫夷去，政谨遂颛州境。当道移文索印下雷，因诒政谨出领州事②。政谨乃抵南宁，遂执而正其辟③，以印予前政立所抚子继宗，即今十八岁者，故疮痍未复云。

【注释】

①料：通"撩（liáo）"，撩拨，逗引。

②诒（dài）：欺骗。

③正：执而治其罪。辟（bì）：刑法。

【译文】

当初，赵邦定有七个儿子。他死后，长子赵政立没有儿子，就抚养二弟赵政举之子赵继宗作为继位人。可赵政谨这个人，是他的大弟弟，曾经统领土司兵救援辽东归来，便萌发了篡夺长兄职位的心，没有把权位争夺到手。赵政立死后，他的妻子是下雷州土司的妹妹，赵政谨与她私通，想要用她作为内援，然而各土州的土司都不服。赵政谨便招引莫彝三次进入龙英州，下雷州也在暗中协助他，下雷州土司的妹妹居然带着州印和资财积蓄逃到下雷州，而莫彝在州衙宅院里扎营，州中没有残存下来的人。后来莫彝离开后，赵政谨便在州境内独断横行。当局传递公文向下雷州索取官印，因而哄骗赵政谨出任代理州官的政事。赵政谨于是来到南宁府，便把他拘捕起来正法了，把州印授予前任州官赵政立抚养的继子赵继宗，就是今天十八岁的那个人，所以州中创伤还没有恢复。

莫彝之破龙英，在三年前；甲戌年①。其破归顺②，则数年前事也。今又因归顺与田州争镇安③，复有所祖而来，数日前自下雷北入镇安，结巢其地。余至龙英，道路方汹汹然，不闻其抄掠也。抄掠者乃莫彝各村零寇，而莫酋则不乱有所犯。

【注释】

①甲戌年：崇祯七年（1634）。

②归顺：明为州，直隶布政司，治所在今靖西县治稍南的旧州。
③镇安：明为府，治今德保县。

【译文】

　　莫夷攻占龙英州，在三年前；即甲戌年。莫夷攻破归顺州，则是几年前的事了。今天又因为归顺州与田州争夺镇安府，再次有所袒护而来，几天前自下雷州进入镇安府，在镇安府境内结下巢穴。我到龙英州时，道路上正乱纷纷的，没有听说他们抢劫掳掠。抢劫掳掠的是莫夷各村的零散强盗，而莫夷的首领却不会随意侵犯。

　　初，莫夷为黎夷所促，以千金投归顺，归顺受而庇之，因通其妻焉。后莫酋归，含怨于中，镇安因而纠之，遂攻破归顺，尽掳其官印、族属而去。后当道知事出镇安①，坐责其取印取官于莫。镇安不得已，以千金往赎土官之弟并印还当道。既以塞当道之责，且可以取偿其弟，而土官之存亡则不可知矣。后其弟署州事，其地犹半踞于莫夷，岁入征利不休。州有土目黄达者，忠勇直前，聚众拒莫，莫亦畏避，今得生聚焉。

【注释】

①当道：当权者。

【译文】

　　当初，莫夷被黎夷逼迫，带着千两黄金来投奔归顺州，归顺州接受了他并加以庇护，随后与他的妻子通奸。后来莫夷的首领归去，心中含有怨恨，镇安府因而纠集他，居然攻破归顺州，把归顺州的官印、族人亲属全部掳掠走。后来当权者了解到事情出在镇安府，坐着责成镇安府去向莫夷取回官印和州官。镇安府不得已，用千两黄金前去赎回土官的弟弟和官印送还当权者。这样一来既可以向当局塞责，又可以向归顺州的弟弟索取赔偿金，而土官的存亡则是不可知的事了。后来归顺州的弟弟代理土官的政事，州里的辖地还有一半被莫夷占据着，每年不停地入境来索取好处。州里有个叫黄达的土司头目，忠心耿耿，勇往直前，聚集人马抗拒莫夷，莫夷也畏惧躲避他，归顺州今天才得以生息繁衍。

　　镇安与归顺，近族也，而世仇。前既纠莫夷破归顺，虏其主以去，及为当道烛其奸，复赎其弟以塞责，可谓得计矣。未几，身死无后，应归顺继嗣，而田州以同姓争之。归顺度力不及田，故又乞援于莫。莫向踞归顺地未吐，今且以此为功，遂驱大兵象阵有万余人，象止三只。入营镇安。是归顺时以己地献莫，而取偿镇安也。莫夷过下雷在月之中，闻十八日过胡润寨。今其事未定，不知当道作何处置也。

【译文】
　　镇安府与归顺州，是近亲族人，但世代为仇。镇安府前次既已纠集莫夷攻占归顺州，掳掠了州官而去，到被当权者察觉了他的奸计时，又赎回归顺州的弟弟来塞责，可以说是他的计谋得逞了。不多久，身死之后没有后代，应该是归顺州来继承职位，但田州因为是同姓前来争夺继承权。归顺州估计力量赶不上田州，所以又向莫夷求援。莫夷一向占据着归顺州的辖地没有吐出来，今天又以此作为功劳，便驱使着大军象队有一万多人，大象只有三头。进入镇安府安营扎寨。这是归顺州早先把自己的土地献给莫夷，而后来向镇安府取得补偿了。莫夷经过下雷州在本月的中旬，听说是十八日这天路过胡润寨。今天这个事件还没有平定，不知当局作出什么样的处置了。

　　莫夷惟鸟铳甚利，每人挟一枚，发无不中，而器械则无几焉。初，莫夷为黎夷所慑，朝廷为封黎存莫之说。黎犹未服，当道谕之曰："昔莫遵朝命，以一马江栖黎①，黎独不可以高平栖莫乎？"黎乃语塞，莫得以存，今乃横行。中国诸土司不畏国宪，而取重外夷，渐其可长乎？当道亦有时差官往语莫酋者，彼则厚赂之，回报云："彼以仇哄，无关中国事。"岂踞地不吐，狎主齐盟，尚云与中国无与乎？

【注释】

①马江：今名同，在越南清化省境。

【译文】

　　莫夷唯有鸟铳十分厉害，每人带着一支，每发没有不击中的，然而器械则没有多少。当初，莫夷被黎夷逼迫，朝廷提出封赏黎夷保存莫夷的主张。黎夷还不服气，当权者就晓谕他们说："从前莫人遵奉朝廷的命令，把整个马江让黎人居住，黎人难道不可以拿高平给莫人居住吗？"黎夷这才说不出话来，莫夷得以生存下来，今天竟然横行霸道。中国的众多土司不畏惧国法，却借助境外夷族的力量来增强自己，这种逐步发展的势头难道可以助长吗？当局也有不时派遣官吏前去晓谕莫夷首领的，莫夷则重重地贿赂这些官吏，官吏们回来报告说："他们因为互相有仇内讧，不关中国的事。"难道占据着中国的土地不肯吐出来，侮慢州官，一起结盟，还说是与中国无关吗？

二十四日　候夫龙英。

【译文】
　　二十四日　在龙英州等候派夫。

　　纠夷有辟，土司世绝，皆有当宪。今龙英、镇安正当乘此机会，如昔时太平立郡故事，疆理其地。乃当事者惧开边衅，且利仍袭之例，第曰："此土司交争，与中国无与。"不知莫夷助归顺得镇安，即近取归顺之地。是莫夷与归顺俱有所取，而朝廷之边陲则阴有所失。其失镇安而不取，犹曰仍归土司，其失归顺赂莫之地，则南折于夷而不觉者也①。此边陲一大利害，而上人乌从知之②！

【注释】
①折：损失。
②乌：何。

【译文】
　　约束夷族有一定的法度，土司的世系断绝了，都有相应的法度。如今的龙英州、镇安府，正好应该乘此机会，像从前太平府建府时的旧例一样，划分整理他们的属地。可当事的人惧怕引发边境事端，认为姑且沿袭旧例是有利的，只是说："这是土司间互相争斗，与中国无关。"不明白莫夷协助归顺州夺到镇安府后，马上会就近夺取归顺州的土地。这样莫夷与归顺州都有所得，而朝廷的边疆却在暗中有所损失了。他们丧失了镇安府却不去收回，还说仍然归土司所有，他们丢失了归顺州贿赂莫夷的领土，南疆被夷族损害了却不能察觉。这是边疆地区的一大祸害,可上面的人从哪里能知道这些呢!

二十五日　候夫龙英,因往游飘岩。州治北向前数里外,有土山环绕,内有一小石峰如笔架,乃州之案山也。土人名曰"飘峭"①,所云"峭"者,即山之称也。其前即平畴一坞,自西而东,中有大溪横于前,为州之带水,即东入养利州,为通利江源,下太平州合逻水者也。水之东有山当坞而立,即飘岩山也。为州之水口山,特耸州东,甚峭拔,即前牛角山西北特立峰也。其东崩崖之上,有岩东南向,高倚层云,下临绝壁,望之岈然。余闻此州被寇时,州人俱避悬崖,交人环守其下,终不能上,心知即为此岩。但仰望路绝,非得百丈梯不可,乃怏怏去。循东南大路,有数家在焉。询之,曰:"此飘岩也,又谓之山岩。几番交寇,赖此得存。"问:"其中大几何?"曰:"此州遗黎②,皆其所容。"问:"无水奈何?"曰:"中有小穴,蛇透而入,有水可供数十人。"问:"今有路可登乎?"或曰:"可;"或曰:"难之。"因拉一人导至其下,攀登崖间,辄有竹梯层层悬缀,或空倚飞崖,或斜插石隙,宛转而上,长短不一,凡十四层而抵岩口。其两旁俱危壁下嵌,惟岩口之下,崩崖缀痕,故梯得宛转依之。岩口上覆甚出,多有横木架板,庋虚分窦,以为蜂房燕垒者。由中窦入,其门甚隘,已而渐高,其中悬石拱把,翠碧如玉柱树之,其声铿然。旁又有两柱,上垂下挺,中断不接,而相对如天平之针焉。柱边亦有分藩界榻,盖皆土人为趋避计者也。由柱左北入,其穴渐暗,既得透光一缕,土人复编竹断其隘处。披而窥之,其光

亦自东入，下亦有编竹架木，知有别窦可入。复出，而由柱
右东透低窍，其门亦隘，与中窦并列为两。西入暗隘，其中
复穿然，暗中摸索，亦不甚深。仍由中窦出外岩，其左悬石
中有架木庋板③，若飞阁中悬者，其中笥筐之属尚遍置焉④。
又北杙一木⑤，透石隙间，复开一洞西入，其门亦东向，中有
石片竖起如碑状。其高三尺，阔尺五，厚二寸，两面平削，如
磨砺而成者，岂亦泰山无字之遗碑？但大小异制。平其内，
复逾隘而稍宽。尽处乳柱悬楞，细若柯节。其右有窦潜通
中窦之后，即土人编竹断隘处也；其左稍下，有穴空悬，土人
以芭覆之。窥其下，亦有竹编木架之属，第不知入自何所。
仍度架木飞阁，历梯以下。下三梯，梯左悬崖间，复见一梯，
亟援之上，遂循崖端横度而北，其狭径尺，而长三丈余，土人
横木为栏，就柯为援，始得无恐。崖穷又开一洞，其门亦东
向。前有一石，自门左下垂数丈，真若垂天之翼。其端复悬
一小石，长三尺，圆径尺，极似雁宕之龙鼻水，但时当冬涸，
端无滴沥耳。其中高敞，不似中窦之低其口而暗其腹。后
壁有石中悬，复环一隙，更觉宛转，土人架木横芭于其内，即
上层悬穴所窥之处也。徘徊各洞既久，乃复历十一梯而下，
则岩下仰而伺者数十人，皆慰劳登岩劳苦，且曰："余辈遗
黎，皆藉此岩再免交人之难。但止能存身，而室庐不能免
焉。"余观此洞洵悬绝，而以此为长城，似非保土者万全之
策。况所云水穴，当兹冬月，必无余滴，余遍觅之不得，使坐
困日久，能无涸辙之虑乎？余谓土人："守险出奇，当以并力
创御为上着；若仅仅避此，乃计之下也。"其人"唯、唯"谢去。

是洞高张路旁，远近见之，惟州治相背，反不得见。余西游所登岩，险峻当以此岩冠。贵溪仙岩，虽悬空瞰溪，然其上窄甚，不及此岩崆峒，而得水则仙岩为胜。余返饭于馆，馆人才取牌聚夫，复不成行。

【注释】

①飘峭：意即尖山。飘，本书下月初二日记："土人呼尖山为飘。"

②遗黎：劫后残留的民众。

③庋（guǐ）板：放器物的架子。

④笱（gǒu）：捕鱼的竹笼。大口窄颈，腹大而长，无底，顶部装有细竹编的倒须，鱼能入而不能出。

⑤杙（yì）：拴系在木桩上。

【译文】

二十五日　在龙英州等候派夫，因而前去游览飘岩。从州城向北前行几里之外，有土山环绕，当中有一座小石峰好像笔架，是州城的案山。当地人叫"飘峭"，所说的"峭"，就是山的称呼了。山前就是一个有广平田野的山坞，自西往东伸展，山坞中有条大溪横在前方，是州城附近像衣带一样环流的水流，就是向东流入养利州，成为通利江的江源，下流到太平州汇合逻水的水流。溪水的东面有座山正对着山坞矗立着，那就是飘岩山了。这是州境内扼住水口的山，独自耸立在州城东边，非常陡峭挺拔，也就是先前看见的牛角山西北方独自耸立的山峰了。山峰东面崩塌的山崖之上，有个岩洞面向东南方，高高依傍在云层中，下临绝壁，望过去十分深邃。我听说这个州被入侵时，州里的人都躲避在悬崖上，交趾人环绕守候在悬崖下，始终不能上去，我心里知道就是这个岩洞了。但仰面望去道路断绝，非得有百丈高的梯子不可，只好闷闷不乐地离开了。沿着大路往东南走，有几家人在路旁。向他们打听，说："这是飘岩了，又把它称为山岩。几次交趾入寇，靠这个岩洞得以存活下来。"

我问："洞中有多大?"回答:"这一州劫后存活下来的百姓,都是岩洞容纳下来的。"我问:"没有水喝怎么办?"回答:"洞中有个小石穴,像蛇一样钻进去,有水源可以供几十个人喝。"我问:"现在有路可以登上去吗?"有人说:"可以。"有人说:"很难。"我于是拉住一个人领路来到山下,攀登在山崖间,就有竹梯一层层地悬挂着,有的斜靠在飞空的悬崖上,有的斜插在石缝中,弯弯转转地上去,长短不一,共有十四层梯子才到达洞口。洞口两旁全是下嵌的危壁,唯有洞口的下方,崩裂开的崖石上有连缀着的石痕,所以梯子得以弯弯转转地靠着崖壁上来。洞口上方下覆的部分十分突出,有很多横架着的木板,分别架成中空的洞穴,以为是蜂房燕窝的样子。由中间的洞穴进去,洞口非常狭窄,不久渐渐变高,洞中悬垂的石柱有双手合围那么粗,翠绿得像玉柱一样竖立在那里,石柱的声音铿锵悦耳。旁边又有两根石柱,上边下垂下边挺拔,中间断开不相连接,而且互相对着像天平上的指针。石柱旁边也有篱笆分隔开的卧床,大概是当地人为避难做的准备。由石柱左边向北进去,那里的洞穴渐渐黑暗下来,走到一处有一缕亮光照进来的地方,当地人又编有竹篱笆隔断了洞中的狭窄处。拨开篱笆向里面窥视,里面的亮光也是从东面射进来的,下面也编有篱笆架有木板,知道还有别的洞穴可以进去。再出来,而后由石柱右边向东钻过低矮的石窍,洞口也很狭窄,与中洞并列成为两个洞穴。向西进去又暗又窄,洞中又穹然隆起,在黑暗中摸索,也不十分深。仍然经由中洞出到外面的岩洞中,岩洞左边高悬的岩石中间有平架着的木板,好像飞空的楼阁悬在中间的样子,其中鱼笼竹筐一类的东西还四处放着。又在北边插进一个小木桩,钻进石缝中,又开有一个洞口向西进去,洞口也是面向东。洞中有竖起的石片像石碑的样子。石片高三尺,宽一尺五,厚二寸,两面平削,如同打磨成的一样,莫非这也是泰山无字碑一类的遗迹?但大小形制不同。平缓行走在洞中,再次越过隘口后才稍宽一些。尽头处的钟乳石柱和悬垂的石棱条,细得好像斧子把和竹节。这里的右侧有个洞穴暗中通到中洞的后面,就是当地人编有竹篱笆隔断的狭窄处了;从这里的左边稍下走,有个洞穴空悬着,当地人用篱笆覆盖着洞口。窥视下边的洞穴,也有竹编的篱笆和木架之类的东西,只是不知道从哪里进去。仍然越过木板架成的飞在空中的楼阁,经由竹梯下走。下了三架梯子,梯子左边的悬崖上,又看见一架梯子,急忙攀着梯子上去,于是沿着悬崖前端向北横越过去,那狭窄之处宽一尺,但长三丈多,当地人横放了树干作为栏杆,就着树枝作为拉手,这才得以不会害怕。悬崖到头后又开有一个洞口,洞口也是面向东。洞前有一块岩石,从洞口左边下垂几丈,真像是从天上垂下的翅膀。岩石的下端又悬着一块小石头,长三尺,圆周的直径有一尺,极像雁宕山的龙鼻水,只是此时正当冬季枯水时节,顶端没有水滴下滴而已。洞中高大宽敞,不像中洞那样洞口低矮而且洞腹内很暗。后面的洞壁上有块岩石悬在中央,又环绕成一条裂隙,更觉得弯弯转转的,当地人架有木板用篱笆横隔在里面,这就是从上层空悬着的洞穴中窥见之处了。徘徊在各个洞穴中很久以后,才又经过十一架梯子下来,只见岩洞下面有几十个人抬头守候着,都过来慰问我上登岩洞的劳苦,并且说:"我们这些残存下来的百姓,全靠这个岩洞得以两次免于交趾人入侵的灾难。但只能保存身体,可居室房屋就不能幸免了。"我观察,这个洞确实悬绝,但把这个洞作为长城,似乎不是保卫疆土的万全之策。何况所说的出水的石穴,在这样的冬月间,必定没有余下一滴水。我四处寻找这个石穴没有找到,假使坐守其中被困的日子久了,能没有涸辙之鲋的忧虑吗?我对当地人说:"守卫险阻,出奇制胜,应当以齐心协力抗敌防御为上策;如果仅仅躲避在这里,是抗敌之计的下策了。"那些人"是、是"地辞谢而去。这个洞高高地张开在路旁,远近都能看见它,唯有州城背对着,反而不能看见。我游历西部所登的岩洞,险峻应当以这个岩洞为第一。贵溪的仙岩,虽然悬在高空俯瞰着溪流,然而洞中非常狭窄,赶不上这个岩洞空阔宽大,可是如果说到水,则是仙岩更为优美。我返回客馆中吃饭,客馆里的人这才取出马牌来召集差夫，又不能成行。

二十六日　晨餐后，得两肩舆，十夫。由州治前西行。半里，有小水自州后山腋出，北注大溪，涉之。又西半里，大溪亦自西南山谷来，复涉之。遂溯溪西南行一里，于是石山复攒绕成峡，又一小水自南来入。仍溯大溪，屡左右涉，七里，逾一冈。冈南阻溪，北傍峭崖，叠石为垒，设隘门焉。过此则溪南始见土山，与西北石山夹持而西。四里，乃涉溪南登土岭，一里，跻其上。又西南下一里，旋转而东南一里，复转西南，仍入石山攒合中。一里，山回坞辟，畦塍弥望，数十家倚南山，是曰东村。乃西南行田塍间，三里，遂西过石峡。所跻不多，但石骨嶙峋，两崖骈合，共一里，连陟二石脊，始下。上少下多，共一里，仍穿石山坞中，至是有小水皆南流矣。东村之水已向南流，似犹仍北转入州西大溪者。自二石脊西，其水俱南入安平西江，所云逻水矣。山脉自此脊南去，攒峰突崿，纠丛甚固，东南尽于安平东北通利、逻水二江合处。由安平西北抵下雷，止二日程；由安平东北自龙英抵下雷，且四日程，凡迂数百里，皆以此支山巇丛沓，故迂曲至此也。安平西北抵下雷，俱由交夷界上行。时恐窃发，方倒树塞路，故由其迂者。又西南四里，饭于骚村。四山回合，中有茅巢三架。登巢而炊，食毕已下午矣。西行一里，复登山峡，陟石磴半里，平行峡中半里，始直坠峡而下。上少下多，共一（缺）磴道与涧水争石。下抵坞中，又西南一里，复与土山值[①]。遂西向循土山而上，已转西南，共二里，逾山之冈。其东南隔坞皆石峰攒合，如翠浪万叠；其西北则土山高拥，有石峰踞其顶焉。循石顶之西崖北向稍下，复上土山之后重，共一里，随土山之南平行岭半。又西南一里，遂逾岭上而越其北。于是西北行土山峡中，其东北皆土山高盘纡合，而西南隙中复见石峰耸削焉。一里，复转西南，下至峡底，其水皆自北山流向西南去，此逻水之上流也。过水，有岐北上山冈，其内为三家村。时日色已暮，村人自冈头望见，俱来助舆夫而代之。又西南一里，直抵所望石峰下。涉一小溪上岭，得郎头之巢②，是为安村，为炊饭煮蛋以供焉。是日行三十余里，山路长而艰也。

【注释】

①值：相逢。

②郎头：壮族头人。《岭外代答》和《炎徼纪闻》作"郎火"。《文献通考》卷三二八"四裔五"引《桂海虞衡志》"僚"载："一村中推有事力者曰郎火，余但称头。"

【译文】

二十六日　早餐后，得到两乘轿子，十个轿夫。由州衙前往西行。半里，有条小溪自州城后面的山侧流出来，向北注入大溪，涉过小溪。又向西半里，大溪也是从西南方的山谷中流来，又涉过大溪。于是溯溪流往西南前行一里，到这里石山又攒聚回绕成峡谷，又有一条小溪自南面流来汇入大溪。仍然溯大溪前行，屡次涉到左右岸，行七里，越过一座山冈。山冈南面阻断了溪流，北面依傍着陡峭的山崖，用石块垒砌成营垒，设置了隘门。过了此地在溪流南面开始见到土山，与西北方的石山对峙着往西延伸。行四里，于是涉过溪水向南上登土岭，行一里，登到岭头上。又往西南下行一里，旋即转向东南一里，再转向西南，仍然进入石山攒聚回合之中。行一里,山峦回绕,山坞开阔,田地一望无际,几十家人紧靠在南山下,这里叫东村。于是向西南前行在田间的土埂间,行三里,便向西穿越石山山峡。上登的路不多,但石骨嶙峋的,两面的石崖并排合拢过来,共行一里,一连登上两条石头山脊,这才下走。上少下多,共行一里,仍然穿越在石山山坞中,来到这里,小溪都是往南流了。东村的溪水已经是向南流了,但似乎仍然是向北转后流入州城西面大溪中的溪流。从那两条石头山脊的西面,那里的水流全是往南流入安平州的西江,就是所说的逻水了。山脉自此地的山脊往南延伸而去,山峰攒聚,山崖高突,成丛缠绕得十分坚固,往东南延伸,在安平州东北境通利江、逻水两条江流的汇合处到了尽头。由安平州往西北到达下雷州,只有两天的路程;由安平州往东北经由龙英州到下雷州,将近要四天的路程,共绕了几百里路,都是因为这条山脉山峰成丛杂沓,所以迂回绕道来到此地了。从安平州往西北到达下雷州,全要经由与交夷交界的边界上走。此时担心出现盗贼,人们刚砍倒大树堵塞了道路,所以经由这里绕道走。又向西南四里,在骚村吃饭。四里群山回绕闭合,中间有三间高架着的茅草屋。登上茅屋饮酒,吃完饭已经是下午了。往西行一里,再上登山峡,上登石阶半里,平缓行走在峡谷中半里,这才一直沿着峡谷下坠。上少下多,共一(缺)石阶路与山涧水争夺山石。下到山坞中,又向西南一里,再次与土山相遇。于是向西顺着土山往上走,不久转向西南,共行二里,越过山冈。山冈东南方隔着山坞的地方全是攒聚闭合的石峰,如千万层翠绿的波浪;山冈的西北方则是高高拥起的土山,有石峰盘踞在土山顶上。沿着石峰顶西面的山崖向北稍下走,又上登土山后面的一重土山,共行一里,顺着土山的南面平缓行走在山岭半中腰。又向西南一里,于是翻越到岭上,而后翻越到山岭的北面。从这里起往西北前行在土山峡谷中,峡谷的东北面都是盘绕回合的高大土山,而西南方的缺口中再次看见有高耸陡削的石峰。行一里,又转向西南,下到峡底,这里的水流都是自北山向西南流去,这是逻水的上游了。涉过流水,有条岔路向北上登山冈,山内是三家村。此时天色已晚,村里人在冈头上望见我们,都来帮助轿夫替换他们。又向西南一里,直达远处望见的石峰下。涉过一条小溪登上岭头,找到郎头的茅屋,这里是安村,为我做饭煮鸡蛋供我吃饭。这一天走了三十多里路,山路又长又艰辛。

　　连日晴朗殊甚,日中可夹衫,而五更寒威彻骨,不减吾地,始知冬、夏寒暑之候,南北不分,而两广之燠①,皆以近日故也。试观一雨即寒,深夜即寒,岂非以无日耶？其非关地气可知。

【注释】

①燠(yù)：温暖。

【译文】

　　连日来特别晴朗,中午可以穿夹衫,但五更时寒气酷冷彻骨,不亚于我们家乡,这才知道冬、夏寒暑的气候,不分南北方,而两广温暖的气候,都是由于离太阳近的缘故。我试着观察,一下雨就冷,深夜就冷,难道不是因为没有阳光吗？可以知道,天气冷热与地气无关。

　　余乡食冬瓜,每不解其命名之意,谓瓜皆夏熟而独以“冬”称,何也？至此地而食者、收者,皆以为时物,始知余地之种,当从此去,故仍其名耳。

【译文】

　　我在家乡吃冬瓜时,常常不理解冬瓜命名的含义,认为瓜都是在夏天成熟可唯独冬瓜用"冬"来称呼，为什么呢？来到此地后吃的瓜、采收的瓜，便都是符合季节的物产，这才明白我们家乡种的冬瓜，应当是从此地传过去的，只不过是仍然沿用原来的名字罢了。

二十七日　昧爽，饭而行。仍东下岭，由溪西循岭北坞西行。其处旧塍盘旋山谷，甚富，而村落散倚崖坞间，为龙英西界沃壤。一里，路北皆土岭，坞南多石峰。循土岭南麓渐上一里，逾土岭之西隅，岭旁即有石峰三四夹岭而起，路出其间。转北半里，复西下半里，于是四顾俱土山盘绕矣。西涉小涧一里，又西登一冈，有数茅龛在冈头，想汛守时所栖者。又盘旋西南下一里，涉一涧，其水自北而南。逾涧西行，渐循路北土山西上，二里，逾岭而北，循路西土山西北行山半，一里，逾支岭北下过，逾涧，即前所涉之上流，西自土山涯半来，夹坞田塍高下皆藉之。登涧北冈，见三四家西倚土山，已为下雷属矣。一里，西北登岭，半里，攀其巅。又西向平行半里，逾其北，始遥见东北千峰万岫，攒簇无余隙，而土峰近夹，水始西向流矣。于是稍下，循路南土峰西向连逾二岭，共一里，望见西南石峰甚薄，北向横插如屏，而路则平行土山之上。又西二里，有路自东北来合者，为英村之道。_{亦下雷属}其道甚辟，合之遂循路西土山南向行。一里，又逾一土岭，直转横插石峰之西。复循路西土山之南，折而西，始西向直下一里，又迤逦坦下者一里，始及西坞，则复穿石山间矣。又西北平行一里，始有村落。又西北一里，则大溪自北而南，架桥其上，溪之西即下雷矣①。入东隘门，出北隘门,抵行馆而解装焉②。是日行约十八里。州官许光祖。

【注释】

①下雷:原为下雷峒,明初属镇安府,嘉靖四十三年(1564)改属南
宁府,万历十八年(1590)升为州。治今大新县西北隅、逻水西南
岸的下雷。

②行馆:政府设置的接待宾客的房舍。

【译文】

二十七日　黎明,饭后上路。仍然向东下岭,由溪流西岸沿着岭北
的山坞往西行。此处多年耕种的田地盘绕在山谷中,非常富庶,而村落
背靠山崖散布在山坞间,是龙英州西境的沃壤。行一里,道路北面全是
土岭,山坞南面石峰很多。沿着土岭的南麓渐渐上走一里,翻越到土岭
的西隅,岭旁马上就有三四座石峰夹住土岭耸起,道路经过石峰之间。
转向北半里,又向西下走半里,在这里四面环顾都是盘绕的土山了。向
西涉过小涧一里,又向西登上一座山冈,有几间茅屋在冈头,猜想是营
兵戍守时居住的地方。又盘旋着往西南下走一里,涉过一条山涧,涧水
自北往南流。越过山涧往西行,逐渐沿着路北的土山向西上走,行二
里,翻越到岭北,沿着路西的土山往西北行走在山腰上,行一里,越过分
支的土岭向北下走过去,越过山涧,这就是前边涉过的山涧的上游了,
从西面的土山边半山腰上流来,山坞两旁上上下下的田地都靠这条山
涧来灌溉。登上山涧北面的山冈,看见有三四家人在西面背靠土山,已
经是下雷州的属地了。行一里,向西北登岭,行半里,攀登到岭头。又
向西平缓前行半里,翻越到岭北,这才远远望见东北方有千峰万岭,攒
聚簇拥,没有空余的缝隙,而土峰在近处相夹,水流开始向西流去了。
从这里稍下走,沿着路南的土峰向西一连越过两道岭,共行一里,望见
西南方有座石峰非常薄,面向北,像屏风一样横插着,而道路则是平缓
地前行在土山之上。又向西二里,有条路自东北方前来会合,这是去英

村的路。也是下雷州属地。这条路十分宽敞,两条路会合后便沿着道路西边的土山向南行。行一里,又越过一座土岭,直接转到横插石峰的西边。又沿着路西土山的南麓,折向西,开始一直向西下走一里,又平坦地弯弯曲曲下走一里,这才到达西面的山坞,就又穿越在石山间了。又向西北平缓前行一里,开始有村落。又向西北一里,就见大溪自北往南流,有桥架在溪流上,大溪的西岸就是下雷州了。进入东隘门,走出北隘门,抵达客馆后便解下行装。这一天走了大约十八里路。州官叫许光祖。

　　下雷州治在大溪西岸,即安平西江之上流,所云逻水也。其源发于归顺西北,自胡润寨而来,经州治南流而下。

【译文】

　　下雷州治所在大溪的西岸,就是安平州西江的上游,所说的逻水了。这条水流发源于归顺州西北境,自胡润寨流来,流经州城往南下流而去。

　　州南三十里,州北三十里,皆与高平接界。州治西大山外,向亦本州地,为莫夷所踞已十余年;西之为界者,今止一山,州衙即倚之,其外皆莫境矣。

【译文】

　　州城南面三十里,州城北面三十里,都与高平交界。州城西面的大山之外,从前也是本州的属地,被莫夷占据已经有十多年了;西面作为边界的地方,今天只有一座山,州衙就紧靠着这座山,那以外都是莫夷境内了。

州宅东向,后倚大山即与莫夷为界者。垒乱石为州垣,甚低,州治前民居被焚,今方结庐,（缺）内间有以瓦覆者。

【译文】

州衙的宅邸面向东,后面紧靠的大山就是与莫夷作为疆界的山。用乱石垒砌成州城的城墙,十分低矮,州衙前的民房被火烧毁了,如今正在建房,（缺）其中间或有用瓦片盖顶的。

其地南连安平①,北抵胡润寨,东为龙英,西界交趾。

【注释】

①其地南连安平:"安平"原作"平安",据本日记前段改。

【译文】

下雷州的辖地南面连着安平州,北面到达胡润寨,东面是龙英州,西面与交趾交界。

时交趾以十八日过胡润寨,抵镇安,结营其间。据州人言:"乃田州纠来以胁镇安者,非归顺也。"盖镇安人欲以归顺第三弟为嗣,而田州争之,故纠莫夷以胁之。

【译文】

这时候交趾人在十八日这天经过胡润寨,到达镇安府,在那一带扎营。据下雷州的人说:"是田州纠集来威胁镇安府的,不是归顺州。"大概是镇安府的人想用归顺州的第三个弟弟作为继位人,而田州为争夺继承权,所以纠集莫夷来威胁镇安府。

归顺第二弟即镇安赎以任本州者。其第三弟初亦欲争立,本州有土目李园助之,后不得立。李园为州人所捕,窜栖高平界,出入胡润、鹅槽隘抄掠,行道苦之。

【译文】

归顺州的第二个弟弟就是镇安府赎回来出任本州州官的人。他的三弟最初也想争着继位,本州有个土司头目李园协助他,后来没能继位。李园被州里人追捕,逃窜栖身于高平境内,出入于胡润寨、鹅槽隘掳掠,走路的人被他害苦了。

二十八日 阴霾四塞。中夜余梦墙倾覆身,心恶之。且闻归顺以南有莫夷之入寇,归顺以北有归朝之中阻,意欲返辕,惶惑未定焉。归朝在富州、归顺之间①,与二州为难,时掠行人,道路为梗。考之《一统志》无其名。或曰:“乃富州之旧主,富州本其头目,后得沾朝命,归朝无由得达,反受辖焉,故互相齮龁②。”未知然否?下雷北隘门第二重上,有耸石一圆,高五丈,无所附丽,孤悬江湄③。叠石累级而上,顶大丈五,平整如台,结一亭奉观音大士像于中,下瞰澄流,旁揽攒翠,有南海张运题诗④,莆田吴文光作记④,字翰俱佳。余以前途艰阻,求大士决签为行止,而无从得签诗。叩筊筶先与约⑥,若通达无难,三筊俱阳、圣而无阴;有小阻而无性命之忧,三筊中以一阴为兆;在大害不可前,以二阴为兆。初得一阴并圣、阳各一。又请决,得一圣二阳焉。归馆,使顾仆再以前约往恳，初得圣、阳、阴，又徼得圣一，阳与先所祈者大约相同，似有中阻，不识可免大难否？

【注释】

①归朝：今名同，曾作"皈朝"，在云南富宁县东境的公路旁。富州：隶云南广南府，治今富宁县。《游记》所述富州与归朝的关系，当地至今还有相同的传说。清代，富州旧主沈氏重新得到封建中央承认，州治正式设在皈朝，至今皈朝还有清代富州土司衙门的遗址及碑刻。

②觭觥（yǐ hé）倾轧。

③湄（méi）：岸边。

④南海：广州府附郭县，在今广东广州市。

⑤莆田：兴化府附郭县，即今福建莆田市。

⑥筊（jiào）：同"珓"，亦称杯珓、杯筊，占卜用的工具，原用蚌壳，后亦剖竹或木片，使略像蚌壳形，掷于地，看其俯仰情况，以占吉凶。筶（tiáo）：用细竹枝扎束的筶帚。

【译文】

二十八日　天空阴霾四布。半夜我梦见墙倒下埋在身上，心里感到这很不吉利。而且听说归顺州以南有莫夷入侵，归顺州以北有归朝从中阻隔，心里想要返回去，惶惑不能决定。归朝在富州、归顺州之间，与这两个州作对，时常抢劫行人，道路因此阻塞。据《一统志》来考察归朝，没有这个地名。有人说："是富州旧时的州主，富州州主本来是他手下的头目，后来受恩得到朝廷的任命，归朝无从得以上达，反而受他管辖，所以互相倾轧。"不知这对不对？下雷州城北临门的第二层上面，有块圆圆的岩石耸立着，高五丈，无所依附，孤悬在江边。垒砌有石阶逐级登上去，顶上大一丈五尺，平整得好像平台，建有一座亭子，在当中供奉着观音菩萨的像，下瞰着澄澈的江流，四旁延揽着攒聚的翠色，有南海县人张运的题诗,莆田县人吴文光作的记文,字和文章都是佳作。我因为前途艰险受阻,抽签求观音菩萨来决定走还是不走,但无法得到写有诗句的竹签。叩念着用竹扫帚作为杯筊来占卜,事先与观音菩萨约定:如果通行畅达没有灾难,三卦都是阳卦、圣卦而没有阴卦;稍有险阻却没有性命之忧,三卦中用一个阴卦作为预兆;有大灾难不能前行,用两个阴卦作为预兆。最初求到一个阴卦以及圣卦、阳卦各一个。再次请菩萨来决定,得到一个圣卦两个阳卦。回到客馆中,派顾仆再次按照先前约定的前去恳求菩萨,起初求得圣卦、阳卦、阴卦各一个,又求到圣卦一个,阳卦的卦象与先前求到的大约相同,似乎中途有险阻,不知能否免除大难?

上午,雾开日霁,候夫与饭俱不得。久之得饭,散步州前,登门楼,有钟焉,乃万历十九年辛卯土官许应珪所铸者[1]。考其文曰:"下雷乃宋、元古州,国初为妒府指镇安也。匮印不缴,未蒙钦赐,沦于土峒者二百年。应珪之父宗荫奉檄征讨,屡建厥勋,应珪乃上疏复请立为州治。"始知此州开于万历间,宜《统志》不载也。州南城外即崇峰攒立,一路西南转山峡,即三十里接高平界者;东南转山峡,即随水下安平者,为十九嶷故道。今安平虑通交夷,俱倒树塞断。此州隶南宁,其道必东出龙英抵驮朴焉。若东北走田州,则迂而艰矣。是日为州墟期,始见有被发之民。讯交夷往镇安消息,犹无动静。盖其为田州争镇安,以子女马币赂而至者,其言是的[2]。先是,镇安与归顺王达合而拒田州[3],田州伤者数十人,故赂交夷至。而夷亦狡甚,止结营镇安,索饷受馈,坐观两家成败,以收渔人之利,故不即动云。

【注释】

①万历十九年辛卯：指1591年。

②是的（dí）：肯定确实。

③王达：沪本作"黄达"。

【译文】

上午，雾气散开天气转晴，等候派夫和午饭都没有得到。很久后才得以吃了饭，在州衙前散步，登上门楼，楼上有铜钟，是万历十九年辛卯年土司许应玤铸造的。考察铜钟上的铭文，说："下雷是宋元时代以来的古州，国朝初年被妒忌的府官指镇安府。藏匿了官印不缴出来，没有被皇帝钦赐官位，沦为土峒的时间长达二百年。应玤的父亲宗荫尊奉朝廷的檄文征讨，屡建功勋，应玤于是呈上奏章请求恢复设立为州级政区。"这才知道这个州开创于万历年间，难怪《一统志》没有记载了。州城南边的城外就是攒聚耸立的高峰，一条路向西南转入山峡，就是走三十里后连接到高平边界的路；向东南转入山峡，就是沿着江水下行到安平州的路，是通往十九峒的老路。现在安平州担忧道路与交夷相通，都砍倒树木把道路全部阻断了。这个州隶属于南宁府，去南宁府的路必定要向东走出龙英州后到达驮朴。如果向东北方走田州，那么又绕道又艰险了。这一天是州城的赶集日，这才见到有散披头发的百姓。打听交夷前往镇安府的消息，仍然是没有动静。原来这些交夷为了帮田州争夺镇安府，是用女子、马匹、金钱贿赂才来的，这话肯定是实情。这之前，镇安府与归顺州的王达联合抵御田州，田州伤了几十人，所以贿赂交夷前来。然而交夷也非常狡猾，只是在镇安府扎营，索取粮饷接受馈赠，坐观两家的胜败，以便坐收渔翁之利，所以没有马上行动。

夫至起行，已近午矣。出北隘门，循石山东麓溯溪西北行。四里，路左石山忽断，与北面土山亦相对成峡，西去甚深。有小水自峡中出，横堤峡口，内汇为塘，浸两崖间，余波

（缺）出注于大溪。逾堤西转，路始舍大溪。已复北转，逾北面土山之西腋，复见溪自西北来，路亦西北溯之。已北径大峡，共四里，有木桥横跨大溪上，遂渡溪北，复溯大溪左岸，依北界石山行。回望溪之西南始有土山，与溪北石山相对成大峡焉。东北石山中，屡有水从山峡流出，西注大溪，路屡涉之。共西北五里，东北界石山下，亦有土山盘突而西，与西南界土山相凑合，大峡遂穷。大溪亦曲而西南来，路始舍溪西北逾土山峡，于是升陟俱土山间矣。又三里，西下土山，复望见大溪从西北来。循土山西麓渐转西行，二里，直抵大溪上。北岸土山中，复有一小水南注于溪。涉溪升阜，复溯大溪西北行，三里，抵胡润寨①。其地西南有大峡与交趾通界，抵高平府可三日程②；西北有长峡，入十五里，两峰凑合处为鹅槽隘；正西大山之阴即归顺地，日半至其州；直北鹅槽岭之北为镇安地，至其府亦两日半程，而鹅槽隘则归顺之东境也；东北重山之内，为上英峒③，又东北为向武地。是日下午抵胡润，闻交夷犹陆续行道上，馆人戒弗行。余恐妖梦是践，遂决意返辕，东北取向武州道。

【注释】

①胡润寨：又作"湖润寨"，今仍作"湖润"，在靖西县东南隅，逻水源。

②高平府：今越南高平。

③上英峒：又作"上映洞"。《明史·地理志》思恩军民府载："上映州，元属镇安路，洪武五年（1372）废为洞，万历三十二年（1604）复置，来属。"《粤西游日记二》十一月初九日记谓："上英峒尚属

镇安。"今仍作"上映"，在天等县西境的公路边。

【译文】

差夫到了就起身出发，已经将近中午了。走出北隘门，沿着石山的东麓溯溪流往西北行。行四里，道路左边的石山忽然断开，与北面的土山也是相对形成峡谷，向西进去十分深远。有条小溪从峡谷中流出来，峡口横挡着堤坝，堤坝里面积水形成水塘，浸泡在两面的山崖之间，溢出的塘水（缺）流出来汇入大溪中。越过堤坝向西转，道路这才离开大溪。不久又向北转，越过北面土山的西侧，又见溪水自西北流来，道路也向西北溯流前行。不久往北经过一条大峡谷，共四里，有座木桥横跨在大溪上，于是渡到溪流北岸，又溯大溪的左岸走，紧靠北面一列石山前行。回头望去，大溪的西南方开始有土山，与溪流北岸的石山相对形成大峡谷。东北方的石山中，多处有溪水从山峡中流出来，向西注入大溪中，道路多次涉过溪流。共向西北前行五里，东北一列石山下，也有土山盘绕着突向西去，与西南一列土山相凑合，大峡谷便到了头。大溪也向西南弯曲而来，道路开始离开溪流往西北穿越土山的山峡，从这里起爬升跋涉全是在土山之间了。又行三里，向西走下土山，又望见大溪从西北方流来。沿着土山的西麓渐渐转向西行，行二里，直达大溪边上。北岸的土山中，又有一条小溪往南注入大溪中。涉过溪流爬上土山，再次溯大溪往西北行，行三里，抵达胡润寨。此地西南方有条大峡谷与交趾边界相通，到达高平府大约要三天的路程；西北方有条长长的峡谷，进去十五里，两列山峰的会合处是鹅槽隘；正西方大山的北面就是归顺州的辖地，一天半到归顺州城；正北方鹅槽岭的北面是镇安府的属地，到镇安府城也有两天半的路程，而鹅槽隘则是归顺州的东境了；东北方的重重山峦之中，是上英峒，再往东北是向武州的属地。这天下午抵达胡润寨，听说交夷还陆陆续续地行走在道路上，客馆里的人劝告我不要上路。我担心怪梦应验，便决心返回去，选择了东北方通往向武州的路。

二十九日　早雾颇重，旋明，霁愈甚。候夫不至，余散步寨宅前后，始见大溪之水，一西北自鹅槽隘来者，发源归顺南境，经寨前南下下雷；一北自寨后土山峡中来者，发源镇安南境，抵寨后汇而分二口：一由寨宅北泻石堰，西坠前溪；一由寨宅东环绕其后，南流与前溪合。盖寨宅乃溪中一碛①，前横归顺之溪，后则镇安之水分夹其左右，于是合而其流始大，即《志》所谓逻水，为左江西北之源，与龙州、高平之水合于旧崇善县之驮绵埠者也。

【注释】

①碛(qì)：浅水中的沙石。

【译文】

二十九日　早晨的雾气很重，旋即明亮起来，雾气散开后更加晴朗。等候差夫不见来到，我在寨子宅第前后散步，这才看见大溪的溪水，一条自西北鹅槽隘流来的，发源于归顺州南境，流经胡润寨前边向南下流到下雷州；一条自北边寨子后面的土山峡谷中流来的，发源于镇安府南境，流到胡润寨后汇积成水塘，而后分为两个出水口：一个出水口的水由寨子宅第的北边泻入石坝中，向西坠入寨前溪流中；一个出水口的水由寨子宅第东边环绕到寨子后面，往南流去与寨前的溪流合流。原来寨子的宅第只是溪流中的一片沙石浅滩地，前方横着发源于归顺州的溪流，后面则是镇安府流来的溪水，分别夹在寨子的左右，这里是合流后溪流才开始变大，就是《一统志》所谓的逻水，是左江在西北方的水源，与龙州、高平府流来的水流在旧崇善县的驮绵埠汇流。

胡润寨有巡检①，其魁岑姓，亦曰土官，与下雷俱隶南宁府，为左江属；过鹅槽隘为（缺）即右江属。而右江诸土司如田州、归顺、镇安又俱隶思恩府。是下雷、胡润虽属南宁，而东隔太平府龙英、养利之地，北隔思恩府镇安、田州之境，其界迥不相接者也。

【注释】

①胡润寨有巡检：原缺"润寨有巡"四字，据《明史·地理志》补，唯《明史·地理志》胡润寨巡检司属镇安府。《明史·广西土司二》亦载："镇安所属有上映洞、湖润寨。巡检皆土人，世官。"

【译文】

　　胡润寨设有巡检司，巡检司的头目姓岑，也是土官，与下雷州一同隶属于南宁府，是左江道的属地；过了鹅槽隘便（缺字）就是右江道的属地。而右江道的众土司如田州、归顺州、镇安府又都是隶属于思恩府。这样，下雷州、胡润寨虽然隶属于南宁府，可东面隔着太平府的龙英州、养利州的辖地，北面隔着思恩府的镇安府、田州的辖境，它们的地界距离很远不相连接。

　　左、右二江之分，以鹅槽岭为界，其水始分为南北流。盖山脊西北自富州来，径归顺、镇安而东过都康①。过龙英之天灯墟②，分支南下者为青莲山，而南结为壶关太平府；由龙英之天灯墟直东而去者，尽于合江镇，则左、右二江合处矣。

【注释】

①都康：明为州，直隶广西布政司，治所在今天等县治稍西北，仍名都康。

②天灯墟：即今天等县治。

【译文】

　　左、右二江的划分，以鹅槽岭为界，这里的水流开始分为南北两个流域。大体上山脊自西北的富州延伸而来，经过归顺州、镇安府而后往东延过都康州。延过龙英州的天灯墟，分出支脉向南下延的山形成青莲山，而后在南面盘结为太平府城的壶关；由龙英州的天灯墟一直往东延伸而去的山，尽头在合江镇，那是左、右二江的汇合处了。

　　田州与归顺争镇安，既借交夷为重；而云南之归朝与富州争，复来纠助之。是诸土司只知有莫夷，而不知为有中国矣。或曰："镇安有叛目黄怀立往纠之。"

【译文】

　　田州与归顺州争夺镇安府，既已借助交夷来增强自己；而云南的归朝与富州相争，又纠集交夷援助他。这是众土司只知道有莫夷，却不知道有中国了。有人说："镇安府有个叛逆的头目黄怀立把莫夷纠集来的。"

　　三十日　早寒甚。初雾旋霁，而夫终不来。盖此处铺司奸甚①，惟恐余往归顺，以归顺远也。屡以安南夷人满道恐吓余。其土官岑姓，乃寨主也，以切近交夷，亦惟知有夷，不知有中国。夷人过，辄厚款之，视中国漠如也。交夷亦厚庇此寨，不与为难云。余为馆人所惑，且恐妖梦是践，是早为三阄请于天②：一从归顺，一返下雷，一趋向武。虔告于天而拾决之，得向武者。馆人亦利余往向武。盖归顺须长夫，而向武可沿村起换也。

【注释】

①铺司：管理驿站的机构。

②阄(jiū)：即拈阄。用几张小纸片写上字或记号，揉成纸团，由有关的人任取，根据所取纸上的字决定弃取等行动。

【译文】

三十日　早晨冷极了。起初下雾，随即晴开，但差夫始终不见来。原来此处的铺司十分奸猾，唯恐我前往归顺州，因为去归顺州路远。屡次用满路都是安南的夷人来恐吓我。这里的土司姓岑，是寨主，由于接近交夷，也只知道有夷人，不知道有中国。夷人路过，总是厚重地款待夷人，对中原地区来的人却漠然视之。交夷也重视庇护这个寨子，不与这个寨子为难。我被客馆中的人所迷惑，并且担心噩梦应验，这天早上拈了三个阄请求上天决定：一个从归顺州走，一个返回下雷州，一个取道向武州。向上天虔诚祷告后拾起阄决定去向，得到去向武州的阄。客馆里的人也利诱我前往向武州。原来是去归顺州必须派长途差夫，而去向武州便可以在沿途的村子中征用调换脚夫。

下午夫至，止八名。少二名。及各夫又不赍蔬米，心知其为短夫，然无可再待理，姑就之行。从寨宅溯北来溪而上，半里，渡溪中土冈而行，于是溪分为两而复合。取道于中又半里，渡其西夹冈者，回顾溪身自土山东峡来，而路出土山西峡上。二里，其峡穷，遂逾山陟坳。一里，复东下而与大溪遇，乃溯溪北岸东北行。二里，有石山突溪北岸，其上藤树蒙密，其下路漾江潭，仰顾南北，俱土山高爽，而北山之巅，时露峭骨，而复突此石山当道，峻嶒欹侧①，行路甚难。

然两旁俱芟树披茅,开道颇阔,始知此即胡润走镇安之道,正交夷经此所开也。余欲避交夷不往归顺,而反趋其所由之道,始恨为馆人所卖云。循石山而东北一里,见一老人采薪路旁,舆人与之语,遂同行而前。半里,有树斜偃溪两岸,架桥因其杪,而渡溪之南,是为南陇村。有数家在溪南,舆夫舆入老人家,遂辞出。余欲强留之,老人曰:"余村自当前送,但今日晚,请少憩以俟明晨,彼夫不必留也。"余无可奈何,听其去。时日色尚可行数里,而余从老人言,遂登其巢。老人煮蛋献浆。余问其年,已九十矣。问其子几人,曰:"共七子。前四者俱已没,惟存后三者。"其七子之母,即炊火热浆之妪,与老人齐眉者也②。荒微绝域,有此人瑞③,奇矣,奇矣! 一村人语俱不能辨,惟此老能作汉语,亦不披发跣足,自下雷至胡润,其人半披发不束。并不食烟与槟榔,且不知太平、南宁诸流官地也。老人言:"十六日交夷从此过,自罗洞往镇安,余走避山上,彼亦一无所动而去。"

【注释】

①崚嶒(léng céng):高峻突兀的样子。

②齐眉:夫妇相敬如宾。

③人瑞:年寿特高的人。瑞,吉祥难得的东西。

【译文】

下午差夫到了,只有八名。少了两名。并且每个差夫又没带着米菜,心知他们是短途脚夫,然而没有可以再等下去的理由,姑且跟随他们上路。从寨子宅第溯北边流来的溪流上行,行半里,渡到溪流中的土冈上前行,在这里溪流分为两条后又重新汇合。取道走中间又是半里,渡过那条在西面夹住山冈的溪流,回头看去,溪流从土山东面的峡谷中流来,而道路通到土山西面的峡谷中往上走。行二里,这条峡谷完后,便翻山登上山坳。行一里,又向东下走与大溪相遇,于是溯大溪的北岸往东北行。行二里,有座石山突立在溪流北岸,山上藤枝树丛浓密,山下道路潆绕着江边走,仰望南北,全是高大清爽的土山,而北山的山顶上,不时露出陡峭的骨状岩石,而且又突起这座石山挡住道路,高峻突兀,歪斜倾侧,走路十分艰难。不过两旁的树丛茅草全被铲除干净了,道路开挖得十分宽阔,这才知道这条路就是从胡润寨通向镇安府的路,正是交夷经过此地时开挖的路。我想躲避交夷不走归顺州,却反而走在他们经过的道路上,这才悔恨被客馆中的人出卖了。沿着石山往东北行一里,看见一位老人在路旁砍柴,轿夫与他讲了几句话,便一同往前走。行半里,有棵树斜倒在溪流两岸上,利用树梢架成桥,从而渡到溪流南岸,这是南陇村。有几家人在溪流南岸,轿夫把轿子抬进老人家中,便告辞出去了。我想强行把他们留下,老人说:"我们村子自然应当往前送,只是今天晚了,请稍作休息以便等到明天早晨,那些轿夫不必留下了。"我无可奈何,听任他们去了。此时天色还可以前行几里路,但我听从老人的话,便登上他的茅屋。老人煮了鸡蛋献上酒。我询问他的年纪,已经九十岁了。问他有几个儿子,说:"一共七个儿子。前面的四个都已经死了,只有后面的三个还活着。"他那七个儿子的母亲,就是烧火热水的老妇人,是一位与老人相敬如宾的贤妻。在这荒凉闭塞的边疆地区,有这样年寿特高的人,奇了,奇了!一村人讲的话都听不懂,只有这位老人能说汉话,也不披发赤脚,从下雷州到胡润寨,那里的人有一半披着头发不束发。并且不吃烟草和槟榔,而且不知道太平府、南宁府等流官管辖的地方。老人说:"十六日交夷从此地路过,自罗洞前往镇安府,我逃到山上躲避,他们也没有动什么东西便离开了。"

十一月初一日　早雾,而日出丽甚。自南陇东北行,一里,渡溪北岸。溯溪上二里,见其溪自东南山峡轰坠而下。盖两峡口有巨石横亘如堰,高数十丈,阔十余丈,轰雷倾雪之势,极其伟壮,西南来从未之见也。水由此下坠成溪西南去,路复由峡北山坞溯小水东北上。一里,坞穷,遂逾岭而上。一里,抵岭头,遇交夷十余人,半执线枪①,俱朱红柄。半肩鸟铳②,身带藤帽而不戴,披发跣足,而肩无余物。见余与相顾而过。舆人与之语,云已打镇安而归,似亦诳语③。又行岭上半里,复遇交夷六七人,所执如前,不知大队尚在何所也。从此下岭半里,复与溪遇,溯之而东又半里,溪自南来,路出东坞下,见一畴一坞,随之东北行。一里,有桥跨大溪上。其溪北自石山腋中来,西南经此坞中,乃南转循山而北,出东坞之西。由桥之北溯溪北入,即镇安道,交夷所由也;渡桥南,循溪东北,渡东来小溪北,为罗峒村;由小溪南循山东入,为向武道;又从东南山隙去,为上英、都康州道。渡桥共半里,换夫于罗峒村④。村倚坞北石山下。石峰之西,即镇安道所入;石峰之东,即向武道所逾,始得与交夷异道云。待夫久之,村氓献蛋醴。仍南渡东来小溪,循石山嘴转其南峡东向上,一里半,登陇上,于是复见四面石山攒合,而山脊中复见有下坠之洼。又一里半,盘陇而入,得数家焉,曰涌村。复换夫东行坞中,逾一小水,即罗峒小溪东来之上流。二里,乃东北上岭。其岭颇峻,一里抵其坳,一里逾其巅。左右石崖刺天,峭削之极,而岭道亦崎岖蒙翳,不似向来一带宽辟矣。逾岭,从岭上循东南石崖,平行其阴,又沿崖升陟者三里,渡一脊。脊东复起一崖,仍循之半里,乃东南下壑中，一里，抵其麓。于是东北行田陇间，又里许，环壑中村聚颇盛，是曰下峎⑤，其水似从东南山峡去。乃饭而换夫，日将晡矣。又东北上土山夹中，已渐北转，共二里，宿于上峎，而胡润之境抵是始尽。

【注释】

①线枪：鸟枪类火器的一种，周围成八棱形，木床只及身管的一半，没有通条。

②鸟铳（chòng）：原作"鸟铳"。《武备志》："即飞鸟之在林，皆可射落，因是得名。"据改。亦称鸟嘴铳，是古代的一种金属管形火器。有瞄准器，身管长，有木托，但仍用火绳发火。

③诳（kuáng）语：欺骗人的话。

④罗峒村：今作"乐屯"，在靖西县东南隅，胡润东北。

⑤下峎：今作"下更"，在靖西县东南隅，乐屯东北。

【译文】

十一月初一日　早晨起雾，但日出后十分艳丽。自南面的土陇往东北行，行一里，渡到溪流北岸。溯溪流上行二里，看见这条溪流从东南方山峡中轰鸣着坠落下去。原来峡口两侧有巨石横亘着像堤坝一样，高几十丈，宽十多丈，溪水雷霆轰鸣雪花倾泻的气势，极其雄伟壮丽，是到西南地区以来从来没有看见过的。流水从此处下坠形成溪流向西南流去，道路再由山峡北边的山坞中溯小溪往东北上走。行一里，山坞到了头，便翻越山岭上走。行一里，到达岭头，遇上十多个交夷，一半手握线枪，全是朱红色的枪柄。一半肩扛鸟铳，身上带着藤篾帽却不戴上，披发赤脚，而肩上没有别的东西。看见我，与我互相望着走过去。轿夫与他们交谈，说是已经打下镇安府后回来，似乎也是骗人的话。又行走在岭上半里，又遇见六七个交夷，拿着的武器与前边的一样，不知大队人马还在什么地方。从此地下岭半里，再次与溪流相遇，溯溪流往东又走半里，溪流自南面流来，道路出到东面的山坳下，见到一片田畴一个山坞，顺着山坞往东北行。行一里，有座桥跨在大溪上。这条大溪从北面的石山侧旁流来，往西南流经这个山坞中，于是向南转后沿着山往北流，从东面山坞的西边流出去。由桥的北边溯溪流向北进去，就是去镇安府的路，是交夷经过的道路；过到桥的南边，沿着溪流往东北去，渡过东面流来的小溪往北走，是罗峒村；由小溪南面沿着山向东进去，是去向武州的路；又从东南方的山缝中走去，是去上英峒、都康州的路。过桥后共半里，在罗峒村换轿夫。村子紧靠在山坞北面的石山下。石峰的西面，就是去镇安府的路进去的地方；石峰的东面，就是去向武州的路穿越的地方，这才得以与交夷不在一条道路上了。等换夫等了很久，村民献上来鸡蛋和甜酒。仍然向南渡过东面流来的小溪，沿着石山的山嘴转到山嘴南边的峡谷中向东上走，行一里半，登到土陇上面，在这里又看见四面的石山攒聚回合，而且山脊上又看见有下陷的洼地。又行一里半，绕着土陇进去，见到有几家人在那里，叫涌村。又换了轿夫向东行走在山坞中，越过一条小溪，这就是罗峒村从东面流来的小溪的上游。行二里，于是向东北上岭。这座岭相当陡峻，行一里到达岭上的山坳，行一里翻越到岭头。左右的石崖剌向高空，峭拔陡削到了极点，而岭上的道路也是崎岖不平，荒草密蔽，不像先前过来那一带宽敞开阔了。越过岭头，从岭上沿着东南方的石崖，平缓前行在石崖的北面，又沿着石崖爬升了三里，越过一条山脊。山脊东面又耸起一座石崖，仍然沿着石崖走半里，于是往东南下到壑谷中，行一里，抵达山麓。从这里往东北前行在田野和土陇间，又是一里左右，壑谷环绕中的村落十分繁盛，这里叫做下哽，这里的水流似乎是从东南方的山峡中流去。于是吃饭后换夫，时光将到下午三五点钟了。又向东北上到土山的夹谷中，不久渐渐向北转，共行二里，住宿在上哽，而胡润寨的辖境到这里才到了头。

初二日　早无雾，而日丽甚。晨餐甚早，村氓以鸡为黍。由上峺村北入山夹中，一里，登岭而上，其右多石峰，其左乃土脊。半里，逾脊北下，即多流蹊水塍，路旁有流汩汩，反自外塍奔注山麓穴中。平下半里，又北行田陇间者一里，有村在路右峰下，是为南麓村①。换夫北行二里，路右石峰之夹，路左土垅之上，俱有村落。一小水溪界其间，有水如发，反逆流而南。盖自度脊，东石、西土，山俱不断，此流反自外入，想潜坠地中者。候夫流畔久之，然腹痛如割。夫至，舆之行，顷刻难忍，不辨天高地下也。北行三里，有村在路左山下，复换夫行。于是石山复离立环绕，夹中陂陀高下，俱草茅充塞，无复旧塍。东北八里，腹痛稍瘥，有村在路左石崖之内，呼而换夫。其处山夹向东北下，而路乃西北逾石坳。始上甚崚嶒，半里，逾石山而上，其内皆土山。又上半里，即西北行土山夹中一里，又平下者一里，循北坞而去一里，见小溪自西坞中来。路涉溪左又北半里，舍溪，又西向折入土山峡半里，是为坪濑村。时顾仆以候夫后，余乃候炊村巢。顾仆至，适饭熟，余腹痛已止，村氓以溪鲫为饷，为强啖饭一盂。饭后夫至，少二名，以妇人代担。复从村后西逾一坳，共一里，转出后坞，乃东向行。止坞，转而北，共一里，则前溪自南而来，复与之遇。循溪左北行十里，又转而西向入山峡半里，有村曰六月。候夫甚久，以二妇人代舆。仍从北山之半东向出峡，半里，乃逾岭北下，共一里，复从田塍东北行。已复与南来溪遇，仍溯其西北一里，有石峰峭甚，兀立溪东，数十家倚峰临溪。溪之西，田畦环绕，辟而成坞,是曰飘峒,以石峰飘渺而言耶?_{土人呼尖山为"飘"。}换夫,北陟岭半里,转而西入山峡,一里而下。又西北一里半,有草茅数楹在西坞,寂无居人,是曰上控。前冬为镇安叛寇王歪劫掠,一村俱空,无敢居者。于是又北半里,折而东南入石山之夹,又半里,有上控居人移栖于此。复换之行,已暮矣。透峡东南向石山下,共一里,是曰陈峒。峒甚辟,居民甚众,暗中闻声,争出而负舆。又东一里,路北石山甚峭,其下有村,复闻声出换。又东一里,峭峰夹而成门,路出其中,是曰那嶵,嵚崎殊甚②。出峡,宿于那嶵村。是日共行三十五里,以屡停候夫也。

【注释】

①南麓村:今作"䎀乐",在天等县西隅。

②嵚(qīn)崎:山高峻的样子。

【译文】

初二日　清早没有雾,而且太阳十分艳丽。早餐吃得非常早,村民用鸡肉当饭吃。由上嶵村向北进入山间夹谷中,行一里,往上登岭,道路右边石峰很多,道路左边是土山山脊。行半里,越过山脊往北下走,立即有多条伴有流水的田埂小路,路旁有淙淙的流水,反而从田埂外面奔流到山麓下的洞穴中。平缓下走半里,又往北行走在田野土陇间一里,有个村落在道路右边的山峰下,这里是南麓村。换夫后往北行二里,道路右边石峰的夹谷中,道路左边的土陇之上,都有村落。一条小溪隔在两个村子之间,有水细得像头发丝,反而逆向往南流。大体上自从越过山脊,东面的石峰、西面的土山,山峰都是连绵不断,这条溪流反而从山外流进去,推想这是潜入地下的水流。在溪流旁等候换夫等了很久,然而肚子痛得像刀割一样。脚夫来到后,用轿子抬着我走,肚子痛得片刻都难以忍受,分辨不出天高地下了。往北行三里,有个村子在路左边的山下,又换了脚夫上路。从此地起石山又分散矗立环绕着,夹谷中倾斜的山坡高高低低的,全充塞着茅草,不再有前边那样的田地了。向东北行八里,腹痛稍缓解了一些,有个村子在路左边的石崖之内,呼叫着换了夫。此处的山间夹谷向东北下延,而道路于是向西北翻越石山山坳。开始上走时十分高峻,行半里,越过石山往上走,那以内全是土山。又上走半里,马上往西北行走在土山夹谷中一里,又平缓下走一里,顺着北面的山坞而去行一里,看见一条小溪自西面的山坞中流出来。道路涉到溪流的左岸又向北半里,离开溪流,又向西折进土山峡谷中半里,这里是坪濑村。此时顾仆因为等候脚夫走在后面,我便在村中的茅屋中等着煮饭吃。顾仆到时,恰好饭熟了,我的腹痛已经止住了,村民用溪水中的鲫鱼来下饭,为此勉强吃了一碗饭。饭后脚夫来了,少了两名,用妇女来代替挑夫。又从村后向西翻越一个山坳,共行一里,转出到后面的山坞中,于是向东行。山坞完后,转向北,共行一里,就见前边那条溪流自南面流来,再次与这条溪流相遇。沿着溪流的左岸往北行十里,又转向西进入山峡中半里,有个村子叫六月。等换夫的时间非常长,用两个妇女来代替轿夫。仍然从北山的半山腰向东走出峡谷,行半里,于是越过岭头往北下走,共行一里,又从田间的土埂上往东北行。不久再次与南面流来的溪流相遇,仍然溯溪流往西北前行一里,有座石峰非常陡峭,兀立在溪流东边,有几十家人背靠石峰面临溪流。溪流的西面,田塍环绕,敞开成为山坞,这里叫飘峒,是因为石峰飘渺才这样叫的吗?本地人把尖山称为"飘"。换夫后,向北登岭半里,转向西进入山峡中,行一里后下走。又向西北行一里半,有几间茅草屋在西面的山坞中,寂静没有人住,这里叫上控。前年冬天被镇安府的叛贼王歪抢劫,一个村子全被抢空了,无人敢居住在此地。从这里又向北半里,折向东南进入石山的夹谷中,又行半里,有上控的村民移居在此地。再次换夫后上路,已经天黑了。穿过山峡向东南走到石山下,共行一里,这里叫陈峒。陈峒十分开阔,居民很多,黑暗中听见呼叫声,争着出来抬轿子。又向东一里,道路北边的石峰非常陡峭,石峰下有个村庄,又是听见叫声出来替换。又向东一里,峭拔的石峰夹成门一样,道路经由其中,这里叫那岭,山势特别高峻。走出峡谷,住宿在那岭村。这一天一共前行了三十五里路,是因为多次停下来等候换夫。

初三日 天有阴云而无雨。村夫昧爽即候行,而村小夫少,半以童子代舆,不及饭,遂行,以为去州近也。东行半里,当前有石山巍耸。大溪自南峡中透出,经巍峰西麓,抵其北,折而捣巍峰北峡中东向去。路自西来,亦抵巍峰西麓,渡溪堰,循麓沿流,亦北折随峰东入北峡中。盖巍峰与溪北之峰峭逼成峡,溪捣其中,势甚险阻。巍峰东瞰溪西,壁立倒插,其西北隅倚崖阻水,止容一人攀隘东入,因而置栅为关,即北岸寨也。若山海之东扼[①],潼关之西悬,皆水冲山截,但大小异观耳,而深峭则尤甚焉。去冬,交夷攻之不能克而去。王歪纠来,掠上控而去。入隘门,其山中凹而南,再东复突而临水。中凹处可容数百人,因结为寨,有大头目守云。过寨东,又南向循崖,再出隘门南下。自渡溪入隘来,至此又半里矣。于是东向行山坞间,南北石山排闼成坞,中有平畴,东向宛转而去,大溪亦贯其中,曲折东行,南北两山麓时时有村落倚之。而那岭夫又不同前屡换,村小而路长,岂此处皆因附郭守险,不与乡村同例,一贵之十里之铺者耶?东北行平畴间,两涉大溪,随溪之西共东北五里,循路右山崖南转,始与溪别。一里,乃换夫于路右村中,已望向武矣[②]。税驾于向武铺司。此州直隶于省,而辖于右江,供应不给，刁顽殊甚。投牒书，竟置不理。向武州官黄绍伦，加衔参将。其宅北向，后倚重峰，大溪在其北山峡中，《志》谓"枯榕在州南"③，非也。夜半，雨作。

【注释】

①山海：即山海关，又称"榆关"、"渝关"，在明代长城的东端，今河北秦皇岛市。北依角山，南临渤海，地势险要，关城雄伟，自古即为华北到东北的交通要冲。关城今存，上有"天下第一关"的题额，为全国重点文物保护单位。

②向武：明为州，直隶广西布政司，治所在今天等县西北境的向都。

③枯榕：今称"城江"，从西南往东北流，在田东境内入右江。

【译文】

初三日　天上有阴云却没有下雨。村中的脚夫黎明时就等着上路，但村子小成年男子少，一半是用儿童来代替轿夫，来不及吃饭便上路了，我以为这里离州城很近了。往东行半里，挡在前方有座石山巍然耸立。大溪自南面的峡谷中穿流出去，流经巍峨石峰的西麓，流到石峰北边，折头捣入巍峨石峰北面的峡谷中向东流去。道路从西面过来，也是到达巍峨石峰的西麓，渡过溪流中的堤坝，顺着山麓沿着溪流，也是折向北顺着石峰东麓进入北面的峡谷中。原来巍峨石峰与溪流北面峭拔的山峰形成狭窄的峡谷，溪流冲捣在峡谷中，地势十分险阻。巍峨石峰东面俯瞰着溪流的西岸，墙壁一样矗立着倒插下来，石峰的西北角紧靠悬崖阻挡着水流，只容得下一个人攀着隘口向东进去，因而这里设置了栅栏作为关隘，这就是北岸寨了。这就好像山海关扼守在东方，潼关高悬在西方，都处在水流冲激山体截断之处，只不过是景观大小不同罢了，而且幽深峭拔的地势则更为险峻。去年冬天，交夷攻打这个隘口不能攻克便离开了。是王歪纠集来的，掳掠了上控村后离开了。进入隘门，里面的山中间向南边凹进去，再向东又突起并下临流水。中间下凹之处可以容纳几百人,因而建成寨子,有大头目驻守这里。经过寨子东边,又向南沿着石崖走,再走出隘门往南下行。自从渡过溪流进入隘门以来,来到此地又是半里路了。于是向东行走在山坞中,南北两面的石山像门扇一样排列成山坞,中间有平旷的原野,向东宛转而去,大溪也流贯在山坞中,曲折地向东走去,南北两面的山麓下时时有村落紧靠在山脚下。而那峻村的脚夫又不像前边那样多次换夫,村子小路又长,莫非此处全是因为是靠近城郭守卫险阻之地,与乡村的规定不一样,是一向重视的距城十里的驿站那样的地方吗?往东北前行在平旷的田野间,两次涉过大溪,顺着溪流的西岸共向东北前行五里,沿着道路右边的山崖向南转,这才与大溪分别。行一里,于是在道路右边的村子中换夫,已经望得见向武州城了。停下住在向武州的驿站中。这个州直接隶属于广西省,但由右江道管辖,不供应给养,特别习顽。投递了滕肯堂的信,竟然置之不理。向武州的州官是黄绍伦,加授了参将的衔头,他的宅邸面向北,后面紧靠着重重山峰,大溪在州城北面的山峡中,《一统志》说"枯榕江在州城南面",不对。半夜,下起雨来。

初四日　候夫司中,雨霏霏竟日。赋投黄诗,往叩中军胡、谢。二人皆贵池人[1],亦漫留之,为余通黄。

【注释】

①贵池:池州府附郭县,即今安徽池州市驻地贵池区。

【译文】

初四日　在驿站中等候派夫,细雨霏霏下了一整天。作了一首投递给黄绍伦的诗,前去叩拜中军胡、谢二人。二人都是贵池县人,也是漫不经心地留下诗,答应为我通报给黄绍伦。

初五日　寒甚,上午少霁。夫至,止六名。有周兵全者，土人之用事者也，见余诗辄携入，且谕夫去，止余少留。下午，黄以启送蔬米酒肉①。抵暮，又和余诗，以启来授。

【注释】

①启（qǐ）：书札。

【译文】

初五日　冷极了，上午稍微晴开一点。脚夫到了，只有六名。有个叫周兵全的人，是本地人中管事的人，看见我的诗立即带进衙门去，并且吩咐脚夫散去，挡住我稍作停留。下午，黄绍伦用信函送来蔬菜大米和酒肉。到黄昏时，又作了一首应和我的诗，用信函送来交给我。

初六日　凌晨起，天色已霁。饭后周名尚武，字文韬。复以翰至①，留少停；余辞以夫至即行。既而夫亦不至。乃北向半里，觅大溪。即枯榕江。随其支流而东，一峰圆起如独秀，有洞三层，西向而峙。下洞深五丈，而无支窍，然轩爽殊甚。而内外俱不能上通，仰睇中上二层飘渺，非置危梯，无由而达。已出洞，环其北东二麓，复半里矣。共二里，还抵寓。适夫至，欲行。周文韬来坐留，复促其幕宾梁文焕往携程仪至。乃作柬谢黄②，装行李，呼夫速去。及饭毕，而夫哄然散，无一人矣。盖余呼其去，乃促其起程，而彼误以为姑散去也。饭后，令顾仆往催其家，俱已入山采薪，更订期明早焉。余乃散步四山，薄暮返铺司，忽一人至，执礼甚恭，则黄君令来留驾者，其意甚笃挚。余辞以名山念切，必不能留，托其婉辞。已而谢、胡各造谒，俱以主人来留，而前使又往返再三。已而周文韬复同大头目韦守老者来谒，"守老"，土音作"苏老"，当道以守备假之。传谕谆谆，余俱力辞云。既暮，黄君复以酒米蔬肉至，又以手书恳留，俟疾起一晤，辞礼甚恭。余不能决而卧。

【注释】

①翰：文辞，书信。

②柬(jiǎn)：名帖、信札等的统称。

【译文】

初六日　凌晨起床，天色已经晴开。饭后周兵全名叫尚武，表字文韬。又拿着书信来到，挽留我稍作停留；我用脚夫到了马上就走来推辞。随后脚夫也不见来。只好向北前行半里，去找大溪。即枯榕江。顺着大溪的支流往东行，一座山峰圆圆地耸起好像独秀峰，有三层洞，面向西屹立着。下洞深五丈，又没有旁洞，但特别轩敞明亮，可是内外都不能通到上层，仰面斜视，中、上两层飘飘渺渺的，不是放置高高的梯子，无法到达。不久出洞来，环绕山的北、东两面山麓，又是半里路了。共行二里，回到寓所。恰好脚夫到了，打算动身。周文韬来坐着挽留我，又催促他的同僚梁某人梁文焕前去把赠送我的路费带来。于是写了封信向黄绍伦致谢，装好行李，叫脚夫快快离开。到吃完饭，脚夫却一哄而散，没有一个人了。原来我叫他们离开，是催促他们起程，可他们却误认为是暂且散伙离开了。饭后，命令顾仆去他们家里催促，已经全部进山砍柴去了，重新约定明天早晨出发。我于是到四周的山上去散步，傍晚返回驿站，忽然来了一个人，礼节十分恭敬，原来是黄君命令他来挽留我的人，他的意思非常诚恳。我用思念名山的心情迫切推辞，必定不能留下，拜托他婉言辞谢。不久谢某、胡某各自登门拜见，都以主人的身份来挽留，而先前那个使者又再三往返。随即周文韬又同大头目韦守老人一起来拜见，"守老"，土话读作"苏老"，当权者把守备的职务让他代理。诚恳传达了黄绍伦的意思,我全竭力辞谢了。天黑后,黄君又送来酒菜米肉,又用亲笔信诚恳挽留我,等病好起床后见一次面,词语和礼节非常恭敬。我不能决定便躺下了。

初七日　早寒彻骨,即余地禁寒不是过也。甫晓,黄君又致鸡肉酒米。余乃起作柬答之,许为暂留数日。是日明霁尤甚,而州前复墟,余乃以所致生鸡畀僧代养,买蕉煮肉,酌酒而醉。

【译文】

初七日　清早寒冷刺骨,即便是我家乡寒食节时也不过如此了。天刚拂晓,黄君又送来鸡肉酒米。我于是起床写信答谢他,同意暂时留几天。这天天气特别明丽晴朗,而州衙前又逢赶集日,我便把黄君送来的活鸡交给僧人代为饲养,买来香蕉煮好肉,喝酒喝醉了。

初八日　上午,周文韬复以黄君手柬至,馈青蚨为寓中资,且请下午候见。盖土司俱以夜代日,下午始起栉沐耳。下午,文韬复来引见于后堂,执礼颇恭,恨相见晚。其年长余三岁,为五十五矣。初致留悃①,余以参礼名山苦辞之。既曰:"余知君高尚,即君相不能牢笼,岂枳棘敢栖鸾凤?惟是路多艰阻,虑难即前。适有归顺使人来,余当以书前导,且移书归朝,庶或可达。"而胡润乃其婿,亦许为发书。遂订迟一日与归顺使同行。乃布局手谈②,各一胜负。余因以囊中所存石斋翁石刻并湛持翁手书示之,彼引余瞻钦锡奖额③。上书"钦命嘉奖"四字,乃崇祯八年十月十五日为加参将向武知州黄绍伦立④。时额新装,悬于高楣,以重席袭护,悉命除去,然后得见。久之返寓,日将哺矣。文韬又以黄柬来谢顾。

【注释】

①留悃(kǔn):真心诚意相留。

②手谈:下围棋。

③钦(qīn):对皇帝所作事情的敬称。锡(xī):赐予,给予。

④崇祯八年:即 1635 年。

【译文】

初八日　上午,周文韬又拿着黄君的亲笔信来了,赠送了铜钱作为在寓所中的花费,并且请我下午等候见面。原来土司都是用夜晚来代替白天,下午才起床梳洗的。下午,周文韬又来把我带到后堂见面,礼节十分恭敬,恨相见太晚。黄君的年纪大我三岁,有五十五岁了。最初他表达了真心相留的诚意,我用参拜名山苦苦辞谢了他。随后他说:"我知道先生品格高尚,既然先生不能屈居牢笼,哪里敢让凤凰栖息在荆棘丛中?只是这条路上艰难险阻很多,担心很难马上前行。恰好有归顺州的使者前来,我将写信让他在前边带路,并传送文书给归朝,这样或许可以到达。"而且胡润寨是他的女婿,也答应为我发文书。最终商定推迟一天与归顺州的使者同行。于是摆开棋盘下棋,各胜负一次。我因而把行李中存放着的黄石斋翁的石刻以及文湛持翁的亲笔书法拿给他看,他带我先瞻仰了钦赐嘉奖的匾额。匾额上写着"钦命嘉奖"四个字,是崇祯八年十月十五日因加授向武州知州黄绍伦为参将而立的。这时匾额新装修过,悬在高高的门楣上,用一层层席子套上保护着,他命令全部除去,然后才得以见到。很久后返回寓所,夕阳将要西下了。周文韬又拿着黄君的信来对我的拜访表达谢意。

初九日　待使向武。是日阴云四布，欲往百感岩，以僧出不果。此地有三岩：当前者曰飘琅岩，即北面圆峰，累洞三层；中上二层不能上，时州官亦将缚梯缠架穷之。在上流者曰白岩寨，土音曰"不汗"，一作"北岸"。在治西数里，即来时临流置隘门处；在下流者曰百感岩，在治东北数里，枯榕江从此入。此三岩黄将欲穷之，订余同行，余不能待也。

【译文】

初九日　在向武州等归顺州的使者。这一天阴云四面密布，想去百感岩，因为僧人外出没有实现。此地有三个岩洞：位于州城前方的叫飘琅岩，就在北边圆圆的山峰上，重叠着三层岩洞；中、上两层不能上去，这时候州官也打算捆梯子缠架子去穷究这两个洞。在上游的叫白岩寨，土话的读音叫"不汗"，又读作"北岸"。在州城西面几里处，就是我来时面临溪流设置了隘门的地方；在下游的叫百感岩，在州城东北几里处，枯榕江水从这个岩洞流进去。这三个岩洞黄绍伦都打算去穷究它们，约我同行，我不能等下去了。

间晤胡中军□尚并归顺使者刘光汉，为余言："昔镇安壤地甚广，共十三峒。今归顺、下雷各开立州治，而胡润亦立寨隶南宁。胡润之东有上英峒，尚属镇安，而旧镇安之属归顺者，今已为交夷所踞，其地遂四分五裂；然所存犹不小。昔年土官岑继祥没，有子岑日寿存宾州，当道不即迎入，遂客死，嗣绝。其由镇安而分者，惟归顺为近，而胡润次之。田州、泗城同姓不同宗，各恃强垂涎,甚至假胁交夷,则田州其甚者也。"又言:"自归顺抵广南,南经富州,北经归朝。归朝土官姓沈名明通,与叔构兵,既多扰攘,又富州乃其头目。今富州土官李宝之先所辖皆偬偬,居高山峻岭之上,李能辑抚,得其欢心,其力遂强,觭觺其主①,国初竟得窃受州印,而主沈反受辖焉。故至今两家交攻不已,各借交夷泄愤,道路为阻云。"余观周文韬所藏归顺宗图,岑濬之子再传无嗣,遂以镇安次子嗣之②,继祥之与大伦,犹同曾祖者也。

【注释】

①觭觺(yǐ hé):倾轧。

②遂以镇安次子嗣之:"镇安",原误倒为"安镇"。《游记》多处作"镇安",据改。嗣(sì),继承。

【译文】

　　空闲时会见了胡中军□尚以及归顺州的使者刘光汉,他们对我讲:"从前镇安府的地域十分广阔,共辖有十三个峒。今天归顺、下雷各自分开设立了州治,而且胡润也设立为寨隶属于南宁府。胡润寨的东面有上英峒,还属于镇安府,然而旧时镇安府划属归顺州的地方,今天已经被交夷占据,镇安府的属地便四分五裂了;然而保存下来的地方仍然不小。前些年土官岑继祥死后,有个儿子岑日寿在宾州,当局没有马上把他迎进州里,终于客死他乡,继位人死绝了。那些从镇安府划分出去的地方,只有归顺州的血缘近一些,而胡润寨在其次。田州、泗城州同姓不是同一个祖宗,各自依仗武力垂涎镇安府的继承权,甚至假借交夷威胁对方,那田州是其中最厉害的了。"又说:"从归顺州到广南府,南面要经过富州,北面要经过归朝。归朝的土官姓岑名叫明通,与他的叔父交战,已经引发很多骚乱,富州又是他手下的头目。如今富州土官李宝的祖先管辖的全是俩俩,居住在崇山峻岭之上,李氏能安抚他们,得到他们的欢心,李氏的力量便强大起来,倾轧他的主人,国朝初年竟然得以窃取了州印,而州主岑沈反而被他管辖了。所以至今两家不停地互相攻打,各自借助交夷来泄愤,道路因此被阻断了。"我观看了周文韬收藏的归顺州的宗族图谱,岑濬的儿子再传下去没有子孙,便用镇安府的二儿子来继承职位,岑继祥与岑大伦,仍然还是同一个曾祖父的族人。

周文韬名尚武,本归顺人,为余言:"初,高平莫敬宽为黎氏所攻,挈妻子走归顺,州官岑大伦纳之。后黎兵逼归顺,敬宽复走归朝,而妻子留归顺,为黎逼索不已,竟畀黎去,故敬宽恨之。或言奸其妻,亦或有之。及返高平,渐获生聚,而镇安复从中为构①,遂以兵围归顺。自丙寅十二月临城围②,丁卯三月城破③,竟掳大伦以去。镇安复取归杀之。"初,围城急,州人以文韬读书好义,敛金千两,马四十匹,段五十端④,令随数人驰献交夷,说其退师。交人狡甚,少退,受金,辄乘不备,复合围焉,城几为破。既抵城下,尽杀随行者,每晨以周悬竿上试铳恐之,逼之令降。悬数日,其老母自城上望之,乃缒城出⑤。母抱竿而哭于下,子抱竿而哭于上,交人义之,为解悬索赎。母曰:"儿去或可得银,余老妪何从办之?"初释周行⑥,不数步复留之。曰:"此老妪,宁足为质者!必留子释母以取金。"既而有识者曰:"观其母子至情,必非忍其母者。"乃仍释周入城,以百二十金赎母归。及城破,复一家悉缚去,编为奴者数月,母遂死其境。后防者懈,得挈家而遁⑦。昼伏夜行，经月走荒山中，得还归顺，妻子不失一人。即与归顺遗目一二人同走当道，乞复其主。又遍乞邻邦共为援助，乃得立大伦子继纲延其嗣。而向武爱其义勇，留为头目，乃家向武。

【注释】

①构（gòu）：罗织陷害。

②丙寅：天启六年（1626）。

③丁卯：天启七年（1627）。

④段：通"缎"，绸缎。端：古代计量布帛长度的单位，犹"匹"。

⑤缒（zhuì）城：系在绳子上放下城去。

⑥释：本日记原皆作"什"。依文意为"什"的音字"释"，即释放。

⑦挈（qiè）家：带领全家。

【译文】

　　周文韬名叫尚武，本来是归顺州人，对我说："当初，高平府的莫敬宽被黎氏攻打，带着妻儿逃奔到归顺州，州官岑大伦接纳了他。后来黎氏的军队逼近归顺州，莫敬宽又逃奔到归朝，但妻儿留在归顺州，被黎氏不停地逼迫索要，归顺州居然把她们交给黎氏带走了，所以莫敬宽痛恨归顺州。有人说是奸污了他的妻子，或许有这种事。到返回高平府后，渐渐获得休养生息，积聚了财富，而镇安府又从中诬陷他，于是率军围攻归顺州。从丙寅年十二月兵临城下围城，丁卯年三月城被攻破，竟然把岑大伦俘虏带走了。镇安府又把他要回来杀了。"当初，州城被围的紧急时刻，州里人因为周文韬读过书行侠仗义，凑集了千两黄金，四十匹马，绸缎五十匹，命令几个人跟随他骑马奔去献给交夷，劝说交夷退兵。交夷人非常狡猾，稍稍后退，接受了黄金，随即乘城中没有防备，又包围了州城，城几乎被攻破。到达城下后，把随行的人全部杀了，每天早晨把周文韬悬挂在高杆上试射鸟铳来恐吓他,逼他下令投降。悬挂了几天,他的老母亲从城墙上望见这种情况,便用绳子縋出城来。母亲抱着杆子在下边哭,儿子抱着杆子在上面哭,交夷人被母子两人的节义感动,为他解除了悬吊之苦,索取赎金。母亲说:"儿子离开或许可以得到银子,我一个老妇人从哪里去筹办这些赎金?"最初释放了周文韬让他走,不到几步他又留下来。说:"这个老女人,哪里值得作为人质呢! 必定要留下儿子释放母亲以便取得赎金。"随即有个有识之士说:"观察他们母子的至亲情义,必定不是忍心让母亲去死的那种人。"于是仍然释放了周文韬进城去,用一百二十两黄金赎回了母亲。到城被攻破时,一家人又全部被绑了去,被编为奴隶长达几个月,母亲终于死在高平境内。后来防守的人松懈了,得以带着家人逃出来。昼伏夜行,在荒山中逃奔了一个月,才得以返回归顺州,妻儿没有丢失一个人。随即与归顺州遗留下来的一两个头目一同投奔当局,乞求恢复原来的州主。又求遍了邻境各土司共同援助,这才得以立岑大伦的儿子岑继纲继承州官的职位。而向武州喜爱他的节义英勇,留下来作为头目,他便在向武州安了家。

镇安岑继祥,乃归顺岑大伦之叔,前构交夷破归顺[1],又取归杀之。未几,身死无嗣。应归顺第二子继常立,本州头目皆向之。而田州、泗城交从旁争夺,遂构借外夷,两州百姓肝脑涂地。虽争势未定,而天道好还如此。初,归顺无主,交夷先纵次子继常归,遂嗣州印。后复纵继纲,盖重叠索贿也。后当道以州印畀继纲,而继常返初服。

【注释】

①构(gòu):交接,勾结。

【译文】

　　镇安府的岑继祥,是归顺州岑大伦的叔父,从前勾结交夷攻破归顺州,又把岑大伦要回来杀了。没多久,岑继祥死后没有后代。应该是归顺州的第二个儿子岑继常立为州官,本州的头目都向着他。然而田州、泗城州交相以旁系的身份来争夺,竟然勾结借助境外的夷人,两州的百姓因而肝脑涂地。虽然互相争夺的局势还没有定,可天道喜爱循环竟然如此。当初,归顺州没有州主,交夷先放回二儿子岑继常,于是继承了州印。后来又放回岑继纲,大概是想重复索取财物。后来当局把州印交给岑继纲,而岑继常恢复他原来的身份。

　　初十日　天色明丽。未日则寒甚,日出则回和。先晚晤归顺使,刘光汉。言归朝、富州路俱艰阻,而交夷尤不可测,劝余无从此道。余惑之,复阄于佛前,仍得南丹、独山为吉。既午,周文韬传黄君命,言:“不从归顺、归朝,可另作田州、泗城书,觅道而去。”余素不顺田州,文韬亦言此二州俱非可假道者,遂决意从东。是日此地复墟,以黄君所赐宋钱,选各朝者俱存其一,以其余市布为裹足,市鱼肉为蔬,又得何首乌之大者一枚。抵暮,黄君以绵衣、唐巾、绅裙为赐①。

【注释】

　　①唐巾:唐代帝王所戴的一种便帽,后来也为士人所服用。

【译文】

　　初十日　天色明朗艳丽。太阳没出则冷极了,太阳一出就转暖和了。头天晚上会见了归顺州的使者,刘光汉。他说去归朝、富州的路都艰险难走,而且交夷尤其不可预测,劝我不要从这条路走。我对此疑惑不定,再次到佛像前抓阄,仍然得到走南丹卫、独山州吉利的阄。午后,周文韬传达了黄君的命令，说："不从归顺州、归朝走，可以另外写给田州、泗城州的信，找路前去。"我素来不认为走田州顺利，周文韬也说这两个州都不是可以借道走的地方，于是我决心从东面走。这一天此地又是赶集日，把黄君赐给的宋代铜钱，各朝都挑选了其中的一枚保存好，用其余的钱买布来做成裹脚布，买来鱼肉做菜吃，又买到一个大的何首乌。到天黑时，黄君拿来丝绵衣、唐巾、绸裙作为赏赐。

十一日　天色明丽，晓寒午暖。觅帖作启谢黄君①，而帖不可得。当户居民有被焚者，远近俱升屋驱飞焰，携囊远置旷野中。盖向武无土城，而官民俱茅舍，惟州宅厅事及后堂用瓦，故火易延爇云。下午，以短折复黄②。

【注释】

①帖(tiě)：小柬。

②折：书札用折叠的形式出现者，即称折子或手折。

【译文】

十一日　天色明朗艳丽，拂晓寒冷，中午暖和。想找信笺写信答谢黄君，但找不到信笺。对门的居民有房屋被火烧的，远近的人都爬上屋顶去扑灭飞舞的火焰，我带上行李远远地放在旷野中。原来向武州没有土城墙，而且官民都住茅草房，只有州衙的议事厅及后堂用瓦片盖顶，所以火势容易燃烧蔓延。下午，用短折子回复了黄君。

十二日　天色明丽，晓寒午暖。独再往琅山寻岩，西面仰望，不得上而还。向武东至旧州五十里。又三十里为刁村，为土上林境，枯榕江由此入右江。又三十里为土上林县。向武西南三十里上英峒界有吉祥洞，前后通明，溪流其间，为韦守所居地。又东南二十里有定稔村①,有洞甚奇奥,俱有石丸、荔盆。

【注释】

①定稔村:今作"廷稔",在天等县西北境,向都稍东。

【译文】

十二日　天色明朗艳丽,拂晓寒冷,中午暖和。独自再次前往琅山去寻找岩洞,从西面仰面眺望,不能上去便回来了。向武州往东到旧州有五十里。再走三十里是刁村,是土官治理的上林县的辖境,枯榕江从此地汇入右江。再走三十里是上林土县的县城。向武州西南三十里上英峒境内有个吉祥洞,前后透亮,溪水流过洞中,是韦守的居住地。又向东南二十里处有个定稔村,有个岩洞十分奇特幽深,都有石丸、荔枝盆。

十三日　同韦守老联骑往百感岩。先径琅山东,回望见东面悬梯,乃新缚以升岩者。出百感岩,度横栈,未下梯,有岐东循崖,有岩在百感东,晚不及上。

【译文】

十三日　同韦守老人并肩骑马去百感岩。先经过琅山的东麓,回头望见东面有高悬的梯子,是新近绑了去爬岩洞的梯子。出了百感岩,越过横架的栈道,没有下梯子,有条岔道向东沿着山崖走,有个岩洞在百感岩的东面,因天晚来不及上登。

十四日　韦守老再约游琅岩。余早饭,即先行,出州城北半里,觅大溪,溪即枯榕江。随其支流而东游琅岩。游毕,韦未至,余再往百感,游东上岩。复从百感大岩内,暗中穿洞北,下百感村①。矮僧净虚以酒来迎,遂溯水观水岩。

外水深不得入，约明日缚筏以进。遂一里，东北渡桥，由百感外村东南逾岭，二里，南出东来大路。西一里，入隘门，过红石崖下，其北石山有洞南向，甚崆峒。西向行月下，共五里，还铺舍。

【注释】

①百感村：今仍作"百感"，在天等县西北境，向都稍东北。系壮语地名，"感"为口，意即村有百口，因村里多落水洞得名。

【译文】

十四日　韦守老人再次约我去游览飘琅岩。我早早吃完饭，立即先走，出了州城向北走半里，找到大溪，大溪就是枯榕江。顺着大溪的支流往东去游览飘琅岩。游完后，韦守老人还没到，我再次前往百感岩，游览东边的上洞。又从百感岩的大洞内，在黑暗中向北穿过洞中，下到百感村。矮个子僧人净虚拿酒来迎接我，于是逆流观看了水洞。外边的水深得不能进去，约好明天绑好木筏进洞。于是前行一里，往东北过桥，由百感外村向东南越岭，行二里，往南出到东面来的大路上。向西一里，进入隘门，经过红石崖的下面，红石崖北面的石山上有个面向南的岩洞，十分空阔。向西行走在月光下，共行五里，返回驿站的客馆中。

十五日　早起，晓寒午暖，晴丽尤甚。饭后仍往百感。过琅岩不上，东渡南曲小溪，循东流，有岩在路北，其下则东分中流所入穴。闻矮僧来言："村氓未得州命，不敢缚筏。"阻余转。乃仍至琅岩东北，观枯榕水、三分水。北为龙行村①。由其西南渡溪北，越村东，随所分北溪东入山隘。东北共五里，其水东向捣入山穴。穴崖上有洞，门俱西向，中甚暖，有白丹丸。还铺，复入见黄君手谈。入夜，出小荔盆、石丸四,俱天成。

【注释】

①龙行村:十一月十八日记及乾隆本、"四库"本皆作"龙巷村",今
　作"陇祥",在天等县西北境,向都稍北。

【译文】

十五日　早晨起床,拂晓寒冷,中午暖和,天气格外晴朗明丽。饭后
仍然前往百感岩。路过飘琅岩没有上去,往东渡过向南弯曲的小溪,顺
着向东流的溪流走,有个岩洞在道路北边,岩洞下边就是江水向东分出
的中间的支流流进去的洞穴。听到矮个子僧人过来说:"村民没有接到
州里的命令,不敢捆绑木筏。"劝阻我转回去。于是我仍然来到飘琅岩的
东北麓,观看枯榕江、三分水。北面是龙行村。由村子的西南方渡到溪
流北岸,穿越到村子东头,顺着分流出来的北面的溪流向东进入山隘中。
一共往东北前行五里,溪水向东捣入山下的洞穴中。洞穴上面的山崖上
有个洞,洞口都是面向西,洞中非常暖和,有白色的丹丸。返回驿站,又进
入州衙拜见黄君下棋。入夜后,拿出四个小荔枝盆、石丸,都是天然形成的。

十六日　黄君命人送游水岩。

【译文】

十六日　黄君派人送我去游览水洞。

十七日　黄君以银镯送①。

【注释】

①黄君以银镯送:乾隆本、"四库"本作"复以银烛赠予","镯"作

"烛"。徐镇《辩讹》："银烛，范银如烛者。"

【译文】

十七日　黄君拿银手镯相送。

十八日　天色明丽，待夫，上午始行。周文韬、梁心谷与茂林师远送，订后期而别。东过红石崖下。其北石山有洞南向，甚崆峒，惜不及登。直东即出东隘，可五十里至旧州，又三十里为刁村，又三十里为土上林县。余从镇远道，乃从此南入山，土石相间而出。五里，南逾一石山脊，亦置隘门，是名哽腋。下岭东南行，山夹间始有田畴。又五里，得一聚落曰邓村①，换夫。又东入山峡，过一脊，换夫于路。其处村在山北，呼之而出。又二里，饭于嗓村。村人以虫为"嗓"，形如长身蟋蟀，而首有二眼，光如蜻蜓，亦一异也。又东南行山峡间，三里，换夫于北麓。又东南半里，渡小溪。半里，复上土山，其岭甚峻，半里登其巅，日已暮矣。东南下山一里，抵其坞。又暗行半里，抵一村。时顾奴候夫，后久而始至。得夫，又秉炬行。又东南下，渡一小溪，复南循水上山峡间，时闻水声潺潺，不可睹也。共五里而宿于下宁峒之峒槽村。问上宁峒，已在其西上流。是日约行三十里。

【注释】

①邓村：今作"下邓"，在天等县北境，向都稍东南。

【译文】

十八日　天色明丽，等待派夫，上午才上路。周文韬、梁心谷与茂林禅师远道相送，约定日后相见便告别了。向东经过红石崖下。红石崖北面的石山上有个面向南的岩洞，十分空阔，可惜来不及上登。一直向东走马上就出了东隘门，大约五十里路到旧州，再走三十里是习村，再走三十里是土官管辖的上林县。我从去镇远州的路走，于是从此地向南进山，土山石山相间而出。行五里，向南越过一条石山山脊，也设有隘门，这里名叫哽腋。下岭后往东南行，两山相夹间开始有田地。又行五里，走到一个村落叫邓村，换脚夫。又向东进入山峡中，越过一条山脊，在路上换夫。此处的村子在山的北面，是把脚夫叫出来的。又行二里，在嗓村吃饭。村里人把一种虫子称为"嗓"，形状像长身子的蟋蟀，而头上有两只眼睛，光彩像蜻蜓，也是一种奇特的虫子。又往东南前行在山峡间，行三里，在北麓换夫。又向东南半里，渡过小溪。行半里，又上登土山，这座岭十分陡峻，行半里登上岭头，天色已经黑下来了。往东南下山一里，抵达山坞。又在黑暗中前行半里，到达一个村子。此时顾奴等候脚夫，在后面很久才来到。得到脚夫后，又举着火把前行。又向东南下走，渡过一条小溪，再向南沿着溪水上行在山峡间，不时听到有潺潺的水声，但不能看见了。共前行五里后住宿在下宁峒的峒槽村。询问上宁峒，已经在这里西面的上游。这一天大约前行了三十里路。

　　自十一月初三至向武，十八日起行，共十六日。向武石峰，其洞甚多，余所游者七：为百感洞，又东洞，又下洞，又后岩水洞；为琅山洞，又下洞；为龙巷东北江流所入之上洞。其过而未登者三：为琅山东北二里，中江坠穴之上，高岸南向洞；又为琅山东南二里，南江所绕独峰之上西南向洞；又为州东北巨峰南向洞，洞在红崖峰北。其闻而未至者二：为吉祥，在西南四十里，韦守老所居。洞前后通明，溪流其间。为定稳，土音丰莘[①]，在东南三十里。二洞又最以奇著者也。共十二洞云。所游之最奇者，百感雄邃宏丽，琅山层叠透漏，百感东洞曲折窈窕，百感水洞杳渺幽閟。各擅其胜，而百感为巨擘矣。

【注释】

①丰辇："丰"，原作"豐"，应系"豐"字之误。乾隆本、"四库"本皆作"风辇洞"，"风"、"丰"同音，可证。

【译文】

　　自从十一月初三日到达向武州，十八日起程上路，共十六天。向武州的石峰，山上的岩洞非常多，我游览过的岩洞有七个：一是百感洞，还有东洞，还有下洞，还有后洞中的水洞；一是琅山洞，又有下洞；一是龙巷村东北方江流流入之处的上洞。那些路过但没有上登的洞有三个：一是琅山东北二里处，在中江江流坠入的洞穴的上面，高高的山崖上面向南的洞；又一个是琅山东南二里处，南江的江流绕过的独立山峰之上面向西南方的洞；还有一个是州城东北巨大山峰上面向南的洞，洞在红石崖山峰的北面。听说过但没有去到的洞有两个：一是吉祥洞，在州城西南四十里处，韦守老人居住的地方，洞前后透亮，溪水流淌在洞中。一是定稔洞，土话叫丰辇洞，在州城东南三十里处。这两个洞又最是以奇丽著称的洞。一共有十二个洞。我游过最奇丽的洞，百感岩雄奇深邃，宏大壮丽；琅山岩层层叠叠，通明透亮；百感岩的东洞曲曲折折，窈窕幽深；百感岩的水洞杳渺幽深闭塞。各自拥有它的优美之处，而百感岩是第一。

　　枯榕江即州北大溪，自向武西南境东流，自北岸寨抵向武北龙巷村之前。其东有石峰一枝，东西如屏横列。江当其西垂，分而为三：北枝东循峰北入峡，为正派；中枝东循峰南，停而大，为中江；南枝东南流田塍

间,小而急,为南江。入峡者东北转五里,山势四逼,遂
东捣石崖穴中,势若奔马齐驱。下坂,入山而东,经百
感岩,北透其下,为水洞者也。循山南者,东行二里,忽
下坠土穴,此派经流独短。亦北注石山而一,想亦潜通百
感者也。南行塍间者,东绕平畴中两独峰之南,又东抵
隘门岭西麓,折而北,直趋百感东洞之下,稍东入峡,亦
下坠土穴,而北入百感。三流分于横列石峰之西,隔山
岐壑,而均倾地穴,又均复合于百感一岩之中,而北出
为大溪,始东北流峡去,经土上林之刁村而入右江。百
感岩北,有村曰百感村。村东南向,庐舍之下有小流三派,从石穴
溢而成渠,大溪自百感岩出,即与之合流。始知此山其中皆空,水
无不出入旁通也。

【译文】

　　枯榕江就是州城北面的大溪,自向武州西南境往东流,从北
岸寨流到向武州城北边的龙巷村前。村东有一支石峰,从东到西
像屏风一样排列着。江流位于石峰的西垂,分为三条支流:北面
的支流向东沿着石峰的北麓流入山峡中,是主流;中间的支流向
东沿着石峰的南麓流淌,水势滞缓但水面宽大,是中江;南面的支
流往东南流入田野间,水势小而急,是南江。流入峡中的江流向
东北转五里,山势四面紧逼,于是向东捣入石崖下的洞穴中,势如
奔马并驾齐驱。流下山坡,流入山中往东流,流经百感岩,向北穿
过山下,成为水洞了。沿着石山南麓流的,向东流二里,忽然下坠
到土穴中,只有这条支流的径流很短。也是向北流淌到同一座石山下,
想来也是暗中通到百感岩的水流了。往南流淌在田野间的,往东
绕过平旷田野间的两座独立山峰的南边,又向东流到隘门岭的西

麓，折向北，一直奔流到百感岩东洞之下，稍向东流入山峡中，也是下泻到土穴中，而后向北流入百感岩。三条支流在横向排列的石峰的西麓分流，隔着山，被壑谷岔开，但都是倾泻到地下的洞穴中，又都是再次在百感岩一个岩洞之中合流，而后向北流出去形成大溪，这才往东北流经峡谷而去，流经上林土县的刁村后汇入右江。百感岩的北边，有个村子叫百感村。村子面向东南方，农舍之下有三条分支的小水流，从石穴中溢出来形成水渠，大溪从百感岩中流出来，立即与这条渠水合流。这才明白这座山山中全是空的，水无处不是出入旁通的。

　　百感岩在向武州东北七里。其西南即分水横列之山，中江之水所由入者；其东南即隘门岭之山，北逦而屏于东，南江之水所由折而北入者；其西北即此山之背，环为龙巷东入之内坞，北江之水所由捣而下者；其东北即此山后门，绕而为百感村，众江既潜合于中，所由北出者。此山外之四面也。而其岩则中辟于山之半，南通二门皆隘：一为前门，一为偏穴。北通一门甚拓，而北面层峦阻阂，不通人间。自州来，必从南门入，故巨者反居后，而隘者为前。前门在重崖之上，其门南向。初抵山下，东北攀级以上，仰见削崖，高数百仞，其上杙木横栈，缘崖架空，如带围腰，东与云气同其蜿蜒。既而西上危梯三十级，达崖之半，有坪一掌，石窍氤氲，然裂而深。由其东缘崖端石级而左，为东洞；由其西践栈而右，为正洞之前门。栈阔二尺，长六七丈，石崖上下削立，外无纤窦片痕，而虬枝古干，间有斜骞于外，倒悬于上者，辄就之横木为杙。外者藉树杪，内者凿石壁，复以长木架其上为梁，而削短枝横铺之，又就垂藤以络于外。人践其上，内削壁而外悬枝，上倒崖而下绝壑，飞百尺之浮桴，俯千仞而无底，亦极奇极险矣。栈西尽，又北上悬梯十余级，入洞前门。门南向，其穴高三尺五寸，阔二尺，仅容伛偻入。下丈许，中平，而石柱四环如一室，旁多纤穴，容光外烁，宿火种于中。爇炬由西北隙下，则窅然深陷。此乃洞之由明而暗处也。下处悬梯三十级，其底开夹而北，仰眺高峻。梯之下，有小穴伏壁根。土人云："透而南出，亦有明室一围，南向。"则前门之下层，当悬栈之下者也。由夹北入，路西有穴平坠如井，其深不测。又入其西壁下，有洼穴斜倾西坠。土人云："深入下通水穴，可以取水。"然流沙圮泻，不能着足也。西壁上有奥室围环中拓，若悬琉璃灯一盏，乃禅室之最闳者。出由其东，又北过一隘，下悬梯三十级，其底甚平旷，石纹粼粼，俱作荔枝瓮。其西悬乳萎蕤①，攀隙而入，如穿云叶。稍北转而西上，望见微光前透甚遥，蹑沙坂从之，透隘门西出，则赫然大观，如龙宫鹅阙②，又南北高穹，光景陆离，耳目闪烁矣。此乃洞之由暗而明处也。其洞内抵西南通偏门，外抵东北通后门，长四十丈，阔十余丈，高二十余丈。其上倒垂之柱，千条万缕，纷纭莫有纪极；其两旁飞驾之悬台，剜空之卷室，列柱穿崖之榭，排云透夹之门，上下层叠，割其一斋，即可当他山之全鼎③。其内多因其高下架竹为栏，大者十余丈，小者二、三丈，俱可憩可眺。由东崖跻隙入西南洞底之上层，其内有编竹架菌而为廪者④，可置谷千钟焉⑤。其上又有龛一围，置金仙于中，而旁小龛曰慈云莲座，乃黄君之母夫人像也。黄母数年前修西方之业于此⑥，此其退藏之所；而外所编竹栏，则选佛之场；而廪则黄君储以备不虞者。龛西则偏门之光，自顶射下。此处去后门已遥，而又得斯光相续，遂为不夜之城。攀峻峡西上，透其门颇隙，即偏门也。其门西南向，下临不测，惟见树杪丛丛出叠石间，岨悬嶂绝，不辨其处为前山、后山也。龛既穷，仍由故道下，东北趋后门。其门东北向，高二十丈，门以外则两旁石崖直坠山麓，而为水洞之门；门以内，则洞底中陷，亦直坠山底而通水洞之内。陷处径尺五⑦，周围如井。昔人置辘轳于上，引百丈绠下汲，深不啻十倍虎阜。恐人失足，亦编竹护其上，止留二孔以引轴轳，人不敢涉而窥也。井外即门，巨石东西横峙，高于洞内者五尺，若门之阈。由井东践阈，踞门之中，内观洞顶，垂龙舞蛟，神物出没，目眩精摇；外俯洞前，绝壁抟云，重渊破礲，骨仙神耸。此阈内井外峡，下透水门，亦架空之梁，第势极崇峻，无从对瞩耳。阈东透石隙东北下，磴倚绝壁，壁石皆嵝峒，木根穿隙缘窍，磴断处，亦横木飞渡。下里半而为百感村。徐子曰：此洞外险中閟，既穿历窅渺，忽仰透崇宏，兼一山之前后以通奇，汇众流于礲底而不觉，幽明两涵，水陆济美，通之则翻出烟云，塞之则别成天地。西来第一，无以易此。

【注释】

①葳蕤(wěi ruí)：原为草木茂盛枝叶下垂的样子，此处用以形容众
　多石钟乳悬垂。

②如龙宫鹅阙："鹅"，沪本作"峨"。

③鼎(dǐng)：古代煮东西的青铜器，圆形三足两耳，也有长方四
　足的。

④菌(jùn)：通"箘"。一种竹的名称。

⑤钟(zhōng)：古代计量单位。大小有变化，一般是十釜为一钟，合
　六斛四斗。

⑥修西方之业：拜佛，求往升西方净土。

⑦陷处径尺五："尺五"，乾隆本、"四库"本作"一丈五尺"。

【译文】

　　百感岩在向武州城东北七里处。百感岩的西南方就是横向排
列让江水分流的山，是中江的江水流进去的地方；百感岩的东南方
就是隘门岭所在的山，向北逶迤而去，像屏风一样排列在东方，是
南江的江水经由折向北流进去的地方；百感岩的西北方就是这座
山的背后，环绕成龙巷村向东深入到里面的山坞，北江的江水从这
里捣入地下的地方；百感岩的东北方就是这座山后面的山口，绕过
去就是百感村，是众多江流在岩洞中暗中合流后，由北面流出去的
地方。这是山外四面的情况了。而这个岩洞则是在半山腰上从中
裂开，南边通有两个洞口，都很狭窄：一个是前洞口，一个是偏洞
口。北边通有一个洞口，十分宽阔，但北面有层层山峦阻隔闭塞，
不通人间。从州城来，必定要从南面的洞口进去，所以大的洞口反
而在后面，而狭窄的洞口成为前洞口。前洞口在重重悬崖之上，洞
口面向南。最初到山下时，往东北攀着石阶上登，仰面看见陡削的
悬崖，高达数百仞，悬崖上横插木桩架成栈道，沿着悬崖架在高空，
像腰带一样围在山腰上，与云气一同向东蜿蜒而去。随后向西上

登三十级高险的石梯，到达悬崖的半中腰，有一块手掌大的平地，石窍中云气氤氲，然而裂得很深。由平地的东边沿着悬崖前端的石阶往左边走，是东洞；由平地的西边踏着栈道向右边走，是正洞的前洞口。栈道宽二尺，长六七丈，石崖上下陡削壁立，外面没有丝毫孔洞和一片石痕，可拳曲的树枝和古树的树干，间或有斜举在外的，倒悬于上方的，便就势把它们作为横架木板的木桩。外侧借助于树梢，里面凿穿石壁，再用长木头架在石壁上作为横梁，而后砍一些短树枝横铺在木架上，又就着下垂的藤条把它编织在外边。人踩在栈道上，里面是陡削的石壁而外面是悬垂的藤枝，上面是倒悬的悬崖而下面是绝深的壑谷，像飞在百尺高漂浮着的木筏，俯身下瞰有千仞高，没有底，也是极奇特极险要了。栈道西边的尽头处，又向北上登十多级高悬的梯子，进入岩洞的前洞口。洞口面向南，洞穴高三尺五寸，宽二尺，仅容得下弯腰进去。下走一丈左右，洞中平坦，而石柱四面环绕好像一个石室，四旁有许多细小的石穴，光芒在外面闪烁，石穴中留有原来的火种。点燃火把由西北方的缝隙中下去，缝隙杳然深陷。这是洞中由明处转为暗处的地方了。下走处高悬着三十级梯子，洞底开有一条夹谷通到北边，仰面眺望，十分高峻。梯子之下，有个小洞穴隐伏在洞壁根部。本地人说："向南钻出去，还有一个明亮圆形的石室，面向南。"那是前洞口的下层，应当就是高悬在栈道之下的洞穴了。由夹谷向北进去，路的西边有个洞穴在平地上像井一样陷下去，洞深得不可测。又进入洞穴西边的石壁下，有个下注的石穴倾斜着向西坠落下去。本地人说："深入进去下面通到水洞，可以取水。"然而流动的沙地崩塌下泻，不能落脚。西面的洞壁上有一个隐秘的石室，四围被环绕着，其中很宽敞，好像一盏高悬的琉璃灯，是禅室中最隐秘的地方。由这里的东边出去，又往北经过一个隘口，下了三十级高悬的梯子，底下非常平坦空旷，石纹如粼粼的水波，全是荔枝盆。这里的西边悬垂着纷纭众多的石钟乳，攀着缝隙进去，如同穿行在云层叶片间。稍向北转后向西上登，望见前方有微弱的亮光从十分遥远的地方透进来，踏着沙坡赶过去，穿过隘口向西出去，便赫然出现壮丽的景观，像龙宫和巍峨的宫阙，南北向又高高穹隆而起，光怪陆离，闪烁在耳目间。这是洞内由暗处转为明处的地方了。这里从洞内抵达西南方通到偏洞口，外边抵达东北方通到后洞口，长四十丈，宽十多丈，高二十多丈。洞顶上倒垂的石柱，千条万缕，纷纭众多，没有办法计算出最终的数量；洞两旁飞架高悬的石台，剜空卷曲的石室，石柱排列穿过崖壁的台榭，分开云层穿透夹谷的石门，上上下下，层层叠叠的，随便割下其中的一点点，就可以抵得上其他山的全部美景了。洞内大多利用高低变化的地势用竹子架成围栏，大的长十多丈，小的有两三丈，全都可以休息可以凭眺。由东边的山崖上登上隘口进入西南洞底的上层，那里面有用竹子编架成粮仓的，里面可以放下千钟稻谷。粮仓上面又有一个圆形的石龛，中间放有佛像，而旁边的小石龛叫做慈云莲座，是黄君母亲的塑像。黄绍伦的母亲几年前在此处修行拜佛，这里是她隐退藏身的场所；而外边竹子编成的围栏，是她诵经念佛的场所；而粮仓则是黄君储粮以防不测用的。石龛的西边就看得见偏洞口的亮光，从洞顶射下来。此处距离后洞口已很遥远，却又得到这里的亮光接续上，便成为不夜之城。攀着陡峻的峡谷向西上登，穿过的洞口相当狭窄，这就是偏洞口了。这个洞口面向西南方，下临不测之渊，只见一丛丛的树梢出现在层层叠叠的石山间，石崖高悬，山峰断绝，分辨不出此处是前山还是后山了。看完石龛后，仍然经由原路下来，往东北赶到后洞口。这个洞口面向东北方，高二十丈，洞口以外便是两旁的石崖笔直下坠到山麓，进而成为水洞的洞口；洞口以内，则是洞底向中央下陷，也是笔直下坠到山的底部进而通到水洞之内。下陷处的直径有一尺五，周围像水井。从前有人在上面安设了辘轳,用百丈长的粗绳牵引到下面汲水,深处不止虎阜的十倍。担心有人失足,也编有竹围栏护在井口上,只留下两个孔用来牵引辘轳,人不敢走过去窥视。井外就是洞口,巨石东西横向耸立着,高于洞内之处有五尺,像大门的门槛。由深井的东侧登上门槛,坐在门洞之中,向洞内观看洞顶,垂龙舞蛟,神龙出没,目眩神摇;向外俯瞰洞的前方,绝壁上云雾盘旋,重重深渊破开成为壑谷,身入仙境,神魂耸动。这条石门槛内深井外的峡谷,往下通到水洞口,也有架空的桥梁,只是地势极为高峻,无法从正面观看而已。从石门槛东边钻过石头隘口往东北下走,石阶斜靠在绝壁上,石壁上都是孔洞,树根沿着石窍穿过缝隙,石阶断了的地方,也是横架木头飞渡过去。下走一里半便是百感村。徐子(徐霞客)说:这个洞外边险峻洞内幽深,穿过杳渺之境后,忽然仰面透进高大宏伟的景观来,兼有一座山前后的全部奇观,壑谷底下汇积了众多的水流却不能察觉,包含了幽深与明亮两种景致,兼有水陆的美景,把它打通便能翻身出到烟云之上,把它阻塞起来则另成一块天地。这是我西游以来第一优美之处,没有能替代这里的。

　　百感东岩在百感前门之东。由栈东危崖之端,东缘石痕一缕,数十步而得洞。其门亦南向,门以内不甚深,而高爽窈窕,石有五色氤氲之状,诡裂成形。由峡中东入三四丈,转而北,有石中峙。逾隘以进,遂昏黑。其中又南北成峡,深十余丈,底平而上峻;北尽处有巨柱回环,其外遂通明。跻级北上,有窍东透而攲侧,只纳天光,不堪出入也。由窍内转而北,又连辟为二室:一室中通而外障,乃由内北达者;一室北尽而东向,乃临深而揽胜者。先由中通之室入,其西隙旁环,俱可为房为榻。

其东之外障,亦多零星之穴,悬光引照焉。北透一峡,达于北室,其前遂虚敞高门。门乃东临绝壁,中有纤笋尖峙于前,北有悬崖倒垂于外,极氤氲之致。其下闻水声潺潺,则南江之水北转而抵其下入穴者也,然止闻声而不见形焉。其内西壁,亦有群乳环为小龛,下皆编竹架栏,亦昔人栖隐者。此洞小而巧,幽爽兼备,为隐真妙境。第中无滴沥,非由前栈入百感后轴舻取之,则由前梯转觅涧山前,取道其遥矣。

【译文】

百感岩的东洞在百感岩前洞口的东边。由栈道东面危崖的外侧,向东沿着一缕石痕,走几十步便找到岩洞。洞口也是面向南,洞口以内不怎么深,然而高大明朗,窈窕可爱,岩石有五色氤氲之状,裂成诡异的形状。由峡谷中向东深入三四丈,转向北,有岩石矗立在中央。穿越隘口进去,便昏黑下来。那里面又形成南北向的峡谷,深十多丈,底下平整而上面高峻;北边的尽头处有巨大的石柱回绕着,石柱外便通到明亮之处。踏着石阶往北上登,有个石窍向东斜斜地通到侧面,只能吸纳进天上的亮光,人不能出入了。由石窍内转向北,又一连开启为两个石室:一个石室中间相通而外边阻断了,是由洞内通到北边的地方;一个石室北边的尽头处面向东方,是下临深渊观览胜景的地方。先从中间相通的石室进去,石室西面有裂隙环绕在旁边,都可以作为房间作为卧床。石室东面阻断外边的屏障,上面也有很多零星的洞穴,高悬的亮光照射进来。向北穿过一条峡谷,到达北边的石室,石室前方便空空地敞开形成高大的洞口。洞口东边下临绝壁,洞中有纤细的石笋尖尖地耸立在前方,北边有悬崖倒垂于洞外,极尽云烟氤氲的景致。洞口下方听见有潺潺的水声，那是南江的江水向北转后流到山下进入洞穴之处了，然而只听得见水声却不见它的踪影。洞内西面的洞壁上，也有成群的钟乳石环绕成小石龛，下面编有竹篱笆架起围栏，也是从前有人隐居的地方。这个洞很小巧，幽明兼备，是隐居修真的极好地方。只是洞中没有一滴水，非得从前边的栈道进入百感岩后用辘轳取水，或者由前面的梯子转到山前的山洞中去找水，取道这条路那就太远了。

　　百感下水岩，在百感洞后门之下，百感村之南。百感有内、外两村。山从百感洞分两界，北向回环，下成深坞，而岩下水透山成江，奔腾曲折而北去。从土上林刁村下右江。村界于其中，源长而土沃，中皆腴产。洞在内村之南二百步，其门东北向，高耸而上，即后门也。水自洞出，前汇为广潭，中溢两崖，石壁倒插水底。从潭中浮筏以入，仰洞顶飘缈若云，孰意乃向之凌跨而下者耶！洞内两壁排空，南向而入，潴水甚深。西壁有木梯悬嵌石间，土人指曰："此即上层轴轳之处。昔依智高时[1]，有据洞保聚者，兹从下汲。此其遗构也。"东壁石隙中拓，有架庐绝顶，飞缀凭空，而石壁危削虚悬二十丈，无可攀跻。土人曰："此戊午荒歉[2]，土人藏粟储粮以避寇者。须缚梯缀壁以上，兹时平，久不为也。"入十余丈，下壑既穷，上峡悬透，遥眺西南峡窦深入处，高影下射，光采烨烨，而石峻无级可跻，不知所通为山之前、山之右也。下壑石根插入水间，水面无内入之隙，水之所从，由下泛滥而出，则其中众水交合处，犹崆峒内扃，无从问津焉。乃返筏出洞，从门外潭西蹑崖登门左之壁。透峡窍而上，辟岩一围，其门东向，下临前潭，右瞰洞水，前眺对崖之上，旁窦氤氲，可横木跨洞门而渡也。辟岩中广下平，可栖可憩，第门虽展拓，而对崖高屏，曾无日光之及，不免阴森。若跨木以通对崖，则灏灵爽气无不收之矣③。此洞阻水通源，缥缈掩映，为神仙奥宫。若夫重峦外阻，日月中扃④，即内村已轶桃源，而况窈窕幽闷，若斯之擅极者乎！

【注释】

①侬智高：生卒年不详，宋羁縻广源州的壮族首领，属广南西路邕州（今南宁市）所辖。庆历元年（1041），势力扩展到傥犹州（今广西靖西县东部），建立"大历国"政权。后以交趾进犯，徙安德州（今靖西县西隅的安德）建立"南天国"政权。皇祐四年（1052）起兵反宋，陷邕州，自立为"仁惠皇帝"，并沿江而下，破横、贵、龚、浔、藤、梧、封、康、端诸州，围广州五十七日不下，再北上至全州，受挫返回邕州。皇祐五年（1053），宋遣大将狄青征讨，侬智高兵败于昆仑关归仁铺，以后退走大理。至今在云南文山州还能听到有关狄青征侬智高的传说。

②戊午：指万历四十六年（1618）。

③灏（hào）：水势大。

④扃（jiōng）：关门。

【译文】

百感岩下层的水洞，在百感岩后洞口的下面，百感村的南面。百感村有内、外两个村子。山脉从百感岩分为两列，向北回绕，山下形成深深的山坞，而岩洞下面的水穿过山腹后形成江流，奔腾曲折地往北流去。从上林土县的刁村下流进右江。村子隔在山坞中，水源悠长而且土地肥沃，山坞中都是丰裕的物产。洞在内村南边二百步之处，洞口面向东北方，高耸在上面的，就是后洞口。水从洞里流出来，在洞前汇成宽广的深水潭，溢满在两面的石崖中间，石壁倒插在水底。从水潭中乘木筏漂浮进去，仰面看洞顶，好像云雾一样飘渺，谁想得到这就是先前我凌空横跨过去下面的地方呢！洞内两面的石壁凌空而起，向南进去，积水非常深。西面的石壁上有木梯高悬嵌在岩石中，本地人指着说："这就是上层装有辘轳的地方。从前侬智高的时代，有人占据洞中聚众自保，在此处从下面汲水。这是那时修建遗留下来的东西了。"东面的石壁上石缝从中间扩展开，有人在绝顶上建了房屋，飞缀在绝顶，凭临高空，而石壁险峻陡削，悬在虚空二十多丈，无处可以攀爬上登。本地人说："这是戊午年饥荒歉收，当地人用来储藏粮食以躲避盗贼的地方。必须绑梯子悬挂在石壁上才能上去，此时是太平时期，很久没有用了。"深入十多丈后，下边的壑谷到了头，上边高悬的峡谷穿透进去，远远眺望西南方峡谷样的洞穴深入之处，高处有光影下射，光彩烨烨，可石崖陡峻没有台阶可以上登，不知通过去的地方是山前还是山的右边了。下面壑谷中石壁的根部插入水中，水面上没有深入到里面的缝隙，水流出来的地方，是从水面下泛滥而出，那么洞中众多水流交汇之处，可能还深锁在空洞里面，无法问津了。于是回到木筏上出洞来，从洞口外深潭的西边踏着石崖上登洞口左边的石壁。穿过峡谷样的石窍往上走，有一个圆圆的宽敞的岩洞，洞口面向东，下临前方的深潭，右边俯瞰着洞中的水，前方眺望对面的山崖之上，旁洞云气氤氲，可以用木桥横跨洞口飞渡过去了。宽敞岩洞中间宽底下平，可以栖身可以休息，只是洞口虽然宽敞，但对面山崖高高地挡住了，从来没有阳光照射过，不免阴森森的。如果跨过木桥通到对面的山崖上，那么水势浩渺的灵境与明

朗开阔的景致就无不收揽进去了。这个洞被水阻断,水源相通,缥
缈掩映,是神仙深居的仙宫。至于重重山峦阻隔在外面,日月深锁
在洞中,即便是百感内村已经超过了世外桃源,何况是窈窕幽深,
像这样独擅其极的地方呢!

　　百感前下岩,在百感洞前门之下,路西坑腋间。其
门亦南向,高拓如堂皇,中多巨石磊落,其后渐下。盖水
涨时,山前之水亦自洞外捣入者,而今无滴沥也。洞东
北隅有峡北入,其上透容光,其下嵌重石。累数石而下
窥,其底渊然,水涵深窦,而石皆浮缀两崖间,既不能披
隙而下,亦不能架空而入,惟倚石内望。西北峡穷处,亦
有光内射,其隙长而狭,反照倒影,烨烨浮动,亦不知所
通为山之后、山之右也①。

【注释】

①亦不知所通为山之后、山之右也:"后",乾隆本、"四库"本作
"前"。

【译文】

　　百感岩前面的下洞,在百感岩前洞口之下,道路西边深坑的侧
旁。洞口也是向南,高高拓展开来像雄伟的厅堂,洞中有很多杂乱
堆积的巨石,洞的后部渐渐下注,大概是水涨时,山前的水也是从
洞外冲入洞中,但现在没有一滴水了。洞的东北角有条峡谷向北
进去,顶上透进明亮的光线来,峡谷下面嵌着重重岩石。垒起几块
石头向下窥视,峡底非常深,水涵在深洞中,而岩石都浮出水面点
缀在两面的石崖间,既不能穿过裂隙下去,也不能架在空中进去,
只能靠着石头向里面望。西北方峡谷的尽头处,也有光线射入洞

内,那里的裂隙又长又窄,倒影反照,闪烁浮动,也是不知道所通的地方是山的后面还是山的右边了。

　　龙巷东北坞上洞,在向武州东北七里,即百感之西崖,第路由龙巷村东入,山北转盘旋成坞,枯榕北枝大江分捣其中,崖回坞绝。坠穴东入,而洞临其上,其门西向,左右皆危崖,而下临激湍。原无入路,由其北攀线纹践悬壁以入,上幕云卷,下披芝叠。东进六丈后,忽烘然内暖,若有界其中者。盖其后无旁窦,而气盎不泄也[1]。又三丈,转而北,渐上而隘,又三丈而止。其中悬柱亦多,不及百感之林林总总[2]。而下有丸石如珠,洁白圆整,散布满坡坂间。坡坂之上,其纹皆粼粼如绉簇,如鳞次,纤细匀密,边绕中洼,圆珠多堆嵌纹中,不可计量。余选其晶圆者得数握,为薏苡,为明珠,不能顾人疑也。玉砂,洞中甚难得,亦无此洁白。

【注释】

①盎(àng):充盈。

②林林总总:众多的样子。

【译文】

　　龙巷村东北方山坞中的上洞,在向武州城东北七里处,就在百感岩西面的山崖上,只是道路经由龙巷村向东进去,山崖向北转盘旋成山坞,枯榕江在北面分支的大江分流冲捣在山坞中,山崖回绕,山坞断绝。江水向东坠入洞穴中,而岩洞下临在这个洞穴的上方,洞口面向西,左右都是危崖,而且下临着湍急的水流。原来没有进洞的路,由岩洞的北边攀着线一样的石纹踏着悬空的石壁才得以进去,顶上像帷幕云层样翻卷,下面散开的灵芝层层叠叠。向东进去六丈后,洞内忽然一下暖和起来,好像有道界限隔在洞中一样。大概是洞的后面没有旁洞,而暖气充盈在洞中不外泄形成的。又进去三丈,转向北,渐渐上走就变窄了,又走三丈就到了头。洞中悬垂的石柱也很多,但赶不上百感岩那样林林总总的。然而地下有珠子一样的石丸子,洁白圆整,散布在满洞的坡地上。坡地的表面上,石纹都粼粼的像成簇的皱纹,像鱼鳞一样依次排列,纤细均匀地密布着,边沿围绕着,中间下洼,圆珠大多堆积嵌在石纹中,不可计量。我选择其中晶莹圆润的找到几把,像薏仁米,如明珠,不能管别人怀疑不怀疑了。玉砂,在洞中非常难找到,也没有这里的洁白。

琅山岩在州北半里,其形正如独秀。始见西向有门三叠,而不知登处反在东峰之半也。余至后,黄君始命缚梯通栈,盖亦欲择其尤者为静修之地耳。由东麓攀危梯数百级,入其东门,其门豁然高敞。门以内遂分三径。由北窍者,平开一曲,即透北门,直瞰龙巷后北山,大溪西来界其中,抵横裂峰西而三分之,北面峦岚溪翠,远近悉揽。由南窍者,反从洞内折而东出,外复豁然,即东门之侧窍也。第一石屏横断其径,故假内峡中曲出,其内下有深洼,渊坠而底平。由其上循崖又南入峡中,渐上渐隘,有石横跨其上,若飞梁焉。透梁下再上,峡始南尽,东壁旋穴庋空,透窗倒影,西窍高穹曲嵌,复透而南,是为南门。其前正与州东北巨峰为对,若屏之当前,西南不能眺一州烟火,东南不能挹三曲滕流,而不知其下乃通行之峡也。由西直入者,高穹旁拓,十丈以内,侧堰曲房,中辟明扉,若隒门之中堑者。然其上穹盘如庐,当隒处亦上裂成峡,高剧弥甚。透隒门而西,则西辟为堂,光明四溢,以西门最高而敞也。堂左南旋成龛,有片石平庋为榻,有悬石下卷为拓托,皆天成器具也。堂右北嵌成楼①,圆转无隙,比及前门,则石阈高栏。透窍以出,始俯门下层崖叠穴,危若累棋,浮如飞鹢②。盖已出西望第三门之上,而中门在其下矣。坐其上,倒树外垂,环流下涌,平畴乱岫,延纳重重,断壑斜晖,凭临无限,三门中较为最畅矣。夫此一山,圆如卓锥,而其上则中空外透,四面成门,堂皇曲室,夹榭飞甍,靡所不备。徙倚即殊方,宛转频易向,和风四交,蒸郁不到,洵中天之一柱③,兼凌虚之八窗④,栖真之最为缥缈,而最近人间者也。惟汲泉须盘梯而上,不便负戴耳⑤。

【注释】

①堂右北嵌成楼:原作"堂石北嵌戍楼",据乾隆本、"四库"本改。

②鹢(yì):古书中常提到的一种水鸟,形状像鹭鸶,能高飞。

③中天:天之中,天顶。

④凌(líng)虚:高入天空。

⑤不便负戴耳:"便"原作"使",依文意改。

【译文】

琅山岩在州城北边半里处,山形正好像独秀峰。开始时看见面向西处有三层洞口,却不知道上登之处反而是在山峰东面的半山腰上。我到州城后,黄君才命令绑梯子修通栈道,大概也是想选择其中最好的作为他静修的地方罢了。由东麓攀登了几百级危梯,进入岩洞的东洞口,洞口豁然高敞。洞口以内便分为三条小径。由北边的石窍进去的，开有一处平坦的弯道，马上通到北洞口，直接俯瞰着龙巷村后面的北山，大溪从西面流来隔在山坞中，抵达横向排列山峰的西面便分为三条支流，北面的山峦雾气缭绕，溪水翠绿，远近的景观都能观览。由南边的石窍进去的，反而从洞内折向东出来，外边又豁然开阔起来，这就是东洞口侧边的石窍了。第一道石屏风横向阻断了这条小径，所以要借道从洞内的峡谷中绕道出来，洞内下边有深深的洼地，深陷下去但底下平坦。由洼地上面沿着石崖又向南进入峡谷中，逐渐上走渐渐狭窄起来，有块岩石横跨在峡谷上方，像飞空的桥梁一样。钻过桥下再上走，峡谷这才到了南边的尽头，东面的石壁上旋绕的洞穴架在高空，透过石窗倒射进光影，西边的石窍高大穹隆，曲折深嵌，再钻到南边，这里是南洞口。洞口前方正好与州城东北方的巨大山峰相对，像屏风一样挡在前方，西南方不能眺望一州的烟火，东南方不能对着三条在田野中曲折流淌的江流作揖了，却不知山下就是可以通行的峡谷。由西边一直进去的，高大穹隆，向四旁拓展开，十丈以内，侧卧着曲折的石室，石室中开有明亮的门扉，好像是临门深陷在中间的样子。然而洞顶上呈圆盘状穹隆而起像房屋一样，在狭窄处也是向上裂成峡谷，更加高峻得厉害。钻过临门往西走，只见西面辟为大堂，光明四溢，以西洞口最高而且最宽敞了。大堂的左边向南旋绕成石龛，有一片石头平架成卧床，有悬垂的岩石向下翻卷成为拓碑用的托子，都是天然形成的器具了。大堂右边向北深嵌成楼阁，圆圆地转进去没有缝隙，等来到前洞口时，只见石门槛高高地拦住。钻过石窍才得以出来，这才俯身看见洞口下方石崖洞穴层层叠叠的，危险得像垒起来的棋子，浮在高空像飞翔的鹞鸟。原来是已经出到望着西方的第三层洞口之上，而且中层的洞口就在这个洞口的下边了。坐在洞口上边，外面树枝倒垂，环绕的江流在下面奔涌，平旷的田野中点缀着凌乱的石峰，收揽重重山峦，断绝的壑谷斜照着夕阳的余晖,凭临着无限的空间,三个洞口比较起来视线最为畅达了。这一座山,圆得像卓立的锥子,而山上中间却是空心的,外边相通,四面形成洞口,宽敞的殿堂和隐秘的内室,夹层的台榭,飞卷的屋脊,无所不备。往返徘徊方位立即不同,弯弯转转地频繁改变方向,和风四面吹来,感觉不到闷热的天气,确实是半空中的一根柱子,兼有凌空的八面窗子,是隐居修真最为缥缈而且又最接近人间的地方了。只是汲取泉水必须绕着梯子上登,不能肩挑背扛而已。

下洞即在琅山西麓,其门西向,东入三丈余而止。仰其上,则悬岩层穴,又连叠门两重。余初至此,望之不能上达。明日又至,亦不知其上层之中通于东,并不知东之可登也。既而闻黄君命缚梯,既而由其南峡,同韦守老往百感出山之东,回望见梯已蜿蜒垂空,始知上洞须东上,下洞独西入,而中洞则无由陟焉。

【译文】

　　下洞就在琅山的西麓,洞口面向西,向东进去三丈多便到了头。仰望洞顶上方,只见悬着岩石和层层洞穴,又一连重叠着两层洞口。我初到此地时,望见洞口不能到达上面。第二天又来,也不知道洞的上层中间通到东面,并且不知道东面的洞口可以上登。随后听说黄君命令人绑梯子,不久经由山南的峡谷,同韦守老人前往百感岩出到山的东麓,回头望见梯子已经蜿蜒蜒地垂在高空,才知道上洞必须从东面上去,唯独下洞是从西面进去,但中洞却无路可以上登了。

十九日　晓起,有云。晨餐后,半里过宁墟。从南峡去,抵天灯墟,闻有营怀洞,乃龙英分界,为左、右二江脊。东折入山坞一里,北入峡一里,逾小脊北下。随山东转,又二里,南那村换夫。东北行二里,东逾一岭,曰石房岭。下岭而东,又二里,至石房村换夫。又东二里,复上山半里,过一岭脊。脊不高,其北水从东北坠,其南水从南流,是为向武、镇远分界,而左、右江亦以此分焉。随流南下一里,大路自西来合,遂东转循老山之南,东逾平峡一里,大道直东去,又从岐随水东南下一里半,四山环坞一围,曰龙那村①,已镇远属矣。初至村,遥见屋角黄花灿烂,以为菊,疑无此盛,逼视之,乃细花丛丛,不知其名。又见白梅一树,折之,固李也。黄英白李,错红霜叶中,亦仲冬一奇景。饭而行,北逾岭而下,共一里,又行峡中半里,与西来大道合。于是随水形东行山峡间,五里,水形东北去,路东南上山。半里,又从岐南逾一岭,共一里而下,得南峒村。村人顽甚,候夫不即至,薄暮始发。其峒四山连脊,中洼为池,池上有穴,东面溢水穿山腹东出,池西乃居人聚庐所托也。东逾岭而下,共一里,东向行山坞间。八里,过一村,又东与石山遇。循其南崖,崖上石窦历乱,俱可入,崖下累石属南山,傍崖设隘门以入,于是南北两石山复峥峥屏立矣。又东一里为镇远州②,宿于州东之铺舍。州官名赵人伟。

【注释】

①龙那村:乾隆本、“四库”本作“龙濑村”。

②镇远州:隶太平府,治所在今天等县北境的镇远。

【译文】

十九日　拂晓起床,有云。早餐后,行半里经过宁墟。从南面的峡中去,到达天灯墟,听说有个营怀洞,是与龙英州的分界处,是左、右二江分流的山脊。向东折进山坳前行一里,往北进入峡中一里,越过小山脊往北下走。顺着山势向东转,又行二里,在南那村换夫。往东北行二里,向东翻越一座岭,叫做石房岭。下岭后往东走,又是二里,到石房村换夫。又向东二里,再上山半里,越过一条岭脊。岭脊不高,岭脊北面的水流从东北方下泄,岭脊南面的水流往南流,这里是向武州、镇远州的分界处,而且左江、右江也是从这条岭脊分流的。顺着水流向南下行一里,大路自西面过来会合,于是向东转沿着老山的南麓,向东穿越平缓的山峡一里,大道一直向东去,又从岔路顺着流水往东南下走一里半,四面的山环绕成一个圆形山坳,叫龙那村,已经是镇远州的属地了。刚到村里时,远远望见屋角有灿烂的黄花,我以为是菊花,又怀疑没有如此繁盛,逼近仔细看它,是一丛丛细小的花朵,不知道它的名字。又看见一树白梅,折下来看,原来是李子花。黄花白李,错杂在红霜叶中,也是仲冬季节的一种奇异景象。饭后上路,向北越岭后下走,共行一里,又行走在峡谷中半里,与西面来的大道会合。于是顺着水势往东行走在山峡间,行五里,流水向东北方流去,道路向东南上山。行半里,又从岔路向南翻越一座岭,共行一里后下走,到南峒村。村里人非常习顽,等候派夫不马上来,傍晚才出发。这个峒四面山脊相连,中间下洼成水池,水池上有洞穴,水池东面溢出来的水是穿过山腹向东流出来的,水池西面是居民房屋聚居依托之处。往东越过岭头往下走,共行一里,向东前行在山坳间。行八里,路过一个村子,又向东走与石山相遇。沿着石山南面的山崖前行,石崖上石洞杂乱众多,都可以进去,山崖下垒砌石墙连接到南山,紧靠山崖设置了隘门以便出入,到这里南北两面的石山又山势峥嵘得像屏风一样矗立着了。又向东一里是镇远州城,住宿在州城东面的驿站客馆中。州官名叫赵人伟。

州宅西南向。其地属太平府,在太平府东北二百里。西南一日至全茗①,又经养利而达府。西北为向武界,十八里。东北为结伦界,十六里。东为结安界②,西南为全茗界。州前流甚细,南入山峡,据土人言,乃东北至结伦,北入右江者。由此言之,则两江界脊西自镇安、都康,经天灯墟,龙英之北,向武之南,二州分界。东径全茗、永康、罗阳诸地而抵合江镇③。昨所过石房村东南之脊,乃北走分支,其南下之水,尚非入左江者也。

【注释】

①全茗:原作"上茗",据《明史·地理志》改。下同。

②结安:原作"佶安"。《明史·地理志》作"结安",十二月初五日记亦作"结安",据改,下同。结安,明为州,隶太平府,治所在今天等县东北境、进结稍南的结安。

③永康:明为县,治所在今扶绥县北境的旧县。万历二十八年(1600)升为州,仍隶太平府,治所南迁至今扶绥县北境的中东。罗阳:明为县,隶太平府,治所在今扶绥县北、中东稍南的南哨附近。

【译文】

州衙的宅第面向西南方。此地属于太平府,在太平府城东北二百里。西南方一天的路程到全茗州,再途经养利州后到达府城。西北方是向武州的边界,有十八里。东北方是结伦州的边界,有十六里。东面是结安州的边界,西南方是全茗州的边界。州城前的水流十分细小,向南流入山峡中,据当地人说,是往东北流到结伦州,向北汇入右江的水流。由此说来,那么左、右两江分界的山脊西面起自镇安府、都康州,延经天灯墟,在龙英州的北面,向武州的南面,是两州的分界处。

往东经过全茗州、永康州、罗阳县等地后抵达合江镇。昨天越过的石房村东南方的岭脊，是主脉往北延伸的分支，岭脊南面下流的水流，还不是流入左江的水流。

二十日　晨起，小雨霏霏。待夫，而饭后至。乃雨止，而云不开。于是东向转入山峡，半里，循南崖之嘴转而北，循北崖之□共半里，出一隘门，循西山之麓北行二里，山撞而成峒。乃转而东一里，又东出一隘门，即循北山之麓。又东一里上一岭，共一里，逾而下，复东行一里，随小水转而北。其处山峡长开东西两界，中行平畴，山俱深木密藤，不辨土石。共北二里半，渡小水，傍西麓北行。又二里，稍东北，经平畴半里，已复北入峡中。其中水草沮洳①，路循西麓，崎嵚而隘②。二里，渡峡而东上东岭，一里跻其巅，东下一里，抵其麓。其岭峻甚，西则下土而上石，东则上土而下石，皆极峭削，是为镇远、结伦分界。又东行坞中一里，复稍上而下，共一里，逾小石脊。又东北平行半里，乃直下石崖中，半里，已望见结伦村聚矣。既下，又东行平畴一里，有小水自西南山夹来，又一大溪自南来，二水合而北注，北望土山开拓。乃涉溪而东，是为结伦③，止于铺舍。适暮，微雨旋止。州乃大村落，州官冯姓。是日共行二十里。

【注释】

①沮洳(jù rù)：腐败植物埋地下形成的泥沼。

②嵚(qīn)：山高。

③结伦：原作"佶伦"。《明史·地理志》作"结伦"，十一月二十四日

记亦作"结伦",据改。下同。结伦,明为州,隶太平府,治所在今天等县东北境的进结,又作"镇结"。

【译文】

二十日　早晨起床,小雨霏霏下着。等待派夫,可饭后才来到。于是雨停了,但云层没有散开。从这里向东转入山峡中,行半里,沿着南面山崖的山嘴转向北,沿着北面山崖的□共前行半里,走出一道隘门,沿着西山的山麓往北行二里,山体撞击形成峒。于是转向东一里,又向东出了一道隘门,立即沿着北山的山麓走。又向东一里上登一座岭,共行一里,越过岭头下走,再往东前行一里,顺着小溪转向北。此处的山峡长长地敞开形成东西两列山,行走在中间平旷的田野间,山上都是幽深浓密的树林和藤蔓,分辨不出是土山还是石山。一共向北行二里半,渡过小溪,傍着西麓往北行。又行二里,稍偏向东北,经过平旷的田野中半里,不久又向北进入山峡中。峡中全是水草泥淖,道路顺着西麓走,又崎岖又狭窄。行二里,越过峡谷向东上登东岭,行一里登上岭头,向东下走一里,抵达山麓。这座岭非常陡峻,西面的下边是土而上面是石头,东面则是上面是土下面是石头,都极为峭拔陡削,这是镇远州、结伦州的分界处。又往东行走在山坞中一里,再稍上走后便下走,共一里,越过小石山的山脊。又往东北平缓前行半里,便一直下到石崖中,行半里,已经能望见结伦州的村庄聚落了。下山后,又往东前行在平旷的田野中一里,有条小溪自西南方的山间夹谷中流来,又有一条大溪自南面流来,两条溪水合流后往北流淌,向北望去,土山山势开阔。于是涉过溪流往东走。这里是结伦州,停在驿站的客馆中。刚好是傍晚,微微下了点雨,随即停了。结伦州是个大村落,州官姓冯。这一天共前行二十里路。

都康在镇安东南,龙英北,胡润、下雷东,向武西南,乃两江老龙所经,再东即为镇远、结伦。土人时缚行道者转卖交夷,如壮者可卖三十金,老弱者亦不下十金。如结伦诸土州隔远，则展转自近州递卖而去；告当道，仍展转追赎归，亦十不得二三。其例：每掠卖一人，即追讨七人，然不可得。土州争杀，每每以此。

【译文】

　　都康州在镇安府的东南部，龙英州的北面，胡润寨、下雷州的东面，向武州的西南，是左、右二江之间山脉主干延经的地方，再往东就是镇远州、结伦州。当地人时常绑架过路的人转卖给交夷，如果是壮年人可以卖三十两黄金，老弱者也不会少于十两黄金。像结伦州等土州隔得太远，那就辗转从近处的邻州依次转卖出去；向当局控告，仍然辗转追寻赎回来，但十个人中也不到两三个人。他们的惯例：每被掠卖一个人，立即追究七个人，然而不能追回来。土州间互相争杀，每每就是因为这种事。

　　结伦在向武东南，都结西南①，土上林在其北，结安在其南。其水自西南龙英山穴中流出，北流经结安，又北至结伦，绕州宅前，复东北入山穴，出土上林而入右江。疑即《志》所称泓浑江。从结伦东北入石穴，出向武境、土上林，与枯榕俱入右江者。

【注释】

①都结："结"原作"给"，《明史·地理志》及十一月二十二、二十三日记皆作"结"，据改。下同。

【译文】

　　结伦州在向武州的东南，都结州的西南，上林土县在它的北面，结安州在它的南面。这里的水流自西南方龙英州山间的洞穴中流出来，往北流经结安州，又向北流到结伦州，绕到州衙宅第的前边，再向东北流入山间洞穴中，在上林土县流出来后汇入右江。

我怀疑这就是《一统志》所称的泓渰江。是从结伦州的东北境流入石山洞穴中，在向武州境内流出来，流经上林土县，与枯榕江一起汇入右江的水流。

二十一日　浓云密布而无雾。候夫未至。饭后散步东阜，得古梅一株，花蕊明密，幽香袭人。徘徊其下不能去，折奇枝二，皆虬干珠葩①。南望竹崖间一岩岈然，披荆入之，其门北向。由隘窦入，中分二岐，一南向入，一东南下，皆不甚深。还铺舍，觅火炙梅枝。微雨飘扬，拈村醪对之，忘其为天涯岁暮也。

【注释】
①葩(pā)：花。

【译文】
二十一日　浓云密布但没有起雾。等候派夫不见来到。饭后在东面的土山上散步，见到一棵古梅树，花蕊明丽浓密，幽香袭人。徘徊在树下不能离去，折下两枝奇特的梅树枝，都是蜷曲的枝干和珍珠样的花朵。望见南边竹丛石崖间一个岩洞十分深邃，分开荆棘进洞去，洞口面向北。由狭窄的洞穴中进去，洞中分为两个岔洞，一个向南进去，一个向东南下去，都不十分深。返回驿站客馆中，找火来烘烤梅树枝。细雨飘扬，手里捏着乡村酿的浊酒面对着梅树枝，忘记此时此地是天涯岁末了。

既午雨止，日色熹微，夫始至，复少一名，久之乃得行。从东南盘崖间小岩一里，路循坞而南，度小溪，有岐东向入土山。从坞南行又一里，有岐西南溯大溪，结安、养利大道，为此中入郡者。又正南行一里，折而东入土山之峡。其处西为镇远来所逾，石峰峭聚如林；东为土山，自结伦北南绕而西，遥裹西面石峰；中开大坞，亦自西南转北去。从土峡中东行一里，遂跻土山而上。又一里，逾山之巅，即依岭南行。一里，出南岭之巅，东望盘谷东复有石山遥列，自东北环峙西南矣。东向循岭半行，又一里，转南半里，又东下半里，抵山之麓。遂从坞东南行二里，越一南来小水，又北越一西北来小水，得一村倚东山下，众夫遂哄然去。余执一人絷之①，始知其地为旧州，乃结伦旧治，而今已移于西北大溪之上。两处止隔一土山，相去十里，而州、站乃互相推委。从新州至都结，直东逾山去，今则曲而东南，欲委之旧州也。始，当站者避去，见余絷其夫，一老人乃出而言曰："铺司姓廖，今已他出，余当代为催夫。但都结须一日程，必明日乃可。"候余上架餐饭，余不得已，从之。检行李，失二鸡，乃镇远所送者。仍絷前夫不释。久之，二村人召鸡，释夫去。是日止行十里，遂止旧州②。

【注释】

①絷(zhí)：原为用绳索绊住马足，引申为拘囚。

②旧州：今作"高州"，在天等县东北境，进结稍东南。

【译文】

中午以后雨停了，天色微微发亮，脚夫这才来到，又少了一名，很久后才得以上路。从东南绕着山崖上的小岩洞前行一里，道路顺着山坞往南走，渡过小溪，有条岔路向东进入土山中。从山坞又向南前行一里,有条岔路向西南溯大溪走,是去结安州、养利州的大道,是这一带进府城的路。又向正南前行一里,折向东进入土山的峡谷中。此处的西面是我从镇远州来时穿越过的地方,石峰峭拔聚集像树林;东面是土山,自结伦州的北面往南绕向西去,远远裹住西面的石峰;中间是开阔的大山坞,也是自西南转向北去。从土山峡谷中往东行一里,于是往上攀登土山。又行一里,翻越到山顶,立即紧靠岭南前行。行一里,到达南岭的岭头,向东望去,盘绕的山谷东面又有石山远远地排列着,从东北环绕到西南耸峙着了。向东顺着山岭半中腰前行,又是一里,转向南半里,又向东下走半里,抵达土山的山麓。于是从山坞中往东南行二里,越过一条南边流来的小溪,又向北越过一条西北方流来的小溪,见到一个村庄紧靠在东山下,脚夫们便哄然离开了。我拉住一个人扣押了他,才知道这个地方是旧州,是结伦州的旧治所,而如今已经搬迁到西北方的大溪之上了。两地只隔着一座土山,相距十里,从而州里和驿站便互相推诿。从新州城到都结州,应该一直向东翻过山去,现在却绕路来到东南方,是想把我推给旧州了。开始时,主管驿站的人躲避出去,见我扣押了他的脚夫,一位老人才出面说话,说:“掌管驿站的人姓廖,今天已经外出,我当代为催派差夫。但是到都结州必须要一天的路程,必定要到明天才行。”守候我登上高架的茅屋去吃饭,我不得已,听从了他。检查行李,丢失了两只鸡,鸡是镇远州赠送的。仍然扣押着先前那个脚夫不放走。很久后,两个村里人找人来去找鸡,放脚夫离开了。这一天只前行了十里路,便停在了旧州。

二十二日　早起,天无雾而云密布。饭后,村人以二鸡至,比前差小。既而夫至,乃行。一里,东北复登土山,四里,俱从土山脊上行。已下一坞,水乃东北行,遂西北复上土山,一里逾脊。又东北行岭上二里,转而西北二里,始与结伦西来路合。乃下山，得一村曰陆廖村①，数家之聚在山半。其夫哄然去，余执一人絷之，盖其夫复欲委之村人也。度其地止去结伦东十余里，因其委旧州，旧州欲委此村，故展转迁曲。始村人不肯承，所絷夫遍号呼之，其逃者亦走山巅遍呼村人。久之，一人至，邀余登架，以鸡黍饷而聚夫②，余乃释所絷者。日午乃得夫，遂东上。岭头有岐，直北者为果化道③，余从东岐循岭南而东向行。半里，遂东北下山，一里而及山坞，有小水自北坞中来，折而东去。渡之复北上岭，一里逾岭北，循之东向行。半里，有岐直东从岭畔去；即都结大道。以就村故，余从东北岐下山。复一里抵山坞，有小水自北来，折而东南去。渡之，复东北逾一小岭，共一里半，前所渡水穿西南山夹来，又一小水从西北山夹下，共会而东，路遂因之。屡左右渡，凡四渡，共东行三里，又一小水从南坞来合之北去。又东渡之，复上岭，一里，逾岭东下，其水复从北而南。又东渡之，复上山，随之东行一里半，水直东去，路折入东北峡。一里，得数家之聚，曰那印村。夫复委之，其郎头他出，予执一夫絷而候之。时甫下午，天复明霁，所行共二十余里。问去都结尚一日程，而中途无村可歇，须明日早行，即郎头在亦不及去矣。余为快快，登架坐而待之。久之郎头返，已薄暮矣。其饷以鲫为供。

【注释】

①陆廖村：今作"陆连"，在隆安县西北隅。

②以鸡黍饷而聚夫：鸡，原误作"难"。《粤西游日记三》十一月初二有"村氓以鸡为黍"。《粤西游日记一》五月十五日又载："王氏杀

　　鸡为黍,待客愈隆。"据改。

③果化:明为州,隶南宁府,治所在今平果县西隅,右江西岸的
　　果化。

【译文】

　　二十二日　早晨起床,天上没有雾但浓云密布。饭后,村里人拿着
两只鸡来了,比原来的略小些。随后脚夫来到了,于是上路。行一里,
向东北又上登土山,行四里,都是从土山的山脊上前行。不久下到一个
山坞中,水流这才往东北流,于是向西北又上登土山,行一里越过山脊。
又往东北行走在岭上二里,转向西北二里,这才与结伦州从西面过来的
道路会合。于是下山,走到一个村子叫陆廖村,有几家人聚居在半山腰
上。那些脚夫哄然离开了,我拉住一个人把他扣押下来,原来这些脚夫
是又想把我推给村里人了。估计此地距离东面的结伦州只有十多里
路,因为那些人把我推给旧州,旧州人想推给这个村子,所以辗转迂回
绕弯子。开始村里人不肯接受,但被押的脚夫四处呼叫村里人,那些逃
走的人也奔走在山头上叫遍了村里人。很久后,一个人来到,邀请我登
上高架的茅屋,用鸡肉饭款待我后去召集脚夫,我这才放了被扣押的
人。时光到中午才得到脚夫,于是向东上走。岭头有条岔路,一直往北
去的是去果化州的路,我从东边的岔路沿着岭南向东行。行半里,便向
东北下山,走一里后到山坞中,有条小溪从北面的山坞中流来,折向东
流去。渡过小溪又向北上岭,行一里后翻越到岭北,沿着山岭向东前
行。行半里,有条岔路一直向东从山岭的侧旁走去;这就是到都结州的大道。
因为要就近去村子的缘故,我从东北方的岔路下山。又走一里抵达山
坞,有条小溪自北边流来,折向东南流去。渡过小溪,又向东北翻越一
座小岭,共行一里半,前边渡过的溪水穿过西南方的山峡流来,又有一
条小溪从西北方的山峡中流下来,汇流后一同往东流去,道路于是顺着
溪流走。多次渡到左右岸,共渡了四次,一共向东前行三里,又有一条
小溪从南面的山坞中流来合流后向北流去。又向东渡过溪流,再上岭,

行一里，越过岭头向东下山，这里的水流又是从北往南流。又向东渡过溪流，再次上山，顺着溪流往东行一里半，溪水一直向东流去，道路折进东北方的山峡中。行一里，走到一个几家人的村落，叫做那印村。脚夫又把我推给村里人，村里的郎头出门去别的地方，我拉着一个脚夫扣押下来等候郎头。时间刚到下午，天气重新转晴，所走的路共二十多里。问知距离都结州还有一天的路程，而且途中没有村子可以停歇，必须明天早早出发，即便是郎头在也来不及去了。我为此闷闷不乐，登上高架茅屋坐着等郎头。很久之后郎头回来时，已经是傍晚了。郎头用鲫鱼做下饭菜来款待我。

二十三日　早雾四塞，既饭而日已东出。促夫至，仍欲从东北坞行。余先问都结道，当东逾岭，窥其意，以都结道远，复将委之有村处也。盖其地先往果化，则有村可代，而东南往都结，无可委之村，故那印夫必不肯东南。久之，一人来劝余，此地东往龙村，名囤龙，亦结伦。（缺）即都结属，但稍迂，多一番换夫耳。余不得已，从之。乃东北入坞中，半里，复与前西南来之水遇，遂循之东向行。二里，下坞中，忽望见北坞石山回耸。又半里，路右东行之水，又与一东南来水会而北去。东向涉之，复上岭，东北一里，逾岭上。又北行岭脊半里，望西北石山与所登土山分条而东，下隔绝壑，有土脊一枝横属其间，前所渡北流之水，竟透脊而入其坞穴中，不从山涧行矣。路既逾岭，循岭上东行三里，过一脊，又平行一里，始东南下。一里半，及坞底，忽见溪水一泓深碧盈涧，随之东下，渐闻潺潺声，想即入脊之水至此而出也。东行半里，又有小水自东峡而出，溯之行一里，溪四壑转①，始见溪田如掌。复随之东南行一里，水穷峡尽，遂东上一里，登岭。平行岭北半里，又东南坦下者半里，过一脊，又东北逾岭半里而上，逾其阴，望东北坞中，开洋成塍。又东北半里，始东向下山，半里，午抵囤龙村②。土人承东往果化，不肯北向都结，亦以都结无村代也。饭于郎头家。下午夫至，郎头马姓者告余曰："此地亦属结伦，若往送都结，其径已迂，恐都结村人不承，故本村不敢往；往果化则其村为顺，不敢违耳。"盖其地往都结，尚有一村曰捺村，仍须从所来高岭之脊南向而去。余不得已，仍从之。及升舆，尚少三人，遍入山追之。比至，日已西入山，余有戒心，闻结伦、都结土人不良。竟止不行。是午，土人以鼠肉供，麾却之③。易以小鸟如鹌鹑，乃薰干者，炒以供饭。各家所供酒，或烧酒或白浆，皆可食。又有黄酒，色浊味甜，墟中有沽者，各村罕有。是日上午行二十里而已。

【注释】

①溪四壑转："四"，疑为"回"，因形近而误。

②囤龙村：又作"龙村"，今作"亭龙"，在平果县西南隅。

③麾（huī）却之：挥手斥退。麾，同"挥"。

【译文】

二十三日　早晨雾气四面充塞，饭后旭日已经在东方出现了。催促脚夫来到后，仍然想从东北方的山坞中走。我事先打听了去都结州的路，应该是向东越岭，窥测他们的意思，因为去都结州的路远，又将把我推给有村庄的地方了。原来是此地先去果化州，就有村子可以替换，可往东南前往都结州，没有可以推诿的村子，所以那印村的脚夫死活不肯向东南方走。很久后，一个人过来劝我，从此地向东前往龙村，名叫囤龙，也是属于结伦州。（缺字）就是都结州的属地，仅只是稍微绕点路，多换一次脚夫而已。我不得已，听从了他的话。于是向东北进入山坞中，行半里，又与前一天从西南方流来的溪水相遇，便沿着溪水向东走。行二里，下到山坞中，忽然望见北边的山坞中石山回绕高耸。又行半里，道路右边向东流淌的溪水，又与一条东南方流来的溪水汇合后往北流去。向东涉过溪水，再上岭，向东北一里，翻越到岭上。又向北行走在岭脊上半里，望见西北方的石山与我上登的土山分为条状往东延伸，下面隔着绝深的壑谷，有一条土山山脊横向连接在两列山之间，先前渡过的往北流的溪水，竟然穿过山脊后流入山坞里的洞穴中，不从山涧中流淌了。道路越过山岭后，沿着岭上往东行三里，越过一条山脊，又平缓前行一里，这才往东南下山。行一里半，到达山坞底下，忽然看见一片深绿色的溪水充盈在山涧里，顺着山坞向东下走，渐渐听到有潺潺的水声，猜想就是流进山脊的溪水到此地又流出来了。往东行半里，又有一条小溪自东面的峡谷中流出来，溯这条小溪前行一里，溪水回绕着壑谷流转，开始看见溪流两旁有像手掌大的田地。再沿着溪水往东南行一里，溪水到头峡谷完后，便向东上走一里，登上岭头。平缓前行在岭北半里，又往东南平坦地下走半里，越过一条山脊，又向东北越岭半里后登上去，翻越到岭北，望见东北方的山坞中，非常开阔，开垦成田地。又往东北行半里，开始向东下山，行半里，中午到达圐龙村。当地人接受差役往东前去果化州，不肯向北去都结州，也是因为去都结州没有村子替换。在郎头家中吃饭。下午脚夫来到时，姓马的郎头告诉我说："此地也是属于结伦州，如果送到都结州去，那条路已经绕远了，恐怕都结州所属村子的人不接受差役，所以本村不敢去；前往果化州，那么那一带村子里的人较为驯顺，不敢违抗了。"原来从此地前往都结州，还有一个村子叫捺村，仍然必须从来时走过的高高的山岭上的山脊向南去。我不得已，仍然听从了他的话。到登上轿子时，还缺少三个人，进山去四处追赶这些人。等到人来齐时，落日已坠入西山，我有戒备之心，听说结伦州、都结州的土人不善良。最终停下来不走了。这天中午，当地人拿老鼠肉来供餐，我挥手拒绝了。换来一种像鹌鹑的小鸟，是熏干的鸟肉，炒好用来下饭吃。各家提供的酒，有的是烧酒，有的是白浆，都可以食用。又有一种黄酒，颜色浑浊，味道甘甜，集市上有卖的，各村少有。这天上午走了二十里路而已。

二十四日　早起，霁色如洗；及饭，反有雾蒙四山；日出而净如故。及起行，土人复欲走果化，不肯走都结，即迁往其村，亦不肯送。盖与都结有仇杀，恐其执之也。余强之不能，遂复送向那印。盖其正道在旧州，此皆迁曲之程也。遂西南行田陇间，半里，穿石隙登土山西向平上，半里及其巅。又半里，越岭而南，稍下度一脊。又平上半里，复逾巅西下。一里，及坞中，遂循水痕西北行。一里，有小水自北坞来，与东来小水合而西去。又随之西一里，复有小水自北坞来，与东来之水合而南去。路西上山，直上者一里半，平行岭上者二里，又西向下者一里半，下及坞底。忽有水自南峡来，涵碧深沉，西向去。过坞半里，从北山西上一里，登岭上又一里，稍下，过一脊复上，始依岭北，旋依岭南，俱西向平行岭上，南望高岭，即旧州走都结者。共三里始西南下，一里半而及其坞，则前所过南峡之水，与那印之水东西齐去，而北入石山之穴。截流而西，溯东来之水三里，饭于那印。候夫至下午，不肯由小径向都结，仍返结伦。初由村左西北上山，转西南共一里，登岭上行。西南五里，稍下，度一脊复上，西南行岭上六里，转出南坳。又西南行六里，稍东转，仍向西南，始东见旧州在东南山谷，结伦尖山在西南山谷。又西二里，始下，南渡坞塍，始见塍水出北矣。又南逾山半里，又渡塍逾小山一里，得一村颇大，日已暮。从其南渡一支流,复与南来大溪遇。南越一垅,溯大溪西南行塍间,又一里半至结伦州。州宅无围墙,州官冯姓尚幼。又南渡大溪,宿于权州者家①。是日约行四十余里,皆迂路也。

【注释】

①权(quán)州者:暂代州官行使职权的人。

【译文】

二十四日　早晨起床,天色转晴,碧空如洗;到吃饭时,反而有雾蒙在四面群山上;日出后,天空明净如故。到起身上路时,本地人又想去果化州,不肯去都结州,即便绕道去本州的村子,也不肯送行。原来他们与都结州互相仇杀,害怕被都结州的人抓住。我不能强迫他们,最终又送去那印村。原来去都结州的正道在旧州,这些都是曲折绕路的路程了。于是向西南行走在田野间,行半里,穿过石缝上登土山,向西平缓上行,半里到达山顶。又行半里,越过岭头往南走,稍下走越过一条山脊。又平缓上走半里,再越过山头往西下走。行一里,到达山坞中,于是顺着溪水流淌的痕迹往西北行。行一里,有条小溪自北面的山坞中流来,与东面流来的小溪合流后往西流去。又沿着小溪往西走一里,又有小溪从北面的山坞中流来,与东面流来的小溪合流后往南流去。道路向西上山,一直上走一里半,平缓行走在岭上二里,又向西下走一里半,下到山坞底部。忽然有溪水自南面的峡谷中流来,澄碧深沉,向西流去。穿过山坞半里,从北山向西上登一里,登到岭上又是一里,稍下走,越过一条山脊又上走,开始时靠着岭北走,旋即靠着岭南走,都是在岭上向西平缓前行,远望南边高高的山岭,那就是从旧州去都结州要走的地方。共三里才向西南下山,行一里半后到达山下的山坞,只见前边路过的南面峡谷中流来的溪水,与那印村的溪水分在东西一齐流去,而后向北流入石山的洞穴中。横渡溪流往西行,溯东面流来的溪水前行三里,在那印村吃饭。等脚夫等到下午,不肯走小径去都结州,仍然返回结伦州。最初由村子左边向西北上山，转向西南共行一里，登岭上行。向西南五里，稍下走，越过一条山脊又上走，往西南行走在岭上六里，转出南面的山坳。又往西南行六里，稍向东转，仍然走向西南，这才向东看见旧州在东南方的山谷中，结伦州所在的尖山在西南方的山谷中。又向西二里，开始下山，向南越过山坳中的田野，这才看见田间的水向北流出去了。又向南翻山半里，又穿过田野翻越小山一里，遇到一个村子相当大，天色已是傍晚。从村南渡过一条支流，再次与南面流来的大溪相遇。向南越过一条土陇，溯大溪往西南行走在田野间，又走一里半来到结伦州。州衙宅第没有围墙，州官姓冯，还很幼小。又向南渡过大溪，住宿在代理州务的人家里。这一天大约前行了四十多里路，都是绕弯子的路。

二十五日　凌晨，权州者复送二里，至北村，坐而促夫者竟日，下午始行。即从村东南上山一里，始东北逾岭，旋转东南，绕州后山脊行。六里，少庭脊，复上行岭畔者三里，又稍下。其处深茅没顶，舆人又妄指前山径中多贼阵，余辈遥望不见也。又前下一里，渡脊，始与前往陆廖时所登山径遇，遂东瞰山谷，得旧州村落。又东南下者半里，时及麓，舆夫遂哄然遁去。时日已薄暮，行李俱弃草莽中。余急趋旧州，又半里下山，又行田塍间一里，抵前发站老人家①，已昏黑，各家男子俱遁入山谷，老人妇卧暗处作呻吟声。余恐行李为人所攫，遍呼人不得。久之，搜得两妇执之出，谕以无恐，为觅老人父子归，令取行李。既而顾仆先携二囊至，而舆担犹弃暗中。已而前舍有一客户来询②，谕令往取，其人复遁去。余追之执于前舍架上，强之下，同顾仆往取。久之，前所遣妇归，云："老人旋至矣。"余令其速炊，而老人犹

不至。盖不敢即来见余,亦随顾行后,往负行李也。半晌,
乃得俱来。老人惧余鞭其子若孙,余谕以不责意。已晚餐,
其子跣立,予叱令速觅夫,遂卧。

【注释】

①抵前发站老人家:从结伦州到都结州仅须一日程。村夫转相递
　送,抬着徐霞客转了五天,在今天等、隆安、平果三县交界的大山
　中兜了一圈,仍回到原地。这是徐霞客在旅途中又一次遭遇
　困境。

②客户:从别处来客居该地的人户。

【译文】

二十五日　凌晨,代理州务的人又送了二里路,来到北村,坐着催
促派夫用了一整天,下午才动身。立即从村子向东南上山一里,开始时
向东北越岭,旋即转向东南,绕到州城后面的山脊上前行。行六里,在
山脊上稍作停留,又从岭旁上行三里,又稍稍下走。此处茅草深得没过
头顶,轿夫又胡乱指着说前面山路上有很多强盗,我们这些人远远望去
看不见。又向前下走一里,越过山脊,这才与前几天去陆廖村时登山的
小径相遇,于是向东俯瞰山谷中,见到旧州的村落。又往东南下行半
里,到山麓时,轿夫哄然一声逃走了。此时已接近傍晚,行李都被丢弃
在草丛中。我急忙赶到旧州去,又下山半里,又行走在田野间一里,到
达前几天出发的驿站的老人家中,天已经昏黑,各家的男子都逃入山谷
中,老人的妻子躺在暗处发出呻吟声。我担心行李被人偷去,四处叫人
都找不到。很久,搜到两个妇女,把她们拉出来,告诉她们不要害怕,替
我去把老人父子找回来,命令他们去取行李。随后顾仆先带着两包行
李来到了,但轿子和担子还丢弃在黑暗中。不久前边的茅屋中有一个
客居此地的人过来询问,命令他去取,那人又逃走了。我追到前边茅屋
的高架上抓住他,强迫他下去,同顾仆一起去取。很久之后,先前派去

的妇女回来,说:"老人马上到了。"我命令她们赶快做饭,可老人还是不见来。大概是不敢马上来见我,也是跟随在顾行后面,去挑行李了。半晌,这才见他们一起来到。老人惧怕我鞭打他的儿子或者是孙子,我把不责怪他的意思晓谕他。不久吃完晚餐,他的儿子跛着脚站着,我喝令他赶快去找脚夫,便躺下了。

二十六日　凌晨饭。久之,始有夫两人、马一匹。余叱令往齐各夫。既久,复不至。前客户来告余:"此路长,须竟日,早行;兹已不及。明晨早发,今且赏跛者[①],责令其举夫可也。"余不得已,从之。是日,早有密云,午多日影。既饭,遂东向随溪入石山峡,一里,两石山对束,水与路俱从其中。东入又半里,路分两岐,一东北逾坳,一西南入峡。水随西南转,轰然下坠,然深茅密翳,第闻其声耳。已西南逾坳,则对东西山之后脊也,溪已从中麓坠穴,不复见其形矣。乃转至分岐处,披茅觅溪,欲观所坠处,而溪深茅丛,层转不能得。又出至两峰对束处,渡水陟西峰,又溯之南,茅丛路塞,旋复如溪之北也。乃复从来处度旧路,望见东峰崖下有洞南向,已得小路在莽中,亟披之。其洞门南向,有石中悬,内不甚扩,有穴分两岐,水入则黑而隘矣。出洞,见其东复有一洞颇宽邃,其门西南向,前有圆石界为二门,右门为大。其内从右入,深十余丈,高约三丈,阔如之,后壁北转渐隘而黑,然中觉穿然甚远,无炬不能从也。其外从左南扩,复分两岐,一东北,一东南,所入皆不深,而明爽剔透,有上下旁穿者。况其两门之内,下俱甚平,上则青石穹覆,盘旋竟尺,圆宕密布无余地[②]。又有黄石倒垂其间,舞蛟悬莩,纹色俱异，有石可击，皆中商吕③，此中一奇境也。出洞，仍一里，返站架。日色甚暖，不胜重衣，夜不胜覆絮。是日手疮大发，盖前结伦两次具餐，俱杂母猪肉于中也。

【注释】

①贳(shì)：宽恕，赦免。

②圆宧密布无余地："宧"，"四库"本同。乾隆本作"石"，有误。南方俗称小坑为宧。

③皆中商吕：都能发出优美和谐的声音。商，中国古代通行五声音阶，即宫、商、角、徵、羽，商为五音之一。吕，中国古代音乐有十二律制，用三分损益法将一个八度分为十二个不完全相等的半音，其中奇数各律称"律"，偶数各律称"吕"，总称"六律"、"六吕"。

【译文】

二十六日　凌晨吃饭。很久，才有两个脚夫、一匹马。我喝令前去调齐各个脚夫。很久后，还是不见来。前边客居此地的人过来告诉我："这条路长，必须走一整天，要早早上路；现在已经来不及了。明天早晨绝早出发，今天暂且宽恕了那瘸子，责令他去调集脚夫就行了。"我不得已，听从了他的话。这天，早上有浓云，中午阳光很多。午饭后，便向东顺着溪水进入石山峡谷中，行一里，两面的石山相对束拢，溪水与道路都从峡谷中经过。向东又进去半里，道路分为两条岔道，一条往东北越过山坳，一条向西南进峡。溪水顺着西南方的峡谷转去，轰鸣着下泄，然而深深的茅草密蔽着，只听得见水声而已。不久往西南越过山坳，便向东对着西山后面的山脊了，溪水已经从中间的山麓下坠入洞穴中，不再看得见溪流的踪影了。于是转到道路分岔的地方，拨开茅草去找溪流，想要观看溪水下泄之处，但溪水很深、茅草成丛，一层层转进去却不能找到。又出到两面石峰相对束拢之处，渡过溪水上登西峰,又溯溪水的南岸走,茅草成丛,道路阻塞,旋即又如溪水的北岸一样了。于是再从来的地方走过原来的路,望见东峰的石崖下有个面向南的洞,随即在丛莽中找到一条小路,急忙分开茅草顺着路进去。这个洞口面向南,有石柱悬在洞中,洞内不十分宽敞,有洞穴分为两个岔洞,踩着水进去就变得又黑又窄了。出洞来,看见洞的东边又有一个洞,相当宽大深邃,洞口面向西南,前边有块圆石分隔成两个洞口,右边的洞口较大些。洞口内从右边进去,深十多丈,高处大约有三丈,宽处也如此,由后面的洞壁向北转变得又窄又黑,然而觉得洞中穹然隆起十分深远,没有火把不能顺着走了。洞的外面从左边向南扩开,又分为两个岔洞,一个向东北,一个向东南,进去的地方都不深,然而明亮剔透,有上下旁通的洞穴。何况它的两个洞口之内,底下都非常平整,上面则是穹隆下覆的青石,盘旋之处有整整一尺,圆形小坑密布,没有余地。又有黄色岩石倒垂在洞中,如蛟龙飞舞,似花萼高悬,纹路颜色都很奇异,有的岩石可以敲击,都能发出优美和谐的声音来,是此地的一处奇境。出洞后,仍然走一里,返回驿站的高架茅屋中。天气十分暖和,穿不住两层衣服,夜里盖不住棉被。这一天手上的疮猛然发作,大概是前几天在结伦州两次准备的饭菜中,都杂有母猪肉在其中的缘故了。

二十七日　早起雾甚。既散,夫骑至乃行。仍从东北一里,上土山,与前往陆廖道相去不远。一里登岭,雾收而云不开,间有日色。从岭上北转一里,仍东北二里,又下一里,度一水,复东北上二里,岭畔遂多丛木。从木中行岭上者三里,从林木少断处,下瞰左右旋谷中,木密树丛,飞鸟不能入也。又半里乃下,甚峻。一里半乃及坞底,则木山既尽,一望黄茅弥山谷间矣。从坞中披茅行,始有小水东流峡谷。随之涉水而东，从南麓行，复渡水从北麓上，又东下坞渡水，复东上岭，一里登其巅。行其上者三里，又直下坞中者一里，则前水复自南北注向峡中去。又东逾一小岭，有水自东坞来，自南向北绕，与西来水合。既涉东来水，复东上山登其巅，盘旋三里，出岭。二里，得一平脊，乃路之中，赍饭者俱就此餐焉。既饭，复东从岭北行，已渐入丛木。出山南，又度一脊，于是南望皆石峰排列，而东南一峰独峻出诸峰之上；北望则土山层叠，丛木密翳。过脊稍下而北，转而东上，直造前所望东南峻石峰之北，始东南下。一里半而及坞底，有细流在草中行，路随之。半里入峡，两崖壁立，丛木密覆，水穿峡底，路行其间。半里，峡流南汇成陂，直漱峻峰之足。复溯流入，行水中者一里，东南出峡，遂复仰见天光，下睹田塍，于是山分两界，中有平坞，若别一天地也。东行坞中，坞尽复攀石�登峣，峣石峻耸如狼牙虎齿，前此无其巉峭者也①。逾岭从坞中行二里，循岭平上一里，平下一里，平行坞一里，穿平峡一里，穿峡又行坞中一里，逾岭上下又一里，始得长峡。行四里，又东行坞与西同。三里，逾北山之嘴，南山之麓始有茅三四架，于是山坞渐开。南山之东有尖峰复起，始望之而趋，过其东，则都结州治矣②。州室与聚落俱倚南山向北，有小水经其前东注，宅无垣墙③，廨亦陨圮④。铺司狞甚，竟不承应，无夫无供，盖宛然一夜郎矣⑤。州官农姓。是日为余生辰，乃所遇旧州夫既恶劣，而晚抵铺司复然，何触处皆穷也。

【注释】

①巉（chán）：山势高峻。

②都结：原作"都佶"，不从。详前注。都结，明为州，隶太平府，治所在今隆安县西境的都结。

③宅：住家的房屋。

④廨（xiè）：官吏办事的屋舍。

⑤夜郎：战国至秦汉我国西南的一个古族，范围包有今贵州西部、北部，云南东部及四川南部、广西北部的部分地区，西汉时于其地置牂牁郡。夜郎王不知汉的广大，竟问汉使："汉孰与我大？"后来，人们即以"夜郎自大"形象地比喻妄自尊大的典型。

【译文】

二十七日　早晨起床后雾很大。雾散之后，脚夫和马匹到了就上路了。仍然从东北方走一里，登上土山，与前次去陆廖村的路相距不远。行一里登上岭头，雾气散去但云层不开，间或有些阳光。从岭上向北转一里，仍然往东北行二里，又下走一里，渡过一条小溪，再向东北上走二里，岭旁于是有很多成丛的树木。从林木中行走在岭上三里，从林木稍微断开之处，下瞰左右两面盘旋的山谷中，树木密密丛丛，浓密得飞鸟都不能飞进去。又走半里才下走，非常陡峻。走一里半才到达山坞底下，长满树林的山走完后，一眼望去是黄色的茅草弥漫在山谷间了。从山坞中分开茅草前行，开始有小溪向东流入峡谷中。顺着小溪涉水往东行，从南麓走，又渡过溪水从北麓上走，又向东下到山坞中渡过溪水，再往东上岭，走一里登上岭头，行走在岭上三里，又一直下到山坞中一里，就见前边那条溪水又一次自南向北流淌到峡谷中去了。又向东越过一座小岭，有溪水自东面的山坞中流来，自南向北回绕，与西面流来的溪水合流。涉过东面流来的溪水后，又向东上山登上山顶，盘旋了三里，走出山岭。走二里，走到一条平缓的山脊，是这一站路的中途，带着饭的人都在此地用餐。饭后，又向东从岭北前行，不久渐渐走入丛林中。出到山南，又越过一条山脊，在这里向南望去全是石峰排列着，而东南方一座独立的石峰险峻超出群峰之上；向北望去则是层层叠叠的土山，丛林密布。越过山脊稍往北下走，转向东上走，直达前边望见的东南方险峻石峰的北面，开始向东南下行。行一里半后到达山坞底部，有细小的水流在草丛中流淌，路顺着水流走。行半里进峡，两面的山崖像墙壁样矗立着，丛林浓密地覆盖着，水穿流过峡底，道路行走在峡谷中。走半里，峡谷中的流水在南边汇积成池塘，直接冲刷着险峻石峰的山脚。再逆流走进去，行走在水中一里，向东南走出峡谷，终于又仰面看见天上的亮光，下面见到田野，在这里山分为两列，中间有平旷的山坞，好像是另外开辟的一块天地了。向东行走在山坞中，山坞尽头又攀着石头隘口登峎，峎石险峻高耸，如狼牙虎齿，此前没有见过这样高险峭拔的地方了。越岭后从山坞中前行二里，沿着山岭平缓上行一里，平缓下行一里，平缓前行在山坞中一里，穿过平缓的峡谷一里，穿过峡谷又行走在山坞中一里，翻越山岭上下又是一里，这才走入长长的峡谷中。前行四里，又向东行走在山坞中与在西面是相同的。行三里，越过北山的山嘴，南山的山麓下开始有三四间高架的茅屋，到了这里山坞渐渐开阔起来。南山的东面又有尖峰耸起，开始望着尖峰赶过去，过了尖峰的东麓，就到都结州州治了。州治的房屋与聚落都是背靠南山面向北，有条小溪流经州治前方往东流淌，宅第没有围墙，衙门也是颓败倒塌。驿站的役吏非常凶恶，竟然不肯应差，没有脚夫没有饭吃，大概宛如是一个夜郎国了。州官姓农。这一天是我的生日，在旧州遇到的脚夫已经很恶劣，而晚上到达驿站时役吏又是这样，为何这样四处走投无路呢！

二十八日　早起，寒甚而霁。铺司不为传餐，上午始得粝饭二盂①，无蔬可下。以一刺令投，亦不肯去。午后，忽以马牌掷还云："既为相公，请以文字示。"余拒无文，以一诗畀之,乃持刺去。久之,以复刺来,中书一题曰:"有德者必有言,有言者亦(必有德)。"无聊甚。倚筐磨墨,即于其刺后漫书一文畀之。既去,薄暮始以刺饶鸡酒米肉②,复书一题曰:"子路拱而立,止子路宿。"余复索灯书刺尾畀之,遂饭而卧。馆人是晚供牛肉为案。既卧,复有人至,订明日联骑行郊,并令馆人早具餐焉。

【注释】
①粝(lì)饭:糙米饭。
②饶:另外增添。

【译文】

　　二十八日　早晨起床,冷极了,而后转晴。驿站的役吏不为我送饭来,上午才得到两钵盂糙米饭,没有菜可以下饭。拿出一个名帖命令他投递进去,也不肯去。午后,忽然把马牌掷还给我,说:"既然身为相公,请把文章出示给我看。"我拒绝说没有文章,把一首诗交给他,这才拿着名帖离开了。很久之后,拿来一个回复的名帖,其中写有一个题目,说:"有德的人必定有言论,有言论的人也必定有德。"无聊极了。靠着竹筐磨好墨,立即在州官的名帖背后随意写了一篇文章交给他。他离开后,傍晚才拿着名帖来,另外添加了鸡酒米肉,又写了一个题目,说:"子路拱手而立,留子路住宿。"我又要来油灯在名帖末尾写了文章交给他,于是吃饭后躺下睡觉。客馆中的人这天晚上提供了牛肉作为宴席。躺到床上后,又有人来,约定明天并肩骑马去郊游,并命令客馆中的人早早准备好早餐。

　　二十九日　早寒,日出丽甚。晨起,餐甫毕,二骑至矣。一候余,一候太平府贡生何洞玄。同行者乃骑而东,又有三骑自南来，其当先者，即州主农姓也。各于马上拱手揖而东行。三里，渡一溪，又东二里，随溪入山峡，又东五里，东北逾一岭。其岭颇峻，农君曰："可骑而度，不必下。"其骑腾跃峻石间，有游龙之势。共逾岭二里，山峒颇开，有村名那杳，数十家在其中央，皆分茅各架，不相连属。过而东，又二里，复东逾一岭。其峻弥甚，共二里，越之。又东一里，行平坞间，有水一泓，亦自西而东者，至是稍北折，而南汇涧二丈余，乃禁以为鱼塘，其处名相村。比至，已架茅于其上，席地。临诸峒丁各举缯西流而渔，得数头，大止尺五，而止有锦鲤，有绿鳜。辄驱牛数十蹂践其中，已复匝而缯焉①，复得数头，其余皆细如指者。乃取巨鱼细切为脍②，置大碗中，以葱及姜丝与盐醋拌而食之，以为至味。余不能从，第啖肉饮酒而已。既饭，日已西，乃五里还至那杳村。登一茅架，其家宰猪割鸡献神而后食，切鱼脍复如前。薄暮，十余里抵州，别农马上，还宿于铺。

【注释】

①匝（zā）：环绕。缯（zēng）：通"罾"。一种用木棍或竹竿做支架的渔网。

②脍（kuài）：细切用以生食的鱼片。

【译文】

二十九日　早晨寒冷，日出后艳丽极了。早晨起床后，刚吃完早餐，两匹马来到了。一匹马来等我，一匹马等候太平府来的贡生何洞玄。同行者于是骑马往东走，又有三匹马从南边过来，其中跑在最前边的人，就是姓农的州主了。各人在马背上拱手作揖后往东行。行三里，渡过一条溪流，又向东二里，顺着溪流进入山峡中，又向东五里，往东北越过一座岭。这座岭相当陡峻，农君说："可以骑马越过去，不必下马。"那些坐骑腾跃在陡峻的山石间，有神龙游走的气势。越岭共走二里，山峒相当开阔，有个村子名叫那客，几十家人在山峒的中央，都是各自分散开来架设茅屋，不相连接。过了村子往东走，又行二里，再向东翻越一座岭。这座岭更加陡峻，共行二里，越过这座岭。又向东一里，平缓前行在山坞中，有一池水，也是自西往东流的，流到这里稍折向北去，而南边积水形成二丈多宽的山涧，被封禁起来作为鱼塘，此处名叫相村。等我们到达时，已经在鱼塘边上架好茅屋，席地而坐。俯视着众多的峒丁各自在西面的流水中举着罾捕鱼，捕到几条，大的只有一尺五，而且只有锦鲤，有绿鳜鱼。于是驱赶着几十头牛在水中搓揉踩踏，不久又让牛围成一圈用罾捕鱼，又捕到几条，其余都是细小得像手指一样的小鱼。于是选取大鱼细细地切成生鱼片，放在大碗中，用生葱和姜丝与盐、醋拌和后食用，认为是最美的美味。我不能跟着吃，只是吃肉饮酒而已。饭后，落日已西沉，于是前行五里回到那客村。登上一个茅屋高架上，这家人宰猪杀鸡祭神后拿来吃，又像先前那样切生鱼片。傍晚，前行十多里后抵达州治，在马背上辞别了姓农的，回来住在驿站中。

　　三十日　日丽而寒少杀。作《骑游诗》二首畀农。时有南宁生诸姓者来，袖文一篇，即昨题也。盖昨从相村遇此生来谒，晚抵州官以昨题命作也。观其文毫无伦次，而何生漫以为佳。及入农，果能辨之，亟令人候余曰："适南宁生文，不成文理，以尊作示之，当骇而走耳。"乃布局手谈。抵暮，盛馔，且以其族国瑚讦告事求余为作一申文①，白诸当道②，固留再迟一日焉。

【注释】

①讦(jié)：攻击别人的短处或揭发别人的阴私。申文：旧时下级对上级呈文的名称。

②白：述事陈义。

【译文】

三十日　红日艳丽而且寒气稍减弱了些。作了两首《骑游诗》赠给农君。此时有个南宁府姓诸的儒生来到，袖子中装着一篇文章，就是昨天的题目了。原来是昨天从相村来时遇见一个儒生前来拜见州官，晚上回到州里州官用昨天的题目命令他作文。观看他的文章，毫无条理次序，可姓何的儒生自以为是佳作。到送去给农君看时，果然能辨别出好坏，急忙让人来此候我说："刚才南宁府儒生的文章，不成文理，把您的作品拿给他看，应当会被吓走的了。"于是摆开棋盘下棋。到黄昏时，盛宴招待我，并且把他的族人农国瑚攻击诬告他的事求我为他写一篇申辩的公文，向当权者辩白，坚决挽留我再推迟一天上路。

十二月初一日①　在都结铺舍。早起阴云四布，欲行，复为州官农国琦强留，作院道申文稿。盖国琦时为堂兄国瑚以承袭事相讼也。抵暮，阴云不开。既晚餐，农始以程仪来馈。

【注释】

①十二月初一日：本作"丁丑十二月初一日"：自本日起至戊寅三月二十七日，在季抄本《徐霞客西游记》第五册，原题"粤西"，有提纲云："移静闻骨于南宁崇善寺。自都结出隆安、南宁府、宾州、三里，北出八寨、周安镇、忻城县、永定司，抵庆远府、德胜镇、河池州、南丹州止。"

【译文】

十二月初一日　在都结州驿站客馆里。早晨起床阴云四面密布，打算上路，又被州官农国琦强行留下，写了呈给按察院和分巡道的申诉文稿。原来是农国琦被堂兄农国瑚用承袭职位的事控告他。到傍晚时，阴云没有散开。晚餐后，农国琦才拿出路费来相赠。

初二日　早起，阴云如故。饭久之，夫至乃行。东向三里，即前往观鱼道也。既乃渡溪而北，随溪北岸东行，又二里，有石峰东峙峡中。盖南北两界山，自州西八里即排闼而来，中开一坞，水经其间，至此则东石峰中峙而坞始尽，溪水由石峰之南而东趋峡中，即昨所随而入者。今路由石峰之北而东趋北坞，又三里，得一村在坞中，曰那贤。又东二里，坞乃大开，田畴层络，有路通南坞，即那伦道也①。又东五里，山坞复穷，乃北折而东逾山坳。一里，越坳之东，行坞间又一里，复东穿山峡。其峡甚逼而中平，但石骨棱棱，如万刀攒侧，不堪着足。出峡，路忽降而下，已复南转石壑中，乱石高下共三里，山渐开。忽见路左石穴曲折，坠成两潭，清流潴其中，映人心目。潭之南坞有茅舍二架，潭之东坞有茅舍一架，皆寂无一人。询之舆夫，曰："此湘村也。向为万承所破②，故居民弃庐而去。"由湘村而东，复有溪在路北，即从两潭中溢出者。东行平坞二里，过昨打鱼塘之南。又东三里，遂北渡西来之溪，溪水穿石壑中，路复随之，水石交乱。一里，从溪北行，转入北壑。一里，水复自南来，又渡之而东。又一里，水复自北而南，又渡之，乃东向出峡。忽坠峡直下者一里，始见峡东平畴，自北而南，开洋甚大，乃知都结之地，直在西山之顶也。下山是为隆安界，亦遂为太平、南宁之分，其高下顿殊矣。随西峰东麓北行一里，溪流淙淙，溯之得一村，是为岩村，居民始有瓦房、高凳，复见汉官仪矣。至是天色亦开霁。时已过午，换夫至，遂行。于是俱南向行平畴间，二里，饭于前村之邓姓者家。既饭，又渡溪西岸，南行一里半，其西山峡中开，峰层坞叠，有村在西坞甚大，曰杨村③。又南一里半，杨村有溪亦自西坞而南，与北溪合，其溪乃大。并渡其西，又南一里，水东注东界土山腋中；路西南一里，抵西界石山下，得一村曰黑区村。换夫，循西界石山南行，其峰有尖若卓锥，其岩有劈若飞翅而中空者。行其下嵌石中，又南四里，得巨村在西峰丛夹处，曰龙村④。又换夫而南，乃随东界土山行矣⑤。始知自黑区至此，皆山夹中平坞而无涧，以杨村所合之流，先已东入土山也。至是复有水西自龙村西坞来，又南成小涧。行其东三里，盘土山东南垂而转，得一村曰伐雷⑥，换夫。又暮向东南行三里，宿于巴潭黄姓者家。

【注释】

①那伦：今作"那隆"，在崇左市江州区东北境。

②万承：明为州，隶太平府，治所在今大新县东北境的龙门。

③杨村：今作"杨湾"，在隆安县西境。

④龙村：应为"隆屯"，在隆安县西境。壮语"隆"为草茂林密。"屯"为大，意即草茂林密的大村。

⑤乃随东界土山行矣："土"原作"上"，据乾隆本、"四库"本改。

⑥伐雷：今作"发雷"，在隆安县治稍西南。

【译文】

初二日　早晨起床,阴云和昨天一样。饭后很久,脚夫到了就上路。向东三里,走的就是前两天去观看捕鱼的路了。随即渡到溪流北岸,顺着北岸往东行,又行二里,有座石峰屹立在峡谷中。大体上南北两列山,自州治西面八里处就像门扇一样排列而来,中间敞开一个山坞,溪水流经山坞中,到了这里东面的石峰屹立在中央而山坞才到了头,溪水由石峰的南麓往东流到峡谷中,这就是昨天跟随农国琦进去的地方。今天道路经由石峰的北麓往东通向北面的山坞中,又行三里,见到一个村子在山坞中,叫那贤。又向东二里,山坞于是变得十分开阔,田畴一层层地环绕着,有条路通到南面的山坞中,那是去那伦的路了。又向东五里,山坞又到了头,于是折向北后向东翻越山坳。行一里,翻越到山坳的东面,前行在山坞间又是一里,再往东穿越山峡。这条山峡十分狭窄而中间地势平缓,但骨状的岩石一棱棱的,如万把侧立的尖刀攒聚在一起,不能落脚。走出山峡后,道路忽然下降,不久又向南转进石山壑谷中,在乱石中高高低低地共走了三里,山势渐渐开阔起来。忽然看见道路左边有曲折的石穴,陷成两个深潭,清流蓄积在潭中,照人心目。深潭南边的山坞中有两间高架的茅屋,深潭东面的山坞中有一间高架的茅屋,都空寂没有一个人。向轿夫询问情况,轿夫说:“这是湘村。从前被万承州攻占,所以居民丢弃房屋逃走了。”由湘村往东行,又有条溪水在路北,这就是从两个深潭中溢出来的水。往东前行在平坦的山坞中二里,路过昨天打鱼水塘的南边。又向东三里,于是向北渡过西面流来的溪水,溪水穿流到石山壑谷中,路又顺着溪水走,水石交错乱流。行一里,从溪流往北行,转入北面的壑谷中。行一里,溪水又从南边流来,又渡过溪水往东行。又行一里,溪水又自北往南流,又渡过溪水,于是向东走出峡谷。忽然峡谷下坠,一直下走一里,这才看见峡谷东面平旷的田野,自北往南延展,极为开阔非常大,才知道都结州的辖地,一直到西山的山顶。下山就是隆安县的地界,也就是太平府、南宁府的分界处,地势的高低顿时悬殊了。顺着西峰的东麓往北行一里,溪水淙淙流淌,溯溪流走到一个村子,这是岩村,居民中开始有瓦房、高凳,重新见到汉族官吏的威仪了。到了这里天色也开始转晴。此时已经过了中午,替换的脚夫到了,马上动身。从这里起都是向南行走在平旷田野间,行二里,在前村姓邓的人家中吃饭。饭后,又渡到溪流的西岸,往南行一里半,这里西面的山峡从中敞开,山峰一层层,山坞重叠,有个非常大的村庄在西面的山坞中,叫做杨村。又向南一里半,杨村有条溪水也是自西面的山坞中往南流,与北面的溪水合流,这条溪水才变大。一并渡到两条溪流的西面,又向南一里,溪水向东流注到东面一列土山侧旁;道路向西南走一里,抵达西面一列石山下,走到一个村子叫黑区村。换夫后,沿着西面一列石山往南行,石峰有的尖得像卓立的锥子,岩石有的劈开像飞翔在空中的翅膀。行走在这些下嵌的岩石中,又向南四里,在西面山峰成丛夹立处见到一个大村子,叫龙村。又换夫后往南行,于是顺着东面一列土山前行了。这才知道从黑区村来到此地,都是山间夹谷中的平坦山坞但没有山涧,因为在杨村合流的溪流,先前已经向东流入土山中去了。到了这里又有水流从西面龙村西边的山坞中流来,又向南流成小山涧。在山涧东岸前行三里,绕着土山的东南垂转过去,走到一个村子叫伐雷,换夫。又在暮色中向东南前行三里,住宿在巴潭姓黄的人家中。

初三日　巴潭黄老五鼓起,割鸡取池鱼为饷。晨餐后,东南二里,换夫于伐连村。待夫久之,乃东南逾土山峡,一里,则溪流自西北石山下折而东来,始瀄瀄成声①。随之南行,盖西界石山至此南尽,转而西去,复东突一石峰峙于南峡之中,若当户之枢,故其流东曲而抵土山之麓,又南绕出中峙石峰,始南流平畦,由龙场人右江焉。随溪一里，南山既转，西南平壑大开，而石峰之南，山尽而石不尽。于是平畴曲塍间，怪石森森，佹离佹合，高下不一，流泉时漱之，环以畦塍，使置一椽其中^②，石林精舍，胜无敌此者。行石间一里，水正南去，路东上，山麓得一村，聚落甚大，曰把定村。村人刁甚，候夫至日昃，始以一骑二担夫来。遂东北逾土岭，一里半，北渡一小水，乃北上岭。又一里逾其巅，又北行岭上者一里，则下见隆安城郭在东麓矣^③。乃随岭东北下者里^④，又东行者一里，入西门，抵北门，由门内转而南，税驾于县前肆中。是日云气浓郁，不见日光。时已下午，索饭，令顾仆往驿中索骑，期以明旦，而挑夫则须索之县中。时县君何为库役所讼往府，摄尉事者为巡检李姓^⑤，将觅刺往索夫，而先从北关外抵巩阁，则右江从西北来，经其下而东去，以江崖深削，故遥望不见耳。从崖下得一南宁舟，期以明日发。余时疮大发，乐于舟行，且可以不烦县夫，遂定之。令顾仆折骑银于驿，以为舟资。乃还宿于肆。

【注释】

①瀔(guó)瀔：水流声。

②椽(chuán)：安在梁上支架屋面和瓦的木条。也作房屋间数的代称。

③隆安：明为县，隶南宁府，即今隆安县。

④乃随岭东北下者里：疑"者"后脱里数。

⑤摄(shè)：代理。尉(wèi)：指县尉，掌一县的军事。明代已废，此处用以指县的长官。

【译文】

初三日　巴潭的黄老五更天起床，杀鸡捕来池塘中的鱼做饭。早餐后，向东南行二里，在伐连村换夫。等换夫等了很久，于是向东南穿越土山山峡，行一里，就见溪流自西北方的石山下折向东流来，开始淙淙有声。顺着溪流往南行，大体上西面一列石山在此地到了南面的尽头，转向西延伸而去，东面又突起一座石峰屹立在南面峡谷的中央，好像门上的门枢，所以溪流向东弯曲后流到土山的山麓，又往南绕出到屹立在中央的石峰下，这才向南流经平旷的田野，经由龙场汇入右江。顺着溪流走一里，南山转向后，西南方平敞的壑谷十分开阔，而石峰的南面，山脉到了头但岩石没到头。在这里平旷的田野和曲折的田埂间，怪石森森罗列，诡异之状忽分忽合，高低不一，流动的泉水不时冲刷着这些岩石，田塍环绕着，假使在其中建起一间屋子，石林中的精舍，优美的景致没有能敌得过此处的了。行走在怪石间一里，溪水向正南方流去，道路向东上走，山麓下见到一个村庄，聚落非常大，叫把定村。村里人非常刁滑，等派夫等到日头偏西，这才派来一匹马两个挑夫。于是向东北翻越土岭，行一里半，向北渡过一条小溪，于是向北上岭。又走一里翻越到岭头，又往北行走在岭上一里，就见下面隆安县的城郭在东麓了。于是顺着山岭往东北下走几里，又往东行一里，进入西门，来到北门，由城门内转向南，住宿在县衙前的旅店中。这一天云气浓郁，不见阳光。此时已经是下午，要饭来吃了，命令顾仆前往驿站中去要马匹，约定在明天天亮动身，但挑夫则必须要到县里去要。此时姓何的县官被管库房的差役控告前往府城，代理县尉政事的是一个姓李的巡检，将要找名帖去要求派夫，但我先从北关外走到巩阁，只见右江从西北方流来，流经城下后往东流去，由于江岸的石崖深峻陡削，所以从远处望不见罢了。从石崖下找到一条去南宁府的船，约好在明天出发。我此时毒疮猛然发作，乐意乘船走，而且可以不必麻烦县里派夫了，于是讲定了这条船。命令顾仆到驿站去把马匹折换成银子，作为船费。于是返回旅店中住下。

初四日　晨起,饭而下舟;则其舟忽改期,初八始行。盖是时巡方使者抵南宁,先晚出囚于狱,同六房之听考察者,以此舟往。中夜忽逸一囚,吏役遂更期云。余时已折骑价,遂淹留舟中。疮病呻吟,阴云黯淡,岁寒荒邑外,日暮瘴江边,情绪可知也。

【译文】

初四日　早晨起床,饭后下到船中;但这条船忽然改期,初八才动身。原来是此时巡察地方的使者到达南宁府,前一天晚上从监狱中押出囚犯,会同县里六个机构听候考察的官吏,要乘坐这条船去南宁府。半夜忽然逃走一个囚犯,官吏差役们便更改了日期。我此时已经折换了马价,便滞留在船上。疮病发作,呻吟不已,阴云黯淡,岁寒之时仍在荒凉的县城外面,日暮时瘴气弥漫在江边,我的情绪可想而知了。

初五日　坐卧舟中。下午,顾仆曰:"岁云暮矣,奈何久坐此! 请索担夫于县,为明日步行计。"余然之。

【译文】

初五日　坐卧都在船中。下午,顾仆说:"年终了,怎能长久在此地坐等! 请到县里去要挑夫,为明天步行做准备。"我同意了他的建议。

左、右江之分,以杨村、把定以西石山为界。故石山之内,其地忽高,是为土州,都结、万承。属太平;石山

之下，其坞忽坠，是为隆安①，乃嘉靖间王新建所开设
者，属南宁。此治界所分也。若西来之龙脊，则自归
顺、镇安、都康、龙英北界之天灯墟，又东经全茗、万
承②，而石山渐尽，又东抵合江镇，则宣化属矣。其在
脊之北者，曰镇远、结伦、结安、都结，万承之东北鄙。其
水或潜坠地穴，或曲折山峡，或由土上林，或由隆安入
右江。然则，此四土州水入右江而地辖于左江，则以山
脊迂深莫辨也。

【注释】

①隆安：《明史·地理志》隆安县："嘉靖十二年（1533）四月析宣化
县那久地置。"

②全茗：原作"上茗"，据十月二十三日记改。

【译文】

　　左江、右江的划分，以杨村、把定村以西的石山作为分界。所
以石山以内，那里的地势忽然高起来，那一带是土司管辖的州，<small>都结
州、万承州</small>。隶属于太平府；石山之下，那里的山坞忽然下坠，这一带
是隆安县，是嘉靖年间王新建开创设立的县，隶属于南宁府。这是
政区界线的划分了。至于西面延伸来的山脉主脊，则是起自归顺
州、镇安府、都康州、龙英州北境的天灯墟，又向东延经全茗州、万
承州，而后石山渐渐到了头，又往东延伸到合江镇，那是宣化县的
属地了。那在山脉主脊北面的地区，是镇远州、结伦州、结安州、都
结州，万承州东北部的边远地区。这一带的水流，或潜入地下的洞
穴中，或曲折流淌在山峡间，或经由上林土县，或经由隆安县汇入
右江。然而，这四个土州的水流汇入右江但地域却属于左江道管
辖，那是由于这条山脊迂回深远没有分辨清楚的原因了。

隆安东北临右江，其地北去武缘界一百四十里，南去万承土州界四十里，东去宣化界一百二十里，有大滩驿。西去归德土州界八十里^①。其村民始有瓦屋，有台凳，邑中始为平居，始以灶爨^②，与土州截然若分也。

【注释】

①归德：明为州，隶南宁府。今仍作"归德"，在平果县东境的公路边。

②爨(cuàn)：烧火做饭。

【译文】

隆安县城的东北方面临右江，此地北面距离武缘县的边界一百四十里，南面距离万承土州的边界四十里，东面距离宣化县的边界一百二十里，有个大滩驿。西面距离归德土州的边界八十里。这里的村民开始有瓦房，有桌子凳子，县中开始在平地上居住，开始用灶烧火做饭，与土州截然不同了。

土人俱架竹为栏，下畜牛豕，上爨与卧处之所托焉。架高五六尺，以巨竹捶开，径尺余，架与壁落俱用之。爨以方板三四尺铺竹架之中，置灰爇火，以块石支锅而炊。锅之上三四尺悬一竹筐，日炙稻而舂。舂用巨木刳为小舟形，空其中，以双杵捣之。妇人担竹筒四枚，汲于溪。其筒长者四五尺。亦有纺与织者。织亦有扣有综^①，第不高而平，妇人跌坐而织。纺亦然。男子着木屐^②，木片为底，端绊皮二条，交于巨趾间。岂交趾之称以此耶？妇人则无不跣者。首用白布五六尺盘之，以巨结缀额端为美观，亦间有用青布、花布者。妇人亦间戴竹丝笠；胸前垂红丝带二条者，则酋目之妇也。裙用百骈细裥③，间有紧束以便行走，则为大结以负于臀后。土酋、土官多戴毡帽，惟外州人寓彼者，束发以网，而酋与官俱无焉。惟向武王振吾戴巾。交人则披发垂后，并无布束。间有笼毡帽于发外者，发仍下垂，反多穿长褶，而足则俱跣。

【注释】

①扣：同"筘（kòu）"。织布机的附件，作梳齿状，经纱从筘片间穿过，可控制织物经密，并把纬纱推向织口。综（zèng）：织布机上使经线上下交错以受纬线的一种装置。

②屐（jī）：木板鞋。

③骈（pián）：并列。裥（jiǎn）：裙幅的折叠。

【译文】

　　土人都是用竹子架成干栏式竹楼，下面圈养牛和猪，楼上是烧火做饭和睡觉的地方。架子高五六尺，用巨大的竹子捶裂开，竹片宽一尺多，屋架与墙壁、屋檐滴水都是用竹子。烧火做饭是用三四尺长的方形木板铺在竹楼屋架的中间，放上木炭灰再点燃火，用石块架起铁锅煮东西。铁锅上方三四尺的地方悬挂着一个竹筐，天天烘烤稻子去舂米。舂米是用大树挖成小船的形状，掏空树干中间，用一对木杵捣谷子。妇女肩担四个竹筒，在溪流中汲水。竹筒有四五尺长。也有纺纱织布的妇女。织布也有筘有综，只是不高而且是平放，妇女盘腿坐着织布。纺纱也是这样。男子穿木板鞋，木片做成鞋底，前端绊上两条皮，交叉在大脚趾之间。难道交趾的称呼就是因为这个习俗吗？妇女则是无人不是赤脚的。头上用五六尺长的白布缠绕在上面，把巨大的头结缀在额头上视为美观，也间或有用青布、花布缠头的人。妇女也间或有头戴竹丝斗笠的;胸前垂挂着两条红丝带的,那是酋长头目家的女人了。裙子用成百排列的细褶子做成,间或有束紧裙子以便行走的,那是把裙子结成一个大结背在臀部后面。土人酋长、土司大多头戴毡帽。只有外州人客居在那里的,用发网束发,但酋长和土司都没有发网。只有向武州的王振吾戴头巾。交趾人则是散披头发垂在身后,并且不用布带束发。间或有在头发外面罩上毡帽的,头发仍然是下垂着,反而多半是穿长褶裙,但脚则全都是赤着的。

　　交绢轻细如吾地兼丝①,而色黄如睦州之黄生绢②,但比之密而且匀,每二丈五尺一端,价银四钱,可制为帐。

【注释】

①兼(jiān):通"缣"。双丝的细绢。

②睦州:隋置,治雉山,在今浙江淳安县稍西南。唐代治建德,在今浙江建德市东境的梅城。1121年改名严州,明代仍称严州府,治所未变。

【译文】

　　交趾的绢轻薄细腻像我们地方的细丝绢,然而颜色黄得像睦州的黄生绢,但比睦州的黄生绢细密而且均匀,每二丈五尺为一匹,价值白银四钱,可以制成蚊帐。

　　向武多何首乌,出石山穴中,大有至四五斤者。余于州墟以十二钱得三枚,重约十五斤。余按《一统土物志》,粤西有马槟榔,不知为何物,至是见州人俱切为片,和蒌叶以敬客,代槟榔焉,呼为马槟榔,不知为何首乌也①。

【注释】

①"向武多何首乌"以下几句：此条内容专记向武物产，乾隆本、"四库"本稍略，系于十一月十七日游向武州日记，载百感诸岩后。

【译文】

向武州何首乌很多，出产在石山洞穴中，有大到四五斤重的。我在州城的集市上用十二文铜钱买到三个，大约重十五斤。我查考《一统土物志》，粤西有种马槟榔，不知是什么东西，来到此地看见州里的人都把这种东西切成片，与蒌叶拌和后用来敬献客人，代替槟榔，称为马槟榔，不知道就是何首乌了。

隆安县城在右江西南岸。余前至南宁，入郡堂观屏间所绘郡图，则此县绘于右江之北。故余自都结来，过把定，以为必渡江而后抵邑。及至，乃先邑而后江焉。非躬至，则郡图犹不足凭也。

【译文】

隆安县城在右江的西南岸。我从前到南宁府时，进入府衙的大堂观看屏风上绘制的南宁府地图，则是把这座县城绘制在右江的北岸。所以我从都结州过来时，过了把定村后，以为必定要渡过江后才能到达县城。等来到时，是先到县城后到江边了。不是亲自来到，就不知道南宁府地图是不值得相信的了。

初六日　早雾四塞。饭后，适县中所命村夫至，遂行。初自南门新街之南南向行，三里，复入山。逾冈而下半里，两过细流之东注者，抵第三流，其水较大，有桥跨其上，曰广嗣度桥。又南上山一里半，出一夹脊，始望见山南大坞自西北开洋南去。遂南下土山，一里，土山南尽，复有石山如锥当央。由其西南向行六里，又抵一石山下，其山自北遥望若屏斯列，近循其西麓，愈平展如屏。已绕其南，转东向行三里，其山忽东西两壁环列而前，中央则后逊而北，皆削崖轰空，三面围合而缺其南；其前后有土冈横接东西两峰尽处，若当门之阈；其后石壁高张，则环霄之玦也。先是，按《百粤志》记隆安有金榜山，合沓如城。余至邑问之，无有知者。又环观近邑皆土山，而余方患疮，无暇远索。至是心异其山，问之村夫，皆曰："不知所谓金榜者。"问："此山何名？"曰："第称为石岩，以山有岩可避寇也。"余闻之，遂令顾仆同夫候于前村，余乃北向入山。半里，逾土冈而下，其内土反洼坠，其东西两崖俱劈空前抱，土冈横亘而接其两端。既直抵北崖下，望东崖之上，两裂透壁之光，若明月之高悬镜台也；又望西崖之上，有裂罅如门，层悬叠级，若云扉之嵌空天半也。余俱不暇穷，先从北崖之麓入一窍。窍门南向，嵌壁为室，裂隙为门，层累而上，内不甚宽，而外皆叠透。连跻二重，若楼阁高倚，飞轩下临，爽朗可憩。其左忽转劈一隙，西裂甚深，直自崖巅，下极麓底，攀夹缝而上，止可胁肩，不堪寄傲。乃复层累下，出悬隙两重，遂望西崖悬扉而趋。其门东向，仰眺皆崇崖莫跻，惟北崖有线痕可攀，乃反攀倒跻，两盘断峡，下而复上，始凌洞门。门以内，隙向西北穹起；门以外，隙从崖麓坠下。下峡深数丈，前有巨石立而掩之[①]，故自下望,只知为崖石之悬,而不知其内之有峡也。然峡壁峻削,从上望之,亦不能下,欲攀门内之隙,内隙亦倾侧难攀。窥其内渐暗,于是复从旧法攀悬下。乃南出大道,则所送夫亦自前村回,候余出而后去。乃东行五里,有村在路左,曰鱼奥②。将入而觅夫,则村人遥呼曰:"已同押担者向前村矣。"村人劳余曰:"游金榜大洞乐乎?"余始知金榜即此山。亟问:"大洞云何?"曰:"是山三面环列,惟西面如屏。大洞在前崖后高峰半,中辟四门,宏朗灵透。"余乃悟所游者为前崖小洞,尚非大洞也。又东五里,追及之于百浪村③,乃饭于村氓家。于是换夫,东南行二里,复见右江自北来,随之南,遂下抵江畔,则有水西自石峡中来注。其水亦甚深广,似可胜舟,但峡中多石,不能入耳。其下有渡舟,名龙场渡④,盖即把定、龙村之水,其源自都结南境,与万承为界者也。渡溪口,复南上陇,江流折而北去,路乃东南行。又六里,换夫于邓炎村⑤。又东南八里,逾一小山之脊,又南二里,抵那纵村⑥。从村中行,又二里,换夫于甲长家⑦,日已暮矣。复得肩舆,行月夜者二里,见路右有巨塘汪洋,一望其盘汇甚长。又四里,渡一石桥,有大溪自西南来,透桥东北去。越桥又东二里,宿于那同村⑧。夜二鼓,风雨大作。

【注释】

①前有巨石立而掩之:"掩"原作"撩",据乾隆本、"四库"本改。

②鱼奥:应即今"儒浩"。

③百浪村:今作"博浪"。

④龙场渡:十二月三日记作"龙场",今作"龙床渡"。

⑤邓炎村：应即今"上邓"。

⑥那纵村：今作"那重"。此村与上文所说鱼奥、百浪村、龙场渡、邓炎村各村都在今隆安县东南境，沿右江南岸，从西北往东南排列。

⑦甲长：明代实行里甲制度，作为户口编制的系统。每110户为一里，选丁多粮多的十户为里长。其余百户分为十甲，每甲十户，设甲长进行管理。

⑧那同村：今作"那桐"，在隆安县东南境，右江南岸。

【译文】

初六日　早晨雾气四面充塞。饭后，恰好县里下令派来的村中的脚夫来到了，于是上路。最初从南门新街的南边往南行，行三里，又走入山中。越过山冈后下走半里，两次涉过向东流淌的细小溪流，到达第三条溪流，这条溪水较大，有座桥跨在溪流上，叫做广嗣度桥。又向南上山一里半，走出一处相夹的山脊，这才望见山南面的大山坞自西北方广袤地向南伸展而去。于是向南走下土山，走一里，土山到了南边的尽头，又有石山像锥子一样挡在中央。由石山西麓向南前行六里，又抵达一座石山下，这座山从北面远远望去好像屏风劈开排列着，走近顺着山的西麓看去，愈加平展得像屏风。不久绕到石山的南麓，转向东前行三里，这座山东西两面的崖壁忽然向前环绕排列，中央则往后面退向北方，都是陡削的悬崖在高空迸裂，三面合围却缺开南面；这座山前后有土冈横向连接着东西两座山峰的尽头处，好像挡在门口的门槛；石山后方的石壁高高扩展开，则像是环绕在云霄中的玉玦了。在这之前，根据《百粤志》的记载，隆安县有座金榜山，像城墙一样围绕闭合。我到县城时就打听这座山，没有知道的人。又环视县城附近都是土山，而且我正患病生疮，无暇到远处寻找。来到这里，心里感到这座山很奇特，询问村里人，都说："不知道所谓的金榜山的地方。"我又问："这座山叫什么名字？"答："只是称为石岩山，因为山上有岩洞可以躲避强盗。"我听见这些话，便命令顾仆同脚夫在前边的村子里等我，我于是向北进山。行半里，越过土冈往下走，土冈内地势反而洼陷下去，土冈东西两面的石崖都是劈向空中向前围抱，土冈横亘着连接到两端的石崖。一直抵达北边的石崖下后，望见东面的石崖之上，两侧裂开的石壁透进亮光来，好像明月一样高悬在明镜台上了；又望见西面的石崖之上，有条裂隙像门一样，层层高悬，重叠连缀着，像入云的门扉嵌在半空中了。我都来不及去穷究，先从北面石崖的山麓进入一个石窍。石窍的洞口面向南，石壁深嵌成为石室，缝隙裂成石门，层层叠垒上去，里面不怎么宽，但外面全都层层叠叠相通。一连登上两层，好像楼阁背靠着高空，飞空的轩廊凭临下方，明朗可以歇息。这里的左边忽然转过去劈开一条缝隙，向西裂进去非常深，一直从石崖顶端，下裂到山麓的最底部，攀着夹缝往上爬，只可以缩紧双肩，不能寄托豪迈的情怀。于是又一层层地叠垒而下，钻出两层高悬的裂隙，于是望着西面石崖上高悬的门扉赶过去。这座石门面向东，仰面眺望，都是高峻的石崖无法上登，只有北面的石崖上有条线一样的石痕可以攀登，于是反向倒着攀登，两次绕过断开的峡谷，下了又上，这才登上洞口。洞口以内，裂隙向西北穹隆而起；洞口以外，裂隙从石崖上坠下山麓。下方的峡谷有几丈深，前方有巨石矗立着挡住了峡谷，所以从下面望去，只知道是崖石高悬着，却不知道巨石以内有峡谷了。不过峡壁高峻陡削，从上边望得见，也不能下去，想攀着洞口内的裂隙走，里面的裂隙也是倾斜得难以攀爬。窥测到峡谷内渐渐暗下来，于是又用老办法攀着悬崖下来。这才向南出到大道上，就见送行的脚夫也从前边的村子返回来，等我出山后就离开了。于是往东行五里，有个村庄在道路左边，叫鱼奥。将要进村去找脚夫，就见村里人远远叫着说："已经同押担子的人到前边的村子去了。"村里人慰劳我说："游览金榜山的大洞快乐吗？"我这才知道金榜山就是这座山。急忙问道："大洞是指什么？"回答："这座山三面环绕排列，只有西面像屏风。大洞在前面的悬崖后面高峰的半中腰，洞中开有四个洞口，宏大明朗，透着灵气。"我这才醒悟过来,我所游的是前面悬崖上的小洞,还不是大洞。又向东五里,在百浪村追上顾仆一行人,于是在村民家中吃饭。在这里换夫,往东南行二里,又看见右江自北面流来,顺着江流往南走,于是下到江边,就见有条水流自西面的石山峡谷中流来汇入右江。这条水流也十分深广,似乎可以承载船只,只是峡谷中的礁石很多,船不能深入罢了。岸下有渡船,名叫龙场渡,大概这就是把定村、龙村流来的溪水,它的源头出自都结州南境,与万承州交界的地方了。渡过溪口,再向南上登土陇,江流折向北流去,道路于是向东南前行。又行六里,在邓炎村换夫。又向东南八里,越过一座小山的山脊,又向南二里,抵达那纵村。从村子中走,又是二里,在甲长家中换夫,天色已经黑了。又得到轿子,在月夜中前行二里,看见道路右边有个巨大的水塘,一片汪洋,一眼望去水塘弯弯曲曲的,积水非常长。又行四里,跨过一座石桥,有条大溪自西南方流来,穿过桥下向东北流去。过桥后又向东走二里,住宿在那同村。夜里二更时,风雨大作。

初七日　早起颇寒,雨止而云甚浓郁。饭后夫至,始以竹椅缚舆,遂东行。一里,路左大江自北来,前所过桥下大溪西南入之,遂曲而东,路亦随之。半里,江曲东北去,路向东南。又半里,换夫于那炎村①。又待夫缚舆,乃东南行。二里,路左复与江遇,既而江复东北去。又东南四里,渐陟土山,共一里,逾而下,得深峡焉,有水自西南透峡底,东北入大江。绝流而渡,复上山冈,半里逾岭侧,复见大江自北来,折而东去,路亦随之。循南山之半东行一里,南山东尽,盘礲成塘,外筑堤临江,内潴水浸麓。越堤而东,江乃东北去,路仍南转,共一里,有公馆北向大江,有聚落南倚回阜,是曰梅圭②。又东从岐行三里,饭于振楼村③。仍候夫缚舆久之。南行十里，始与梅圭西北来大道合。又东南十二里，抵平陆村。已为宣化属矣④。村人不肯缚舆，欲以牛车代，相持久之，雨丝丝下；既而草草缚木于梯架，乃行，已昏黑矣。共四里，宿于那吉，土人呼为屯吉云。

【注释】

①那炎村：今作"那元"。

②梅圭：今作"玫瑰"。

③振楼村：今作"镇流"。此村与上文所说那炎村、梅圭各村皆在今隆安县东南隅，从西往东排列在右江南岸。

④已为宣化属矣："属"原作"乔"，据乾隆本、"四库"本改。

【译文】

初七日　早晨起床相当冷，雨停了，但云层非常浓厚。饭后脚夫来到了，开始用竹椅捆成轿子，于是向东行。行一里，道路左边的大江自北边流来，前一天走过的桥下的大溪向西南汇入大江中，于是向东弯曲，路也顺着江流走。行半里，江流弯向东北流去，道路走向东南方。又行半里，在那炎村换夫。又等着脚夫捆好轿子，这才往东南行。行二里，道路左边再次与江流相遇，不久江流再次向东北流去。又向东南四里，渐渐上登土山，共一里，越过土山下走，下到深峡中，有水流自西南方穿流过峡底，向东北流入大江中。绝流而渡，又上登山冈，半里翻越到山岭侧旁，又看见大江从北边流来，折向东流去，路也顺着江流走。沿着南山的半山腰往东行一里，南山到了东面的尽头，盘绕的壑谷中建成水塘，外面筑有堤坝面临江流，堤坝内蓄水浸泡着山麓。越过堤坝往东走，江流于是向东北流去，道路仍然向南转，共一里，有个客馆在北边面向大江，有个聚落在南面紧靠回绕的土阜，这里叫梅圭。又向东从岔路前行三里，在振楼村吃饭。仍然等着脚夫捆轿子，等了很久。往南行十里，这才从西北方梅圭来的大道会合。又向东南十二里，抵达平陆村。已经是宣化县的属地了。村里人不肯捆轿子，想用牛车来代替，相持了很久，细雨一丝丝的下着；随后草草地绑了些木头在梯子架上，这才上路，天已经昏黑了。共行四里，住宿在那吉，当地人称为屯吉。

初八日　晨起，雨不止。饭而缚舆，久之雨反甚，遂持伞登舆。东南五里，雨止，换夫于麟村，缚舆就乃行。东南三里，路分二歧，转从东南者行，渐复逾土山。三里，越山而东，则右江自北折而来，至此转东南向去，行随之。又二里而至大滩①，有数家之聚在江西岸，始降栏宅土，有平居矣。即旧之大滩驿也，万历初已移于宋村。江中有石横截下流，滩声轰轰，闻二三里，大滩之名以此，右江至此始闻声也。换夫缚舆，遂从村东东南逾岭，三里，逾岭南，则左江自杨美下流东北曲而下，至此折而东南去。遂从江北岸随流东行，二里，复入山脊，雨复纷纷。上下冈陀间又二里，换夫于平凤村。又东行二里半，至宋村，即来时左、右二江夹而合处，其南面临江，即所谓大果湾也。其村在两江夹中，实即古之合江镇，而土人莫知其名矣。万历初移大滩驿于此，然无邮亭、驿铺，第民间供马而已。故余前过此，求大滩驿而不知何在，至是始知之也。候饭，候夫，久之乃行，雨不止。其地南即大果湾，渡左江为杨美通太平府道，正东一里即左、右二江交会之嘴。今路从东北行一里余，渡右江，南望二江之会在半里外，亦犹前日从舟过其口而内望其地也。渡右江东岸，反溯江东北行。已遂东向逾山，三里而下，雨竟淋漓大至。又一里至王宫村②，遂止息焉。雨淙淙，抵暮不能复行。王宫在大江北岸里余矣。

【注释】

①大滩:今名同,在南宁市区西境,左右二江之间。

②王宫村:今名同,在南宁市区西境,邕江北岸。大江:即郁江,今南宁一段又称邕江。

【译文】

初八日 早晨起床,雨没停。饭后捆好轿子,等了很久雨反而更大了,于是打着伞登上轿子。向东南五里,雨停了,在麟村换夫,轿子捆好就上路。向东南行三里,道路分为两条岔道,转而从东南方的岔路走,又渐渐翻越土山。行三里,越过土山往东走,就见右江从北边曲折流来,流到此地转向东南流去,顺着江流前行。又是二里后到达大滩,有个几家人的村落在江流的西岸上,干栏式的竹楼开始降低成为土屋,有在平地上居住的人了。这就是从前的大滩驿了,万历初年驿站已经搬迁到宋村。江中有礁石横截在下游,险滩水声轰鸣,二三里外都能听见,大滩的名字就源于此,右江来到此地才听见有水声了。换夫捆轿子,于是从村子东头向东南越岭,行三里,翻越到岭南,就见左江自杨美的下游向东北弯曲而下,流到此地折向东南流去。于是从左江的北岸顺流往东行,行二里,又走在山脊上,雨又纷纷下起来。上下在山冈山坡间又是二里,在平凤村换夫。又往东行二里半,到宋村,这就是我来的时候左、右二江相夹汇合之处了,宋村的南边面临江流,就是所谓的大果湾了。这个村子在两江相夹的中心地带,实际上就是古代的合江镇,可当地人已没有人知道这个名字了。万历初年把大滩驿迁移到此地,然而没有邮亭、驿站,只是由民间供给马匹而已。所以我原来经过此地,找大滩驿却不知在哪里,现在才知道是这里。等候吃饭,等候换夫,很久后才得以上路,雨不停地下。这个地方南面就是大果湾,渡过左江是杨美通往太平府城的路,正东一里处就是左、右二江交汇的尖嘴。现在走的路从东北方前行一里多,渡过右江,向南望去两条江流交汇处在半里之外,也像前些日子从船上路过江口向江内远望那个地方一样的了。渡到右江东岸，反而溯江流往东北前行。不久就向东翻山，三里后下山，雨居然湿淋淋地下大起来。又走一里来到王宫村，便停下来休息。雨声哗哗，到天黑都不能再次上路。王宫村在大江北岸一里多处了。

初九日　中夜数闻雨声甚厉，天明，云油然四翳。迟迟而起，饭而后行，近上午矣。王宫村之左，有路北入山夹，乃旧大滩间道。由村前东南行二里，逾一岭而下，有小水自北夹来，西南入大江。越之而东又一里，稍北转循北山行，有大道自东而西，始随之东去。其直西逾小坳者，亦旧大滩道，盖南宁抵隆安，此其正道，以驿在宋村两江夹间，故迁而就之也。又东行三里，转上北冈，换夫于颜村①。又东南逾一岭而下，转而西，共五里，换夫于登科村。又东南二里，换夫于狼科村。山雨大至，候夫不来，趋避竹间，顶踵淋漓，乃趋避一山庄庑下。久之夫至，雨亦渐止，又东南逾一平坳，共四里，饭于石步村②。既饭，已下午矣，雨犹不全止，夫至乃行。东南有墟在冈头，逾冈而下共半里，越小石梁，下有涧深而甚细，盖南宁北面之山，至石步而西截江流者也。又东南行，雨势大作，遍体沾透。二里，复下一深涧，越木桥而上冈，又东南行雨中二里，止于罗岷村。候夫不至，雨不止，煨湿木以蒸衣，未几乃卧。

【注释】

①颜村：今作"言屋"，在南宁市区西境，邕江北岸。

②石步村：九月二十四日记作"石埠墟"。

【译文】

初九日　半夜几次听见雨声十分猛烈，天明后，阴云浓郁，四面笼罩着。迟迟地才起床，吃饭后上路，将近上午了。王宫村的左边，有条路向北进入山间夹谷中，是从前去大滩驿的近路。由村前往东南行二里，越过一座岭后下走，有条小溪自北面的夹谷中流来，向西南流入大江中。越过小溪向东又是一里，稍向北转沿着北山前行，有条大道自东走向西，开始沿着这条大道往东去。那条一直向西翻越小山坳的路，也是从前去大滩驿的路，本来从南宁府到隆安县，这是正道，因为驿站在两江相夹地带的宋村，所以要绕道去将就驿站了。又往东行三里，转上北面的山冈，在颜村换夫。又向东南越过一座岭后下走，转向西，共行五里，在登科村换夫。又向东南二里，在狼科村换夫，山雨猛烈来临，等脚夫不见来，跑到竹丛中躲雨，从头顶到脚跟湿淋淋的，于是赶到一处山庄的廊庑下避雨。很久后脚夫来到时，雨也渐渐停了，又向东南穿越一个平缓的山坳，共行四里，在石步村吃饭。饭后，已经是下午了，雨仍然没有完全停止，脚夫到了就上路。东南方有个集市在冈头，越过冈头后共下走半里路，越过小石桥，桥下有条深深的山涧，但水流非常细小，大概是源自南宁府北面的山中，流到石步村后向西横截江流的溪流了。又往东南行，雨势猛然大作，遍身湿透了。行二里，又走下一条深深的山涧中，越过木桥后上登山冈，又向东南行走在雨中二里，停在罗岷村。等候换夫不见来，雨不停，点燃湿木柴烘烤衣服，没多久便躺下睡了。

初十日　云势油然连连，乃饭。村人以马代舆，而另一人持舆随行。雨复霏霏，于是多东南随江岸行矣。五里，稍北折，内坞有溪自东北来入江，乃南逾之。复上冈，二里，抵秦村①，其村甚长。先两三家互推委，既乃下一村人家，骑与送夫去。候夫久之，有奸民三四人索马牌看，以牌有马，不肯应夫。盖近郭之民，刁悍无比，真不如来境之恭也。久之，止以二夫肩行李，舆与马俱一无，余以步而行。一舆来，已数村，反为其人有矣。幸雨止，冈渐燥。一里，平逾冈东北，有溪自东北来入江，较前三溪颇大，横竹凳数十渡涧底，盖即申墟之下流，发于罗秀山者也。复东南上冈一里余，过窑头村之北，顾奴同二担入村换夫，余即从村北大道东行。二里，北渡一石梁，其梁颇长，架两冈间，而下流亦细，向从舟登陆，自窑头村东渡小桥，即其下流也。又东四里，有长木梁驾两冈上，渡而东即白衣庵，再东即崇善寺。乃入寺询静闻永诀事。其殁在九月二十四日酉时，止隔余行一日也。僧引至窆骨之所②，乃在木梁东岸溪之半。余拜而哭之。南顾桥上，则顾奴与二担适从梁上过矣。乃与僧期，而趋梁店税驾焉。时才午，雨纷纷不止。饭后蹑履问云、贵客于熊石湖家，云、贵经纪。则贵竹有客才去，兹尚无来者。余以疮痛市药于肆，并履袜而还。一别南宁已七十五日矣。

【注释】

①秦村：今作"陈村"，在南宁城西郊，邕江北岸。

②窆（biǎn）：落葬。

【译文】

初十日　乌云油然而起，连绵不断，于是吃饭。村里人用马来代替轿子，而另外一个人扛着轿子一同走。雨又霏霏下起来，从这里起多半向东南顺着江岸前行了。行五里，稍折向北，山内的山坞中有条溪水自东北方流来汇入江中，于是向南越过溪流。又上登山冈，行二里，抵达秦村，这个村子非常长。开头的两三家人互相推诿，随后下马去到村中一户人家,坐骑与送行的脚夫离开了。等候派夫等了很久,有三四个奸猾的村民要了马牌去看,因为马牌上只有马,不肯应差派夫。原来城郭附近的村民,刁悍无比,真不如来时走过的地方那样恭敬了。很久,只派来两个脚夫肩扛行李,轿子和马匹都一无所见,我徒步前行。一坐上轿子以来,已经走过了几个村子,反而被这里的人把轿子占有了。幸好雨停了,山冈渐渐变得干燥起来。行一里,平缓翻越到山冈的东北面,有条溪水自东北流来汇入江中,与前边三条溪流相比水势相当大,横放着几十个竹凳渡过山涧底部,大概是申墟的下游,发源于罗秀山的溪流了。再向东南上登山冈一里多,经过窑头村的北边,顾奴同两个挑夫进村去换夫,我立即从村北的大道往东行。行二里,向北越过一座石桥,这座桥相当长,架在两面的山冈之间,但桥下的水流也很细小,从前我从船上登陆,从窑头村向东走过小桥,就是在这条溪流的下游了。又向东四里,有座长长的木桥架在两面的山冈上,过桥后往东走就是白衣庵,再向东走就是崇善寺。于是进寺去询问静闻永诀的事。静闻死在九月二十四日五至七时,只隔着我上路后的一天时间了。僧人引路来到他下葬的地方,就在木桥边溪流东岸的半中腰上。我哭着拜祭了静闻。回头看南边的桥上,就见顾仆与两个挑夫刚好从桥上走过去了。我于是与僧人约定了日期,而后赶到梁家寓所住下来。此时才是中午,雨纷纷下个不停。饭后散步到熊石湖家去打听云南、贵州的客商,云南、贵州的经纪人。有个贵州客商才离开,现在还没有客商来。我因为疮痛到药店去买药,一并买了鞋袜后便返回来了。这一次离别南宁已经有七十五天了。

粤西游日记四

【题解】

《粤西游日记四》是徐霞客旅游广西西北部的游记。

崇祯十年(1637)十二月十一日至十八日,徐霞客在南宁府带病和恶人打交道,为静闻办后事。十九日携静闻骨灰离开南宁,北出昆仑关,经南丹卫治三里城(在今上林县境),抵庆远府(今宜州市)。转往西北,经河池州、南丹州,于崇祯十一年(1638)三月二十七日出广西境。沿途所经多壮族或瑶族聚居区。

当时桂西北被视为"盗贼薮",霞客幸得友人帮助,携带官府的马符上路,多骑行或乘竹肩舆。途中,霞客曾发病卧床数日,后来脚又被草鞋磨破,但仍坚持旅游。在三里城,得到参戎陆万里盛情款待,停五十天,遍游附近各风景胜地,如韦龟岩、独山岩、小独山、青狮岩、白崖堡岩洞、琴水岩、佛子岭诸岩。在庆远府逗留二十三天,游会仙山诸洞、龙隐岩、九龙洞、三门岩、观岩,登多灵山。经河池州游狮子洞、北山。《徐霞客游记》辨证考订了昆仑关和古漏关,记载了沿途的土司和卫所情况,土特名产和南丹锡矿。经过八寨一带时,多次提到"皆贼踞为巢","俱为八寨余孽所踞","俱贼村矣",透露出明末阶段矛盾激化的情况。

丁丑十二月十一日① 夜雨达旦。余苦疮,久而后起。

然疮寒体惫，殊无并州之安也。时行道莫决，闻静闻诀音，必窆骨鸡足山，且问带骸多阻，余心忡忡，乃为二阃请于天宁寺佛前，得带去者。余乃冒雨趋崇善，以银界僧宝檀，令备蔬为明日起窆之具。晚抵梁店，雨竟不止。

【注释】

①丁丑十二月一日：季抄本原仅作"十一日"，年月为整理者加。丁丑，崇祯十年（1637）。

【译文】

丁丑年十二月十一日　夜雨通宵达旦。我苦于疮病，睡了很久才起床。然而又是疮痛又是寒冷，身体疲惫极了，全然没有在并州时的安适了。此时走哪条道路还没有决定，听见静闻诀别时的话语，务必要把骨头葬在鸡足山，并且打听到带着骸骨上路多有险阻，我忧心忡忡，只好做了两个阃到天宁寺的佛像前求神，得到带骸骨走的阃。于是我冒雨赶到崇善寺，把银子交给僧人宝檀，命令他备些菜肴为明天起葬做准备。晚上抵达梁家客店，雨始终不停。

十二日　雨不休，午后小止。余市香烛诸物趋崇善，而宝檀、云白二僧欲瓜分静闻所遗经衣，私商于梁店，为互相推委计，谓余必得梁来乃可。而梁故坚不肯来，余再三苦求之，往返数四，而三恶互推互委，此不肯来，彼不肯去。及余坐促，彼复私会不休。余不识其展转作奸，是何意故？然无可奈何。惟日夜恳之，而彼反以诟言交詈焉①。

【注释】

①诟（gòu）言：侮辱人的话。詈（lì）：骂。

【译文】

十二日　雨下个不停,午后稍停了一下。我买了香烛等物品赶到崇善寺,但宝檀、云白两个和尚想瓜分静闻遗留下来的佛经和衣服,私下与梁姓店主商量好,计划好互相推诿,对我说必定要姓梁的到场才行。而姓梁的又故意坚决不肯来,我再三苦苦哀求他们,往返了几次,可这三个恶棍互相推来推去,这里的不肯来,那里的不肯去。到我坐下催促时,他们又私下不停地会面。我不懂他们翻来覆去地作恶,是什么意思,什么缘故?然而我又无可奈何。唯有日夜恳求他们,但他们反而口出难听话交相骂人。

十三日　晨起,求梁一往崇善,梁决意不行。余乃书一领①,求梁作见领者,梁终不一押②。余复令顾仆求二僧,二僧意如故。乃不得已,思鸣之于官,先为移寓计。遂入城,得邓贡士家旧房一间。乃出城,以三日房钱畀梁,移囊入城。天色渐霁。然此寓无锅,市罐为晚餐,则月色皎然,以为晴霁可望矣。

【注释】

①领:领条。领取物件留下的字据。

②押:画押。在公文契约上签字或画记号,以作凭信。

【译文】

十三日　早晨起床,求姓梁的去一次崇善寺,姓梁的坚决不走。我于是写了一个领条,求姓梁的作为认领尸骨的见证人,姓梁的始终不肯画押。我又命令顾仆去求两个和尚,两个和尚的意思和原来一样。于是我不得已,考虑到官府去鸣冤,先为换寓所做准备。随后进城来,找到一间邓贡生家的旧房子。于是出城来,把三天的房钱交给姓梁的,把行李搬进城。天色渐渐转晴。然而此处寓所中没有锅，买瓦罐来做晚饭。只见月光皎洁，我以为可以指望天气转晴了。

十四日　早闻衙行躞屐声，起视之，雨霏霏如故。令顾仆炊而起，书一揭令投之郡太守吴公①。而是日巡方使者自武缘来，吴已往候于郊，顾仆留侦其还。余坐雨寓中，午余，余散步察院前，观左江道所备下程及宣化县所备下马饭②，亦俱丰腆。还寓，顾仆以郡尊未还，请再从崇善求之。余复书，顾畀之去，仍不理焉。

【注释】

①揭(jiē)：即揭帖，此指具有揭发性质的私人启事。

②宣化县：南宁府附郭县，在今南宁市。

【译文】

十四日　早晨听见衙门中有踩着木板鞋行走的声音，起床来查看天色，淫雨又像原来一样霏霏地下起来了。命令顾仆煮好饭后便起床，写了一个揭帖命令顾仆把它投递给知府吴公。但这一天是巡察地方的使者从武缘县来，吴知府已经到郊外去迎候，顾仆留下暗中侦察等他回来。我坐在漏雨的寓所中，午后，我到都察院衙门前散步，观察到左江道准备好的礼物和宣化县准备好的下马饭，也都很丰厚。返回寓所，顾仆因为知府大人没有回来，请求我再次到崇善寺去求和尚。我又写了封信，顾仆给他们送去，他们仍然不理会。

太平、南宁俱有柑，而不见橘。余在向武反食橘数枚。橘与柑其形颇相似。

【译文】

太平府、南宁府都有柑子，却不见橘子。我在向武州反而吃到几个橘子。橘子和柑子，它们的外形颇有些相似。

边鱼南宁颇大而多，他处绝无之。巨者四五觔①，小者亦二三觔，佳品也。鲫鱼颇小而少，至大无出三寸者。

【注释】

①觔(jīn)：同"斤"。重量单位。

【译文】

南宁府的边鱼很大，而且很多，其他地方绝对没有这种鱼。大的有四五斤，小的也有二三斤，是极佳的美味。鲫鱼相当小，而且很少，最大的也没有超出三寸的。

十五日　五更峭寒，天明开霁。自初一早阴至此，恰半月而后晴朗。是日巡方使者驻南宁，接见各属吏。余上午往观，既午，吴郡侯还自左江道，令顾仆以揭往诉静闻事，吴亦不为理。下午出城觅车夫，复俱不得，忡忡而已。

【译文】

十五日　五更天酷寒，天明后晴开。自从初一早上阴到此时，恰好半个月后才变晴朗。这一天巡察地方的使者驻扎在南宁府，接见各级下属的官吏。我上午前去观看，午后，吴知府从左江道衙门返回来，命令顾仆拿着揭帖去控告静闻的事，吴知府也不为我受理。下午出城去找车子和脚夫，又都没有找到，忧心忡忡而已。

十六日　明爽殊甚。五鼓,巡方使者即趋太平府。其来自思恩,亦急迫如此,不知何意。想亦为交夷压境而然耶!然不闻其调度若何,此间上下俱置之若罔闻也。仍令顾仆遍觅车夫,终不可得。

【译文】

十六日　天色特别明丽爽朗。五更时,巡察地方的使者就赶着去太平府。他从思恩府来时,也是如此急迫,不知道是什么意思。猜想也是因为交夷压境才使得他这样的吧!然而没有听说他是如何调度处置的,这一带上上下下都把这事置若罔闻了。仍然命令顾仆四处去找车子和脚夫,始终没能找到。

南宁城北狭西阔,北乃望仙坡来龙,西乃濒江处也。北、东、南各一门,皆偏于角上,惟西面临江,有三门。

【译文】

南宁府城北面狭窄西面宽阔,北面是山脉从望仙坡延伸过来的主脉,西面是濒临江流之处了。北面、东面、南面各有一座城门,都是偏在城角上,只有西面濒临江流,有三座城门。

十七日　再备香烛素蔬往崇善,求云白熟而奠之。止索戒衣、册叶、竹撞①,其他可易价者悉不问。云白犹委候宝檀回。乃先起窆白骨,一瓶几满。中杂炭土,余以竹箸逐一拣取,遂竟日之力。仍以灰炭存入瓶中,埋之旧处,以纸数重裹骨,携置崇善寺外,不容带入。则宝檀归矣。见余索册、撞,辄作盗贼面孔向余曰:"僧死已安窆,如何辄发掘?"以索自锁,且以锁余。余笑而度之,盖其意欲余书一领,虚收所留诸物也。时日色已暮,余先闻其自语云:"汝谓我谋死僧,我恨不谋汝耳!"余忆其言,恐甚,遂从其意,以虚领界之,只得戒衣、册叶,乃得抱骸归。昏暮人邓寓,觅烛,重裹以拜,俱即戒衣内者。包而缝之,置大竹撞间,恰下层一撞也。是日幸晴霁,故得拣骨涯滨竟日,还从黑暗中,见沙堤有车,以为明日行可必矣。

【注释】

①戒衣:即"袈裟",为佛教僧尼的法衣。册叶:即"册页",原为书的册数、页数,此指经卷。

【译文】

十七日　再次备好香烛素菜前往崇善寺,求云白烧熟后祭奠静闻,只讨要袈裟、经卷、竹箱,其他可以换成钱的东西全部不再追问。云白还是推说要等宝檀回来。我只好先去起葬静闻的白骨,一个瓶子几乎装满。瓶子中杂有木炭和泥土,我用竹筷逐一拣出来,竟然花了一整天的时间。仍然把木炭存放进瓶子中,把瓶子埋在原处,用几层纸裹好白骨,带回来放在崇善寺外边,不准许带进寺中。就见宝檀也回来了。见我讨要经卷、竹箱,马上作出盗贼的嘴脸对我说:"僧人死后已经安葬,为何擅自挖掘?"用绳索锁住自己,并且把我锁上。我笑着揣测他的心意,大概他的意思是要我写一个领条,虚造我收到过静闻留下的各种物品。此时天色已晚,我先就听见他自言自语地说:"你说我谋杀了这个和尚,我恨不得连你一起谋杀了!"我回忆起他说的话,害怕极了,便顺从了他的意思,把假领条写给他,只得到袈裟和经卷,这才得以抱着骸骨归来。在昏暗的暮色中进入邓家寓所,找来火烛,重新裹好骸骨拜过,全部就是袈裟内的东西包好缝起来，放在大竹箱中，恰好装满竹箱的整个下层了。这一天幸好天气转晴，所以能够一整天在溪岸边拣骸骨，从黑暗中返回来时，看见沙堤上有车子，以为明天必定可以走了。

十八日　早起则阴雨霏霏，街衢湿透。余持伞觅夫，夫之前约者，已不肯行。出沙堤觅车，车又不复得。乃还寓，更令顾仆遍索之城外，终无有也。

【译文】

十八日　早晨起床后就见阴雨霏霏，街道上湿透了。我打着伞去找脚夫，前一天约定好的脚夫，已经不肯走了。出城到沙堤上去找车，车又找不到。只好返回寓所，再命令顾仆去城外四处寻找，始终没有找到。

十九日　晨得一夫，价甚贵，不得已满其欲，犹推索再三，上午乃行。雨色已开，阴云未豁。出朝京门，由五公祠即望仙坡。东麓东北行。五里，过接官亭，有小水自西北注东南。又五里，越一冈，连涉南行小水。又五里，有一溪较大，亦自西北向东南注，此即向往清秀所过香象桥之上流也。盖郡北之山东西屏峙，西抚于石步墟，东极于司叛之尖山，皆崇峰联属如负扆①。其中南走一支，数起数伏，而尽于望仙坡，结为南宁郡治。又东再南走一支，南尽于清秀山而为南宁之下砂。此水其腋中之界也，有木梁架溪上，渡梁，遂登冈阜。又五里，越一最高冈脊，东下有泉一窞在脊畔②，是曰高井。由是三下三上，屡渡小水，皆自东南注西北，始知

其过脊尚在东，此皆其回环转折之阜，流之西北注者，即西
转而东南下木梁大溪者也。共四里，又越一冈脊而下，其脊
高不及高井之半，而实为西北来过脊以趋清秀者也。下脊
又二里，再渡一溪，其流亦自西北注东南。过溪上冈又二
里，为归仁铺，三四家在冈头而已。又东北望尖山而行，七
里为河丹公馆，亦有三四家在冈头，乃就饭焉。又东北行，
屡涉南流小水，五里，一溪颇大，有木梁架之，至长于前二
溪。其溪盖自北崇山中来，有聚落倚其上流坞中，颇盛。越
梁东上冈，是为桥村墟，数十家之聚。时方趁墟，人声沸然。
于是北望尖山行，又屡涉东南流小水，十二里，北渡一木梁
颇大，又三里而至施涟驿，日将晡矣，歇于店。

【注释】

①扆（yǐ）：古代宫殿内设在门窗间的大屏风。

②窞（dàn）：深坑。

【译文】

十九日　早晨找到一个脚夫，要价非常贵，我不得已满足了他的贪
欲，还再三推辞要价，上午才上路。雨停了，天色开霁，阴云还未散开。
出了朝京门，由五公祠就是望仙坡。东麓往东北行。行五里，路过接官
亭，有条小溪自西北向东南流淌。又行五里，越过一座山冈，接连涉过
向南流淌的小溪。又行五里，有一条溪流较大，也是自西北向东南流
淌，这就是我从前去清秀山时走过的香象桥的上游了。大致上府城北
面的山脉呈东西向像屏障一样矗立着，西面连接到石步墟，东面的尽头
在司叛的尖山，都是高大的山峰连绵不断，像帝王背靠的屏风。其中往
南延伸的一条支脉，几次起伏，而后在望仙坡到了尽头，盘结为南宁府
城。再往东又有一条往南延伸的支脉，南边的尽头在清秀山从而成为

南宁府城的下砂。这条溪水是这两条支脉侧旁位于中间的分界处了，有座木桥架在溪流上，过桥后，就上登山冈土阜。又行五里，越过一条最高的冈脊，往东下走有一深坑泉水在山脊侧旁，这叫高井。从这里三次下山三次上山，多次渡过小溪，都是自东南流向西北的，这才明白主脉延伸而过的山脊还在东面，这些都是山脉回绕转折形成的土阜，水流向西北流注的，就是向西转后往东南下流到木桥下的大溪的水流了。共行四里，又越过一条冈脊后下走，这条冈脊不到高井所在冈脊的一半，但实际上是从西北方过来向清秀山延伸而过的山脊了。走下山脊又行二里，再渡过一条溪流，这条溪流也是自西北流向东南。渡过溪流上登山冈又是二里，是归仁铺，只有三四家人在冈头而已。又往东北望着尖山前行，行七里是河丹公馆，也有三四家人在冈头上，于是到公馆中吃饭。又往东北行，屡次涉过向南流的小溪，行五里，一条溪水相当大，有木桥架在溪水上，与前两条溪流上的桥相比最长。这条溪水大概是从北面的高山中流来的，有村落紧靠在溪流上游的山坞中，相当兴盛。过桥后向东上登山冈，这里是桥村墟，是个几十家人的聚落。此时正在赶集，人声鼎沸。从这里向北面望着尖山前行，又屡次涉过向东南流的小溪，行十二里，向北跨过一座相当大的木桥，又行三里后到达施湴驿，落日将西下了，停歇在客店中。

二十日　五更起，饭而行，犹昧爽也。由施湴东北行二里，为站墟。又一里，降而下，渡一溪，木梁亦长。越溪东上，共一里，逾一冈，已越尖山东北矣。途中屡越小水，皆北而南。又十二里，横径平畴中。其处北近崇山，南下平坞，西即所逾之冈，东则崇山东尽，转而南行，缭绕如堵墙环立。又东二里，复得大溪自北山南注其内，溪北大山之下，聚落甚盛，曰韦村。大山负扆立村后，曰朝著山。渡溪桥，东上崇冈，即南下之脊，为清秀之东郡城第二重下砂也。按《郡志》①，东八十里有横山，高险横截江河，盖即此山南走截江而耸起者也。宋置横山寨，为市马之所②。又东北二里，有三四家在山冈，曰火甲铺。于是北下行山坞间，四面皆山，水从东南透夹去。屡涉细流，五里，遂北折入山夹。两山东西骈立，从其中溯流北上，共十里，山夹束处汇塘沤水，有三四家踞山脊中度处，两崖山甚逼，乃名曰关山，土人又名曰山心。按《志》，昆仑山在郡城东九十余里，必此地无疑。然询之土人，皆曰昆仑关在宾州南，即谢在杭《百粤志》亦云然。按宾州南者乃古漏关，非昆仑也。世因狄武襄驻宾州③，以上元飨士④，夜二鼓被昆仑⑤，遂以宾州古漏当之。至今在南宁者，止知为关山，而不知昆仑；在宾州者，皆以为昆仑，而不知为古漏。若昆仑果在宾州南十里，则两军已对垒矣，武襄十日之驻，二鼓之起，及曙之破，反不足为神奇矣。饭于氓舍，遂东北下山。一里，有大溪自北而南，其流汤汤，入自南宁境，尚无比也。盖关山南北水虽分流，犹南下郁江。于是溯其流北行山夹间，其山屡开屡合，又十四里，得百家之聚，曰长山驿。聚落在溪之西。其北有两溪来会，一自西北，一自东北。二水会合，其北夹而成冈，有墟舍在其上，甚盛。乃渡其西北来之溪，陟桥登墟，循东北来溪之右溯之行。又十里，溪水自东北盘坞中来，路由北麓而上，得数家之聚，曰里段墟，乃邕、柳界牌岭之南麓也。其去界牌尚十里。此地犹属宣化。盖邕、柳之水以界牌岭而分，北下者由思笼西转武缘高峰岭西入右江，南下者入郁江。此界牌岭南流之水，经长山而南，余以为即伶俐水之上流也。然土人云："伶俐水尚东隔一山；此水出大中港，其港在伶俐之西"云⑥。是日至里段，约行六十里，日才过午，夫以担重难行，且其地至思笼四十里，皆重山，无村可歇，遂税驾不前。

【注释】

①《郡志》："志"原作"城"，据乾隆本、"四库"本改。

②市马之所：按，横山寨为南宋与大理、罗殿、自杞集中进行马匹贸易的地方，南宋与金对峙，战马多从大理来。横山寨的位置，近人多认为在今田东县治。此认为在邕州以东，可备一说。

③狄武襄：即狄青（1008—1057），字汉臣，汾州西河人，善骑射。侬智高陷两广，青上表请行。据《宋史·狄青传》，驻兵宾州，"一昼夜绝昆仑关，出归仁铺为阵"。"青执白旗麾骑兵，纵左右翼，出贼不意，大败之，追奔五十里，斩首数千级，其党黄师宓、侬建中、智中及伪官属死者五十七人，生擒贼五百余人，智高夜纵火烧城遁去。迟明，青按兵入城，获金帛巨万，杂畜数千，招复老壮七千二百尝为贼所俘胁者，慰遣之"。死后赠中书令，谥武襄，故称狄武襄。

④上元：旧俗以中历正月十五日为上元节，七月十五日为中元节，十月十五日为下元节。

⑤被：及，抵达。

⑥"然土人云"以下几句：霞客详细记录群众的讲述甚为可贵，当地群众的说法是对的。伶俐水入郁处称伶俐，在南宁市区东隅；沙江河在伶俐水之西，入郁处称江口，在南宁市区东境。两水皆平行湾曲南向入郁江。

【译文】

二十日　五更天起床，饭后动身，还只是黎明时分。由施淜驿往东北行二里，是站墟。又行一里，降落而下，渡过一条溪水，木桥也很长。越过溪流往东上走，共一里，越过一座山冈，已经穿越到尖山的东北方了。途中屡次越过小溪，都是自北往南流。又行十二里，横向行进在平旷的田野中，此处北面靠近高山，向南下走是平敞的山坞，西面就是翻越过来的山冈，东面则是高山到了东面的尽头后，转向南延伸，像一堵墙一样呈环状缭绕矗立着。又向东二里，又见到一条大溪自北山的南麓流注到山坞中，溪流北面的大山下，聚落十分兴盛，叫做韦村。大山屏风样矗立在村后，叫朝著山。走过溪流上的桥，向东上登高高的山冈，这就是向南下延的山脊，是清秀山的东面府城的第二重下砂了。据《郡志》，府城东面八十里处有座横山，又高又险，横截江河，大概就是指这条山脉向南延伸横截郁江后高耸起来的山了。宋代设置了横山寨，作为买卖马匹的场所。又向东北二里，有三四家人在山冈上，叫火甲铺。从这里向北下山行走在山坞中，四面都是山，水流从东南方穿过夹谷流去。屡次涉过细小的溪流，行五里，便向北折进山间夹谷中。两面的山东西并立，从夹谷中溯流往北上行，共十里，山峡紧束处汇积成水塘浸泡着水，有三四家人盘踞在山脊向中间延伸之处，两面的山崖非常逼窄，于是起名叫关山，当地人又叫做山心。根据《一统志》，昆仑山在府城东面九十多里处，必定是此地无疑。然而我询问当地人，都说昆仑关在宾州南境，即便是谢在杭的《百粤志》也这样说。据考察，宾州南境的是古漏关，不是昆仑关。世人因为狄青在宾州驻兵，在上元节大宴将士，夜里二更时到达昆仑关，便把宾州的古漏关当做昆仑关。至今在南宁府的人，只知道是关山，却不知道昆仑关；在宾州的人，都以为是昆仑关，却不知道是古漏关。如果昆仑关果然是在宾州南面十里处，那么两军已经对垒了，狄青驻兵十天，二更时起床，到拂晓时破贼，反而算不上神奇了。在村民家吃饭，于是向东北下山。行一里，有条大溪自北往南流，溪流浩浩荡荡，自从进入南宁府境内，还没有能与它相比的。原来关山南北两面的水流虽然分流，但仍然是往南下流进郁江。从这里溯溪流向北行走在山间夹谷中,沿途的山屡次断开屡次合拢,又行十四里,走到一个有百户人家的村落,叫长山驿。村落在溪流的西面。村北有两条溪流前来交汇,一条来自西北方,一条来自东北方。两条溪水的汇合处,溪流北边的夹角处形成山冈,有赶集用的棚屋在山冈上,非常繁荣。于是渡过那条西北方流来的溪流,走过桥登上集市,沿着东北方流来的溪流的右岸溯溪流前行。又行十里,溪水从东北方回绕到山坞中流来,道路由北麓往上走,见到一个几家人的村落,叫里段墟,是在邕州、柳州界牌岭的南麓了。这里距离界牌岭还有十里。此地还是属于宣化县。大体上邕州、柳州的水流从界牌岭分流,往北下流的经由思笼向西转过武缘县的高峰岭西麓流入右江,往南下流的汇入郁江。这座界牌岭向南流的水流,流经长山往南流,我以为就是伶俐水的上游了。然而当地人说:"伶俐水还在东面隔着一座山;这条水流从大中港流出去,这个大中港在伶俐水西面"等等。这一天走到里段墟,大约前行了六十里,太阳才过中午,挑夫因为担子太重难走路,并且此地到思笼有四十里路,都是重重深山,没有村子可以停歇,于是就住下来不再前行了。

二十一日 平明,自里段北行,复下山,仍与北来水遇。溯之入五里,水左右各有支流自山腋来注,遂渡一小桥,乃西北来支流也。又四里,又渡小桥,越溪之东,东北山夹又有支流下注。又北一里,始北上登岭,西瞰其流自西夹中来,则里段、长山大溪之发源处矣。北上半里,东入一隘门,其东有公馆焉,是为邕、柳分界处。门以内属宾州。公馆惟中屋为瓦,其门庑俱茅所盖。馆门东向,其前后环塍为田,而南北更峙土山。其水犹西坠馆右峡中,盖即前西麓登山时所见,东北夹支流下注之上流也。其隘土人名为界牌岭,又指为昆仑关①。按昆仑为南宁地,去郡东九十五里;兹与宾分界，去南宁一百二十里，其非昆仑可知。今经行者见其处有隘，遂以昆仑当之。故《西事珥》云："昆仑关不甚雄险，其上多支径，故曰：'欲守昆仑，须防间道。'"亦误谓此也。又平行岭夹，则田塍之东潴而为塘。三塘连汇，共半里，塘尽，复环为田。（田）之南巨山横峙，田之北列阜斜骞，而田塍贯其间，即过脉处也，其东，水北流矣。余初以小脉自北南过，及随水东北下，抵思笼而问之，始知其水犹西北转武缘南之高峰，而入右江②，则此脉乃自南而北渡，北起为陆蒙山，迤逦西行，过施湴尖峰，又西走而分支南结为南宁，其直西又西为罗秀，又西为石步，又西尽于王宫，则右江入郁之东岸也。自过脉处又东半里，乃下，又半里，下抵坞中。随水东北行，望前山一峰尖而甚高，云气郁勃，时漫时露。五里，渐抵尖峰之南，渡溪而北又二里，始见路左西山下有村倚焉。又东渡溪，于是循溪东而北向行。三里，已出尖峰之西麓，溪流东啮麓趾，路乃盘崖北上。转出崖北，二里，东北下，已绕尖峰之北矣。又行坞中二里，有小水南自尖山北夹来，北与界牌之水合，有小桥，渡之，是为上林县界③。自界牌岭来至此皆为宾州境，而是水之东又为上林境，以上林之思笼一驿孤悬独界其中也。过桥，复东北升陟冈陀，四里抵思笼④，村落一区在冈头，是为思笼驿。按《志》，思笼废县，昔为南宁属，不知何时割属上林。其地东西南皆宾州境，惟西北五十里至上林县。驿南面曰高尖山；北面崇山并障，东曰北斗山，西曰晒翅岭；遥山层叠正西者，曰陆蒙山。溪自界牌岭东北至此，扼于北山，遂转西南去。惟陆蒙隔于溪西也。

【注释】

①昆仑关：今名同，在南宁市区东北隅，原邕宁与宾阳两县界上，公路仍从此经过。

②而入右江："入"原作"出"，据本书上文及地理实际校改。

③上林县：隶柳州府宾州，即今上林县。

④思笼：明时为思龙镇，置巡检司，隶上林县。今作"思陇"，在宾阳县西境。

【译文】

二十一日　天明时，从里毂墟往北行，又下山，仍然与北边流来的溪水相遇。溯溪流进去五里，溪水左右各有支流从山侧流来汇入溪流中，于是越过一座小桥，这是从西北方流来的支流了。又行四里，又跨过小桥，越到溪流东岸，东北方的山间夹谷中又有支流下流汇入溪流中。又向北一里，开始向北上登山岭，向西俯瞰这条溪流自西面的夹谷中流来，那就是流经里毂墟、长山的大溪的发源地了。向北上登一里，向东进入一座隘门，隘门东边有客馆在里面，这里是邕州、柳州的分界处。隘门以内属于宾州。客馆只有中间的堂屋是瓦房，大门两侧的厢房都是茅草盖成的。客馆的大门面向东，客馆前后环绕的壑谷被垦为田地，而南北两面更是耸峙着土山。这里的溪水仍然是向西坠入客馆右边的峡谷中，大概就是前边在西麓登山见到的，从东北方的夹谷中向下流淌的支流的上游了。这个隘口当地人起名叫界牌岭，又指认为是昆仑关。据考察，昆仑关是南宁府的辖地，距离府城东面九十五里；此处是与宾州的分界处，距离南宁府城一百二十里，可知它不是昆仑关。如今途经此地的过路人看见此处有隘门，便把它当做昆仑关。所以《西事珥》说："昆仑关不怎么雄壮高险，关上有多条分岔的小径，因而说：'想要守住昆仑关，必须防守小路。'"也是误认为是此地。又平缓前行在山岭的夹谷间，就见田野的东面蓄水成为水塘。三个水塘连片积着水，共半里，水塘尽头，又环绕成田地。田野的南面巨大的山峦横向屹立着，田野的北面排列着倾斜高举的土阜，而田野纵贯其间，这就是山脉过渡之处了，这里的东面，水向北流了。我最初以为这条小山脉是自北往南延伸过去的，到顺着水流往东北下走，到达思笼后询问了这里的地势后，才知道这条水流仍然是向西北转到武缘县南面的高峰下，而后流入右江，那么这条山脉是自南往北延伸，在北面耸起成为陆蒙山，逶迤往西延伸，延过施涅驿的尖峰，又往西延伸后分出支脉南下盘结为南宁府城所在的山，主脉一直向西又在西面形成罗秀山，再往西是石步墟，再往西在王宫村到了尽头，这就是右江汇入郁江东岸的情况了。自山脉过渡处又向东半里，于是下山，又走半里，下到山坞中。顺着溪水往东北行，望见前方群山中一座山峰尖尖的而且非常高，云气浓郁，时而弥漫在山上，时而露出峰顶来。行五里，渐渐抵达尖峰的南面，渡过溪流往北走又是二里，这才看见道路左边的西山下有个村庄背靠着山。又向东渡过溪流，于是沿着溪流的东岸向北前行。行三里，已经出到尖峰的西麓，溪流向东啃咬着山麓的下部，道路于是绕着山崖往北上走。转到山崖的北面，行二里，向东北下走，已经绕到尖峰的北面了。又行走在山坞中二里，有条小溪自南面尖山北边的夹谷中流来，向北流与界牌岭流来的溪流合流，有座小桥，渡过溪流，这里是上林县的地界。自从界牌岭以来到此地都是宾州的辖境，而这条溪水的东面又是上林县的辖境，这是因为上林县的思笼一个驿站孤零零地悬隔在其中了。过桥后，又向东北爬升在山冈山坡间，行四里抵达思笼，一片村落在冈头上，这是思笼驿。根据《一统志》，思笼是废除了的县，从前是南宁府的属县，不知在何时划属上林县。这个地方东、西、南三面都是宾州的辖境，只有西北面五十里到上林县城。驿站南面的山叫高尖山；北面是高山像屏障一样并立着，东面的叫北斗山，西面的叫晒麴岭；正西方层层叠叠的远山，叫陆蒙山。溪流从界牌岭向东北流到此地，被北山扼住，便转向西南流去。唯有陆蒙山隔在溪流的西面了。

先是，雨色濛濛，初拟至思笼而止；及饭，而日色尚早，夫恐明晨雨滑，遂鼓勇而前。由思笼遂东下坞中，溯细流东行，一里，田夹既尽，复潴水为池。其池长亘一里，池尽复环塍为田，其南北皆崇山壁夹，南为高尖之东北垂，北为北斗之东南垂，其中夹而成田。共半里，即二山度脉之脊，水至是遂分东北与西南二派，东北者入都泥江，西南者入右江，为黔、郁两江脊，水之派至是始分。过脊，随水东北行峡中，其峡甚束。又半里始降而下，有坊焉，复为宾州界。盖宾州之地，东西夹思笼一驿于中，为上林南界者，横过仅七里云。既下，山愈逼束，路益东转，已越高尖山之东麓矣。按《志》："宾州南四十五里有古漏山，古漏之水出焉。其关曰古漏关。"即此矣，然土人无复知者。随水东下又三里，山峡渐辟，又六里，渐出峡，始东望遥峰甚高，双尖骈起者，为百花山。水折而北，路亦随之，山乃大辟。六里，为双峰洞，阳有庙东向，曰陈崇仪庙，乃祀宋守陈曙者。侬智高之乱，曙为宾守，以兵八千战于昆仑，兵溃，经略狄青以军法斩之，土人哀而祀焉。后韩都督征蛮，见有白马朱衣而导者，知为曙显灵，故拓而新之。其地乱山回伏，无双峰特耸；若百花骈拥，虽望而见之，然相距甚遥，不知何以"双峰"名峒。《碑》曰："在宾州三十里。"又北二里，有小水自西坞出，东注于大溪。即古漏水。又三里，乃渡大溪之东，溪乃东转，路亦从溪南随之。共东十里，溪北之山东尽，溪南之山亦渐东转而南，是为山口。其东平畴一望，天豁岚空，不意万山之中，复有此旷荡之区也！东望五里，为丁桥村，又东十里为宾州[1]，皆在平楚中。谢肇淛云:"昆仑在宾州南十里。"此何据也?

【注释】

①宾州:隶柳州府,治今宾阳县稍北的新宾。

【译文】

这之前,细雨蒙蒙,最初打算到思笼就停下来;到吃完饭后,天色还早,挑夫担心明天早晨下雨路滑,就鼓足勇气往前走。由思笼就向东下到山坞中,溯细小的溪流往东行,行一里,夹在路旁的田地走完后,又有积水形成水池。这个水池长长地绵亘了一里地,水池尽头又是田埂环绕成的水田,这里的南北两面都是高山石壁相夹,南面是高尖山的东北垂,北面是北斗山的东南垂,其中的夹谷被垦为水田。共半里,就是两座山脉过渡的山脊,水流在这里便分为东北与西南两条支流,向东北流的汇入都泥江,往西南流的汇入右江,是黔江、郁江两条江流分流的山脊,江水的支系在这里开始划分。越过山脊,顺着溪水往东北行走在峡谷中,这条峡谷非常狭窄。又走半里开始下降,有座牌坊,又是宾州的地界。原来宾州的辖地,东西两面夹着思笼一个驿站在当中,是上林县南部的属地,横向走过只有七里路。下山后,山势愈加紧逼束拢,道路越加向东转,已经越过高尖山的东麓了。据《一统志》说:"宾州南面四十五里处有座古漏山,古漏水出自于山中。山上的关隘叫古漏关。"就是指此地了,然而当地不再有知道的人了。顺着水流向东下走又是三里,山峡渐渐开阔起来,又行六里,渐渐走出峡谷,这才望见东面的远峰非常高,双峰并排耸起的,是百花山。水流折向北流去,道路也顺着水流走,山势于是十分开阔。行六里,是双峰洞,山南有座庙面向东,叫做陈崇仪庙,是祭祀宋代知州陈曙的神庙。侬智高作乱时,陈曙任宾州的知州,率兵八千在昆仑关作战,兵败,经略使狄青按军法斩了他,当地人哀悼祭祀他。后来韩都督征讨蛮族,看见有个骑白马穿朱红衣服的人在前领路,知道是陈曙显灵,因而扩建翻新了庙宇。此地乱山回绕起伏,没有双峰那样特别高耸的山;至于百花山双峰并排簇拥,虽然望得见它,然而相距非常遥远,不知为什么用"双峰"来给峒起名。碑文说:"在宾州三十里。"又向北二里,有条小溪自西面的山坞中流出来,向东注入大溪中。这就是古漏水。又行三里,于是渡到大溪的东岸,溪流于是向东转,道路也从溪流的南岸顺着溪流走。共向东走十里,溪流北面的山到了东面的尽头,溪流南面的山也渐渐由东转向南,这里是山口。山口东面平旷的田野一望无际,天空开阔,山间的雾气空濛一片,意想不到在万山丛中,又有如此空旷平坦的地方了!向东望去,五里外是丁桥村,又向东十里是宾州城,都在平川上的树丛中,谢肇淛说:"昆仑关在宾州城南十里处。"这是根据什么呢?

少憩山口,征三里路于途人。知者云:"当从此东北行,由北小岭入,是为口村。其道为径,可无宾州之迂。"时甫下午,日色大霁,遂由山口北渡大溪,从平畴中行。十里,抵北界小山下。其山颇低,自山口之北回环东北行,至此有村落依之。由村东又东北行五里,越山之北,复有坞自西而东,路横涉之。二里,有水亦自西而东注,架小桥于上渡之。又北一里,直抵北山下,其山乃北第二重东行小支。又有水直逼山麓,自西而东,架桥亦与前溪同。度桥即北向登山,山巅有堡一围,名竹马堡,乃二年前太平节推吴_{鼎元,高州人。}署宾州所筑,招狼兵五十名以扼要地者。上山半里,又从山上北行半里,山北有水一塘,横浸山麓,四面皆山峡环之。下山又半里,北望公村尚在坞北二里外,担夫以力不能前,乃从山北麓东行半里,投宿小村。村不当大道,村人初不纳客,已而一妇留之,乃南都人李姓者之女①,闻余乡音而款留焉。其夫姓邓,随驿骑至南宁。

【注释】

①南都:明制有两京,即北京和南京,北京顺天府称京师,南京应天
　　府又称南都。直隶南京的地区称南直隶,简称南直或直,辖境相
　　当于今江苏、安徽两省。

【译文】

在山口稍作休息,向路上的人证实去三里城的路。知道的人说:
"应当从此地往东北行,经由北面的小岭进去,那里是口村。这条路是
小路,可以不必绕道去宾州城了。"此时刚到下午,天色非常晴朗,于是
就由山口向北渡过大溪,从平旷的田野中前行。行十里,抵达北面的小
山下。这里的山相当低矮,从山口的北面回绕着往东北延伸,来到此地
有村落依傍在山下。由村东又往东北前行五里,翻越到山的北面,又有
个山坞自西向东延展,道路横向涉过山坞。行二里,有流水也是自西向
东流淌,水上架有小桥渡过去。又向北一里,直达北山下,这列山是北
面第二层向东延伸的小支脉。又有流水直逼到山麓,自西往东流,也和
前边的溪流一样架有桥。过桥后就向北登山,山顶有一座围墙围着的
土堡,名叫竹马堡,是两年前太平府姓吴的节推官吴鼎元,高州人。代理宾
州州官时修筑的,调来五十个土司兵扼守此处要地。上山半里,又从山
上往北行半里,山北有一塘水,横向浸泡到山麓,四面都是山峡环绕着
水塘。下山又是半里,往北望去公村还在山坞北面二里路之外,挑夫因
为没有力气了不能前行,于是从山的北麓往东行半里,投宿到小村子
中。村子不在大道上,村里人最初不接纳客人,不久一个女人留下了我
们,她是一个姓李的南京人的女儿,听见我的家乡口音便留下我们款待
了。她的丈夫姓邓,跟随驿站的坐骑到南宁府城去了。

二十二日　是为立春日。晨起,阴云四合。饭而北行

田坞间。二里，抵北山下，是为公村①。由村东越山而北，三里下及北麓，始见北向扩然，渐有石峰透突。盖自隆安西岭入，土山崇卑不一，皆纯土而不见石，至此始复见峥嵘面目矣。于是复行平畴中，一里，北过一板桥，有小水亦自西而东。又北行四里，抵北小山下，有水从山下潄南麓而东，架桥渡之。遂穿山腋而北，于是北行陂陀间，西望双峰峻极，氤氲云表者，大明山也②。其山在北斗山西北，为上林、武缘分界。按《志》，上林、武缘俱有镆铘、思邻二山，为二县界，曰镆铘而不及大明，岂大明即镆铘耶？又北五里，有大溪西自大明山东流而去③，是又为宾州、上林之界，其水较古漏诸溪为大，故不能梁而涉焉。由溪北又三里，登一冈，是为思洛墟④，宾州北来大道至墟而合。遂西北行，共十二里过白墟⑤，又三里为牧民堡，有卖饭于冈头者，是为宾州往上林、三里中道也。又西北行十里至开笼山，一名鸡笼，已直逼北界石山下。由歧北入石山夹中，其山千百为群，或离或合，山虽小而变态特甚。有分三歧者，东歧大而高，中次之，西歧特锐，细若竹枝，诡态尤甚；有耸立众峰间，卓如簪笔者。由其西转而北，入石山峒中。五里，北至杨渡⑥，一大溪西由上林崇山中东流至此，直逼北面石山下，又有一溪北由三里山峡中南向入之，二流合而其溪愈大，循石山而东，抵迁江入都泥焉。方舟渡北山下，有卖饭者当道，渡者屡屡不绝，遂由其东溯南来溪西岸入峡。其峡或束或开，高盘曲峤，左右俱有村落。十里，峡复大开，四山围绕，中成大坞。有一峰当坞起平畴中，四旁无倚，极似桂林之独秀、向武之瑞岩，更小而峭。路过其西,忽树影倒垂,天光中透,呕东入之,则其中南北中迸。南窍复有巨石自洞顶当门外倚,界洞门为二,门内裂窍高数丈,阔丈五,直透峰北者五六丈。出北窍,其上飞崖倒覆,骞腾而东,若复道回空,悬树倩影。复入其内,又西通一窍,西北转而出,其中宛转,屡有飞桥上悬,负窦层透,又透西门焉。一峰甚小,下透四门,中通二道,亦琅岩之具体而微者,但琅岩高迥,而兹平狭耳。由岩北又北三里,为桂水桥,溪水自西北漱崖,而南崖瞰溪临桥。昔有叠石为台,构亭于上者,曰来远亭,今止存荒址矣。越桥东,又北二里,为三里城⑦。城建于万历八年⑧,始建参府,移南丹卫于此⑨,以镇压八寨云。时已过午,税驾于南城外陈队长家。其人乃浙之上虞陈氏也⑩,居此二十年矣。晚日甚丽,余乃入城谒关帝庙,换钱于市而出。及就寝,雨复大作。

【注释】

①公村:今作"公车",在宾阳县西北隅。

②大明山:今名同,在上林、武鸣两县间,最高峰海拔 1760 米。

③大溪:即今蛳螺江,今上林、宾阳两县仍基本以此水为界。

④思洛墟:该处位于蛳螺江北,应即今蛳螺,在上林县东南隅。

⑤白墟:今设白圩镇,在上林县东境的公路边。

⑥杨渡:今作"洋渡",在上林县东境。从上林西来之水明代称澄江、李依江、南江,从三里南下之水明代称北江。南北二江在杨渡汇合后称清水江,再往东转北流,至迁江入红水河,此水今仍称清水江。

⑦三里城:今设三里镇,在上林县东北境。

⑧万历八年:即 1580 年。

⑨南丹卫:驻地迁徙频繁。洪武二十八年(1395)置于南丹州,因名
　　南丹卫。永乐二年(1404)徙上林县东,正统六年(1441)徙宾州
　　城,万历八年(1580)迁至三里城。

⑩上虞(yú):明为县,隶绍兴府,治所在今浙江上虞区东境的丰惠。

【译文】

二十二日　这天是立春日。早晨起床,阴云四面笼罩。饭后往北
行走在山坞中的田野间。行二里,抵达北山下,这里是公村。由村东翻
越到山北,行三里下到北麓,这才见到北面十分开阔,渐渐有石峰突显
出来。自从走入隆安县的西岭以来,土山高低不一,都是清一色的土却
不见石头,来到此地开始又见到石山的峥嵘面目了。从这里又行走在
平旷的田野中,行一里,往北走过一座木板桥,桥下有小溪也是自西往
东流。又往北行四里,抵达北面的小山下,有溪水从山下冲刷着南麓往
东流,架桥渡过溪流。于是穿过山侧往北走,从这里起向北前行在倾斜
不平的山坡间,远望西面,双峰极其险峻,云雾氤氲,高出云层之外,那
是大明山了。这座山在北斗山的西北,是上林县、武缘县的分界处。根
据《一统志》,上林县、武缘县都有镆铘、思邻两座山,是两县的分界处,
说到镆铘山却没有提及大明山,莫非大明山就是镆铘山吗?又向北五
里,有条大溪自西面的大明山向东奔流而去,这又是宾州、上林县的分
界处,这条溪流比古漏水等各条溪流都大,所以不能架桥而要涉水了。
由溪流北岸又走三里,登上一座山冈,这里是思洛墟,宾州往北面来的
大道到思洛墟便会合了。于是向西北行,共十二里后经过白墟,又走三
里是牧民堡,有在冈头卖饭的人,这里是宾州前往上林县、三里城的半
路上了。又往西北前行十里到开笼山,又叫鸡笼,已经直接逼近北面一
列石山下了。由岔路向北进入石山夹谷中,这里的山千百成群,或分或
合,山虽然小但姿态变化特别大。有的山分为三座支峰,东面的支峰又
大又高,中间的次一点,西面的支峰特别尖,细得像竹枝,姿态尤其诡
异;有的笋立在群峰之中,卓然独立像发簪笔尖的样子。由石山的西麓

转向北,进入石山峒中。行五里,往北来到杨渡,一条大溪由西面上林县的崇山峻岭中向东流到此地,直逼到北面的石山下,又有一条溪流由北面的三里城的山峡中向南汇入大溪,两条溪流合流后这条溪流水势更大,沿着石山往东流,流到迁江后汇入都泥江。刚乘渡船渡到北山下,有挡在路上卖饭的人,渡水的人一批批络绎不绝,于是由渡口东边湖南边流来的溪流的西岸进峡。这条峡谷时而束拢时而开阔,曲折盘绕,两面高山耸峙着,左右都有村落。行十里,山峡又变得十分开阔,四面群山围绕,中间形成一个大山坞。有一座山峰在山坞里的平旷田野中耸起,四旁没有倚靠,极像桂林的独秀峰、向武州的瑞岩,更小一些却更为峭拔。道路经过石峰的西面,忽然树影倒垂,天光照射进来,急忙向东进山,就见山中南北向从中迸裂开。南边的石窍又有巨石从洞顶下来挡在洞口外斜靠着,把洞口隔为两半,洞口内裂开的石窍高达几丈,宽一丈五,直穿到山峰北面之处有五六丈。走出北边的石窍,洞口上方飞崖倒覆,向东腾空高举,好像双层的通道回绕在空中,悬垂的树枝透出靓丽的光影。再次进入洞内,又在西面通有一个石窍,向西北转出去,其中弯弯转转的,屡次有飞桥悬在头上,后背顶着洞顶一层层钻出去,又钻到西面的洞口。整座山峰非常小,下面通有四个洞口,山中通有两条通道,也是琅岩那样的具体而微的洞穴,只是琅岩高大深远,而此处则是又平又窄而已。由岩洞北边又向北走三里,是桂水桥,溪水从西北方流来冲刷着山崖,而南面的山崖俯瞰着溪流下临桂水桥。从前有人用石块砌成平台,在平台上建起亭子,叫做来远亭,今天只存留下荒废的基址了。过到桥东,又向北二里,是三里城。城建于万历八年,开始建立参将府,把南丹卫搬迁到此地,以便镇压八寨。此时已经过了中午,住宿在南城外陈队长家中。这家人是浙江上虞县的陈家,居住在此地二十年了。傍晚的落日非常艳丽,我于是进城去拜谒关帝庙,在市场上换钱后出城来。到就寝时,暴雨又大作起来。

二十三日　晨起雨止。既而日色皎然，遂令顾仆浣衣濯被，余乃作与陆参戎书①，并录《哭静闻》诸诗缄之②，以待明晨投入。迨暮，日复坠黑云中。

【注释】

①参戎：即参将。

②缄（jiān）：封信。

【译文】

二十三日　早晨起床雨停了。随后阳光明亮，便命令顾仆洗衣被，我于是写了一封给陆参将的信，并抄录了《哭静闻》等诗封在信封中，以便等明天早晨投递进去。到傍晚时，落日又坠入黑云中了。

二十四日　晨起，雨复作。上午以书投陆君。陆，镇江人也，镇此六年矣。名万里。得书即令一把总以名帖候余①，余乃入谒，为道乡曲，久之乃别。陆君曰："本当即留款，以今日有冗，诘朝耑候耳②。"盖是日乃其孙伯恒初冠，诸卫官有贺燕也。余返寓，雨纷纷不休。陈主人以酒饮余，遂醉而卧。

【注释】

①名帖（tiě）：亦简称"帖"，用红纸片书写姓名、官衔，为官场拜谒时交给对方的东西，犹如现今的名片。

②耑：同"专"。专门。

【译文】

二十四日　早晨起床，雨又下起来。上午把信投递给陆君。姓陆的，是镇江人，镇守此地六年了。名叫陆万里。陆君接到信立即命令一个把总拿着名帖来问候我，我于是进衙门去拜见他，为此互道乡情，很久后才告别。陆君说："本来应该马上留下您款待，因为今天有冗务在身，只能明天早上专门恭候您了。"原来这一天是他的孙子陆伯恒举行成人的冠礼，卫所里的众多官吏有庆贺的宴会。我返回寓所，细雨纷纷下个不停。陈家主人拿酒来给我喝，于是喝醉后躺下睡了。

　　二十五日　晨起渐霁，余作程纪于寓中。上午，陆君以手书订余小叙，尽返所馈仪。余再作书强之，为受《金谷秋香》卷。下午，入宴于内署，晤陆君令弟玄芝，昆仲俱长厚纯笃①，极其眷爱焉。

【注释】
①昆仲：对他人兄弟的敬称。笃（dǔ）：忠实。

【译文】
　　二十五日　早晨起床后渐渐晴开，我在寓所中记游记。上午，陆君送来亲笔信约我去叙谈叙谈，把我赠送的礼品全部送还我。我再次写信强逼着他收下，为此接受了《金谷秋香》的卷轴。下午，到内衙去赴宴，会见了陆君和他的弟弟陆玄芝，兄弟二人都很恭谨淳朴忠厚，极其关照爱护我。

　　二十六日　晨起，入谢陆君，遂为下榻东阁。阁在署东隅，乔松浮空，幽爽兼致，而陆君供具丰腆，惠衣袜裤履，谆谆款曲，谊逾骨肉焉。是日，陆君出新旧诸报见示①，始知石斋先生已入都，又上二疏，奉旨责其执拗，复令回话，吏部主政熊文举以疏救之。又知郑鄤阳之狱拟戍②，复奉旨欲加重刑，刑部尚书任为镌三级焉。至六月，锦衣卫以病闻③。又知钱牧斋为宵人上疏④，以媚乌程，遂蒙逮入都⑤，并瞿式耜俱下狱⑥。抚宁侯朱国弼等疏攻乌程，六月间，乌程始归，郑、钱狱俱未结。

【注释】

①报：即邸（dǐ）报。为了传达政令，通报消息，封建中央主办的报纸，只在封建政府内各级机构传阅。内容主要是皇帝的命令文告，臣下给皇帝的奏章，以及官吏的任免消息。

②郑峚（mì）阳：即郑鄤（màn）（1594—1639），字峚阳，武进人。黄石斋之友，经石斋介绍，霞客曾从福建徒步到广东访郑于罗浮，后又曾访郑于常州。

③锦衣卫：即锦衣亲军都指挥使司。原为护卫皇宫的亲军，后又兼管刑狱，成为皇帝的耳目，可秉承皇帝意旨，四出侦察、缉捕，用刑极为惨酷，权力很大，成为明代监视、控制群众及各级官吏的特务机构。

④钱牧斋（1582—1664）：即钱谦益，字受之，号牧斋，晚年号蒙叟，又号东涧老人，常熟人。万历进士，曾属东林党，官至礼部侍郎，后被革职。南明时为福王政权礼部尚书。清初以礼部侍郎管秘书院事。工诗文。钱氏对霞客有较深的了解，曾作《徐霞客传》。宵（xiāo）人：即小人。

⑤逮（dài）：同"逮"，逮捕。

⑥瞿式耜（lǔ，1590—1650）：字起田，又字稼轩，常熟人。曾任江西永丰知县、户科给事中等。明亡，瞿参加弘光政权，任广西巡抚。后拥永历，为文渊阁大学士兼吏、兵二部尚书，留守桂林，打退了清军的多次进攻。1650年，清兵入桂林，瞿与城共，被清军捕杀。

【译文】

二十六日　早晨起床，进衙门向陆君道谢，便被留在东阁住下。东阁在衙门内的东角落之上,高大的松树在空中浮动,兼有幽静与明亮的情趣,而且陆君提供的用具又非常丰厚,惠赠了衣裤鞋袜,诚恳表达了殷勤之意,情谊超过了骨肉兄弟。这天,陆君出示了新旧邸报给我看,这才了解到黄石斋先生已经调任进京,又呈上两个奏疏,接到圣旨责备他执拗,又命令他回话,吏部主事熊文举上疏救下了他。又了解到郑鄤阳的案件,准备发配他去戍边,又接到圣旨要加以重刑,刑部任尚书为此被官降三级。到六月份,锦衣卫把他生病的事报告了皇帝。又了解到钱牧斋被小人上疏诬告,用以讨好乌程,竟然蒙冤被逮捕进京,连同瞿式耜一起关进监狱。抚宁侯朱国弼等人上疏攻击乌程,六月间,乌程这才回京,郑鄤阳、钱牧斋的案件都没有结案。

二十七日　雨。

【译文】

二十七日　下雨。

二十八日　稍霁。陆公特同余游韦龟岩。岩在三里西十里。

【译文】

二十八日　稍微晴开。陆公特意陪同我去游览韦龟岩。韦龟岩在三里城西面十里处。

二十九日　复雨。

【译文】

二十九日　又下雨。

三十日　复雨。

【译文】

三十日　又是下雨。

戊寅正月初一日① 阴雨复绵连，至初六稍止。陆君往宾州，十一日归。

【注释】

①戊寅：崇祯十一年（1638）。

【译文】

戊寅年正月初一日　又是阴雨连绵，到初六才稍稍停了一下。陆君前去宾州，十一日归来。

十三日　游独山岩，又小独山。

【译文】

十三日　游览独山岩，又游览了小独山。

十五日　雨中往游周泊隘。隘在三里东二十五里。晚酌南楼，观龙灯甚盛。

【译文】

十五日　雨中去游览周泊隘。周泊隘在三里城东面二十五里处。晚上在南楼饮酒,观赏龙灯,非常热闹。

二十七日　同陆伯恒游白崖堡岩洞。洞在杨渡西,北向高洞三层,又东南向深洞,内分二支。人宿白崖哨官秦馀家①。

【注释】

①哨官:即哨的军官。哨,古代军队的编制单位。明嘉靖以后,哨为军队中较小的编制单位,以3120人为一枝,每枝分中、左、右哨。清代也有哨,但编制更小,咸丰以后,陆军每百人或80人为哨,水师每80人或20人为哨。

【译文】

二十七日　同陆伯恒一起去游览白崖堡的岩洞。岩洞在杨渡西面,面向北方,有三层高洞,又有个面向东南方的深洞,洞内分为两个支洞。到白崖堡哨官秦馀家中住宿。

二十八日　陆公昆仲至,同游青狮岩①。岩在杨渡东南,过渡四里乃至。其岩东西直透,东门平,西门高,洞内下甚宽平,上两层中空透顶。西门内可望而高不可上,须由山北小窦攀崖而入,下临西门之顶。又东入深奥,又北透重门,俱在绝壁之上。是日酌于洞中,有孙、张、王三指挥使同饮②。既乃观打鱼于江畔,抵暮归,乃病。

【注释】

①青狮岩:在今上林县澄泰乡下金。

②指挥使：明代军队实行卫所制，数府划为一个防区设卫，辖军士5600人，卫的军官即称指挥使，也省称挥使。

【译文】

二十八日　陆公兄弟来到，一同去游览青狮岩。青狮岩在杨渡东南方，过了渡口四里路才到。这个岩洞东西两头一直穿通，东洞口平，西洞口高，洞内下边非常宽敞平整，上面的两层洞中空阔通到山顶。西洞口内可以望得见但太高不能上去，必须由山北的小洞攀着石崖才能进去，下临西洞口的顶上。又从东洞口进入洞中的幽深处，又向北钻出两层洞口，都是在绝壁之上。这一天在洞中饮酒，有姓孙、姓张、姓王的三个指挥使同饮。随后在江边观看打鱼，到天黑归来，便生病了。

二十九、三十两日　余卧疴东阁①。天雨复不止。

【注释】

①疴（kē）：病。

【译文】

二十九日、三十日两天　我生病躺在东阁上。天又不停地下雨。

二月初一日　稍霁。

【译文】

二月初一日　稍稍晴开。

初二日　复雨。是日余病少愈，乃起。

【译文】

初二日　又下雨。这一天我的病情稍好了些，于是起床来。

初三日　雨中复往青狮潭观打鱼。先是张挥使言，青狮岩之南有鸡笼山，亦有大岩，故陆公以骑送余至此，命张往同游。张言雨中不可入，且久无游者，固阻余，仍冒雨归。自后余欲辞陆公行，陆公择十三日为期。连日多雨，至初九稍霁。陆公命内侄刘玉池、嘉生昆仲并玄芝、伯恒各分日为宴饯余。因出演武场，伯恒、二刘为走马命射。演武场周围有土城，即凤化县址也①，在城东。

【注释】

①凤化县：存在时间甚短。正德七年（1512）增设凤化县治于思恩府，嘉靖六年（1527）王守仁平八寨，议割上林三里与思恩府，而移凤化县治于其处。巡抚林富以三里城设南丹卫，随即裁凤化县。

【译文】

初三日　在雨中再次前往青狮潭观看打鱼。在这之前，张指挥使说起，青狮岩的南面有座鸡笼山，也有个大岩洞，所以陆公派马送我来到此地，命令姓张的一同前去游览。姓张的说在雨中不能进洞去，而且很久没有人去游览，坚决阻止我，于是冒着雨归来。自从那以后我想告辞陆公上路，陆公选定十三日作为我动身的日期。连日来多雨，到初九日稍微晴开了一些。陆公命令他的内侄刘玉池、刘嘉生兄弟以及陆玄芝、陆伯恒各人分别每天为我设宴饯行。于是来到演武场，陆伯恒、姓刘的两兄弟为我跑马射箭。演武场周围有土城墙，就是凤化县城的旧址了，在城东。

十一日　早闻雨声，余甚恐为行路之阻。及起，则霁色渐开。至晚，饯余于署后山亭。月色皎然，松影零乱，如濯冰壶，为之醉饮。

【译文】

十一日　清早听见雨声，我十分担心成为我上路的障碍。到起床时，却看见天色渐渐晴开。到晚上，在衙门官署后山的亭子中为我饯行。月光皎洁，松影零乱，如同冰壶中洗澡，因此喝醉了。

十二日　日色甚丽。自至三里，始见此竟日之晴朗。是日陆公自饯余，且以厚赆为馈①，并马牌、荐书相界，极缱绻之意②，且订久要焉。何意天末得此知己，岂非虞仲翔之所为开颐者乎③？

【注释】

①赆(jìn)：送行者赠送的路费或礼物。

②缱绻(qiǎn quǎn)：情意深厚缠绵。

③虞仲翔：即虞翻，三国时吴国的经学家，会稽余姚人。孔融曾看过他研究《易》的著作《易注》，看后很感慨，说："生无可与语，死以青蝇为吊客，使天下有一人知己，足以无恨。"颐(yí)：脸颊。

【译文】

十二日　阳光十分艳丽。自从来到三里城，这才见到这样一整天都是晴朗的天气。这一天陆公亲自为我饯行，并且拿出厚重的礼物作为馈赠，一并连同马牌、推荐信相送，极尽难分难舍的情谊，而且互相约定日后要长期来往。何曾想到在天涯末路会得到这样的知己，莫非这是虞仲翔那样让孔融为之开颜而笑的人吗？

十三日　五鼓，雨声复作。既起，雨止，雷声殷殷。陆公亲为治装毕，既饭，送至辕门①，命数骑送余。遂东出东门，过演武场，抵琴水桥，伯恒与苏友陈仲容别去。又一哨官王姓者以骑来，与刘玉池同送渡琴水桥。又东一里，北向入山，升陟坂垅，东北十四里，抵一最高石峰之麓，有一土阜西缀石峰之下，是为左营②。其石山东即罗洪洞贼。营北一里有墟场，趁墟者多贼人。然墟无他物，肉米而已。又北行，皆东石西土。共七里，有石崖夹道，竖峰当门，乃金鸡山也。透山腋二里，北复开间峡北去。又十里，为后营。营在西土山之上，东支则石峰参差，西支则土山盘错。营于山巅，土山形如船。其石山东乃那良贼寨③。哨官杨迎款甚勤。杨号耀先，闽漳州人。欲往游东岩，以雨色复来，恐暮，乃止。

【注释】

①辕（yuán）门：领兵将帅的营门及督抚等官署的外门。

②左营：在今上林县东北乔贤镇恭睦村内勉庄。

③那良：今名同，在上林县东北境。

【译文】

十三日　五更天，雨声又响起来。起床后，雨停了，雷声隆隆。陆公亲自为我整理好行装，饭后，送到辕门，命令几名骑兵护送我。于是向东出了东门，路过演武场，抵达琴水桥，陆伯恒和苏州友人陈仲容告别离开了。又有一位姓王的哨官率领骑兵过来，与刘玉池一同把我送过琴水桥。又向东一里，向北进山，爬升在山坡土陇间，向东北十四里，抵达一座最高的石峰的山麓，有一座土阜在西面连缀在石峰之下，这里是左营。这座石山的东面就是罗洪洞的盗贼。营房北边一里处有个集市，赶集的人多半是贼人。不过集市上没有别的东西，只有米肉而已。又往北行,东面都是石山西面是土山。共七里,有石崖夹住道路,山峰迎面竖立,这是金鸡山了。穿过山侧二里,北面又裂开一线峡谷向北去。又行十里,是后营。营房在西面的土山之上,东面的一条支脉是参差的石峰,西面的一条支脉则是盘绕交错的土山。营房建在山顶上,土山的形状像一条船。那列石山的东面是盗贼在那良的山寨。姓杨的哨官迎接款待十分殷勤。杨哨官别号耀先,福建省漳州人。我想去游览东岩,因为雨又来了,担心天晚,便住下了。

自旧年十二月廿三日入三里,至今二月十三日由三里起程,共五十日。

【译文】

自从去年十二月二十三日进入三里城,到今年二月十三日由三里城起程,共五十天。

三里砖城,周回大三里。东西皆石山排列,自后营分枝南下,中有土山一支,至此而尽,又起一圆泡,以城环之。参府即倚泡建牙①。府周围乔松百余,高刺云霄,干大皆三人合抱。余以为数百年物。按碑,乃隆庆初年建府时所植,栽逾六十年,地气涌盛如此。城久颓,且无楼橹②,陆公特增缉雉堞③,创三门楼。东、西、南三门。惟直北当府后无门。南门之外,又建南楼,以壮一方之形势。余有《南宣楼记》。又前,则东西二溪交于汇水桥,二溪,西大而东小,俱发源后营之东、西谷,合而下洋渡。而独山岩又中峙为下流之钥,前又有独山村之山为第二重钥。

【注释】

①牙:通"衙"。后文作"衙",即官府衙门。

②楼橹(lǔ):即望楼,古时用以防御、侦察或攻城的高台。

③缉(jī):即缉理,整治。

【译文】

三里城是砖城,周围大三里。东西两面都有石山排列着,自后营分支南下,其中有一支土山,延伸到此地便到了尽头,又突起一座圆泡形的土山,筑有城墙环绕着这座山。参将府就是背靠圆泡建起衙门。参将府周围有百余棵高大的松树,高高刺入云霄,树干都是大得要三个人合抱。我以为是几百年前的东西。根据碑文,是隆庆初年建立参将府时种植的,栽种后超过六十年,地下的湿气如此腾涌旺盛。城墙坍塌了很久,并且没有望楼,陆公特意整治增修了女墙,在三道城门上创建了城楼。东、西、南三道城门。唯有正北位于参将府衙后面没有城门。南门之外,又建有南楼,用以增强这一个方向的地理形势。我写有《南宣楼记》。又往前去,便是东西两条溪水在汇水桥交汇,两条溪流,水势西边的大而东边的小,都是发源于后营东、西两面的山谷,合流后下流到洋渡。而独山岩又矗立在两条溪流中间从而成为下游的门户,前方又有独山村的山成为第二重门户。

三里之界,南逾杨渡或作洋渡。抵鸡笼山,共二十里。北过后营抵分脊岭,共五十里。昔时脊北那历、玄岸二村①,北并蓝涧俱顺业里属②,今已沦为贼窟。东抵周泊隘,共二十五里。西抵苏坑,五十五里③。纵横皆七十里。名"三里"者,以昔为贼踞,王文成平八寨④,始清出之,编户三里:一曰上无虞,二曰下无虞,三曰顺业里。今顺业北境与八寨接壤者十余里,那历、玄岸并蓝涧皆贼踞为巢。曾置凤化县,即今演武场周围土城,遗址尚存。随废,后以南丹卫迁此,而设参府镇之。田粮初输卫收,后归上林县,而民以不便,复纷纷议归卫矣。

【注释】

①那历:本月十四日记作"那力",今作"老黎"。玄岸:今作"贤按"。

②顺业里:今作"顺良"。此村与上文那历、玄岸皆在上林县北境,贤岸偏北,顺良偏东。

③西抵苏坑,五十五里:乾隆本、"四库"本作"西抵苏坑,共四十五里"。

④王文成:即王守仁(1472—1528),字伯安,号阳明,浙江余姚人。明代著名理学家,但他一生也主持了不少镇压农民起义的军事行动。正德元年(1506),因抗章救戴铣等人,触怒宦官刘瑾,被廷杖四十,谪为贵州龙场驿丞。后为右佥都御史,巡抚江西等省,镇压了江西的农民起义。嘉靖六年(1527),以原官兼左都御史、总督两广兼巡抚。平了田州土官的叛乱,接着,又出兵镇压了大藤峡瑶族人民起义,下令布政使林富率田州、思恩土兵直抵八寨,破石门,副将沈希仪邀斩起义军,"尽平八寨"。后被诏赠新建侯,谥文成。

【译文】

　　三里的地界,南面超过杨渡或者写作洋渡。到达鸡笼山,共二十里。北面越过后营到达山脊分水的山岭,共五十里。从前山脊北面的那历、玄岸两个村子,连同北边的蓝洞都是顺业里的属地,如今已经沦为贼窝。东面抵达周泊隘,共二十五里。西面抵达苏坑,五十五里。纵横都是七十里。起名叫"三里"的原因,是因为从前被盗贼盘踞着,王文成平定八寨后,才把这一地区清理出来,按照户口编为三个里:一里叫上无虞,二里叫下无虞,三里叫顺业里。现在顺业里的北境与八寨接壤的地方,那历、玄岸连同蓝洞都被盗贼占据作为巢穴。曾经设置过凤化县，就是今天演武场周围的土城墙，遗址还存留下来。随后废除了，后来把南丹卫迁到此地，进而设立了参将府镇守此地。按田地征收的税粮由南丹卫收缴，后来划拨给上林县，可百姓认为不方便，又在纷纷商议划归卫里征收了。

　　三里以洋渡为前门，有李依江西自上林县大明山发源，东流至此，横为杨渡。渡之南则石峰离立，若建标列戟；渡之北则石峰回合，中开一峡，外凑如门，有小江自北而南，注于洋渡下流，即汇水桥下合流水也。溯小江西岸入峡，宛转俱从两界石山中，北行数里，两界山渐开渐拓，中环平畴，有独山村界其中，一石山中立溪西为外案，又有独山岩为内案。于是东西两溪之水前合而南去，北面石山愈开，土山自北而来，结为城治焉。城北土山中悬，直自后营西北夭矫而下，至此而尽。其东西两界石山回合如抱，愈远愈密，若天成石郭，另辟一函盖于中者。盖西来之脊高峙为大明山，分支东走，环绕于苏坑南北者，遂为西界之障；又北转而东抵后营之后，乃中分土山一枝，直南四十里而结三里，若萼中之房；其分枝东度者，又南转环绕为东界之障。故周泊、苏坑两处[1]，为三里东西之腋，正中与城治相对。其处东西最拓，若萼之中拆处焉。由周泊而南，渐转渐合，至洋渡而西向临溪，则青狮庙之后崖也。由苏坑而南，渐转渐合，至洋渡而东向临溪，则白崖堡之东崖也。二崖凑合于洋渡，即所入之前门，若萼之合尖处焉。

【注释】

①周泊：今作"刁泊"。苏坑：应在今罗圩附近。皆在上林县东北境，三里城东西两侧。

【译文】

　　三里城以洋渡作为前门，有条李依江从西面上林县的大明山发源，往东流到此地，横流成为杨渡。渡口的南面就是分散矗立的石峰，如像竖起的标杆和排列着的剑戟；渡口的北面则是回绕闭合的石峰，中间裂开一条峡谷，外边凑拢像一道门，有条小江自北往南流，注入洋渡的下游，这就是汇水桥下合流的水流了。溯小江的西岸进入峡中，弯弯转转地都是从两列石山中前行，往北行几里，两面的山渐渐开阔起来，中间环绕成平旷的田野，有独山村隔在其中，一座石山当中矗立在溪流的西岸，是三里城外围的案山，又有独山岩成为里面一层的案山。在这里东西两条溪水在前方合流后往南流去，北面的石山愈加开阔，土山自北面延伸而来，盘结为三里城的治所。城北有土山悬在空中，自后营的西北方一直盘旋曲折地延伸而下，延到此地到了尽头。城东西两面的石山回绕闭合如手臂一样围抱，越远处越密集，好像天然形成的石头城郭，另外辟有一个盒盖在中央的样子。大体上，西面延伸来的山脊高高耸起成为大明山，分出支脉向东延伸，环绕着苏坑南北两面的山，便成为西面的屏障；又向北转后往东延到后营的后面，于是从中分出一支土山，一支向南延伸四十里后盘结为三里城，好像花萼中的花房；那分支往东延伸的山，又向南转环绕成东面的屏障。所以周泊隘、苏坑两个地方，是三里城东西两面的肘腋，与正中的三里城治所相对。此处的东西两面最为开阔，就好像花萼从中绽开之处一样。山脉由周泊隘往南延伸，渐渐转过来山势渐渐合拢，延到洋渡后向西面临溪流，那就是青狮庙后面的山崖了。山脉由苏坑往南延伸，渐渐转过来山势渐渐合拢，延到洋渡后向东面临溪流，那就是白崖堡东面的山崖了。两面的山崖在洋渡凑聚会合,这就是进城去的前门,好像花萼合拢的尖端处。

　　东西两溪,俱在两界石山之内,土山北自后营盘伏而来,两源遂夹而与俱。西界者,南至罗墟北[①],又合一西来之水,曲折绕城西,又西抵石村,合汛塘之水,乃东南出汇水桥下,合东溪。东界者,南至琴水岩东,又南出琴水桥,又合一东来之水,曲折抵东南石峰下,又穿流山峡中,乃西出而合西溪。二水合而南,经两独山,潆之,又南注于洋渡之东[②]。大江西下,此水北下,合并东去。其西北之夹,即洋渡;东北之夹,为青狮庙后崖。

【注释】

①罗墟:今作"罗圩",在上林县东北境,三里城稍西。

②又南注于洋渡之东:原缺"南"字,空一格,据乾隆本、"四库"
　本补。

【译文】

　　东西两条溪流,都在两列石山之内,土山从北面的后营盘绕起伏而来,两条水流便夹住土山一起往下流。在西面的溪流,向南流到罗墟的北边,又汇合一条西面流来的溪水,曲折绕过城西,又往西流到石村,汇合汛塘的水,于是往东南流出汇水桥下,与东面的溪流汇合。在东面的溪流,往南流到琴水岩的东边,又向南流出琴水桥下,又汇合一条东面流来的溪水,曲折流到东南方的石峰下,又穿流在山峡中,于是向西流出来后与西面的溪流汇合。两条溪水合流后往南流去,流经两座独山,潆绕过两座独山,又向南流注到洋渡的东面。大江从西面流下来,这条水流从北面流下来,合并后向东流去。两条水流西北方的夹角地带，就是洋渡；东北方的夹角地带，就是青狮庙后面的山崖。

　　韦龟洞，在城西十里韦龟村①。西由汛塘逾佛子岭而北②，其路近；北由罗墟转石山嘴而南，其路远。其中群峰环绕，内拓平畴，有小水自北而南，分流石穴而去。惟北面石山少开，亦有独峰中峙若标。韦龟之山自东南中悬，北向而对之，函盖独成，山水皆逆，真世外丹丘也。数十家倚山北麓，以造纸为业，栖舍累累，或高或下，层嵌石隙，望之已飘然欲仙。其西即洞门，门亦北向。初入甚隘而黑，西南下数步，透出石隙，忽穹然高盘，划然内朗。其四际甚拓，而顶有悬空之穴，天光倒映，正坠其中。北向跻石而上，乳柱前排，内环平台，可布几席；南向拾级而下，碧黛中汇，源泉不竭，村人之取汲者，咸取给焉。平台之前，右多森列之柱，幢盖骈错，纹理明莹；左多层叠之块，狮象交踞，形影磊落。其内左右又可深入焉。秉炬由右西向入，渐下渐岐，而南可半里，又开一壑而出。秉炬由左东向入，渐跻渐逾而北，可半里，又转一窦而还。闻由右壑梯险而上，其入甚深；然觅导不得，惟能言之，不能前也。是岩外密中宽，上有通天之影可以内照，下有逢源之窍不待外求，一丸塞口，千古长春。三里虽岩谷绝盛，固当以是岩冠。况其外村居，又擅桃源、谷口之胜乎？

【注释】

①韦龟村：今作"韦归"。

②汛塘：今作"信桃"。与韦龟村皆在上林县东北境，三里城稍西。

【译文】

　　韦龟洞，在城西十里处的韦龟村。由西面的汛塘越过佛子岭往北走，这条路近些；由北面的罗墟转过石山的山嘴往南走，这条路远一些。其中群峰环绕，山内拓展为平旷的田野，有小溪自北往南流，分别流到石穴中去。唯有北面的石山稍微缺开一点，也有独立的石峰耸峙在中央好像标杆一样。韦龟洞所在的山在东南方悬在中央，面向北面对着它，独自形成一个盒子盖样的地形，山水都是逆向的，真是神仙居住的世外丹丘了。几十家人背靠山的北麓，以造纸为业，房舍层层叠叠，有的高有的低，一层层嵌在石缝中，望见这种景象已经飘飘然想要成仙。村西就是洞口，洞口也是面向北。最初进去十分狭窄又很黑，向西南下走几步，钻出石缝，忽然高高地穹然盘绕而起，洞内豁然明亮起来。洞内的四边都非常宽广，而洞顶上有悬空的洞穴，天光倒射进来，正好照射在洞中。向北踏着石阶上走，钟乳石柱排列在前边，里面环绕成平台，可以摆上几桌酒席；向南沿着石阶下走，洞中积着澄碧深黑的水，是不会枯竭的源泉，村里人取水汲水，都到这里来。平台的前方，右边有很多森然罗列的石柱，石幢伞盖并列错杂，纹理明丽晶莹；左边有很多层层叠叠的石块，狮象交错盘踞着，石形光影杂乱众多。那里面左右两侧又都可以深入进去。举着火把由右边向西进去，渐渐下走渐渐分出岔洞来，往南大约半里，又开有一个壑谷出去。举着火把由左边向东进去，渐渐上登渐渐穿越到北面，大约半里，又转过一个洞穴便返回来。听说由右边的壑谷用梯子爬上高险之处，那里面进去非常深；然而找不到向导，仅能听人说说，不能前进了。这个岩洞外面隐秘洞中宽阔，洞顶上有通到天上之光影可以照射到洞内，下边有水源充裕的洞穴不需要到外面去找水，一颗丹丸塞在口中，千古长春。三里城虽然岩洞山谷极多，但应当以这个岩洞为第一。何况洞外村居房屋，又独占了桃源、谷口的优美景色呢？

琴水岩，在城东六里琴水桥之北，中支土山东南尽处也。东溪自北环山之东。土山既尽，独露石山一拳，其石参差层沓。山南亦有数家之村。洞在村西山半，其门南向。初入洼而下，甚欹侧；北进数丈，秉炬逾一隘，转而西，始穹然中高，西透明穴，北有暗窍；当明处有平石阔三丈，卧洞底如坠，可攀而憩焉。秉炬穷暗窍，数丈而隘，跻其上，亦不能深入。乃仍出至平石，跻西穴而出，则山之西面也。下山，仍转山前，骑而周玩之。洞前稍下，其东亦开一岩，门亦南向，外高而中浅，村人积薪于中焉。其北又开两岩，一上一下：上者在重崖，无路；下者多潴水，然亦不能与前通也。

【译文】

琴水岩，在城东六里琴水桥的北边，中间一列土山在东南方的尽头处。东面的溪流从北面环绕到山的东面。土山到头后，唯独露出一座拳头样的石山，山石参差，层叠杂沓。山南也有个几家人的村子。岩洞在村西的半山腰上，洞口向南。最初进去洼下去，十分倾斜；向北进去几丈，举着火把穿过一处隘口，转向西，洞中这才高高地穹然隆起，西边通有明亮的洞穴，北边有个暗洞；位于明亮处有块平滑的岩石，宽三丈，躺在洞底像是坠落下去的，可以攀爬上去休息。举着火把去穷究暗洞，几丈后就变窄了，登上去，也不能深入。只好仍然出到平滑的岩石处，从西面的洞穴爬出来，就到山的西面了。下山后，仍然转到山前，骑马周游赏玩风景。洞前稍下走，山的东麓也开有一个岩洞，洞口也是向南，洞口外面高而洞中浅,村里人在洞中堆积着薪柴。这个洞的北边又开有两个岩洞,一上一下:上面的在重重悬崖之上,没有路;下面的积着很多水,然而也不能与前洞口相通。

佛子岭北岩,在城西七里汛塘村之西。佛子岭者^①,石山自西分支而东,东为汛塘、仙庙诸峰,而岭界其间,石骨嶙嶙。逾岭而北下,则韦龟村西坞之水,南流而抵其麓,倾入洞焉。洞门北向甚豁,中回环成潭,潭中潴水渊澄,深不可测,潭四周皆石壁无隙。闻其南有隙在水下,大潦从北捣下^②,洞满不能容,则跃而出于山南之崖。盖南崖较高,水涸则潴于北而不泄,中满则内激而反射于外,其交关之隙,则中伏云。门右穿旁窦,南抵潭东涯上。其上有石高碧潭旁,上与洞顶不即不离,各悬尺许,如鹊桥然。坐桥下而瞰深潭,更悠然也。

【注释】

①佛子岭:在今三里镇大梁村后。

②潦(lǎo):雨水。

【译文】

佛子岭北岩,在城西七里汛塘村的西面。佛子岭这座山,是石山从西面分支往东延伸,东面形成汛塘村、仙庙所在的群峰,而佛子岭隔在其中,石骨嶙峋。越过佛子岭往北下走,就见韦龟村西面山坞中的溪水,往南流到山麓下,倾泻进入洞中。洞口向北,非常宽阔,洞中溪水回旋成深潭,潭中的积水渊深澄碧,深不可测,潭水四周都是石壁没有缝隙。听说洞的南边有缝隙在水下,大水从北边冲捣下来,洞中满得不能容纳下,就跃过山南的石崖流出去。原来南面的石崖较高，水干涸时就蓄积在北边而不外泄，洞中水满时就在洞内激荡，然后反冲到洞外，两面连接关键处的缝隙，就隐伏在洞中。从洞口右边穿过旁洞，向南抵达深潭东边的水边上。水潭上面有块岩石高高地拱起在水潭旁边，上边与洞顶不即不离，各自悬空一尺左右，像鹊桥一样。坐在鹊桥下俯瞰着深深的潭水，更加悠然自得了。

佛子岭南岩，在佛子岭之南。其门南向，前有石洞天成若槽，有桥横其上。时涧中无水，即由涧入洞。洞外高岩层穹侧裂，不能宏拓。北入洞，止容一人，渐入渐黑，而光滑如琢磨者；其入颇深，即北洞泄水之道也。盖水大时北洞中满，水从下反溢而出此，激涌势壮，故洞与涧皆若磨砺以成云。

【译文】

佛子岭南岩，在佛子岭的南麓。洞口面向南，洞前有条天然形成的石头山涧像水槽，有座桥横架在山涧上。此时山涧中没有水，我就从山涧中进入洞中。洞外高大穹隆的岩石一层层侧向裂开，不能向宽大处拓展。向北进洞，只容得下一个人，逐渐深入渐渐黑下来，但洞壁光滑得像琢磨出来的样子；洞内进去相当深，这就是北洞泄水的通道了。大概是水大的时候北洞中装满水，水从下面反向溢出到这里，激流汹涌水势非常壮观，所以山洞与山涧都好像是被磨砺而成的样子。

佛子岭西北岩，在佛子岭西北一里，其门东向。韦龟村西坞之水自北来，又分流一涧，西抵此洞前，忽穴地下坠。洞临其上，外门高朗，西入三四丈即止。洞南有一隙，亦倾侧而下，渐下渐黑，转向西南，无炬而出。闻下与水遇，循水西南行，即透出后山。乃知此村水坠穴，山透腹，亦与向武百感一辙也。

【译文】

　　佛子岭西北岩，在佛子岭西北一里处，洞口面向东。韦龟村西面山坞中的溪水自北边流来，又分流形成一条山涧，向西流到这个岩洞的前方，忽然坠入地下的洞穴中。岩洞下临在地下岩洞的上方，外边的洞口高大明朗，向西深入三四丈就到了头。洞的南边有一条裂隙，也是倾斜着下去，逐渐下走渐渐黑下来，转向西南，没有火把便出来了。听说下面与水流相遇，沿着水流往西南行，就能钻出到后山。这才知道这个村子的水流坠入地穴后，穿透山腹，也与向武州的百感岩如出一辙了。

　　独山岩，今名砥柱岩，在城南四里。此地有三独山，皆以旁无附丽得名：一在溪东岸，与东界石山近，其山小而更峭；一在此山南五里，障溪而东环之，其山突而无奇；独此山既高而正当其中，与向武之琅山岩相似，省中之独秀无此峭拔，亦无此透漏也。其岩当山之腹，南北直透。南门高迸如裂阙，其前有巨石，自岩顶分跨而下，界为两门，正门在东，偏门在西南，皆有古木虬藤倒挂其上，轻风飘曳，漾翠飞香，甚异也。岩中如合掌而起，高数丈，阔一丈五尺，平通山后者五六丈。上有飞崖外覆，下有涌石如栏，南北遥望，众山排闼，无不罗列献于前。

岩之中分窍西透，亦转而北，又通一门，其内架阁两重，皆上穿圆窍，人下窍行，又若透桥而出者。此一洞四门相通，山甚小而中甚幻也。惟东向不通。其崖外又有一门东向，而西入深亦数丈，是又各分门立户者。

【译文】

独山岩，今天名叫砥柱岩，在城南四里处。此地有三座独山，都是因为四旁没有附着的山而得名：一座在溪流东岸，与东面一列石山接近，这座山小但更险峻；一座在这座山的南面五里处，挡住溪流往东环绕着山流去，这座山突立而起但没有奇特之处；唯有这座独山既很高又正好位于山坞中，与向武州的琅山岩相似，省城中的独秀峰没有这座山峭拔，也没有这座山玲珑剔透了。山上的岩洞位于山的腹部，南北一直贯通。南洞口高高迸裂开像裂开的缺口，洞前有块巨石，从洞顶分跨而下，隔成两个洞口，正洞口在东面，偏洞口在西南方，都有古树曲藤倒挂在洞口上方，微风飘曳，漾翠飞香，非常地奇异了。岩洞中像手掌合拢一样隆起，高达几丈，宽一丈五尺，水平通向山后之处有五六丈。头上有飞崖在外面下覆着，脚下有岩石涌起像围栏，遥望南北，群山排列，无不罗列呈献在眼前。岩洞的中间分出一个石窍向西钻进去，也是转向北，又通有一个洞口，洞内架有两层楼阁，都是上面穿通一个圆圆的石窍，人在下面的石窍中走，又好像钻过桥洞出来的样子。这个岩洞一个洞与四个洞口相通，山很小但洞中非常奇幻了。只有向东的一面不通。洞外的山崖上又有一个洞口面向东，但向西进去深处也只有几丈，这又是各自分门立户的岩洞了。

小独山岩，在城东南五里，与砥柱东西相向，夹小江而立。自砥柱东望，似此山偏与东界近；自此山西望，又似砥柱偏与西界近；自其中望之，其实两山之去东西两界各悬绝等也。山小于砥柱，而尖锐亦甚，极似一浮屠中立者。下亦通一门，有石跨其外而不甚高。西透小隙而上，悬崖之侧，有石平峙为台。其上悬绝处，有洞南向甚深，若能梯阶而升，亦异境也。游砥柱日独随一骑导而浮江，并尽此胜。

【译文】

小独山岩，在城东南五里处，与砥柱岩东西相对，夹着小江矗立。从砥柱岩向东望去，似乎这座山偏在一方与东面一列山接近；从这座山向西望去，又似乎砥柱岩偏在一方与西面一列山接近；从中间望去，其实两座山距离东西两列山都是各自高悬隔绝距离相等。山比砥柱岩小，但也是非常尖锐，极像一座佛塔矗立在中央的样子。山下也通有一个洞口，有岩石跨在洞外但不怎么高。向西钻过一条小缝隙上去，悬崖的侧边，有块平滑的岩石高耸成为平台。平台上方的悬绝处，有个岩洞面向南，非常深，如果能有梯子或者石阶爬上去，也是一处奇异之境了。游览砥柱岩那天只跟随着一个骑马的人做向导，而后漂浮过江，一并游遍了这一胜景。

白崖堡南岩，在城南十六里。由洋渡北岸溯江西行，转入山坞，则堡在其中。盖其山南北回合，又成一洞天矣。洞在南山之上，重门北向，高缀万仞之壁，自堡中望之，即在举首间，而无从着足。岩下石脚外插，亦开裂成纹。初开捱数隙①，如升层楼，而不知去洞犹甚远；复出望之，而后觉枪榆枋者②，无及于垂天之翼也。既而土人秦馀至，为秉炬前导，仍从山口出，循南山之东而转其南，始拾级上，得一门东南向，是为后洞，正对卓笔、青狮岩诸峰。由洞中东北上跻，乃暗而需炬；更转而北，其上甚峻，遥望天光中透矣。益攀跃以升，得一隙仅如掌，瞰其外辟巨门焉，则上洞之下层也。隙隘不容侧身向外，只可俯眺而已。从其内更上跻，透隘而出，则洞门岈然，北临无地，向之仰眺而莫可及者，今忽身跻其上矣。此洞甚高，呼吸可通帝座，其前夹崖下陷，以木横架而补其阙，即堪憩托，然止可凭揽诸峰，非久栖地也。仍从内隘下，再窥其外第二层洞，亦以为不可到矣。姑以杖从隙中投之，再由故道俯级直坠，抵前遥望天光处，明炬遍烛，于洞北崖下得一穴焉。其口甚隘，亟引炬蛇行而入③，其中渐高而成峡，其底甚平，数丈后宛转东折，又数丈而北透，则其门北向高裂，有巨树盘根洞中，偃出洞外，是为第三层洞。洞前平石如掌，上下皆危崖峭壁，轰悬无级。回首上眺，则层门重叠，出数十仞之巅者，即上洞与第二层洞也。稍缘平石而东④，峡壁间有藤树虬络，乃猱升猿引以登。半晌，遂历第二层外洞，前所投杖俨然在也。其洞深三丈，高五丈，嵌上下两洞之间，而独不中通，反由外跻。因为吟句曰："洞门千古无人到，古干虬藤独为谁？投杖此中还得杖，三生长与菖坡随⑤。"乃仍挂枝下，循平石篝火穿第三层洞入，再抵前遥望天光处，则仍还后洞腹中矣。盖是洞如蹲虎，中空如腹，而上洞则其口也。第二层洞在其喉管之外，向从隙外窥处则喉管也。人从喉管上透，出其口，由喉管下坠，抵腹中。第三层洞为其脐之所通，故在腹之前。后洞乃其尾闾⑥，故在腹之下云。

【注释】

①初开揸数隙：乾隆本作"初攀数隙"。

②枪：冲，突。榆（yú）：即榆树。枋（fāng）：檀木。

③亟引炬蛇行而入："炬"原作"亡"，据乾隆本、"四库"本改。

④稍缘平石而东："缘"原作"悬"，据乾隆本、"四库"本改。

⑤三生：本佛教用语，指前生、今生、来生，又称三世。菖坡：通"猖（chāng）披"。衣不系带，散乱不整，引申为不遵法度，任意行为。

⑥尾闾（lú）：古代传说中海水所归的地方。

【译文】

　　白崖堡南岩，在城南十六里处。由洋渡北岸溯江流往西行，转进山坞中，白崖堡就在山坞中。原来这里的山南北回绕闭合，又成为一处洞天了。洞在南山之上，双层的洞口面向北，高高点缀在万仞高的石壁上，从土堡中望它，就在举手抬头之间，然而无处可以落脚。岩洞下面的石山脚向外下插，也开裂形成石纹。最初开始艰难地爬过几条裂隙，像爬升层层高楼，却不知离洞还非常远；又出山来观察地形，然后才觉得在丛林中左冲右突的走法，无法赶上垂在天上的翅膀了。随后本地人秦馀来到了，为我举着火把在前领路，仍然从山口出来，沿着南山的东麓转到山的南麓，开始沿着石阶上登，走到一个面向东南方的洞口，这是后洞口，正对着卓笔峰、青狮岩等山峰。由洞中往东北上登，于是黑暗下来需要火把；再转向北，那上登的路非常陡峻，远望天光照射在洞中了。益发踊跃地攀登，见到一条缝隙，仅如手掌一样宽，俯瞰缝隙外边，劈开一个巨大的洞口,这是上洞的下层了。裂隙太窄不容许侧身走到外面,只能俯首远眺而已。从洞内再上登,穿过狭窄处出来,就见洞口十分深邃,面临北边看不见大地,这就是先前仰面眺望却无法到达的地方了,现在忽然间已跻身于它的上面了。这个岩洞非常高,呼吸可以通天庭,洞前方相夹的悬崖深深下陷,用木头横架着填补在两面悬崖间的缺口上,就能安身休息,不过也只可以凭眺观览群峰,不是久居之地了。仍然从洞内的狭窄处下来,再去窥探洞外的第二层洞,我也以为不可能到达了。姑且把拐杖从缝隙中扔进去,再经由原路低头沿着石阶一直下坠,抵达先前远远望见天光之处,点亮火把四处照射,在岩洞北边的石崖下找到一个洞穴。洞口非常狭窄,急忙把火把伸向前像蛇一样爬行进去,洞中渐渐高起来进而变成峡谷,洞底十分平坦,几丈后弯弯转转地向东折进去,又走几丈后向北钻出去,就见洞口面向北高高裂开,有大树的树根盘绕在洞中,倒卧着伸出洞外,这是第三层洞。洞前平滑的岩石像手掌,上下都是危崖峭壁,迸裂高悬,没有台阶。回头向上眺望,只见层层洞口重叠在一起,出现在几十仞高的山顶,那就是上洞和第二层岩洞了。顺着平滑的岩石稍往东走,峡壁上藤条树枝蜷曲地缠绕在一起,于是像猿猴一样拉着树枝藤条上登。半晌,终于历险到达第二层的外洞,前边我扔进拐杖之处俨然就在这里了。这个洞深三丈,高五丈,嵌在上下两个洞口之间,但惟独中间不通,反而要从洞外爬进来。我因而为此吟诵了诗句道:"洞口千古无人到,古树曲藤独为谁?投杖其中还得杖,三生长与逍遥随。"于是仍然挂着藤枝树干下来,沿着平滑的岩石点燃火把穿过第三层洞进去,再次抵达前边远远望见天光之处,便仍然返回到后洞的腹中了。大体上这个洞像蹲坐着的老虎,洞中空空的像老虎的肚子,而上洞就是虎口了。第二层洞在老虎的喉管之外,先前从缝隙中向外窥视之处就是喉管了。人从喉管中往上钻,出到虎口中,由喉管中下坠,到达肚子中,第三层洞是老虎肚脐眼通着的地方,所以在腹部的前边。后洞是老虎的尾部,所以在腹部的下方。

白崖堡南山下洞,在后洞之西三百步。洞门亦东南向,洞外高崖层亘,洞内即横分二道,一向西南,一向东北,皆稍下从洼中入,须用炬矣。从西南者,数丈后辄分两层,下层一穴如井。由井下坠,即得平峡,西行三丈,又悬峡下坠,复得平洼,其中峡窍盘错,交互层叠,乳柱花萼,倒垂团簇,不啻千万。随行胡生金陵人。折得石乳数十条,俱长六七寸,中空如管,外白如晶,天成白玉搔头也①。又有白乳莲花一簇,径大三尺,细瓣攒合,倒垂洞底,其根平贴上石,俱悬一线,而实粘连处,蒂仅如拳,铲而下之甚易。第出窦多隘,且下无所承,恐坠下时伤损其瓣,不忍轻掷也。盘旋久之,忽见明光一缕,透窍而出,井口亦如前,又在前井之南矣。又从上层西南入,其中石脊高下,屡见下陷之坑,宵黑无底,疑即前所探下层也。深入亦盘错交互,多乳柱攒丛,细若骈枝,团聚每千百枝,与下层竞远。惟后营东洞,乳柱多而大,悉作垂龙舞虬状,比列皆数十丈云②。从东北者,不五丈,有北嵌之窍两重,皆不甚深。东向攀崖而上,渐进渐曲,其盘错亦如西洞,而深奥少杀之。

【注释】

① 搔(sāo)头:首饰,簪的别名。

② 比列皆数十丈云:此据乾隆本。“四库”本作“比列皆数丈云”。

【译文】

白崖堡南山下洞,在后洞以西三百步之处。洞口也是面向东南方,洞外高大的山崖一层层横亘着,洞内立即横向分为两条通道,一条通向西南方,一条通向东北方,都是稍下走就从洼地中进去,必须使用火把了。从西南方进去,几丈后就分为两层,下层中的一个洞穴像井一样。由井中下坠,立即走到平坦的峡谷中,往西行三丈,又从高悬的峡谷中下坠,又走到平整的洼地中,洞中峡谷石窍盘绕交错,相互层叠,钟乳石柱像花萼一般,成团成簇地倒垂着,何止千万。随行的姓胡的儒生金陵人。折到几十条石钟乳,都是六七寸长,中间像竹管一样是空心的,外面洁白得就像水晶,是天然形成的白玉簪了。又有一簇乳白色的莲花,直径大三尺,细细的花瓣攒聚在一起,倒垂在洞底,莲花的根部平贴在洞顶的岩石上,全都悬空仅有一条线宽,而实际粘连的地方,花蒂仅如拳头大小,把它铲下来非常容易。只是出去的洞穴大多很狭窄,而且下面没有东西接着,担心坠落下来时损伤了莲花的花瓣,不忍心轻易抛弃它了。盘旋了很久,忽然看见一缕明亮的光线,穿过石窍射出来,也是像前边那样的井口,又在前边那个井的南边了。又从上层向西南进去,洞中石脊高高低低的,多次看见下陷的深坑,深黑不见底,怀疑就是先前我探察过的下层了。深入进去也是相互盘绕交错,有很多钟乳石柱,攒聚成丛,细得像并排的树枝,每千百枝聚成一团,与下层比个高低长短。只有后营的东洞,钟乳石柱又多又大,都作出虬龙下垂起舞的形状,并排排列都有几十丈。从东北方进去的洞,不到五丈,有两层嵌在北边的石窍,都不十分深。向东攀着石崖往上走,渐渐进去逐渐弯弯曲曲的,洞中盘绕交错也像西洞一样,但深邃之处比西洞稍差一些。

青狮南洞,在城南二十里,西南与上林分界处,路由杨渡过江，东南四里乃至。其山石峰卓立，洞在山之下，开东西二门。东门坦下，门高数丈，阔亦数丈，直透山西者约三十丈，平拓修整①，下辟如砥，上覆如幔，间有石柱倒垂幔下。洞之西垂，又有石柱一队，外自洞口排列，抵洞后西界，别成长榭；从榭中瞩外洞，疏楞绮牖，牵幕披云，又恍然分境也。西门崇峻，下有巨石盘叠为台，上忽中盘高穹。从台内眺，已不见前洞之顶，只见高盘之上，四面层回叠绕，如云气融结，皆有窍穴钩连，窗楞罗列，而空悬无上处。从台外眺，则西面三岐之峰，卓笔之岫，近当洞门中央，若设之供者。由台北下，奥窟中复开平洞一围，外峙巨石为障，下透中虚，若桥之度空。从此秉炬北入东转，其穴大而易穷；东从腋隘直入，其窍狭而甚远。计其止处，当不下十五丈，已逾外洞之半。此下洞之最奥处也。出小穴，复酌于西门之台，仰视上层云气叠绕处，冀一登，不可得。忽见其北有光逗影，知其外通，陆公令健而捷者从山外攀崖索之。久之，其人已穿入其上，从下眺，真若乘云朵而卷雾叶也。既而其人呼曰："速携炬至，尚可深入。"余从之。乃从西门下，循山麓转其北，复南向攀崖跻。山之半，有门北向。穿石窦入，则其内下陷通明，俯见诸君群酌台上，又若登月窟、扪天门而俯瞩尘界矣。其上有石砥平庋，石端悬空处，复有石柱外列，分窗界户，故自下望之，不一其窦，而内实旁通也。于是秉炬东入，愈入愈深，窅然中辟，亦几二十丈焉。东入既穷，复转西北，得一窦。攀而北上，忽倒影遥透，有峡纵横，高深骈沓。攀其东北，有穴高悬，内峡既峻，外壁弥削，只纳光晖，无从升降。更从奥窟披其西北，穿腋上透，又得一门，平整明拓①。其门北向，其处愈高，吐纳风云，驾驭日月，非复凡境。其北腋尚有余奥②，然所入已不甚遥。由其门出，欲缘石觅磴而下，其下皆削立之壁，悬突之崖，无从着足。乃复从洞中故道，降出至悬台下瞰处。诸君自下呼噪，人人以为仙，即余亦自以为仙也。倏明倏暗，倏隔倏通，倏上倏下，倏凡倏仙，此洞之灵，抑人之灵也？非陆公之力，何以得此！

【注释】

①平拓修整："拓"原作"柘"，据乾隆本、"四库"本改。

②其北腋尚有余奥："北"原作"比"，据乾隆本改。"四库"本作"北胁"。

【译文】

　　青狮南洞，在城南二十里处，西南方是与上林县分界的地方，去那里的路由杨渡过江，往东南走四里才到。这座山是卓立的石峰，洞在山下，开有东西两个洞口。东洞口平坦低下，洞口高几丈，宽处也有几丈，一直通到山的西面之处大约三十丈，平整开阔，高大整齐，下面平展像磨刀石，顶上下覆像帷幔一样，间或有石柱倒垂石头帷幔下垂。洞的西边，又有一队石柱，从外边的洞口排列而来，抵达洞后的西边，另外形成一个长长的榭廊；从榭廊中远望外面的洞，像疏朗绮丽的窗户，帷幕高挂，云层绽开，又恍然分出一种境界来了。西洞口高大险峻，下面有巨石盘结重叠为平台，上方忽然向中间盘绕着高高穹隆而起。从平台上向洞内眺望，已经看不见前洞的洞顶，只见高高盘绕上去的洞顶上，四面层叠回绕，像云气融化凝结成的,都有石窍洞穴如钩子一样相连,窗棂罗列,然而悬在高空,没有上登的地方。从平台上向洞外眺望,只见西面分出三岔的山峰,像毛笔一样卓立的山峦,近在洞口的中央,好像专门设立的供桌一样。由平台向北下走,幽深的洞窟中又开有一围平坦的山洞,外边耸峙着巨石作为屏障,下面通透,中间是空的,像桥一样跨过空中。从这里举着火把向北进去转向东,这个洞穴很大但容易穷尽;从侧边的隘口一直向东进去,这个石窍很窄但非常深远。估计石窍到头的地方,应当不下十五丈,已经超过外洞的一半。这是下洞最幽深隐秘之处了。出了这个小洞,又到西洞口的平台上饮酒,仰面斜视上层云气层叠缭绕之处,希望能登上去一次,不可能。忽然看见上层洞口的北边有光影逗引人,知道那里可以通到洞外,陆公命令一个健壮敏捷的士兵从山外攀着山崖去寻找。很久后,那人已经钻进去到了那上边,从下面眺望过去,真好像乘坐在云朵上卷在云雾中的树叶了。随后那人高呼道:"赶快带着火把过来,还可以深入进去。"我听从了他的话。于是从西洞口下山,沿着山麓转到山北,又向南攀着山崖上登。山的半中腰,有个洞口面向北。穿过石洞进去,就见洞内陷下去,通明透亮,低头看见诸君在平台上饮酒,又像是登上月宫、摸着天门俯视尘世了。那上面有块岩石像磨刀石一样平架着,岩石前端的悬空处,又有石柱排列在外面,分隔成门窗,所以从下面远望这里,不止一个洞穴,可洞内实际是四通八达的了。于是举着火把向东深入,越进去越深,洞中杳然拓展开,也几乎有二十几丈。向东进去到头后,又转向西北,找到一个洞穴。向北攀登而上,忽然有倒影远远照射进来,有纵横的峡谷,又高又深骈阗杂沓。攀到峡谷的东北方,有个洞穴高悬着,峡谷里面既已很陡峻,外边的石壁更加陡削,只能吸纳进光辉,无法上下。再从幽深的洞窟中穿过洞穴的西北方,穿过侧边钻上去,又找到一个洞口,平整明亮开阔。这个洞口面向北,这个地方更高了，吐纳风云，驾驭日月，不再是人间。洞口的北侧还有别的幽深之处，然而能走进去之处已经不怎么遥远。由这个洞口出来，想要沿着石崖寻找石阶下走，洞口下面都是陡削直立的石壁，悬空前突的悬崖，无处落脚。只好又从洞中的原路，下降出到能下瞰高悬平台的地方。诸君在下边欢呼鼓噪，人人以为自己是神仙，即便是我也自以为的仙人了。忽明忽暗，倏地隔断倏地又相通，时上时下，时而是凡人时而又是神仙，这是洞的灵气，还是人的灵气呢？不是靠陆公的力量，如何得以来到这个地方！

　　青狮北洞，在青狮潭北岸。青狮潭者，即洋渡之下流也，江潭深汇，为群鱼之宫，乃参府之禁沼①，罟网所不敢入者②。其北崖亦多穿门，与南洞隔江相对。余雨中过此，不及旁搜。又西为青狮庙。危峰西南来，抵水而尽。洋渡之水从西，三里之水从北，至此合流而东，峰截其湾，愈为屼嵲，庙倚其下，遂极幽闷焉。

【注释】

①乃参府之禁沼："沼"原作"治"，据乾隆本改。

②罟（gǔ）：网的总名。

【译文】

　　青狮北洞，在青狮潭的北岸。青狮潭这地方，就是洋渡的下游了，江水汇积成深潭，是鱼群的深宫，是参将府封禁的水域，是渔网不敢放进去的地方。青狮潭北边的山崖上也有很多穿隆的洞口，与南洞隔江相对。我在雨中经过此地，来不及四处搜寻。再往西是青狮庙。高险的山峰从西南方延伸而来，延到水边就到了头。洋渡的水流从西面，三里城的水流从北面，流到此地合流后往东流去,山峰横截水湾,愈加显得突兀,青狮庙紧靠在山峰下,竟然极为幽静隐秘。

　　堡北岩,在城南十二里巨堡之北①。堡南去洋渡仅三里。其门东向,中深五六丈,后洼而下,不能深入。

【注释】

①在城南十二里巨堡之北:原缺"巨"字,据乾隆本、"四库"本补。

【译文】

　　堡北岩,在城南十二里处巨堡的北边。巨堡南边距离洋渡仅有三里路。洞口面向东,洞中深五六丈,后面洼下去,不能深入。

　　独山村西北水岩,在城南八里大路之西。洞门东向,前有石路,中跨为桥,盖水发时自洞溢出也。洞倚西山下,洞口危石磊落,欹嵌而下,其中窅然深黑,不能悬入也。

【译文】

　　独山村西北水岩,在城南八里处大路的西边。洞口向东,洞前有石子路,路中跨有桥梁,大概是发大水时有水从洞中溢出来。洞紧靠在西山下,洞口危石杂乱众多,倾斜深嵌下去,洞中杳渺深黑,不能悬空进洞去了。

　　砥柱岩西峰水岩,在城南四里。有峰屼突于砥柱之西,高不及砥柱,而回列倍之,上冒下削,其淋漓痕,俨若黄熟香片侧立。其南多空裂成门,而北麓有门北向,两崖如合掌上并。其内深窅，有光南透，若甚崆峒，第门有潴水溢于两涯，不能入。几番欲以马渡，而水下多乱石，骑亦不前。

【译文】

　　砥柱岩西峰水岩，在城南四里处。有座山峰像石桥一样突立在砥柱岩的西面，高度赶不上砥柱岩，可回绕排列是砥柱岩的一倍，上边下覆下面陡削，山崖上面雨水流淌的痕迹，俨然好像侧立着的黄熟香片。山峰南面有很多裂空形成的洞口，而且北麓有个向北的洞口，两侧的石崖如合拢的手掌向上并拢。洞内深远，有亮光从南边照射进来，好像十分空阔，只是洞口有积水溢满到两边，不能进去。几次想骑马渡水，然而水下乱石很多，坐骑也不能前进。

　　后营东山洞，在城北四十里，即后营东界石山之西麓也，去后营四里。中又有小山一重为界，山坳中断处，有尖峰在前，亦曰独山，则其西护也。直抵东山下，有石笋一圆云。备记五月十四日①。

【注释】

①备记五月十四日：按后述游踪，应为二月十四日，"五"字有误。

【译文】

　　后营东面的山洞，在城北四十里处，就在后营东面一列石山的西麓了，距离后营四里路。中间又有一重小山作为分界，山坳中断处，有座尖峰在前方，也叫独山，是后营西面的护卫了。直达东山下，有一根圆圆的石笋，等等。准备详细记在五月十四日的日记中。

仙庙山，在城西四里，西面石峰之最近城者也。石峰中悬，三面陡绝，惟从西南坳中攀崖上，则三里四境尽在目中。昔有村氓登山而樵，遇仙得道，故土人祀之。

【译文】

仙庙山，在城西四里处，是西面石峰最靠近城的山了。石峰高悬在空中，三面陡绝，只有从西南方的山坳中攀着石崖上去，只见三里城的四境尽在眼中。从前有个村民上山打柴，遇到仙人成仙，所以当地人祭祀他。

汛塘浮石，在城西五里汛塘中。汛塘者，即仙庙山南之坞也，自仙庙山前西接狮子坳①。坞中有塘长数里，水涨时洪流漫衍，巨鱼逆流而上，土人利之，故不疏为田，而障为塘。有石壑一区当塘之中，上浮如败荷覆叶，支撑旁偃，中空外漏，水一潭绕之，石箕踞其上，又如数梁攒凑，去水不及三尺，而虹卧云嘘，若分若合，极氤氲蜿蜒之势。其西北里余即汛塘村，倚北山之下。

【注释】

①自仙庙山前西接狮子坳："狮子坳"，乾隆本、"四库"本作"佛子坳"。

【译文】

汛塘浮石，在城西五里的汛塘中。汛塘这地方，就在仙庙山南面的山坞中了，从仙庙山前边向西连接到狮子坳。山坞中有个几里长的水塘，水涨时洪流漫溢，大鱼逆流而上，当地人因此获益，所以没有疏挖垦为田地，而是用水坝拦水成为水塘。有一片石头壑谷位于水潭的中央，上面浮出水面好像败谢下覆的荷叶，支撑着向四旁倒下去，中间是空的，外边漏光，一潭水环绕着岩石，岩石盘踞在水面上，又像是几座桥梁攒聚会拢，距离水面不到三尺，而彩虹横卧，吞云吐雾，似分似合，极尽氤氲蜿蜒的气势。浮石西北一里多处就是汛塘村，紧靠在北山之下。

周泊隘，在城东二十五里，东界石山之脊也。隘当脊中，南北崇崖高压，云气出没其中。逾隘而东，即为迁江境。其东北石山内，为八寨之罗洪洞。按《一统志》："罗洪洞在上林县东北四十五里。"则昔时亦上林境，而后沦于贼，遂不能恢复，至今为贼所踞。东南石山内，为马场洞。犹三里属。第地无居民，皆巨木。

【译文】

周泊隘，在城东二十五里处，在东面一列石山的山脊上。隘口位于山脊中央，南北高峻的山崖从高处压下来，云气出没在其中。越过隘口往东走，就是迁江县的辖境。隘口东北方的石山内，是八寨的罗洪洞。据《一统志》："罗洪洞在上林县城东北四十五里处。"那么从前也是上林县的辖境，而后来沦入贼手，竟然不能恢复，至今被盗贼盘踞着。东南方的石山内，是马场洞。还是三里城的属地。只是这一地区没有居民，都是巨大的树木。

汛塘后坞石洞，在城西七里。西山东来，过佛子岭分为两支，一支直东为汛塘村后峰，一支北转为韦龟山。二山之东北又环成一坞，东以仙庙山为前障，中有支峰对。其麓有洞，门东向，前有水隔之，内望甚深。土人

云："中可容千人。昔其西有村，今已鞠为草莽①。"所向
东峰之上，亦有洞，门西向，高悬敧侧，亦翳于草莽，俱未
及登。

【注释】

①鞠(jū)：穷，尽。

【译文】

　　汛塘后面山坞中的石洞，在城西七里处。西面的山脉往东延
伸过来，延过佛子岭分为两条支脉，一支一直向东成为汛塘村后面
的山峰，一支向北转成为韦龟山。两座山的东北方又环绕成一个
山坞，东面以仙庙山作为前方的屏障，中间有座支峰相对。山麓有
个洞，洞口向东，洞前有水隔开，洞内望过去非常深，当地人说："洞
中可容纳一千人，从前洞的西边有个村子，今天已经全部成为草
莽。"洞口面向的东峰之上，也有洞，洞口向西，高悬倾侧，也是被草
莽遮住了，都没有来得及上登。

　　三层阁在参府厅事东，陆公所新构也。长松环荫，
群峰四合，翛然有遗世之想。松风亭在署后土山之巅，
松荫山色，遥连埤堄①，月色尤佳。余下榻于三层阁，几
至忘行。陆公饯余于松风亭，沉醉月夜，故以终记。

【注释】

①埤堄(pì nì)：城墙上的小墙。

【译文】

　　三层阁在参将府厅堂的东边，是陆公新建的。高大的松树树
荫环绕，群峰四面合围，悠然自在有脱离尘世的遐想。松风亭在官

署后面土山的山顶上，松荫扶疏，山色葱翠，城墙远远地相连，月光下的景色尤其优美。我就住在三层阁中，几乎忘记了上路。陆公在松风亭为我饯行，沉醉月夜中，所以始终记得。

三里：一曰上无虞里，一曰下无虞里，一曰顺业里。

【译文】

三里：一个叫上无虞里，一个叫下无虞里，一个叫顺业里。

八寨：西界者曰寨垒、东与后营对。都者、东与周安对。剥丁，东与苏吉对。东界者曰罗洪、西与左营对。那良、西与后营对。古卯、古钵、何罗。

【译文】

八寨：西面的叫寨垒、东面与后营相对。都者、东面与周安相对。剥丁，东面与苏吉相对。东面的叫罗洪、西面与左营相对。那良、西面与后营相对。古卯、古钵、何罗。

三镇：中曰周安、北曰苏吉，西南曰古鹏。

【译文】

三镇：中间的叫周安，北边的叫苏吉，西南方的叫古鹏。

贯八寨之中者，南自后营，北抵周安，极于罗木渡。

其中有那历、玄岸、蓝涧、桥蓝诸村，南北十余里。昔乃顺业里及周安之属，今为八寨余党所踞。渠魁蓝海潮。八寨交通，而三里之后门不通矣。

【译文】

　　纵贯八寨之中的地区，南面起自后营，北面抵达周安，在罗木渡到头。其中有那历、玄岸、蓝涧、桥蓝等村子，南北十多里。从前是顺业里和周安的属地，如今被八寨的余党盘踞着。他们的首领叫蓝海潮。八寨互相勾结，但三里城的后门不通了。

　　三里周围石峰，中当土山尽处，风气含和，独盛于此；土膏腴懿，生物苗茂，非他处可及。所艺禾稿特大①，恒种一郭，长倍之，性柔嘉，亦异庶土所植②。畜物无所不有。鸡豚俱食米饭，其肥异常。鸭大者重四斤而方③。此邦鲫鱼甚艰，长仅逾寸，而此地独有长四五寸者④。三里出孔雀。风俗：正月初五起，十五止，男妇答歌曰"打跋"，或曰"打卜"。举国若狂，亦淫俗也⑤。果品南种无丹荔，北种无核桃，其余皆有之。春初，枸杞芽大如箸云，采于树，高二三丈而不结实，瀹其芽实之入口，微似有苦而带凉，旋有异味，非吾土所能望。木棉树甚高而巨，粤西随处有之，而此中尤多。春时花大如木笔⑥，而红色灿然，如云锦浮空，有白鸟成群，四面翔绕之，想食啄其丛也。结苞如鸭蛋，老裂而吐花，则攀枝花也，如鹅翎、羊绒，白而有光。云泗城人亦有练之为布者⑦，细密难成，而其色微黄，想杂丝以成之也。相思豆树高三四丈⑧，有荚如皂荚而细，每枝四五荚，如攒一处，长一寸而大仅如指。子三四粒缀荚中，冬间荚老裂为两片，盘缩如花朵，子犹不落。其子如豆之细者而扁，色如点朱，珊瑚不能比其彩也。余索得合许。竹有中实外多巨刺者，丛生而最大；有长节枝弱不繁者，潇洒而颇细；如吾地之筸节虚中，则间有之而无巨者；又一种节细而平，仅若缀一缕而色白，可为杖，土人亦曰粽竹，出三镇之苏吉；其地亦有方竹，止在下数节而不甚端。

【注释】

①穑（sè）：收获的谷物。

②庶（shù）土：众多地方。

③鸭大者重四斤而方：乾隆本，"四库"本作"鸭大者重七十两，方体"。

④独有长四五寸者：乾隆本、"四库"本作"有至尺者"。

⑤"三里出孔雀"以下几句：原系眉批，今移至所对应的正文内。

⑥木笔：即辛夷，多用作木兰的别称。因其未开花时，苞上有毛，尖长如笔，故称木笔。

⑦练（liàn）：把丝、麻、布帛煮得柔软洁白。

⑧相思豆树：即红豆树。为豆科乔木，春季开白色或淡红色花。种子朱红色，有光泽，有的一端黑色，或有黑色斑点。

【译文】

　　三里城周围的石峰，中间位于土山的尽头处，风光宜人，气候温和，唯独此地气候最好；土地肥沃丰美，植物茁壮茂盛，不是其他地方可以赶得上的。种植的水稻收获的谷粒特别大，长年种满在城郭附近，产量是其他地方的一倍，煮出的米饭柔软味美，也不同于其他地方种植的。牲畜无所不有。鸡和猪都吃米饭，异常肥壮。鸭子大的重达四斤，长得方头方脑。这个省要吃到鲫鱼非常艰难，长的仅超过一寸，可唯独此地有长达四五寸的。三里出产孔雀。风俗是，正月初五开始，十五停止，男女互相对歌，叫做"打跋"，有人叫"打卜"。举国若狂，也是一种淫荡的习俗。果子的品种，南方的品种没有荔枝，北方的品种没有核桃，其余的品种这里都有。初春时，枸杞的嫩芽大如筷子，从树上采下来，树高二三丈却不结果实，把嫩芽煮好放入口中，似乎微微有些苦又带点凉味，随即有点怪味，不是我们地方能指望的那种味道。木棉树非常高大，粤西到处都有这种树，而这一带特别多。春天时花大如木兰，但红色灿烂，好像彩云般的锦缎飘浮在空中，有成群的白鸟，绕着树四面飞翔，想啄食树上的花丛。结出的花苞好像鸭蛋，成熟后绽裂开吐出花，那就是攀枝花了，好像鹅毛、羊绒，白洁有光。听说泗城州也有人把攀枝花煮后织成布的，花絮细密难以织成，但布的颜色微微发黄，猜想是掺杂了蚕丝织成的了。相思豆树高达三四丈，有豆荚如皂荚一样但细一些，每一枝条上有四五个豆荚，如同攒聚在一处，长一寸而大处仅如手指。三四粒子实连缀在豆荚中，冬天豆荚长老时裂成两片，卷缩起来好像花朵，子实仍然不会脱落。相思豆的子实好像细小的豆子却扁一些，颜色像涂了朱砂，珊瑚不能与它的色彩相比。我要到一捧左右。竹子有一种中间实心外边有很多巨大的刺的品种，成丛生长而且最高大；有一种竹节长枝条柔弱不繁杂的品种，姿态潇洒而且相当细；好像我家乡竹节高耸中间空的竹子，则间或有一些但没有巨大的；又有一种竹节又细又平，仅像点缀着一缕纹路而且颜色发白的，可以做成手杖，当地人也叫做棕竹，出产在三镇中的苏吉；这个地方也有方竹，只在下面的几节是方形的而且不怎么端正。

　　十四日　晨起，阴云四布，即索骑游东岩。岩在东石峰之麓，由独山入隘，度土山一重，共三里抵其下。有石笋一圆，傍石峰西麓，岩在石笋之上。遥见当峰半，一门西向高悬，则西洞后穿别窍。由南麓上跻，有两门并列，暗洞在东，明岩在西，二门俱南向。先入明岩，中高敞平豁，后一石蕊中悬。穿蕊而入，下坠小穴，上则垂乳窈窕，围成龛，极玲珑纤幻。龛中圆且峻，贮水一池，沉映崖壁，光影上照，绀碧夺目。转门而西，又开一门，西向，亦明豁高爽，下临绝壁，即前从坞中遥见高悬者。其内与南门转接处，石柱或耸而为台，或垂而成龛，攒合透映，真神仙窟宅，雕镂所不能就者也。仍出南门，从其东北向，伛偻入暗洞。门外隘中洼，少下，洞遂穿然，篝火北入数丈，则玉乳倒垂骈耸，夭矫缤纷，底甚平。由其腋透隙而入，岐而西，峡东隙皆不数丈尽，惟直北逾乳隙进，内复宽。少东转，垂柱益多。平底中有堆石一方，土人号为"棺材石"，以形似也。更入，从石东北转，石坡高下，乳笋参差立。披窍北入，复辟一最巨室，乳柱回环，阖辟莫测。从此西北穿隘而下，其入甚遥，闻深处有溪成潭，下跨石为梁，上则空明透影。时误从东转，竟从别窦仍下堆石旁。欲复入觅西北隘，而易炬已多，恐一时不继，乃从故道出。闻此洞东通迁江，虽未必然，而透山而东，即为那良贼寨之地，未知果有从出处耳？余所入止得三四转，度不及其十之一二，然所睹乳柱之瑰丽，无过此者。此洞既以深诡见奇，而西畔明岩复以明透表异，合之真成二美矣。

【译文】

十四日　早晨起床,阴云四面密布,立即要马匹来骑马去游览东岩。东岩在东面石峰的山麓,由独山进入隘口,越过一重土山,共三里到达山麓下。有一根圆圆的石笋,依傍在石峰的西麓,岩洞在石笋的上方。远远望见位于石峰的半中腰,一个洞口面向西高悬着,那是西洞后面穿通的别的洞穴。从南麓上登,有两个并列的洞口,暗洞在东边,明洞在西边,两个洞口都是面向南。先进入明洞,洞中高敞平旷,后面有一朵石花悬在中央。穿过石花进去,下边陷成一个小石穴,上面则垂挂着窈窕秀丽的石钟乳,围成一个石龛,极为玲珑纤巧。石龛中间又圆又高峻,贮藏着一池水,崖壁映照在水中,光影在上面照射,青碧夺目。由洞口转向西,又开有一个洞口,面向西,也是明朗高敞,下临绝壁,这就是前边从山坞中远远望见高悬着的洞口。洞内与南洞口转接之处,石柱有的耸为高台,有的下垂形成石龛,攒聚闭合,漏光透亮,真是神仙洞府,不是人工雕凿镂刻所能成就的。仍然出了南洞口,从它的东北方,弯腰进入暗洞。洞口外边狭窄中间下洼,稍下走,洞于是穹然隆起,点燃火把向北深入几丈,就见白玉般的钟乳石倒垂着,成群耸立,姿态天矫,缤纷争呈,洞底非常平整。由钟乳石侧旁的缝隙钻进去,岔向西边,峡谷东面的缝隙都是不到几丈便到了头,只有从正北方穿过钟乳石的缝隙进去,里面又宽起来。稍微向东转,下垂的石柱更多。平整的洞底中央有一堆方形岩石,当地人号称为“棺材石”,因为是形状相似。再进去,从棺材石向东北转,石坡高低不一,石钟乳和石笋参差不齐地矗立着。穿过石窍向北深入,又开有一个最大的石室,钟乳石柱四面环绕,忽开忽合无法窥测。从此处向西北穿过隘口下走,那里面进去非常遥远,听说深处有溪水汇积成深潭,岩石下跨形成桥梁,顶上则是空中照射进来的明亮光影。此时错从东面转进去,竟然从别的洞穴中仍然下到那堆岩石旁边。想再进去找西北方的隘口,然而已经换了很多火把,担心一时间接济不上,只好从原路出来。听说这个洞东面通到迁江县,虽然未必是这样,但通到山的东面,那就是盗贼占据的那良寨所在的地方了,不知道果然有从那里出去的地方吗?我进去之处只转过三四个地方,估计还不到山洞的十分之一二,然而所见到的钟乳石柱的瑰丽景象,没有超过这里的了。这个洞既以幽深诡异见奇,而且西侧的明洞又以明亮通透表现出奇异的景观,把它们合在一起真成了两处美景了。

　　出洞,仍下山西北行,一里半抵独山。从其北而西,又一里半,饭于后营。杨君统营兵骑而送余,遂下山北行。东西两山,一石一土,相持南下,有小水南流于其中,经后营而南,金鸡隘之北,乃西南坠壑而去,即琴水桥之上流也。从此北望,直北甚遥;南望则金鸡石峰若当门之标。后营土山头南尾北,中悬两界之中,西南走而尽于三里,遂结为土脉之尽局云。北行八里,有土脊自西而东,横属于两界之中,则南北分水之脊也,南入于杨渡,而北遂入罗木渡焉。逾脊北二里,为那力村,又三里为玄岸村。二村俱在东石峰之下,昔皆民居,今为八寨贼所踞矣。又北三里,水从直北去,路西穿土山之腋。一里西下,则土山复东西夹而成坞。又北十里,是为蓝涧,俱贼村矣。贼首蓝海潮者,家西山下。有涧从其前北流,溯之行,北一里半,有石山突于坞东,由其西麓逾小坡,即为周安界矣。又二里,一村在东山麓,曰朝蓝[1]。前涧中有潭,深汇澄澈,自是而北,遂成拖碧漾翠之流,所云"蓝涧"者,岂以此耶?蓝涧本三里之顺业里属。今南抵那力过脊之地,俱为八寨余孽所踞,而蓝海潮则其魁也。由蓝涧而北抵罗木渡,南抵左营,中开天成直夹,皆土山也。其两石山:西为寨垒、都者、剥丁,东为罗洪、那良。东西皆贼薮。朝蓝昔本周安属,今北抵周安亦俱为诸蛊所踞②,并周安亦岌岌矣。
由朝蓝随涧东岸又北五里,转而东逾土山,北下一里,复行
坞中。三里,出坞。又西行一里,始见前溪从土山西畔北
注,与石山西峡之涧合而东来,遂有汤汤之势。涉溪北上,
溪亦折而北,不半里,是为周安镇,数家之聚,颓垣败址,在
溪西岸,而溪东膏腴俱为贼踞,不可为镇矣。所云镇者,是
为周安,其西南为古鹏,其北曰苏吉,总名三镇③。盖界于八
寨之中者也。今周安仅存,古鹏全废,惟苏吉犹故。昔有土
镇官吴姓者,以青衫居宾州④,未袭其职。其子甫袭而死。
后委哨官及古零司九司之一⑤。兼摄之,而古零鞭长不及。前
年,八寨贼由此劫上林库银,为上林县官所申,当道复觅吴
氏之遗孤仍袭。其孤名承祚,才十二岁,父即前甫袭而死
者。其外祖伍姓者号娱心,乃宾州著姓,游大人以成名者。
甫自宾州同承祚到镇,见周安凋敝,以承祚随师卒业于苏
吉。而伍适返周安,见余至,辄割牲以饷。土司以宰猪一味献
客为敬。盖杨君昔曾委署此镇,见其送余,非直重新客,犹恋
旧主也。是晚复同杨、伍二君北二里游罗隐岩。岩在镇之
西北隅,乃石峰西断处。盖大溪南经周安之前而北至此,有
土垣一周,为旧宾州、南丹卫遗址,乃万历八年征八寨移而
镇此者⑥。后卫移三里,州移故处,而此地遂为丘墟,今且为
贼薮,可恨也。按《一统志》,罗洪洞在上林县东北四十五
里,为韦旻隐居之地,则罗洪昔亦上林属,而后沦于贼者也。
由土垣北直去为苏吉、罗木渡大道⑦,由土垣西向入石峰隘,
有数家倚隘侧,为罗寨村。村前石峰特起,岩穴颇多,但浅

而不深。其西麓为罗隐岩，岩横裂如榻。昔有儒生过此，无托宿处，寄栖此中，题诗崖上，后人遂指为罗隐。其题句鄙俚，而诸绕戎过之⑧，多有继题其下者，岂以其为崔浩耶⑨？是晚还宿周安，作谢陆君书界杨。

【注释】

①朝蓝：乾隆本、"四库"本作"桥蓝村"。

②诸蓝（wù）所踞："蓝"原作"莩"，从沪本改。蓝，逆。

③三镇：皆在忻城县南境，思吉、周安、古蓬，从北往南排列在公路线上。周安，今名同。古鹏，今作"古蓬"。苏吉，今作"思吉"。

④青衫：古时地位低下者所穿的服装。

⑤古零司：今仍作"古零"，在马山县东南境。

⑥万历八年：公元1580年。

⑦苏吉：此处原作"苏吾"，从前记改。

⑧绕戎：出巡的军官。

⑨崔浩（？—450）：字伯渊，北魏时人，官至司徒。后作国书三十卷，立石铭之，以彰直笔，因此以修史暴露"国恶"的罪名被灭族。

【译文】

出洞来，仍然下山往西北行，行一里半抵达独山。从独山的北麓往西走，又走一里半，在后营吃饭。杨君率领营兵骑马送我，于是下山往北行。东西两面的山，一面是石山，一面是土山，互相对峙着往南下延，有条小溪向南流淌在两列山中间，流经后营往南流，流到金鸡隘的北边，于是向西南坠入壑谷中流去，这就是琴水桥下溪流的上游了。从此地向北望去，正北方非常遥远；向南望去，则是金鸡隘所在的石峰像挡在门口的标杆。后营的土山头在南尾在北，高悬在两列山的中间，往西南延伸，而后在三里城到了尽头，于是盘结为土山山脉的尽头处。往北行八里，有土山山脊自西往东延伸，横向连接在东西两列山的中间，那是南北分水的山脊,南面的流入杨渡,而北面的便流入罗木渡。越过山脊往北走二里,是那力村,再走三里是玄岸村。两个村子都在东面的石峰之下,从前都有百姓居住,今天被八寨的贼人占据了。又向北三里,水流从正北方流去,道路向西穿过土山的侧旁。行一里向西下走,就见土山又在东西两面夹成山坞。又向北十里,这里是蓝涧,都是盗贼盘踞的村子了。贼首蓝海潮这个人,家在西山下。有条山涧从村前往北流,溯涧水前行,向北一里半,有座石山突立在山坞东边,由石山的西麓越过一条小坡,就到周安镇的地界了。又行二里,一个村子在东山的山麓,叫朝蓝。村前的山涧中有个深水潭,汇积着渊深澄澈的水,从这里向北去,便成为了拖碧漾翠的水流,所谓的"蓝涧",莫非是因为这条山涧吗?蓝涧本来是三里中顺业里的属地。如今南边到那力村山脊延伸过的地方,全被八寨的余党盘踞着,而蓝海潮便是他们的首领。由蓝涧往北到罗木渡,南面到左营,中间敞开成为天然形成的夹谷,都是土山。这里两面的石山:西面是寨垒、都者、剥丁,东面是罗洪、那良。东西两面都是盗贼聚集的地方。朝蓝从前本来是周安镇的属地,如今北边到周安镇也都被那些叛贼所占据,连同周安镇也岌岌可危了。由朝蓝顺着山涧的东岸又向北五里,转向东越过土山,往北下行一里,又行走在山坞中。行三里,走出山坞。又往西行一里,这才看见前边那条溪水从土山的西侧往北流注,与石山西面峡谷中的山涧合流后向东流来,终于有了浩浩荡荡的水势。涉过溪水往北上走,溪水也折向北流,不到半里,这里是周安镇,是个几家人的聚落,墙垣倒塌,房基残破,在溪流西岸,而溪流东岸肥沃田野全部被盗贼占据着,不能称为镇了。所说的镇一级的政区,这里是周安镇,周安的西南是古鹏镇,周安的北面是苏吉镇,合称三镇。原来是分隔在八寨之中的政区。如今周安仅仅能保存下来,古鹏全部废除了,只有苏吉仍然和原来一样。从前有个姓吴的土镇官,以平民的身份居住在宾州,未能承袭官职。他的儿子刚刚承袭了官职便死了。后来委任哨官和古零司是九司之一。兼带代理职位,但古零司鞭长莫及。前年,八寨的盗贼由此地去抢劫了上林县的库银，被上林县的县官申告，当局又找到吴家遗下的孤儿仍然让他承袭职位。这个孤儿名叫吴承祚，才有十二岁，父亲就是刚承袭了职位就死掉的那个人。他的外祖父是个姓伍的人，别号叫娱心，是宾州的大姓，是个靠与大人物交游成名的人。刚从宾州陪同吴承祚来到镇上，看见周安凋敝不堪，便让吴承祚在苏吉跟随老师学完学业。而姓伍的刚好返回周安，看见我来了，便宰杀牲口款待我。土司把宰猪这一种食物献给客人看做是尊敬客人。原来杨君从前曾被委任代理此镇，姓伍的看见杨君送我来，不仅仅是敬重新客人，而且还是怀念旧主人了。这天晚上又同杨、伍二君向北走二里去游览罗隐岩。罗隐岩在周安镇的西北角，是石峰在西面断开之处。大溪从南面流经周安镇的前边往北流到此地，有一圈土墙，是旧宾州、南丹卫的遗址，是万历八年征讨八寨时迁来镇守此地的。后来南丹卫迁到三里城，宾州迁回到原地，从而此地便成了废墟，今天即将成为贼窟，可恨呀！根据《一统志》，罗洪洞在上林县城东北四十五里处，是韦敻隐居之地，那么罗洪洞从前也是上林县的属地，是后来沦于贼手的了。由土墙向北一直去是通往苏吉、罗木渡的大道，由土墙向西进入石峰的隘口，有几家人紧靠在隘口一侧，是罗寨村。村前的石峰独自耸起，岩洞很多，但浅而不深。石峰的西麓是罗隐岩，岩洞横向裂开好像卧床。从前有个儒生路过此地，没有投宿的地方，寄宿在这个岩洞中，在崖壁上题诗，后人便指认为罗隐岩。这个儒生题写的诗句十分粗俗，而众多出巡的军官路过这里，有很多在他的诗句下面接着题诗的，难道是把他当做崔浩了吗？这天晚上回来住在周安镇，写了感谢陆君的信交给杨哨官。

十五日　早雨霏霏，既饭少霁，遂别杨君，伍君骑而送余，俱随大溪西岸北行。石峰西突路左，峰四面多开穴窍，中空，第高莫能上。北又有荔枝岩，深黑，须炬入，闻中有荔枝盆。于是东西两界俱石峰，无复土山中间矣。先北涉一

小水，又北涉一涧，水皆东向入大溪。共四里，小峰当坞立，
嵌空多穴，乃下流镇山，亦如三里之独山，但南北易位耳。
北六里，山峡中拓，聚落倚西峰下，是为苏吉镇。伍君留余
入头目栏，令承祚及其师出见，欲强饭；余急辞之出，乃以多
人送余行。又北三里，又有土山突两界石山中，于是升陟高
下，俱随两石山之麓，而流溪渐薄东界，相去差远矣。又北
十五里，则一江西自万峰石峡中破隘而出，横流东去，复破
万峰入峡，则都泥江也①。有刳木小舟二以渡人，而马浮江
以渡。江阔与太平之左江、隆安之右江相似，而两岸甚峻，
江嵌深崖间，渊碧深沉，盖当水涸时无复浊流潢漫上色也②。
其江自曲靖东山发源，径沾益而北，普安而南，所谓北盘江
是也。土人云自利州、那地至此，第不知南盘之在阿迷、弥
勒者，亦合此否？渡江而北，饭于罗木堡③，乃万历八年征八
寨时所置者。堡兵五十余家，其头目为王姓，泣而诉予，为
土贼黄天台、王平原所侵，近伤其人，掳其赀，求余入府乞
示。余以其送人少，不之许。其地已属忻城，而是堡则隶于
庆远，以忻城土司也。宾、庆之分南北④，以江为界。堡北，
东西两界石山复遥列，而土山则盘错于中。北复有小江，北
自山寨而来，山寨者，即永定土司也。循东山而南入都泥。路循
西畔石山北上二十里，有村倚西山之麓，曰龙头村⑤。村后
石山之西，皆瑶人地。盖自都泥江北，罗木堡西已然矣。龙
头村之东有水，一自北来者，永定之水也；一自东来者，忻城
之水也。二水合于村前，即南流而合罗木下流者也。又北
二里为古勒村，村在平坞中。村北三里，复逼小山西岸行，

又五里,有小村倚西峰之麓,又有小水西自石峰下涌穴而出,东流而注于小江。截流渡小水北,又东上土坡,是为高阳站。是站在小江之西,渡江东逾峰隘而入,共十五(里)而抵忻城⑥;溯小江北五十里抵永定,又六十里而至庆远,亦征八寨时所置。站乃忻城头目所管者。其地石峰之后即为瑶窟。其西有夷江⑦,想即罗木渡之上流。其内有路,自东兰、那地走南宁者从之⑧。东石峰之后即忻城。其东界接柳州。其站始用竹肩舆⑨,盖土俗然也。自三里马至周安,周安马至高阳,高阳换舆直送至府。此地无虞,可行矣。是日共行五十余里,以渡罗木难也。

【注释】

①都泥江:即今红水河。

②淊(yān):同"淹"。

③罗木堡:明时作"罗墨",今亦作"罗墨",在忻城县南境,红水河北岸。河南岸今称"红渡",应即罗木渡。

④宾庆之分南北:"庆"原作"屡",据乾隆本改。

⑤龙头村:今仍称"龙头",在忻城县治稍南。

⑥忻城:明为县,隶庆远府,即今忻城县。

⑦夷江:乾隆本、"四库"本作"彝江"。

⑧东兰:明为州,隶庆远府,即今东兰县。那地:明为州,隶庆远府,治所在今南丹县南境的那地。

⑨竹肩舆:与轿子不同,即现今通称的滑竿,用两根大竹缚成,形如躺椅。

【译文】

十五日　清早细雨霏霏,饭后稍微晴开,于是告别杨君,伍君骑着马送我,一起顺着大溪的西岸往北行。石峰向西前突在道路左边,石峰四面开有很多洞穴，中间是空的，只是太高不能上去。北面又有个荔枝岩，又深又黑，必须有火把才能深入，听说洞中有荔枝盆。在这里东西两面全是石峰，不再有土山夹杂在中间了。先向北涉过一条小溪，又向北涉过一条山涧，水流都是向东流入大溪中。共四里，小石峰矗立在山坞中，嵌入高空，洞穴很多，是下游的镇山，也像三里的独山，只是南北方向变换了而已。向北六里，山峡中间拓展开来，一个聚落紧靠在西面的石峰下，这里是苏吉镇。伍君挽留我进入头目的竹楼中，命令吴承祚及他的老师出来见我，想强留我吃饭；我急忙告辞了他们出来，于是带领很多人送我上路。又向北三里，又有土山突立在两列石山的中间，从这里起上上下下地爬升跋涉，都是顺着两列石山的山麓走，而溪流渐渐逼近东面一列石山，相距逐渐变远了。又向北十五里，就见一条江水自西面万峰丛中的石山峡谷中冲破隘口流出来，横着向东流去，再次冲破万座山峰流入峡谷中，这是都泥江了。有两条用树干挖空的小独木舟用来渡人，而马浮在江中渡过去。江面的宽度与太平府的左江、隆安县的右江相似，但两岸非常陡峻，江流嵌在深深的山崖间，江水澄碧深沉，大概是正当江水干涸的时节不再有漫溢上涨的浑浊水流染上颜色了。这条江从曲靖府的东山发源，流经沾益州往北流，流到普安州向南流，就是所谓的北盘江了。当地人说是从利州、那地州流到此地，只是不知道在阿迷州、弥勒州的南盘江，是否也与这条江水合流？渡过江流往北走，在罗木堡吃饭，罗木堡是万历八年征讨八寨时设立的。堡内驻军有五十多家，他们的头目姓王，哭泣着告诉我，被当地的强盗黄天台、王平原侵扰，近来杀伤他的人，抢走了他们的财产，求我进府城后去请示。我因为他派来送行的人少，没有答应他。这个地方已经属于忻城县，而罗木堡则隶属于庆远府，因为忻城县是土司。宾州、庆远府分在南北，以都泥江为界。罗木堡北面，东西两列石山又远远地排列着，而土山则盘绕交错在中间。北边又有一条小江，自北面的山寨流来，山寨这地方，就是永定土司了。沿着东山往南汇入都泥江。道路沿着西侧的石山往北上行二十里，有个村庄紧靠着西山的山麓，叫做龙头村。村庄后边石山的西面，都是瑶人的居住地。大体上自都泥江以北，罗木堡的西面已经是这样的了。龙头村的东面有水流，一条自北边流来，是源于永定司的水流了；一条自东边流来，是源自忻城县的水流了。两条水流在村前合流，立即向南流而后与罗木渡下游的溪流合流了。又向北二里是古勒村，村庄在平敞的山坞中。从龙头村向北三里，又逼近小山沿着小江的西岸前行，又行五里，有个小村子背靠西面山峰的山麓，又有条小溪自西面的石峰下的洞穴中涌出来，往东流淌汇入小江中。截流横渡到小溪的北岸，又向东上登土坡，这是高阳站。这个驿站在小江的西岸，渡到江东岸穿越石峰隘口进去，共十五里后到达忻城县城；溯小江向北五十里抵达永定司，再走六十里后到庆远府，也是征讨八寨时设置的。驿站是忻城县土司的头目管辖的。此地石峰的后面就是瑶人的巢穴。驿站的西面有条夷江，想来就是罗木渡的上游了。山内有路，从东兰州、那地州去南宁府的人走这条路。东面石峰的后面就是忻城县。忻城县的东部与柳州府接界。这个驿站开始用竹滑竿，大概当地的习俗就是这样的了。从三里城骑马到周安镇，周安镇骑马到高阳站，高阳站换乘滑竿一直送到府城。此地不会出现意外，可以走路了。这一天共前行五十多里路，是因为在罗木渡渡水很困难。

十六日　晨起，阴如故。夫自龙头村来，始缚竹为舆，既而北行。十里，东西两界石山中土山渐无，有石山突路左，小江由其东，路出其西。又北十里，西界石山突而东出，是为横山，乃忻城、永定分界处也。缘山嘴盘崖北转，巉石嵌崎①，中独淋漓滑淖，间有行潦停隙中，崖路颇高而独若此者，以上有重崖高嵽，故水沥其下耳。然磊石与密树蒙蔽，上下俱莫可窥眺。间从隙间俯见路石之下，石裂成潭，碧波渊澄，涵影深阒②，又或仰见上有削云排空之嶂，透丛而出，或现或隐，倏高倏下，令人恍惚。既北，两界石山犹拓而北。又八里，有石峰一枝中悬，坞分而为二，其一通西北，其一通东北。余循西北坞溯流入，又五里，复有峰中突，小江缘其东出，路逾其西入。又二里，有数十家倚中峰之北，是为头奎村③，以中突峰形若兜鍪也。饭于头目何姓者家。自横山之北，皆为山寨地。弘治间④，都御史邓廷瓒奏置永定长官司，长官韦姓，隶府。其西又有永顺司⑤，土官名邓宗胜。嘉靖间调二土司兵至吾乡剿倭者⑥，所云狼兵是也。既饭，日色忽霁。北向坞中行，始循东界石山矣。五里，抵永定司⑦，即所谓山寨也。土官所居村在西界石山下，欲留余止宿，余以日才过午，不入而行。渐闻雷声隐隐。又北二里，西截坞而过。坞中有石潭，或断或续，涵水于中，即小江之脉也，水大时则成溪，而涸则伏流于下耳。于是复循西界石山而北，又五里，有峰当坞立，穿其腋而北，坞遂西向而转，于是山又成南北二界矣。其时黑云自西北涌起，势如泼墨，亟西驰七里，雨大至，避之石壁堡之草蓬下⑧。石壁堡在北山之麓，堡适被火，欲止其间，无宿处。半晌雨止，乃西二里，逾岭坳，此乃东西分水之脊也。南北俱石山如门，逾门西出，始扩然大开，中皆土阜高下，则永顺司接境；南即石峰丛合，皆瑶窟。循石峰之西麓，北向升陟土阜，其上多回环中洼，大者如塘，小者如井，而皆无水，俯瞰不见其底。水由地行，此其中坠处，一如太平府所见。北行五里，始下土山坞中。其水东北去，路复北透石峰之隘，此处又石峰一枝自西而东。一里出隘，又一里，于东峰之麓得一村，曰草塘，乃冯挥使之家丁也。头目曰东光，言其主在青塘^⑨，今且往南乡。余以陆君书令其速传去。冯名润，二年前往泗城^⑩，而泗城土官岑云汉加衔副总兵^⑪，欲冯以属礼见。此地明官至土俱以宾主论，冯不从。岑拘其从者送狱中，冯亦淹留不听行，复不给粮，从者半毙。陆君以出巡至，始带出之。陆君之第三郎并两仆亦死其中。故陆君不听余从泗城行，而送余由此，托冯与南丹导余焉。**是晚宿东光栏上。**

【注释】

①嵚（qīn）崎：山势高峻。

②闷（bì）：幽静。

③头奎村：“奎”，据下文，村之得名因“峰形若兜胄”，应作“盔”，头盔即古代士兵所戴的兜胄（dōu zhòu）。今仍作头盔，在都安瑶族自治县东隅。

④弘治：明孝宗朱祐樘年号，时在 1488—1505 年。

⑤永顺司：即永顺长官司，隶庆远府，治所在今都安瑶族自治县北隅，刁江南岸的永顺。

⑥嘉靖：明世宗朱厚熜年号，时在 1522—1566 年。倭者：此指倭寇，即日本浪人、武士、封建主、走私商人等侵扰我国东南沿海的事。后被戚继光、俞大猷领导的爱国军民平定。广西壮族群众七千五百多人也参加了抗倭战争，称为狼兵。

⑦永定司：弘治五年（1492）析宜山县地置永定长官司，隶庆远府。治所山寨，今作“三寨”，在宜州市南隅的公路旁。

⑧石壁堡：今作“石别”，在宜州市南境。

⑨青塘：今作“清潭”，在宜州市南隅，石别稍东。

⑩泗城：明为州，直隶广西布政司，治今凌云县。

⑪副总兵：性质、职能与总兵同，仅权位稍次于总兵。详《黔游日记一》注。此处副总兵仅为加给泗城土官的虚衔，不一定实掌

其权。

【译文】

十六日　早晨起床,天照旧阴着。脚夫从龙头村来开始用竹竿绑成轿子,随即往北行。行十里,东西两面石山中间的土山渐渐消失了,有座石山突立在道路左边,小江流经石山的东面,道路从石山的西面出去。又向北十里,西面的石山向东前突出来,这里是横山,是忻城县、永定司的分界处了。沿着山嘴绕着山崖向北转,巉岩高险,道路中间唯独是湿淋淋溜滑的泥淖,间或有流水停积在石缝中,山崖上的道路相当高,而唯独此处像这样的原因,是因为上面有重重山崖高耸着,所以水滴落到山崖下面罢了。然而乱石与浓密的树丛遮蔽着,上下都无法窥视眺望。间或从空隙中低头看见石头路的下面,岩石裂成深潭,碧波渊深澄澈,沉浸着幽深的光影,又或者是抬头看见上面有削云排空的高峰,透过树丛显现出来,或隐或现,忽高忽低,让人恍恍惚惚的。来到横山的北面后,两面的石山仍然向北拓展而去。又行八里,有一支石峰悬在中央,山坞被分为两个,其中一个通向西北方,其中一个通往东北方。我沿着西北方的山坞溯江流进去,又行五里,又有石峰突立在中央,小江沿着石峰的东麓流出去,道路越过石峰的西麓进去。又行二里,有几十家人紧靠中峰的北麓,这里是头奎村,是因为突立在中央的山峰形状像头盔的原因。在姓何的头目家中吃饭。自从横山以北,都是山寨的属地。弘治年间,都御史邓廷瓒奏请设置永定长官司,长官是韦姓,隶属于庆远府。永定司西面又有永顺司,土司名叫邓宗胜。嘉靖年间调这两个土司的兵到我家乡清剿倭寇,就是所说的狼兵了。饭后,天气忽然晴开。向北在山坞中前行,开始沿着东面一列石山走了。行五里,抵达永定司,就是所谓的山寨了。土司居住的村子在西面一列石山下,想挽留我住下,我因为时间才过中午,没有进村便走了。渐渐听到有隐隐约约的雷声。又向北二里,向西横截山坞过去。山坞中有个石头水潭,水流时断时续,水深涵在潭中,这就是小江的支流了,水大时就形成溪流,而干涸时便潜流在地下了。从这里又沿着西面一列石山往北走,又行五里,有山峰在山坞中矗立着,穿过山峰的侧旁往北行,山坞于是向西转去,在这里山脉又形成南北两列了。此时黑云从西北方涌起,势如泼墨,急忙向西快走七里,暴雨猛烈来临,在石壁堡的草棚下避雨。石壁堡在北山的山麓,堡中刚被火烧过,想停在堡中,没有住宿的地方。半晌雨停了,于是向西二里,越过岭上的山坳,这里是东西两面分水的山脊了。南北都是像门一样的石山,向西穿过门出去,这才豁然变得十分开阔,原野中都是高低不一的土阜,那是与永顺司接界的地方;南面就是成丛聚合的石峰,都是瑶人居住的巢穴。沿着石峰的西麓,向北爬升在土阜间,土阜上有很多四面回绕中间下注的地方,大的好像水塘,小的像水井,但都没有水,俯身下瞰看不见它们的底。水从地下流,这些是水下泄到地下的地方,和在太平府见到的完全一样。往北行五里,这才下到土山的山坞中。这里的水向东北流去,道路又一次向北穿过石峰的隘口,此处又有一支石峰自西往东延伸。一里后走出隘口,又走一里,在东峰的山麓下见到一个村子,叫草塘,村里人是冯指挥使的家丁。头目叫东光,说他的主人在青塘,今天将要前往南乡。我拿出陆君的信命令他从速传递出去。冯指挥使名叫冯润,两年前去泗城州,而泗城州的土司岑云汉加授了副总兵的头衔,想要冯润以下属的礼仪相见。此地的流官对土司的辖境内都是按宾主相待,冯润不听从。岑云汉拘捕了他的随从送到监狱中,冯润也滞留下来不准他走,又不供给粮食,随从有一半死去。陆君因为出巡来到泗城州,这才把他带出来。陆君的三儿子和两个仆人也死在狱中。所以陆君不让我从泗城州走,而是送我经由此地,托付冯润与南丹州为我引路。这天晚上住宿在东光的竹楼上。

十七日　天甚晴霁。从草塘北行,其地东西两界复土山排闼。先从东麓横过西麓,坞中有水成塘,而断续不成溪,亦犹山寨之北也。塘之北始成溪北流,路从其西。从西峰北行五里,有山中坞突,水由其东,路由其西。入峡二里,东逾一隘又一里，复北行七里，又一小水横亘两山北口，若门阈然。由其西隘出，于是东西两界山俱北尽，其外扩然，又成东西大坞矣。西界北尽处，有石突起峰头，北巅独有红色一方内嵌，岂所谓"赤心北向"者耶？又北竟土坂五里，乃下坠土夹中，一里抵夹底。又从夹中行一里，得五碧桥①，有水自西而东出桥下，其势颇大，乃土山中之巨流也。逾桥北又三里，复有石山一枝自西而东，穿隘北出，其东即为南山寺，龙隐洞在焉。有水自其东谷来，即五碧桥东流之水，至黄冈而分为二流，一东径油罗村入龙江下流，一西北经龙隐之前，而北过庆远东门入龙江。出隘北又皆土山矣。又五里，抵庆远府之南门②。于是开东西大夹，其南界为龙隐、九龙诸山，北界即龙江北会仙、青鸟诸山，而江流直逼北山下，江南即郡城倚之。其城东西长而南北狭。从城南西抵西城外，税驾于香山寺③。日才午，候饭，乃入城。复出南门，抵南山，游龙隐。先是，余过后营，将抵蓝涧，回顾后有五人者追而至。问之，乃欲往庆远而阻于蓝涧不敢入，闻余从此道，故随而往者。杨君令偕行队伍中。及杨君别去，一路相倚而行，送至香山寺乃谢去。及余独游至此，忽见数人下山迎，即此辈也，亦非庆远人，俱借宿于此。余藉之束炬携火，先游龙隐，出，又随游双门洞。既出，见此洞奥而多不能卒尽，而不忍舍去。乃令顾仆留宿香山，令一人同往取卧具，为宿此计。余遂留此，更令两人束炬秉火，尽探双门二洞之奇。出已暮，复入龙隐，令两人秉炬引索，悬下洞底深阱。是夜宿龙隐。

【注释】

①五碧桥：俗作"五拱桥"。1957年修六坡水库，五拱桥及五拱桥村被水淹没，今已不存。

②庆远：明置庆远府，治宜山，即今宜州市。

③香山寺：在宜州古城西门外，今宜州市区西部。民国年间建为中山公园，但至今徐霞客所记录的香山寺景色依旧。

【译文】

十七日　天气十分晴朗。从草塘往北行，这个地方东西两面又是土山像门扇一样排列着。先从东麓横向走到西麓，山坞中有水积成水塘，但断断续续不成溪流，也像在山寨的北面一样了。水塘的北边开始形成溪流向北流去，道路从水塘的西边走。从西峰向北行五里，山中有山坞突出，水由此向东，路由此向西而去。进峡后二里，向东穿越一个隘口又是一里，再往北行七里，又有一条小溪横亘在两列山北面的山口前，好像门槛一样。由西面的隘口出去，在这里东西两列山都到了北面的尽头，这以外十分宽广，又形成一个东西向的大山坞了。西面一列山在北面的尽头处，有块岩石突起在峰头，北边的石龛中单独有一块红色嵌在里面，莫非这就是所谓的"赤心向北"的地方吗？又向北五里走完土坡，于是向下坠入土山夹谷中，行一里抵达夹谷底部。又从夹谷中前行一里，走到一座五拱桥，有水流自西往东从桥下流出去，水势相当大，是土山丛中的巨流了。过到桥北又走三里，又有一支石山自西往东延伸，穿过隘口向北出来，隘口东边就是南山寺，龙隐洞在这里。有水流从南山寺东面的山谷中流来，这就是五拱桥下往东流的水流，流到黄冈后分为两条支流，一条向东流经油罗村汇入龙江的下游，一条往西北流经龙隐洞的前边，而后向北经过庆远府城的东门汇入龙江。出到隘口北面又都是土山了。又行五里，抵达庆远府城的南门。在这里敞开成为一个东西向的大夹谷，夹谷南面一列山是龙隐洞、九龙洞所在的群山，北面一列山就是龙江北面的会仙山、青鸟山等山，而江流一直逼到北面一列山下，江南就是府城依傍在江边。庆远府城东西向长而南北向狭窄。从城南向西走到西城外，停下住在香山寺。时间才到中午，等候开饭，然后进城去。又从南门出来，抵达南山，游览龙隐洞。这之前，我路过后营后，即将到达蓝洞时，回头看见后面有五个人追赶过来。盘问他们，是想去庆远府却被阻在蓝洞不敢进山的人，听说我从这条路走，所以尾随而来的。杨君命令他们跟随在队伍中一起走。到杨君告别离开后，一路上我们互相依靠着走，把我送到香山寺才道谢离开。到我独自一人游览到此地时，忽然看见有几个下山来迎接，就是这些人了，也不是庆远府人，全部借宿在此地。我借助于他们捆好火把带上火种，先游览了龙隐洞，出洞来，又跟随我去游览双门洞。出洞后，看见这里的洞又深又多不能在仓猝间游览完，却又不忍心放弃离开。于是我命令顾仆留宿在香山寺，命令一个人同顾仆去取铺盖，为住宿在此地做准备。我就留在这里，另外命令两个人捆好火把举着火把，探究了双门洞两个洞中的奇景。出洞来天已经黑了，再次进入龙隐洞，命令两个人举着火把拉住绳子，悬坠下到洞底的深阱中。这天夜里住在龙隐洞中。

十八日　天色晴霁甚。早饭龙隐。僧净庵引，由山北登蚰蛇洞，借宿二人偕行。既下，再饭龙隐，偕二人循南山北西行二里，穿山腋南出，又循山南西行一里余，过龙潭。又西一里，渡北流小溪，南入张丹霞墓洞。遂东北五里，还饭于香山寺。复令一人肩卧具，随由西门入，北门出，渡龙江，北循会仙山西麓行一里，东上山又一里，游雪花洞。又里余，登山顶。是晚宿雪花洞。其人辞去，约明日来。

【译文】

十八日　天色特别晴朗。早饭在龙隐洞中吃。僧人净庵领路，由山北登上蚺蛇洞，借宿的两个人同行。下来后，再次在龙隐洞中吃饭，同那两个人沿着南山的北麓往西行二里，穿过山侧向南出来，又沿着山的南麓往西行一里多，经过龙潭，又向西一里，渡过向北流的小溪向南进入张丹霞墓洞。随后向东北前行五里，返回到香山寺吃饭。又命令一个人肩扛铺盖，跟随我由西门进城，从北门出城，渡过龙江，向北沿着会仙山的西麓前行一里，往东上山又是一里，游览雪花洞。又是一里多，登上山顶。这天夜里住在雪花洞中。那人告辞离开，约好明天再来。

十九日　五更闻雨声，迨晓而止。候肩行李者不至，又独行探深井岩，又从书生鲍心赤从雪花东坞下，游百子岩。仍上雪花寺饭。有山下卧云阁僧至，因乞其导游中观、东阁诸胜，并肩卧具下二里置阁中。遂携火游中观、东观、丹流阁、白云洞，午餐阁中。下午，还香山寺。

【译文】

十九日　五更天听见下雨声，到拂晓时停了。等候扛行李的人不见来，又独自走着去探了深井岩，又跟随书生鲍心赤从雪花洞东面的山坞下走，游览了百子岩。仍然上山到雪花寺吃饭。有山下卧云阁中的僧人来到，因而请求他带路去游览中观、东阁等处胜景，一起肩扛铺盖下走二里放在卧云阁中。随后带上火把游览了中观、东观、丹流阁、白云洞，在卧云阁中吃午餐。下午，返回香山寺。

二十日　入候冯，犹未归。仍出游西竺寺、黄山谷祠。

【译文】

二十日　进城去等候冯润，还没有归来。仍然出城去游览西竺寺、黄山谷祠。

二十一、二十二日　皆有雨，余坐香山寺中。抵暮，雨大作，彻夜不休。是日前所随行五人，俱止南山龙隐庵，犹时时以一人来侍余。抵暮，忽有言其一人在洞诱牧牛童，将扼其吭而挟之去者①。村人来诉余，余固疑，其余行亦行，余止亦止，似非端人②；然时时随游扶险，其意殷勤，以似非谋余者。心惴惴不能测。

【注释】

①吭（háng）：喉咙。

②端（duān）人：正派的人。

【译文】

二十一日、二十二日　都有雨，我坐在香山寺中。到天黑时，风雨大作，彻夜不停。这一天先前随行的五个人，都住在南山的龙隐庵中，还时时派一个人来伺候我。到天黑时，忽然有人说他们中的一个人在山洞中诱拐放牛的儿童，扼住儿童的喉咙要把儿童挟持走。村里人来告诉我，我本来就有疑心，他们这些人我走他们也走，我停下他们也停下，似乎不是正人君子；然而时时跟随我游览，临危相扶，那意思十分殷勤，又似乎不是要谋害我的人。心里惴惴不安，不能测知吉凶。

二十三日　雨犹时作时止。是日为清明节，行魂欲断，而沽酒杏花将何处耶？是处桃、杏俱腊中开落。下午，冯挥使之母以酒蔬饷，知其子归尚无期，怅怅，闷酌而卧。

【译文】

二十三日　雨还在时下时停。这一天是清明节，路上的人神魂欲断，可沽酒的杏花村将在何处呢？此处的桃、杏都是在腊月间开花凋谢。下午，冯指挥使的母亲拿来酒菜款待我，我得知她儿子归来还没有定期，怅怅不乐，喝下闷酒后躺下睡了。

二十四日　五鼓，雨声犹潺潺，既而闻雷，及起渐霁，然浓云或开或合，终无日影焉。既而香山僧慧庵沽酒市鱼，酌余而醉。及寝，雷雨复作，达旦而后止。

【译文】

二十四日　五更时，雨声还哗哗响，继而听见雷声，到起床时渐渐转晴，但浓云时开始合，始终没见太阳的影子。随后香山寺的僧人慧庵打酒买鱼来，让我喝醉了。到睡觉时，雷雨又大作，直到天明后才停止。

二十五日　上午犹未霁。既饭，丽日晶然。先是，余疑随行五人不良，至是卜之得吉。彼欲以两人从余，先畀定银与之市烟焉。又慧庵以缘簿求施，余苦辞之；既而念其意不可却，虽囊中无余资，展转不能已，乃作书贷之陆君，令转付焉。

【译文】

二十五日　上午天还没有晴开。饭后，艳丽的太阳亮晶晶的。这之前，我怀疑随行的那五个人不是好人，到此时就这件事卜卦得到吉卦。他们想让两个人跟随我，先把定金交给他们去买烟。慧庵又拿化缘簿来求我布施，我苦苦推辞了；随后又考虑到他的诚意不可拒绝，虽然口袋中没有多余的钱财，辗转不能自已，于是写信向陆君借钱，让他转交给慧庵。

　　二十六日　日晴霁。候冯挥使润犹不归，投谒守备吴①，不见而还香山寺，再饭。同僧慧庵往九龙，西南穿塍中，蜿蜒排石而过。五里，越北流溪②，至丹霞遗蜕洞，即前日所入者。仍下，绕其东麓而南，回眺遗蜕峰头，有岩东向高穹，其上灵幻将甚，心欲一登而阻于无路。又东南约半里，抵东峰之北麓，见路两旁皆水坑流贯，路行其上，若桥梁而不知也。其西有巨枫树一株，下有九龙神之碑，即昔之九龙祠遗址。度其北，是昔从龙隐来所经平冈中之潭，而九龙潭则在祠南石崖之下，水从其中北向经路旁水坑而出为平冈潭者也。

【注释】

①守备：明代武职。驻守城哨，地位次于游击将军。无定员。

②越北流溪：原误倒为"北越流溪"，据乾隆本、"四库"本改。

【译文】

二十六日　天气晴朗。等候指挥使冯润，仍然没回来，投递名帖拜见吴守备，不接见便返回香山寺，再次吃了饭。同僧人慧庵前往九龙洞，向西南穿越在田埂中，途中经过蜿蜒排列的石山。行五里，越过往北流的溪水，来到丹霞遗蜕洞，就是前几天进去过的岩洞。仍然下山，绕着山的东麓往南行，回头眺望丹霞遗蜕洞的峰顶，有个高大穹隆面向东的岩洞，那上边将会是非常灵幻的，心想登上去一次但阻于无路可走。又向东南大约走半里，抵达东峰的北麓，看见道路两旁都是水流连贯在一起的水坑，道路行走在水坑上，像桥梁一样却不能感觉到。水坑西边有一棵巨大的枫树,树下有九龙神的石碑,这就是从前九龙祠的遗址。过到水坑北边,这是从前从龙隐洞来时经过的平缓山冈中的深潭,而九龙潭则是在九龙祠南面的石崖之下,水从九龙潭中向北流经路旁的水坑而后流出去成为平缓山冈中的潭水了。

九龙洞山在郡城西南五里,丹霞遗蜕洞东南。其山从遗蜕山后绕而东,其北崖有洞,下有深潭嵌石壁中若巨井。潭中下横一石,东西界为二,东小而西巨,东水低,西水高,东水清,西水浑。想当雨后,西水通源从后山溢来,而东则常潴者也。西潭之南,石壁高数丈,下插潭底,潭多巨鱼。上镌"九龙洞"三大字,不知镌者当时横架杙木费几许精力?西潭之深莫能竟,曰垂丝一络,亦未可知,然水际无洞,其深入之窍当潜伏水底耳。洞高悬潭上三丈余,当井崖之端,其门北向,东与"九龙洞"三字并列,固知此镌为洞,不为潭也。门颇隘,既入乃高穹。峡南进,秉炬从之,其下甚平。直进十余丈,转而东,下虽平,而石纹涌起①,屈曲分环,中有停潦②,遂成仙田③。东二丈,忽下陷为深坑。由坑上南崖伛偻而出坑之东,其下亦平,而仙田每每与西同。但其上覆石悬乳,压坠甚下,令人不能举首。披隙透其内,稍南北分岐,遂逼仄逾甚,不得入矣。仍西出至坑崖上,投火坑中谛视之,下深三丈余,中复有洞东西通透:西洞直入,与上峡同;东洞则横拓空阔,其上水淙淙下滴,下似有潦停焉。坑之南崖平覆如栈,惟北则自上直插坑底。坑之裂窍,南北阔二丈,东西长三丈,洞顶有悬柱倒莲,恰下贯坑中,色洁白莹映,更异众乳。俯窥其上久之,恨不携梯悬索,若南山一穷奥底也。

东三百步，又有岩北向，深十余丈，在东峰崖过脊处。

【注释】

①而石纹涌起："石纹"，乾隆本、"四库"本作"石级"。

②停潦(lǎo)：指岩洞内平坦洞底的积水。

③仙田：由于停潦水浅，边缘的水蒸发快，沿边缘逐渐结晶，形成有
　　纹理的蛇曲状沉淀物，比水池的水面稍高，犹如纵横阡陌，即是
　　"仙田"，今人多称"石田坝"。

【译文】

　　九龙洞所在的山在府城西南五里处，丹霞遗蜕洞在东南方。这座
山从丹霞遗蜕洞所在的山后面绕向东去，山北的山崖上有岩洞，下面有
深潭嵌入石壁中好像巨大的水井。潭中下边横着一块岩石，把水潭分
隔为东西两半，东半边小而西半边大，东边的水位低，西边的水位高，东
边的水清，西边的水浑。想来应该是下雨之后，西边的水通着水源从后
山溢出来，而东边则是常年积水的水潭了。西边水潭的南边，石壁高达
几丈，下插到潭底，潭中有很多大鱼。石壁上刻着"九龙洞"三个大字，
不知刻字的人当时栽木桩横架木架费了几多精力？西边水潭的深处无
人能搞清楚，说是像一缕下垂的丝线，这也未必可知，然而水边没有洞，
深入其中的石窍应当是潜伏在水底了。九龙洞高悬在深潭上方三丈
多，位于井壁样的石崖顶端，洞口面向北，东面与"九龙洞"三个字排列，
我本来就知道刻这几个字是为了岩洞，而不是为了水潭。洞口相当狭
窄，进去后洞就变得高大穹隆起来。有峡谷向南进去，举着火把从峡谷
中走，洞下面非常平坦。一直进去十多丈，转向东，下面虽然平坦，但石
纹像水波一样涌起，弯弯曲曲分为一环一环的，其中有积水，便成了仙
田。向东二丈，忽然下面陷为深坑。由深坑上面南边的石崖上弯腰钻
出到深坑的东面，那下边也很平坦，而且肥美的仙田与西面的相同。
只是洞顶上下覆的岩石和悬垂的钟乳石，压坠得非常低，让人不能抬

头。分开缝隙钻到洞的里面,渐渐分为南北两个岔洞,终于狭窄得越来越厉害,不能深入了。仍然向西出到深坑旁的石崖上,把火把放进深坑中仔细观察坑底,下面深三丈多,坑中又有洞东西通透:西洞一直进去,与上面的峡谷相同;东洞则是横向拓开十分空阔,洞顶上有水淙淙下滴,下面似乎有积水。深坑南边的石崖平缓下覆好像栈道,唯有北边则是从上面直插到坑底。裂开形成深坑的石窍,南北宽二丈,东西长三丈,洞顶有悬垂的石柱和倒挂着的莲花,恰好下垂到深坑中,颜色洁白晶莹,更与众多的石钟乳不同。在深坑上面俯身窥视了很久,遗憾没有带来梯子和绳索,像在南山那样能穷究一下深邃的洞底。向东走三百步,又有个岩洞面向北,深十多丈,在东峰的山崖上山脊延过之处。

九龙西峰高悬洞,在丹霞遗蜕之东顶,其门东向而无路。重崖缀石,飞突屼嵲[1],倒攀虽险,而石铠嵯峨[2],指可援而足可耸也。先是,一道者持刀芟棘前引,一夫赍火种后随,而余居其中。已而见其险甚,夫不能从,道者不能引,俱强余莫前。余凌空直跃,连者数层,频呼道者,鼓其速登,而道者乃至。先从其北得一岩,其门东向,前峡甚峻,中通一线,不即不离,相距尺许;曲折而入者三丈,其内忽穹而开;转而西南四五丈,中遂黑暗,恨从夫不以火种相随。幸其下平,暗中摸索又转入一小室,觉无余隙,乃出。此洞外险而中平,外隘而中扃[3],亦可栖托,然非高悬之洞也。高悬处尚在南畔绝崖之上,亏蔽不能仰见。稍下,转崖根攀隙以升,所攀者皆兜衣钩发之刺棘也。既上,其岩亦东向,而无门环回前列,高数丈[4],覆空若垂天之云。而内壁之后,层削而起,上有赭石一区嵌其中,连开二门,层累其上,猿猱之所不能升也,安得十丈梯飞度之。时老僧慧庵及随夫在山麓频频号呼,乃仍旧路下。崖突不能下睇,无可点足。展转悬眺,觉南上有痕一缕,攀棘侧肩循之。久之,乃石尽而得土,悬攀虽峻,无虞陨坠矣。下山五里,还香山。返照甚朗,余以为晴兆。既卧而雷雨复大作,达旦不休。

【注释】

①屼嵲(wù niè):山势高耸的样子。

②石铓(máng):石头的尖锋。铓,刀剑等的尖锋。

③扃(jiōng):关门。

④高数丈:乾隆本、"四库"本作"高十丈"。

【译文】

九龙洞西峰上高悬的洞,在丹霞遗蜕洞东面的山顶上,洞口面向东但没有路。重重石崖连缀着,飞突高耸,倒挂着攀登虽然危险,但刀锋样的岩石高险嵯峨,手指可以抓住而且脚下可以借以上耸。这之前,一个道士拿着刀在前面砍去荆棘带路,一个脚夫带着火种跟随在后面,而我走在两人中间。随后看见山势极其危险,脚夫不能跟随,道士不能领路,都强迫我不要再向前走。我凌空一直上跃,接连上登几层,频频呼唤道士,鼓励他赶快上登,而后道士这才来到。先从山北找到一个岩洞,洞口面向东,前边的峡谷极为陡峻,中间通着一线宽的地方,不即不离,相距一尺左右;曲折深入进去三丈,洞内忽然穹隆开阔起来;转向西南四五丈,洞中于是黑暗下来,痛恨随行的脚夫没有带上火种跟随而来。幸好洞底下面很平坦,在黑暗中摸索着又转进一个小石室中,觉得没有别的缝隙,这才出来。这个洞外面危险可洞中平坦,外边狭窄而洞中深锁着,也可以寄身栖息,然而不是高悬的洞。高悬的洞还在南边山崖的绝壁之上,林木遮蔽仰面不能看见。稍下走,转过悬崖根部攀着石缝爬升,攀登之处都是一些挂住衣服钩住头发的荆棘刺丛。上去后,这个岩洞也是面向东,但前边没有环绕的洞口,高几丈,下覆在高空好像垂在天上的云彩。而内壁的后方,层层陡削而起,石壁上有一块赭红色的岩石嵌在其中,一连开有两个洞口,分层叠累在石壁上,是猿猴也不能爬升到的地方,哪里能找到十丈高的梯子飞越到那上面。此时老和尚慧庵以及随行的脚夫在山麓频频呼叫,于是仍从原路下来。悬崖前突不能下看,无处可以垫脚。在悬崖上辗转眺望,觉得南边的上方有一缕石痕,攀着荆棘侧着肩头沿着石痕一步步走。很久,石壁完后才走到土山上,悬空攀爬虽然陡峻,但没有坠落下去的担忧。下山后五里,返回香山寺。夕阳返照十分晴朗,我以为是晴天的预兆。睡下后雷雨又大作起来,通宵达旦没有停止。

　　二十七日　雨止而起。余令人索骑欲行,而冯挥使之母令人再留曰,已三往促其子矣,姑允其留。既而天色大雾,欲往多灵,以晚不及。亟饭而渡北门大江,登北岸上观音阁,前为澄碧庵①,皆江崖危石飞突洪流之上,就而结构成之者。又北一里,过雪花洞下,乃渡溪,遂西向入石山峡中。转而南,登岭坳,遇樵者问之,此上有牛脾洞,非三门也,三门尚在北山。仍出,由南来大路北行二里,过一古庙。又北,有水自西山麓透石而出,其声淙淙,东泻即前所渡自北而南小溪也。又西半里,循西山转入西坞,则北界石峰崔嵬,南界之山又转而为土矣,中有土冈南北横属。又半里,逾冈西下,则三门岩在北崖之中矣②。乃由岐北向抵山下,望其岩上下俱危崖,中辟横窍,一带垂柱,分楞齐列于外。拾级而上,先抵岩东,则石瓣骈沓,石隙纵横,皆可深入。而前则有路,循崖端而西,其岩中辟,高二丈余,深亦如之,而横拓四丈余,上下俱平整,而外列三石,界成四门,俱南向,惟中门最大,而左腋一门卑伏。言"三门"者,举其大也。西门岩壁抵此而莫前,其上石态更奇;东门穿隙而出,即与东偏纵横之隙并;而中门之内,设神像于中,上镌"灵岩"二字。由神像后穿隙北入,宛转三四丈,逾庋攀而上,中有一龛,乃岩中之奥室也。出岩而东,披纵横之隙,亦宛转三四丈,始辟而大。东逾石阈而上,其内上下平整,前穴通明,另成一界,乃岩外之奥室也。透其前穴出,有石高擎穴前,上平如台。其东又有小隙宛转,如簇瓣莲萼,披之无不通也。由台前小隙下,即前循崖端而西路。复从崖端转石嘴而东,稍入,有洞门内辟。其门亦南向,中深数丈,弥备幽深之致。乃仍旧路下,即沿山麓东还,北望山坳间,有岩高悬绝峡之上,心异之。乃北向望岈上,攀石跻崖以升。数十步,逾坳间,乃炭夫樵斫者所由,而悬岩尚在其东,崖壁间之藤棘蒙密,侧身难度。乃令随夫缘枝践级,横过崖间,不百步而入岩,余亦从之。岩前悬峡,皆棕竹密翳,_{其色白,大者可为杖,细者可为箸。}而洞当转峡之侧,上下悬峭,其门西南向,顶崇底坦。入五六丈,当洞之中,遥望西南锐竖尖峰正列其前,洞两旁裂峡分瓣,皆廉利沓合。洞后透石门而入,其内三辟三合,中连下透,皆若浮桥驾空,飞梁骈影,思各跻其上,不知何处着脚。及透入三桥之内,其中转宽而黑。从左壁摸索而上攀东崖,南出三四丈,遂凌内梁之东。其梁背刀削而起,不堪着足。而梁之西亦峻石拄顶,另隔成界,不容西渡。

又南缘东崖,凌中梁之东,其不可度与内梁同。又南缘东崖凌前梁之东,则梁背平整,横架于两崖之间,下空内豁,天设徒杠③。其背平架之端,又有圆石尺许耸立其上,俨若坐墩。余以为人琢而置此者,扪其根,则天然石柱也。渡梁之西,又北转入峡门,即中内二梁西端之石所界而成者。其内又有东豁而下通梁后,又西刊而透穴中。入穴中,又拓而为龛,环而为门,逾而为峡,下皆细砂铺底,平洁如玉,但其中已暗而渐束,不能深入。仍出至前梁之西,缘西崖之半,攀石笋南下,穿石窟以出,复至洞中央矣。前眺尖峰,后瞩飞梁,此洞之胜,内外两绝。

【注释】

①观音阁、澄碧庵:皆在龙江北岸,今河池学院校园东区。

②三门岩:在今宜州市北三公里婆岩村后的婆岩山南崖,洞高出山麓约五十米。洞口高十米,宽三十多米,因有三柱天然垂石隔成四个岩口,但有一口很小,远望只见三口,故名"三门岩"。近年,在洞中凿石造佛像等三十多尊。

③徒(tú)杠:古代几根木头并列的称桥,独木小桥称杠。徒杠为仅通徒步的木桥,此亦用指小石桥。

【译文】

二十七日　雨停后才起床。我派人去要马打算上路,可冯指挥使的母亲派人来再三挽留,说已经三次去催促她儿子了,我姑且答应她留下。不久天色大晴,想去多灵山,因为太晚来不及。急忙吃完饭然后渡过北门前的大江,登上北岸的观音阁,前边是澄碧庵,都是在江边悬崖危石飞突在洪流之上的地方,就着山势修建成的建筑物。又向北一里,经过雪花洞下,于是渡过溪流,随即向西进入石山峡谷中。转向南,登上岭上的山坳,遇上一个打柴的人问路,此地的上面有个牛陣洞,不是三门岩,三门岩还在北面的山上。仍旧出来,从南边来的大路往北行二里,路过一座古庙。又向北走,有流水自西面的山麓下透过石缝流出来,水声淙淙,向东流泻,这就是前边渡过的自北往南流的小溪了。又向西半里,沿着西山转入西面的山坞中,只见北面的一列石峰山势崔嵬,南面的一列山又转而变成土山了,中间有土冈横向连接着南北两面。又行半里,越过土冈向西下走,就见三门岩在北面的山崖中间了。于是经由岔路向北走到山下,远望这个岩洞上下都是危崖,中间辟开一个横向的石窍,垂着一排衣带样的石柱,分成窗户一样整齐地排列在洞外。沿着石阶上登,先到达岩洞的东边,就见呈瓣状的岩石成丛杂沓,石缝纵横,都可以深入进去。而前边就有条路,沿着石崖外侧往西走,这个岩洞中间拓展开,高二丈多,深处也如此,但横向拓宽四丈多,上下都很平整,而外边排列着三根石柱,分隔成四个洞口,都是面向南,只有中间的洞口最大,而左侧的一个洞口低伏着。仅说"三门",是举其大处说的。西洞口的洞壁到此处就无法前进了,洞壁上岩石的形态更加奇特;穿过东洞口的缝隙出来,立即与偏东处纵横的石缝并列;而中洞口的里面,在正中安设了神像,上方刻有"灵岩"二字。由神像后面穿过缝隙向北进去,弯弯转转走三四丈,越过平架的石板攀越上去,洞中有一个石龛,这是岩洞中的深室了。出洞后往东走,钻进纵横的石缝中,也弯弯转转地走三四丈,这才变得宽大起来。向东越过石门槛往上走,洞内上下都很平整,前方的洞穴透进亮光来,另成一种境界,这是岩洞外面的深室了。穿过前方的洞穴出来,有块岩石高擎在洞穴前方,上面平得好像平台。岩石东边又有些曲曲折折的小裂隙,如成簇的花瓣和莲花的花萼,钻进这些裂隙无处不通。由平台前的小裂隙中下走,就是前边沿着石崖外侧向西走的路。又从石崖外侧往东转过石崖尖嘴,略微走进去,里面有个洞口张开。这个洞口也是面向南,洞中深达几丈,更加具有幽深的情趣。于是仍旧从原路下山,立即沿着山麓向东回走,望见北面的山坳中，有个岩洞高悬在悬绝的峡壁之上，心里觉得它很奇特。于是向北望着山坳上登，攀着岩石踏着石崖往上爬升。几十步后，翻越到山坳上，是一条烧炭打柴的人走的路，而高悬的岩洞还在山坳的东面，崖壁上的藤条荆棘浓密，侧着身子也难以走过去。只好命令随行的脚夫抓住树枝踩着台阶，横向走过崖壁，不到一百步就进入岩洞中，我也跟随着他走过去。岩洞前高悬的峡壁上，都是密蔽的棕竹，棕竹的颜色发白，大的可以做成手杖，细的可以做成筷子。可岩洞位于山峡转折处的侧面，上下悬绝陡峭，洞口面向西南方，洞顶高大，洞底平坦。进去五六丈，位于洞的正中，遥望西南方尖锐竖立的尖峰正好排列在洞的前方，洞两旁裂开的峡谷分为瓣状，全都棱角锋利杂沓聚合。洞的后部钻穿过石门进去，石门以内三次分开三次合拢，中间相连下边是空的，都像是浮桥架在空中，飞桥的身影并列，心想如能分别登到那上面，又不知从何处下脚。到穿入三座石桥之内后，洞中变得又宽又黑。从左侧的洞壁下摸索着往上攀登东面的石崖，向南出去三四丈，终于上登到里面一座桥的东头。这座桥的背面像刀削过一样立起，不能落脚。而桥的西头也有高峻的石柱撑着洞顶，另外隔成一境，不容许人飞渡到西面。又向南沿着东面的石崖走，凌驾在中间一座桥的东头，这里不能飞越与里面那座桥相同。又向南沿着东面的石崖凌驾在前边一座桥的东头，只见桥背平整，横架在两面的石崖之间，桥下是空的，向里面豁开，是天设地造的小石桥。平架桥背的前端，又有一块一尺左右的圆石耸立在桥上，俨然像一个供人坐的石墩。我以为是有人雕凿好放在这里的，摸了摸石墩的根部，原来是天然形成的石柱。过到桥的西头，又向北转入峡口，这就是中间和里面两座桥西头的岩石隔成的地方。那里面又有向东的豁口往下到桥后，又向西剜空通到洞穴中。进入洞穴中，又拓宽为石龛，环绕成为石门，穿通成为峡谷，下面都是细沙铺在洞底，平滑光洁好像玉石，但洞中已经暗下来而且渐渐束拢，不能深入。仍然出到前边那座桥的西头，沿着西面石崖的半中腰，攀着石笋向南下走，穿过石窟出来，又来到岩洞的中央了。向前方眺望尖峰，往后面注视飞桥，是这个洞的优美之处，内外双绝。

出洞，取棕竹数枝，仍横度坳脊，历悬石，下危峡而抵麓。循麓东行又百步，有洞裂削崖间如"丁"字，上横下竖，甚峻，其门南向。复北向抵崖下巨峡前，大石如窒，累数石而上，皆倒攀悬跻升之。其上一石则高削数丈，无级可攀，而下有穴大如斗，蛇穿以入。中遂穹然，上高数十丈，外透而起，则"丁"字之竖裂也，而横裂则仰之莫及矣。洞内夹壁而入，倾底而下，北进七八丈，折而东，始黑暗不可穷诘。乃出斗穴，下累石，又循崖而东数十步，复入巨峡。其门亦南向，前有石界之。连跻石隙二重，其内夹下倾，亦如"丁"字岩。北进五六丈，亦折而东，则平而拓矣。暗中摸索，忽有光在足下，恍惚不定，余疑为蛇珠虎睛，及近索之，复不见。盖石板之下，复有下层窟穴通于前崖，而上下交通处，穴小于斗，远则斜引下光，近则直坠莫睹。且其穴小而曲，不能蛇伏以下。遥瞩其东二三丈，石板尽处，复有微光烨烨。匍匐就之，则其外界石如屏，中有细孔径寸，屈曲相攒，透漏不一，可以外窥，而其下有孔独巨，亦如斗大。乃以足先坠，然后悬手而下，遂及下层。其外亦有门南向，而内入不深。岩门内距屏石仅二丈，屏下又开扃窍，内入即前所望石板下窟穴也，然外视昏黑，不知其内通矣。由门外又循崖而东数丈，复得一岩。其门亦南向，内不甚深，而后壁石窍玲珑，细穴旁披，亦可挼身转隙，然无能破其扃也。岩前崖悬磴绝，遂不能东，乃仍西历前所入洞口，下及山麓。又东百步，有洞当北麓，其门亦南向。穿而入，则转东，透峡四五丈而出，其门又东豁者也。闻古城洞在青鸟山前①，东门渡江，三里可至，石壁对夹，中多种蔬者。时日将晡，恐渡舟晚不及济，亟从旧路还，五里余而抵龙江，渡舟适至，遂受之南济，又穿城一里，抵香山已薄暮矣。

【注释】

①青鸟山：乾隆本、"四库"本原作"青鸟山"，据季抄本二月十七日，三月初九日记改。

【译文】

出洞后，摘取了几枝棕竹，仍然横向越过山坳上的山脊，历经高悬的石崖，走下高险的深峡而后抵达山麓。沿着山麓又向东前行一百步，有个岩洞在陡削的山崖上裂开好像一个"丁"字，上横下竖，非常高峻，洞口向南。再向北走到山崖下的巨大峡谷前，岩石巨大似乎走不通，沿着几块叠垒的岩石往上爬，都是倒攀悬登地爬上去。那上面的一块巨石高峻陡削有几丈高，没有台阶可以攀登，但下边有个像斗一样大的洞穴，得以像蛇一样钻进去。洞中便穹然隆起，顶上高达几十丈，外边穿通而且直竖起，这就是"丁"字直竖的裂缝了，然而横着的裂缝则仰面无法看到。顺着洞内的夹壁进去，在倾斜的洞底上往下走，向北进去七八丈，折向东，开始黑暗下来，不能穷究了。于是钻出斗一样大的洞穴，走下叠垒的巨石，又沿着石崖向东前行几十步，再次进入巨大的峡谷中。这个洞口也面向南，前边有岩石隔开洞口。接连上登两层石缝，洞内的夹谷向下倾斜，也像"丁"字岩一样。向北进去五六丈，也是折向东，就变得又平又宽敞了。在黑暗中摸索，忽然有亮光出现在脚下，恍惚不定，我怀疑是蛇珠虎睛，到走近搜索时，又不见了。大概是石板之下，还有下层的洞穴通到前边的山崖，而上下层相通之处，洞穴比斗还要小，在远处则斜斜地引入下层的亮光，走近却是笔直下陷无法看见。并且这个洞穴又小又曲折，不能像蛇一样趴伏着下去。遥望这个洞穴东边二三丈之外，石板的尽头处，又有微弱的亮光在闪烁。匍匐着爬到那里，原来这里的外面隔着一层像屏风一样的岩石，中间有些直径一寸的细小洞孔，弯弯曲曲地互相攒聚在一起，玲珑剔透，不一而足，可以向外面窥视，而屏风石下边有个洞孔唯独大一些，也是像斗一样大。于是我先把脚放下去，然后把手高举起来往下钻，便到了下层。下层的外边也有个洞口面向南，可洞内进去不深。岩洞口里面距离屏风石仅有二丈，屏风石下边又开有一个幽闭的石窍，进入里面就是前边望见的石板下面的洞穴了，不过从外边看去昏黑一片，不知洞内是相通的了。由洞口外又顺着山崖往东前行几丈，又找到一个岩洞。洞口也是面向南，洞内不怎么深，但后面洞壁上的石窍玲珑小巧，细小的洞穴在四旁裂开，也可以侧着身子转进缝隙中，然而却不能冲破它深锁之处了。岩洞前的悬崖上石阶断绝，便不能再向东走，只好仍然向西经过先前进去的洞口，下到山麓。又向东走一百步，有个洞位于北麓下，洞口也是向南。穿过洞口进去，便转向东，穿过峡谷五六丈后出去，这里的洞口又是向东豁开的了。听说古城洞在青鸟山前，从府城东门渡过江，三里路可以走到，石壁对面相夹，其中有人种了很多蔬菜。此时日头将到下午，担心渡船太晚了来不及渡江，急忙从原路返回来，行五里多后抵达龙江边，渡船刚好来到，于是乘上渡船渡到南岸，又穿过城中一里，抵达香山寺已经是傍晚了。

二十八日　天色甚霁。晨起索饭，即同慧庵僧为多灵山之行。西南过雁山村[①]，又过龙项村之北[②]，共八里过彭岭桥，其水即九龙北去之流也。又二里登彭岭，其南陇有村，是为彭村[③]。又西下岭，西南转入山坞，峡中堰而成塘，水满浸焉。共五里，逾土岭而下，于是遂与石山遇。又三里，南穿其峡，逾脊而西，其南乃扩然。循石峰南麓西行，二里，为黄窑村。其村之西，石峰前突，是为黄窑山。转山嘴而西一里，有水自南冈土峡中泻下，分为二派：一循山嘴东行，引环村之前；一捣山麓北入石峰而出其后。渡水溯流陟冈而上，则上流亦一巨塘也。山至是南北两界，石峰遥列而中横土脊，东望甚豁，直抵草塘，觉其势渐下，而冈坡环合，反堰成此水。由塘上西行，又二里，则其水渐西流。又西南二里，下土洼，中则汇水一塘，自西北石峰下成涧而去。又西四里上土冈，见南山有村三四家，投之炊，其家闭户避不出。久之，排户入，与之烟少许，辄以村醪、山笋为供。饭而西行，四里，有石峰自西北中悬而来，至此危突，曰高狮山。又二里，逾山前土脊而下，又西南四里，过一荒址，则下迁村之遗也。又西上岭，望见一水自南，一水自东，至此合流而西去，是为下迁江。其江西北流去。截流南渡，水涨流深，上及于胸。既渡，南上陇行三里，有村在南峰东麓，龙门之流潆之而北，是为鹿桥村[④]，大路在其岭西。乃下岭循南峰东麓西行，过一浑水塘，共二里越脊而下，又二里出土山之隘，于是坞遂南北遥豁，东西两界皆石山矣。又有溪当石山之中，自南而北流去，路乃溯流南入。二里，过一石桥，由溪西南向行。又一里，有墟在路左，又有村在西山下，是曰黄村，则宜山西南之鄙矣。有全州道人惺一者，新结茅于此，遂投宿其中。是日尚有余照，余足为草履所损，且老僧慧庵闻郡尊时以朔日行香寺中，欲明日先回，故不复前。

【注释】

①雁山村:今作"燕山村",在龙塘村西北。

②龙项村:今作"龙降"。

③彭村:今作"鹏岭"。与龙项村皆在宜州市治西南郊,鹏岭在西,龙降在东。

④鹿桥村:今作"六桥",在宜州市西境。村的四周有六座小桥,因名。

【译文】

二十八日　天色非常晴朗。早晨起床要饭来吃了,立即同慧庵和尚动身去多灵山。往西南经过雁山村,又经过龙项村的北边,共八里走过彭岭桥,桥下的水就是九龙潭向北流去的水流了。又行二里登上彭岭,岭南的土陇上有个村子,这是彭村。又向西下岭,从西南方转入山坞中,峡中筑堤建成水塘,水满满地浸泡着水塘。共行五里,越过土岭往下走,到这里终于与石山相遇。又行三里,向南穿越石山山峡,越过山脊往西走,山脊的南面变得十分开阔。沿着石峰的南麓往西行,行二里,是黄窑村。这个村子的西边,石峰前突,这是黄窑山。转过山嘴向西一里,有水流自南面的土冈峡谷中流泻下来,分为两条支流:一条沿着山嘴往东流淌,被引流环绕过村子的前方;一条冲刷着山麓向北流入石峰下而后从石峰后面流出来。渡过溪水逆流上登山冈,就见上游也是一个巨大的水塘。山脉到了这里分为南北两列,石峰远远地排列而中间横亘着土山山脊,向东望去非常广阔,一直到草塘,觉得地势渐渐低下来,但冈峦山坡环绕闭合,反而修筑堤坝形成这个水塘。由水塘上边往西行,又行二里,只见塘水渐渐向西流。又向西南二里,下到土坑洼地中,洼地中积着一塘水,从西北方的石峰下形成山涧流去。又向西四里登上土冈,看见南山下有个三四家人的村子,投奔到村中去做饭,村中的人家都关上门躲着不出来。很久后,推开门进去,给了他少许烟,立即拿出村中自酿的浊酒和山间的竹笋款待我。饭后往西行,行四里,有石峰自西北方高悬在空中延伸而来,延到此地高高地突起,叫高狮山。又行二里,越过石山前的土山脊往下走,又向西南四里,路过一处荒凉的废址,这是下迁村的遗址了。又向西上岭,望见一条江水来自南面,一条江水来自东面,流到此地合流后向西流去,这是下迁江。这条江水向西北流去。截流渡到南岸,水涨流深,上边到达胸口。渡江后,向南登上土陇前行三里,有个村子在南峰的东麓,龙门的水流潆绕过村子后往北流去,这里是鹿桥村,大路在这座岭的西面。于是下岭来沿着南峰的东麓往西行,路过一个浑水塘,共二里,越过山脊往下走,又行二里,走出土山的隘口,在这里山坞便呈南北向远远地伸展开去,东西两面都是石山了。又有溪流位于石山的中间,自南往北流去,道路于是溯溪流向南进去。行二里,走过一座石桥,由溪边向西南行。又行一里,有个集市在道路左边,又有个村子在西山下,这里叫黄村,是宜山县西南部的偏远山乡了。有个叫悝一的全州道士,新近在此地建了茅庵,于是投宿到他的茅庵中。这时落日还有余晖,我的脚被草鞋磨破了,而且老和尚慧庵此时听说知府大人将在初一日到香山寺中烧香拜佛,打算明天先返回去,所以不再往前走了。

二十九日　复从黄村墟觅一导者,别慧庵南向行。一里,有村在西麓,曰牛牢村①。有一小水在其南,自西山峡中出,东入南来之溪,行者渡小水,从二水之中南向循山行。又一里余,有岩突西峰之麓,其门东向,披棘入之,中平而不深。其南峰回坞夹,石窍纵横,藤萝拥蔽,则山穷水尽处也。蒙密中不知水从何出,但闻潺潺有声,来自足底耳。从此半里,蹑级西上,石脊峻嶒。逾坳而西,共一里而抵其下,是曰都田隘,东为宜山县②,西为永顺司分界。见有溪自西南来,亦抵坳窟之下,穿其穴而东出,即为黄村上流者也。又南半里,乃渡其水西南行，山复开，环而成坞。二里，有村在西麓，是为都田村③，一曰秦村④，乃永顺司之叔邓德本所分辖者。又南二里，复渡其水之上流，其水乃西北山腋中发源者，即流入都田隘西穴，又东出而为黄村之水者也。又东南一里，陟土山之冈，于是转出岭坳，西向升降土冈之上，二里，为大歇岭。石山又开南北两界，中复土脊盘错，始见多灵三峰如笔架，高悬西南二十里外。下岭，又西南行夹坞中三里，乃西向升土山。其山较高，是为永顺与其叔分界，下山是为永顺境。

【注释】

①牛牢村：今名同，在宜州市西境，六桥稍西。

②宜山县：为庆远府附郭县，即今宜州市。

③都田村："都"原作"鄙"，上文有都田隘，此应即都田村。

④秦村：今作"新村"，在宜山县西境，距北牙甚近。

【译文】

二十九日　重新从黄村的集市上找到一个向导，告别慧庵后向南行。行一里，有个村子在西麓，叫牛牢村。有一条小溪在村南，自西面的山峡中流出来，向东汇入南边流来的溪流中，走路的人渡过小溪，从两条溪水的中间向南沿着山走。又是一里多，有个岩洞突立在西峰的山麓下，洞口向东，分开荆棘进入洞中，洞中平坦但不深。这里南面山峰回绕山坞相夹，石窍纵横，藤蔓环拥密蔽，是个山穷水尽的地方。在浓密的藤蔓中不知水从哪里流出去，只是听见有潺潺的水声来自脚底下罢了。从此地前行半里，踏着石阶向西上登，石脊高峻。越过山坳往西行，共一里后到达山下，这里叫都田隘，东边是宜山县，西边是永顺司的分界处。看见有溪水自西南方流来，也是流到山坳下的洞窟中，穿过山下的洞穴往东流出去，这就是流经黄村的溪水的上游了。又向南半里，于是渡过这条溪水往西南行,山势又开阔起来,环绕成山坞。行二里,有个村子在西麓,这里是都田村,又叫秦村,是永顺司土司的叔父邓德本分管的地方。又向南二里,又渡过这条溪水的上游,这条溪水就是从西北方山中发源,随即流入都田隈西边的洞穴中,又向东流出来后成为黄村的溪水的水流了。又向东南一里,登上土山的冈头,于是转向走出岭上的山坳,向西升降在土冈之上,行二里,是大歇岭。石山又分开形成南北两列,中间又有土山脊盘绕交错,这才见到多灵山的三座山峰像笔架一样高悬在二十里之外。下岭后,又向西南行走在两山相夹的山坞中,行三里,于是向西爬升土山。这座山较高,这是永顺司与他叔父分界的地方,下山后就是永顺司的辖境。

西由坞中入石山峡,渐转西北行。其地寂无人居,而石峰离立,色青白成纹,态郁纡若缕刻,色态俱奇。行五里,路右有二岩骈启①,其门皆南向:东者在麓,可穿窍东出,而惜其卑;西者在崖,可攀石以上,而中甚幻。由门后透腋北入,狭窦渐暗,凌窦隙而上,转而南出,已履洞门之上矣。其下石板平如砥,薄若叶,践之声逄逄如行鼓上,中可容两三榻。南有穴,下俯洞门,若层楼之窗,但自外望之,不觉其上之中虚耳。其结构绝似会仙山之百子岩,但百子粗拙而此幻巧,百子藉人力,而此出天上,胜当十倍之也。

【注释】

①路右有二岩骈启:"二"原作"一",乾隆本、"四库"本同。据文意从丁本、沪本改。

【译文】

向西由山坞中进入石山山峡,渐渐转向西北行。此地荒寂无人居住,但石峰分别矗立着,石色青白相间形成纹路,姿态郁郁葱葱曲折蜿蜒,好像雕刻出来的一样,色彩姿态都很奇特。行五里,道路右边有两个岩洞并排张开,洞口都向南,东边的在山麓下,可以穿过洞穴向东出去,但可惜洞中太低矮;西边的在山崖上,可以攀着石头上去,而且洞中非常奇幻。由洞口后侧方向北钻进去,狭窄的洞穴渐渐暗下来,由缝隙样的洞穴往上登,转到南面出来,已经脚踩在洞口的上面了。脚下的石板平得好像磨刀石,薄得像树叶,脚踩在上面发出嘭嘭嘭的声音如同行走在鼓上,洞中可容纳两三张床。南边有个洞穴,向下俯视着洞口,好像层层高楼上的窗口,只是从洞外望这里,不会觉察到那上面中间是空的而已。这里的构造极像会仙山的百子岩,只是百子岩粗糙笨拙而此处奇幻纤巧,百子岩借助于人力,而此处则是出自于天然,优美之处应该是百子岩的十倍了。

　　坐久之,乃南下山,复西北行。一里,路渐降,北望石峰之顶,有岩砮然,其门东南向,外有朱痕,内透明穴,乃石梁之飞架峰头者。下壑半里,转而南,始与溪遇。其水西南自八洞来,至此折而西向石山峡中。乃绝流渡,又南二里,西望有村在山坞中,是为八洞村①。都田村之东有八仙洞,乃往龙门道。又南一里,复南渡溪。过溪复南上,循山一里,转而东南行一里半,直抵多灵北麓。路左有土山,自多灵夭矫下坠。其后过腋处,有村数家,是为坟墓村,不知墓在何处也。从其前又转而西南行,一里下山,绝流渡溪,其溪自南来,抵石山村之左,山环壑尽,遂捣入石穴,想即八洞溪之上流矣。过溪又半里,北抵山麓,是为石山村。乃叩一老人家,登其栏而饭。望多灵正当其南②,问其上,有庐而无居者。乃借锅于老人,携火于村。老人曳杖前导,仍渡溪,东南上土山,共二里,越冈得坞,已在坟墓村之南,与多灵无隔阪矣。老人乃指余登山道,曰:"此上已(无)歧,不妨竟陟也。"老人始去。

【注释】

①八洞村:今作"八峒",在宜州市西南境。

②多灵:即多灵山,在宜州市西南境,突起三峰如笔架,轩耸秀丽,可远眺数百里。

【译文】

坐了很久,随后向南下山,再往西北行。行一里,路渐渐下降,望见北面石峰的顶上,有个岩洞像拱桥一样,洞口面向东南方,外边有朱红色的痕迹,里面通有明亮的洞穴,像是飞架在峰头的石桥一样。下到壑谷中半里,转向南,开始与溪流相遇。这条溪水自西南方的八洞村流来,流到此地折向西流入石山峡谷中。于是绝流渡过溪水,又向南二里,望见西边有个村子在山坞中,这是八洞村。都田村的东面有个八仙洞,是前往龙门的路。又向南一里,再次向南渡过溪流。渡过溪流后又向南上走,沿着山前行一里,转向东南前行一里半,直达多灵山的北麓。道路左边有土山,自多灵山蜿蜒下坠。土山后面道路经过的侧边,有个几家人的村子,这是坟墓村,不知坟墓在何处了。从村前又转向西南行,行一里后下山,绝流渡过溪水,这条溪水自南面流来,流到石山村的左边,山峰环绕,壑谷到了头,于是捣入石穴中,猜想这就是八洞溪的上游了。渡过溪水又走半里,向北抵达山麓,这是石山村。于是敲开一位老人的家门,登上他家竹楼吃饭。望见多灵山正好位于村南,问知山上有房屋但没有人居住。于是向老人借了一口锅,从村中带上火种。老人拖着拐杖在前边带路,仍然渡过溪水,往东南上登土山,共二里,越过山冈走到山坞中,已经在坟墓村的南面,与多灵山不再隔有山坡了。老人于是给我指点登山的路,说:"从此地上走已经没有岔路,不妨一直上登。"老人这才离开。

　　余践土麓东南上，路渐茅塞。披茅转东北行二里，茅尽而土峡甚峻。攀之上，抵石崖下，则丛木阴森，石崖峭削，得石磴焉。忽闻犬声，以为有人，久之不见；见竹捆骈置路傍，盖他村之人乘上无人而窃其笋竹，见人至，辄弃竹而避之巉岨间耳①。此间人行必带犬。于是攀磴上，磴为覆叶满积，几不得级。又一里，有巨木横仆，穿其下而上，则老枋之巨，有三人抱者。乃复得坪焉，而茅庵倚之。其庵北向，颇高整，竹匡、木几与夫趺跏洒扫之具俱备。有二桶尚存斗米，惜乎人已久去，草没双扉，苔封古灶，令人恨不知何事忆人间也！令一人爇火灶中，令一人觅水庵侧②。断薪积竹，炊具甚富，而水不可得。其人反命曰："庵两旁俱无，亦无路。惟东北行，有路在草树间，循崖甚远，不知何之？"予从之，果半里而得泉。盖山顶悬崖缀石，独此腋万木攒翳。水从崖石滴坠不绝，昔人凿痕接竹，引之成流，以供筒酌。其前削崖断峣，无可前矣。乃以两筒携水返庵，令随夫淅米而炊。令导余西南入竹林中，觅登顶之道。

【注释】

　①巉（chán）：山势高险的样子。岨（qū）：同"砠"，戴土的石山，或戴石的土山。

　②令一人觅水庵侧："水"原作"火"，据上下文意改。

【译文】

　　我踏着土山的山麓向东南上登，路渐渐被茅草阻塞起来。分开茅草转向东北行二里，茅草完了，但土山峡谷非常陡峻。攀着峡谷往上登，抵达石崖下，只见林木阴森，石崖峭拔陡削，在石崖上找到石阶。忽然听见有狗叫声，以为有人，很久看不见人影；看见有成捆的竹子并排放在路旁，大概是其他村子的人乘山上没有人来偷山上的竹笋和竹子的，看见有人来，就丢下竹子躲避到高险的山石间去了。这一带的人走路一定要带上狗。于是沿着石阶往上攀登，石阶上盖满堆积的落叶，几乎找不到台阶。又上登一里，有棵巨树横躺着，穿过树下上走，原来是棵巨大的老枋树，有三个人合抱那么粗。随后又走到一块平地上，而茅庵就依傍在平地旁。这座茅庵面向北，相当高大整齐，竹床、木几案与那些打坐扫洒的器具都很齐备。有两只桶中还存有一斗米，可惜主人已经离开很久了，荒草淹没了两扇门，青苔封满了古旧的炉灶，让人遗憾不知是什么事使主人想起了人间！命令一个人点燃灶中的火，命令一个人去茅庵旁找水。砍断的薪柴竹子堆积着，炊具非常多，但找不到水。那人反而命令我说："寺庵两旁都没有水，也没有路。只有向东北方走，有条路在荒草树丛间，沿着石崖走去非常远，不知去到什么地方？"我听从他的话，果然走半里路后找到泉水。原来山顶上都是悬崖缀石，唯独这里的侧边是万木攒聚密蔽。水从崖石上不停地滴落下来，从前有人挖凿的痕迹接有竹子，把水接引成流，供人用竹筒舀水。泉水的前方就是悬崖断岘，无法前走了。于是我用两个竹筒带着水返回庵中，命令随行的脚夫淘米煮饭。命令向导带领我向西南进入竹林中，寻找登顶的路。

　　初有路影，乃取竹觅笋者所践；竹尽而上，皆巨茅覆顶，披之不得其隙。一里，始逾一西走之脊。其脊之西，又旁起一峰以拱巨峰者，下不能见，至是始陟之也。又从脊东上，皆短茅没腰，践之每惊。其路又一里，而始逾一南走之脊。

其脊之南，亦旁起一峰以拱巨峰者，北不能瞩，至是又陟之也。此两峰即大歇岭所望合中峰为笔架者。于是从脊北上，短茅亦尽，石崖峻垂，攀石隙以升，虽峻极，而手援足践，反不似丛茅之易于颠覆也。直北上一里，遂凌绝顶。其顶孤悬特耸于众石山之上，南北逾一丈，东西及五丈，惟南面可跻，而东西北三面皆嵌空悬崖，不受趾焉。顶之北，自顶平分直坠至庵前石磴下，皆巨木丛列，翳不可窥，惟遥望四面，丛山千重万簇，其脉似从西南来者。遥山外列，极北一抹乃五开、黎平之脊①；极南丛亘，为思恩九司之岭②；惟东北稍豁，则黄窑、里渚所从来者也③。南壑之下，重坑隔阪间，时见有水汪汪，盖都泥之一曲也。山高江逼，逆而来则见，随而转又相掩矣。此即石堰诸村之境也。山之东南垂，亦有小水潺潺，似从南向去，此必入都泥者，其在分脊岭之南乎？土人言：“登此山者，必清斋数日，故昔有僧王姓者不能守戒，遂弃山而下。若登者不洁，必迷不得道。”以余视之，山无别岐，何以有迷也？又云：“山间四时皆春，名花异果不绝于树。然第可采食，怀之而下，辄复得迷。”若余所见者，引泉覆石之上，有叶如秋海棠而甚巨，有花如秋海棠而色白，嗅之萼，极清香，不知何种。而山顶巨木之巅，皆蔷薇缘枝缀花，殷红鲜耀，而不甚繁密。又有酸草，茎大如指，而赤如珊瑚，去皮食之，酸脆殊甚。亦有遗畦剩菜，已结子离离。而竹下龙孙④，则悉为窃取者掘索已尽。此人亦当在迷路之列，岂向之惊余而窜避者，亦迷之一耶？

【注释】

①五开、黎平：明置黎平府隶贵州布政司，置五开卫隶贵州都司，治所同城，皆在今贵州黎平县。

②思恩九司：为思恩府属九个土巡检司，皆嘉靖七年(1528)设。思恩，明置府，治所明初在旧城，正统十年(1445)迁于桥利，嘉靖七年(1528)徙治于今武鸣县北隅的府城。兴隆，今名同，在马山县中部，乔利稍南。那马，今作"龙马"，在马山县南境，周鹿稍东。白山，即今马山县治。定罗，今名同，在马山县西境，永州稍南。旧城，今名同，在平果县东隅。下旺，在今平果县北境的六着附近。安定，在今都安县南隅，澄江与红水河汇合处的红渡。都阳，今名同，在都安县西境。古零，今名同，在马山县东南境。

③黄窑：今作"黄瑶"，在宜州市治西南郊。

④龙孙：竹笋的别称。

【译文】

最初有路的影子，是来取竹子找竹笋的人踩出来的；竹林完后往上走，都是高大的茅草覆盖在头顶，拨开茅草也找不到缝隙。行一里后，这才越过一条向西延伸的山脊。这条山脊的西面，又在旁边耸起一座山峰拱卫着巨大的主峰，从下边不能看见，来到这里才攀登到它的上面。又从山脊东面上登，都是没过腰部的短茅草，踩着茅草走每每受到惊吓。这种路又走了一里，而后才越过一条向南延伸的山脊。这条山脊的南边，也是又在旁边耸起一座山峰拱卫着巨大的主峰，从北面不能望见，来到这里又攀登到它上面了。这两座山峰就是从大歇岭上望见的与中峰合在一起形成笔架的山峰。于是从山脊往北上登，短茅草也完了，石崖高峻地下垂着，攀着石缝往上爬，虽然极为陡峻，但手抓脚踩的，反而不像在茅草丛中那样容易跌倒。一直向北上登一里，终于登上绝顶。这座峰顶孤悬独耸于众多的石山之上，南北超过一丈，东西长达五丈，只有南面可以上登，而东、西、北三面都是嵌在高空的悬崖，不能承受脚趾。峰顶的北面，从峰顶平直地分开一直下坠到庵前的石阶下，都是巨树成丛排列着，浓密得无法窥视，唯有遥望四面，群山千重万簇的，山脉似乎是从西南延伸而来的。远山排列在外围，极北边的一抹痕迹是五开卫、黎平府的山脊；极南边成丛绵亘的，是思恩府九司的山岭；只有东北方稍微开阔一些，那是从黄窑、里渚延伸而来的山脉了。南面的壑谷之下，隔在重重深坑山坡间，不时看见有一片汪汪的水，大概那是都泥江的一个弯曲处了。山高江窄，逆向流来时就能看见，顺着山势转去后又被遮住了。这就是石堰村等村那片地方了。山的东南垂，也有条小河潺潺流淌，似乎是从南面流去的，这必定是流入都泥江的河流，这条河是在分水岭的南面吗？当地人说："登这座山的人，必定要清心斋戒几天，所以从前有个王姓和尚不能守戒，终于放弃山中的生活下来。如果登山的人不洁净，必定会迷路找不到路。"以我看来，山中没有别的岔路，为何会有人迷路呢？又说："山中四季都是春天，树上名花和奇异的果子四季不断。但是只能摘下来吃掉，怀揣着果子下山，总是又得迷路。"如我所见到的那样，接引泉水石崖下覆处的上方，有种树叶像秋海棠却非常巨大，有种花像秋海棠但颜色要白一些，嗅一嗅这种花的花萼，极清香，不知是什么品种。而且巨树覆盖的山顶上，全是蔷薇花点缀在枝条上，殷红鲜艳，但不怎么茂密。又有一种酸草，茎的大处如手指，而且红得好像珊瑚，去皮后吃它，特别酸脆。也有遗弃的菜地中剩下的菜，已经结出繁茂的籽实。而竹林下的竹笋，则已经全部被偷采的人搜索挖光了。这些人也应当在迷路人之列，难道先前被我惊吓后逃窜躲避的人，也是迷路人中的一个吗？

　　眺望峰头久之，仍从故道下。返茅庵，暝色已合，急餐所炊粥[1]，觉枯肠甚适。积薪佛座前作长明灯[2]，以驱积阴之气，乃架匡展簟而卧[3]。

【注释】

①急餐所炊粥：原误倒为"急炊所餐粥"，据乾隆本、"四库"本改。

②长明灯：佛前燃点的灯，昼夜不灭，故称长明灯。

③匡（kuāng）：即匡床，方正而安适的床。簟（diàn）：供坐卧用的
　　竹席。

【译文】

　　在峰头眺望了很久，仍然从原路下山。返回茅庵时，暮色已降临，急忙吃了煮好的稀粥，觉得饥肠中十分舒服。在佛座前堆积起一些薪柴作为长明灯，用来驱散久积的阴冷之气，于是架起竹床铺开竹席睡下了。

　　三月初一日　　昧爽起，整衣冠叩佛座前。随夫请下山而炊，余从也，但沸汤漱之而下。仍至石山村导路老人栏，淅米以炊。余挟导者觅胜后山，仰见石崖最高处，有洞门穹悬，随小径抵其西峡，以为将攀崖而上，乃穿腋而下者也。其隘甚逼，逾而北下，东峰皆峭壁，西峰皆悬窍，然其中石块丛沓，萝蔓蒙密，无可攀跻处也。其北随峡而出，又通别坞，不能穷焉。转出村前，乃由其东觅溪水所从入，则洞穴穹然在山坳之下，其门南向，溪流捣入于中，其底平衍而不潭。洞高二丈，阔亦二丈，深三四丈，水至后壁，旁分二门以入，其内遂昏黑莫可进。洞之前，有石柱当其右崖，穿柱而入，下有石坡尺许，傍流渡入，不烦涉水。由石柱内又西登一隙，上复有一龛焉。底平而上穹，亦有石柱前列，与水洞并向，第水洞下而此上，水洞宽而此隘耳。洞中之水，当即透山之背，东北而注于八洞之前者也。出洞，还饭老人家。仍

东北循土山而下,渡水过八洞,又北渡水,东南转入石山之峡,过前所憩洞前。又东入重坞,逾分脊之岭,乃下岭东北行坞,复陟冈转陂逾大歇岭,乃北下渡溪,沽酒饮于秦村。又北向渡溪而逾都田之岭,又从岭东随穴中出水北行而抵黄村庵,则惺一瀹茶煮笋以待。余以足伤,姑憩而不行。乃取随夫所摘多灵山顶芽茶,洁釜而焙之,以当吾乡阳羡茶中之茗①,香色无异也。此地茶俱以柴火烘黑,烟气太重。而瀹时又捉入凉水煨之,既滚又杂以他味焉。

【注释】

①茗(míng):原作"茄",据乾隆本、"四库"本作"茗",可从。茗为茶芽,正与前句"多灵山顶芽茶"一致。"芽茶",乾隆本、"四库"本作"茶芽"。

【译文】

三月初一日 黎明起床,整理好衣帽在佛座前拜佛。随行的脚夫请求下山后再煮饭吃,我听从了,只是喝了煮沸的热水以冲洗一下饥肠就下走。仍旧来到石山村带路的老人的竹楼中,淘米煮饭。我携同向导去后山寻找胜景,仰面看见在石崖的最高处,有个洞口穹隆高悬着,顺着小径抵达石崖西面的峡谷中,我以为将要攀着石崖往上登了,却是穿过石崖侧旁往下走的路了。石崖的隘口非常狭窄,越过隘口往北下走,东峰全是峭壁,西峰上都是高悬的石窍,然而峡谷中石块成丛杂沓,藤蔓浓密,没有可以攀登的地方了。从这里向北顺着峡谷出去,又通到别的山坞中,不能穷尽了。掉头出到村前,于是由村东去寻找溪水流进去的地方,只见洞穴穹然隆起在山坳之下,洞口面向南,溪流捣入洞中,洞底平展开来却不是深潭。洞高二丈,宽处也是二丈,深三四丈,水流到后面的洞壁下,在旁边分为两个洞口流进去,那里边便昏黑下来不能前进了。洞的前面,有石柱位于洞右边的山崖旁,穿过石柱进去,脚下有一尺左右宽的石坡,傍着流水通进去,不必麻烦涉水。由石柱内又向西登上一条裂隙,上边又有一个石龛。洞底平整而顶上穹隆,也有石柱排列在前方,与水洞同一方向,只是水洞在下而这个洞在上,水洞宽而这个洞窄罢了。洞中的水,应当就是穿流到山的背面,往东北流淌到八洞村前的水流了。出洞后,返回老人家中吃饭。仍然往东北顺着土山下走,渡过溪水后经过八洞村,又向北渡过溪水,向东南转入石山的峡谷中,经过先前我休息过的岩洞前。又向东走入重重山坞中,越过分水岭的山脊,于是下岭后往东北前行在山坞中,再上登山冈转过山坡地越过大歇岭,于是向北下山渡过溪流,在秦村买酒喝。又向北渡过溪流后越过都田村所在的山岭,又从岭东顺着从洞穴中流出来的溪水向北走到黄村的茅庵中,只见惺一泡好茶水煮好竹笋等着了。我因为脚受了伤,暂且休息不走了。于是取出随行脚夫在多灵山顶采摘的芽茶,把锅洗干净后烘焙茶叶,用来当做我家乡阳羡茶中的芽茶,香味色泽没有不同之处了。此地的茶叶都是用柴火烘黑,烟气太重。而且在煮茶时又是抓进凉水中用文火慢慢煨,水滚后又杂有其他味道了。

初二日　别惺一,惺一送余以笋脯。以丝曝干者。乃北行渡溪桥,又北,乃东转入山峡,逾平脊,东过浑水塘上岭,东望鹿桥而北行。已而北下,渡大溪之水,其水昔高涌于胸,今乃不及脐矣。但北上而崖土淖滑,无可濯处,跣而行。逾坡而下,抵下阱村旧址,有淳潦焉①,乃濯足纳履②。又东北逾一涧,乃东上高四山之南阪③。逾脊又东,升跞陂陀,路两旁皆坠井悬窖,或深或浅,皆土山,石孔累累不尽。既而少憩土冈上,其南即截路村。又东逾一冈下坞,有塘一方,潴水甚清,西北从石峰下破涧而去,丛木翳之,甚遥。又东逾冈，水从路侧西流。又东则巨塘汇陂间，乃北坠而下，分为两流，一北入山穴，一东循山嘴，环于黄窑村前，诸塍悉取润焉。乃饭于村栏，询观岩之路④。其人曰："即在山后，但路须东径草峡，北出峡口，西转循山之阴，而后可得。"从之，遂东。甫出村，北望崖壁之半，有洞高穹，其门东向，甚峻迥，不可攀。草峡之南，有双峰中悬，又有土山倚其下，是为里诸村，聚落最盛。共二里半，北入草峡。又东北行一里，逾石脊而过，有岐西行，遂从之，即黄窑诸峰石山之阴也。其山排列西北去，北尽于孤山⑤，所谓观岩者正在其中⑥。乃循山东麓行，又三里折而西南，半里而抵其下，则危崖上覆，下有深潭，水潴其中，不知所出，惟从岩北隅泻入巨门，其中窅黑，水声甚沸。盖水从山南来，泛底而出，潴为此潭，当即黄窑之西巨塘分流而捣入山穴者，又透底而溢于此也。乃一出而复北入于穴，水与山和，其妙如此。覆岩之上，垂柱悬旌，纷纭历乱，后壁石脚倒插潭中。其上旋瓮回窦，亦嵌漏不一，俱隔潭不能至。潭东南亦有一岩北向，内不甚深；潭东北崖间有神祠焉，中有碑，按之，始知为小观岩。神祠之后，即潭中之水捣入石门处，其门南向，甚高，望其中崆峒，莫须浮筏以进，不能竟入也。久之，仍从神祠东北出平畴，见有北趋路，从之，意可得大道入郡。既乃愈北，始知为独山、怀远道。欲转步，忽见西山下有潭，渊然直逼石崖，崖南有穴，则前北向入门之流，又透此而出也。计所穿山腹中，亦不甚遥，若溯流入，当可抵水声甚沸处。余欲溯流而入，时日已西昃，而足甚艰，遂从潭上东向觅畦而行。半里，将抵一村，忽坠坑而下，则前潭中之水北流南转，遂散为平溪，潆村南而东去。其水甚阔，而深不及尺，导者负而渡。渡溪，遇妇人，询去郡路几许，知犹二十里也。东北上崇涯，遂东出村前，有小路当从东南，导者循大路趋东北⑦，盖西北有大村，乃郡中趋怀远大道。知其非是，乃下坡走乱畦中，既渐失路，畦水纵横，踯躅者五六里。遇二人从南来，询之，曰："大道尚在北。"复莽行二里，乃得大道，直东向行。询之途人，曰："去城尚十里。"返顾日色尚高，乃缓步而东。其道甚坦，五里，渐陟陂陀，路两旁又多窨井坠穴⑧，与太平一辙。于是闻水声淙淙，则石壑或断或连，水走其底，人越其上，或架石为桥，俯瞰底水，所坠不一道，而皆不甚巨。盖小观之水出洞为溪，散衍诸畦洫中，此其余沥⑨，穿地峡而北泄于龙江者也。又东二里，逾冈而下，复得石壑，或断或连，水散溜其下，与前桥同。此乃彭岭桥之水，自九龙来，亦散衍畦洫，故余沥穿峡而北，泄者亦无几也。又东一里半，有庵峙路北，为西道。堂前有塘甚深衍，龙溪细流从东来注，而西北不见其所泄。又东一里，为西门街口，乃南越龙溪，循溪南东行，过山谷祠之后，又半里而抵香山寺，已昏黑矣。问冯使，犹未归也。暑甚，亟浴于盆而卧。

【注释】

①潭潦（tíng lào）：水塘。

②纳履（lǚ）：穿鞋。

③高四山：乾隆本同。沪本作"高狮山"。

④询观岩之路："岩"原作"洞"，据下文及乾隆本、"四库"本改。

⑤孤山：乾隆本、"四库"本作"独山"。

⑥观岩：原名"马驷岩"，因马驷村得名。旁有岩口村，又名岩口岩。洞前有深潭，刚入洞，即有仙女临溪待浴一景，今俗名仙女岩。旱洞起伏较大，水洞未开发。

⑦导者循大路趋东北："东北"，沪本作"西北"。

⑧窨（yuān）井：指如井中坠的洼地，中有落水洞，水从中下泄。

⑨沥（lì）：液体的点滴。

【译文】

初二日　辞别悝一，悝一拿笋干送给我。用笋丝晒干的。于是往北行，越过溪流上的桥，又向北走，随后向东转入山峡中，越过平缓的山脊，往东越过浑水塘上面的山岭，望见东面的鹿桥村后往北行。不久向北下行，渡过大溪的溪水，溪水前几天高高地涌到胸口，今天还不到肚脐了。但是上到北岸后山崖上的土路泥淖溜滑，没有地方可以洗脚，赤着脚前行。越过山坡后下走，抵达下阱村的旧址，有个水塘，这才洗好脚穿上鞋子。又向东北越过一条山涧，于是向东走上高四山的南坡。越过山脊又向东走，爬升跋涉在山坡间，道路两旁都是下陷的深井和高悬的深坑，或深或浅，全是土山，石孔累累层出不穷。随后在土冈上稍作休息，土冈南面就是截路村。又向东越过一座山冈下到山坞中，有一个水塘，积水非常清澈，从西北方的石峰下冲破山涧流去，林木遮蔽着溪水，非常遥远。又向东翻越山冈，溪水从道路侧边往西流。又向东走就见一个巨大的水塘汇积在山坡间，水向北下泻，分为两条溪流，一条往北流入山间洞穴中，一条向东沿着山嘴流，环绕在黄窑村前，众多的田地全都取这条溪水灌溉。于是在村中的竹楼上吃饭，打听去观岩的路。村里人说："就在山后，只是去那里的路必须向东经过草峡，向北走出峡口，转向西沿着山的北面走，然后可以找到。"听从村民的话，于是向东走。刚出村，望见北边崖壁的半中腰上，有个高大穹隆的洞，洞口向东，非常高峻深远，不可攀登。草峡的南面，有两座山峰悬在中央，又有土山紧靠在山峰下，这里是里诸村，聚落最为兴盛。共走二里半，向北进入草峡中。又往东北前行一里，越过石山山脊，有条岔路向西走，于是顺着这条路走去，就到了黄窑村群峰石山的北面了。这列山向西北排列而去，北面在孤山到了尽头，所谓的观岩的地方正是在这列石山中。于是沿着山的东麓前行，又行三里折向西南，行半里后抵达岩洞下，只见危崖在上面下覆着，下面有深潭，水积在潭中，不知从哪里流出去，唯有从岩洞的北隔泻入巨大的洞口，洞中深黑，水势极为沸腾。大概水从山的南麓流来，从山底下漫溢出来，积为这个深潭，这应当就是从黄窑村西面巨大的水塘中分流出来泻入山间洞穴中的水流，又透过地底下在此地溢出来了。于是一露出地面后又向北流入洞穴中，水与山的和谐，其中的美妙之处竟然如此。下覆的岩洞的洞顶上，下垂的石柱如悬挂着的旌旗，纷纭杂乱，后面洞壁的石脚倒插在深潭中。深潭的上方有旋涡状的石龛曲折的孔洞，也是深嵌透漏不一而足，全都隔着深潭不能到达。深潭的东南方也有一个岩洞面向北，洞内不怎么深；深潭东北方的山崖上有座神仙祠庙，庙中有石碑，查看了碑文，才知道是小观岩。神庙的后方，就是潭中的水捣入石洞之处，洞口向南，非常高，远望洞中空荡荡的，要不是乘着木筏进去，是不能直接深入的了。很久，仍然从神庙向东北出到平旷的田野中，看见有条通向北边的路，顺着这条路走，心想可以走上进府城的大道。随后愈加往北走，才知道这是去独山州、怀远镇的路。想要掉转脚步，忽然看见西山下有个深潭，样子渊深直逼到石崖下，石崖南边有个洞穴，这就是前边向北流进洞口的水流，又在此地穿流出来了。估计水流在山腹中穿流的距离，也不十分遥远，如果逆流进去，应当可以到达水声极为沸腾之处。我想要逆流进去，此时太阳已经西斜，而且脚痛走路走得非常艰难，便从深潭上面向东寻找田地前行。行半里，即将到达一个村子，忽然下陷成深坑，就见前边深潭中的水向北流后转向南流，终于散开成为平缓的溪流，潆绕过村南往东流去。溪水非常宽阔，而深处不到一尺，向导背着我渡水。渡过溪水，遇见一个女人，询问去府城的路有多远，得知还有二十里。向东北走上高高的岸上，随后向东出到村前，有条小路应当从东南方走，向导沿着大道走向东北方，原来是西北方有个大村子，是从府城中通往怀远镇的大道。知道他走的不对，于是下坡后行走在杂乱的田地间，不久渐渐迷了路，田间水流纵横，跌跌撞撞地走了五六里。遇见两个人从南边过来，向他们问路，他们说："大道还在北边。"又在草莽中前行二里，这才找到大道，一直向东行。向途中的人问路，回答说："离城还有十里。"转身回头看见天色还早，就放慢脚步往东走。这条大道十分平坦，行五里，渐渐上登山坡，道路两旁又有很多深井和下陷的洞穴，与太平府的如出一辙。于是听见有淙淙的水声，就见石头壑谷时断时连，水流淌在壑谷底下，人越过壑谷上方，有的就像石块架成的桥，俯瞰着底下的流水，水流下泻不止一条水道，然而都不这么大。大概是小观岩的水流出洞后成为溪水，散开流淌在众多的田间沟渠中，这是溪水余下的末流，穿过地下的峡谷往北泄入龙江中去了。又向东二里，越过山冈下走，又遇到石头壑谷，时断时连，水散流在地下，与前边石桥下的情况相同。这是彭岭桥下的溪水，从九龙洞流来，也是散开漫流在田间沟渠中，所以剩余的水流穿过峡谷往北流，流泻的水也是没有多少了。又向东一里半，有座寺庵屹立在道路北边，是西道庵。庵堂前有个水塘十分深广，龙溪细小的溪流从东边流来注入水塘中，然而西北方不见塘水外泄的地方。又向东一里，到了西门的街口，于是向南越过龙溪，沿着龙溪的南岸往东行，经过黄山谷祠庙的后面，又走半里后抵达香山寺，天已经昏黑了。打听冯指挥使，还没有回来。热极了，连忙在木盆中洗澡后躺下睡了。

　　初三日　余憩足寺中。郡人祉会寺前[①]，郡守始出行香。余倚北檐作达陆参戎书，有一人伺其旁，求观焉，乃冯使之妻弟陈君仲也。名瑛，庠彦[②]。言："此书达陆君，冯当获罪,求缓之。余当作书往促。"并携余书去,曰:"明日当来代请。"已而又二人至,一曰谢还拙,一曰陈斗南。谢以贡作教将乐而归③;陈以廪而被黜④,复从事武科者也⑤。二君见余箧中有文、项诸公手书,欲求归一录,余漫付之去。既暮,有河池所诸生杜、曾二君来宿寺中⑥,为余言:"谢乃腐儒,而陈即君仲之叔,俗号'水晶',言其外好看而内无实也。"

【注释】

①祉(zhǐ):祈福。古代风俗,每年有春社、秋社,为祀社神的节日。社即土地神。春社在立春后第五个戊日,适当三月初,此次社会应即春社日。

②庠(xiáng):古代的学校。府学称郡庠,县学称邑庠,府州县学生员则称庠生、庠彦或庠士。彦(yàn):古代对读书人的美称。

③贡:即贡生。科举制度中,地方儒学生员升入京师国子监肄业者皆称贡生。

④廪(lǐn):即廪膳生员,省称廪生。明代府州县学生员最初每月都给廪膳,以后须经岁、科两试成绩好的,才取得廪生名义,由官府发给伙食津贴。

⑤武科:科举制度中专为选拔武官而设的科目,明代还有定期举行乡试、会试的制度。

⑥诸生:明清时凡经过本省各级考试取入府、州、县学的通称生员,亦称诸生。

【译文】

初三日　我在寺中歇歇脚。府城中的人在寺前举行庙会,知府这才出城来烧香拜佛。我背靠在北边的廊檐下写了一封送给陆参将的信,有一个人守候在身旁,请求看一看信,原来是冯指挥使的妻弟陈君仲。名叫陈瑛，是个庠生。他说："这封信如果送给陆君，冯润就将获罪了，求您暂缓一下。我将写信前去催促。"并带着我的信离开了，说："明天将过来代为请安。"不久又有两个人来到，一个叫谢还拙，一个叫陈斗南。谢还拙以贡生的身份担任教官即将愉快地回乡；陈斗南是以廪生的身份被贬黜，又去从事武举考试的儒生。两位先生看见我竹箱中有文、项诸公的亲笔信，想要回去抄录一遍，我漫不经心地交给他们拿去了。天黑以后，有河池所的儒生杜、曾二位先生来寺中住宿，对我说："谢还拙是个迂腐的儒生，而陈斗南就是陈君仲的叔父，绰号叫'水晶'，是说他外表好看但肚中没有真才实学。"

　　初四日　余晨起欲往觅陈、谢，比出寺东而陈、谢至，余同返寺中，坐谈久之。又求观黄石斋诗帖。久之去，余随其后往拜，陈乃返诸公手书。观其堂额，始知其祖名陈学夔，乃嘉靖末年进士，曾任常镇兵使者，莅吾邑，有爱女卒于任，葬西门外，为之题碑其上曰："此兵使者陈学夔爱女之墓。吾去之后，不知将夷而去之乎？抑将怜而存之乎？是在常之人已。"过谢君之堂，谢君方留酌，而随行者觅至，请还，曰："有陈相公移酒在寺，相候甚久。"余以谢意不可却，少留饮而后行。比还寺，复领陈君仲之酌。陈出文请正，在此中亦铮铮者。为余言，其邻有杨君者，名姿胜。亦庠生，乃独山烂土司之族①，将往其地，"君可一拜之，俟之同行，不惟此路无虞，而前出黔境亦有导夫，此为最便"。余颔之。

【注释】

①烂土司：即合江洲陈蒙烂土长官司，治所在今贵州三都水族自治

县西隅,都柳江东岸的烂土。

【译文】

初四日　我清晨起床想要去找陈斗南、谢还拙,到出到寺东时陈、谢二人来到了,我同他们一起返回寺中,坐着谈了很久。他们又请求观看黄石斋的诗帖。很久才离开,我跟随在他们后面去回拜,陈斗南于是送还了诸公的亲笔信。观看他家堂屋上的匾额,才知道他祖父名叫陈学夔,是嘉靖末年的进士,曾出任常州府的镇兵使者,莅任我们江阴县,有爱女死在任上,葬在府城西门外,为此在她的碑上题词说:"这是镇兵使者陈学夔爱女之墓。我离开之后,不知是将墓铲平挖掉呢? 还是同情她将墓保存下去呢? 这全在常州府的人了。"到谢君的堂上拜访他,谢君正要留我饮酒,可随行的人找来了,请我回寺去,说:"有位陈相公把酒席搬到寺中,等了您很久了。"我因为谢君的诚意不可推却,留下稍饮了几口酒后就走了。等到返回寺中时,又领受了陈君仲的酒宴。陈君仲拿出文章请我指正,在这一带也算是佼佼者了。对我说起,他的邻居有个姓杨的先生,名叫杨姿胜。也是庠生,是独山州烂土司的族人,即将前往他的家乡,"您可以拜访他一次,等他一同上路,不仅这一路不会出意外,而且前边到了贵州境内也有人做向导,这样最为方便"。我点头同意他说的。

初五日　晨起,余往叩陈君。有韦老者,廪将贡矣,向以四等停,兹补试郡中,郡守以其文不堪,复再三令改作,因强余为捉刀①。余辞再三,不能已,乃为之作二文。一曰《吾何执》,一曰《禄足以代其耕也》。既饭,以稿畀韦,而往叩于陈,陈已他出矣。乃返宿于寺。

【注释】

①捉刀:代别人作文。

【译文】

初五日　早晨起床,我前去叩拜陈君。有个韦老者,由廪生即将升为贡生了,之前因为考为四等被暂停,现在来府城补考,知府认为他的文章不堪入目,又再三命令他改写,因而强逼着我为他代笔。我再三推辞,不得已,于是为他写了两篇文章。一篇叫《吾何执》,一篇叫《禄足以代其耕也》。饭后,把文稿交给姓韦的,而后前去叩拜陈君仲,陈君仲已经出门到别的地方去了。于是返回寺中住下。

初六日　以一书畀吴守备,得其马票。韦亦为余索夫票于戚挥使。以为马与夫可必得,及索之,仍无应者。是日斋戒而占①,惟思恩可行,而南丹不吉。其杨生之同行,亦似虚而不实。

【注释】

①斋(zhāi)戒:古人在求神、祭祀或举行典礼前,沐浴更衣,不饮酒、不吃荤,清心洁身,表示诚敬,称为斋戒。占(zhān):即占卜、卜问,预测事物的迷信方法。

【译文】

初六日　把一封信交给吴守备,得到他给的马票。姓韦的老者也为我向戚指挥使要来夫票。我以为马匹和脚夫必定可以得到了,到去要马要夫时,仍然没有应差的。这天我斋戒后占卜,只有思恩县可以走,而走南丹州不吉利。那个姓杨的庠生同行的事,也似乎是虚而不实。

初七日　索夫马仍不得。杨姿胜来顾,乃阿迷州杨绳武之族也①。言其往黔尚迟,而此中站骑甚难,须买马可行。

余占之，颇吉。已而冯使以一金来眖，侑以蔬酒，受之。既午，大雨倾盆，欲往杨处看骑，不果行。下午雨止，余作一柬托陈君仲代观杨骑。是日为谷雨，占验者以甘霖为上兆②，不识吾乡亦有之否也？

【注释】

①杨绳武：云南广西府弥勒州人，与阿迷接近，但不是阿迷州人。

②甘霖(lín)：适时而有益于农事的大雨。

【译文】

初七日　去要脚夫马匹仍然没要到。杨姿胜来拜访，原来他是阿迷州杨绳武的族人。他说他去贵州还要推迟，而且这里驿站中的马匹非常难要到，必须自己买马才能上路。我就此事占卜，十分吉利。不久冯指挥使拿来一两黄金赠送，送来酒菜助餐，我接受了。午后，大雨倾盆，想到杨姿胜那里去看马，没有成行。下午雨停了，我写了一个柬帖拜托陈君仲代我去看杨姿胜的马。这一天是谷雨，占卜的人把甘霖视为上好的吉兆，不知我家乡有没有这样的习俗了？

初九日　零雨浓云，犹未全霁。营中以折马钱至，不及雇骑者十之二。此间人之刁顽，实粤西所独见也。欲行，陈君仲未至，姑待之。抵午不至，竟不成行。下午，自往其家，复他出。余作书其案头作别，遂返寓，决为明日步行计。

【译文】

初九日　下着零星小雨，浓云密布，天还没有全部晴开。军营中把马匹折成钱送来，数额还不到雇马的十分之二。这里的人的刁顽，实在是粤西所仅见的了。想要上路，陈君仲没有来，暂且等一等他。到中午还没来,竟然不能成行。下午,亲自前去他家,又是外出了。我写了封信放在他的案头与他道别,于是返回寓所,决心为明天步行做准备。

自二月十七日至庆远,三月初十起程,共二十三日。

【译文】

自从二月十七日来到庆远府城,三月初十日起程,共二十三天。

庆远郡城在龙江之南。龙江西自怀远镇,北凭空山,透石穴而出,其源从贵州都匀而下。循北界石山而东,其流少杀于罗木渡,而两岸森石嶙峋过之。江北石峰耸立,中为会仙,东为青鸟,西为宜山,会仙高耸,宜山卑小。又西为天门拜相山①,即冯京祖墓。皆凭临江北,中复开坞,北趋天河县名。者也。江南即城。城南五里有石山一枝,自西而东,若屏之立,中为龙隐洞山,东为屏山,西为大号山②,又西为九龙山,皆蜿蜒郡南,为来脉者也。

【注释】

①天门拜相山:形似纱帽,今名状元山,山下现有冯京公园。

②大号山:原作"火号山",乾隆本、"四库"本同,皆误,从本日前记改。《嘉庆重修一统志》庆远府山川载:"大号山,在宜山县南二里,县境诸山,惟此独高。"《清史稿·地理志》亦载:宜山县"南,大号"。

【译文】

　　庆远府城在龙江的南岸。龙江自西面的怀远镇，北边紧靠着空山，穿过石穴流出来，_{龙江的水源从贵州省都匀府流下来。}沿着北面一列石山往东流，江流稍小于罗木渡，但两岸森然林立的嶙峋石峰超过罗木渡。江北岸石峰耸立，中间是会仙山，东面是青鸟山，西面是宜山，_{会仙山高高耸立，宜山矮小。}再往西是天门拜相山，就是冯京的祖坟所在地。全都凭临在江北，中间又开有山坞，是向北通往天河_{是县名。}的通道。江南就是府城。城南五里处有一支石山，自西往东延伸，像屏风一样矗立着，中间是龙隐洞山，东边是屏山，西边是大号山，再往西是九龙山，都在府城南面蜿蜒延伸，是延伸而来的山脉了。

　　郡城之脉西南自多灵山发轫。多灵西南为都泥，东北为龙江，二江中夹之脊也。东北走六十里，分枝而尽于郡城。将抵城五里处，先列为九龙山，又东北为大号山，又北结为土山曰料高山①，则郡之案也。又北遂为郡城，而龙江截其北焉。

【注释】

①料高山：即鹩哥山。

【译文】

　　府城的山脉自西南方的多灵山发端。多灵山西南是都泥江，东北是龙江，是两条江中间夹角地带的山脊。往东北延伸六十里，分支后在府城到了尽头。即将抵达府城五里处，先排列成九龙山，又往东北成为大号山，又在北边盘结为土山，称为料高山，那是府城的案山了。又向北便是府城，而龙江横截过府城的北边。

多灵山脉，直东走为草塘堡南之土脊，东起为石壁山，又东而直走为柳州江南岸诸山，又东南而尽于武宣之下柳江、都泥交会处。

【译文】

多灵山的山脉，一直往东延伸成为草塘堡南面的土山山脊，在东面耸起成为石壁山，又向东一直延伸成为柳州府柳江南岸的群山，又向东南延伸在武宣县的柳江下游与都泥江的交汇处到了尽头。

龙江，郡之经流也。其东北有小江南入于龙，其源发于天河县北界；其东南则五砮桥诸流北入于龙，其源发于多灵山东境，皆郡城下流也。郡城西南又有小水南自料高山北来，抵墨池西流，是为龙溪。又西则九龙潭之水自九龙山北流，与之合而西北入龙江。此郡城之上流也。

【译文】

龙江，是庆远府的主要河流。府城的东北方有条小江往南汇入龙江，它的源头发源于天河县北境；府城东南方则是五拱桥下的多条水流向北汇入龙江，它们的源头发源于多灵山东境，都是府城的下游。府城西南又有一条小河自南面的料高山向北流来，流到墨池后往西流，那是龙溪。再往西则是九龙潭的潭水从九龙山往北流，与龙溪合流后往西北汇入龙江。这是府城的上游。

西竺寺在城西门外①，殿甚宏壮，为粤西所仅见，然寥落亦甚。其南为香山寺，寺前平地涌石环立，为门为峡，为峰为嶂，甚微而幻，若位置于英石盘中者。且小峰之上，每有巨树箕踞，其根笼络，与石为一，干盘曲下覆，极似苏阊盆累中雕扎而成者。寺西有池，中亦有石。池北郡守岳和声建香林书院，以存宋赵清献公故迹。又西北为黄文节祠②，后有卧龙石，前有龙溪西流。宋署守张自明因文节遗风，捐数十万钱建祠及龙溪书院，今规模已废而碑图犹存祠中。其东北即西竺寺也。

【注释】

①西竺寺：原址在今河池地区第一人民医院。

②黄文节：即黄山谷，崇宁三年（1104）被贬到宜州羁管，第二年九月三十日病逝于宜州南楼。"文节"是被追赠的褒号。黄文节祠即黄山谷祠，与龙溪书院同在今广西轴承厂处，已不存。近年在白龙公园内新建了黄山谷神速和衣冠冢。

【译文】

西竺寺在府城西门外，殿宇非常宏伟壮观，是粤西所仅见的，然而也是十分冷落。西竺寺南面是香山寺，寺前的平地上涌起一些石峰回绕矗立着，是石门是峡谷，是山峰是屏障，十分精巧奇幻，好像是安放在英石盘中的样子。况且小石峰之上，每每有巨树盘踞着，树根笼罩缠绕，与石峰成为一体，枝干盘曲下覆，极像苏州盆景中叠垒雕凿捆扎而成景观。寺西有个水池，池中也有石峰。水池北边是知府岳和声建立的香林书院，用以保存宋代赵清献公的遗迹。又往西北是黄文节祠，后面有块卧龙石，前方有龙溪往西流淌。宋代的代理知府张自明承袭黄文节的遗风，捐钱数十万修建了祠堂和龙溪书院，如今建筑物的规模已经荒废，但石碑上的地形图还保存在祠堂中。祠堂的东北方就是西竺寺了。

城内外俱茅舍，居民亦凋敝之甚，乃粤西府郡之最疲者。或思恩亦然。闻昔盛时，江北居民濒江瞰流亦不下数千家，自戊午饥荒①，蛮贼交出，遂鞠为草莽，二十年未得生聚，真可哀也。

【注释】

①自戊午饥荒："戊"，此处及南门条原俱作"或"，据十二日记改。

　戊午：万历四十六年（1618）。

【译文】

　城内外全是茅草房，居民也是非常困苦，是粤西各府城中最疲敝的地方。或许思恩府也是这样。听说从前繁盛时，江北岸濒江瞰流的居民也不下几千家，自从戊午年闹饥荒以来，蛮族和盗贼交替出现，终因极为穷困而变成了荒芜之地，二十年来未能生殖人口积聚财富，真可悲呀！

绕城之胜有三：曰北山，则会仙也；曰南山，则龙隐也；曰西山，则九龙也。

【译文】

　围绕府城的胜景有三处：一是北山，就是会仙山了；一是南山，就是龙隐山了；一是西山，就是九龙山了。

龙隐岩在郡城南五里，石峰东隅回环北转处也。前有三门，俱西向；后通山背亦有三门，俱东南向。其中上下层叠，纵横连络，无不贯通①。今将中道交加处，以巨石窒其穴②，洞遂分而为二。盖北偏一门最高敞，前有佛宇，僧净庵栖之；南偏二门在山腋间，最南者前多宋刻，张丹霞诸诗俱在焉；其中门已无路。余先从南门入，北透暗穴，反从上层下瞰得之，而无从下。仍出南门，攀搜到其处，再携炬入，遂尽其奥里。

【注释】

①无不贯通：原缺"贯"字，空一格，据乾隆本、"四库"本补。

②以巨石窒其穴：原缺"石"字，空一格，"窒"原作"窑"，据乾隆本、"四库"本改、补。

【译文】

　　龙隐岩在府城南面五里处，是石峰东面的角落向北回绕的转折处。前面有三个洞口，都是面向西；后面通到山背面也有三个洞口，都是面向东南方。洞中上下层叠，纵横相连，无处不贯通。如今将洞中道路相交处，用巨石堵住了洞穴，洞于是被分为两半。大体上北边的一个偏洞口最高敞，前边有佛寺，僧人净庵住在寺中；偏在南边的两个洞口在山侧，最南的洞口前边有很多宋代的碑刻，张丹霞等人的诗都在其中；那中间的洞口已经没有路。我先从南洞口进去，向北钻过黑暗的洞穴，反而从上层向下俯瞰到这个洞口，然而无法下去。仍然走出南洞口，攀登搜索到那个地方，再带上火把进洞，终于看遍了洞中的幽深隐秘之处。

　　北门西向高穹，前列佛宇三楹，洞高不碍其朗。内置金仙像，两旁镌刻皆近代笔，无宋人者。数丈后稍隘，而偏于南畔遂暗黑矣。秉炬直东入，又数丈，有岐在南崖之上。攀木梯而登，南向入穴，有一洼下陷如井，横木板于上以渡。又南，则西壁下有纹一缕，缘崖根而卧，鳞脊蜿蜒，与崖根不即不离，此即所称龙之"隐"者。外碑有记，谓其龙有昂首奋爪之形，则未之睹矣。又南数丈，逾一隘，遂俯石级下坠，则下层穴道亦南北成隙。南透则与中门内穴通，不知何人以巨石窒而塞之。北透过二隘，仰其上，则横板上渡处也。再北，窦隘而穷，遂从横板之窍攀空而上。盖上瞰则空悬无底，而下跻则攀跃可升也。仍北下木梯，复东向直入，又逾一隘，有岐复南去。从之，渐见前窍有光烨烨，则已透山而得后门矣。又数丈，抵后门。其门东南向，下瞰平畴；山麓有溪一枝，环而北透其腋，即五碧之东流之分而北者；其前复有石山一枝环绕为坞，成洞天焉。仍北返分岐处，复东向直入，又数丈，则巨石中踞。由其北隙侧身挨入，有智井凭空下陷，大三四丈，深亦如之。乃悬梯投炬，令一人垂索而下，两人从上援索以縶梯。其人既下，余亦随之。又东南入一窍，中复有穴，下坠甚隘而深，一飞鼠惊窜上。从其西南攀崖而上，崖内复有智井空陷，烛之不见其底。循其上西南入穴，遂无可通处。乃仍下，从悬梯攀索而上，依故道直西而出前门。

【译文】

北洞口面向西，高大穹隆，前边排列着三间佛寺，洞口高大不妨碍洞内的光线。洞内放有佛像，两旁的石刻都是近代人的笔迹，没有宋代人的碑刻。几丈之后渐渐变窄，而偏在南边一侧便黑暗下来了。举着火把一直向东深入,又走几丈,有个岔洞在南边的石崖之上。攀着木梯登上去,向南进入洞穴中,有一处凹坑像井一样下陷,在上面横放有木板得以跨越过去。又向南走,就见西面的石壁下有一缕石纹,沿着石崖根部横卧着,满是鳞片的石脊蜿蜿蜒蜒的,与石崖根部不即不离,这就是所说的龙"隐藏"的地方了。外面的石碑上有碑记,说这条龙有着昂首举爪的形态,我却没有看见这样的姿态了。又向南几丈,钻过一处隘口,于是俯身沿着石阶下坠,就见下层洞穴的通道也是形成南北向的裂隙。向南钻进去就与中间那个洞口里面的洞穴相通,不知是什么人用巨石把通道堵塞起来。向北钻过两个隘口,仰面看洞顶上,那就是在上面横放木板跨越过去的地方了。再向北走,洞变窄后便到了头,于是从横放有木板的石窍攀着高空往上登。原来从上面俯瞰是悬在高空没有底,但从下面上登却可以抓着跳着爬升了。仍然从北边走下木梯,又向东一直进去,又钻过一处隘口,又有个岔洞向南去。从岔洞中走去,渐渐看见前方的洞穴中有闪闪的亮光,原来是已经穿透山腹走到后洞了。又走几丈,抵达后洞口。洞口面向东南方,下瞰着平旷的田野;山麓有一条溪流,环绕着往北穿流过山侧,这就是五拱桥以东的水流向北分出的支流;山前又有一列石山环绕成山坞,别成一个洞天了。仍然向北返回分岔之处,再向东一直深入,又走几丈,就见巨石盘踞在中央。由巨石北边的缝隙中侧着身子挤进去,有个枯井凌空下陷,大三四丈,深处也如此。于是悬挂梯子把火把扔下去,命令一个人垂在绳子上下去,两个人从上面拉紧绳子以便拴住梯子。那人下去后,我也跟着他下去。又向东南进入一个石窍中,石窍中又有洞穴,深陷下去非常狭窄又很深,一只蝙蝠受惊后飞窜上来。从这里的西南方攀着石崖往上登,石崖里面又有陷入高空的枯井,用火光照射看不见井底。沿着枯井的上边向西南进入洞穴中,终于没有可通之处了。于是仍然下来,从悬挂着的梯子上抓着绳索往上爬,顺着原路一直向西走出前洞口。

南门在北洞南二百余步山腋间,俗谓之双门洞。洞前宋刻颇多,而方信孺所题"一洞中分路口三"者,亦在焉。其诗载《一统志》。其上又有张自明《丹霞绝句》曰:"玉玲珑外玉崔嵬,似与三生识面来。自有此山才'才'字余谓作'谁'字妙。有此,游人到此合徘徊。"①此《志》所未载也。其左右又有平蛮诸碑,皆宋人年月。由门东向入,辄横裂而分南北,若"丁"字形。南向忽明透山腹,数丈而出后门,此亦后门之最南者也;北向内分两岐,直北遥望有光,若明若暗;东北悬崖而上,累碎石垣横截之。乃先从直北透腋平入,其下有深窨,循其上若践栈道焉。数丈,北抵透明处,则有门西辟在五丈之下,而此则北门之上层也。其前列柱垂楞,飞崖下悬,与下洞若隔。从隙间俯窥下洞,洞底平直;从履下深入,洞前明敞,恍然一堂皇焉。上层逾隘北转,昏黑不能入。乃从故道南还,复出南门,索炬于北岩,复入。北至分岐处,乃东北逾石垣而下,其内宽宏窈窕,上高下平;数转约二十丈而透出东门,则后门之中也。其前犹垒石为门,置灶积薪,乃土人之樵而食息者。崖旁有遗粟,则戊午避盗者之所藏。门内五丈,有岐东南去,转而西南,共十余丈而穷。

【注释】

①"玉玲珑外玉崔嵬"以下几句:此碑今存双门洞摩崖上,"三生"作"三贤","到此"作"于此",末署"嘉定乙亥七月既望张自明题"。

诗成于南宋宁宗嘉定八年(1215)。

【译文】

　　南洞口在北洞口南边二百多步远的山侧,俗称为双门洞。洞前宋代的碑刻很多,而且方信孺所题的"一个洞中分出三个路口"的碑刻也在其中。方信孺的诗收载在《一统志》中。这块碑的上方又有张自明的《丹霞绝句》,说:"玉玲珑外玉崔嵬,似与三生有缘见面来。自有此山才'才'字我认为改作'谁'字更妙。有此,游人到此合徘徊。"这是《一统志》没有收载的了。它的左右又有平定蛮族的众多碑记,落款都是宋代人的年月。由洞口向东进去,马上分为南北向横着裂开,像个"丁"字的形状。向南处忽然有亮光照进山腹中,几丈后出了后洞口,这也是后洞口中在最南边的洞口了;向北处洞内分为两个岔洞,正北方远远望去有亮光,若明若暗;东北方的悬崖之上,用碎石垒成墙横堵在洞中。于是先从正北方穿过侧旁平缓地走进去,脚下有深井,沿着深井上方像踩在栈道上走过去。几丈后,向北到达射进亮光来的地方,只见西边有个洞口开在五丈之下,而这里就是北洞口的上层了。洞口的前边排列着石柱下垂着石棱条,飞崖下悬,与下洞好像隔开了。从缝隙中俯身窥视下洞,洞底又平又直;从脚下面深入进去,洞的前边明亮宽敞,恍然像是一个宽大的厅堂。从上层穿过隘口向北转,昏黑下来不能深入。于是从原路向南返回来,又出了南洞口,在北洞中找来火把,再次进去。向北来到分岔处,于是向东北翻过石墙往下走,那里面宽大深远,顶上高,底下平坦;转了几个弯,大约二十丈后钻出了东洞口,这是后洞口中中间的一个洞口了。洞口前边还是用石块垒成门,安有灶堆放着柴火,这是当地人打柴时吃饭休息的地方。石崖旁有遗留下来的粮食,这是戊午年躲避盗贼的人贮藏的。洞口以内五丈处,有个岔洞往东南去,又转向西南,共十多丈后便到了头。

中门在南门北数十步，与南门只隔一崖，上下悬绝，丛箐密翳，须下而复上。搜剔久之，乃得其门。亟觅炬索火于北岩①，由门东入，其后壁之上，即南来之上层也。从其下入峡，峡穷，攀而上，其南即上层北转处，向所瞰昏黑不能下者也，而援侧坂可通焉。其东直进又五六丈，有穴穿而下，以大石窒而塞之，即北洞交通之会，而为人所中断者也。大抵北洞后通之门一，南洞后通之门二，而中洞则南通南洞之上层，北通北洞之奥窟。是山东西南三面无不贯彻，惟北山不通，而顶有蚺蛇洞另辟一境云。

【注释】

①亟觅炬索火于北岩：原缺"岩"字，空一格，据本日记南门条补。

【译文】

中洞口在南洞口北边几十步，与南洞口只隔着一座山崖，上下悬绝，成丛的竹林浓密地遮蔽着，必须下山后再上登。搜寻了很久，才找到这个洞口。急忙在北洞中找来火把带上火种，由洞口向东进去，洞后面的石壁之上，就是从南洞口过来的上层了。从石壁下面进入峡谷中，峡谷完后，向上攀登，这里的南边就是上层向北转之处，先前我俯身下瞰昏黑得不能下走的地方了，但攀着侧面的斜坡可以通过其中。从这里的东面一直进去又是五六丈，有个洞穴穿到下面去，用大石块堵塞在洞中，这就是与北洞互通的会合处，但被人从中间阻断了。大体上北洞后面通有一个洞口，南洞后面通有两个洞口，而中洞则是南边通到南洞的上层，北边通到北洞幽深的洞窟中。这座山东、西、南三面无处不贯通，唯有山的北面不通，然而山顶有个蚺蛇洞却另外辟出一个境界来了。

蚺蛇洞在龙隐山北绝顶。由山麓遂其东北一里，溪水从两山峡中破壁西北来，水石交和，漱空倒影，曳翠成声，自成一壑，幽趣窈然。渡水，共一里，南向攀崖而上，两崖如削瓜倒垂，中凹若剺，突石累累。缘之上跻，两旁佳木丛藤，蒙密摇颭，时度馨飔①。上一里，则洞门穹然北向，正与郡城相对；前有土山当其中，障溪西北去，而环麓成坞者也。门之中，石柱玲珑缀叠，前浮为台，其东辟洞空朗，多外透之窦。东崖既穷，转窍南入，始昏黑，须炬入，数丈无复旁窍，乃出。仰眺东崖之上，复有重龛②。攀崖上跻，则外龛甚大，内龛又重缀其上。坐内龛，前对外龛之北，有窦一圆恰当其中，若明镜之照焉。此洞极幽极爽，可憩可栖，惜无滴沥，奈艰于远汲何！

【注释】

①馨（xīn）：散布很远的香气。

②龛（kān）：壁上的石室。

【译文】

蚺蛇洞在龙隐山北面的绝顶上。由山麓便沿着山麓向东北走一里，溪水从两山间的峡谷中冲破石壁从西北方流来，水石交相应和，溪水冲激着高空的倒影，拖曳着翠绿的溪水发出响声，自成一个壑谷，十分幽静，情趣深远。渡过溪水，共行一里，向南攀着石崖往上登，两侧的石崖像剖开的瓜一样倒垂着，中间下凹像是挖空的一样，突立的岩石层层累累的。沿着石崖上登，两旁优美的树木和成丛的藤蔓，蒙茸浓密，飘扬摇曳，不时飘来馨香的山风。上登一里，就见洞口穹然隆起，面向北方，正好与府城相对；前方有土山位于山坞中，挡住溪流往西北流去，是个环绕着山麓形成山坞的地方了。洞口的正中，玲珑的石柱连缀重叠着，前边浮起成为平台，石柱东边敞开的岩洞空阔明朗，有很多通到外面的孔洞。东边的石崖走完后，转进石窍中向南进去，开始昏黑下来，必须要有火把才能进去，几丈后不再有旁洞，这才出来。仰面眺望东面的石崖之上，又有两重石龛。攀着石崖上登，只见外面的石龛非常大，里边的石龛又重叠连缀在它的上方。坐在里面的石龛中，前方面对着外面石龛的北边，有一个圆圆的石洞恰好位于两者的中间，好像明镜照耀一样。这个洞极为幽静明朗，可以休息居住，可惜没有一滴水，如何受得了到远处去汲水的艰辛呢！

卢僧洞在龙隐北洞之旁，去北数十步即是。其门亦西向而甚隘，今有葬穴于中者，可笑也。既入，中辟一室，从东北攀隙上，又得一小室，其东北奥上悬垂盖，下耸圆笋，若人之首，即指以为卢僧者也。昔盱江张自明候选都门[①]，遇一僧曰："君当得宜州，至时幸毋相忘。"问："何以知之？"曰："以数测之。"问："居何处？"曰："南山。"因以香一枝界之，曰："依此香觅找，即知所在。"后果得宜，抵南山访之，皆曰："僧已久去，不知所向矣。"张乃出香爇之，其烟直入此洞，随之入，遂与卢遇。余以为所遇者，即此石之似僧者耳。或又谓："卢僧自洞出迎，饮以茶。茶中有鼻注[②]，张不能饮。侍者饮之，辄飞腾去。张遂愤而死。忽有风吹其棺，葬九龙洞石间。其棺数十年前犹露一角，今则石合而周之矣。"其说甚怪，不足信也。按张自明以辞曹摄宜州事[③]，号丹霞，曾建黄文节祠、龙溪书院，兴学右文[④]，惠政于民甚厚。今书院图碑刻犹存，而《统志》

不载,可谓失人。至土人盛称其怪诞,又不免诬贤矣。

【注释】

①张自明:建昌人,南宋嘉定时,以宜州教授摄州事,用州中余钱二十万建龙溪书院,后授知宜州。都门:原为都中里门,后通称首都为都门。

②鼻注:岭南一些民族有鼻饮的习惯,即饮吸东西不用口而用鼻子,其法系用一根管子接到鼻子里吸进去,该管即称鼻注。

③辞曹:即户曹,为各州郡主管民户的属官。曹,州郡所置的属官。摄(shè):代理。宜州:宋置,在今广西宜州市。

④右文:崇尚文治。

【译文】

　　卢僧洞在龙隐岩北洞的旁边,距离北洞几十步就是这个洞。洞口也是向西,但非常狭窄,如今有人在洞中葬有墓穴,可笑呀。进洞后,洞中辟有一个石室,从东北方攀着缝隙上走,又找到一个小石室,石室东北方深处的顶上悬垂着伞盖,下边耸起一个圆形的石笋,像人的头,这就是被指认为卢僧的地方了。从前旴江人张自明在京城等候选官,遇到一个僧人,说:"您将得到宜州,到那时希望不要相忘。"张自明问:"凭什么知道是这样?"回答:"根据定数测知的。"问:"住在何处?"答:"南山。"于是把一炷香交给张自明,说:"凭这炷香来寻找,就能知道在什么地方了。"后来果然得到了宜州,到南山去查访这个僧人,都说:"僧人已经离开很久,不知道到哪里去了。"张自明于是拿出香来点燃,香烟直接飘进了这个岩洞中,他跟随着香烟进去,便与卢僧相遇了。我认为他遇见的,只是这块形状与和尚相似的岩石而已。有人又说:"卢僧从洞中出来迎接他,拿茶水给他喝。茶水中有鼻注,张自明喝不下去。伺从的人喝下茶水,马上飞腾而去。张自明终于愤恨而死。忽然间有阵风吹走他的棺材，葬在九龙洞的岩石间。那口棺材几十年前还露出来一个角落，今天则岩石合拢后包住棺材了。"这个说法十分怪异，不值得相信了。据考察，张自明以户曹代理宜州的政事，别号叫丹霞，曾经修建了黄文节祠、龙溪书院，兴办学校，崇尚文治，给百姓带来的仁政十分丰厚。今天书院中的地图碑刻还保存着，可《一统志》没记载，可以说是对人物的失察。至于当地人大力称说的他的怪诞的事，又不免是诬蔑先贤了。

　　九龙潭在郡城西南五里平冈之上，有潭一泓，深窅无底，而汇水常溢，北流成溪。九龙洞石山在其南，张自明祷雨有应，请封典焉。石山之北，有岩北向，前有石屏其中，若树塞门。由西隙入，其内辟为巨室，而不甚高。后复有石柱一围，当洞之中。前立穹碑，曰"郡守张自明墓"。此嘉靖间郡守所立。此实石也，何以墓为？从墓东隙秉炬南入，又南则狭隘止容一人，愈下愈卑，不容入矣。仍出洞门，有一碑卧其前，中篆"紫华丹台"四大字，甚古。两旁题诗一绝，左行曰："百尺长兮手独提，金乌玉兔两东西①。"右行止存一句曰："成言一了闲游戏"，及下句一"赤"字，以下则碑碎无可觅矣。其字乃行草②，而极其遒活之妙，必宋人笔。惜其碑已碎，并失题者姓名，为可恨！岩之西下又有一峡门，南入甚深而隘，秉炬入，十余丈而止。底多丸石如丹，第其色黄，不若向武者莹白耳。东下又有一覆壁，横拓甚广而平。倚杖北眺，当与羲皇不远。去岩东北四里，石阵排列，自西而东如插屏，直止于香山寺前，俗称为"铁索系孤舟"云。余览罢，即从北行，东渡龙潭北流之涧，东北三里而抵香山寺。寺僧言：

"九龙洞甚深,须易数炬;此洞犹丹霞墓,非九龙岩也。"

【注释】

①金乌:太阳的别称。玉兔:月亮的别称。

②行草:汉字书法中,介于正楷与草书间的字体称行书,它不像草书那样潦草,也没有正楷那样端正。其中,楷法多于草法的称行楷,草法多于楷法的称行草。

【译文】

九龙潭在府城西南五里处平缓的山冈之上,有一池潭水,渊深无底,但积水常年外溢,向北流成溪流。九龙洞所在的石山在水潭的南边,张自明祷告求雨有了应验,请求朝廷封赐祭祀这个龙潭。石山的北面,有个岩洞面向北,前方有座石屏风挡在洞中,像树一样塞在洞口。由西边的缝隙进去,那里面拓开成为巨大的石室,但不怎么高。后面又有一根圆圆的石柱,位于洞的中央。前边立着一块高大的石碑,写着"知府张自明之墓"。这块碑是嘉靖年间的知府立的。这实际上是石头,怎么会是墓呢?从墓东边的缝隙举着火把向南进去,再向南走便狭窄得只能容下一个人,越下走越低矮,不容深入进去了,仍然出到洞口,有一块碑横卧在洞口前,中间用篆字刻着"紫华丹台"四个大字,十分古拙。两旁题着一首七绝诗,左边一行写着:"百尺长兮手独提,金乌玉兔两东西。"右边一行只保存下一句,说:"成言一了闲游戏。"以及下一句的一个"赤"字,以下的文字则因石碑破碎无处可以找到了。诗句的字体是行草,而且极尽了这种字体遒劲活泼的妙趣,必定是宋人的笔迹。可惜这块碑已经碎了,并且失去了题诗人的姓名,实在是遗憾!岩洞西边的下方又有一个峡口,向南进去非常深而且很狭窄,举着火把进去,十多丈就到了头。洞底有很多石丸好像丹砂,只是颜色偏黄,不如向武州的那样晶莹洁白罢了。往东下走又有一处下覆的石壁,横向拓展得非常宽广，而且很平滑。拄着拐杖向北眺望，应当与伏羲皇帝的太古时代相隔不远了。距离岩洞东北四里处，石峰像军阵一样排列着，自西往东延伸，如高插的屏风，一直到香山寺前才到了头，俗称为"铁索系孤舟"。我观览完后，立即从北边走，向东渡过九龙潭向北流的山洞，往东北行三里后抵达香山寺。寺中的僧人说："九龙洞非常深，必须换几次火把；这个洞还只是张丹霞墓洞，不是九龙岩。"

　　会仙山在龙江之北，南面正临郡城，渡江半里，即抵其麓。其山盘崖峻叠，东西南三面俱无可上，惟北面山腋间可拾级而登。路从西麓北向行，抵山西北隅，乃东向上跻。第一层，岐而南为百子岩；第二层，岐而南为雪花洞，岐而北为百丈深井岩；直东上岭脊，转而南为绝顶。此皆西北面之胜也。从东麓北向上，直抵绝壁之下，最东北隅者，为丹流阁，又循崖而西为东观，又西为白龙洞，又西为中观，又西为西观。此皆东南面之胜也。东南之胜在绝壁下，而中观当正南之中；西北之胜在绝顶上，而玄帝殿踞正南之极；而直北之深井，则上自山巅，下彻山底，中辟奥穴，独当一面焉。

【译文】

　　会仙山在龙江的北岸，南面正面临着府城，渡江后走半里，就能到达山麓。这座山陡峻的山崖盘绕层叠着，东、西、南三面都无处可以上去，唯有北面的山侧可以沿着石阶上登。道路从西麓向北上行，到达山的西北隅，于是向东上登。第一层，岔向南走是百子岩；第二层，岔向南走是雪花洞，岔向北走是百丈深井岩；一直向东登上岭脊,转向南是绝顶。这些都是西北面的胜景了。从东麓向北上登,直达绝壁之下,在最东北角的,是丹流阁,再沿着山崖向西走是东观,再向西是白龙洞,再向西是中观,又向西是西观。这些都是东南面的胜景了。东南一面的胜景在绝壁下,而中观位于正南方的中间;西北一面的胜景在绝顶上,而玄帝殿盘踞在正南方的最高处;而正北方的深井,则是上面起自山顶,下面通到山底下,中间开有深远的洞穴,独自抵挡一面了。

百子崖在会仙山西崖之半,其门西向。由下门入三丈余,梯空而上,上复叠为洞,若楼阁然,前门复出下门之上。洞虽不深崇,而辟为两重,自觉灵幻。内置送子大士,故名。是山石色皆青黝,而洞石独赭。南又一洞与上层并列,已青石矣。

【译文】

百子崖在会仙山西面山崖的半中腰,洞口面向西。由下洞口进去三丈多,踏着石梯凌空上登,上边又重叠成洞,好像楼阁的样子,前洞口又出现在下洞口的上方。洞虽然不高深,但辟为两层,自然让人觉得灵妙奇幻。洞内放着送子观音,所以起这个名字。这座山石头的颜色全是青黑色,然而洞中的岩石唯独是赭红色的。南边又有一个洞与上层并列,已经是青石了。

雪花洞在会仙山西崖,乃百子之上,而绝顶之侧也。其洞西北向,前有庵奉观音大士。侧叠石为台,置室其上,则释子所栖也。由大士龛后秉炬入,门颇不宏;渐入渐崇拓,有石柱石门;宛转数曲,复渐狭;其下石始崎嵚,非复平底矣。越一小潭，其内南转而路遂穷。洞在最高处，而能窈窕深入，石柱之端，垂水滴沥不绝，僧以器承之，足以供众，不烦远仍，故此处独有僧栖。余酌水饮之，甘冽不减惠泉也。夜宿洞侧台上，三面陟临绝壑，觉灏气上通帝座。

【译文】

雪花洞在会仙山西面的山崖上，是百子崖的上层，而且在绝顶的侧面了。这个洞面向西北，前边有座寺庵供奉着观音菩萨。侧边用石块垒砌成平台，在平台上建有房屋，那是僧人居住的场所了。由观音菩萨佛龛后面举着火把进去，洞口不怎么宽大；渐渐进去逐渐变高变宽，有石柱石门；曲曲折折转了几个弯，又渐渐变窄；脚下的石头开始变得崎岖不平，不再是平坦的洞底了。越过一个小水塘，水塘里面向南转后路便到了头。洞在最高处，却能够幽深地深入进去，石柱的顶端，水滴不停地垂落下来，僧人用容器接着水，足以供给多人饮用，不必麻烦频繁地到远处去取水，所以唯独此处有僧人居住。我舀了点水喝下，甘甜清凉不比惠泉差。夜里住宿在岩洞侧边的平台上，三面下临陡绝的壑谷，觉得弥漫在天地间的浩荡之气上通天庭。

绝顶中悬霄汉，江流如带横于下，郡城如棋局布其前，东界则青鸟山，西界则天门拜相山，俱自北而南，分拥左右，若张两翼。而宜山则近在西腋，以其卑小宜众，则此山之岩岩压众可知矣。峰顶有玄帝殿，颇巨而无居者。殿后有片石凌空，若鼓翼张喙者然。按张自明《龙溪书院图》，绝顶有齐云亭，即此。

【译文】

绝顶高悬在云天之上,江流像衣带一样横在山下,府城如棋局一样散布在前方,东面是青鸟山,西面是天门拜相山,都是自北往南延伸,分别拥围在左右两边,好像张开两只翅膀。而宜山就近在西侧,因为它矮小适宜一般人攀登而得名,那么这座会仙山压倒群山的高峻气势可想而知了。峰顶有座玄帝殿,相当巨大却无人居住。殿后有凌空的片石,好像鼓动翅膀张开鸟嘴的样子。据张自明的《龙溪书院图》,绝顶上有座齐云亭,就是此处。

深井在绝顶之北,与雪花洞平列。路由二天门东北行,忽从山顶中陷而下,周回大数十丈,深且百丈。四面俱崭削下嵌,密树拥垂,古藤虬结,下瞰不见其底,独南面石崖自山巅直剖而下。下有洞,其门北向,高穹上及崖半,其内下平中远,反可斜瞩,盖洞上崖削无片隙,树莫能缘也。崖之西北峰头,有石横突窨中,踞其上,正与洞门对。傍又有平石一方如砥,是曰棋枰石,言仙自洞下出,升峰头而弈也①。余晚停杖雪花洞,有书生鲍姓者引至横突石上,俯瞰旁瞩,心目俱动。忽幽风度隙,兰气袭人,奚啻两翅欲飞②,更觉通体换骨矣,安得百丈青丝悬辘轳而垂之下也!僧言其洞直通山南,穿江底而出南山。通山南之说有之,若云穿江别度,则臆说也。

【注释】

①弈(yì):下棋。

②奚啻(xī chì):何止,岂但。

【译文】

　　深井在绝顶的北面，与雪花洞平排并列。路从二天门往东北走，忽然从山顶向中间下陷，周围大几十丈，深处将近一百丈。四面都崭绝陡削地向下深嵌，浓密的树丛拥围下垂着，古藤盘结，向下俯瞰看不见井底，只有南面的石崖一直从山顶剖下去。下面有个洞，洞口向北，高高向上隆起到达石崖的半中腰，洞内底下平坦洞中深远，反而可以斜斜地看到，原来是洞上面的石崖陡削没有丝毫缝隙，树木不能沿着石崖生长了。石崖西北方的峰头，有块岩石横突在深坑中，盘踞在深井的上方，正好与洞口相对。旁边又有一块平滑的岩石好像磨刀石，这叫做棋枰石，是说仙人从下面的洞中出来，飞升到峰头下棋的地方了。我晚上停宿在雪花洞中，有个姓鲍的书生领路来到横突的岩石上，向四旁俯瞰远观，心目都受到了震动。忽然间幽静的山风从缝隙中吹来，兰花的香气袭人，何止是想插上两只翅膀飞翔，更想去寻找全身脱胎换骨的仙人了，哪里能找到百丈长的青丝带悬在辘轳上垂到下面去呀！僧人说这个洞一直通到山的南面，穿过江底后通到南山。通到山南面的说法是有的，至于说穿过江底通到别的地方，那是凭主观推测的说法。

　　中观在会仙山南崖之下。缘石坡而上，至此则轰崖削立。前有三清殿，已圮。上有玄帝像，倚崖缀石而奉之。像后即洞门，南向。篝灯而入，历一室，辄后崖前起。攀而上，复得龛一圆，可以趺坐，不甚深。其东崖上大书有"四遇亭"三字。循崖而东三百步，得白龙岩。

【译文】

　　中观在会仙山南面的山崖之下。沿着石坡往上走，来到此处就见迸裂的悬崖陡削地矗立着。前边有座三清殿,已经倒塌了。殿上有玄帝塑像,紧靠着石崖连缀的石壁供奉着玄帝。塑像后面就是洞口,面向南。点亮油灯进去,经过一个石室,后边的石崖马上向前突起。攀登上去,又见到一个圆圆的石龛,可以盘腿打坐,不怎么深。石龛东面的崖壁上大大地写有"四遇亭"三个字。沿着崖壁往东走三百步,就到了白龙洞。

白龙洞在中观之东危崖下①,洞南向。入门即西行,秉炬渐转西北,其底平坦,愈入愈崇宏;二十丈之内,有石柱中悬,长撑洞顶,极为伟丽。其内有岐东上,而西北仍平,入已愈开拓。中有白石一圆,高三尺,尖圆平整,极似罗筑而成者,其为仙冢无疑。冢后有巨石中亘,四旁愈扩。穿隙而入,其内石柱更多。北入数丈,过一隘,又数丈,石壁忽涌起,如莲下垂,而下无旁窦可入。望其上复窅然深黑,然离地三四丈,无级以登。乃从故道出,仍过白石冢至东上之岐,攀跻而上。其石高下成级,入数丈,石柱夹而成门。逾门脊东下,其处深而扩,底平而多碎石漫其中。渐转而北,恐火炬不给,乃返步由故道出。余游是洞,以云卧阁僧为导②,取爇洞口,未及束炬,故初入至白石冢而出;再取爇入,至石壁高悬,无级以登而出;三取爇入,从东岐逾隘下深底,将北转而出。三出皆以散草易爇,不能持久也。洞口有刘棐诗一绝,甚佳,上刻"白龙洞"三大字。

【注释】

①白龙洞:乾隆本、"四库"本作"白龙岩",季抄本上述中观条亦作
　　"白龙岩"。"岩"通"洞",即岩洞,大体广西俗称岩,贵州、云南俗
　　称洞。近年以白龙洞及山下一片建为白龙洞公园,并塑有徐霞
　　客立像。

②云卧阁:应即本日下文之"卧云阁",《徐霞客西游记》原文如此,
　　此处当为误倒。

【译文】

　　白龙洞在中观东面的危崖下,洞向南。进入洞口就向西走,举
着火把渐渐转向西北,洞底平坦,越进去越高大;二十丈之内,有石
柱悬在中央,长长地撑到洞顶,极为雄伟壮丽。洞内有个岔洞向东
上去,而西北方仍然平坦,进去不久愈发开阔。洞中有一块圆圆的
白石,高三尺,又尖又圆十分平整,极像堆筑而成的样子,这是仙人
冢无疑了。仙人冢后边有块巨石横亘在中间,四旁愈加开阔。穿
过缝隙进去,那里面的石柱更多。向北深入几丈,钻过一个隘口,
又走几丈,石壁忽然平地涌起,如莲花下垂,而下边没有旁洞可以
深入。仰望洞壁上方又是杳渺深黑的样子,然而离地面有三四丈,
没有台阶可以上登。只好从原路出来,仍然经过白石冢来到向东
上走的岔洞,攀登而上。这里的岩石高低不一形成台阶,进去几丈
后,石柱夹成石门。越过石门下边的石脊往东下走,这个地方又深
又宽,洞底平整但有很多碎石散布在洞中。渐渐转向北,担心火把
不够用,于是反身从原路出来。我游览这个洞,因为有云卧阁的僧
人做向导,在洞口取了些干草,没来得及捆好火把,所以初次进洞
来到白石冢就出来了;第二次取了干草进洞,来到高悬的石壁下,
没有台阶可以上登便出来了;第三次取了干草进洞,从东面岔洞穿
过隘口下到深处的洞底,即将向北转时就出来了。三次出洞来都
是由于散草容易烧完,不能持久的原因。洞口有一首刘棨的绝句

诗，非常好，上方刻着"白龙洞"三个大字。

东观在白龙洞东北二百余步，前有三茅真人殿，殿后穹岩覆空，其门南向，中如堂皇，亦置金仙像。东西俱有奥室①，东奥下而窅黑，西奥上而通明。岩前大书"云深"二字，国初彭挥使笔也。殿西有洞高穹，其门东向。门之南偏，有石笋高二丈余，镌为立佛，东向洞外；门之北偏，有石屏高三丈余，镌为坐佛，西向洞中。其洞崇峻崆峒，西入数丈，忽下坠深坑，上嵌危石，洞转北入，益深益宏。盖下陷之坑，透石北转于下，上穹之洞，凌石北转于上，中皆欹嵌之石，横跨侧偃，架则为梁，空则为渊，彼此间阻，不能逾涉，故无深入之路，第一望杳黑而已。是洞有题崖者，亦曰"白龙"，又曰"白龙双洞"，乃知洞原有二，前之所入乃西洞，此乃东洞也。西洞路平可行，此洞石嵌，无容着足，其深远皆不可测。洞门题刻颇多，然无宋人笔，最多者皆永乐间题，有永乐四年庐陵郭子卢金宪小记云②："此乃陆仙翁休服修炼处，石床、丹灶、仙桃、玉井犹存。"按《百粤风土志》，仙翁又名禹臣，唐时人，岂名与字之不同耶？洞两旁龛窦甚多，皆昔人趺坐之所。殿东有小室，亦俱就圮。

【注释】

①奥（ào）室：洞的深处。

②永乐四年：公元 1406 年。

【译文】

东观在白龙洞东北方二百多步处,前边有座三茅真人殿,殿后穹隆的岩洞覆盖在高空,洞口向南,洞中如雄伟的殿堂,也放有佛像。东西两侧都有幽深的石室,东侧的深室在下方,幽深漆黑;西侧的深室在上方,通明透亮。岩洞前大字写着"云深"二字,是国朝初年彭指挥使的手笔。殿西有个高大穹隆的洞,洞口向东。洞口的偏南处,有根石笋高两丈多,被雕凿成站立的佛像,面向东对着洞外;洞口的偏北处,有座石屏风高三丈多,被雕凿成坐立的佛像,面向西对着洞中。这个洞高峻空阔,向西深入几丈,忽然脚下陷成深坑,头上嵌着危石,洞转向北进去,更深更宏大。原来是下陷的深坑,穿过危石向北转到下边,上面穹隆的山洞,凌驾在危石上向北转到上边,中间全是高峻的岩石,横跨侧卧,架空的岩石成为桥梁,空着的地方则成为深渊,彼此间阻隔着,不能跋涉逾越,所以没有深入进去的路,只是一眼望去的深黑而已。这个洞有题在崖壁上的洞名,也叫"白龙洞",又叫"白龙双洞",这才明白白龙洞原来是有两个洞,先前我进去的是西洞,这是东洞了。西洞中的路平坦可以行走,这个洞中岩石深嵌,无处容许落脚,洞中的深远全然不可测。洞口的题刻相当多,然而没有宋人的笔迹,最多的是永乐年间的题刻,有永乐四年庐陵人佥都御史郭子卢的小记,说:"这里是陆休服仙翁修炼的地方,石床、炼丹灶、仙桃、玉井还保存着。"据《百粤风土记》,仙翁的名字又叫陆禹臣,唐代人,莫非是他的名与字不同吗?洞两旁石龛洞窟非常多,都是前人盘腿打坐的场所。三茅真人殿东边有小屋,也全都将近倒塌了。

丹流阁在东观东北二百余步,其上危崖至此又一折矣。崖前有小阁两重,皆就圮。后阁中置文昌司命像。阁西有洞西入,其门东向,甚高。门之内,有石夹耸成关，架小庐其上，亦甚幽爽，皆昔人栖真之处也。由洞内西入数十丈，渐隘而北转，路亦渐黑，似无深入处，遂不及篝灯。阁北上崖裂折，下岭倒坠，北路遂尽，此中观东北之胜也。此处庐阁处处可栖，今俱凋敝，无一人居，以艰于水也。诸洞惟雪花有滴沥。

【译文】

丹流阁在东观东北方二百多步处，它上方的危崖到了此地又是一个转折处了。危崖前边有两重小楼阁，都是即将倒塌。后面的楼阁中放着文昌司命君的坐像。楼阁西边有个洞向西进去，洞口面向东，非常高。洞口之内，有岩石夹立高耸成为关隘，关隘上面建有小屋，也十分幽静爽朗，都是前人修真养性居住的场所了。由洞内向西深入几十丈，渐渐变窄后向北转，路也渐渐黑下来，似乎没有可以深入之处，便不忙点灯。丹流阁上方北边悬崖断裂转折处，下面的山岭倒坠，北边的路便到了头。这是中观东北面的胜景了。此处的房屋楼阁处处可以居住，如今全都衰败了，没有一个人居住，这是因为取水艰难。众多的洞穴中只有雪花洞有滴水。

西观在中观西三百余步危崖之上，上下皆石壁悬亘。后有洞，亦南向。余至中观，仰眺不见，遂折而东行；既下山麓，始回睇见之，不及复往矣。闻会仙山西南层崖上，又有仙姑岩，由西南山麓攀跻上，当在西观上层，雪花、百子岩南崖，无正道也。此中观西崖之胜也。

【译文】

西观在中观西面三百多步的危崖之上，上下都是高悬绵亘的石壁。后面有个洞，也是面向南。我来到中观时，仰面眺望看不见洞，于是折向东前行；下到山麓后，才回头斜着看见这个洞，来不及再回去了。听说会仙山西南的层层山崖上面，还有个仙姑岩，由西南面的山麓攀登上去，应当在西观的上层，雪花洞、百子崖南面的山崖上，没有正道通往那里。这是中观西面山崖上的胜景了。

宜山在会仙山之西，龙江之北。其东又有小石一支并起，曰小宜山。二山孤悬众峰之间，按《志》以其小而卑，宜于众，故名。旧宜山县在江南岸、西竺寺西，正与此山相对。或又称古宜山县在江北，岂即在此山下耶？县今为附郭矣①。

【注释】

①附郭：府治所在地的县，与府同城，因称附郭县。又作"倚郭"或"倚"。

【译文】

宜山在会仙山的西面，龙江的北岸。宜山的东边又有一支小石峰并排耸起，叫做小宜山。两座山孤悬在群峰之间，根据《一统志》，是因为它又小又矮，适宜一般人攀登，所以起这个名字。旧的宜山县城在龙江南岸、西竺寺的西面，正好与这座山相对。又有人说古代的宜山县城在龙江北岸，难道是就在这座山下吗？宜山县今天成为附郭县了。

多灵山最高耸。其上四时皆春，瑶花仙果，不绝于树。登其巅，四望无与障者。其山在郡城西南九十里，永顺司邓宗胜之境，乃龙江西南、都泥江东北，二江中分之脊也。其来脉当自南丹分枝南下,结为此山;东行至青塘之南,过脊为石壁堡山;又东走而环于柳江之南,为穿山驿诸山①;而东尽于武宣之西南境,柳、都二江交会之间②。

【注释】

①穿山驿:今仍作"穿山",在柳江县南境的公路边。

②"而东尽于武宣"两句:柳、都二江交会处在今象州西南隅的石龙附近,武宣西北隅以江为界,此山实际没有到达武宣境,"武宣"似为"象州"之误。

【译文】

　　多灵山最为高耸。山上四季都是春天,美丽的鲜花和仙境中的果子,树上四季不断。登上山顶,四面望去没有挡住视线的山。这座山在府城西南九十里,永顺司邓宗胜的辖境内,是龙江西南方、都泥江东北方,两条江中间地带分水的山脊了。这座山延伸来的山脉应当起自南丹州分支南下的支脉,盘结为这座山;往东延伸到青塘的南面,山脊延过处成为石壁堡山;又向东延伸后环绕在柳江的南面,成为穿山驿等处的群山;而后向东延伸,在武宣县的西南境,柳江、都泥江两江交汇处的中间地带到了尽头。

　　卧云阁在龙江北半里,周氏之别墅也。周氏兄弟五人,俱发隽,有五桂坊匾。营园于此,名金谷。今已残落,寂无一人。惟阁三楹犹整洁,前后以树掩映可爱。主人已舍为玉皇阁,而中未有像,适一老僧自雪花分来守此,余同徜徉于中。其西南临江,又有观音阁,颇胜而有主者,余不及登。

【译文】

卧云阁在龙江北岸半里处，是周家的别墅。周家兄弟五人，都能发奋不凡，有五桂坊的匾额。在此地营建了园林，起名叫金谷园。如今已经残破衰落，荒寂没有一个人。只有一座三开间的楼阁还算整洁，前后因为有树木掩映十分可爱。主人已经施舍出来建为玉皇阁，但楼阁中没有神像，恰好一个老和尚从雪花洞分家出来守在这里。我同他徜徉于园中。这里西南方的临江处，又有个观音阁，相当优美而且是有主人的地方，我没来得及上登。

初十日　晨起饭于香山寺，云气勃勃未已，遂别慧庵行，西取南丹道去。随龙溪半里，逾其北，即西门外街之尽处也。又半里，见又一溪反自西来，乃九龙之流散诸田壑，北经西道堂之前东折而来。龙溪又西流而合，两水合于西街尽处，即从路下北入石穴而注于江。又半里，过西道堂，又西五里，过前小观还所过石桥架于石壑间者，其水乃小观所出之支也。过桥，西南有岐，即前小观所来大路，从桥西直行，乃怀远大道也。直西行又三里，望见西北江流从北山下一曲，盖自郡西来，皆循江南岸行，而江深不可见，至是一曲，始得而见之。江北岸之山，自宜山之西连峰至此，突而西尽，曰鸡鸣山。其西之连峰，又从鸡鸣后环而去者也。忆前从小观来，误涉水畦，既得大道后，即涉一石壑，有石架壑上，其下流水潺潺，深不可晰。又东二里，复过一石壑，其架石亦如之。今所过止东壑石桥一所，其西壑者，路已出其北，桥应在其南，但桥下北注之水，不知竟从何出，岂亦入穴而不可睹耶？向疑二桥之水，一为小观，一为九龙，以今观之，当俱为小观，非九龙也。于是两界石山俱渐转西北。从中坞行，又十里，有山中峙于两界之间，曰独山，峭削孤耸，亦独秀之流也。独山南有村数十家，在南山下，曰中火铺。又西北一里逾土冈，复望见西北大江一曲，自西而东。又西北一里，直逼南界石山而行。路北则土阜高下，江北复石峰蜿蜒，路濒南峰，江濒北峰，而土山盘界其间，复不见江焉。是时山雨大至，如倾盆倒峡，溪流之北入江者，声不绝也。又五里，两界之中，又起石峰一枝，路遂界其北，江遂界其南①。雨虽渐止，而泥滑不堪着足，行甚蹇也②。又三里，转南界石嘴，有泉一泓，独止石窦间，甚澄碧。其西有岩北向，前有大石屏门而峙，洞深五丈，中高外阂，后壁如莲花，叶蕊层层，相叠而缀，隙扁狭，可窥而不可入焉。又西北二里，南山后逊，外攒中开，一宕北向，数家倚之，曰大洞堡③。入而炊于栏，问："洞何在？"曰："在南山之背。从堡后南入峡，尚三四里而至，一曰大洞，一曰天门洞，有楚氓开垦其内焉。"盖自堡北望之，则南峰回环如玦，入至堡后，又如莲瓣自裂，可披而入也。过大洞堡，升降陂陀，又十里，逾土山而下，则江流自南而北横，天堑焉。其西岸即为怀远镇④。时随夫挑担不胜重，匍匐不前，待久之而后渡。江阔半于庆远，乃怀远镇之南江也。其江自荔波来⑤，至河池州东境为金城江，又南至东江合思恩县西来水⑥，南抵永顺北境入山穴中，暗伏屈曲数里，而东出于永泰里⑦，又东北至中里，经屏风而东，黄村、都田之水入焉。又东北过此，又北而东五里，则北江自西北来合，为龙江焉。前谓自屏风山入穴者，讹也。屏风未尝流穴中，入穴处在永顺司永泰里之间，土人亦放巨板浮穴中下。由是观之，永顺司有三大流焉。此为北支；而司北五里者,又为都泥北支;司南与思恩府九司隔界者,为都泥南支。八峒、石壁之水,入金城下流可知。**怀远镇在江之西岸,其北尚有北江自思恩县北总州来⑧,与南江合于怀远之下流,舟溯南江至怀远而止。**其上则滩高水浅,不能上矣。北江通小舟,三四日至总州。**是晚宿怀远镇之保正家,而送夫之取于堡中者,尚在其西土山上。**盖是处民供府县,而军送武差。

【注释】

①路遂界其北,江遂界其南:原作"江遂界其北,路遂界其北,江遂界其南",有衍文,现依文意删正。

②蹇(jiǎn):原意为跛足,亦作艰难解。

③大洞堡:今名"大峒塘",在怀远稍东。

④怀远镇:明时隶宜山县,设巡检司,今仍称"怀远",在宜州市西境的铁路边。

⑤荔波:明为县,先后隶庆远府、南丹州、河池州,即今贵州荔波县。

⑥思恩县:隶庆远府河池州,今环江毛南族自治县治仍称思恩镇。思恩县西来水明时即称环江,今称大环江。大环江下游明时称东江,从北往南,在河池市东境汇入龙江,汇流处聚落今仍称东江。

⑦永泰里:乾隆本、"四库"本作"泰顺里"。

⑧北江:即今小环江,从北往南,在怀远注入龙江。此段龙江又称南江。总州:应为"中州"。元代在小环江沿岸有安化峒,并分设安化中州与安化下州,隶庆远南丹安抚司。中州即安化中州的省称,至明时设治已废,但仍保留小地名。在今环江县东北境,小环江边的加兴附近。

【译文】

初十日　早晨起床后在香山寺吃饭,云气浓郁滚滚不绝,于是辞别慧庵上路,取道向西去南丹州。顺着龙溪前行半里,越过溪流北岸,马上就到西门外街道的尽头处了。又行半里,看见一条溪水反而自西面流来,这是九龙潭的潭水散流在众多的田间沟壑中,往北流经西道堂的前方折向东流来的溪流。龙溪又向西流去汇合,两条溪水在西街的尽头处合流后,立即从道路下方向北流入洞穴中,然后汇入龙江中。又行半里,路过西道堂,又向西五里,经过前几天去小观岩返回来时走过的架在石头壑谷间的石桥,桥下的水是从小观岩流出来的支流。过桥后,西南方有条岔路,这就是前几天从小观岩来时的大路,从桥西一直走,是去怀远镇的大道了。一直向西又前行三里,望见西北方江流从北山下转了一个弯,大体上我自从府城向西走来,都是沿着江的南岸前行,但江流深得不能看见,来到这里江流拐了一个弯,这才得以见到它。江北岸的山,起自宜山县城的西面,峰峰相连延伸到此地,突起后到了西面的尽头,叫做鸡鸣山。鸡鸣山西面相连的山峰,又是从鸡鸣山后面环绕而去的了。回忆从前从小观岩过来时,错误地涉过水田,随后找到大道后,随即涉过一处石头壑谷,有岩石像桥一样架在壑谷上,石桥下流水潺潺,深得不能看清楚。又向东二里,再次经过一处石头壑谷,壑谷上架空的岩石也是像桥一样。今天我所走过的只是东面壑谷上的一处石桥,那西面壑谷上的,道路已经走到它的北面,石桥应该在道路的南边,但桥下向北流淌的水,不知究竟是从哪里流出去,难道也是流入洞穴中不能见到的吗?从前我怀疑这两处石桥下的水,一处是源于小观岩,一处是来自九龙潭,以今天观察到的情况来看,应当都是源于小观岩,不是九龙潭了。从这里起两面的石山都是渐渐转向西北。从山坞中前行,又是十里,有座山当中屹立在两列山之间,叫做独山,峭拔陡削,孤峰耸立,也是独秀峰一类的石峰了。独山南面有个几十家人的村子,在南山下,叫中火铺。又向西北一里越过土冈,又望见西北方大江转了一个弯,自西往东流。又向西北一里,直接逼近南面一列石山前行。道路北边则是高低起伏的土阜,江北又有蜿蜒的石峰,道路紧靠南面的石峰，江流紧靠北面的石峰，而土山盘绕着隔在道路和江流之间，又看不见江水了。这时山雨猛烈来临，像倾盆一样倒入峡谷中，向北流入江中的溪流，响声不绝于耳了。又行五里，两列山的中间，又耸起一支石峰，道路于是被隔在石峰的北边，江流便被隔在石峰的南边。雨虽然渐渐停下来，然而泥地滑得不能落脚，走起路来非常艰难了。又行三里，转过南面一列石山的山嘴，有一汪泉水，独自停积在石坑间，十分澄澈碧绿。泉水的西边有个面向北的岩洞，前边有块大石头像屏风一样耸峙在洞口，洞深五丈，洞中高大，外边闭塞，后面的洞壁好像莲花，叶片花蕊一层层的，互相重叠连缀着，缝隙又扁又窄，可以窥视却不能进去了。又向西北二里，南面的石山向后退去，外面攒聚在一起，中间开阔，一处采石场面向北，几家人紧靠着采石场，叫做大洞堡。进堡后在竹楼中做饭吃，我问："洞在哪里？"回答："在南山的背面。从堡后向南进入峡中，还有三四里路才到，一个叫大洞，一个叫天门洞，有楚地来的百姓在峡谷里面开荒垦种。"从大洞堡北边望这里，只见南峰回绕好像玉玦，进入到堡中后，又像莲花瓣自然裂开的样子，可以分开钻进去。过了大洞堡，升降在起伏不平的山坡间，又行十里，越过土山往下走，就见江流自南向北横在前方，像天堑一样。江流的西岸就是怀远镇。这时随行挑担子的脚夫承受不了重担，趴在地上不能前走了，等他很久后才渡江。江面只有庆远府的一半，这是怀远镇的南江了。这条江自荔波县流来，流到河池州东境称为金城江，又向南流到东江镇汇合思恩县向西流来的江水，往南流到永顺司北境后流入山间的洞穴中，暗流潜伏在地下曲曲折折几里后，在东面的永泰里流出地面，又往东北流到中里，流经屏风山往东流，黄村、都田隘的溪水汇入江中。又往东北流过此地，又向北流后转向东五里，就有北江自西北方流来汇合，就称为龙江了。之前我认为是从屏风山下流入洞穴中的看法，错了。江水未曾从屏风山下流入洞穴中，流入洞穴中的地方是在永顺司与永泰里之间，当地人也曾放过大木板从洞穴中漂浮下来。由此看来，永顺司境内有三大水流。这条江是北面的支流；而司城北边五里处的，又是都泥江北面的支流；永顺司南境与思恩府九司交界相隔的，是都泥江南面的支流。八峒、石壁村的水流，可想而知是流入金城江的下游了。**怀远镇在江的西岸，怀远镇北面还有**

北江自思恩县北境的总州流来，与南江在怀远镇的下游合流，船溯南江上行到怀远镇便停下了。怀远镇以上则是滩高水浅，不能上行了。北江通小船，三四天到总州。这天晚上住在怀远镇的保正家中，然而送行的脚夫要到军营中去要，营堡还在怀远镇西面的土山上。原来是这里的百姓只应府县的差役，而军营中负责送行武差。

　　十一日　晨起，保正以二夫送至安远堡换兵夫，久之后行。于是石山遥列，或断或续，中俱土山盘错矣。西北五里，上土山，转而北，已乃复西北升降坡陇，每有小水，皆北流。共二十里，过中火铺，又西北三里，为谢表堡。其堡当土山夹中，一阜孤悬，惟前面可上，后乃汇水山谷，浸麓为塘，东西两腋，亦水环之。堡在山上，数家而已。候夫久而行。又北逾一岭，五里，有数十家在东山下，曰旧军。时已过午，贳酒一壶，酌于路隅石上。石间有小水乱（流）。其南一穴伏石窦下，喷流而出，独清冽殊甚。又西北，坞中皆成平畴，望见西北石山横列于前，共八里，循南界石峰之麓，于是与西北石山又夹而成东西坞。路由其中，转向西行，逾一横亘土脊，由此小水之分界也。由此西望，则羊角山湾竖于两界之中，此叱石之最大者也。又西二里，抵德胜镇之东营①。时尚下午，候营目不至，遂自炊而食。既饭，欲往河池所，问相去尚五里。问韦家山、街南金刚山。袁家山、街北狮子洞。莲花塘，诸俱在德胜。遂散步镇间，还宿于东营。是日下午已霁，余以为久晴兆；及中夜，雨复作。

【注释】

①德胜镇:今仍称"德胜",在宜州市西北境的铁路边。

【译文】

十一日　清晨起床,保正派了两名脚夫送到安远堡去换兵夫,很久后才上路。这里石山远远地排列着,或断或续,中间全是盘绕错杂的土山了。向西北五里,上登土山,转向北,不久就又向西北升降在山坡土陇间,常常有小溪,都是向北流的。一共二十里,路过中火铺,又向西北三里,是谢表堡。谢表堡位于土山相夹之中,一座土阜孤悬着,只有前面可以上去,后面是积水汇积在山谷中,浸泡着山麓形成水塘,东西两侧,也有水环绕着土阜。营堡在山上,只有几家人而已。等换夫等了很久才上路。又向北越过一座岭,行五里,有几十家人在东山下,叫做旧军。此时已经过了中午,买了一壶酒,坐在路旁石头上饮酒。岩石间有小溪杂乱流淌。小溪南边有一个洞穴隐伏在石坑下,水流喷涌而出,偏偏显得格外地清冽。又走向西北,山坞中全部成了平旷的田野,望见西北方有石山横向排列在前方,共八里,沿着南面一列石峰的山麓前行,在这里与西北方的石山又相夹形成东西向的山坞。道路经由山坞中,转向西行,越过一条横亘的土山山脊,这条山脊便是小溪的分界处了。由此地向西远望,就见羊角山弯弯地竖立在两面群山之中,这是形状像羊的岩石中最大的一处了。又向西二里,抵达德胜镇的东营。此时才是下午,等候军营中的头目不见来,便自己煮饭吃了。饭后,打算去河池所,问知相距还有五里路。问知韦家山、街道南面是金刚山。袁家山、街道北面有狮子洞。莲花塘等处胜景都在德胜镇。于是在镇上散步,回来住在东营。这天下午天已经晴开,我以为是长期天晴的征兆;到半夜时,雨又下起来。

十二日　晨起,饭毕而雨不止。令顾奴押营夫担行李,先往德胜西营。余入德胜东巷门,一里,折而北,半里,抵北山下。袁家山。过观音庵，不入，由庵左自庵登山。有洞在山椒，其门南向，高约五丈，后有巨柱中屏，穿东西隙，俱可入，则稍下而暗。余先读观音庵碑，云庵后为狮子洞，故知此洞为狮子。又闻之土人云："袁家山有洞，深透山后。"窥此洞深杳，亦必此山。时洞外雨潺潺，山顶有玉皇阁，欲上索炬入洞，而阁僧适下山，其中无人。乃令随夫王贵。下观音庵索炬，余持伞登山。石磴曲缀石崖间，甚峻，数曲而上，则阁上为僧所扃，阁下置薪可为炬。余亟取之，投崖下。历崖两层，见两僧在洞口，余疑为上玉皇阁僧也，及至，则随夫亦在焉。僧乃观音庵者，一曰禅一，一曰映玉，乃奉主僧满室命以茶来迎，且导余入洞者。遂同之，更取前投崖下薪，多束炬入。遂由屏柱东隙，又北进数丈，则洞遂高拓，中有"擎天柱"、"犀牛望月"、"莺嘴"、"石船"诸名状。更东折数丈，则北面有光熠熠自上倒影，以为此出洞之所也；然东去尚有道杳黑，乃益张炬东觅之，又约五丈而止。乃仍出北去，向明而投。抵其下，则悬石巉岨，光透其上，如数月并引。余疑，将攀石以登，忽有平峡绕其左而转，遂北透出，其门北向，又在前所望透明之下也。出洞，南向攀丛崖而上，则石萼攒沓，如从莲花簇瓣上行，缘透明穴外过，又如垂帘隔幕也。南向上山顶，遂从玉皇阁后入，则阁僧已归。登阁凭眺，则德胜千家鳞次，众峰排簇，尽在目中也。仍从二导僧下山，折磴石崖间，凡数曲下，出过狮子洞前，下入观音庵，谢满室而别。

【译文】

十二日　早晨起床，吃完饭但雨不停。命令顾奴押着军营中的兵夫挑上行李，先去到德胜镇的西营。我进入德胜镇的东巷门，行一里，折向北，行半里，抵达北山下。即袁家山。路过观音庵，没有进去，由观音庵左边从寺庵开始登山。有个洞在山顶，洞口向南，高约五丈，后面有根巨大的石柱屏风样矗立在中央，穿过东西两侧的缝隙，都可以进去，只是稍下走便暗下来。我事先读过观音庵中的石碑，说到庵后是狮子洞，所以知道这个洞是狮子洞。又听当地人说："袁家山上有个洞，深入进去通到山背后。"窥见这个洞幽深杳渺，也必定是这座山了。此时洞外雨声哗哗响，山顶上有个玉皇阁，想上山去找火把进洞，可玉皇阁的僧人恰好下山去了，阁中没有人。我只好命令随行的脚夫叫王贵。下山到观音庵去找火把，我打着伞登山。石阶曲曲折折地点缀在石崖间，非常陡峻，转了几个弯登上去，就见楼阁上被僧人锁着，楼阁下放有薪柴可以做成火把。我急忙取了一些柴火，扔到山崖下。经过两层山崖，看见两个僧人在洞口，我怀疑是山顶上玉皇阁的僧人，等走到时，只见随行的脚夫也在其中。这两个僧人是观音庵的，一个叫禅一，一个叫映玉，是奉住持僧人满室的命令带着茶水来迎接我，并且是来带我进洞去的和尚。于是同他们一起，再去取来先前扔到山崖下的柴火，多捆了些火把进入洞中。于是从屏风样石柱东边的缝隙，又向北进去几丈，就见洞变得又高又宽，洞中有"擎天柱"、"犀牛望月"、"莺嘴"、"石船"诸般名称与形状。再向东折进去几丈，就见北面有闪闪发亮的光影从顶上倒射进来，我以为这里是出洞去的地方了；然而向东去还有深黑的通道，于是更加高举起火把向东找过去，大约又走五丈便到了头。于是仍然出来向北走去，向着明亮的地方赶过去。抵达亮光下边，只见悬空的石洞高险阻隔，光线从顶上射进来，好像几个月亮并排引入亮光来。我很疑惑，即将攀着岩石上登，忽然看见有平缓的峡谷绕过这里的左边转出去，于是向北钻出去，有个洞口面向北，又身在前边望见的透进亮光处的下边了。出洞来,向南攀着成丛的石崖上登,只见花萼样的岩石攒聚杂沓,好像是在成簇的莲花瓣上行走,沿着透光的洞穴外边走过去,又如同垂着布帘隔着帷幕了。向南登上山顶,于是从玉皇阁后边进去,就见玉皇阁中的僧人已经回来了。登上玉皇阁凭眺,就见德胜镇千家万户鳞次栉比的,群峰排列簇拥着,全部都在眼中。仍然跟随两个导游的僧人下山,石阶曲折在石崖间,下走时一共转了几个弯,出来经过狮子洞前,下山进入观音庵,谢过满室便告别了。

　　遂出,南半里,过德胜街,其街东西二里余。街方墟集为市。雨中截街而南,又半里抵韦家山。从山之西麓攀级而登,崖悬峡转,有树倒垂其上,如虬龙舞空。上有别柯,从岩门横架巨树之杪,合而为一,同为纠连翔坠之势。其横架处,独枝体穿漏,刓空剔窍,似雕镂成之者。岩门在上下削崖间,其门西向,前瞰树杪,就隘为门。前有小台,石横卧崖端,若栏之护险。再上,有观音阁当洞门。由其右入洞,洞分两支:一从阁后东向入,转而南,遂暗,秉炬穷之,五丈而止,无他窦也;一从阁西东向入,下一级,转而北,亦暗,秉炬穷之,十丈而止,亦无他窦也。大抵此洞虽嵌空,而实无深入处,不若狮子洞之直透山后。然狮子胜在中通,而此洞胜在外嵌,凭虚临深,上下削崖,离披掩映,此为胜绝矣。观音阁之左为僧卧龛,上下皆峭岩,僧以竹扉外障;而南尽处余隙丈余,亦若台榭空悬,僧亦将并障。余劝其横木于前,栏而不障以临眺,僧从之。此僧本停锡未几,传闻此洞亦深透于后,正欲一穷,余以钱畀之,令多置火炬以从,其僧欣然。时有广东客二人闻之,亦追随入。及入而遍索,竟无深透之穴,乃止。洞门下悬级之端,亦有一门,入之深不过四丈,而又甚狭,遂下山,山下雨犹潺潺也。仍半里,出德胜街之中,随街西向行,过分司前。向有二府,今裁革,以河池州同摄镇事。又一里,出德胜西街门,又西一里,有营在路北,是为德胜营。往问行李,又挑而送至河池所矣。仍出至大路,稍西,遂从岐南过一小溪。半里,平原中乱石丛簇,分裂不一,中有潴水一泓,澄无片草,石尖之上,亦有跨树盘络,如香山寺前状。石片更稠合,间以潭渚,尤奇。潭西又有一石峡,内亦潴水,想下与潭通。其上则石分峡转,不一其胜也。其南有石独高而巨,僧结茅于上,是为莲花庵,亦如香山寺前之梵室。门就石隙,东西北俱小流环之,地较香山幽丽特绝。但僧就峡壁间畜猪聚秽,不免唐突灵区耳①。峡水之西,又有古庙三楹,扃而无人。前有庵已半圮,有木几、巨凳满其内,而竟无栖守。石虚云冷,为之怃然,乃返。

【注释】

①唐突:冒犯。灵区:原作“灵匽”,从沪本改。

【译文】

于是出山来,向南半里,经过德胜街,这条街东西有二里多长。街市上正在赶集。在雨中横穿街市往南行,又行半里抵达韦家山。从山的西麓攀着石阶往上登,石崖高悬山峡回转,有树倒垂在石崖上,如虬龙在空中舞动。上方有别的树枝,从岩洞口横架在巨树的树梢上,合二为一,一同作出纠缠勾连翔空下坠的姿势。那横架之处,一棵树干穿通,挖空成树洞,像人工雕凿成的一样。岩洞口在上下陡削的石崖间,洞口向西,前方俯瞰着树梢,就着险要处辟为洞口。前面有个小石台,有岩石横卧在石崖前端，像栏杆一样围护着险要处。再上走，有座观音阁挡在洞口。由观音阁右边进入洞中，岩洞分为两个支洞：一个从观音阁后边向东进去，转向南，便暗下来，举着火把穷究它，五丈后到了头，没有其他旁洞了；一个从观音阁西边向东进去，走下一个台阶，转向北，也是暗下来，举着火把穷究它十丈后到了头，也是没有其他的旁洞了。大体上这个洞虽然嵌在高空，可实际上没有可以深入之处，不如狮子洞那样一直穿通到山的后面。然而狮子洞的优美之处在于洞中相通，而这个洞的优美之处在于外边深嵌，凭临虚空，下临深渊，上下是陡削的悬崖，散乱掩映，这算是最为优美之处了。观音阁的左边是僧人睡觉的石龛，上下都是峭拔的岩石，僧人用竹门挡在外边；而南边的尽头处剩有一丈多的空隙，也是像台榭一样悬在空中，僧人也将一并挡起来。我劝他用木头横架在前方，建成栏杆而不是堵起来，以便凭临眺望，僧人听从了这个建议。原来这个僧人停住在这里没有多久，传闻这个洞也是深深地通到后山，正打算去穷究一次，我拿钱交给他，命令他多买些火把跟随我进洞去，这个僧人欣然领命。此时有两个广东客商听说这事，也跟随我们进洞去。到进洞后四处搜索，竟然没有通到深处去的洞穴，只得停下来。洞口下方石阶高悬的下端，也有一个洞口，进洞后深处不超过四丈，而且又十分狭窄，于是下山来，山下仍然还哗哗地下着雨。仍然走半里，出到德胜街的中段，顺着街道向西行，路过分司衙门前。从前设有两个府，今天撤销了，由河池州连同代理镇上的政务。又行一里，出了德胜镇的西街门，又向西一里，有座营房在道路北边，这是德胜营。去营中打听行李，又被挑了送到河池所去了。仍然出来走到大路上，稍向西走，就从岔道向南涉过一条小溪。行半里，平原中乱石成丛地簇拥着，分离迸裂不一而足，其中有一泓积水，澄澈得没有一根草，石尖之上，也有横跨的树枝缠绕着，好像香山寺前的形状。石片更加稠密闭合，间或杂有水潭小洲，尤为奇特。水潭西边又有一条石头峡谷，里面也积着水，推想那下边与水潭相通。水潭上面山石分裂峡谷转向，其中的优美之处不一而足。峡谷南边有块岩石独自高耸着，而且很巨大，僧人在岩石上建了茅庵，这是莲花庵，也很像香山寺前的静室。庵门就着石缝建成，东、西、北三面都有小溪环绕着它，地势比香山寺幽静秀丽，特别优美。只是和尚就着峡谷间的石壁在其中养猪，聚集了很多污秽物，不免冒犯这风光灵秀的地方了。峡中积水的西面，又有座三开间的古庙，门锁着没有人。庙前有座寺庵，已经有一半倒塌了，有木茶几、大木凳堆满了庵中，但居然没有人住守。石空云冷，为此怅然惋惜，这才返回来。

　　北出大路，又西过一石梁，其下水颇小，自北而南，又东环莲花庵之东，又西绕其前而南去，此乃南入南江之流也。又西经一古台门，则路俱砖甃，而旁舍寥落，不若德胜矣。又西一里，入河池所东门①。所有砖城，中开四门，而所署倾尽，居舍无几，则戊午岁凶，为寇所焚劫，荡为草莽也。德胜镇皆客民，雇东兰、那地土兵守御，得保无虞；而此城军士，反不能御而受燹②。担停于所西军舍，秽陋不堪。乃易衣履至东街叩杜实徵，不在舍。返寓，之东门，实徵引至其书室，则所土阜上福山庵后楹也。庵僧穷甚，无薪以炊，仍炊于军家③，移食于庵，并行李移入。下午，令顾仆及随夫以书及军符白管所挥使刘君④，适他出，抵暮归曰："当即奉叩，以晚，须凌晨至也。"所城与所后福山寺，皆永乐中中使雷春所创⑤，乃往孟英山开矿者。

【注释】

①河池所：洪武二十八年（1395）置于河池县，因名。永乐六年（1408）徙于今宜州市西北隅，德胜西五里处。故明代河池所与河池州不同城。

②燹(xiǎn)：兵火。

③军家：即军户人家。明代实行卫所制度，家属皆随军士驻屯地，军士的子孙仍入军籍，世代当兵。

④白：述事陈义通称白，即告知。

⑤永乐：明成祖朱棣年号，时在1403—1424年。中使：皇帝派出为使者的宦官，委以监军、找宝、开矿、收税等重任，到矿山的称"矿监"。

【译文】

向北出到大路上，又向西走过一座石桥，桥下的水很小，自北往南流，又向东环绕到莲花庵的东边，又向西绕过莲花庵前，然后向南流去，这是向南汇入南江的水流了。又向西经过一处古老戏台的门前，就见道路全是用砖铺设的，可路旁的房屋稀疏冷落，不如德胜镇了。又向西一里，进入河池所的东门。河池所有砖砌的城墙，城中开有四道城门，但河池所的衙门全部倒塌了，居民的房屋没有几间，那是戊午年年成歉收，被强盗焚烧抢劫，被扫荡成一片荒原了。德胜镇都是客居的百姓，雇佣东兰州、那地州的土司兵守卫，得以保住没有出意外；但这座城是军士驻守，反而不能抵御强盗，从而受到兵火的洗劫。担子停放在河池所西边的军营中，污秽简陋得不行。于是换了身衣服鞋子到东街去叩拜杜实徵，杜不在屋中。返回寓所，走到东门，杜实徵把我领到他的书房中，那就是所衙后面土山上福山庵的后殿了。庵中的僧人穷困极了，没有柴火供我做饭，仍然在军户人家煮好饭，搬到庵中来吃，连同行李也搬进庵中。下午，命令顾仆和随行的兵夫拿着信和兵符去告知管理河池所的指挥使刘君，恰好他外出了，到傍晚时归来，说："应当马上来叩拜，因为天晚了，须明天凌晨来了。"河池所的城墙与所衙后面的福山寺，都是永乐年间中使雷春创建的，雷春是前往孟英山开矿的宦官。

十三日　晨起欲谒刘君，方往市觅柬，而刘已先至。刘名弘勋,号梦予。馈程甚腆,余止收其米肉二种。已而柬至,乃答拜其署,乃新覆茅成之者。商所适道,刘君曰:"南丹路大而远,第土官家乱,九年冬①,土官莫佅因母诞②,其弟妇入贺,奸之,乃第三弟妻也。于是与第四弟皆不平,同作乱。佅遁于那地。后下司即独山之烂土司③,向为南丹所苦,十年九月间,亦乘机报愤,其地大乱。两弟藉下司万人围南丹,佅以那地兵来援,其三弟走思恩县,四弟走上司,佅乃返州治。十二月,收本州兵,执三弟于思恩而囚之。今年春,郡遣戚指挥往其州,与之调解,三弟得不死,而四弟之在上司者,犹各眈眈也④。下司路不通;由荔波行,路近而山险,瑶僮时出没⑤。思恩西界有河背岭,极高峻,为畏途,竟日无人,西抵茅滥而后入荔波境,始可起夫去。但此路须众人乃行。"先是,戚指挥以护送牌惠余,曰:"如由荔波,令目军房玉洁送。"盖荔波诸土蛮素慑服于戚,而房乃其影,尝包送客货往来。刘君命房至,亲谕之送,房唯唯,而实无行意,将以索重贿也。从署中望北山岩,如屏端嵌一粟。既出欲游北山,有王君以柬来拜,名冕,号宪周。且为刘君致留款意。已刘君以柬来招,余乃不游北岩而酌于刘署。同酌者为王宪周、杜实徵及实徵之兄杜体乾,皆河池所学生也。曾生独后至。席间实徵言其岳陈梦熊将往南丹,曰:"此地独耻夫难,若同之行,当无宵人之儆⑦。"刘君命童子往招之,不至。余持两端⑧,心惑焉。

【注释】

①九年:指崇祯九年(1636)。

②莫佅:为南丹土官。原作"莫极",据乾隆本《黔游日记》三月二十

八日及嘉庆《广西通志·土司志》改。下同。

③下司：即丰宁长官司，在独山州南。烂土司：即合江洲陈蒙烂土长官司，在独山州东。下司与烂土司虽同为贵州独山州所辖的两个土司，但二者有别。

④眈(dān)眈：威严地垂目注视。

⑤僮(zhuàng)：即今壮族，是我国少数民族中人口最多的一个族，1982年7月统计，有13378千人，集中分布在广西壮族自治区和云南省文山壮族苗族自治州。

⑥茅滥：即毛难，指毛南族聚居区，在今环江县西部的上南、中南、下南一带。这是明代有关毛南族的难得的记载。

⑦儆(jǐng)：通"警"，戒备。

⑧持两端：持两可的态度，作不了决定。

【译文】

十三日　早晨起床后想去拜见刘君，正要前去集市上找束帖，而刘君已经先来到了。姓刘的名叫刘弘勋，别号梦乔。馈赠的路费十分丰厚，我只收了其中的米和肉两种东西。不久束帖找到了，于是到他的官署去答拜，官署是新近用茅草盖成的。与他商议应该走哪条道，刘君说："去南丹州的路是大路但远一些，只是土司家中出了变乱，崇祯九年冬天，土司莫俍因为母亲过生日，他的弟媳进府来贺寿，莫俍奸污了弟媳，那是他三弟的妻子。因此三弟与四弟都愤愤不平，共同作乱。莫俍逃到那地州。后来下司即独山州的烂土司，向来被南丹州害苦了，崇祯十年九月间，也乘机报仇，那一地区大乱。他的两个弟弟从下司借来一万人围攻南丹州，莫俍带领那地州的兵前来支援，他的三弟逃到思恩县，四弟逃到上司，莫俍于是返回州城。十二月，聚集了本州的兵马，到思恩县逮捕了三弟后把他囚禁起来。今年春天，庆远府派遣戚指挥使前往南丹州，与他们调解，三弟得以不死，但在上司的四弟，还各自虎视眈眈的。去下司的路不通；经由荔波县走，路近一些但山路危险，瑶人僮人时常出没。思恩县西部边界上有座河背岭，极其高峻，是艰险可怕的道路，终日没有人烟，向西走到茅滥后进入荔波县境内，才能征用脚夫离开。但是这条路必须人多才能走。"这之前，戚指挥使把护送牌惠赠给我，说："如果经由荔波县，命令目军房玉洁送行。"原来荔波县本地的诸蛮族素来慑服于姓戚的，而房玉洁是他的影子，曾经包送客货往来。刘君命令房玉洁前来，亲自交代他送行，姓房的"是是是"的，可实际上没有送行的意思，是将以此索取厚重的贿赂。从官衙中远望北山上的岩洞，好像屏风上面镶嵌着一粒小米。出来后想去游览北山，有位王君拿着柬帖来拜访，名叫王晃，别号宪周。并且替刘君转达了挽留款待的意思。不久刘君用柬帖来邀请，我只好不去游览北山的岩洞而是在刘君的官署中饮酒。一同饮酒的是王宪周、杜实徵以及杜实徵的兄长杜体乾，都是河池所的学生了。只有姓曾的儒生是后来才到的。酒席上杜实徵说起他的岳父陈梦熊将要前去南丹州，说："此地唯独蠢笨的脚夫难以找到，如果与陈梦熊同行，将无须防备坏人。"刘君命令书童去请陈梦熊，他不来。我在两可之间犹豫，心中很是疑惑。

十四日　以月忌[①]，姑缓陈君行。余卜之，则南丹吉而荔波有阻。及再占，又取荔波。余惑终不解。乃出北门，为北山之游。北山者，在城北一里余；拾级而上者，亦几一里。削崖三层，而置佛宇于二层之上、上层之下。出北门，先由平壑行，不半里，有乱石耸立路隅，为门为标，为屏为梁，为笋为芝，奇秀不一，更巧于莲花塘、香山寺者。又北几一里，北向陟山，危磴倚云崖而上，曲折亦几一里。进隘门，有殿宇三楹，僧以索食先下掩其扉，自下望之，以为不得入矣，及排之，则掩而不扃也。入其中，上扁为"云深阁"，右扁有记一篇，乃春元董其英者[②]，即所中人。言尝读书此中，觅阁东音石，为置茅亭。今从庵来，觅亭址，不可得。而庵之西，凌削崖而去，上下皆绝壁，而丝路若痕。已从绝壁下，汇水一坎，乃凿堰而壅者，有滴沥从倒崖垂下，汇之以供晨夕而已。

庵无他奇异，惟临深凭远，眺揽甚遥。南望多灵山在第二重石峰之外，正当庵前；西之羊角山，东之韦家山，则庵下东西两标也。

【注释】

①忌(jì)：旧时迷信称行事不吉利的日子为忌日，有忌日、忌辰、月忌等。俗以每月初五、十四、二十三日为月忌。

②春元：明代科举制度，会试每三年一次，在北京举行，由礼部主持。考期在春季二月，故称"春闱"。会试考取者称为贡士，第一名亦称"春元"。

【译文】

十四日　因为是月忌日，暂且让陈君推迟上路。我就此事占卜，则是去南丹州吉利而走荔波县有阻碍。到再次占卜时，又是取道去荔波县。我的疑惑始终没有解开。于是走出北门，去北山游览。北山这地方，在城北一里多处；沿着石阶上登的路，也几乎有一里路。三层陡削的山崖，而佛寺位于第二层之上、上层的下面。出了北门，先经由平坦的壑谷前行，不到半里路，有乱石耸立在路旁，有的像大门，有的像标杆，有的像屏风，有的像桥梁，有的像竹笋，有的像灵芝，奇异秀丽，不一而足，更比莲花塘、香山寺的巧妙。又向北将近一里路，向北登山，高险的石阶紧靠着入云的山崖往上走，曲曲折折地也将近一里路。进入隘门，有三间殿宇，僧人因为去找食物先下山去了，关上了寺门，从下边望去，以为不能进去了，到推门时，原来门是虚掩着却没有上锁。进入佛殿中，上方的匾额是"云深阁"，右边的匾上写有一篇记文，是春元董其昌撰写的，就是河池所中的人。说他曾经在云深阁中读书，在云深阁东边找到块音石，为此建了座茅草亭。今天我从庵中来，寻找亭址，找不到。但寺庵的西边，凌驾在陡削的石崖上走去，上下都是绝壁，而丝线一样宽的路好像一抹痕迹。不久从绝壁下走。有一坑积水，是凿水坝堵截而成的,有水滴从倒垂的悬崖上垂落下来,蓄积成水塘用来供早晚用水而已。庵中没有别的奇异之处,唯有面临深渊凭眺远方,眺望得非常遥远。向南远望,多灵山在第二重石峰之外,正好位于寺庵的前方;西面的羊角山,东面的韦家山,则是寺庵下方东西两面的标杆了。

　　徙倚久之,仍下山至所城北门外,东循大路行。已岐而东北,共一里,入寿山寺。乱石一区,水纵横汇其中,从石巅构室三四处,以奉神佛,高下不一。先从石端得室一楹,中置金仙。其西则石隙南北横坠,澄流潴焉,若鸿沟之界者。以石板为桥,渡而西,有侧石一队,亦南北屏列,其上下有穴如门。又穿而西,有庵北向,前汇为塘,亦石所拥而成者。庵后耸石独高,上有室三楹,中置一像,衣冠伟然,一老人指为张总爷,而所中诸生皆谓之文昌像。余于福山寺阅《河阳八景诗》,有征蛮将军张澡跋,谓得之寿山藓石间,乃万历戊子阅师过此①,则此像为张君无疑。以无文记,后生莫识,遂以文昌事之,而不知为张也。凭吊既久,西南一里,入所城东门,返福山寓。令奴子买盐觅夫于德胜,为明日行计。余作记寓中。已而杜实徵同其岳陈生至,为余觅夫,决明日同为南丹行。是日午后霁,至晚而碧空如洗,冰轮东上②,神思跃然。

【注释】

①万历戊子:指万历十六年(1588)。

②冰轮:月亮。

【译文】

徘徊凭靠了很久,仍然下山来到所城的北门外,向东沿着大路前行。不久岔向东北，共行一里，进入寿山寺。一片乱石，水纵横流淌汇积在乱石中，在岩石顶上建有三四处小屋，用来供奉神佛，高低不一。先从岩石顶上找到一间小屋，中间放有佛像。小屋西边就是南北横向下陷的石缝，澄澈的清流汇积在石缝中，好像鸿沟分界的样子。用石板架成桥，过到西面，有一队侧立的岩石，也是南北向屏风样地排列着，岩石上下都有洞穴好像门洞一样。又穿越到西面，有座寺庵面向北，前方积水成为水塘，也是岩石围抱而成的。庵后耸立的岩石独自高耸，上面有三间屋子，中间放着一尊塑像，衣冠伟岸，一位老人说是张总爷，但所中的众儒生都说这是文昌帝君像。我在福山寺读过《河阳八景诗》，有个征蛮将军张澡跋，在万历戊子年检阅军队经过此地，说是在寿山长满苔藓的岩石中找到这尊像，那么这尊像无疑是张君了。由于没有文字记载，后辈无人认识，便把他当做文昌帝君来供奉，却不知道这是张澡跋了。凭吊了很久之后，向西南走一里，进入所城东门，返回福山寺寓所。命令奴仆去德胜镇买盐找脚夫，为明天上路做准备。我在寓所中写日记。随后杜实徵和他的岳父姓陈的儒生到来，为我找脚夫，决定明天一同上路去南丹州。这天午后晴开，到晚上变得碧空如洗，明月跃上东方，神思敏捷跃然纸上。

　　十五日　晨起，天色如洗，亟饭而行。刘君来送，复往谢之，遂同杜实徵同至其岳陈处候之。出北门，即西向行。涉一涧，七里，过羊角山之北，候换夫于西村，竟不至。久之遂南逾土冈，望西峰环转处，有洞在山巅，东南向，其门甚巨，疑即所谓新岩者。土冈之南，山又分东西二界。由其坞中南向行，五里，渐见路左小水唧唧行，已而有小水从西北石山下来合，涉北来水循之，又南二里，为都街村①，有数家在西山之麓。至此皆为僮贼之窟，所称"西巢"也，始得夫。又南二里,循溪入土山峡中,其峡甚逼。又一里半,转而东,又一里半,溪乃南去,路西逾土坳,始出险,所谓都街陇也。陇之中,草木丐蔽,为盗贼薮。数日前犹御人其间,余得掉臂而过,甚幸也。下坳西行三里,有茅舍一楹在山北,为税司。乃署德胜者,委本处头目掌之。其西一里即为落索村,都街之流又西转至此,由村南入峡去,路从村北陟山。都街、落索皆盗贼薮。西北二里半,过石下,有巨石蹲路北,上有榕缘络之。又西一里,有巨洞在路右山之半,其门东南向,而高悬殊甚,望之神飞。适担夫停担于下,余急贾勇北向攀崖,茅塞无路。诸人呼于下,余益奋而上,遂凌藤棘,抵其下。前亦多棕竹,颇巨。洞门甚高,内甚爽豁,深十丈而止。右有小窦,甚隘而中空,不识可蛇伏而入否?洞前有石,分两岐倒垂其顶。余方独憩,以陈君候余于下,遂返。又西二里,宿于马草塘之北村。其村在北峰之麓,村西有江自北峡来,穿西峡而去,即东江之上流也。村氓茅栏甚巨,而下俱板铺,前架竹为台。主人出茅滤酒劝客。陈君曰:"此皆贼子也。"是夜,月从东山出,明洁如洗。自入春来,晓旭宵轮,竟晨夕无纤翳,惟此日见之。

【注释】

①都街村:今仍作"都街",在宜州市西北隅的铁路边。

【译文】

十五日　早晨起床,天色晴空如洗,急忙吃完饭上路。刘君前来送行,又前去向他道谢,于是同杜实徵一起到他岳父陈梦熊处等他。出了北门,立即向西行。涉过一条山涧,行七里,经过羊角山的北麓,在西村等候换夫,脚夫竟然不来。很久后终于向南越过土冈,望见西峰环绕转折处,有个岩洞在山顶,面向东南方,洞口非常巨大,怀疑就是所谓的新岩的地方了。土冈的南面,山又分为东西两列。由两山间的山坞中向南行,行五里,渐渐看见道路左边有唧唧流淌的小溪,随后有条小溪从西北方的石山下流来汇合,涉过北边流来的溪水顺着这条溪流走,又向南二里,是都街村,有几家人在西山的山麓下。到了此地都是僮人盗贼的巢穴,是所称的"西巢"了,开始得不到脚夫。又向南二里,沿着溪流走入土山的山峡中,这条峡谷十分狭窄。又行一里半,转向东,又行一里半,溪流于是向南流去,道路向西穿越土山山坞,开始走上险途,到了所谓的都街陇了。土陇之中,草木荫蔽,是盗贼藏身的地方。几天前还在其中抢过人,我得以甩着胳膊走过来,非常幸运了。走下山坞往西行三里,有一间茅屋在山北,是税司。是代管德胜镇的人委托本地头目掌管的税司。税司西面一里处就是落索村,都街村的溪流又向西转流到此地,由村南流入峡中去,道路从村北登山。都街村、落索村都是盗贼聚集的地方。向西北前行二里半,经过巨石下,有块巨石蹲坐在道路北边,上边有榕树树根沿着岩石交缠在一起。又向西一里,有个巨大的岩洞在道路右边的半山腰上,洞口面向东南,但特别高悬,望见它神魂飞舞。恰好挑夫把担子停放在山下,我急忙鼓足勇气向北攀登,茅草阻塞没有路走。众人在山下呼叫,我益发奋勇往上登,终于越过藤蔓荆棘,抵达洞口下方。洞前也有很多棕竹,相当巨大。洞口非常高,洞内十分爽朗开阔,深十多丈就到了头。右侧有个小洞,十分狭窄但中间是空的,不知能否像蛇一样爬进去?洞前有块岩石,分为两岔倒垂在洞顶上。我正想独自一人休息一下,由于陈君在山下等着我,只好返回来。又向西二里,住在马草塘的北村。这个村子在北峰的山麓下,村西有条江自北面的峡谷中流来,穿过西面的峡谷流去,这就是东江的上游了。村民的茅草楼非常巨大,但下边全部铺有木板,前边用竹子架为高台。主人拿出茅滤酒来劝客人饮用。陈君说:"这些都是贼人。"这天夜里,月亮从东山出来,明洁如洗。自从入春以来，拂晓是旭日夜晚是明月，一整天从早到晚没有一丝云彩，这样的天气只有今天见到了。

十六日　晨起，微云薄翳，已不如昨宵之明彻矣。饭后，南逾土阜而下，是为马草塘。东西俱有峰夹之，塘独低而洼，真萑苻之薮也。二里，越而南，又西三里，有江自北而南，深嵌危崖间，所谓东江也。其南有数家在冈坞间，泊舟于下，呼之不为渡，乃自取其舟渡而西。其江大数丈，而深不测，再南下数里，即与金城江合而入石穴中，透出永泰里，而下怀远镇为南江者也。由江西岸北行半里，转而西下又四里半，为界牌村，是为宜山县、河池州界。村之东南有山中悬，即东江西北岸之山也。山之南，有坞豁然东南去，则金城之江已在南山之北，向此隙东注而下，与东江合者，第此处犹未之见耳。又西二里，有山在路北，峭崖屏削，上多纹理，虬干缘之，掩映间有若兜鍪，有若戈矛，土人指为南丹莫氏之祖挂盔甲所成者，乃附会形似而言也。又西一里，路北有石耸出峰头，薄若片云擎空，上有岐角之物，土人指为犀牛，而不知犀乃独角也。又西一里为大湾村①，村在北山之麓。村东有洼岩，有水自北山石穴南出，流宕底三丈余，复南入地穴而注于江。又西则路出临江北岸，溯之西行一里，其江自西南来，北流至此，折而东去。路从折处直西行，一里，过一小石梁，其下乱石嵯峨，而涸无滴水。其南有村在南山之麓，为桥步村。又西三里，有江自北而南，其阔十丈余，其深与东江并，乃自荔波来者，其源当亦出于黔南，是为金城渡②。渡北之西岸，有水悬崖，平泻一二丈，声轰如雷,东注大江,则官村南来之水也。大江南去,转而东过大湾,与东江合,又南抵南巢,贼窟也,在永顺北。而捣入石穴数里,而出于永泰里以下怀远者也。时渡舟在江西岸,候久之,乃至。登西岸,复西向行,则山回壑转,始为峒而不为峡。三里,有小溪自南而北,溯溪南行半里,有石梁跨其上,甚高整,是为南桥。越桥西半里,其坞乃西南转,有村在路右,是为垒街。又西南三里,山帏转拓,有村在西南山麓,曰官村。路折而南,溯溪西一里,过官村前。又南一里,循西山南嘴转入西峡,半里,有巨石峙北山之麓,老榕偃盖其上,为行者憩息之所。又西一里,北山复起石岩,其色黄白焕然,与前所过诸山异。石山自三里来,所见皆青白为章。其赭黄一种,自柳州仙奕南见后,久未之睹矣。又西半里,有村在北山麓,是为鬼岩村,入登其栏而憩焉,于是村始见瓦栏。盖德胜间用瓦而非栏,河池所无栏而皆茅覆,河池以西则诸栏无非茅覆者,独此村用瓦。主人韦姓,其老者已醉,而少者颇贤,出醇醪醉客,以糟芹为案③。山家清供,不意诸蛮中得之,亦一奇也。是日昼阴,而夜月甚皎。

【注释】

①大湾村:今仍称"大湾",在河池市区东郊,金城江北岸。

②金城渡:明时为金城镇,设巡检司,即今金城江区,为河池市驻地。

③糟(zāo):用酒或糟腌制食物。芹:即芹菜。案:古时进食用的短足木盘。

【译文】

十六日　早晨起床,薄云遮蔽着旭日,已经不如昨天夜里那样明澈了。饭后,往南越过土阜往下走,这是马草塘。东西两面都有山峰夹着水塘,唯独水塘低洼下去,真是盗贼潜藏出没的地方。行二里,翻越到南面,又向西三里,有条江水自北往南流,江流深嵌在危崖之间,这是所谓的东江了。江南有几家人在山冈与山坞之间,小船停泊在江岸下,呼叫村里人渡江村民却不愿意,只得自己取了他们的船渡到江西岸。这条江宽几丈,但深不可测,再往南下流几里,就与金城江合流后流入石山洞穴中,在永泰里流出地面,而后下流到怀远镇称为南江了。由江西岸往北行半里,转向西又下走四里半,是界碑村,这里是宜山县、河池州的分界处。村子的东南方有座山悬在中央,那就是东江西北岸的山了。山的南边,有个山坞豁然向东南延展开去,就见金城镇的江水已经在南山的北麓,流向这个缺口后向东流淌下去,与东江合流,只是在此处还不能见到合流处罢了。又向西二里,有座山在道路北边,峭拔的石崖像屏风一样陡削,上面有很多纹路,蜷曲的树干沿着石崖生长,互相掩映之间,有的像盔甲,有的像戈矛,当地人指认为是南丹州莫氏的祖先挂盔甲变成的,这是由于形状相似附会的话了。又向西一里,道路北边有块岩石耸出峰头来,薄得好像一片云彩高擎在空中,上面有角一样岔出来的东西,当地人说是犀牛,却不知道犀牛是独角的。又向西一里是大湾村,村子在北山的山麓下。村东有个洼岩,有水从北山的石洞中向南流出来,流过石坑底部三丈多,再向南流入地下的洞穴中然后汇入江中。又向西走道路便通到临江的北岸,溯江流往西行一里,这条江自西南方流来,往北流到此地,折向东流去。道路从江流转折处一直往西行,行一里,走过一座小石桥,桥下乱石高峻,但干涸得没有一滴水。桥南有个村庄在南山的山麓下,是桥步村。又向西三里,有条江自北往南流,江面宽十丈多,江水的深度与东江相同,是从荔波县流来的江水,它的源头应该也是出自于贵州省南部,这里是金城渡。渡口北边的西岸上，有水流悬在山崖上，平铺直泻一二丈，水声轰响如雷，向东注入大江中，那是从官村南边流来的水流了。大江向南流去，转向东流过大湾村，与东江合流，又向南流到南巢，这是盗贼的巢穴，在永顺司北境。而后捣入石山洞穴中潜流几里，在永泰里流出地面后下流到怀远镇去了。此时渡船在江西岸，等了很久，这才来到。登上西岸，又向西行，只见山回谷转，开始成为峒而不再是峡谷了。行三里，有条小溪自南往北流，溯溪流往南行半里，有座石桥跨在溪流上，十分高大整齐，这是南桥。过到桥西前行半里，这里的山坞于是向西南转去，有村子在道路右边，这是垒街。又向西南三里，帷幔状的山峦变开阔了，有个村子在西南方的山麓下，叫官村。道路折向南走，溯溪流往西行一里，路过官村前。又向南一里，沿着西山南面的山嘴转入西面的山峡中，行半里，有块巨石屹立在北山的山麓下，老榕树倒卧覆盖在巨石上，是走路的人休息的场所。又向西一里，北山又竦起一座石崖，石色黄白相间，光彩焕发，与前边走过的群山不一样。自从三里城以来，我所见到的石山都是青白相间形成的花纹。其中一种赭黄色的，自从在柳州府仙奕岩南面见到后，很久没有见到这种颜色了。又向西半里，有个村子在北山的山麓下，这是鬼岩村，进村登上村中的竹楼休息，到这里才在村中看见有瓦片盖顶的竹楼。大体上在德胜镇一带用瓦盖顶而且不是竹楼，河池所没有竹楼而全是茅草盖顶，河池所以西各村的竹楼则无处不是茅草盖顶了，唯独这个村子用瓦盖顶。房主人姓韦，他家的老人已经喝醉，而年轻人十分贤德，拿出醇酒让客人喝醉，用腌制的芹菜佐餐。山间农家清淡的饮食，想不到在众多的蛮族中能得到它，也是一件奇事了。这天白天天阴着，而夜里的月光十分皎洁。

十七日　及明而饭，南向行。半里，得东来大路，有坞直南而去，墟当其中，是为鬼岩墟。复西向循南山北麓行，又西里余，有岩在南山之半，其门西北向，即鬼岩矣。洞中遥望杳黑，土人祀神像于其间，故谓之"鬼"。从其下西登坳，石级颇整。共一里，逾坳西下，自是石土二山交错，而石亦有土矣。两界山又南北成坳[①]，有细流瀮瀮流坳中，南向而去，即东回北转而绕于官村之前者也。既下，溯细流北行坳中一里，则两界山又转为东西坳。仍溯细流西向行三里，有石堰细流之上，疑即所谓丁阐堰。上潴流一方，泻堰隙东下，是为滥觞之始，而源实出于都明岭之东麓。渡堰而南，循南山麓西行，又二里，过卢塘村[②]。盖南北两界山夹持成坳，坳底平洼，旱则涸，涨则成塘，有村在北山下，路循塘南行。又一里，复有堰当上流，又越之西二里，乃复上土岭半里，逾岭坳而西下又半里，有泉一泓出路左石穴，西向汩汩，无涨涸，亦无停息，勺而饮之，甘冽殊甚，出穴即坠石穴而下，瀮瀮有声。其处山犹东西成坳。循北界山随流东下三里，有村在南山下，曰都明村。村后南山既尽，有峡南去，则那地州道也；而河池之道，则西北行土陇间。又二里，渡石梁而西，桥下水北流，当亦东北入金城上流者。其源则一东自都明岭之石穴，一南自下河岭北来，二流合而成涧者也。又西北四里，陟一土冈。由冈上又西北二里，有两三家在北阜下，为乾照村，炊汤饭于其栏。遂从村侧北上土岭，由岭畔北行共三里，下至西麓，有大溪自南而北，即所谓河池江也。江底颇巨，皆碎石平铺，而无滴沥。横渡登西岸，北望则石峰回合，即有流亦无出处，不知此流涨时从何而出？盖北卓立之峰，其下有洞，门南向，当即江水透入之处也。其处南北两界又俱石山排列，江形西自河池州之南，东向至此,折而北捣入山。又西循枯江北岸行一里,则江底砂石间有细流淙淙矣。又西七里,入河池州之东门③。州城乃土墙,上覆以茅,城中居民凋蔽,俱草茅而无瓦舍。其山南北对峙,中成东西坞,而大溪横其中,东至乾照后土山,亘截为前门溪,转而北,入石穴;西至大山岭石脊,为后钥水之所从发者也。抵州才过午,穿州出西门,寓茅舍中。以陆柬马符索骑于州尊萧。来凤,东粤人。萧公即为发票,取夫骑各二,不少羁焉④。

【注释】

①两界山又南北成坞:"两"原作"西",据本书下文改。

②卢塘村:今作"六塘",在金城江区中部的公路旁。

③河池州:隶庆远府,治所今仍称河池,在金城江区西境。

④羁(jī):牵留。

【译文】

十七日　到天明后吃饭,向南行。行半里,遇上东边来的大路,有个山坞一直往南延展去,有个集市位于山坞中,这是鬼岩墟。再向西沿着南山的北麓前行,又向西一里多,有个岩洞在南山的半中腰,洞口面向西北,这就是鬼岩了。远望过去洞中深黑,当地人在洞中祭祀神像,所以把岩洞称为"鬼"。从岩洞下边向西上登山坞,石阶相当整齐。共一里,越过山坞往西下走,从这里起石山土山两种山交错在一起,而且石山中也有土了。两面的山又形成南北向的山坞,有细流汩汩地流淌在山坞中,向南流去,这就是向东回绕转向北方后绕流在官村前方的溪流了。下山后,溯细流向北行走在山坞中一里,只见两面的山又转成东西向的山坞。仍然溯细流向西前行三里,有座石坝挡在细流之上,我怀疑这就是所谓的丁阑堰。水坝上游蓄着一池流水,水从石坝上的缝隙中向东下泻,这里是下游滥觞的起始处,但源头实际上出自于都明岭的东麓。越过堤坝往南走,沿着南山的山麓往西行,又行二里,经过卢塘村。大概是南北两列山夹峙成山坞,山坞底部平缓下洼,天旱就干涸,水涨就成水塘,有个村子在北山下,道路顺着水塘边往南行。又是一里,又有座堤坝挡在上游,又越过堤坝往西行二里,于是再上登土岭半里,越过岭上的山坳往西下走又是半里,有一片泉水从道路左边的石洞中流出来,向西汩汩流淌,不会上涨干涸,也不会停息,舀水来喝下去,特别甘甜清冽,流出石洞后立即下坠到石洞中去,发出汩汩的水声。此处的山仍然是形成东西向的山坞。沿着北面一列山顺着流水向东下走三里,有个村子在南山下,叫都明村。村后南山到头后,有个峡谷向南去,那是去那地州的路了;而去河池州的路,则是向西北行走在土陇间。又行二里,跨过石桥往西走,桥下的水向北流,应当也是向东北流入金城江上游的水流。它的源头一是出自东面都明岭的石穴中,一是出自南面的下河岭往北流来,两条水流合流后形成山涧。又向西北四里,登上一座土冈。由冈上又向西北前行二里,有两三家人在北面的土阜下,是乾照村,在村子的竹楼上烧水煮饭吃。随后从村子侧边向北上登土岭,由岭旁往北共前行三里,下到西麓,有条大溪自南往北流,这就是所谓的河池江了。江底十分宽阔,都是碎石平铺着,但没有一滴水。横渡江底登上西岸,向北望去只见石峰回绕闭合,即便有流水也没有流出去的地方,不知这条江流江水上涨时是从哪里流出去的? 原来北面卓立的高峰,山下有洞,洞口向南,应当就是江水流进去的地方了。此处南北两面又全是石山排列着,江流的流向在西面源自河池州的南境,向东流到此地,折向北捣入山中。又向西沿着干枯的江流北岸前行一里,就见江底的砂石间,间或有细流淙淙流淌了。又向西七里,进入河池州城的东门。州城是土墙,墙上用茅草覆盖,城中的居民穷困衰败,全是茅草房却没有瓦房。这里的山南北对峙,中间形成东西向的山坞,而大溪横在山坞中,东面到乾照村后面的土山,横向绵亘成为前门前的溪流,转向北,流入石山洞穴中;西面到大山岭的石山山脊,是后钥水从此地的发源地了。到达州城时才刚过正午,穿过州城走出西门,寓居在茅草盖成的客馆中。拿出陆君的信函和调马的兵符去找州官萧公要求派马。名叫萧来凤,广东人。萧公当即发给马票,得到两名差夫和两匹马,没有少许的滞留。

十八日　晨餐后得二骑差役,即以马夫二名作挑夫影射。既而萧公复以腆仪来觌①,余受其笋脯,而尽璧其余②。入城买帖作谢柬,久乃得之,行已上午矣。西向山坞行三里,有溪自北山南流,合于西来大溪。乃渡北溪溯大溪北岸行,又七里,有村在南山之坞,有瓦室焉,名杨村③。杨姓者有巨力,能保护此村。循北山麓行,又二里,有飞石覆空而出,平压行人之上。已而上危级,见级外倚深坑,内有悬穴,中空下陷,洪流溢其底焉。既上,从山半行,遂循崖北转,又成南北之峡,山凑而为东西两界矣。循东崖溯流上,升陟三里,渡溪而北,逾一坡而下,见东峡石壁危削,上有穹岩,下有骈峡,但闻水声喧甚,以为自堕峡而下也,而旁眺不见影。稍前,则溪水犹自北来,复渡之。循溪东行峡中,三里,水穷峡尽。北上岭一里,又从岭头行一里,出两山坳间,有石垣两重,属两峰之左右④,是为大山岭,河池、南丹之界也。逾岭北下,遂为丹州境。转而西二里,渡小水,其水南去。复西南逾一岭,复与水遇,随之西北行,共三里,复渡水,水汇于石壁下,遂就之而饭。又随水出峡,西二里,山势渐开,近山皆变石为土,南山下有茅一二楹矣。随小水西行三里,渐转而北,土山坞尽,西山陇间有数十家倚之,是为土寨关,则南丹土税之钥也。路在东山之麓，遂北上土岭。其东来之水，似无北流之隙，惟西北有巨山悬削，想亦从其下入穴以注大江，而下金城、东江者，未亲晰也。北下土岭，其坞中小水亦自东而注西南，似亦逼悬削巨山而去。于是复西北上岭，升陟共五里，转出岭头，始有巨坞西北去，路从其西山岭半行，又五里曰百步村⑤。茅舍数家在西山陇上，皆江右人，为行李居停者。时锡贾担夫三百余人，占室已满，无可托足，遂北向下陇前西北坞中。水至是转而西南去，有木梁架其上，覆以亭，亦此中所仅见者。度梁而上陇，其坞遂转东西。于是西向行五里，有四五家在南山陇间，曰岩田村。中有瓦栏三楹颇巨，亟投之，则老妪幼孩，室如悬磬⑥，而上瓦下板，俱多破孔裂痕。盖此乃巨目家，前州乱时，为贼所攻掠而破，遗此老稚，久避他乡，而始归故土者。久之觅得一锅，仅炊粥为餐，遂席板而卧。

【注释】

①贶（kuàng）：赐予。

②壁：通"避"，避而不受。

③杨村：今名同，在金城江区西境。

④属（zhǔ）：连接。

⑤百步村：今作"八步"，在南丹县东南隅，刁江东岸。

⑥悬磬（qìng）：空无所有。

【译文】

十八日　早餐后得到两名骑马的差役，就把两名马夫作为挑夫来安排。随即萧公又拿来丰厚的礼物相赠，我接受了其中的笋干，而其余的全部退回去了。进城去买帖子写了答谢的柬帖,很久后才买到帖子,上路时已经是上午了。向西在山坞中前行三里,有条溪水自北山往南流,汇合到西面流来的大溪中。于是渡过北边流来的溪水溯大溪的北岸前行,又行七里,有个村庄在南山下的山坞中,村中有瓦房了,名叫杨村。姓杨的人家有巨大的力量,能保护这个村子。沿着北山的山麓前行,又是二里,有飞石下覆在空中突出来,平平地压在行人的头上。不久上登高险的石阶,只见石阶外侧斜靠着深坑,深坑内有悬空的洞穴,洞中空空的,向下深陷,洪流从洞底溢出来。上来后,从山的半中腰走,于是沿着山崖向北转,又变成南北向的山峡,山挤拢过来成为东西两列山了。沿着东面的山崖溯流上走,爬升了三里路,渡过溪水往北走,越过一条山坡往下走,看见东面的峡谷中石壁高险陡削,上面有穹隆的石崖,下面有并立的峡谷,只听得见水声十分喧腾,我以为是从峡谷中坠落而下的水流了,可向四旁眺望不见踪影。稍向前走,就见溪水还是从北边流来,再次渡过溪水。沿着溪流的东岸行走在峡谷中,行三里,水穷峡尽。向北上岭一里,又从岭头前行一里,走到两山间的山坳中,有两层石墙,连接着左右两面的山峰,这里是大山岭,是河池州、南丹州的分界处。越过大山岭往北下行,便到了南丹州境内。转向西二里,渡过小溪,这条溪水向南流去。再往西南越过一座岭,再次与溪水相遇,顺着溪水往西北行,共行三里,再次渡过溪水,溪水汇积在石壁下,于是就在石壁下吃饭。又顺着溪水走出峡谷,向西二里,山势渐渐开阔起来,近处的山都从石山变为土山,南山下有一两间茅草屋了。顺着小溪往西行三里,渐渐转向北,土山的山坞到了头,西山的土陇间有几十家人背靠着土山,这里是土寨关,是南丹州土司征税的关口了。道路在东山的山麓下,于是向北上登土岭。这里从东面流来的溪水,似乎没有向北流泻的缺口,只有西北方有座高悬陡削的巨大山峰,推想也是从那座山下流入洞穴中后汇入大江,而后下流到金城镇、东江镇的,没有亲自去辨析清楚。向北走下土岭,这里山坞中的小溪自东往西南流淌,似乎也是逼近高悬陡削的巨大山峰而去。于是又向西北上岭，共爬升了五里路，转出到岭头，开始有巨大的山坞向西北延展而去，道路从山坞西面的山岭半中腰上走，又前行五里叫百步村。有几家人的茅草屋在西山的土陇上，都是江西人，是行路人停息住宿的地方。此时锡矿商和挑夫有三百多人，已经占满了房间，无处可以容身，便向北下到土陇前西北方的山坞中。溪水流到这里转向西南流去，有座木桥架在溪流上，桥上覆盖着亭子，这也是这一带所仅见的。过桥后上登土陇，这里的山坞于是转为东西向。从这里向西行五里，有四五家人在南山的土陇间，叫岩田村。村中有三间瓦盖顶的竹楼相当大，急忙到那里去投宿，只有老妇和幼小的孩子，屋子中空无一物，而且上面的屋瓦和下面的地板，都有很多破洞和裂痕。原来这是大头目的家，先前州里动乱时，被强盗攻破掳掠，遗留下这些老幼，长期避难他乡，是才回归故土的人家。很久才找到一口锅，仅能煮稀粥当饭吃。随后在地板上躺下睡了。

十九日　平明起，炊饭而行。细雨霏霏。西向行土山间，三上三下共十里。有水自东北注西南，深不及膝，阔约五六丈，是为大江。其源发于西北丛山壑中，南流东转而至永顺界，合东江下流者也[①]。渡江，又西逾一岭，共五里，转下一坞。其坞中有一水东南去，溯之行，其水曲折坞中，屡涉之，俄顷数十次。共三里，有水一支自西北来，一支自正西来，遂转而向西溯之。又半里，有村在北山之麓，其名曰金村，乃是站之当钥者[②]。其地西往锡坑止十五里，西北去南丹州五十里。入其栏，头目方往百步墟，乃坐而待之。雨时洒时止。陈梦熊从此入锡坑，遂别去。余候头目，抵晚始归。

【注释】

①"有水自东北注西南"以下几句：十八、十九两日所记大江应指今
习江。《嘉庆重修一统志》庆远府山川载："大江，在南丹州南二
十里，源出都利山，亦名都利江，东北入河池州界，合金城江。"霞
客未及亲晰，此处即本传统说法。但明清的传统说法有误，习江
经河池州界后，又东南经永顺司北，再南入都泥江，而不入龙江。

②乃是站之当钥者："钥"，原作"月"，从沪本改。

【译文】

十九日　天明起床，煮饭吃后上路。细雨霏霏。向西行走在土山
间，三次上山三次下山，共行十里。有江水自东北向西南流淌，水深不
到膝盖，宽处大约有五六丈，这是大江。它的源头发源于西北方的重山
壑谷中，向南流后向东转到永顺司境内，是与东江下游合流的江流了。
渡江后，又向西翻越一座岭，共五里，转下一个山坞。这个山坞中有一
条水流往东南流去，溯水流前行，这条水流曲折流淌在山坞中，多次涉
过这条水流，俄顷涉过几十次。共行三里，有一条支流自西北方流来，
一条支流从正西方流来，于是转向西溯这条支流前行。又行半里，有个
村子在北山的山麓下，村子的名字叫金村，是这一站路位于交通要道的
地方。此地向西去锡矿坑只有十五里路，往西北去南丹州有五十里路。
进入村中的竹楼，头目正好去了百步墟，只好坐着等他。雨时洒时停
的。陈梦熊要从此地进锡矿去，于是告别离开了。我坐等头目，到晚上
他才回来。

二十日　晨起，雨霏霏。饭而候夫，久之乃扎竹为舆，
止得其一，而少其一，上午始行。雨中遂东北逾土山，一里
余，越其脊，乃西北下，深茅没径。又里许，穿箐而降至坞
底，则有小水自南而北，大路亦自南随之，则锡坑道也。从

之北一里，又有一水自西南来，二水合而东北去，水东有村在东山下，是曰雷家村，山峡稍开。又一里，遂转而为东西坞，有大溪自西而来，合南来小溪，东去即南转而为大江者也。于是溯溪南土山北麓行，西向升陟共十里，有茅数楹在南山之半，曰灰罗厂①，皆出锡之所也。由其下又西一里，其坞西尽，有土山横其中，一小水自西北，一大水自西南，二水合于横岭之下。于是涉小水西上横岭，岭东路旁有督井种种，深数丈，而圆仅如井大，似凿掘而成者，即锡穴也。逾岭西下共四里，又与前西南来大溪遇。其溪方北曲而南，遂绝流而西，其峡复东西开。溯溪行其中，屡左右涉之，四里为西楞村，又一水自西北来入，路从大溪南岸行。又一里，路左有岐逾岭而南，想往锡坑道也。又西，有溪自南峡来合，其溪亦巨，与西来之溪等，于是又横涉南溪口，仍溯西来溪南岸行。又五里，有村在南山，曰大徐村。村之西，其峡复开，田始连塍，水盘折其中。又屡涉之，四里，直抵西山下。溯流转而北，一里，乃涉水上西山。初上甚峻，望北坞山环壑尽，瀑流从山腋悬空直喷，界群碧间，如玉龙百丈。粤西皆石山森幻，故悬水最艰，惟此景独见。忆前自全之打狗岭亦北望见之②，至此已迂回数千里，涉历经年，忽于此得睹，亦汗漫中一奇遇也③。西向援土级而上，瞻顾一里而不能释，已而渐逾岭南，始不复见。又逶迤循北峰而西上者二里，逾一脊，脊北路隅是为打锡关④，乃锡贾自锡坑而来者，昔于此征税，有居舍，自去年乱后被燹，遂无居人。由此西下半里，即有壑当峡之西，遂转而北,山夹成峡。又下半里,水始成涧北去,随之又半里,渡涧西,缘崖北行一里半,出峡。前峡又自东北向西南,乃循崖转而西南行,雨大至。既而复屡涉此涧,涧乃南去,路乃西逾山坳。共二里,复行坞间,半里,循北山之崖,前涧复自南来,涉之。西北行又半里,又一溪自南峡来,其水颇大,与前涧合而北,横堰而潴之。从堰西向北行,又一里而渡南丹之南桥⑤,暮雨如注,雷电交作,急觅逆旅而税驾焉。

【注释】

①灰罗厂:今仍作"灰罗",在南丹县东南隅,刁江东岸。

②忆前自全之打狗岭亦北望见之:"打狗岭"原作"打钩岭",即丁丑闰四月十三日所记全州的"打狗岭","全"原作"金",皆误。

③汗漫:漫无边际。

④打锡关:今仍称"打锡",在南丹县治稍东南,公路从此经过。

⑤南丹:明为州,隶庆远府,即今南丹县。

【译文】

二十日　早晨起床,细雨霏霏。饭后等着派夫,很久后才用竹竿扎成轿子,只得到其中的一乘轿子,却少了一乘,上午才上路。于是在雨中往东北翻越土山,行一里多,翻越到山脊上,于是向西北下走,深深的茅草隐没了小径。又走一里左右,穿过遮蔽道路的茅草下降到山坞底部,就见有小溪自南往北流,大路也从南面来顺着小溪走,是去锡矿坑的路了。从这条大路向北一里,又有一条小溪自西南方流来,两条溪水合流后往东北流去,溪水东边有个村庄在东山下,这里叫做雷家村,山峡稍稍开阔了一些。又行一里,于是转变为东西向的山坞,有条大溪自西面流来,汇合南边流来的小溪,向东流去随即向南转,而后成为大江了。从这里溯溪流的南岸、土山的北麓前行,向西爬升跋涉共十里,有几间茅草屋在南山的半山腰上,叫做灰罗厂,都是出产锡矿的场所。由灰罗厂下边又向西一里,这里的山坞到了西面的尽头,有土山横挡在山坞中,一条小溪来自西北方,一条大溪来自西南方,两条溪水在横亘的土岭下合流。于是涉过小溪向西上登横亘的土岭,岭东的道路旁边有种种形状的深井,深几丈,而且圆圆的,大处仅如同水井一样,似乎是挖凿而成的,这就是锡矿的矿洞了。越过岭头往西下走共四里,又与前边西南方流来的大溪相遇。这条溪流正好从北向南弯曲,于是绝流渡到西岸,这里的峡谷又呈东西向敞开。溯溪流行走在峡谷中,多次涉到溪流的左右岸,行四里后是西楞村,又有一条溪水自西北方流来汇入溪流中,道路从大溪的南岸走。又行一里,道路左边有条岔路越岭往南走,猜想是通往锡矿坑的路。又向西走,有溪水自南面的峡谷中流来汇合,这条溪水也很巨大,与西面流来的溪水相等,于是又横向涉过南面的溪口,仍然溯西面流来的溪流南岸前行。又行五里,有村庄在南山下,叫大徐村。村庄的西面,这里的山峡又开阔起来,田地开始连成片,溪水盘绕曲折在山峡中。又多次涉过溪流,行四里,直达西山下。溯溪流转向北,行一里,于是涉过溪水上登西山。最初上登时非常陡峻,望见北面的山坞中群山环绕在壑谷的尽头处,流泻的瀑布从山侧悬空一直下喷,隔在碧绿的群山间,如百丈长的玉龙。粤西都是森然变幻的石山,所以悬空的水流最难见到,只有此处景观是唯一见到的。回忆从前从全州的打狗岭也是向北望见过瀑布,来到此地已经迁回了几千里路,经过一年的跋涉,忽然在此地得以见到这样的景观,也算是漫无边际中的一次奇遇了。向西沿着土台阶上登,回头瞻望了一里路也不能释怀,不久渐渐翻越到岭南,这才不再看得见了。又逶迤沿着北峰往西上登二里,越一条山脊,山脊北面的路旁是打锡关,是锡矿商人从锡矿坑来的路,从前在此处征税,有居民房屋,自从去年战乱被兵火破坏后,便没有居民了。由此处向西下走半里,立即有壑谷挡在山峡的西面,于是转向北走，两山夹成峡谷。又下走半里，水开始形成山涧向北流去，顺着山涧又走半里，渡到山涧的西面，沿着山崖往北行一里半，走出峡谷。前方的山峡又自东北伸向西南，于是顺着山崖转向西南行，山雨猛烈来临。随后又多次涉过这条山涧，山涧这才向南流去，道路于是向西穿越山坳。共行二里，又行走在山坞中，行半里，沿着北山的山崖前行，前边那条山涧又从南边流来，涉过山涧。向西北前行又是半里，又有一条溪流自南面的峡谷中流来，这条溪水相当大，与前边那条山涧合流后往北流去，横向筑有堤坝蓄水。从堤坝西边向北行，又行一里后走过南丹州的南桥，暮雨倾盆如注，雷电交加，急忙找旅店住下来了。

南丹之水北流经州治东。其山东西分界，州治在西山下。其东有街，南北依溪而列。中有一街西入，大石坊跨其前，曰"摅忠报国[①]，崇整精微"，粤省所未见者。由坊下进街西行，街尽，又入一石卷门。门内有关帝庙，西向，前亦有坊。其西即巨塘汇水，南北各有峰，自西山环臂而前，塘水直浸其麓。塘中有堤，东西长亘数丈，两端各架木为桥，而亭其上。越西桥，又西过一废苑，则州治在西南小石峰下。其门北向，前亦有石坊，而四围土墙不甚崇整，此下署也。州官所居，则在囤上。囤上者，即署后小石峰之巅，路由署中登，乃莫公因家难后移此以避不测者。盖西界群峰蜿蜒，其南北两支东突者，既若左右臂，又有一枝中下特起为石峰，而下署倚之，囤结于上，三面峭削，惟南面有坳可登。囤之后复起小峰，与囤中连若马鞍，其后与崇山并夹为深坑，其下有小水东南出而注于大溪，此署左第一层界水也。

【注释】

①摅(shū)：舒展。

【译文】

　　南丹州的水流向北流经州治的东面。这里的山分为东西两列，州治在西山下。州治的东面有街道，呈南北向紧靠在溪流排列。中段有一条街道向西进去，有座大型的石牌坊跨在街口前，写着："摅忠报国，崇整精微。"是在广西省内没有见过的。由牌坊下走进街口往西行，街道完后，又进入一道石拱门。门内有座关帝庙，面向西，庙前也有牌坊。关帝庙西边就是巨大的水塘积着水，南北两面各有山峰，从西山像手臂一样环绕到前方，塘中的水一直浸泡到山麓下。塘中有堤，东西向绵亘有几丈长，两端各有木头架成的桥，而且桥上有亭子。跨过西边的桥，又向西路过一处荒废的花园，就见州治在西南方的小石峰下。官署的大门面向北，门前也有石牌坊，但四面的土墙不怎么高大整齐，这是下署了。州官居住的地方，那是在囤上。囤上这地方，就在官署后面小石峰的峰顶上，去那里的路要经由官署中上登，这是莫公因为家中遭受灾难后搬迁到此地以避免不测的原因。西面一列山是蜿蜒的群峰，其中南北两条向东前突的支峰，既好像左右两只手臂，又有一条支脉从中间下延独自耸起成为石峰，而下署紧靠着石峰，在峰顶上建了囤子，三面峭拔陡削，只有南面有山坳可以上登。囤子的后面又耸起一座小石峰，与囤子中间相连好像一个马鞍，小石峰后面与高山并排相夹形成深坑，山下有条小溪往东南流出深坑后汇入大溪中，这是官署左边第一层分界的水流了。

　　囤山之北，其山西断，有洞裂山下。其门东南向，正与囤山对。门顶甚平，亦有圆柱倒垂。门之中即有二巨石危踞，中开一峡仅尺许，北入三四丈，折而西，稍下，则西巨石之后也。与洞后壁北距丈余，西深二丈余，窅黑无可见，不识有旁窦否？西巨石之上，其面高下不一，皆若台榭可栖，第四壁悬绝，俱无级可登。东石亦然，第后即联缀于洞壁，无后绕之隙，而石台之前，有石柱上耸接于洞顶，为异西石耳。西石之西，又有小隙穿石，而北峡中架梯一两层，即可登石上，由西石跨石二尺，即可达东石之端，惜此中人不知点缀耳。由岩前北向行半里，其山又开东西坞，循西山嘴转而西行，又有水自西峡来，东北向而入大溪，即清水塘之下流也。溯之西行，又半里，渡一桥亭。桥南有石崖障流，内汇水一池，昔水从桥下出，今捣崖根而东，不北由桥下矣。渡桥稍西，逾一冈，即清水塘。塘南北两山成夹，中开东西坞，西则大山屏其后，东即石崖所障水口也。寺在其中，东向而立。入门即为方塘，四周石砌，汇水于中，不深而甚澈。前层架阁塘中，阁后越塘又中亘一亭，亭南北塘中，复供石于水，两旁各架阁于塘为左右厢。亭西则玉皇阁也，亦从塘中甃石为基，而中通水道者。阁下位真武，上位玉皇，而真武之后，又从塘中架阁一层，下跨水上，为栖憩之所，上与玉皇阁联架为一，置三世佛焉。佛后有窗，可平眺西峰，下瞰塘水矗矗从地中溢起。塘之外，皆有垣周之，层楼叠阁，俱架于水中，而佛像皆整丽，亦粤西所未见。惜乎中无一僧，水空云冷，惟闻唧唧溪声而已。寺为天启七年莫公伋所建①，前年以谮②，鞭杀僧，遂无居者。寺南有溪自西南腋中来，即由寺前东去者。寺北有大道西向逾岭去，是通巴鹅而达平洲者③。寺前水东去，经石崖水口，又东出而注大溪，此署左第二重界水也。

【注释】

①天启七年：天启为明熹宗朱由校年号，天启七年为公元1627年。

②谮(zèn)：诬害，中伤。

③巴鹅：今作"巴峨"，在南丹县西北隅。

【译文】

　　圐子所在的山的北面，那里的山西面断开，有个洞在山下裂开。洞口面向东南，正好与圐子所在的山相对。洞口的顶上十分平滑，也有圆形石柱倒垂着。洞口的中间便有两块巨石高高地盘踞着，中间开有一条峡谷仅有一尺左右宽，向北进去三四丈，折向西，稍下走，就到了西边巨石的后面了。与洞后面的石壁北边相距一丈多，西面深二丈多，深黑得看不见东西，不知有没有旁洞？西边的巨石之上，岩石表面高低不一，都好像是台榭一样可以居住，只是四面的石壁悬绝，全然没有台阶可以上登。东边的巨石也是这样，只是后面马上就连缀在洞壁上，没有从后面绕过去的缝隙，而且石台的前方，有石柱向上高耸连接到洞顶，这与西边的巨石不同而已。在西边巨石的西面，又有条小缝隙在穹隆的岩石下，而且从北面的峡谷中架一两层梯子，就可以登到岩石上，由西边的巨石上跨过二尺宽的石桥，就可以到达东边巨石的顶端，可惜这里的人不知道如何点缀景色罢了。由岩洞前向北前行半里，这里的山又敞开成为东西向的山坞，沿着西面的山嘴转向西行，又有水流自西面的峡中流来,流向东北汇入大溪,这就是清水塘的下游了。递流往西行,又行半里,走过一座亭桥。桥南有石崖挡住水流,里面积有一池水,从前水是从桥下流出去,如今是冲捣着石崖根部往东流,不是向北经由桥下流去了。过桥后稍向西走,越过一座山冈,就到了清水塘。清水塘南北两面的山形成夹谷,中间开有东西向的山坞,西面则是屏风样的大山矗立在清水塘后面,东面就是被石崖挡住水流的水口了。寺院在山坞中,面向东屹立着。进门就是个方方的水塘,四周用石块砌成,塘中积着水,水不深但非常清澈。前边一层在水塘中架有楼阁,楼阁后面越过水塘又在中央横着一座亭子,亭子南北的水塘中,又在水中摆设了石头,两旁在水塘上边各建有阁子作为左右厢房。亭子西面便是玉皇阁了,也是从水塘中用石块砌成地基,而且是中间通有水道的。玉皇阁中在下位的是真武大帝,在上位的是玉皇大帝,而真武大帝的后方,又从水塘中架起一层楼阁,下边跨在水上,是栖息休息的场所,上边与玉皇阁架空连接为一体,楼阁中放置了过去、现在、未来三世佛像。佛像后面有窗子,可以水平眺望西峰,下瞰塘水从地下源源不断地溢起来。水塘之外,都有墙在四周围绕着,层层叠叠的楼阁,全是架在水中,而且佛像都很整齐壮丽,也是在粤西没有见过的。可惜寺中没有一位僧人,水空云冷,只是听见淙淙的溪水声而已。寺院是天启七年莫仅公修建的,前年因为寺院被人诬陷,用鞭子打死了僧人,便没有僧人居住了。寺院南边有溪水从西南方的山侧流来,随即经由寺前向东流去。寺北有条大道向西越岭而去,这是通往巴鹅而后到达平洲的路。寺前的溪水向东流去,流经石崖挡住的水口,又往东流出去汇入大溪中,这是官署左边第二层分界的水流了。

　　署右第一重界水,即前来所涉堰上南峡之流,第二重即打锡关东来之涧，二水合为大溪而经州前。

【译文】

官署右边第一层分界的水流，就是先前我来时南面峡谷中从堤坝上涉过的水流，第二层就是打锡关东面流来的山涧，两条水流合流后变成大溪而后流经州治前方。

二十一日　平明起，天已大霁，以陆公书投莫。莫在囷，不及往叩，以名柬去，余乃候饭于寓中。既午，散步东街，渡塘堤，经州治前，而西循囷山北壁下行，共一里，入北山南向石洞。又从洞前西北行半里，转而西南又半里，渡桥亭，入清水塘，返寓已下午。莫公馈米肉与酒，熟而酌之。迨晚霁甚。

【译文】

二十一日　天明起床，天已经大晴，把陆公的信投递给莫公。莫公在囷子上，来不及去叩拜，把名帖送去，我就在寓所中等着吃饭。午后，在东街散步，走过水塘中的堤坝，经过州治前，而后向西沿着囷子所在的山北面的石壁下前行，共行一里，进入北山面向南的石洞中。又从洞前往西北行半里，转向西南又走半里，走过亭桥，步入清水塘，返回寓所已经是下午。莫公馈赠了米肉和酒，煮熟后饮酒。到晚上天气非常晴好。

二十二日　五更颇寒，迨起而云气复翳。站人言夫将至，可亟炊饭。既饭而夫仍不齐。先是，余无以为贽①，以晶章二枚并入馈②，此晶乃漳中署中所得，莹澈殊甚。岂一并收入后,竟无回音。余索帖再三,诸人俱互相推委,若冀余行即已者。余不得已,往叩掌案刘③,为言其故。刘曰:"昨误以为银殊薄物,竟漫置之,不意其为垂物也④,当即入言。但斯时未起,须缓一日程可耳。"余不得已,从之。昨诸人竟私置于外,故不得回柬,至是然后入白也。候至更余,刘犹在囤未归,乃闷闷卧。

【注释】

①贽(zhì):旧时初次求见人所送的礼物。

②晶章:水晶印章。

③叩(kòu):询问。掌案:掌管案牍文书的人。

④垂物:流传永久的贵重物品。

【译文】

二十二日　五更时相当寒冷,到起床后云气又笼罩着。驿站中的人说脚夫即将到了,可以赶快煮饭吃。饭后脚夫却仍然没来齐。这之前,我因为没有什么东西作为见面礼,把两枚水晶印章一并送进去赠送给莫公,这两枚水晶印章是从漳州府官署中得到的,特别地晶莹清澈。怎么一并收进去后,竟然没有回音。我再三催要回帖,众人都互相推诿,好像是希望我走了就完事的样子。我不得已,前去叩拜一个姓刘的掌管案牍文书的人,对他讲了其中的缘故。姓刘的说:"昨天误以为是银子朱砂一类微不足道的东西,居然漫不经心地把它们放了一边,想不到这是传世的宝物了,我应当马上进去说明。但此时莫公没有起床,必须暂缓一天上路是可以的了。"我不得已,听从了他的话。昨天众人居然私自把信函和水晶印章放在衙门外,所以我得不到回帖,到这时然后才进去禀告了。等到一更多时,姓刘的仍然还在囤子上没有回来,只好闷闷不乐地躺下睡了。

银锡二厂，在南丹州东南四十里，在金村西十五里，其南去那地州亦四十里①。其地厂有三：曰新州②，属南丹；曰高峰，属河池州；曰中坑，属那地。皆产银、锡。三地相间仅一二里，皆客省客贾所集③。按《志》有高峰砦，即此高峰之厂，独属河池，而其地实错于南丹、那地之间，达州必由南丹境。想以矿穴所在，故三分其地也。银锡俱掘井取砂，如米粒，水淘火炼而后得之。银砂三十斤可得银二钱，锡砂所得则易。**又有灰罗厂，止产锡。**在南丹东南三十又五里，即余昨所经。**有孟英山，**在南丹西五十里芒场相近。**止产银。**永乐中遣中使雷春开矿于此，今所出甚微，不及新州矣。雷春至孟英时，河池所城是其所筑。

【注释】

①其南去那地州亦四十里：按实际地理方位，疑"南"字为"西"字之误。

②新州：今名同，在南丹县南隅。此三厂清代合称"三厂"，今三厂联为一个行政单位，设大厂镇。

③客省客贾(gǔ)：外省来此开店做买卖的商人。

【译文】

银锡两种矿厂，在南丹州城东南四十里，在金村西面十五里，矿厂南面距离那地州也有四十里。此地的矿厂有三处：一处叫新州，属于南丹州；一处叫高峰，属于河池州；一处叫中坑，属于那地州。都出产银、锡两种矿。三个地方相距仅一二里，都是外省的客商聚集之地。根据《一统志》，有个高峰砦，就是此地的高峰厂，单独隶属于河池州，但实际上这片地方交错在南丹州、那地州之间，要到州里去必须经由南丹州境内。推想这是因为是矿坑的所在地,所以把这片地方分为三部分了。银、锡都要挖矿井取出矿砂,像米粒一样,用水淘洗用火提炼后才能得到银、锡。三十斤银矿砂能得到二钱银子,锡矿砂能得到的锡却要看情况而有变化。还有一处灰罗厂,只出产锡矿。在南丹州城东南三十五里处,就是我昨天经过的地方。有座孟英山,在南丹州城西面五十里的芒场附近。只出产银矿。永乐年间派遣中使宦官雷春在此地开矿,今天出产的银矿非常少,赶不上新州了。雷春到孟英山时,河池所的城墙是他修筑的。

二十三日　候夫不至,总站徐曰:"以昨礼未酬,尚须待一日。"余求去不得,惟闷闷偃坐而已。至午后,始以两晶章还余,而损其一,余五色①,则为诸人干没矣②。是日午间雷雨,晚大雾。

【注释】

①色:种类。

②干没(mò):侵吞公家或他人财物。

【译文】

二十三日　等候脚夫不见来到,总管驿站姓徐的人说:"因为你昨天的礼物没有答谢,还必须再等一天。"我要求离开不能实现,唯有闷闷不乐地躺躺坐坐而已。到午后,才把两枚水晶印章还给我,但其中之一损坏了,其余的五种东西,却是被众人吞没了。这天午间下雷雨,晚上大晴。

由银锡厂而南,两日程至涯洞①,有大江自西而东,为那地、东兰二州界。其渡处名河水渡,即都泥江也。其上流来自泗城界,其下流东历永顺土司北五里,即下石堰,为罗木渡者也②。

【注释】

①涯洞：明时亦作"隘洞"，今作"隘洞"，在东兰县治稍北，红水河北岸。

②"有大江自西而东"以下几句：此处把都泥江与刁江相混了。经涯洞及罗木渡者即今红水河；在永顺司北五里者为红水河支流，即今刁江。刁江从北往南流，在罗木渡以上不远处汇入红水河。

【译文】

由银锡厂往南走，两天的路程到达涯洞，有条大江自西往东流，是那地州、东兰州两州的分界处。江边的渡口名叫河水渡，那就是都泥江了。都泥江的上游来自泗城州境内，它的下游向东流经永顺土司北面五里处，立即下流到石坝，成为罗木渡那里的江流了。

南丹东八十余里抵大山岭，为河池州界；东南四十里过新州，为那地州界；西三日程约一百五十里抵巴鹅，北为平洲四寨界，西为泗城州界；西北二日程约一百里过六寨，为独山下司界；东北日半程约七十里抵东界，为荔波县界。

【译文】

从南丹州往东八十多里抵达大山岭，是河池州的州界；东南四十里过了新州，是那地州的州界；向西走三天的路程大约一百五十里抵达巴鹅，北面是平洲四寨的边界，西面是泗城州的州界；往西北走两天的路程大约一百里路过了六寨，是独山州下司的边界；向东北走一天半的路程大约七十里抵达东部边界，是与荔波县的分界处。

南丹米肉诸物价俱两倍于他处。米俱自独山、德胜诸处来。惟银贱而甚低，所用者止对冲七成。其等甚大，中国银不堪使也。

【译文】

南丹州米肉各种东西的物价都是其他地方的两倍。大米都是从独山州、德胜镇等处运来。只有银价很贱而且成色非常低，市面上使用的银子只能冲抵为七成。此地的戥子非常大，使用中原的银子承受不起了。

龙眼树至此无。德胜甚多。

【译文】

到了此地龙眼树没有了。德胜镇非常多。

二十四日　晨起，阴云四合，是日为立夏。饭而待夫，久不至，上午止得四名，二名犹未至。余不能待，以二名担行李，以二名肩舆行。出街北，直北行山坞间，一里半，大溪向东北去，路折而西北，逾土岭。二里半，逾岭西下，有水自东南来，北向而去，渡之南行，于是石峰复出，或回合，或逼仄，高树密枝，蒙翳深倩，时午日渐霁，如行绿幄中。已溯峡西入，惟闻水声潺潺，而翳密不辨其从出，想亦必东向之流，然石路甚大，不若州东皆从草莽中行也。共三里，有石峰中立于两山峡间，高锐逾于众，而两旁夹壁反隘，益觉峥嵘。由其南夹西透，又陟岭一里，西南逾脊，其南即深坑下坠，亦如岭北者之密翳沉碧也。由岭上西循北峰，又逾脊西下，共里余，由两山夹中西出，曰夹山关①。夹西即有数家倚北峰下，其后削崖如屏，前则新篁密箐，路从其下行。忽北山之麓，石崖飞架，有小水自西来，漱石崖之脚，北入石洞中。洞门南向，在浮崖之东村后危崖之下，水自南捣入，当亦透北山而泄于南丹下流者也。由浮崖下溯细流西行，其内复回田一壑，南麓又有村数十家。又西三里，逾土山下，西北又一里，有水自西南土峡中来，东抵石崖下，转而北去，路亦渡水而北。二里，水由东北坞中去，由小岐西北升陟，冈阜高下，共四里，乃下岭。又西南转入山坞，为夷州村，日已下午矣。炊而易骑，由坞中随细流东北行。一里，涉溪，又一里，逾坳乃转西北，细流在山峡中，亦西北转。已北渡一峡，复北上山，缘西山之半行，共二里，峰头石路甚崎嵚，其下峡中水亦自南而北，又有一东来小水凑合于其下而北去。又北行逾岭而下，则峡中汇水甚深，想即前水之转而西也。渡之，循涧北行，有堰截涧中，故其东水及马腹耳。共一里，又有小水自西土峡来，合而东去。从其合处仍渡而北，则东来大路复至是会，乃循之西北上岭。一里，逾土山隘，则北面石山屏立而东，路循南界土山西北行。两界之中复有田塍，东西开坞，有小水界其中，亦东向去。又西二里余，坞南北山下俱有村，多瓦舍，曰栏路村②。大路直西向山隙去，从岐北向渡溪，一里，逾北界石山北下，转西行半里，宿于蜡北村。

【注释】

①夹山关：即今"关上"，在南丹县北境。

②栏路村：今作"拉六"，在南丹县北境，铁路线稍东。

【译文】

二十四日　早晨起床,阴云四面闭合,这天是立夏日。饭后等待派夫,很久不来,上午才得到四名,有两名还没来到。我不能等下去,让两名挑行李,用两名肩扛轿子上路。出到街道北边,一直向北行走在山坞中,行一里半,大溪向东北流去,道路折向西北,翻越土岭。行二里半,越过岭头向西下走,有条溪水自东南方流来,向北流去,渡过溪水往南行,来到这里石峰重又出现,有的回环闭合,有的逼窄侧立,高大浓密的树枝,蒙密荫蔽,幽深俏丽,此时正午的太阳渐渐晴开,如同行走在绿色的帷幔中。不久逆着山峡向西进去,只听见水声潺潺,但浓密的林木遮蔽着分辨不出水是从哪里流出去的,推想也必定是向东流的水流,然而石头路非常宽大,不像在州东境都是从草莽中行走。共行三里,有座石峰当中矗立在两面山峡间,又高又尖超过群峰,而两旁夹立的石壁反而很狭窄,益发觉得山势峥嵘。由石峰南边的夹谷向西穿过去,又登岭一里,向西南越过山脊,山脊南面就是下陷的深坑,也像岭北那样浓密的林木荫蔽碧波沉浮了。由岭上向西沿着北峰走,又越过山脊往西下走,共一里多,由两山的夹谷中向西出来,叫做夹山关。夹谷西面马上有几家人紧靠在北峰下,村后陡削的山崖好像屏风,村前是清新浓密的竹林,道路从村子下边走。忽然北山的山麓下,石崖飞架,有条小溪自西面流来,冲激着石崖的石脚,向北流入石洞中。洞口向南,在浮在空中的石崖东面村子后方的危崖之下,溪水从南面冲捣进洞中,应当也是穿过北山后泄入南丹州下游的水流了。由浮在空中的石崖下边溯细小的溪流往西行,山内又有一个田地回绕的壑谷,南麓又有一个几十家人的村子。又向西三里,越过土山下走,向西北又行一里,有溪水自西南方的土山峡谷中流来,向东流到石崖下,转向北流去,道路也是渡过溪水往北走。行二里,溪水经由东北方的山坞中流去,我由岔开的小道向西北爬升,山冈土阜高低起伏,共四里,这才下岭。又向西南转入山坞中,是夷州村,时间已经是下午了。煮饭吃了换坐骑,经由山坞中顺着细小的溪流往东北行。行一里，涉过溪水，又行一里，穿越山坳后就转向西北，细小的溪流在山峡中也是转向西北流去。不久向北越过一条峡谷，又向北上山，沿着西山的半山腰前行，共行二里，峰头的石头路非常的崎岖不平，山下峡谷中的水也是自南往北流，又有一条东面流来的小溪在山下合流后向北流去。又向北走，越过岭头后下走，就见峡中的积水非常深，猜想就是前边的溪水转向西流形成的。渡过溪水，沿着山涧往北行，有堤坝横堵在山涧中，所以堤坝东面的水淹没到马肚子了。共行一里，又有一条小溪自西面的土山峡谷中流来，合流后向东流去。从溪水合流处仍渡到北岸，就见东面来的大路又到此地相会，于是沿着大路向西北上岭。行一里，穿过土山的隘口，就见北面的石山屏风样矗立着往东延伸，道路沿着南面一列土山往西北行。两列山的中间又有田野，成东西向开阔的山坳，有条小溪隔在山坳中，也是向东流去。又向西二里多，山坳南北两面的山下都有村子，多半是瓦房，叫栏路村。大路一直向西通向山间的缺口走去，我从岔路向北渡过溪流，行一里，越过北面一列石山向北下山，转向西前行半里，住宿在蜡北村。

　　二十五日　昧爽，由蜡北村稍西复北向入峡中，半里，逾小脊北下，半里，抵尖高峰下。其处另成一峒，有一二茅舍倚尖峰下。竟峒东北行二里，有村在西山之麓，曰肖村。又北半里，有洞在西小山坑中，其门东南向，外层甚敞，中壁如屏，又辟内门甚深。路由东山崖上行，隔坞对望之，藤萝鼜挂，中有水自洞门潺潺出，前成涧，南流西折去。又东北半里，逾岭脊，颇峻。东西峰俱石崖，而此脊独土。逾之东北下一里，又成一峒，曰街旁村。送者欲换夫骑，而居人不承，强送者复前。于是西北登岭，岭上下多倚崖随堑之舍。一里，逾岭下而复上，又西北二里，复逾岭西转北向行，有村在东山之半，甚众。循之北行二里，有尖山竖东峰之上，甚锐，下有瓦房，环篱回堵，颇不似诸村落。其西界有山高耸，冠于诸峰，此始为南下多灵两江都泥、龙江。分界之脊，与所行东峰对夹成坞。中开大壑，自南而北，即前栏路村西行大道，转而为此坞者也。坞中土山之上，丛树菶葱，居室鳞次。与此村东西相对者曰芒场①，此大道所经者；余以站骑就村相换，故就此小道。然村夫沿门求代，彼皆不承，屡前屡止，强之不行。方无可奈何，适有一少年悬剑插箭至，促其速行，则南丹莫君所遣令箭送余者，始得复前。又北逾一岭，又北一里，饭于壁坳村。数家在东峰之半，前多踞石排列，置庐其间，实为选胜，而土人莫之知也。既饭，易骑至而无鞍，乃令二夫先以担行，站夫再往芒场觅鞍；久之仍不得，乃伐竹缚舆；舆成而候夫；又久之马至，已下午矣，乃西向行。先是，壁坳站夫言："西北石山嵯峨，其下有村曰蛮王，此峰亦曰蛮（王）峰。"乃望之西行，越一土阜西下，共二里，有涧自南而北，逾涧又北上岭，逾土山二重，共一里，下至土峡中，有小水自北而南，溯之北上一里，直抵蛮王峰下。其屼嵲骈耸最，西南峰顶有石曲起，反躬北向，上复直竖如首，岂即所谓"蛮王"者耶？时顾仆押夫担在蛮王村，尚隔一夹，呼余直西从大道，彼亦从村押夫来。半里，会于峰之西，乃转而循峰西夹北向行。其夹会水于中，北上半里，夹中犹土田，而水已北注，是为北来山脊，至蛮王而西渡南下，峙为芒场西最高之峰，以至多灵，为都泥、金城两江之界者也。北随水行半里，其水西向去，路西北又半里，逾岭而下半里，西南山界扩然，北界石山之脊自西而东，有尖峰竖其上，环其西南为大壑，田陇高下，诸庐舍倚其东北尖峰下。又里许，登其栏曰郊岚村②，又名头水站。有水自东北脊间出，为都泥旁枝之上流，此"头"名所由起也。村人以酒食献，餐之，易骑行。西北一里半，有路逾北夹而去，乃导者由岐西出峰南。又半里，复易夫，始知其为小路就村也。又西一里，雷雨大至，俄顷而过。又西一里，登一堡，导者欲易骑，其人不从，只易夫而行。乃挟峰北转，越岭而下。又西南坠，共二里，渡一涧，又西北行一里，始与东来大道合。复西北逾岭三里，望北山石脊嵯峨，诸庐舍倚其上，而尚隔一壑。又西，大道西去，由岐北转，从北山下东向行，一里，上抵飘渺村。其村倚山半，南向，东有尖峰高插岭头，西有危崖斜骞冈上。村前平坠为壑，田陇盘错，自上望之，壑中诸陇皆四周环塍，高下旋叠，极似堆漆雕纹。盖自蛮王峰西渡脊而北，至此水皆西南入都泥，壑皆耕犁无隙，居人亦甚稠，所称巴坪哨，亦一方之沃壤也。是晚，雨后即霁甚。

【注释】

①芒场：今名同，在南丹县北境。

②郊岚村：今作"者乐"，在南丹县北隅。

【译文】

二十五日　黎明，由蜡北村稍向西走又向北进入山峡中，行半里，越过小山脊往北下行，行半里，抵达尖尖的高峰下面。此处另外形成一个峒，有一两间茅草房紧靠在尖峰下。峒走完后向东北前行二里，有个村子在西山的山麓下，叫肖村。又向北半里，有个山洞在西面小山的坑谷中,洞口面向东南方,外层十分宽敞,中间的洞壁好像屏风,里面又开有洞口非常深。道路从东面的山崖上走,隔着山坞从对面望它,藤萝覆盖垂挂着,洞中有水从洞口潺潺流出来,在洞前汇成山涧,向南流后折向西流去。又向东北行半里,翻越岭脊,相当险峻。东西两面的山峰都是石崖,可唯独这条岭脊是土质的。越过岭脊往东北下走一里,又形成一个峒,叫街旁村。送行的人想要换夫换马,但居民不肯应差,强迫送行的人再往前送。于是向西北登岭,岭上岭下有很多背靠山崖顺着壑谷修建的房屋。行一里,翻越到岭下又再次上走,又向西北二里,再次翻越到岭西转向北走,有个村庄在东山的半山腰上,房屋非常多。沿着东山往北行二里,有座尖山竖立在东峰之上,非常尖锐,尖山下有瓦房,竹篱笆的围墙四面环绕着,不太像各地众多的村落。这里的西面有座高耸的山,胜过群峰,这才是往南下延到多灵山成为两条江都泥江、龙江。分界的山脊,与我行走的东面的山峰相对夹成山坞。中间敞开一个大壑谷,自南向北延展,这就是前一天从栏路村向西走的大道,转而成为这个山坞了。山坞中的土山之上,树林郁郁葱葱,居民的房屋鳞次栉比。与这个村子东西相对的村子叫芒场,这是大道经过的地方;我因为驿站的马匹要到村子中去调换,所以走上这条小道。然而乡村来的脚夫挨家挨户地央求村里人替换,那些人都不肯应差,多次前走又多次停下来,强逼他们也不肯走。正在无可奈何之时,恰好有一个腰挎长剑背插弓箭的少年来到,催促他们赶快走,原来是南丹州莫君派遣来手持令箭护送我的人,这才得以再向前走。又向北越过一座岭,又向北一里,在壁坳村吃饭。几家人在东峰的半山腰上,村前排列着很多蹲坐着的岩石,房屋建在岩石中间,实在是首选的胜景,可当地人没人知晓这一点。饭后,换的马匹来了却没有马鞍,于是命令两个挑夫先挑着担子上路,驿站的脚夫再前往芒场去找马鞍;很久后仍然找不到,只好砍来竹子捆成轿子;轿子捆成了又等候派夫;又是很久之后马匹才来到,已经是下午了,于是向西行。这之前,壁坳村驿站的脚夫说:"西北方巍峨的石山,山下有个村子叫蛮王村,这座山峰也叫做蛮(王)峰。"于是望着蛮王峰往西行,越过一座土阜向西下行,共行二里,有条山涧自南往北流,越过山涧又向北上岭,越过两重土山,共行一里,下到土山峡谷中,有条小溪自北往南流,溯小溪向北上走一里,直达蛮王峰下。这座山峰最为高峻突兀,并列高耸,西南方的峰顶上有块弯曲的岩石突起,反转身体朝向北方,上面又直竖起来好像头颅,莫非这就是所谓的"蛮王"的地方了吗?此时顾仆押着挑夫和担子在蛮王村,还隔着一条夹谷,呼唤我一直向西从大道上走,他也从村子中押着挑夫过来。行半里,在蛮王峰的西麓与顾仆相会,于是转而沿着蛮王峰西面的夹谷向北行。这条夹谷中有水流在中间交汇,往北上走半里,夹谷中还有田地,然而水流已经向北流淌,这里是北面延伸来的山脊,延到蛮王峰后向西过渡后往南下延,笋峙为芒场西面最高的山峰,以下延伸到多灵山,成为都泥江、金城江两条江流分界的山脊了。向北顺着溪水前行半里,溪水向西流去,道路向西北又走半里,越过岭头下走半里,西南方的一列山十分广阔,北面一列石山的山脊自西往东延伸,有座尖峰竖立在石山山脊上,环绕着石山的西南方形成一个大壑谷,田亩高低错落,许多房屋紧靠在东北方的尖峰下。又走一里左右,登上村中的竹楼,叫郊岚村,又叫做头水站。有水流从东北方的山脊间流出来,是都泥江支流的上游,这是起名为"头"的缘由了。村里人把酒食敬献出来,吃完酒饭,换了坐骑上路。向西北一里半,有条路穿越北边的夹谷而去,于是领路的人从岔道向西出到山峰南面。又行半里,再次换夫,这才知道他们挑小路走是为了将就村子。又向西一里,雷雨猛烈来临,俄顷就下过去了。又向西一里,登上一处土堡,领路的人想要换马,土堡里的人不听从,只是换了脚夫便上路。于是傍着山峰向北转,越过山岭下走。又向西南下坠,共行二里,渡过一条山涧,又往西北行一里,这才与东面来的大道会合。再向西北越岭三里,望见北山的石山山脊山势巍峨,许多房屋依傍在山脊上,但还隔着一条壑谷。又向西走,大道向西去,我由岔道向北转,从北山下向东走，行一里，上走到飘渺村。这个村子紧靠在半山腰上，面向南，东面有座尖峰高高地插在岭头，西面有座危崖斜举在山冈上。村前平缓地下陷成壑谷，田亩盘绕错落，从上面望过去，壑谷中众多的田地四周都环绕着田埂，高低错落，旋绕层叠，极像漆雕堆出来的花纹。原来从蛮王峰向西延伸的山脊以北，一直到此地，水流都是往西北流入都泥江，壑谷中都被耕犁得没有空隙，居民也非常稠密，是所称的巴坪哨，也是一片肥沃的地方了。这天晚上，雨后天气就非常晴朗。

二十六日　晨起，饭而候骑，命夫先担行；待久之，乃得骑。由西峰突崖下西向行，二里，逾岭西北下坞中。其坞东西开夹，中底甚平，东汇堰为塘，溯之西行，塘尽而成草洼。共西半里，有墟场在路隅，曰巴坪场。其西有深夹自西北来，为此东西夹上流，场乃挟右而转者。路度夹而西，复上岭，半里，逾脊西下，于是成南北夹。路转北行半里，夹仍东西转，路又西向半里，此夹中皆平底草蔓，似可为田。于是复西逾隥脊，其脊止高丈许，脊东即所行草壑，脊西则水溢成溪。随溪西行半里，渡，从北山下行，过一坳，有三四家倚之。又西半里，大路直西去，以就村觅夫故，又南由岐涉溪逾南坳，共一里，得村于南坞中，曰潭琐。居村颇盛，山转中环，又成一峒。又饭而候夫，久乃得之。下山半里，由西北峡出，即前西流之溪矣。由溪南西行半里，溪转而北，路亦随之。于是山开东西两界：东界山皆自东而西突，凡五六峰，西面皆平剖下坠，排列而北，若"五老"西向；西界山则土峰蜿蜒，与东界对列成峡，涧由其中北向去。从涧西循西山东麓北行半里，有小水东注于涧，渡之又北一里半，抵一岭，洞折而东去,路乃北逾岭。一里,则大路自东来合。又东一里,有洞亦东注,渡之北,又一里,有水一泓,在路侧树根下石隙间,清洌殊异。又北一里,又有水自西北峡中来,东出与石泓北流之水合,似透东北峡而去,路溯西北峡而入。其峡湾环,北自东序六寨之一。南来,是名羊角冲,为此中伏莽之徒所公行无惮处①。舆夫指路侧偃草,为数日前杀人之区,过之恻然。入峡一里,东眺已逼东界突山下。又北则突山既尽,其坞大开。东望一峰尖迥而起,中空如合掌,悬架于众峰之间,空明下透,其上合处仅徒杠之凑,千尺白云,东映危峰腋间,正如吴门匹练②,香炉瀑雪③,不复辨其为山为云也。自桂林来,所见穿山甚多,虽高下不一,内外交透,若此剜空环翠者,得未曾有。此地极粤西第一穷徼,亦得此第一奇胜,不负数日走磨牙吮血之区也。又北一里,有村悬西峰石坡上,曰东序村,乃六寨极南之首村也。缚舆换夫。东北二里,复换夫。西北逾一岭而下,共一里半,有场曰六寨场。转北而东又半里,有溪自东来,独木桥渡其北。一里,有石峰中悬两峡间,前有数十家倚之,是为六寨哨④。所称"六寨"者,南自东序,北抵六寨哨,中有寨六。缚舆换夫,从东峡北行一里,转而西入峡。其水东流,溯之入又一里余,大路直西逾隘,由岐西北就村半里,得浑村在北村下。头目韦姓出帖呈览,以忠勇免差者。余谕之送,其人出酒肉饷,以骑送余。其地北有崇崖,有洞,门西南向,高悬崖上;南有绝壁,有洞,门东北向,深透壁间。从小路下西坡,交大路而南,二里,抵南洞之前。循石壁西又一里,转入南山峡中,东南入

坞,有村曰银村。待夫久之,晚而缚舆,昏黑就道。西北循
山出峡,转而西,共三里,宿于晚宛南村。

【注释】

①伏莽之徒:暗藏在山林中的盗匪。无惮(dàn):无所畏惧。

②匹(pǐ):绸布等织物的量名,古代一匹长约四丈。练(liàn):洁白
的熟绢。

③香炉:庐山香炉峰。

④六寨哨:今仍称"六寨",在南丹县北隅的公路旁。

【译文】

二十六日　早晨起床,饭后等候坐骑,命令挑夫先挑着担子走;等
了很久,才得到坐骑。由西峰前突的山崖下向西行,行二里,越过岭头
向西北下到山坞中。这个山坞呈东西向敞开成为夹谷,中间的底部十
分平坦,东边建有堤坝蓄水成为水塘,溯水塘往西行,水塘完后变成长
满草的洼地。一共向西走半里,有个圩场在路旁,叫巴坪场。圩场西边
有条深深的夹谷自西北方延过来,是这条东西向夹谷的上游,圩场是傍
着右边转过去的地方。道路穿过夹谷往西走,又上岭,行半里,越过山
脊向西下走,来到这里成了南北向的夹谷。道路转向北前行半里,夹谷
仍然转为东西向的,道路又向西走半里,这个夹谷中都是长满草丛的平
坦谷底,似乎可以开垦为田地。于是又向西越过狭窄的山脊,这条山脊
高处只有一丈左右,山脊东面就是我走过的长满草的壑谷,山脊西面则
有水溢出来形成溪流。顺着溪流往西行半里,渡过溪流,从北山下前
行,经过一个山坳,有三四家人紧靠着山坳。又向西半里,大路一直向
西去,因为要就近到村中找脚夫的缘故,又向南经由岔道涉过溪流越过
南面的山坳,共行一里,在南面的山坞中找到一个村子,叫潭琐。居民
村庄相当兴盛,群山环转的中间,又形成一个峒。又吃饭后等候换夫,
很久才得到脚夫。下山行半里,由西北方的峡中出来,就到了前边向西

流的溪流边了。由溪流南岸往西行半里，溪流转向北流，道路也顺着溪流转向北。在这里山分开成为东西两列：东面一列山都是自东向西突起，共有五六座山峰，山峰的西面都是平剖下坠，面对北边排列，就像五老峰向西排列一样；西面一列山则是蜿蜒的土质山峰，与东面一列山相对排列形成峡谷，山涧由两列山中间向北流去。从山涧的西岸沿着西山的东麓往北行半里，一条小溪向东注入山涧中，渡过小溪又向北走一里半，抵达一座山岭下，山涧折向东流去，道路于是向北翻越山岭。行一里，就见大路从东面过来会合。又向东一里，有条山涧也是向东流淌，渡到山涧北岸，又走一里，有一片水，在路旁树根下的石缝间，清澈甘冽，特别奇异。又向北一里，又有溪水自西北方的峡中流来，向东流出去与石缝间的清泉向北流的水合流，似乎是穿过东北方的峡谷流去，道路溯西北方的峡谷进去。这条峡谷山湾环绕，从北边的东序是六寨之一。往南延展而来，这里名叫羊角冲，是这一带潜伏在草丛中的歹徒肆无忌惮公然横行的地方。轿夫指着路旁倒伏的草丛说，这是几天前杀人的地方，走过这里心中恻然哀伤。进入峡中一里，向东眺望，已经逼近东面一列突立的山峰下。又向北走，就见突立的山峰到头后，这里的山坞十分开阔。望见东边一座山峰又尖又高地耸起，中间是空心的好像合在一起的手掌，悬空高架在群峰之间，下面透出空中的亮光，峰顶上合拢之处仅好像独木桥一样凑在一起，千尺长的白云，映衬在危峰东面的山腰上，正像苏州的白色丝绢，庐山香炉峰雪花飞溅的瀑布，不再分辨得出哪是山哪是云了。自从桂林府一路过来，我见过的穿山非常多，虽然高矮不一，内外相通，像这样剜空翠色环绕的穿山，不曾见到过。此地是粤西极远的第一贫穷偏远的边地，也能见到这样第一奇绝的胜景，不辜负我几天来奔走在这磨牙吮血的地区了。又向北一里，有个村子高悬在西峰的石坡上，叫东序村，是六寨最南边的第一个村子。捆轿子换夫。向东北二里，再次换夫。向西北越过一座岭后下走，共行一里半，有个圩场叫六寨场。转向北后又向东走半里，有条溪水自东面流来,从独木桥上过到溪流北岸。行一里,有座石峰当中悬在两面山峡间,前边有几十家人背靠着石峰,这里是六寨哨。所说的"六寨",南面起自东序,北边抵达六寨哨,中间有六个寨子。捆轿子换夫,从东面的峡谷中往北行一里,转向西走入山峡中。峡中的溪水向东流,溯溪水又深入一里多,大路一直向西穿过隘口,我由岔路往西北前行半里就近去村子换夫,走到在北村下面的浑村。姓韦的头目拿出帖子呈给我看,这是个因为忠勇免除差役的村子。我晓谕他为我送行,那人拿出酒肉来款待我,派坐骑送我。此地的北面有座高大的山崖,有个岩洞,洞口面向西南,高悬在山崖上;南面有绝壁,有个岩洞,洞口面向东北,深深地穿进石壁去。从小路走下西面的山坡,与大路相交后往南走,行二里,抵达南面的岩洞前边。沿着石壁又向西走一里,转进南面的山峡中,向东南走入山坞中,有个村子叫银村。等待换夫等了很久,天晚了才捆好轿子,在昏黑中上路。向西北顺着山走出峡谷,转向西,共三里,住宿在晚宛南村。

二十七日　晨起,不及饭,村人舆就即行。循西山而北,石壑中渐有水东自浑村西麓来,流而成溪。半里,渡溪北行,半里,有村在西山下,溪流环其前,村东向临之,为晚宛中村,其长又半里。路隔溪,随之北又一里,渡桥而西,饭于晚宛北村。换夫东渡桥,遂东北行一里半,逾东冈,有村在冈北悬皁上。又换夫,北下冈,渡一涧,复一里半,北上一冈,是为岜土音作"壁"。歹村,乃丹州极北之寨也。六寨北至岜歹,西至巴鹅,昔皆泗城州所属之地,去泗城远,故后为丹州所占。三年前上疏清界,当亦在其中。由此西去两日程,曰罗猴,为泗城东北境,都泥上流所经也。饭而换马,北下皁,过一涧,于是北上冈陇,渐逾坳而北,三上三下。坞中俱荒芜,无复耕塍,其水皆西南流,故知东北即大山之脊矣。共五里,为山界,土人指以为与贵州下司分界处,此不特南丹北尽,实粤西西北尽处也^①。

【注释】

①实粤西西北尽处也:杨本、陈本、乾隆本、"四库"本皆将三月二十七日记分载两处,此句下有"余粤西游亦止此",其下内容则列入《黔游日记》首篇,且文字较详。

【译文】

二十七日　早晨起床,来不及吃饭,村里人捆好轿子立即上路。沿着西山往北走,石山壑谷中渐渐有水从东面的浑村西麓流过来,流成溪流。行半里,渡过溪水往北行,行半里,有个村子在西山下,溪流环绕在村前,村子面向东面临着溪流,这是晚宛中村,村子长又有半里。道路隔着溪流,顺着溪流又向北走一里,过桥后往西行,在晚宛北村吃饭。换夫后向东过桥,于是向东北前行一里半,越过东面的山冈,有个村子在山冈北面高悬的土阜上。又换夫,向北走下山冈,渡过一条山涧,又走一里半,往北登上一座山冈,这里是岜土话的发音读作"壁"。歹村,是南丹州最北边的寨子了。六寨北面到岜歹村,西面到巴鹅,从前都是泗城州下属的地方,距离泗城州太远,所以后来被南丹州侵占了。三年前上奏章请求清理边界,这应当也在其中。从此地向西去两天的路程,叫罗猴,是泗城州的东北境,为都泥江上游流经的地方。饭后换马,向北走下土阜,渡过一条山涧,从此地起向北上登山冈土陇,渐渐穿越山坳往北走,三次上走三次下山。山坞中全是一片荒芜的景象,不再有耕地,这里的水流都是向西南流,所以知道东北方就是大山的山脊了。共行五里,是山界,当地人指认为是与贵州省下司的分界处,此地不仅是南丹州北境的尽头,实际上是粤西西北境的尽头处了。

逾脊北下，水犹西南流。又从岭北再升一土岭，共一里，北出石山之隘，是为艰坪岭。石骨棱削，对峙为门，是为南北二水分界。北下一里，石路嶙峋，草木蒙密，马足跃石齿间，无可着蹄处，正伏莽者弄兵之窟，余得掉臂而过，亦幸矣哉！既下，西向行峡中，水似西流，而似无出处。一里，始复睹塍田。又西半里，转而北，峡中塍乃大辟。又北一里，有村在西坞，曰由彝村，是为下司东南第一村，亦贵省东南第一村也。南丹送骑及令箭牢子辞去^①。待夫甚久，担先去，暮，骑至。西北二里至山寨，又逾岭涉涧，越数村，夜行八里而抵下司，慎闭户莫启。久之，得一家启户入，卧地无草，遍觅之，得薪一束，不饭而卧。

【注释】

①令箭：古时军中用以传令的小旗，竿头为铁制的箭镞，故称令箭。

【译文】

越过山脊往北下行，水流仍然是向西南流。又从岭北再爬升一座土岭，共一里，向北走出石山的隘口，这里是艰坪岭。骨状的石山棱角分明，像刀削成的一般，对峙成门，这里是南北两面水流的分界处。向北下走一里，石头路面崎岖不平，草木蒙茸浓密，马脚在齿状的石块间腾跃，没有可以落蹄子的地方，正是拦路抢劫的匪徒摆弄兵器的巢穴，我得以甩着手臂走过来，也算是十分幸运了呀！下山后，向西行走在峡谷中，水流似乎是往西流，可似乎没有流出去的地方。行一里，开始又看见田地了。又向西半里，转向北，峡谷中的田野变得十分开阔。又向北一里，有个村子在西面的山坞中，叫由彝村，这是下司东南境的第一个村子，也是贵州省东南境的第一个村子。南丹州送行的坐骑和手持令箭的牢子告辞离开了。等待换夫的时间非常长，担子先离开，天黑时,坐骑到了。向西北二里来到山寨,又越过山岭涉过山涧,穿越过几个村子,夜幕中前行八里后抵达下司,都关上门不肯开门。很久,找到一家人开门进屋去,睡在地上没有茅草,四处寻找,找到一束做柴火的干草,没有吃饭便躺下睡了。

·